国家社科基金重大招标项目阶段性成果
四川大学中央高校基本科研业务费高水准团队建设成果
四川大学近代文化研究院近代基层档案整理成果

·民国时期荣县档案整理与研究系列 总主编：里赞

民国荣县档案选编丛书

民国荣县档案选编
户口

（上）

四川大学／荣县档案馆／主编
李莹／编校

巴蜀书社

图书在版编目(CIP)数据

民国荣县档案选编・户口 /四川大学,荣县档案馆主编,李莹编校.
—成都:巴蜀书社,2016.8
ISBN 978-7-5531-0726-4

Ⅰ.①民… Ⅱ.①四… ②荣… ③李… Ⅲ.①荣县—地方史—民国
②户籍制度—史料—荣县—民国 Ⅳ.①K292.54②D693.66

中国版本图书馆 CIP 数据核字(2016)第 180036 号

民国荣县档案选编・户口

四川大学 荣县档案馆 主编
李莹 编校

责任编辑	陈亚玲
封面设计	张　科
出　　版	巴蜀书社 成都市槐树街 2 号　邮编 610031 总编室电话:(028)86259397
网　　址	www.bsbook.com.cn
发　　行	巴蜀书社 发行科电话:(028)86259422　86259423
经　　销	新华书店
照　　排	四川胜翔数码印务设计有限公司
印　　刷	成都蜀通印务有限责任公司
版　　次	2016 年 9 月第 1 版
印　　次	2016 年 9 月第 1 次印刷
成品尺寸	170mm×240mm
印　　张	45.5
字　　数	850 千
书　　号	ISBN 978-7-5531-0726-4
定　　价	180.00 元(上、下册)

目 录

总 序

荣县位于四川省南部，属自贡市管辖，是川南历史悠久的大县。清末，吴玉章先生领导震惊全国的荣县独立运动，荣县成为第一个脱离清政府的县政权，为辛亥首义县。2008 年初，我与罗志田老师赴川南调研，途经荣县，在荣县法院吴鸿鑫法官引介下，意外接触到荣县档案馆馆藏的民国档案，粗览之后意识到这批档案具有较高的学术价值，随即与荣县档案馆联系并筹备档案的合作整理和研究计划。

民国荣县档案是一套从清末至民国的珍贵档案资料，先后经历过两次整理，第一次是 20 世纪 60—70 年代，当地的“敌伪政治档案清理小组”对该档案进行了甄别整理；第二次是近年来荣县档案局系统开展的裱褙、装订等修复工作。因时代和条件所限，这批档案的整理并不规范，保存状况堪忧。及时整理这批档案的意义不仅仅在于保存历史文物，而且会为将来的研究提供不可复制的历史文献，所以这是一项抢救性的保护工作。

民国荣县档案共计 21 个全宗，案卷 32858 卷，百余万件（页），基本按“组织机构—年代”进行分类编目，包含了民国时期荣县政权机关、民意机关、司法机关等政府组织以及学校、商会、银行等非政府组织的各类纸质资料，对自“辛亥首义”到民国肇兴再到四川解放等重大历史事件，从不同侧面均有涉及。民国荣县档案保存了民国时期荣县政府、参议会、县党部、三青团分部、商会、银行、邮电所、警察局、地方法院、国民兵团、救济院、民众自卫队、中学、荣威师管区及乡公所等机构的公文（代电、布告、法令、条例、规则、办法、训令、指令、命令、批示、呈、报告、计划、笔录、传票、保状、判决、裁定）、函件、图表、簿册（地图、公布图、计算书、证明书、声请书、调查表、考核表、统计表、呈报表、账表、登记簿、移交清册、人员名册）等文书资料，以及书报、杂志等出版物。民国荣县档案是目前所发现的保存完整、体量庞大、内容丰富、种类齐全的民国时期县级历史记录。

2014年初，我们正式组建团队，在荣县政府的大力支持和荣县档案馆的积极配合下，开始对这批民国荣县档案进行保存、整理和研究。保存工作的首要任务是以拍摄的方式将这批档案做电子化处理，以求长远、完整地留存这批珍贵的民国史料。这项工作本应由专业的数据公司处理更为妥当，但囿于财力和制度的限制，最终由四川大学法学专业与历史学专业的一些本科生、硕博士研究生以及部分教师在档案馆人员的指导下逐步完成。迄今，这一工作开展已近两年。

在电子化保存的同时，为了更好地展示这批档案的学术价值，我们开始整理并选编出版这批民国档案。整理的核心工作是对部分档案纂修编目提要和影印点校，最终编校完善民国荣县档案的完整目录并以整理专题出版选编内容。基于完成一部出版一部的原则，我们将以影印的方式出版图文保存的档案，如抗战、民初等专题档案；将以点校的方式出版具有研究价值的档案，如户籍、商会、县制等专题档案。虽然点校出版的方式给我们增加了数倍的工作量，但考虑到学术研究的便利和出版成本的控制，我们相信这种方式的整理有其必要的。随着保存和整理工作的推进，我们也将按照既定的专题利用民国荣县档案进行深入的学术研究。

民国荣县档案的整理和研究工作自开展以来，得到了荣县人民政府、全国哲学社会科学规划办公室、四川大学社科处、台湾“中研院”、四川大学中国西南文献中心和四川省档案馆等机构在政策、资金、人力和技术上的大力支持，得到了荣县档案馆的领导和工作人员的理解和关照。但由于整理工作着实繁多，事务涉及面广，加之现有的高校科研财务管理制度严近于苛，所以在资金筹措、人手安排等方面都遇到了许多困难，好在参与的同仁都抱怀着学术的热忱，不计酬劳和艰辛，坚持将工作进行下去。但愿这批民国档案的整理研究工作能够持久地面世，惠及学界同仁。

需要说明的是，由于经验和学识有限，出版成果的错误在所难免，而单以我们的研究力量也无法全面展示民国荣县档案的研究内容。基层民国档案的整理和研究工作是个庞大的事业，真诚地希望有更多的学界同仁能够参与到这项艰辛而充实的工作中来！

是为序。

里　赞

编校者序

一、引　言

1. 历来户口统计及史料

户口编查活动在中国历史上肇端久远，上古传说和早期文献中已有对户口数目零星而模糊的记录。信史所载，西汉时期的编户齐民为今天研究中国人口历史留下了殊为珍贵的统计资料，《汉书·地理志》所录汉平帝元始年间的全国户口数据为迄今所知最早、最精确者①。此后各朝史书也不乏对人口调查的记载，但史料芜杂，且自汉朝以后至明洪武初编制赋役黄册前的史籍所载皆不甚确切，要精确了解各个时期的全国人口情况实非易事②。

1909年元日，清政府民政部呈折奏报全国户口调查的筹备情形，折称：

> 臣等窃维立宪政体以建设议院为成效，而采用两院制度之国，其议员必有半数以上出于民间之公选，额数之分配不可不以人口之多寡为衡，而选举

① 葛剑雄：《西汉历史地理》，北京：人民出版社，1986年。

② 究其原因不外如下三者：一则因历史久远，各历史时期的原始户籍统计资料即便曾经存在也多已湮灭，仅凭史书、方志、族谱等所录数据，多半也仅可窥得豹之一斑；再者，因举行人口统计并非当政者所热衷之事，历朝历次户口调查的主要目的是计算赋税人口，故所得之统计数据并不能与实际人口数量等同，若不加考证便用于研究则难免失之轻率，例如何炳棣教授在《明初以降人口及其相关问题（1368—1953）》一书中对明清户口登记中"丁"的实质为赋税单位而非人口数量单位的认定，就澄清了以往研究者对官方所载丁数之意义的误解，对此问题的详细论述见该书上卷第二章（［美］何炳棣著，葛剑雄译：《明初以降人口及其相关问题（1368—1953）》，第42－54页，北京：生活·读书·新知三联书店，2000年）；最后，一些看似确切的人口数据，其准确性也可能受户口调查中一些不确定因素的影响而大打折扣，对此吕思勉先生曾有言："案中国现在人数，为四万五千余万，虽不必实，相去初不甚远，而历代户口，无及万万者，其非情实可知。盖人民欲避赋役，隐匿者多；官吏不能敷实，且亦不欲以实数上闻，故其去实在情形，如此之远也。"（吕思勉：《秦汉史》，第436页，上海：上海古籍出版社，2005年）人民之逃避登记者、官吏之上报不实者，诸如此类，实难考究，形成后人研究历史上之人口问题的又一种障碍。

> 权及被选举权之限制又不可不以年龄、职业、籍贯、住址等资格为准。若户籍登记执法不能实行，则议员选举之事必多窒碍。此外，如划分自治区域，普及教育，征集民兵，整理租税等项，凡预备立宪应行筹集之事无不以户籍为根本，非有执简御繁之术决不能收循序渐进之功。[①]

这段奏文简要地阐明了举行户口调查的动因和意义：普查为预备立宪之基，目的首先在使选民登记成为可能，待宪政已行，继而可成为办理政、教、军、税等事务之根据。这一次人口调查，从光绪三十四年底持续到辛亥之前，一般被称为“宣统人口普查”。以今日眼光观之，宣统年间的普查尽管不周不备之处颇多，却仍昭示了中国户政制度一次值得被注意的转折——此前，历代举行全国范围的户口调查主要为附赋役之需，但凡贡赋役使敷于及时，帝王对其所治之人口确数与结构等细节并不泥较，人口户籍之调查统计也不曾占据庶政“根本”之席；而此后，中国的户政制度逐渐脱离对赋税制度的依附，人口调查也始具“现代”之特征[②]，从“率土之滨莫非王臣”的自信到预备立宪阶段匆忙普查的窘迫，悬殊思之可慨。

辛亥革命后，清末立宪时未竟的户口普查在民国时期得到了延续。孙中山在《国民政府建国大纲》中将“全县人口调查清楚”列为一县完全自治的首要条件，冀望由一县推至一省、多省，再推至全国，由训政而宪政[③]。然而受时局所限，民国时期分别于1912年、1928年、1931年、1936年开展的数次全国性的人口调查，均未能得到可靠的全国人口统计数据；抗日战争全面爆发之后，国民政府实际控制的区域逐渐缩小，加上战争的影响，进行全国人口登记和普查已不现

① 《民政部奏调查户口章程折》，上海商务印书馆编译所编纂：《大清新法令》第1卷，第133页，北京：商务印书馆，2011年。

② 按照现代人口学的理论，人口统计资料的搜集方法主要有人口普查（census）、人口登记（register）、人口抽样调查（survey）等，人口全面调查主要通过人口普查完成。从功能的角度来看，传统中国编户不具有今天“普查”所携之“全面”的观念，统计的主要目的在确定征税对象，通常仅将赋役人口登记在案以为征缴凭据，女性、老幼、奴隶、贱民等非征税对象常常不被包括在内，更对无人口构成、流动、增长率等的统计分析。但值得注意的是，在现代人口学产生以前，户口调查不精确在世界范围内是一种十分普遍的现象。民国人口学家陈长蘅先生就曾指出：“往昔编查疏忽，统计不精，有如此者，斯不独我国为然，即欧西诸国十九世纪以前亦无详细人口稽查，罗马普鲁士而外，其余皆不足观，迄乎晚近，始精愈求精，欧美之有精确人口统计，不过六七十年间事耳。”（陈长蘅：《中国人口论》，第25—26页，《民国丛书》第三编，上海：上海书店，1991年）而宣统以来的人口统计资料中逐渐出现了上述传统的户口调查所不具有的或者被排除在外的项目，例如宣统年间的口数普查项目就包括被调查者的姓名、年龄、职业、籍贯、住所等；民国十七年户口普查还包括了户主及与同居者关系、性别、婚姻状况、是否育有子女、所属党派、宗教信仰等内容。

③ 孙中山：《国民政府建国大纲》。

实，户政受阻，以至于内务部历次公布的人口数据都是来源于各省市断续上报的材料[①]，并非基于统一时点的普查所得，准确性大打折扣。

2. 既有研究提要

关于民国时期户政的研究，尚不太多，人口学[②]界的研究成果中，姜涛先生在其著作《中国近代人口史》中首次对近代中国人口问题进行了系统性的深入探讨，详细考证了自清初以降三百余年中国进行户口调查和人口统计的情形，总结了近代中国人口数量的变化趋势和规律[③]；其与卞修跃共同基于抗战后国共各自进行的调查统计对抗战时期全国人口损失情况做出了谨慎而有价值的估计[④]。通史性著作中较有影响的当推侯杨方教授所著《中国人口史》（第六卷），该书主要以历史人口学的理论和方法对20世纪上半期的中国人口进行了研究，首次提出“中国人口的转变发生于20世纪上半期，它伴随着流行病转变”这一观点。

在制度史研究方面，何炳棣教授的《明初以降人口及其相关问题（1368—1953）》无疑是一部重要的著作，当中影响最大的观点是其对“丁”的本质的判定，通过对相关术语和人口制度的考证，得出了明清两代户口统计资料中所见的“丁”并非人口数量单位，而是赋税单位这一重要结论。何著中另一观点则受到侯杨方教授的质疑，何氏以为“明、清和近代的大部分时期缺乏可靠的省级数字”[⑤]；“总结过去五个世纪的中国官方人口数……咸丰元年（1851）至1949年间虽有各种数字，实际上却是人口统计学的真空时期”[⑥]。侯氏通过对民国时期大量原始资料的对比和考证，认为何著的上述结论因未对人口统计资料来源进行足够深入的辨析而显得武断和笼统[⑦]，接近历史实际的民国人口数量是可以通过人

---

① 葛剑雄主编，侯杨方著：《中国人口史》第六卷，第78—91页，上海：复旦大学出版社，2001年。

② 以历史上各时期的人口为主要对象所进行的研究，人口学和历史学各有其侧重的取向，前者以一系列理论和模型为主要研究工具，量化地考察历史上的人口现象，一项主要的任务是重建历史时期的人口数据；而后者往往更加重视对制度的考辨，追溯人口与各种其他现象互动的线索，试图解释其成因、过程及本质。

③ 姜涛：《中国近代人口史》，杭州：浙江人民出版社，1993年。

④ 姜涛、卞修跃：《抗日战争时期中国人口损失之初步估计》，载《中国抗战与世界反法西斯战争纪念中国人民抗日战争暨世界反法西斯战争胜利60周年学术研讨会文集（上卷）》，北京：社会科学文献出版社，2009年。

⑤ [美] 何炳棣著，葛剑雄译：《明初以降人口及其相关问题（1368—1953）》，第332页，北京：生活·读书·新知三联书店，2000年。

⑥ 同上，第113页。

⑦ 葛剑雄主编，侯杨方著：《中国人口史》第六卷，第3页，上海：复旦大学出版社，2001年。

口学的方法进行谨慎地重建的。另有以法律制度①、功能结构②、区域调查③等为视角的研究，篇幅所限，但举不辍。

二、民国户口统计资料来源

1. 史料的种类和辨析

研究民国时期的户政，掌握可靠的史料十分重要。民国内政部公报、历次公布的全国人口统计数据，邮政、海关等部门的调查数据，各种研究机构和民间组织、个人进行非全面调查的数据，时人的估计等，都是重要的史料，其中尤以其时户口调查表册最为珍贵，当中记录的调查项目和数量信息是研究者所能依靠的最直观的材料。民国数次户口调查都是以县为单位进行，各县组织逐户填造调查表，因展开调查的实际具体情况各异，此中之误差已是难料；完成后由各县将调查结果汇总为总表上报到省，再到中央，在依据原始调查表格制作统计报告时，汇总数据的工作精确度难以保证，人为地删修，遗漏和谬误也在所难免；且各地上报的数据并无统一制式，常“有若干省市仅报人数，只能凭估计以求其户数”④，在公布全国户口数据时，内政部尚无十分确切可靠的原始资料可依，遑论其他组织或者个人，统计研究（尤其是全国性的）亦难免沦为无米之炊。可见民国人口统计资料之不详实主要在两个方面：一是这一时期原始统计资料所承载

---

① 姚秀兰从立法的角度对中国的户籍制度及其变迁做了主要是静态的研究，其中有专章论述民国户籍法律及户政，但主要是对法律规章进行文本分析，而较少实证地考察（姚秀兰：《户籍、身份与社会变迁——中国户籍法律史研究》，华东政法学院2004年博士论文）；史广萍利用民国时期内政部发行的刊物《户政导报》对民国《户籍法》的实施过程进行研究，认为立法上的理想化倾向与政府执政能力之间的矛盾是该法实施不力的主因（史广萍：《浅析民国〈户籍法〉实施的阻力及对宪政的影响》，河北师范大学2005年硕士论文）。

② 林浩以制度经济学理论为主要工具，从社会控制的层面考察了户籍制度的变迁（林浩：《中国户籍制度变迁研究——个人权利与社会控制》，西南财经大学2013年博士学位论文）。

③ 周艳星、占钊平、郑发展、张杰、龙小峰、安介生等诸位研究者分别对民国时期广州市、江西省、河南省、南京市、广西大瑶山及四川松潘等地的户政做了研究（周艳星：《1925—1926年广州市户口调查述论》，暨南大学2007年硕士学位论文；占钊平：《南京国民政府时期的江西户政》，南昌大学2007年硕士学位论文；郑发展：《民国时期河南人口统计调查述论》，载《河南社会科学》第16卷，2008年9月第5期；张杰：《南京市人口与社会结构研究（1945—1949）》，南京师范大学2012年硕士学位论文；龙小峰：《民国时期瑶族人的户籍管理与社会转变——以广西大瑶山编户为中心》，载《中国边疆史地研究》第24卷，2014年第4期；安介生：《略论清代至民国时期户籍管理与民族人口——以川西松潘为例》，载《历史地理》第三十二辑，第117-146页）。

④ 民国内政部统计处：《全国各选举区户口统计》，《内政统计季刊·创刊号》，1936年10月。

之信息本身的真实性值得怀疑①，二是民国时期的人口调查资料在系统性和完整性方面比较欠缺②。

当时的人口学、经济学研究者对此困境颇多无奈，也积极对人口统计数据资料进行搜求与考察，但往往因时局所限，许多材料已经无法复原，研究也并非都能得到十分令人满意的结果。如其时川省人口学者施居父，曾有如下感慨：

> 四川户口总数，二十年来，几无一允当之数字以为国人理解四川社会者研讨之资。吾人论事属文，辄取“七千万”习焉不察之口头传说。其稍有根据者，亦谨任便选用最缺乏可靠性之海关邮局估计或外国年鉴之四川人口统计；下焉者所征引之数字，出自何所，根据何在，何年统计，何年发表，皆不之问也。以渺茫无凭之依据，而以之治事致知，必致其所推断计议之结果遭受最不利之影响；而况关乎治学施政最切之人口数字乎？此四川所以不免犹蒙长夜魔窟之讥也。③

施氏费时多年搜集清末以来的户口调查资料，皆因当时人口研究所能依据之调查数据不确、来源不详，非经年搜集与仔细考订而无以为凭。这一问题到今天

---

① 早在民国时就有学者对此表示出无奈，时人傅双无在为人口学者施居父《四川人口数字研究之新资料》一书所作之序言中论道：“吾人致力，述而不作。人口之事，作舍官方，莫由人手，述在民间，尚有可为，惟是材料万端，糟粕已居其九，而县吏岁计人口。妄袭旧章，仅抄陈数，实质增损，不加察也；亦有聪明自作，闭户加减者，由前之论，邮局统计，有时且然，于是一省之内，一邑之中，岁月迭更，而犹无一丁一口出入生死之变，此其地岂独身之禅林邪，抑为长生之壁洞邪，吁可怪也，以是知官府之中，庙堂之上，簿书期会之庸吏，人才无问中西，人种无论黄白，悉难语于专家政治之常经，此乃其笑柄之习见焉者耳。”（傅双无：《四川人口数字研究之新资料序》，殷梦霞、田琦：《民国人口户籍史料汇编》第十一册，第3页，北京：国家图书馆出版社，2009年）傅氏对其时户政紊乱现象的讥刺并非个别，人口学家陈达也明确指出，历来进行户口调查的官吏漫不经心、阳奉阴违是造成调查结论和统计报表谬误的最主要原因之一（陈达：《人口问题》，第71—72页，《民国丛书》第一编，据商务印书馆1934年版影印本，上海：上海书店，1989年）。

② 民国时期官方举办的数次户口普查受时局之限并未取得预期的成果，民间调查又多为抽样调查或者区域性调查，统计数据的来源和准确性均须谨慎辨别。胡焕庸教授在发表于1935年的《中国人口分布》一文中就提到了这种困窘：“我国户籍行政，肇端虽古，然近代以来，反不若欧美各国，有定期举行之人口普查，因此我国全国人口，究有几何，至今尚无确切之答复，且常引起各方之争辩……”胡氏进而提到了四川的资料尤其难得，“四川省之人口，近数年来绝少统计，民国元年，统计全省人口为四千八百万，民国五年为五千万，兹据十四年邮政调查，计五千二百万，此乃现有最近之数字也”（胡焕庸：《中国人口之分布》，载《地理学报》1935年第2期）。

③ 施居父：《四川人口数字研究之新资料》，殷梦霞、田琦：《民国人口户籍史料汇编》第十一册，第5页，北京：国家图书馆出版社，2009年。

仍然存在，近代省级和全国人口数值的估算仍大有可商榷者[①]，其最根本的原因仍是原始调查数据的稀缺性及不确定性。

2. 相关档案史料的披露和出版

近年来逐渐披露的民国历史档案为我们研究这段时期的户政情况提供了新的资料，全国各级各地的档案馆或多或少存有相关的史料可供查用。2009 年、2013 年，国家图书馆先后出版了《民国人口户籍史料汇编》（以下简称《汇编》）、《民国人口户籍史料续编》（以下简称《续编》），此二编以国家图书馆馆藏为主，地方图书馆馆藏为补充，按照先官书后专著，先全国后地方的编辑体例，初步涵盖了民国时期人口户籍方面的重要史料[②]。《汇编》所编选的档案文件在时间上贯穿了北洋政府和国民政府统治的各个时期；在地域上分别收载了中央和地方的户政史料，包括内政部编制的全国性统计报告和京、冀、吉、奉、晋、陕、新、江、浙、宁、鄂、赣、皖、闽、云、粤、台等省市和地区以及伪满政权控制地区的人口调查资料。而后出版的《续编》又在此基础上进行了补充，新收录了 28 种史料，涉及户口统计、户政法规等内容，值得注意的是其中后方各省市户口统计、四川省选县户口普查总报告等材料，可为抗战时期后方省份人口、兵源等方面的研究提供重要的参考。上述《汇编》及《续编》所囊括的材料十分丰富，但县一级的原始调查资料仅《汇编》第七册有“民国二十年实查霸县户口统计表”[③] 一份，略为局限。

另外，《民国时期社会调查丛编》中有关人口调查的部分也具有较高的史料价值，特别是第二编收录的《兰溪实验县户口统计及分析》、《云南呈贡县人口普查初步报告》、《涪陵县户口统计报告书》等户口调查报告及句容县、江宁县和四川选县人口调查的几种相关史料，为相关的微观研究提供了便利[④]。此外还有民国时期内政部主计处统计局所编《中华民国统计年鉴》（人口）、民国内政部《内政年鉴》等，颇可资鉴。

---

① 省级人口数据和全国性人口数据的估算数量级一般为百万、千万，其赖以估算的材料准确性越低，则估算范围越大，产生误差的程度可能越高。

② 姜涛：《序言》，殷梦霞、田琦：《民国人口户籍史料汇编》，北京：国家图书馆出版社，2009 年。

③ 施居父：《四川人口数字研究之新资料》，殷梦霞、田琦：《民国人口户籍史料汇编》，第七册，第 1—30 页，北京：国家图书馆出版社，2009 年。

④ 李文海主编：《民国时期社会调查丛编·第二编·人口卷》，福州：福建教育出版社，2014 年 6 月。

三、民国荣县户籍档案

1. 民国时期荣县①户政简况

民初户政纷乱，户籍管理先后由警察部门和基层保甲组织负责实施，政府无一主导机构，民间每多敷衍塞责。荣县政府于民国二十九年（1940）始设民政科，管理包括户政在内的民政事务，时全县划为四个区，每区设一级指导员一名，办理民政及财政事项；三十一年（1942）增设户籍室和统计室，专门负责户口调查和统计工作，直至1949年底。

早前于民国二十三年（1934）公布的《户籍法》实际上并未得到遵行，各地户政颇不统一。之后各省又响应内政部关于推广保甲兼统计人口的指令，各县次第开始了保甲编组及户口调查工作，二十六年（1937）国民政府军事委员会委员长重庆行营公布了《整理川黔两省各县保甲方案》（以下简称《方案》），旨在“针对边省特殊情形，补偏救弊，制定方案，附以说明，作整理川黔两省保甲之基本法治”。《方案》规定“无论已未编组完成各县，均应依照本方案着手编整”，且“在本方案颁行以前……所颁行之各种保甲法令，有与本方案相抵触者，均暂缓适用”，各县保甲编户以三月为限，整编人员应逐户进行人口和户口调查，对私人持有的枪支进行登记并烙印，然后须“调制各种户口调查表交区署或区公所及联保主任保长办公室存查”，区长接调查表后“应核造区户口统计第一二两表，呈报县政府”②。荣县举办保甲编查暨户口调查始于二十四年（1935），略早于该《方案》的公布，尽管如此，就现存户籍档案内容来看，二十四年（1935）荣县户口调查基本上遵循了上述方法。

为持续推行户政，荣县县政府于民国二十七年（1938）召开户籍员训练班，培训户籍员62名，训练时间自五月八日起为期三周，进行“保甲条例”、“户口异动登记办法”、“公文格式”、“农村合作”等科目的学习③。各乡、镇分别设置户籍行政人员四名④，其中户籍主任1人（由副乡镇长兼任，如副乡镇长系由中

---

① 川南荣县，先秦建置，唐设州，宋改县，明清以降，境域略如今日。清末，同盟会会员、县人吴玉章、王天杰等领导革命运动，于1911年9月25日宣布荣县独立，使荣县成为首个脱离清廷的县级政权，孙中山赞曰“辛亥首义实先天下”。

② 《整理川黔两省各县保甲方案》，民国二十六年。

③ “荣县县政府训练户籍员电话生办法”，《荣县户籍员、电话生训练班关于学员培训的课程安排、测试题、履历表、名册》，民国二十七年，全宗号001，目录号02，案卷号263，荣县档案馆藏。

④ “荣县各乡镇户籍行政人员登记册”，《荣县政府关于各乡镇户籍行政人员登记、征集整理川省抗战史料的表、办法》，民国三十一年，全宗号001，目录号17，案卷号080，荣县档案馆藏。

心学校校长兼任，改由专任之民政警卫股主任兼任），户籍干事一人（由民政干事兼任，但该项人员须曾在县行政人员训练所毕业、而以参加本年整编保甲户口工作者为原则，如民政干事系兼乡镇粮食干事者，粮食干事应为专任，民政干事兼户籍干事应另遴合格人员充任）[①]，以及助理干事两人。户口登记工作完竣之后，户籍干事仍需“每月分赴各保抽查，守提异动表”[②]，定期上报县政府。

2. 选编内容概述

民国时期荣县档案（以下简称“荣县档案”）是一批形成于清末至20世纪50年代初期的，制作单位为民国时期荣县政权机关、民意机关、司法机关和商会、银行、学校等非政府组织的历史档案资料，现藏于四川省自贡市荣县档案馆。

荣县档案共有全宗21个，其中全宗001为民国荣县政府档案，其下第18目录为民国荣县政府户籍室档案（以下简称“户籍室档案”），共790卷，全部是民国二十四年（1935）至民国三十八年（1949）政府举行户口调查的表格资料。

整理发现，户籍室档案中计有“户籍登记声请书”249卷、“普通户口调查表”459卷、“普通户口统计表”7卷、“寺庙、公共处所户口调查表”3卷、“寺庙、公共处所户口统计表”5卷、“户口异动呈报表”6卷、“整理保甲报告表”1卷、“保甲长姓名简历表”4卷以及“保甲连坐切结表”56卷等共9类790卷户口调查表格。从制作时间来看，有521卷是荣县政府在前述民国二十五年（1936）全国人口普查中进行户口调查和统计时填造的，其余269卷为民国二十九年（1940）至三十八年（1949）之间持续进行户口调查而制作；以表格制式和内容而言，有以户为单位填报的登记表、以保或区[③]为单位汇总的统计表、保甲人员统计表、户籍信息变动报表等。

美中不足者，上述户籍室档案的各类表格卷册在保存的完整性方面略为参差。例如“普通户口调查表”尽管表册存数最多，但档案所含信息却不甚全面，全县五个区中仅第一区和第三区的调查表被完整保存下来；情况相同的还有“保甲连坐切结表”。又如“户籍登记声请书”，这是民国三十四年（1945）时以乡（镇）为单位填制的户籍申请表，根据县志记载，其年全县共有54个乡、镇[④]，

---

① “训令”，《荣县政府、荣边、双石乡公所等关于户籍主任、干事委任的训令、呈、资历表》，民国三十年，全宗号001，目录号02，案卷号581，荣县档案馆藏。

② “报告”，《荣县政府民政科关于指导员出巡各乡镇工作情况、户籍员调查的呈、名册》，民国三十一年，全宗号001，目录号02，案卷号610，荣县档案馆藏。

③ 据县志记载，民国二十四年整编保甲后，荣县全境分为五个区，各领若干乡镇。详四川省荣县志编纂委员会：《荣县志》，第29页，成都：四川大学出版社1993年。

④ 四川省荣县志编纂委员会：《荣县志》，第30页，成都：四川大学出版社，1993年。

而保存至今的该类表册仅涉及41个乡、镇，且各乡（镇）情形亦不齐全，多者数十卷，寡者仅一卷。

现存的户籍室档案中，保存相对完整的是“普通户口统计表”（共7卷）和“寺庙、公共处所户口统计表”（共5卷），数量虽不算多，但内容基本覆盖了县全境，较为全面地反映出民国二十五年（1936）左右全县户口信息，十分难得。使这些档案更显珍贵的是，这次调查统计之后不久抗日战争即全面爆发，这些统计数据可为研究抗战时期兵源、人口流动等问题及估算后方省份兵力输出数量提供重要的参考。正是基于上述因素，本书将这十二卷档案作为选编的对象，其排架信息如下[①]：

（1）全宗001，目录18，案卷号508，“荣县第一区户口统计表”，民国二十四年，荣县档案馆藏。

（2）全宗001，目录18，案卷号509，“荣县第四区户口统计表”，民国二十四年，荣县档案馆藏。

（3）全宗001，目录18，案卷号510，“荣县第五区户口统计表”，民国二十四年，荣县档案馆藏。

（4）全宗001，目录18，案卷号511，“荣县第一区户口统计表”，民国二十五年，荣县档案馆藏。

（5）全宗001，目录18，案卷号512，“荣县第一区户口统计表”，民国二十五年，荣县档案馆藏。

（6）全宗001，目录18，案卷号513，“荣县第二区户口统计表”，民国二十五年，荣县档案馆藏。

（7）全宗001，目录18，案卷号514，“荣县第二区户口统计表”，民国二十五年，荣县档案馆藏。

（8）全宗001，目录18，案卷号515，“荣县第三区户口统计表”，民国二十五年，荣县档案馆藏。

（9）全宗001，目录18，案卷号516，“荣县第三区户口统计表”，民国二十五年，荣县档案馆藏。

（10）全宗001，目录18，案卷号517，“荣县第四区户口统计表”，民国二十五年，荣县档案馆藏。

---

① 下列档案排架信息中案卷标题均系依原件封皮所拟照录。由于原标题较为随意，未能较全面地反映各卷的内容，且有不同卷册标题相同的情况。为较准确地体现各卷档案内容，便利读者阅读，编校者在正文及目录中依据档案内容对标题有所修改，故与原标题略有不同。

（11）全宗001，目录18，案卷号518，“荥县第四区户口统计表”，民国二十五年，荥县档案馆藏。

（12）全宗001，目录18，案卷号519，“荥县第五区户口统计表”，民国二十五年，荥县档案馆藏。

国民政府于民国二十三年（1935）公布了《户籍法》，以为推行户政制度，然而各省省情各异故而反应不一，致该法几成具文。适此前剿匪省份办理保甲，清查户口颇收实效，行政院遂于二十四年（1935）通饬全国效行，将保甲编组与户口统计工作合并进行。本书选编的上述12卷档案就是民国时期荥县政府在这次编组保甲的同时进行户口登记而填造的户口统计表，有“普通户口统计表”和“寺庙、公共处所统计表”两类。

其中，普通户口统计表又有两种样式。一种是以保为单位进行调查统计，每表登记一保中各甲的户数，男女人口总数，男女现住、他往人数，壮丁数，男女识字人数，有无职业者男女人数，非家属同居者男女人数以及学童数，备考及附记各栏填写情况不一，主要是对本统计单位内各项数据进行汇总，壮丁人数、体质等情况的说明；这种以保为单位填造的统计表，数量较为齐全，基本涵盖了全县所有户口，仅有少数保的统计表存在佚失或者因档案保存不良而无法辨认的情况。另一种是以区为单位的统计总表，每列记录一保的甲数，户数，男女人口总数，男女现住、他往人数，壮丁数，男女识字人数，有无职业者男女人数，非家属同居者男女人数，学童数，备考栏为本保数据汇总，附记栏为全区数据情况总说明；这种样式的统计表，虽仅有第一区和第四区的卷册得以保存至今，但因同属于户口统计表，本书也将其一并选入。

寺庙、公共处所户口统计表均以区为单位填造，表中每列为一保，分上下两部，上部为寺庙户口信息，列有户数、男女人口总数、男女现住及他往人数、壮丁数、男女识字人数及所属宗教类别（佛教、回教、耶教、天主、其他）人数统计；下部为公共处所户口信息，列有处数、男女人数统计，表格末列附记栏为数据汇总及本区情况说明等。

根据侯杨方教授的研究，尽管民国二十五年（1936）前后进行的这次户口统计“并非是全国性人口普查的结果，而仅是各地方政府上报的结果，也不具备精确的统一时点，但是它可以说是整个民国时期唯一具有大致标准年代的、完整的全国性的人口统计数字，因此在中国现代人口史上具有十分重要的意义”①。荥县档案中的户口统计表印证了上述观点：统计数据覆盖了荥县全境所有区域，调

① 葛剑雄主编，侯杨方著：《中国人口史》第六卷，第73—74页，上海：复旦大学出版社，2001年。

查的方法、项目和表式均为一致[①]，表格填造比较完备，时间尚属集中，尽管缺乏一些技术性的要件而无法被视为真正意义上的人口普查[②]，仍能较为真实地反映当时荣县人口的基本情况。

以往研究民国户政者，首重对全国人口数量的重建，但又苦于原始数据资料难得，估算数量级往往在百万级、千万级，误差可想而知。若得以县级户口调查原始数据作为依据进行微观研究，则以小见大，固务谨慎，非必不可。赘言至此，也仅能对所选之户口档案作一些最浅白的介绍，所冀盼者，抛砖引玉，惠及学人而已。

---

① 《整理川黔两省各县保甲方案》第二条规定，“各县保甲户口之编查整理，以县政府为主办机关”，至少就荣县档案的情况来看，二十五年户口调查在人员调派、方法适用、文件使用等各方面是统一的。

② 现代人口统计学理论认为，人口普查是指在国家统一规定的时间内，按照统一的方法、统一的项目、统一的调查表和统一的标准时点，对全国人口普遍地、逐户逐人地进行的一次性调查登记。国民政府内政部于1936年10月发行《内政统计季刊》，在创刊号中公布了“全国各选区户口统计”，并说明了本次统计的数字资料来源，是“根据各省市最近编查保甲户口及户口总查数字”而来，故并非人口普查的结果。

编校说明

本选编遵循最小改动的原则，力图保持档案原貌，有修改添删或须加说明者，如下列各项：

1. 依照现代汉语阅读习惯，将原文中从右到左的文字改为从左到右；所有繁体字转换为简体字。标点全部依照档案原件，不做添删或者改动。

2. 对异体字进行统一订正，例如“驼背”的“驼”字在荣县档案中又有“跎”、“陀”、“疙”、“朊”等写法，“哑子”的“哑”字有写作“瘂”者，“附记”之“附”、有写作“坿”者，均径改为本字，不再一一注释；保留人名中的异体字，例如“峯”不改为“峰”，“崙”不改为“仑”。

3. 本书所有表格的次序均与档案卷册之原件一致，每表表头中所填区数、保数有与前后不能连续者（例如第 176 页、207 页等），甚或空白者（例如第 108 页、153 页等），均保持原状不做添改。

4. 档案原件表格中的数字书写存在不统一、不规范的情况，除个别确须改动处以脚注说明外，所有数字均与档案原件保持一致，原件计算错误的也不予改正。表格中无数据处可能有两种情况：一是档案原件该处即为空白，例如第 139 页“四川省荣县第一区第七八保普通户口统计表”中，各甲的户数栏原本即系空白未填，又如第 183 页“四川省荣县第一区第一二七保普通户口统计表”中，总计栏各项亦系未填；二是因原件该处存在损毁或污染而致无法辨识，对前者不一一注释，仅对后者以脚注说明。

5. 个别表格中保长签名书写不清，其姓名部分可以辨识的，根据民国荣县户籍室档案中的“保甲长姓名简历表”补充完整；原表中保长、区长签名处并有印鉴，其签名有与印鉴不符者，均以印鉴为准径改不注。

6. 由于档案原件所拟每表标题较为随意，为统一计，编校者依据档案原件表头所书标题重新拟定各表标题。其中，第一区和第四区的普通户口统计各表有两种，而其档案原件的标题内容相同，故于标题末尾加中文数字以为区分。

7. “第一区寺庙、公共处所户口统计表”、“第二区寺庙、公共处所户口统计表”以及“第一区普通户口统计表（一）”、“第四区普通户口统计表（一）”原件为连续的长表格，编校者在每页断开处添加原表头，以便利读者阅读。

8. 全部脚注均为编校者所加。

荣县第一区寺庙、公共处所户口统计表

	事别＼区域别	第二保		第三保		第四保		第一四保		第一五保		第一六保		第一七保		第一八保		第二〇保		第二一保		第二二保		第二三保		第二四保		第二五保		第二六保		第二七保	
寺庙户口	户数	二		一		一		一		二		一				一				一		一						一					
寺庙户口	人口总数	男	女	男	女	男	女	男	女	男	女	男	女	男	女	男	女	男	女	男	女	男	女	男	女	男	女	男	女	男	女	男	女
寺庙户口	人口总数	四		二		三		一		三		一				三				一		二						二					
寺庙户口	现住	四		二		三		一		三		一				三				一		二						二					
寺庙户口	他往																																
寺庙户口	壮丁					一				二						一																	
寺庙户口	识字			一						一		一				一				一								二					
寺庙户口 宗教	佛教					三														一													
寺庙户口 宗教	道教	四		二				一		三		一				一						二						二					
寺庙户口 宗教	回教																																
寺庙户口 宗教	耶教																																
寺庙户口 宗教	天主																																
寺庙户口 宗教	其他																																
公共处所	处数	八		三		三				三		二		八				一		四		三		一		一		七		一		二	
公共处所 人数	男	五〇四		二七四		二一四				四四六		八		一八六				五		四〇		一六一		一		一		四三七		一		二一九	
公共处所 人数	女	一七		一七九		一三一				一				三九二								七三						二六				一	

荣县第一区寺庙公共处所户口统计表　中华民国二十五年七月　日　区长贺映福

一 荣县第一区公共处所寺庙户口统计表 中华民国二十五年七月 日 区长贺映福

事别 \ 区域别		第二八保		第三〇保		第三八保		第四一保		第四七保		第四九保		第五〇保		第五四保		第五五保		第六二保		第六三保		第六四保		第六五保		第六六保		第六七保		第六九保	
寺庙户口	户数	一						二		二		二				一				一				二		二		一				一	
		男	女	男	女	男	女	男	女	男	女	男	女	男	女	男	女	男	女	男	女	男	女	男	女	男	女	男	女	男	女	男	女
	人口总数	二						八		四		一	二			一				三				一	五	一〇	三	三				三	
	现住	二						八		四		一	二			一				三				一	五	一〇	三	三				三	
	他往																																
	壮丁							二		一																二							
	识字																																
宗教	佛教							八		二		一	二													一〇		三					
	道教	二														一				三				一								三	
	回教																																
	耶教																																
	天主																																
	其他									二															五		三						
公共处所	处数	六		三		一		三		五		五		二				二				二				二		一		一		一	
	人数 男	一六七		一一		一三二		七四		二三二		一五〇		四三				四五				二				七二		七三		二一		二九	
	人数 女	三一一				一〇				二		二八						一								一〇		二九		二		一一	

事别 \ 区域别		第七五保 男	第七五保 女	第七六保 男	第七六保 女	第七七保 男	第七七保 女	第七九保 男	第七九保 女	第九四保 男	第九四保 女	第九八保 男	第九八保 女	第九九保 男	第九九保 女	第一〇一保 男	第一〇一保 女
寺庙户口	户数					一						一		一		四	
	人口总数						三					二		二		四	
	现住						三					二		二		四	
	他往																
	壮丁																
	识字																
宗教	佛教											二		二		一	
	道教																
	回教																
	耶教																
	天主																
	其他						三									三	
公共处所	处数	一		一				一		二				三		一	
	人数 男	五四		二一				三		二三				一二九		五	
	人数 女	一二								二				一二			

事别 \ 区域别		第一〇二保 男	第一〇二保 女	第一〇八保 男	第一〇八保 女	第一一〇保 男	第一一〇保 女	第一一五保 男	第一一五保 女	第一一六保 男	第一一六保 女	第一一八保 男	第一一八保 女	第一二三保 男	第一二三保 女	第一二四保 男	第一二四保 女
寺庙户口	户数							二									
	人口总数							三									
	现住							三									
	他往																
	壮丁																
	识字																
宗教	佛教							三									
	道教																
	回教																
	耶教																
	天主																
	其他																
公共处所	处数							二		二		一		一		二	
	人数 男							三八		九		三九		三五		二一	
	人数 女							六				一七		二			

荣县第一区寺庙公共处所户口统计表 中华民国二十五年七月 日

区长贺映福

事别 \ 区域别		第一二八保		第一二九保		第一三四保		第一三七保		第一三八保		第一四一保		第一四七保		第一五三保		第一五六保		第一五七保		第一六一保		第一六四保		第一六六保		第一六九保		第一七〇保		第一七一保	
寺庙户口	户数	一				二				二		一		一										二									
寺庙户口	人口总数	男	女	男	女	男	女	男	女	男	女	男	女	男	女	男	女	男	女	男	女	男	女	男	女	男	女	男	女	男	女	男	女
寺庙户口	人口总数	二		一		九				四		一		三										九									
寺庙户口	现住	二		一		九				四		一		三										九									
寺庙户口	他往																																
寺庙户口	壮丁																							三									
寺庙户口	识字			一																				三									
寺庙户口·宗教	佛教	二								四		一		三										九									
寺庙户口·宗教	道教																																
寺庙户口·宗教	回教																																
寺庙户口·宗教	耶教																																
寺庙户口·宗教	天主																																
寺庙户口·宗教	其他			一		九																											
公共处所	处数	三		一		三		二		四		一		七		一		三		一		一		一		一		一		二		一	
公共处所·人数	男	一三二		四		七		一三四		七二		五一		八九		三〇		二一		一一		一		五三		一		一		二		一一	
公共处所·人数	女	三八		一五				二〇		一六				二九		一四		一六								一							

荣县第一区公共处所寺庙户口统计表　中华民国二十五年七月　日　区长贺映福

事别 \ 区域别		第一七二保		第一七三保		第一七四保		第一七八保		第一七九保		第一八四保		第一八五保		第一九四保		第一九八保		第二〇五保		第二〇六保		第二〇七保		第二〇九保		第二一〇保		第二一一保		第二一二保	
寺庙户口	户数			二																二		一											
		男	女	男	女	男	女	男	女	男	女	男	女	男	女	男	女	男	女	男	女	男	女	男	女	男	女	男	女	男	女	男	女
	人口总数			五																四		二											
	现住			五																四		二											
	他往																																
	壮丁			二																													
	识字			二																一													
宗教	佛教			五																		二											
	道教																			三													
	回教																																
	耶教																			一													
	天主																																
	其他																																
公共处所	处数	一		二		一		一		一		一		二		四		一		三		一		二		一		一		一		一	
人数	男	二		一五七		一		一		一一		二		六		一六〇		五四		一二三		九		二八		四七		二九		四一		二七	
	女			五六								二				五二				二五						三						七	

荣县第一区寺庙公共处所户口统计表 中华民国二十五年七月 日

区长贺映福

荣县第一区公共处所寺庙户口统计表　中华民国二十五年七月　日　区长贺映福

事别 \ 区域别	寺庙户口：户数	人口总数 男	人口总数 女	现住 男	现住 女	他住 男	他住 女	壮丁 男	壮丁 女	识字 男	识字 女	宗教：佛教 男	佛教 女	道教 男	道教 女	回教 男	回教 女	耶教 男	耶教 女	天主 男	天主 女	其他 男	其他 女	公共处所：处数	人数 男	人数 女
第二一四保																								一	三三	二
第二一五保	一	二	一	二	一																	二	一	二	七三	八
第二一七保																								一	一	
第二一九保																								二	二	
第二二〇保	一	二		二																		二		一	一	
第二二二保	二	一				一																一		二	七九	一一
第二二三保	一	一		一																		一				
第二二七保																								一	二	
第二二八保																								一	九	
第二二九保																								一	一〇二	二七
第二三〇保																								一	三二	二
第二三一保																								三	三〇	一
第二三二保																								一	六〇	一六
第二三三保																								一	三〇	
第二三五保																								二	四六	
第二三八保	三	八	八	七	八	一				七												七	八	九	三〇	二五

事别＼区域别			第二三九保		第二四一保		第二四二保		第二四三保		第二四五保		第二四六保		第二四七保		第二四九保		第二五〇保		第二五一保		第二五二保		第二五四保		第二五七保		第二五八保		第二五九保		第二六〇保	
寺庙户口	户数		一		一						一		一		一						一		一											
	人口总数		男	女	男	女	男	女	男	女	男	女	男	女	男	女	男	女	男	女	男	女	男	女	男	女	男	女	男	女	男	女	男	女
			三	五	一							一	八		三						一		一											
	现住		二	五	一							一	八		三						一		一											
	他往		一																															
	壮丁												七		一																			
	识字		三	一									五										一											
	宗教	佛教											八		三																			
		道教																																
		回教																																
		耶教																																
		天主																																
		其他	三	四	一							一									一		一											
公共处所	处数				一		二		一		一				三		二		三				二		三		一		六		一		三	
	人数	男			二五		一二		二八		七七				四〇		一九		二八				二〇一		四七		一		二八		一		五	
		女					一		二		二二				三		九		一				五		三				五					

荣县第一区寺庙公共处所户口统计表 中华民国二十五年七月 日 区长贺映福

荣县第一区公共处所户口统计表　寺庙　中华民国二十五年七月　日　区长贺映福

事别＼区域别		第二六一保		第二六四保		第二六五保		第二六六保		第二六七保		第二六八保		第二七〇保		第二七一保		第二七二保		第二七六保		第二七八保		第二七九保		第二八一保		第二八二保		第二八三保		第二八四保	
寺庙户口	户数													二														一				一	
		男	女	男	女	男	女	男	女	男	女	男	女	男	女	男	女	男	女	男	女	男	女	男	女	男	女	男	女	男	女	男	女
	人口总数													四														二				一	
	现住													四														二				一	
	他往																																
	壮丁																											一					
	识字													一														一					
宗教	佛教													四														二				一	
宗教	道教																																
宗教	回教																																
宗教	耶教																																
宗教	天主																																
宗教	其他																																
公共处所	处数	二		二		二		二		二		二		一		二		四		五		四		二				二		二			
公共处所 人数	男	五五		四七		八		二		三		二六		一二七		八		四六		七五		六六		一四				九四		一四			
公共处所 人数	女											一		九				七		一		一六		二				一一					

荣县第一区寺庙公共处所户口统计表　中华民国二十五年七月　日

区长贺映福

事别 \ 区域别		第二八五保		第二八六保		第二八八保		第二八九保		第二九〇保		第二九一保		第二九二保		第二九三保		第二九五保		第二九七保		第二九八保		第二九九保		第三〇一保		第三〇二保		第三〇三保		第三〇八保	
寺庙户口	户数							二				二				一								一						一			
		男	女	男	女	男	女	男	女	男	女	男	女	男	女	男	女	男	女	男	女	男	女	男	女	男	女	男	女	男	女	男	女
	人口总数							二				二					一一							二						一			
	现住							二				二					一一							二						一			
	他往																																
	壮丁											一																					
	识字							一				二					七													一			
宗教	佛教																													一			
	道教																							二									
	回教																																
	耶教																																
	天主																																
	其他							二				二					一一																
公共处所	处数	一		一		一		一				二		一				一		一		一				一		二				一	
人数	男	一九		三一		八		一六				二〇		四一				八五		六		五四				二六		五四				三八	
	女					五												一一				一〇						一七				四	

荣县第一区公共处所寺庙户口统计表 中华民国二十五年七月 日 区长贺映福

事别 \ 区域别	第三一七保		第三二〇保		第三二一保		第三二六保		第三二七保		第三二九保		第 保		第 保		第 保		第 保		第 保		第 保		第 保		合计		附记
寺庙户口 户数																											一、寺庙共七五户男女共一百九十四口现住一百九十一口他往三口壮丁一十一人识字四十四人不识字一百五十人 一、佛教九十九人道教三十二人耶稣教士一人首士二十八人主持三十三人龛司一人共一百九十四人 一、公共场所共二百八十一户计男七千七百二十一人女一千八百二十七人 一、总共公共场所男女口数九千五百四十八人均在他处列入普通户口
人口总数	男	女	男	女	男	女	男	女	男	女	男	女	男	女	男	女	男	女	男	女	男	女	男	女	男	女	男	女	
现住																											
他往																											
壮丁																											
识字																											
宗教 佛教																											
宗教 道教																											
宗教 回教																											
宗教 耶教																											
宗教 天主																											
宗教 其他																											
公共处所 处数	一		一		一		二		三		三																
公共处所 人数 男	五七		四		六八		六		八五		一一																
公共处所 人数 女	六								六																		

荣县第二区寺庙、公共处所户口统计表

事别	区域别	第二保 男	第二保 女	第三保 男	第三保 女	第四保 男	第四保 女	第五保 男	第五保 女	第七保 男	第七保 女	第二〇保 男	第二〇保 女	第二一保 男	第二一保 女	第二四保 男	第二四保 女
寺庙户口	户数	一				一		二		一		一		一		一	
寺庙户口	人口总数	三				一		三		一		一		五		五	
寺庙户口	现住	三				一		三		一		一		五		三	
寺庙户口	他往															二	
寺庙户口	壮丁	一														二	
寺庙户口	识字					一		二								三	
宗教	佛教	二				一		三		一				三		四	
宗教	道教																
宗教	回教																
宗教	耶教																
宗教	天主																
宗教	其他	一										一		二		一	
公共处所	处数	二		一				三						一			
公共处所 人数	男	五四		八				二二三						二二			
公共处所 人数	女	二八						七〇						八			

事别	区域别	第二六保 男	第二六保 女	第三九保 男	第三九保 女	第四〇保 男	第四〇保 女	第五〇保 男	第五〇保 女	第六八保 男	第六八保 女	第七五保 男	第七五保 女	第七六保 男	第七六保 女	第七八保 男	第七八保 女
寺庙户口	户数	一		一		一		一		一				一			
寺庙户口	人口总数	四		四			五	五		二					三		
寺庙户口	现住	四		四			五	五		二					三		
寺庙户口	他往																
寺庙户口	壮丁																
寺庙户口	识字			一				二							一		
宗教	佛教	三		四			三	四		二					三		
宗教	道教																
宗教	回教																
宗教	耶教																
宗教	天主																
宗教	其他	一					二	一									
公共处所	处数	一		一				一				一		四		四	
公共处所 人数	男	七		六二				三二				一		一〇		三七	
公共处所 人数	女			二五													

荣县第二区公共处所户口统计表 中华民国二十 年 月 日
寺 庙 区长钟伯康

事别	区域别	第八〇保		第八一保		第八二保		第八三保		第八六保		第八七保		第九〇保		第九五保		第九六保		第九八保		第九九保		第一〇一保		第一〇二保		第一〇五保		第一〇七保		第一一〇保	
寺庙户口	户数	三						一		一																		一		一		一	
		男	女	男	女	男	女	男	女	男	女	男	女	男	女	男	女	男	女	男	女	男	女	男	女	男	女	男	女	男	女	男	女
	人口总数	三						一		二																		一		一		二	
	现住	三						一		二																		一		一		二	
	他往																																
	壮丁	一																															
	识字																											一				一	
	宗教 佛教	二								一																		一		一		二	
	宗教 道教																																
	宗教 回教																																
	宗教 耶教																																
	宗教 天主																																
	宗教 其他	一								一																							
公共处所	处数	四		一		一						一		一		一		一		一		二		三		一							
	人数 男	八		二		一						一		一		一		二		二		二		二一		一一三							
	人数 女	二																						八		二四							

荣县第二区公共处所寺庙户口统计表　中华民国二十　年　月　日

区长钟伯康

荣县第二区寺庙公共处所户口统计表　中华民国二十　年　月　日　区长钟伯康

事别＼区域别		第一一四保		第一一八保		第一一九保		第一二六保		第一二八保		第一二九保		第一三〇保		第一三三保	
寺庙户口	户数			一		二				一				一		一	
		男	女	男	女	男	女	男	女	男	女	男	女	男	女	男	女
	人口总数			二		二				一				一		一	
	现住			二		二				一				一		一	
	他往																
	壮丁					一										一	
	识字			二		一											
	宗教 佛教					一								一		一	
	宗教 道教																
	宗教 回教																
	宗教 耶教					一											
	宗教 天主																
	宗教 其他																
公共处所	处数	一		四		二		一		一		一				一	
	人数 男	一		七七		九二		三八		三七		七				一九	
	人数 女			三		三六						四				一五	

事别＼区域别		第一四一保		第一四三保		第一四五保		第一四六保		第一四八保		第一四九保		第一五一保		第一五三保	
寺庙户口	户数					一		一		一				一			
		男	女	男	女	男	女	男	女	男	女	男	女	男	女	男	女
	人口总数					二		三						二			
	现住					二		三						二			
	他往																
	壮丁					一											
	识字					二											
	宗教 佛教													二			
	宗教 道教					二		二									
	宗教 回教																
	宗教 耶教																
	宗教 天主																
	宗教 其他							一				一					
公共处所	处数	一		一		二				一		一		一		一	
	人数 男	四		二		三八				二		一二		二三		四二	
	人数 女					六								一		八	

荣县第二区公共处所户口统计表　中华民国二十　年　月　日

寺庙　　区长钟伯康

事别 \ 区域别		第一五四保		第一五五保		第一五六保		第一五八保		第一七一保		第一七五保		第一七七保		第一八二保		第一八三保		第一八四保		第一九四保		第一九五保		第一九六保		第一九八保		第二〇〇保		第二〇一保	
寺庙户口	户数	一				一		一		一						一		一		一								一		一		一	
	人口总数	男	女	男	女	男	女	男	女	男	女	男	女	男	女	男	女	男	女	男	女	男	女	男	女	男	女	男	女	男	女	男	女
		二				六		一		一						一		一		二								一		一		六	
	现住	二				六		一		一						一		一		二								一		一		六	
	他往																																
	壮丁					二														二										一		二	
	识字	二				二		一										一		一												四	
	宗教 佛教					四		一		一						一		一		二								一		一		五	
	宗教 道教	二																															
	宗教 回教																																
	宗教 耶教																																
	宗教 天主																																
	宗教 其他					二																											
公共处所	处数	一		一		一		一				二		一				二		二		一		一		一		二		一			
	人数 男	四二		九五		七		二二				七		二九				二九		八六		二		二		一		一三		六〇			
	人数 女	八		六七		二一														六								二五					

事别＼区域别		第二〇七保		第二一八保		第二一九保		第二二六保		第二二九保		第二三一保		第二三四保		第二三六保		第二四二保		第二四七保		第二五三保		第二五九保		第二六〇保		第二六二保		第二六三保		第二六四保	
寺庙户口	户数					二		一		一		一		一		一				二								一		一			
		男	女	男	女	男	女	男	女	男	女	男	女	男	女	男	女	男	女	男	女	男	女	男	女	男	女	男	女	男	女	男	女
	人口总数					二			一	九		一		三		二				二								一	一		一		
	现住					二			一	九		一		三		二				二								一	一		一		
	他往																																
	壮丁									三																							
	识字					一				六										一													
宗教	佛教					二			一	六		一				二				二									一		一		
	道教									一																							
	回教																																
	耶教																																
	天主																																
	其他									二				一														一					
公共处所	处数	二		二		二												一		二		一		五一		一		一		一		一	
人数	男	七		二		一四												四		一六		四		七七二		一一		四三		二		二	
	女			一〇																													

荣县第二区公共处所户口统计表　中华民国二十　年　月　日
寺　　庙　　　　　　　　　　　　　　　区长钟伯康

荣县第二区公共处所户口统计表　中华民国二十　年　月　日

寺庙　　区长钟伯康

事别＼区域别			第二六六保		第二六八保		第二七〇保		第二七一保		第二七二保		第二七五[1]保		第二七四保		第二七五保	
寺庙户口	户数				一		一		一				二		一		一	
	人口总数		男	女	男	女	男	女	男	女	男	女	男	女	男	女	男	女
					一		三		一				六		一		一	一
	现住				一		三		一				六		一		一	一
	他往																	
	壮丁						一											
	识字						三											
	宗教	佛教					二		一				六		一		一	
		道教																
		回教																
		耶教																
		天主																
		其他																
公共处所	处数		二								一		六		九		二	
	人数	男	一二								三		四七		八四		一八	
		女																

事别＼区域别			第二七六保		第二七七保		第二七八保		第二八〇保		第二八一保		第二八二保		第二八三保		第二八四保	
寺庙户口	户数								一								一	
	人口总数		男	女	男	女	男	女	男	女	男	女	男	女	男	女	男	女
									二								二	
	现住								二								二	
	他往																	
	壮丁								一									
	识字																	
	宗教	佛教							二								二	
		道教																
		回教																
		耶教																
		天主																
		其他																
公共处所	处数		八		五		三				三		四		一		一	
	人数	男	五九		四四		四九				三三		一一七		一四		二二	
		女	一		三		二〇						四〇					

[1] 原文如此，疑为“二七三”之笔误。

事别 \ 区域别		第二八五保		第二八六保		第二八七保		第二九〇保		第二九一保		第二九三保		第二九六保		第二九七保		第二九八保		第三〇〇保		第三〇一保		第三〇二保		第 保		合计	
寺庙户口	户数	一		一		一		一				一		一		四		二		一								七四	
		男	女	男	女	男	女	男	女	男	女	男	女	男	女	男	女	男	女	男	女	男	女	男	女	男	女	男	女
寺庙户口	人口总数	一		一	二	二		一				一		一		八	二	八		八								一三九	二五
寺庙户口	现住	一		一	二	二		一				一		一		八	二	八		八								一三七	二五
寺庙户口	他往																											二	
寺庙户口	壮丁															四		四		五								三五	
寺庙户口	识字				一	一						一				三												四二	二
宗教	佛教	一				二		一				一		一		七	二	四		四								一〇三	二〇
宗教	道教																											七	
宗教	回教																												
宗教	耶教																											一	
宗教	天主			一	三																							一	二
宗教	其他															一		四		四								二七	三
公共处所	处数	一		一		一				二		二				一				一		二		二				一九四	
公共处所	人数 男	五八		三七		二六				二五		三五				一七				二二		五		一四				三〇〇八	
公共处所	人数 女	七四				二九				五		三				一三												五六四	

说明：

查本区所属各保内寺庙户口曾经编入普通户口人数计男十九人女四人又公共处所人数编入普通户口人数计男二千八百四十二人女四百九十六人合并声明

区长钟伯康

荣县第二区公共处所寺庙户口统计表　中华民国二十　年　月　日

区长钟伯康

荣县第三区寺庙、公共处所户口统计表

事别＼区域别			第一保		第二保		第三保		第四保		第六保		第一〇保		第一一保		第一三保		第一七保		第一九保		第二一保		第二九保		第三七保		第三八保		第四二保		第五一保	
寺庙户口	户数		四						一		一						一				一						一		一				三	
寺庙户口	人口总数		男	女	男	女	男	女	男	女	男	女	男	女	男	女	男	女	男	女	男	女	男	女	男	女	男	女	男	女	男	女	男	女
寺庙户口	人口总数		六						一			一									一						二		一				二	
寺庙户口	现住		五						一			一									一						二		一				二	
寺庙户口	他往		一																															
寺庙户口	壮丁		四																								一						一	
寺庙户口	识字		三																														一	
寺庙户口	宗教	佛教	三																								二							
寺庙户口	宗教	道教	一						一			一									一								一				一	
寺庙户口	宗教	回教																																
寺庙户口	宗教	耶教	一	一																													一	一
寺庙户口	宗教	天主	一																															
寺庙户口	宗教	其他																																
公共处所	处数		六		三		二						一		一		一		一				一		一		一				一		二	
公共处所	人数	男	四五		一四〇		一一二						三三		二二		四四		三五				六三		三七		一〇四				七九		七二	
公共处所	人数	女	一一		二四		六五																四										一三	

荣县第三区寺庙公共处所户口统计表 中华民国二十五年六月三十日 区长王典文

荣县第三区公共处所户口统计表　中华民国二十五年六月三十日
寺　庙　区长王典文

事别＼区域别		第五八保		第五九保		第六一保		第六五保		第六六保		第七二保		第七八保		第七九保		第八〇保		第八六保		第九〇保		第九一保		第九五保		第九六保		第九七保		第一〇四保	
寺庙户口	户数	一		二				二						一		一						一				二		一				二	
寺庙户口		男	女	男	女	男	女	男	女	男	女	男	女	男	女	男	女	男	女	男	女	男	女	男	女	男	女	男	女	男	女	男	女
寺庙户口	人口总数			一				一		一				一		一						一				一八						八	
寺庙户口	现住			一				一		一				一		一						一				一八						八	
寺庙户口	他往																																
寺庙户口	壮丁									一				一												一五						一	
寺庙户口	识字									一				一								一				一七						二	
宗教	佛教																									九						八	
宗教	道教			一				一						一		一						一											
宗教	回教																																
宗教	耶教																											一	一				
宗教	天主																									九	一						
宗教	其他																																
公共处所	处数					一				一		一						一		一		一		一		一		二		三			
公共处所	人数 男					二七				四五		八〇						四四		三七		三五		四四		三八		一六		六四			
公共处所	人数 女					三				八		二九						一二		四		三		一		一九				一三			

荣县第三区寺庙公共处所户口统计表　中华民国二十五年六月三十日　区长王典文

事别 \ 区域别		第一O五保		第一一五保		第一二三保		第一三O保		第一三三保		第一三九保		一四O第保		一四五第保		一四八第保		第保		第保		第保		第保		合计	
寺庙户口	户数									一				一				一										二八	
		男	女	男	女	男	女	男	女	男	女	男	女	男	女	男	女	男	女	男	女	男	女	男	女	男	女	男	女
	人口总数									三				二				一										五一	三
	现住									三				二				一										五O	一
	他往																											一	
	壮丁									一				一														二六	
	识字									二				一														二九	
	宗教 佛教									三				二				一										二八	
	宗教 道教																											一一	一
	宗教 回教																												
	宗教 耶教																											二	一
	宗教 天主																											一一	一
	宗教 其他																												
公共处所	处数																											四四	
	人数 男																											一四八O	
	人数 女																											二三一	

荣县第四区寺庙、公共处所户口统计表

事别 \ 区域别		第一保		第四保		第八保		第一二保		第二四保		第三三保		第三五保		第三八保		第三九保		第四〇保		第四一保		第四二保		第四五保		第四八保		第五〇保		第五一保	
寺庙户口	户数	一								一																							
寺庙户口	人口总数	男	女	男	女	男	女	男	女	男	女	男	女	男	女	男	女	男	女	男	女	男	女	男	女	男	女	男	女	男	女	男	女
寺庙户口	人口总数	三								二																							
寺庙户口	现住	三								二																							
寺庙户口	他往																																
寺庙户口	壮丁	一																															
寺庙户口	识字	一																															
寺庙户口 宗教	佛教	一								一																							
寺庙户口 宗教	道教																																
寺庙户口 宗教	回教																																
寺庙户口 宗教	耶教																																
寺庙户口 宗教	天主																																
寺庙户口 宗教	其他																																
公共处所	处数	四		一		一		一		一		一		一		一		三		一		二		二		一		二		一		一	
公共处所 人数	男	一四〇		二七		二〇		二八		三八		三八		一八三		三二		二四		五七		四五		四一		三一		三九		一五		三	
公共处所 人数	女	二二				六				二		一		二八		二		一						一								一	

荣县第四区寺庙公共处所户口统计表 中华民国二十五年七月 日

区长何裕光

荣县第四区公共处所寺庙户口统计表　中华民国二十五年七月　日

区长何裕光

区域别	性别	寺庙户口：户数	人口总数	现住	他往	壮丁	识字	宗教：佛教	道教	回教	耶教	天主	其他	公共处所：处数	人数
第五二保	男													一	一〇
	女														
第六一保	男													二	七七
	女														三
第六三保	男	一	一	一				一						一	三七
	女														一二
第六六保	男	一	二	二				一							
	女		一	一											
第六九保	男	二	二	二				二						二	一三
	女		一	一											
第七八保	男	一	二	二				一							
	女		一	一											
第七九保	男	三	九	九		五	二	三						二	一五〇
	女														四
第八一保	男	一	一	一				一							
	女														
第八二保	男	一													
	女		六	六			二	一							
第八三保	男	一	二	二			一	一							
	女		二	二											
第八八保	男													一	二二
	女														
第九〇保	男	一	二	二				一							
	女														
第九三保	男	一	一	一			一	一						二	一三六
	女														
第九八保	男	一	一	一		一	一	一						一	六八
	女														
第一〇一保	男	一	一	一			一	一							
	女														
第一〇五保	男	一	七	七		四	五	一						二	四六
	女		一	一											三

荣县第四区寺庙公共处所户口统计表 中华民国二十五年七月 日 区长何裕光

事别 \ 区域别		第一〇六保		第一〇八保		第一一五保		第一一六保		第 保		第 保		第 保		第 保		第 保		第 保		第 保		第 保		第 保		合计		说明
寺庙户口	户数	一				一		一																				二一		
寺庙户口		男	女	男	女	男	女	男	女	男	女	男	女	男	女	男	女	男	女	男	女	男	女	男	女	男	女	男	女	1. 寺庙已编入普通户口者男四人女三人 2. 公共处所已编入住户户口而列他往者男五八七人女二七人未列他往者男七二一人女六三人未编入住户户口者男一八四人
寺庙户口	人口总数	一					五		二																			三七	一九	
寺庙户口	现住	一					五		二																			三七	一九	
寺庙户口	他往																													
寺庙户口	壮丁																											一一		
寺庙户口	识字	一					一		二																			一三	五	
宗教	佛教	一					一		一																			一八	三	
宗教	道教																													
宗教	回教																													
宗教	耶教																													
宗教	天主																													
宗教	其他																													
公共处所	处数	一		一		二																						四二		
公共处所	人数 男	五五		四三		七四																						一四九二		
公共处所	人数 女	四																										九O		

荣县第五区寺庙、公共处所户口统计表

荣县第五区寺庙公共处所户口统计表　中华民国二十五年八月一日
区长王修远

事别＼区域别		第一保		第二保		第三保		第四保		第五保		第六保		第七保		第八保		第九保		第一〇保		第一一保		第一二保		第一三保		第一四保		第一五保		第一六保	
寺庙户口	户数			一				一																									
		男	女	男	女	男	女	男	女	男	女	男	女	男	女	男	女	男	女	男	女	男	女	男	女	男	女	男	女	男	女	男	女
	人口总数			一				一						一																			
	现住			一				一						一																			
	他往																																
	壮丁			一				一																									
	识字													一																			
宗教	佛教			一				一						一																			
宗教	道教																																
宗教	回教																																
宗教	耶教																																
宗教	天主																																
宗教	其他																																
公共处所	处数			三		二																二											
公共处所 人数	男			六九		二二																三七											
公共处所 人数	女			七〇																													

荣县第五区公共处所寺庙户口统计表 中华民国二十五年八月一日 区长王修远

事别＼区域别		第一七保		第一八保		第一九保		第二〇保		第二一保		第二二保		第二三保		第二四保		第二五保		第二六保		第二七保		第二八保		第二九保		第三〇保		第三一保		第三二保	
寺庙户口		男	女	男	女	男	女	男	女	男	女	男	女	男	女	男	女	男	女	男	女	男	女	男	女	男	女	男	女	男	女	男	女
户数												一						一		一													
人口总数												四																一		二		三	
现住												四																一		二		三	
他往																																	
壮丁												三																		一		一	
识字												二																一		一			
宗教	佛教											四																		二		二	
宗教	道教																																
宗教	回教																																
宗教	耶教																																
宗教	天主																																
宗教	其他																											一				一	
公共处所	处数			一								一						一		二										二		一	
公共处所	人数 男			七二								四二						二		二九										五四		四	
公共处所	人数 女			三三								五								八													

荣县第五区寺庙、公共处所户口统计表

事别＼区域别	第三三保		第三四保		第三五保		第三六保		第三七保		第三八保		第三九保		第四〇保		第四一保		第四二保		第四三保		第四四保		第四五保		第四六保		第四七保		第四八保	
寺庙户口 户数									二						一								二									
寺庙户口 人口总数	男	女	男	女	男	女	男	女	男	女	男	女	男	女	男	女	男	女	男	女	男	女	男	女	男	女	男	女	男	女	男	女
									三						一								四	一								
寺庙户口 现住									三						一								四	一								
寺庙户口 他往																																
寺庙户口 壮丁									一														一									
寺庙户口 识字									二														一									
寺庙户口 宗教 佛教																							二									
寺庙户口 宗教 道教																																
寺庙户口 宗教 回教																																
寺庙户口 宗教 耶教																																
寺庙户口 宗教 天主																																
寺庙户口 宗教 其他									三						一								二	一								
公共处所 处数					一						一		一						一				二		二		一					
公共处所 人数 男					一						一		一						一				四四		二		一					
公共处所 人数 女																																

荣县第五区公共处所户口统计表　中华民国二十五年八月一日
寺　庙　区长王修远

事别＼区域别			第四九保		第五〇保		第五一保		第五二保		第五三保		第五四保		第五五保		第五六保		第五七保		第五八保		第五九保		第六〇保		第六一保		第六二保		第六三保		第六四保	
			男	女	男	女	男	女	男	女	男	女	男	女	男	女	男	女	男	女	男	女	男	女	男	女	男	女	男	女	男	女	男	女
寺庙户口	户数		一																														一	
	人口总数		二																														二	
	现住		二																														二	
	他往																																	
	壮丁		一																														一	
	识字																																一	
	宗教	佛教	二																														一	
		道教																																
		回教																																
		耶教																																
		天主																																
		其他																															一	
公共处所	处数		一				二		一		四				二				二						一		一							
	人数	男	三				五一		三		六四				二六				二七						三		三							
		女					三				三				二				三															

荣县第五区公共处所寺庙户口统计表　中华民国二十五年八月一日

区长王修远

	事别＼区域别		第六五保		第六六保		第六七保		第六八保		第六九保		第七〇保		第七一保		第七二保		第七三保		第七四保		第七五保		第七六保		第七七保		第七八保		第七九保		第八〇保	
寺庙户口	户数		二				一				二				一		一						一		一		二				一			
			男	女	男	女	男	女	男	女	男	女	男	女	男	女	男	女	男	女	男	女	男	女	男	女	男	女	男	女	男	女	男	女
	人口总数		一〇	一			二				二						一						二		五		五				一	二		
	现住		一〇	一			二				二						一						二		五		五				一	二		
	他往																																	
	壮丁		八								五														一		一							
	识字		一				一				二																二				一			
	宗教	佛教	七								一〇												二		二		二							
		道教					二																											
		回教																																
		耶教																													一	二		
		天主																																
		其他	三	一							一																							
公共处所	处数		一		二				一				一		二		一				一								一		一			
	人数	男	七		一八				三				一〇		四		一				三								一		四			
		女																																

荣县第五区公共处所户口统计表（“区”字旁注“庙”） 中华民国二十五年八月一日 区长王修远

荣县第五区公共处所户口统计表　中华民国二十五年八月一日
寺庙
区长王修远

事别＼区域别		第八一保		第八二保		第八三保		第八四保		第八五保		第八六保		第八七保		第八八保	
寺庙户口	户数	一		一								一		一			
	人口总数	男	女	男	女	男	女	男	女	男	女	男	女	男	女	男	女
		二		四								一		一			
	现住	二		四								一		一			
	他往																
	壮丁			二													
	识字			一													
	宗教 佛教	二		四								一		一			
	宗教 道教																
	宗教 回教																
	宗教 耶教																
	宗教 天主																
	宗教 其他																
公共处所	处数	一				一		一		二		一		二			
	人数 男	二四				五		三		七		四		二八			
	人数 女																

事别＼区域别		第八九保		第九〇保		第九一保		第九二保		第九三保		第九四保		第九五保		第九六保	
寺庙户口	户数	一								一							
	人口总数	男	女	男	女	男	女	男	女	男	女	男	女	男	女	男	女
		二								三							
	现住	二								三							
	他往																
	壮丁																
	识字	一								二							
	宗教 佛教	二								二							
	宗教 道教																
	宗教 回教																
	宗教 耶教																
	宗教 天主																
	宗教 其他									一							
公共处所	处数	二		一				二		二		一		一		三	
	人数 男	五		七				二		一三		八		一		六四	
	人数 女															四	

事别＼区域别			第九七保		第九八保		第九九保		第一〇〇保		第一〇一保		第一〇二保		第一〇三保		第一〇四保		第一〇五保		第一〇六保		第一〇七保		第一〇八保		第一〇九保		第一一〇保		第一一一保		第一一二保	
寺庙户口	户数								一												一													
寺庙户口	人口总数		男	女	男	女	男	女	男	女	男	女	男	女	男	女	男	女	男	女	男	女	男	女	男	女	男	女	男	女	男	女	男	女
寺庙户口	人口总数								二												一													
寺庙户口	现住								二												一													
寺庙户口	他往																																	
寺庙户口	壮丁																																	
寺庙户口	识字																																	
寺庙户口	宗教	佛教							二												一													
寺庙户口	宗教	道教																																
寺庙户口	宗教	回教																																
寺庙户口	宗教	耶教																																
寺庙户口	宗教	天主																																
寺庙户口	宗教	其他																																
公共处所	处数		六				一		三						一						三				二		一		二		一		一	
公共处所	人数	男	九六				三		一〇九						二						三二				一三四		二七		二四		六		一二	
公共处所	人数	女	一																						二六		一八		五				二	

荣县第五区公共处所户口统计表　中华民国二十五年八月一日
寺庙
区长王修远

荣县第五区公共处所寺庙户口统计表　中华民国二十五年八月一日　区长王修远

事别＼区域别	第一一三保		第一一四保		第一一五保		第一一六保		第一一七保		第一一八保		第一一九保		第一二〇保		第一二一保		第一二二保		第一二三保		第一二四保		第一二五保		第一二六保		第一二七保		第一二八保	
寺庙户口 户数					一				一		一																		一		一	
寺庙户口 人口总数	男	女	男	女	男	女	男	女	男	女	男	女	男	女	男	女	男	女	男	女	男	女	男	女	男	女	男	女	男	女	男	女
					一				六		二								五								二		一		四	
寺庙户口 现住					一				六		二								五								二		一		四	
寺庙户口 他往																																
寺庙户口 壮丁									二		一																		一			
寺庙户口 识字									二		一								二													
寺庙户口 宗教 佛教									五		二								五								一				三	
寺庙户口 宗教 道教																																
寺庙户口 宗教 回教																																
寺庙户口 宗教 耶教																																
寺庙户口 宗教 天主																																
寺庙户口 宗教 其他									一																		一				一	
公共处所 处数	一		一		二		一						二		一		一				一		一		一		一				四	
公共处所 人数 男	二		三		三三		七						四六		八		九				四		一		三		一				一六	
公共处所 人数 女																																

荣县第五区寺庙公共处所户口统计表　中华民国二十五年八月一日　区长王修远

寺庙户口

事别＼区域别	第一二九保 男	第一二九保 女	第一三〇保 男	第一三〇保 女	第一三一保 男	第一三一保 女	第一三二保 男	第一三二保 女	第一三三保 男	第一三三保 女	第一三四保 男	第一三四保 女	第一三五保 男	第一三五保 女	第一三六保 男	第一三六保 女	第一三七保 男	第一三七保 女	第一三八保 男	第一三八保 女	第一三九保 男	第一三九保 女	第一四〇保 男	第一四〇保 女	第一四一保 男	第一四一保 女	第一四二保 男	第一四二保 女	第一四三保 男	第一四三保 女	第一四四保 男	第一四四保 女
户数	一				一																											
人口总数	一				四																											
现住	一				四																											
他往																																
壮丁																																
识字	一																															
宗教 佛教					三																											
宗教 道教																																
宗教 回教																																
宗教 耶教																																
宗教 天主																																
宗教 其他					一																											

公共处所

事别＼区域别	第一二九保	第一三〇保	第一三一保	第一三二保	第一三三保	第一三四保	第一三五保	第一三六保	第一三七保	第一三八保	第一三九保	第一四〇保	第一四一保	第一四二保	第一四三保	第一四四保
处数			四	五	一	二	一		一	二	一	一	一	三	一	二
人数 男			一六	七〇	二六	八	一		三	三二	一	三	三七	二二	一	三九
人数 女																

荣县第五区公共处所寺庙户口统计表　中华民国二十五年八月一日　区长王修远

事别＼区域别		第一四五保		第一四六保		第一四七保		第一四八保		第一四九保		第一五〇保		第一五一保		第一五二保		第一五三保		第一五四保		第一五五保		第一五六保		第一五七保		第一五八保		第一五九保		第　保	
寺庙户口	户数					三				一																							
		男	女	男	女	男	女	男	女	男	女	男	女	男	女	男	女	男	女	男	女	男	女	男	女	男	女	男	女	男	女	男	女
	人口总数					五				四								四															
	现住					五				四								四															
	他往																																
	壮丁					一				一								二															
	识字					一				一								二															
宗教	佛教					三				三								四															
	道教																																
	回教																																
	耶教																																
	天主																																
	其他					二				一																							
公共处所	处数	一		一		一						一三				三				一													
人数	男	五		一		六八						七〇				八				一													
人数	女																																

荣县第五区寺庙公共处所户口统计表　中华民国二十五年八月一日　区长王修远

事别＼区域别		第 保		第 保		第 保		第 保		第 保		第 保		第 保		第 保		第 保		第 保		第 保		第 保		第 保		合计		说明
寺庙户口	户数																										四三		
		男	女	男	女	男	女	男	女	男	女	男	女	男	女	男	女	男	女	男	女	男	女	男	女	男	女	男	女	
寺庙户口	人口总数																											一〇八	四	
寺庙户口	现住																											二八	四	
寺庙户口	他往																													
寺庙户口	壮丁																											三六		
寺庙户口	识字																											三〇		
寺庙户口	宗教 佛教																											八五		本区公共处所曾经编入住户人口内者男一千六百二十六人女二百四十一人
寺庙户口	宗教 道教																											二		
寺庙户口	宗教 回教																											一		
寺庙户口	宗教 耶教																											一	二	
寺庙户口	宗教 天主																													
寺庙户口	宗教 其他																											二一	二	
公共处所	处数																											一七五八		
公共处所	人数 男																											二四一		
公共处所	人数 女																													

荣县第一区普通户口统计表（一）

事别＼保别		第一保		第二保		第三保		第四保		第五保	
甲数		一〇		一〇		一〇		一〇		一〇	
户数		九九		一〇〇		一五〇		九九		一二六	
		男	女	男	女	男	女	男	女	男	女
人口总数		三三六	二二五	二七四	二一一	三六一	三六〇	二七七	二四一	三四八	三一五
现住		三一六	二一六	二六〇	二一〇	三二三	三五七	二五六	二三〇	三〇七	三〇八
他往		二〇	九	一四	一	三八	三	二一	一一	四一	七
壮丁		一二九		一一八		一二八		一一二		一二四	
识字		一五六	二九	一一八	二六	一六五	五六	一五九	六六	一一〇	四九
职业	有	一五〇	一〇八	一一九	二九	一八六	一九二	一一八	九九	一六三	一四九
	无	一八六	一一七	一五五	一八二	一七五	一六八	一五九	一四二	一八五	一六六
非家属同住者		九九	二二	七六	一八	五〇	四五	七四	三九	六七	四五
学童		五七		五七		八六		五四		六九	
备考		出县男八人女五人未出县男一二人女四人		出县男一一人未出县男三人女一人		出县男二人未出县男三二人女三人		出县男八人女五人未出县男九人女三人出省男四人女三人		出县男二人未出县男三九人女七人	

事别＼保别		第六保		第七保		第八保		第九保		第十保	
甲数		一〇		一〇		一〇		一〇		一〇	
户数		九五		一二三		一三五		一〇〇		九二	
		男	女	男	女	男	女	男	女	男	女
人口总数		二三七	二一〇	三一三	二七九	三〇五	二七四	三八一	二九三	三〇八	二四八
现住		二〇三	二〇四	二八九	二七四	二七二	二六六	三三七	二八七	二八八	二四三
他往		三四	六	二四	五	三三	八	四四	六	二〇	五
壮丁		一〇〇		一一六		一三五		一二八		一二一	
识字		一二四	三三	一二八	二七	八五	一八	一二三	二一	一一七	三一
职业	有	一一三	一一四	一七四	六五	一八三	一五三	二一三	一四九	一三〇	一一七
	无	一二四	九六	一三九	一一四	一二二	一二一	一六八	一四四	一七八	一三一
非家属同住者		四五	一四	五九	二五	四九	一三	一一〇	四二	九三	四四
学童		三七		四四		四七		三二		四〇	
备考		出县男七人女一人未出县男二七人女五人		出县男八人女二人未出县男一五人女三人出省男一人		出县男二人未出县男三一人女八人		出县男二人女三人未出县男四一人女三人出省男一人		出县男八人女三人未出县男二人女一人出省男一人女一人	

事别＼保别		第一一保		第一二保		第一三保		第一四保		第一五保	
甲数		一〇		一〇		一二		一五		九	
户数		一〇六		一〇八		一二六		一六一		九三	
		男	女	男	女	男	女	男	女	男	女
人口总数		三五四	二二四	三三八	二八九	三八八	三一三	四一五	三五五	二五五	二三八
现住		三三五	二一四	三一一	二八六	三五二	三〇二	三七〇	三五三	二三四	二三八
他往		一九	一〇	二七	三	三六	一一	四五	二	二一	
壮丁		一四八		一三〇		一四七		一五六		八二	
识字		一三六	二九	一四一	三二	一二四	二九	六八	四	八六	二五
职业	有	一六五	一〇〇	一七六	九八	二二七	一五一	一九〇	一九二	九二	六七
	无	一八九	一二四	一六二	一九一	一六一	一六二	二二五	一六三	一六三	一七一
非家属同住者		六五	一四	四九	一九	一一七	三六	九四	四六	六七	五〇
学童		四七		五一		四三		五四		六一	
备考		出县男一〇人女五人未出县男九人女五人		出县男一一人女一人未出县男一六人女一人出省女一人		出县男一五人女三人未出县男一九人女八人出省男二人		出县男一二人女二人未出县男三三人		出县男四人未出县男一六人出省男一人	

荣县第一区第保普通户口统计表
区长贺映福
中华民国二十五年七月 日

荣县第一区第保普通户口统计表

中华民国二十五年七月　日　　区长贺映福

事别 \ 保别		第一六保		第一七保		第一八保		第一九保		第二〇保		第二一保		第二二保		第二三保	
甲数		九		一〇		一〇		一〇		一〇		一〇		一〇		一〇	
户数		九〇		九四		一〇三		一〇二		一〇〇		一〇一		一〇三		九五	
		男	女	男	女	男	女	男	女	男	女	男	女	男	女	男	女
人口总数		三七五	二九二	二九四	二五七	三〇四	二三一	三〇一	二八九	三四〇	二五九	三一二	二九八	二七三	二六〇	二四一	二七四
现住		三四四	二七六	二七三	二五二	二九七	二三一	二五八	二八二	三〇八	二五〇	二八一	二八九	二三三	二五二	二二〇	二六二
他往		三一	一六	二一	五	七		四三	七	三二	九	三一	九	四〇	八	二一	一二
壮丁		一六〇		一〇一		一二六		一一二		一四七		五九		八九		四九	
识字		二〇一	五五	一三五	三八	七四	二七	一四五	三九	九二	三三	一四〇	五五	九四	三八	七六	三〇
职业	有	一七七	一二九	一一七	八八	一五九	六八	一四四	一二九	一六八	一二七	一二六	一三六	一二一	一一二	六九	七七
	无	一九八	一六三	一七七	一六九	一四五	一六三	一五七	一六〇	一七二	一三二	一八六	一二六	一五二	一四八	一七二	一九七
非家属同住者		一二四	六七	八〇	四六	七九	二六	七七	五三	一〇一	四〇	八一	四九	五〇	二八	八	四
学童		五五		五七		六四		六一		三五		六四		四八		四〇	
备考		出县男三〇人女一五人未出县男一人女一人		出县男一六人女一五人未出县男一人女一人		出县男三人出省男一人未出县男三人		出县男六人女一人未出县男三三人女四人出省男四人女二人		出县男九人女五人未出县男二三人女四人		出县男一五人女七人未出县男一四人女二人出省男二人		出县男一九人女二人未出县男二一人女六人		出县男一八人女九人未出县男三人女三人	

事别 \ 保别		第二四保		第二五保		第二六保		第二七保		第二八保		第二九保		第三〇保	
甲数		七		一〇		一〇		九		一〇		一四		一五	
户数		七〇		九五		九九		九四		九五		一四〇		一五一	
		男	女	男	女	男	女	男	女	男	女	男	女	男	女
人口总数		二二〇	一六一	二八六	一九三	二五二	二四八	二七八	二三三	二七五	二六三	三二三	三四七	三五七	三六八
现住		二〇二	一五九	二六四	一八六	二二五	二四二	二四五	二二五	二四八	二五九	二七六	三三八	二七八	二五四
他往		一八	二	二二	七	二七	六	三三	八	二七	四	四七	九	七九	一四
壮丁		八三		八〇		七七		八一		三八		一三八		一三一	
识字		一三〇	二一	一五八	三六	六一	二四	一四一	四九	五三	一〇	一二五	三一	一二二	五五
职业	有	一一四	八四	一四八	九一	一三〇	一〇三	一四〇	七六	一七二	一四七	一六五	一〇二	一九〇	一四九
	无	一〇六	七七	一三八	一〇二	一二二	一四五	一三八	一五七	一〇三	一一六	一五八	二四五	一六七	二一九
非家属同住者		七六	二八	五五	一九	二九	二七	五五	三五	一一	一三	三三	四一	五四	四四
学童		二八		三二		二八		四八		七五		四五		五五	
备考		出县男七人未出县男一一人女二人		出县女一人未出县男一八人女四人出省男四人女二人		出县男八人女二人未出县男一八人女三人出省男一人女一人		出县男六人女一人未出县男二六人女七人出省男一人		出县男一三人女四人未出县男一四人		出县男一二人女六人未出县男三五人女三人		出县男一八人女一〇人未出县男六一人女四人	

荣县第一区第保普通户口统计表

事别＼保别	第三一保		第三二保		第三三保		第三四保		第三五保	
甲数	七		一〇		一〇		一〇		一〇	
户数	六九		一三〇		一二四		一〇一		一二五	
	男	女	男	女	男	女	男	女	男	女
人口总数	二七四	一八一	四一七	三五四	三五九	三三七	三三八	二九九	三八二	三四八
现住	二五三	一七七	三七八	三五四	三〇七	三三六	三〇八	二九八	三三二	三四五
他往	二一	四	三九		五二	一	三〇	一	五〇	三
壮丁	九六		一四〇		一二六		九五		一一四	
识字	一四二	四一	六五	一	六一	二	四四	三	三九	五
职业 有	一四六	六一	二三三	一七八	二二三	一七五	一九三	一六〇	二六〇	二〇二
职业 无	一二八	一二〇	一八四	一七六	一三六	一六二	一四五	一三九	一二二	一四六
非家属同住者	一〇一	二五	七七	一九	四六	三七	三六	一七	四九	一一
学童	三四		七一		五四		四四		六五	
备考	出县男七人女一人未出县男一四人女三人		出县男一人未出县男三八人		出县男一九人女一人未出县男三三人		出县男四人女一人未出县男二六人		出县男四人未出县男四六人女三人	

事别＼保别	第三六保		第三七保		第三八保		第三九保		第四〇保	
甲数	九		一〇		一〇		一〇		一〇	
户数	一〇五		一一三		一二〇		一二五		一〇七	
	男	女	男	女	男	女	男	女	男	女
人口总数	三二四	二九六	三五二	三二三	四二五	三八九	三四九	三〇八	三五二	二九二
现住	三二一	二九六	三〇三	三一八	三五三	三八四	三〇六	三〇七	二九九	二八七
他往	三		四九	五	七二	五	四三	一	五三	五
壮丁	九七		一一四		九五		一一八		一二九	
识字	七	一	九		二二	三	一三	三	三九	四
职业 有	一八四	一〇七	一九〇	一七二	二四六	二三五	一八八	一五五	二二三	一七七
职业 无	一四〇	一八九	一六二	一五一	一七九	一五四	一六一	一五三	一二九	一一五
非家属同住者	四三	一三	二九	八	五三	三五	一四	一四	八七	四八
学童	七一		五七		九七		六二		四四	
备考	出县男三人		出县男四人未出县男四五人女五人		出县男二人未出县男六七人女五人出省男三人		出县男二人未出县男四一人女一人		出县男二人未出县男五一人女五人	

事别＼保别	第四一保		第四二保		第四三保		第四四保		第四五保	
甲数	一〇		一〇		一一		一〇		一一	
户数	一〇八		一三二		一四四		一〇六		一四六	
	男	女	男	女	男	女	男	女	男	女
人口总数	三九五	三七三	四〇九	三五二	四三二	三九九	三五五	二九九	四六三	三八三
现住	三四三	三六九	三四三	三四四	三五〇	三九八	三二五	二九六	四四一	三八三
他往	五二	四	六六	八	八二	一	三〇	三	二二	
壮丁	一六六		一四八		一六一		一一八		一一〇	
识字	一二〇	一七	一〇五	一二	四六	三	四五	一	三一	
职业 有	二四八	二二八	三四五	二〇九	二五六	二二一	二三〇	二〇六	二七五	二一三
职业 无	一四七	一四五	一六四	一四三	一七六	一七八	一二五	九三	一八八	一七〇
非家属同住者	八八	七二	七四	三七	四〇	二九	五五	三八	九八	五七
学童	八二		七四		七七		六五		七九	
备考	出县男九人女二人未出县男四二人女二人出省男一人		出县男七人女二人未出县男五八人女六人出省男一人		出县男一人未出县男八一人女一人		未出县男三〇人女三人		未出县男二二人	

区长贺映福

中华民国二十五年七月 日

荣县第一区第保普通户口统计表

事别＼保别	第四六保		第四七保		第四八保		第四九保		第五〇保		第五一保		第五二保		第五三保	
甲数	一〇		一〇		一〇		一〇		九		一〇		一〇		一〇	
户数	一一九		一三一		一二〇		一二七		九四		九六		一〇二		一〇二	
	男	女	男	女	男	女	男	女	男	女	男	女	男	女	男	女
人口总数	三〇八	三〇一	三五九	三三四	三五一	三三七	三〇二	二七一	二〇四	一七七	二一八	二二六	二九九	二七五	二七四	二四九
现住	二八七	二九九	三四一	三三三	三三三	三三七	二八四	二七〇	一九〇	一七七	一七五	二一五	二七〇	二七二	二三七	二三五
他往	二一	二	一八	一	一八		一八	一	一四		四三	一一	二九	三	三七	一四
壮丁	九三		一二九		七六		七五		四三		七九		一一二		七二	
识字	二二		一一三	八	四三	五	一四六	一一	四九		四六	一〇	五五	一二	八一	一五
职业 有	一七三	一七七	二二六	一〇六	二二三	二二〇	一九六	一六五	一四〇	一四四	一三一	一五一	一八〇	一五二	一七九	一五六
职业 无	一三五	一二四	一三三	一二八	一二八	一一七	一〇六	一〇六	六四	三三	八七	七五	一一九	一二三	九五	九三
非家属同住者	一六	一一	二四	四	一四	一六	一七	五	三九	一〇	一九	一五	三五	一三	三九	一九
学童	八七		三八		五二		五二		一九		四五		八四		一一三	
备考	未出县男二一人女二人		未出县男一八人女一人		出县男二人未出县男一六人		未出县男一八人女一人		出县男四人未出县男一〇人		出县男一三人未出县男三〇人女一一人		出县男三人未出县男二六人女三人		出县男四人女一人未出县男三三人女一三人出省男一人	

事别＼保别	第五四保		第五五保		第五六保		第五七保		第五八保		第五九保		第六〇保	
甲数	一四		一四		一二		一〇		一〇		一〇		一〇	
户数	一四四		一四〇		一二七		九九		九四		一〇〇		九七	
	男	女	男	女	男	女	男	女	男	女	男	女	男	女
人口总数	四三五	三六四	三八四	三六三	四〇三	三六七	二七八	二六〇	二七七	二七一	二七七	二五八	二三四	二一五
现住	三五八	三六〇	三三八	三五九	三六〇	三六三	二三九	二五八	二四三	二六八	二七〇	二五八	二〇四	二一二
他往	七七	四	四六	四	四三	四	三九	二	三四	三	七		三〇	三
壮丁	一〇一		五九		一三一		三一		八四		一〇四		七七	
识字	五五	八	八	三	六八		三一		一六	五	五二	一三	二六	
职业 有	二七六	二四九	二三七	二五〇	二五二	二〇四	一九三	一三九	一六一	一四八	一八〇	一五一	一五二	一五七
职业 无	一五九	一一五	一四七	一一三	一五一	一六三	八五	一二一	一一六	一二三	九七	一〇七	八二	五八
非家属同住者	四三	一二	二九	一八	四八	八	三〇	一	二四	四	二四	三	八	
学童	八〇		七四		七八		五九		六六		一三一		四六	
备考	出县男七人未出县男六八人女四人出省男二人		出县男七人未出县男三九人女四人		出县男八人未出县男三五人女四人		出县男五人未出县男三四人女四人		出县男二人未出县男三二人女三人		出县男七人		出县男一人未出县男二九人女三人	

区长贺映福

中华民国二十五年七月 日

荣县第一区第保普通户口统计表

区长贺映福

中华民国二十五年七月 日

事别＼保别	第六一保		第六二保		第六三保		第六四保		第六五保	
甲数	一〇		一〇		一〇		一〇		一二	
户数	九六		一〇〇		九八		九八		一三四	
	男	女	男	女	男	女	男	女	男	女
人口总数	二五七	二三八	二七〇	二五二	二九〇	二五〇	二八八	二三五	三四三	二七五
现住	二一八	二三三	二三九	二五二	二六六	二四七	二三九	二二六	三一六	二七一
他往	三九	五	三一		二四	三	四九	九	二七	四
壮丁	八七		八九		九六		一〇一		一一一	
识字	四四		四五	一	八四	一五	五七		五〇	五
职业 有	一六六	一二八	一八八	一四七	一八一	一四九	一六七	一一九	二一四	一六七
职业 无	九一	一一〇	八二	一〇五	一〇九	一〇一	一二一	一一六	一二九	一〇八
非家属同住者	二五	二	二五	七	四一	一二	一三	四	四八	一七
学童	五五		四五		四九		六四		六二	
备考	出县男三人未出县男三五人女五人出省男一人		未出县男三一人		未出县男二四人女三人		出县男五人未出县男四四人女九人		出县男三人未出县男二三人女四人出省男一人	

事别＼保别	第六六保		第六七保		第六八保		第六九保		第七〇保	
甲数	一〇		一〇		一〇		一〇		一〇	
户数	一〇二		九六		九四		一〇〇		九九	
	男	女	男	女	男	女	男	女	男	女
人口总数	二八三	二七一	二七八	二七一	二五四	二〇四	二七二	二六五	二六三	二二四
现住	二三六	二六〇	二三九	二六二	二四七	二〇三	二四六	二六五	二三四	二一八
他往	四七	一一	三九	九	七	一	二六		二九	六
壮丁	一一一		九二		七四		八〇		五九	
识字	一〇六	二四	八七	三六	五七	一〇	五三	七	二九	六
职业 有	一七九	一三三	一四七	一二二	一六二	一三〇	一八一	一五七	一〇六	九三
职业 无	一〇四	一三八	一三一	一四九	九二	七四	九一	一〇八	一五七	一三一
非家属同住者	四四	二二	二八	二一	三六		三八	一	二九	七
学童	五三		五一		一〇四		一〇八		九	
备考	出县男一二人女九人未出县男三二人女六二人出省男三人		出县男一五人女二人未出县男二三人女七人出省男一人		未出县男七人女一人		出县男五人未出县男二〇人出省男一人		出县男五人女一人未出县男二三人女五人	

事别＼保别	第七一保		第七二保		第七三保		第七四保		第七五保	
甲数	一〇		一〇		一〇		一〇		一〇	
户数	九五		八九		九八		九七		一〇〇	
	男	女	男	女	男	女	男	女	男	女
人口总数	三三二	二四六	二九八	二五三	二四三	二二八	二八九	二三五	三一四	二九八
现住	二九二	二四二	二六八	二四三	二一五	二二一	二五六	二三四	二七四	二九三
他往	四〇	四	三〇	一〇	二八	七	三三	一	四〇	五
壮丁	一一一		一一七		九四		九四		一一一	
识字	一八		五〇	四	六二	五	四六	六	六〇	二
职业 有	二〇〇	一二二	一八七	一五二	一四四	九八	一五八	九九	一九九	二〇〇
职业 无	一三二	一二四	一一一	一〇一	九九	一三〇	一三一	一三六	一一五	九八
非家属同住者	五一	二	三二	八	一六	七	二四	四	二九	二
学童	五九		七四		四八		一一〇		四八	
备考	出县男二人未出县男三八人女四人		出县男五人女四人未出县男二三人女六人出省男二人		出县男二人女一人未出县男二五人女六人出省男一人		出县男二人未出县男三〇人女一人出省男一人		出县男六人女一人未出县男三六人女四人	

荣县第一区第保普通户口统计表

保别	甲数	户数	人口总数 男	人口总数 女	现住 男	现住 女	他往 男	他往 女	壮丁 男	壮丁 女	识字 男	识字 女	职业 有 男	职业 有 女	职业 无 男	职业 无 女	非家属同住者 男	非家属同住者 女	学童	备考
第七六保	一〇	九七	二七二	二一八	二三七	二一三	三五	五	一一二		四〇		一六八	一三三	一〇四	八五	二九	五	六〇	出县男四人未出县男三〇人女五人出省男一人
第七七保	九	八五	二二一	一九三	二〇八	一九一	一三	二	七三		三九	四	一二二	七六	九九	一一七	三三	三	四三	未出县男一三人女二人
第七八保	一〇	一〇八	三三三	二九一	三〇二	二八八	三一	三	九四		一〇二	三〇	一九四	一五九	一三九	一三二	八一	三六	七〇	出县男八人女二人未出县男二二人女一人出省男一人
第七九保	九	一〇一	二七二	二四二	二二二	二二八	五〇	一四	六九		七六	七	一六四	一三六	一〇八	一〇六	二三	一六	七三	出县男八人女二人未出县男三八人女一二人出省男一人
第八〇保	一〇	九七	三一二	二七三	二八五	二六八	二七	五	八六		八九	二七	一七五	一四三	一三七	一三〇	六七	二八	六四	出县男九人女三人未出县男一六人女二人出省男二人
第八一保	九	九二	二八〇	二二六	二六〇	二二四	二〇	二	八七		六三		一七一	一二三	一〇九	一〇三	一八	一〇	五三	出县男三人未出县男一七人女二人
第八二保	一〇	一〇〇	三五五	三一九	二九九	三一七	五六	二	六二		八八	五	二一九	一八五	一三六	一三四	六二	四〇	七六	出县男四人未出县男五二人女二人
第八三保	九	八七	二五四	二二六	二三九	二二六	一五		五九		八二	九	一五八	一四五	九六	八一	一三	九	五四	出县男四人未出县男一一人
第八四保	一〇	一〇〇	二九八	二七八	二五〇	二七二	四八	六	六二		七〇	一五	一七五	一一九	一二三	一五九	二九	五	五九	出县男七人未出县男四一人女六人
第八五保	一〇	九九	三一七	二七六	二八四	二七三	三三	三	五九		八一	一二	一八八	一五四	一二九	一二二	四九	二三	六九	出县男七人未出县男二六人女三人
第八六保	一〇	一〇三	四三六	三三八	三六六	三三八	六八		一四四		七二	四	一九二	一二八	二四四	二一〇	七八	三九	三一	出县男一三人未出县男五二人出省男三人
第八七保	一〇	一〇〇	三四七	三一九	二九三	三一六	五四	三	八三		五八	五	二〇四	一四五	一四三	一七四	一〇	一六	六五	出县男二〇人未出县男三三人女三人出省男一人
第八八保	一〇	一一五	三七九	三二〇	三三六	三一九	四三	一	一一七		四九	九	二二二	一七二	一五七	一四八	五六	二	六六	出县男二人女一人未出县男三九人出省男二人
第八九保	一〇	一一一	二九七	二六一	二六六	二六〇	三一	一	六四		三二	二	一九二	一五四	一〇五	一〇七	一〇	四	七八	未出县男三一人女一人
第九〇保	一〇	一一七	三〇一	二八七	二八〇	二八六	二一	一	八九		四二		一八〇	一四七	一二一	一四〇	二七	三	六四	未出县男二一人女一人

区长贺映福

中华民国二十五年七月 日

荣县第一区第保普通户口统计表

事别＼保别		第九一保		第九二保		第九三保		第九四保		第九五保		第九六保		第九七保		第九八保	
甲数		一〇		一〇		一〇		八		一〇		一〇		一一		一一	
户数		一一四		九七		一〇〇		八一		一三一		一一五		一二三		一二五	
人口总数		男	女	男	女	男	女	男	女	男	女	男	女	男	女	男	女
		三〇七	二三九	二四二	二二七	三〇三	二八六	二五〇	二四七	三三六	三一七	三三五	三〇三	二七四	二六一	二九一	二九七
现住		二六五	二三五	二三五	二二六	二三七	二八〇	二二一	二四一	三〇六	三一七	二九二	二九九	二四四	二六一	二八七	二九〇
他往		四二	四	七	一	六六	六	二九	六	三〇		四三	四	三〇		四	七
壮丁		一〇六		九二		九五		七〇		一〇六		一〇七		八〇		一三八	
识字		二一	四	四三	七	五五	一九	六一	一二	二七		七五	一〇	三一		三七	一二
职业	有	一九六	一六三	一三八	一二三	二二〇	二〇一	一三〇	一一九	二一一	一八〇	一八八	一三五	一七一	一七一	一七四	一七四
	无	一一一	七六	一〇四	一〇四	八三	八五	一二〇	一二八	一三五	一三七	一四七	一六八	一〇三	九〇	一一四	一二三
非家属同住者		六	四	七	二	二四	八	一六	五	八		三四	一二	二一	六	八	一
学童		五〇		五三		六四		一一九		九三		七六		六四		一四四	
备考		出县男六人女二人未出县男二一人女二人出省男五人		未出县男七人女一人		出县男九人女一人未出县男五五人女五人出省男一人出国男一人		未出县男二九人女六人		未出县男三十人		出县男十一人未出县男三二人女四人		出县男五人未出县男二五人		未出县男四人女七人	

事别＼保别		第九九保		第一〇〇保		第一〇一保		第一〇二保		第一〇三保		第一〇四保		第一〇五保	
甲数		一二		一三		一二		一〇		一〇		一一		一〇	
户数		一三七		一四二		一三五		九八		一〇二		一一一		一〇〇	
人口总数		男	女	男	女	男	女	男	女	男	女	男	女	男	女
		三七八	三三七	四一〇	三二二	三七四	二九五	三三九	三〇九	三〇〇	二七一	三三〇	二八八	三一〇	二六七
现住		三五六	三三六	三九六	三二二	三四九	二八四	三二七	三〇九	二五七	二五八	二八八	二八六	二八七	二六七
他往		二二	一	一四		二五	一一	一二		四三	一三	四二	二	二三	
壮丁		七二		一〇六		一四〇		一一四		五五		六四		七七	
识字		一三		一二		九二	一九	七一	八	五六	一	四七	一	一四	
职业	有	二二七	一九六	一八九	一五四	二二九	一七九	一八六	一七三	一七八	一七一	二一一	一五三	二〇八	一五八
	无	一五一	一四一	二二一	一六八	一四五	一一六	一五三	一三六	一二二	一〇〇	一一九	一三五	一〇二	一〇九
非家属同住者		二一	四	三三	一	四二	五	一七		一六	一一	四一	八	二七	五
学童		九一		七六		六五		七七		七二		六五		五七	
备考		出县男三人未出县男一五人女一人出省男四人		未出县男一四人		未出县男二五人女一一人		出县男二人未出县男一〇人		出县男二人女二人未出县男四一人女一一人		出县男一人未出县男四一人女二人		出县男二人未出县男二一人	

区长贺映福

中华民国二十五年七月　日

荣县第一区第保普通户口统计表

中华民国二十五年七月 日 区长贺映福

事别＼保别	第一〇六保		第一〇七保		第一〇八保		第一〇九保		第一一〇保	
甲数	一〇		一〇		一〇		一〇		一〇	
户数	一〇〇		一〇〇		一〇〇		一〇〇		九九	
	男	女	男	女	男	女	男	女	男	女
人口总数	三二一	二九一	二八三	二五九	二八〇	二四一	三二六	二六五	二六五	二四六
现住	三〇四	二九一	二六五	二五六	二五八	二三七	二九五	二六五	二四三	二四六
他往	一七		一八	三	二二	四	三一		二二	
壮丁	九二		八一		六九		七〇		六三	
识字	四五	一	三一	五	三〇		五一		一二	
职业 有	二〇二	一四六	一七三	一四四	一七二	一四五	一九八	一七四	一六七	一四九
职业 无	一一九	一四五	一一〇	一一五	一〇八	九六	一二八	九一	九八	九七
非家属同住者	三六	六	九	四	三七	六	三三	七	二七	三
学童	五三		四五		四六		七三		一八	
备考	出县男五人未出县男一一人出省男一人		出县男一人未出县男一七人女三人		未出县男二二人女四人		未出县三〇人出省男一人		出县男一人未出县二〇人	

事别＼保别	第一一一保		第一一二保		第一一三保		第一一四保		第一一五保	
甲数	一〇		一〇		一〇		一〇		一〇	
户数	一〇〇		一〇〇		九九		九八		一〇一	
	男	女	男	女	男	女	男	女	男	女
人口总数	三二四	二七五	二九四	二七四	二六八	二三九	二九一	二二九	三〇八	二八三
现住	二九四	二六七	二八〇	二七三	二四一	二三七	二六三	二二九	二八五	二八一
他往	三〇	八	一四	一	二七	二	二八		二三	二
壮丁	一二〇		九八		九二		一〇八		五一	
识字	三五	二	二八		四六		四四	一	五六	二
职业 有	二〇六	一七〇	二〇六	二〇〇	一八一	一五四	一八一	一二三	二〇〇	二〇三
职业 无	一一八	一〇五	八八	七四	八七	八五	一一〇	一〇六	一〇八	八〇
非家属同住者	四九	一〇	二一	二	二七	四	一五	二	三〇	五
学童	六八		七〇		四四		五七		五七	
备考	出县男一人未出县男二九人女八人		出县男二人未出县男一二人女一人		出县男二人女一人未出县男二五人女一人		出县男六人未出县男二五人出省男一人		出县男二人女一人未出县男二〇人出省男二人	

事别＼保别	第一一六保		第一一七保		第一一八保		第一一九保		第一二〇保	
甲数	一〇		一〇		一〇		一〇		一〇	
户数	一〇〇		一〇〇		一〇〇		一〇〇		一〇〇	
	男	女	男	女	男	女	男	女	男	女
人口总数	三〇一	二五二	三〇五	三〇七	三二四	二三〇	三五四	二七四	三〇七	二五八
现住	二九五	二五二	二七七	三〇七	二九七	二三〇	二七一	二六九	二七三	二五三
他往	六		二八		二七		八三	五	三四	五
壮丁	六五		一〇九		一四九		一三九		一〇八	
识字	四八	二	七三		七六	五	五九	八	七二	二〇
职业 有	一五五	一一四	二一八	一九七	二〇九	一六五	二五四	一七四	一八三	一三四
职业 无	一四六	一三八	八七	一一〇	一一五	六五	一〇〇	一〇〇	一二四	一二四
非家属同住者	二六	九	五四	六	三四	六	五三	一一	五二	一九
学童	四九		六五		五五		五八		六四	
备考	未出县男六人		出县男二人未出县男二六人		出县男六人未出县男二一人		出县男七人未出县男七六人女五人		出县男四人未出县男三〇人女五人	

荣县第一区第保普通户口统计表

区长贺映福

中华民国二十五年七月 日

事别＼保别		第一二一保		第一二二保		第一二三保		第一二四保		第一二五保	
		男	女	男	女	男	女	男	女	男	女
甲数		一〇		一〇		一〇		一〇		一〇	
户数		九九		一〇〇		九四		九七		九八	
人口总数		三六八	三一一	二七九	二四四	二八六	二六一	二六〇	二二七	三一六	二八二
现住		三二一	二八〇	二四五	二四四	二四九	二六〇	二二四	二二六	二八一	二六六
他往		四七	三一	三四		三七	一	三六	一	三五	一六
壮丁		一一二		一〇〇		一〇六		九二		一〇三	
识字		四二	四	六七	二	四九		五六		四三	二
职业	有	二二〇	一七七	一七四	一五九	一九六	一七九	一八八	一六七	一七五	一一九
	无	一四八	一三四	一〇五	八五	九〇	八二	七二	六〇	一四一	一六三
非家属同住者		五七	一〇	二九	六	一七	三	二四	六	三六	六
学童		六五		五四		五二		五四		六〇	
备考		出县男五人未出县男四二人女三一人		出县男三人未出县男三一人		出县男五人女一人未出县男一人		出县男四人未出县男三二人女一人		出县男一人未出县男三四人女一六人	

事别＼保别		第一二六保		第一二七保		第一二八保		第一二九保		第一三〇保	
		男	女	男	女	男	女	男	女	男	女
甲数		一〇		一〇		一二		一〇		一〇	
户数		一〇一		一〇三		一二三		一〇〇		一〇一	
人口总数		三二九	二八一	三一二	二七九	三二六	二八二	二五〇	二〇七	二七三	二二二
现住		二九九	二七四	二七九	二七二	二九〇	二七八	二二六	二〇二	二六六	二二一
他往		三〇	七	三三	七	三六	四	二四	五	七	一
壮丁		一一八		一二八		九三		五三		六二	
识字		七三	八	三八	六	七七	四	一三	二七	二〇	四
职业	有	二二〇	一六八	二一五	一八〇	二〇七	一八四	一五六	九八	一九四	一五四
	无	一〇九	一一三	九七	九九	一一九	八八	九四	一〇九	七九	六八
非家属同住者		四一	三	三二	五	三八	一四	一〇	三	六	三
学童		五一		六六		五一		八二		六〇	
备考		出县男七人未出县男二三人女七人		出县男二人未出县男三七人女七人		出县男三人女二人未出县男三二人女二人出省男一人		出县男八人女一人未出县男一六人女四人		出县男一人未出县男六人女一人	

事别＼保别		第一三一保		第一三二保		第一三三保		第一三四保		第一三五保	
		男	女	男	女	男	女	男	女	男	女
甲数		一〇		一〇		一〇		一〇		九	
户数		一〇二		一三一		一二二		一四四		一二二	
人口总数		三〇二	二七二	四四八	三五〇	四二九	四一二	三九二	二九〇	三八〇	三〇二
现住		二七六	二七〇	四一三	三四六	三七八	四〇一	三六〇	二八七	三二八	三〇一
他往		二六	二	三五	四	五一	一一	三二	三	五二	一
壮丁		一〇八		一一三		一〇七		一〇六		一五五	
识字		五六	七	四三	二	五六		一五三	一四	五五	
职业	有	二一五	一九六	二五三	一七八	三一七	二九〇	二三四	八四	二二二	一四八
	无	八七	七六	一九五	一七二	一一二	一二二	一五八	二〇六	一五八	一五四
非家属同住者		三一	九	四五	六	二八	八	七七	二〇	五〇	二〇
学童		七一		八五		六三		五七		六五	
备考		出县男五人未出县男二一人女二人		出县男五人女一人未出县男三〇人女三人		出县男六人女一人未出县男三一人女一〇人出省男二人		出县男八人未出县男二四人女三人		出县男七人未出县男四五人女一人	

荣县第一区第保普通户口统计表

区长贺映福

中华民国二十五年七月 日

事别＼保别	第一三六保		第一三七保		第一三八保		第一三九保		第一四〇保	
甲数	一〇		一一		一一		一二		七	
户数	一二九		一一八		一六四		一五〇		九二	
	男	女	男	女	男	女	男	女	男	女
人口总数	三六九	三一九	三五五	三二七	五一一	四三六	四七八	四三八	三三四	二八二
现住	三二一	三一一	三一九	三二〇	四〇六	四一七	四三七	四三三	二九〇	二八〇
他往	四八	八	三六	七	一〇五	一九	四一	五	四四	二
壮丁	一四七		九〇		一六三		一六三		七一	
识字	二三	七	六四	六	一〇二	四二	六六	三	七五	
职业 有	三三二	一七六	三一五	一九〇	二八九	二〇七	三九二	二五〇	一九四	一七〇
职业 无	一三七	一四三	一四〇	一三七	二二二	二二九	一八六	一八八	一四〇	一一二
非家属同住者	三五	三	二九	七	三六	三三	五七	二三	三四	一〇
学童	五四		七〇		九二		一一七		七二	
备考	出县男一四人女二人未出县男三三人女六人出省男一人		出县男一四人未出县男一九人女七人出省男三人		出县男九人女二人未出县男九六人女一七人		出县男一〇人女三人未出县男三一人女二人		出县男二三人女二人未出县男二一人	

事别＼保别	第一四一保		第一四二保		第一四三保		第一四四保		第一四五保	
甲数	八		九		一一		七		七	
户数	一〇四		一二八		一四七		一〇一		一〇二	
	男	女	男	女	男	女	男	女	男	女
人口总数	三五一	三一一	三九五	四〇一	五〇一	四五一	二八七	二三二	三三九	三二一
现住	三二六	三一一	三四六	四〇〇	四四九	四四七	二五六	二二九	三〇三	三一九
他往	二五		四九	一	五二	四	三一	三	三六	二
壮丁	八一		一二八		一四四		五〇		八九	
识字	九五		五七	二	三八	五	四六	一	二八	四
职业 有	二〇六	一八〇	二六八	二二八	二七九	二二〇	一五五	一二六	一六三	一三八
职业 无	一四五	一三一	一二七	一七三	二二二	二三一	一三二	一〇六	一七六	一八三
非家属同住者	三八	三〇	三六	一四	七四	三六	八		二七	五
学童	八六		八二		一〇〇		三八		四六	
备考	出县男一〇人未出县男一五人		出县男一〇人女一人未出县男三九人		出县男一三人未出县男三九人女四人		出县男六人女一人未出县男二五人女二人		出县男八人未出县男二五人女二人出省男三人	

事别＼保别	第一四六保		第一四七保		第一四八保		第一四九保		第一五〇保	
甲数	一〇		一〇		一二		一一		一〇	
户数	一二四		一二二		一四九		一五〇		一五〇	
	男	女	男	女	男	女	男	女	男	女
人口总数	三七八	三五六	三二〇	三三二	四八〇	四〇三	四一五	三八七	四一九	三九二
现住	三五三	三五六	二九五	三三二	四二五	四〇〇	三六八	三八五	三七四	三九一
他往	二五		二五		五五	三	四七	二	四五	一
壮丁	一〇一		一〇三		一五八		一四二		八七	
识字	六二		二二		六七	一	四八		二〇	
职业 有	二四〇	二一二	三一〇	一九五	三二〇	二四五	二五四	二〇八	三五八	三二六
职业 无	一三八	一四四	一一〇	一三七	一六〇	一五八	一六一	一七九	六一	六六
非家属同住者	三七	三	七	一〇	九	六	四〇	二七	五	四
学童	七九		六〇		八八		八二		一二九	
备考	出县男五人未出县男二〇人		出县男七人未出县男一八人		出县男四人未出县男五一人女三人		出县男八人女一人未出县男三九人女一人		出县男一二人女一人未出县男三二人出省男一人	

荣县第一区第保普通户口统计表

区长贺映福

中华民国二十五年七月 日

事别＼保别	第一五一保		第一五二保		第一五三保		第一五四保		第一五五保	
甲数	一〇		一一		一二		一〇		一〇	
户数	一四二		一二八		一五〇		一一七		一三九	
	男	女	男	女	男	女	男	女	男	女
人口总数	五〇七	四一四	三四三	二九九	四三二	三八二	三七四	三五二	四六一	四一〇
现住	四七〇	四一三	三〇八	二九九	三七七	三七九	三四九	三五〇	四二一	四〇六
他往	三七	一	三五		五五	三	二五	二	四〇	四
壮丁	一六〇		八二		九三		一〇一		一三九	
识字	三六		二〇		四八	九	二九		六三	一
职业 有	二七七	二〇一	二四九	八六	二六九	二一〇	二四九	二五一	二八一	二三三
职业 无	二三〇	二一三	九四	二一三	一六三	一七二	一二五	一〇一	一八〇	一七七
非家属同住者	七七	二二	六	六	三三	七	四	三	六五	二一
学童	八五		四一		七一		一〇二		九三	
备考	出县男六人女一人未出县男三一人		出县男四人未出县男三〇人出省男一人		出县男七人未出县男四四人女三人出省男一人出国男三人		出县男六人未出县男一九人女二人		出县男一四人未出县男二六人女四人	

事别＼保别	第一五六保		第一五七保		第一五八保		第一五九保		第一六〇保	
甲数	一〇		一〇		一〇		一〇		一〇	
户数	一〇九		一〇二		九八		九八		一〇〇	
	男	女	男	女	男	女	男	女	男	女
人口总数	三〇九	二二二	二八一	二五七	二六六	二一一	二四八	二〇六	三〇六	二九八
现住	二八三	二二一	二五一	二五一	二四二	二一一	二一五	二〇六	二七六	二九五
他往	二六	一	三〇	六	二四		三三		三〇	三
壮丁	一四二		一〇三		一〇四		七一		九三	
识字	九三	一八	五七	五	二四	二	三三		四七	四
职业 有	二〇一	一二九	一八一	一七一	一八二	一五〇	一七二	一三五	一七三	一八二
职业 无	一〇八	九三	一〇〇	八六	八四	六一	七六	七一	一三三	一一六
非家属同住者	六六	一九	七	五	一一		三	一	二	一
学童	六五		六一		八五		四八		七六	
备考	出县男二人未出县男二四人女一人		出县男四人未出县男二六人女六人		未出县男二四人		出县男九人未出县男二四人		未出县男三〇人女三人	

事别＼保别	第一六一保		第一六二保		第一六三保		第一六四保		第一六五保	
甲数	一〇		一〇		一〇		一〇		一〇	
户数	一〇三		九九		九八		一〇二		九七	
	男	女	男	女	男	女	男	女	男	女
人口总数	三三〇	二九二	三〇九	二九七	二八〇	二六三	二五〇	二一四	二七一	二四一
现住	三一一	二八七	三〇七	二九五	二五一	二四四	二三三	二一四	二六七	二四〇
他往	一九	五	二	二	二九	一九	一七		四	一
壮丁	一四〇		一二二		五一		六〇		八五	
识字	四八	七	三六	一七	六九		四〇	一四三	三九	
职业 有	二一九	一七二	二一五	一九八	二〇八	一六八	一六四	一四三	一九六	一六六
职业 无	一一一	一二〇	九四	九九	七二	九五	八六	七一	七五	七五
非家属同住者	三二	一三	二五	一七	四四	二六	一	一	三	二
学童	六二		四八		五七		四七		五五	
备考	出县男一人未出县男一七人女五人出省男一人		未出县男二人女二人		出县男一人未出县男二八人女一九人		未出县男一七人		出县男二人未出县男二人女一人	

荣县第一区第保普通户口统计表　　区长贺映福

中华民国二十五年七月　日

事别＼保别		第一六六保		第一六七保		第一六八保		第一六九保		第一七〇保		第一七一保		第一七二保		第一七三保	
甲数		一〇		一〇		一〇		一二		一〇		一〇		一〇		一〇	
户数		九九		九八		九七		一二五		一〇〇		一〇一		一〇一		九九	
		男	女	男	女	男	女	男	女	男	女	男	女	男	女	男	女
人口总数		二三一	二二七	二八六	二六七	二七六	二三九	三九七	三三七	二六三	一九〇	二九四	二七八	二五五	二三八	二四八	二二八
现住		二三一	二二七	二七三	二六七	二三一	二三八	三七一	三三二	二四二	一九〇	二八〇	二七六	二四三	二三七	二三七	二二七
他往				一三		四五	一	二六	五	二一		一四	二	一二	一	一一	一
壮丁		八九		一〇六		八五		一五六		九三		一二二		六六		一〇五	
识字		二五		七七		三一	二	五四	八	七三	一〇	六四	一〇	三五	一	三三	一
职业	有	一六六	一三三	一六六	一四九	一九〇	一七〇	二八五	二五六	二一六	一三八	一九八	一六五	二〇〇	一八七	一七九	一六六
	无	六五	九四	一二〇	一一八	八六	六九	一一二	八一	四七	五二	九六	一一三	五五	五一	六九	六二
非家属同住者		二一	四	一八	一二	四	三	三三	一七	一一	三	三九	一二				
学童		五一		六〇		六四		七九		二五		六四		三三		五〇	
备考				出县男一人未出县男一二人		出县男一人未出县男四四人女一人		未出县男二六人女五人		出县男六人未出县男一五人		出县男七人女五人未出县男七人女一人		出县男五人未出县女一人出省男七人		未出县男一一人女一人	

事别＼保别		第一七四保		第一七五保		第一七六保		第一七七保		第一七八保		第一七九保		第一八〇保	
甲数		一〇		一〇		一〇		一〇		一〇		一〇		一〇	
户数		一〇〇		一〇五		九八		九七		一〇二		九五		九七	
		男	女	男	女	男	女	男	女	男	女	男	女	男	女
人口总数		二〇六	一八七	二九二	二四五	一八四	一七九	二六七	二一一	二一〇	一八一	二〇九	一七一	二三〇	一九七
现住		一九三	一八七	二八三	二四三	一七九	一七八	二五二	二〇九	二一〇	一八一	一九九	一七一	二三〇	一九七
他往		一三		九	二	五	一	一五	二			一〇			
壮丁		五一		六六		七〇		七二		四八		六七		七二	
识字		一四		五二	七	一一		四七		二一		四四		五三	二
职业	有	二八	一三	一八四	一五五	一一〇	一〇三	一六四	一一八	一二五	一一六	一二四	一〇四	一二〇	一三二
	无	一七八	一七四	一〇八	九〇	七四	七六	一〇三	九三	八五	六五	八五	六七	一一〇	六五
非家属同住者				一二	七	三	四	二三	三			七	四	一一	一
学童		一四		六一		四三		五〇		五五		四七		二二	
备考		未出县男一三人		出县男一人未出县男七人女二人出省男一人		出县男一人未出县男四人女一人		出县男五人未出县男一〇人女二人				出县男二人未出县男八人			

荣县第一区第保普通户口统计表

事别 ＼ 保别	第一八一保		第一八二保		第一八三保		第一八四保		第一八五保	
	男	女	男	女	男	女	男	女	男	女
甲数	一〇		一〇		一〇		一〇		一〇	
户数	一〇一		一〇二		九〇		一〇〇		一〇〇	
人口总数	二五二	二〇四	二四七	二五三	二一〇	一七五	二六一	二〇六	二四九	二一七
现住	二三六	二〇三	二二七	二五二	一九二	一七五	二三九	二〇六	二一一	二一六
他往	一六	一	二〇	一	一八		二二		三八	一
壮丁	六五		七一		五〇		八五		八七	
识字	四一		三九		二〇		六		三四	
职业 有	一二九	一一五	二三三	二四三	一七〇	一三九	一六八	一四八	一六一	一二四
职业 无	一二三	八九	一四	一〇	四〇	三六	九三	五八	八八	九三
非家属同住者	七	一	一五	三			一一	一		
学童	五四		一三		四九		三九		一〇〇	
备考	出县男二人未出县男一四人女一人		出县男二人未出县男一八人女一人		出县男一人未出县男一七人		出县男四人未出县男一七人出国男一人		未出县男三八人女一人	

事别 ＼ 保别	第一八六保		第一八七保		第一八八保		第一八九保		第一九〇保	
	男	女	男	女	男	女	男	女	男	女
甲数	一三		一〇		一〇		一〇		一〇	
户数	一三一		一〇五		一一〇		九八		一〇三	
人口总数	三二七	二八一	三一七	二九二	三二四	二七七	二七八	二五八	二七六	二五三
现住	三〇九	二七七	二九五	二九二	二八〇	二六九	二六三	二五六	二五二	二五三
他往	一八	四	二二		四四	八	一五	二	二四	
壮丁	一二一		六二		一〇六		七八		四〇	
识字	六八	二	三三		六一	一	三八		一三	
职业 有	二〇五	一八四	一八七	一六八	一九三	一五七	一七五	一五五	一六五	一五〇
职业 无	一二二	九七	一三〇	一二四	一三一	一二〇	一〇三	一〇三	一一一	一〇三
非家属同住者	七	三	一	三	一六	三	二二	一	二二	七
学童	六二		九九		八六		五五		八九	
备考	出县男四人女一人未出县男一二人女三人出省男二人		未出县男二二人		出县男六人未出县男三八人女八人		出县男四人未出县男一一人女二人		出县男五人未出县男一九人	

事别 ＼ 保别	第一九一保		第一九二保		第一九三保		第一九四保		第一九五保	
	男	女	男	女	男	女	男	女	男	女
甲数	一三		一二		一〇		一〇		一〇	
户数	一二七		一二九		一〇一		一〇一		一〇一	
人口总数	三八九	三五四	四〇七	三四四	三五二	二八四	二七九	二二五	三〇一	二一六
现住	三四三	三五四	三六六	三四二	三二二	二八三	二四四	二一九	二七七	二〇七
他往	四六		三九	二	三〇	一	三五	六	二四	九
壮丁	五四		一三七		九九		七一		一二八	
识字	五五	一	四七	一	九八	五	六六	四	九五	五
职业 有	二三四	二〇二	二五五	二一六	二三五	一九五	一六九	一二一	一九一	一〇二
职业 无	一五五	一五二	一五二	一二八	一一七	八九	一一〇	一〇四	一一〇	一一四
非家属同住者	一九	二	三五	一	二三	七	二五	九	六五	一一
学童	九二		八七		七八		五三		五九	
备考	出县男五人未出县男四一人		出县男一人未出县男三八人女二人		出县男二人未出县男二八人女一人		出县男四人未出县男三一人女六人		出县男一六人女五人未出县男八人女四人	

中华民国二十五年七月　日

区长贺映福

荣县第一区第保普通户口统计表

区长贺映福

中华民国二十五年七月 日

事别＼保别		第一九六保		第一九七保		第一九八保		第一九九保		第二〇〇保	
甲数		一〇		一〇		一〇		一〇		一〇	
户数		一〇七		一〇一		一〇三		一〇二		九八	
		男	女	男	女	男	女	男	女	男	女
人口总数		三五〇	二七六	三〇五	二七四	三五五	三一六	三二一	二八八	二八八	二四五
现住		三一三	二七六	二六六	二七一	三二五	三一四	二九四	二八八	二七五	二四五
他往		三七		三九	三	三〇	二	二七		一三	
壮丁		六一		六八		一二三		八四		七九	
识字		八五	三	四〇	六	六七	三	六〇		六五	二
职业	有	一六四	一八四	一八四	一八八	二一二	一四一	一七六	一五三	一五六	一四一
	无	一八六	九二	一二一	八六	一四三	一七五	一四五	一三五	一三二	一〇四
非家属同住者		三九		二一	七	四三	八	二三	七	一七	三
学童		三三		六四		八三		七二		五六	
备考		出县男七人未出县男三〇人		未出县男三五人女三人出省男四人		出县男一人未出县男二九人女二人		出县男一人未出县男二六人		未出县男一三人	

事别＼保别		第二〇一保		第二〇二保		第二〇三保		第二〇四保		第二〇五保	
甲数		一〇		一〇		一〇		一二		九	
户数		一〇二		一〇二		一〇一		一二〇		一〇二	
		男	女	男	女	男	女	男	女	男	女
人口总数		二七八	二七四	三一三	二七五	二八八	二〇九	三〇〇	二七四	三〇九	二七四
现住		二六〇	二六七	二八九	二七三	二三九	二〇七	二五六	二七二	二六七	二六一
他往		一八	七	二四	二	四九	二	四四	二	四二	一三
壮丁		八八		九七		四七		五七		一一〇	
识字		一二	七	三三		七五		三六		七一	一五
职业	有	一六五	一七二	二一三	一八九	一四五	一四九	二三六	二三二	一八五	一六二
	无	一一三	一〇二	一〇〇	八六	一四三	六〇	六四	四二	一二四	一一二
非家属同住者		一	二	九	四	四	一	四	三	五四	二五
学童		六六		六一		五六		一五		五九	
备考		未出县男一八人女七人		未出县男一三人女二人出县男一人		未出县男四九人女二人		未出县男四四人女二人		出县男二〇人女一人未出县男二二人女一二人	

事别＼保别		第二〇六保		第二〇七保		第二〇八保		第二〇九保		第二一〇保	
甲数		一一		一一		一〇		一〇		九	
户数		一三八		一三五		一三五		一三一		九五	
		男	女	男	女	男	女	男	女	男	女
人口总数		三七四	三三四	四三六	三八七	四六六	四二六	三六六	二九六	三六八	三〇〇
现住		三四六	三三三	四一三	三八四	四一六	四二〇	三三二	二九四	三三二	二九三
他往		二八	一	二三	三	五〇	六	三四	二	三六	七
壮丁		一〇五		九一		一二一		一一八		一〇一	
识字		六七	五	七一	一一	一〇六	六	五五	二	六八	一八
职业	有	二七七	二三	二五四	二四二	二九〇	二六七	二三四	一八八	二四七	一九三
	无	九七	一〇四	一八二	一四五	一七六	一五九	一三二	一〇八	一二一	一〇七
非家属同住者		三	三	三二	一一	七七	二八	二五	六	九四	五六
学童		九〇		八九		七三		六〇		七一	
备考		出县男二人未出县男二六人女一人		出县男二人女一人未出县男二一人女二人		出县男八人未出县男四〇人女六人出省男二人		出县男二人女一人未出县男三二人女二人		出县男九人女一人未出县男二七人女六人	

荣县第一区第保普通户口统计表

区长贺映福

中华民国二十五年七月　日

事别＼保别		第二一一保		第二一二保		第二一三保		第二一四保		第二一五保	
甲数		一〇		一一		一〇		一〇		一〇	
户数		一四九		一三六		一二八		一二〇		一〇二	
		男	女	男	女	男	女	男	女	男	女
人口总数		三五六	二九三	三九四	三二七	三六八	三四二	三五〇	二九〇	四〇三	三二〇
现住		三三六	二九二	三六六	三二四	三四四	三四〇	三一四	二八七	三五四	三一〇
他往		二〇	一	二八	三	二四	二	三六	三	四九	一〇
壮丁		一一二		一二二		一一一		九五		一三七	
识字		一八		四三	二	四六		四三	二	八八	一〇
职业	有	二〇四	一七一	二三五	一九三	二三三	一九九	一八八	一六八	二五一	二一一
	无	一五二	一二二	一五九	一三四	一三五	一四三	一六二	一二二	一五二	一〇九
非家属同住者		二三	八	三九	九	一四	四	二四	二	三九	一一
学童		七二		一〇三		八五		七九		一六五	
备考		未出县男二〇人女一人		出县男七人女二人未出县男二一人女一人		出县男四人未出县男二〇人女二人		出县男五人未出县男三一人女三人		出县男二人未出县男四七人女一〇人	

事别＼保别		第二一六保		第二一七保		第二一八保		第二一九保		第二二〇保	
甲数		一〇		一〇		一〇		一〇		一一	
户数		一〇九		一〇六		一一七		一二六		一二三	
		男	女	男	女	男	女	男	女	男	女
人口总数		三七一	三三二	三四七	二八八	三三二	三〇二	四三一	三六四	四〇三	三六七
现住		三三五	三三〇	三二四	二八五	三〇八	三〇一	三八四	三六三	三六八	三五九
他往		三六	二	二三	三	二四	一	四七	一	三五	八
壮丁		一一七		一〇〇		一〇七		一三九		一一九	
识字		三七		二一	二	五九	一	四七	二	五〇	七
职业	有	二五二	二〇四	一七一	一五〇	一八三	一九二	二七二	二〇四	二五一	二二八
	无	一一九	一二八	一七六	一三八	一四九	一一〇	一五九	一六〇	一五二	一三九
非家属同住者		六二	二九	二三	一八	二四	一二	五四	一九	五九	三三
学童		六三		七七		七四		一六六		九五	
备考		出县男四人未出县男二八人女二人出省男四人		出县男四人未出县男一九人女三人		出县男二人未出县男二二人女一人		出县男四人未出县男四三人女一人		出县男三人未出县男三二人女八人	

事别＼保别		第二二一保		第二二二保		第二二三保		第二二四保		第二二五保	
甲数		一〇		一一		一〇		一〇		九	
户数		一〇八		一〇九		一一二		九七		九四	
		男	女	男	女	男	女	男	女	男	女
人口总数		三七六	三六七	三五二	三三五	三七九	三六五	三二三	二九〇	二六九	二五六
现住		三四〇	三六五	三二六	三三四	三四六	三六五	三〇一	二八八	二四八	二五四
他往		三六	二	二六	一	三三		二二	二	二一	二
壮丁		一一九		一〇一		一三五		一〇八		六九	
识字		八四	一四	四五	一	八〇	一	四一		一七	
职业	有	二四三	二三〇	二一〇	一九二	二二五	二〇五	二一〇	一八五	一六四	一五三
	无	一三三	一三七	一四二	一四三	一五四	一五九	一一三	一〇五	一〇五	一〇三
非家属同住者		六一	一六	二一	一七	七一	三九	二七		一七	一四
学童		九二		一二二		八五		一二三		四〇	
备考		出县男三人未出县男三三人女二人		出县男一人未出县男二六人		出县男一人未出县男三二人		出县男一人未出县男二一人女二人		出县男二人未出县男一九人女二人	

荣县第一区第保普通户口统计表　　区长贺映福

中华民国二十五年七月　日

事别＼保别		第二二六保		第二二七保		第二二八保		第二二九保		第二三〇保	
甲数		一〇		一〇		一〇		一〇		一〇	
户数		一一五		一一〇		一三五		一〇一		一〇二	
		男	女	男	女	男	女	男	女	男	女
人口总数		三一九	三一一	三〇三	三〇一	四六四	三八五	三二八	二九四	三四四	三一七
现住		二七七	三〇七	二九二	二九九	四三七	三八五	三〇六	二九二	三〇三	三一六
他往		四二	四	一一	二	二七		二二	二	四一	一
壮丁		九六		八二		一六一		八一		六八	
识字		八二	一	二〇	一九	七三		七三	六	七七	四
职业	有	二一三	二一七	一四八	一四二	三〇〇	二四六	二〇八	一八六	二三九	一七九
	无	一〇六	九四	一五五	一五九	一六四	一三九	一二〇	一〇八	一〇五	一三八
非家属同住者		三八	二五	二〇	一〇	六五	一七	二六	一一	四二	一五
学童		六〇		七四		八九		六五		八三	
备考		出县男四人未出县男三八人女四人		出县男五人未出县男六人女二人		出县男六人未出县男二一人		出县男四人未出县男一八人女二人		出县男四人未出县男三七人女一人	

事别＼保别		第二三一保		第二三二保		第二三三保		第二三四保		第二三五保	
甲数		一〇		一〇		一〇		一〇		一〇	
户数		一一〇		一二七		一〇三		一一九		一二八	
		男	女	男	女	男	女	男	女	男	女
人口总数		二九三	二五一	三九二	三二五	三四八	三一九	三四三	三〇七	三五七	三一一
现住		二七九	二五〇	三六四	三二四	三二五	三一八	三二九	三〇七	三三五	三一一
他往		一四	一	二八	一	二三	一	一四		二二	
壮丁		九三		一二九		八四		九四		一〇六	
识字		四二	一	四六	八	七八	二〇	一三		一六	
职业	有	一九九	一七九	二四一	二〇三	二三七	二一七	二九〇	二三九	二二三	一六九
	无	九四	七二	一五一	一二二	一一一	一〇二	五三	六八	一三四	一四二
非家属同住者		三〇	一三	四二	八	四二	三〇	一三		一四	
学童		五四		八八		八二		八六		一〇八	
备考		出县男三人未出县男一一人女一人		出县男一人未出县男二七人女一人		出县男二人未出县男二一人女一人		未出县男一四人		出县男五人未出县男一七人	

事别＼保别		第二三六保		第二三七保		第二三八保		第二三九保		第二四〇保	
甲数		九		一〇		九		一〇		一〇	
户数		一〇七		一四一		一二〇		一三三		一〇七	
		男	女	男	女	男	女	男	女	男	女
人口总数		三四八	三三八	三九六	三八二	三四五	二八一	四〇二	三四四	三二二	二八八
现住		三四四	三三八	三八四	三八二	三二三	二八〇	三八七	三四四	三一四	二八八
他往		四		一二		二二	一	一五		八	
壮丁		一一四		一二〇		九八		一一三		八二	
识字		三三		七六	五	六五	四	二二	一	八	
职业	有	二五〇	二二九	二八一	二七二	一八六	一三二	二五六	二二六	一七九	一七八
	无	九八	一〇九	一一五	一一〇	一五九	一三九	一四六	一一八	一四三	一一〇
非家属同住者		五九	四四	五四	一〇	六七	三一	三四	八	三一	一四
学童		七二		一二八		六四		八五		七六	
备考		未出县男四人		出省男一人未出县男一一人		出县男四人未出县男一八人女一人		未出县男一五人		出县男二人未出县男六人	

事别＼保别	第二四一保		第二四二保		第二四三保		第二四四保		第二四五保		第二四六保		第二四七保		第二四八保	
甲数	一〇		一〇		一〇		一〇		一〇		一〇		一〇		一〇	
户数	一一九		一一四		一一一		一二三		一一四		一二二		一〇〇		一二〇	
	男	女	男	女	男	女	男	女	男	女	男	女	男	女	男	女
人口总数	三四一	三三三	三八八	三七九	二七九	二七六	三一〇	三〇三	二八四	三一二	三一八	三一一	四二四	三六〇	三三三	二九二
现住	三二三	三三三	三七〇	三七九	二六八	二七六	二九〇	二五六	二六四	三一一	二七一	三一一	三九一	三六〇	三一八	二九二
他往	一八		一八		一一		二〇	四七	二〇	一	四七		三三		一五	
壮丁	一一〇		一四六		一一一		一四一		八七		一二七		五〇		一一五	
识字	三三		九		二五		三四	二	七		一二		六〇		四一	一
职业 有	三四八	二四三	二四九	二四六	一八四	一八五	二二一	二一三	一八六	二一七	二三二	二二五	三三二	二八六	二四九	二〇一
职业 无	九三	九〇	一三九	一三三	九五	九一	八九	九〇	九八	九五	八六	八六	九二	七四	八四	九一
非家属同住者	三五	三三	二四	三	一七	四	二〇	六	四	四	二六	九	六四	五九	五	二
学童	七四		一〇九		六七		三七		四四		六〇		二八		四六	
备考	出县男三人未出县男一五人		未出县男一八人		未出县男一一人		出县男六人女五人未出县男一四人女四二人		出县男二人未出县男一八人不女一人		出县男七人未出县男四〇人		出县男六人未出县男二七人		出县男七人未出县男八人	

事别＼保别	第二四九保		第二五〇保		第二五一保		第二五二保		第二五三保		第二五四保		第二五五保	
甲数	一〇		一〇		一〇		一〇		一〇		一一		一〇	
户数	一〇〇		一二六		一四四		一三七		一四二		一二九		一〇二	
	男	女	男	女	男	女	男	女	男	女	男	女	男	女
人口总数	二四六	二三〇	三八〇	三四七	四四五	四〇九	三二八	三一五	三六七	三一九	四一七	四二七	二四二	二八〇
现住	二三九	二三〇	三二五	三四五	四二五	四〇六	三〇六	三一五	三四三	三一八	三九六	四二七	二一三	二七五
他往	七		五五	二	二〇	三	二二		二四	一	二一		二九	五
壮丁	八七		八五		一六〇		一〇七		七六		一四〇		五二	
识字	七五		二八		七五	二	二〇		四		九三	三	二六	一
职业 有	一七四	一八六	二二四	二二七	三一六	三〇五	二四六	二六二	二五六	二〇三	二六六	二六六	一五八	一七九
职业 无	七二	四四	一五六	一二〇	一二九	一〇四	八二	五三	一一一	一一六	一五一	一六一	八四	一〇一
非家属同住者	二三	二〇	四四	三一	一〇	一五	五六	二四	二二	七	五三	一七	二五	三
学童	四二		七二		七七		三九		八一		九三		三六	
备考	未出县男七人		出县男六人未出县男四九人女二人		出县男二人未出县男一六人女三人出省男二人		未出县男二二人		出县男一人未出县男二三人女一人		出县男二人未出县男一九人		出县男五人未出县男二三人女五人出省男一人	

荣县第一区第保普通户口统计表

区长贺映福

中华民国二十五年七月 日

荣县第一区第保普通户口统计表

事别＼保别		第二五六保		第二五七保		第二五八保		第二五九保		第二六〇保		第二六一保		第二六二保		第二六三保	
甲数		一〇		一一		一〇		一〇		一〇		一〇		一〇		一〇	
户数		一二〇		一三五		一二三		一三三		一一一		一一一		一一九		一二〇	
人口总数		男	女	男	女	男	女	男	女	男	女	男	女	男	女	男	女
		四〇五	三四四	三四三	三〇三	三三二	二七五	三三六	二一二	三四三	三〇六	三七〇	三一八	二八六	二五八	三五〇	二六二
现住		三八六	三四二	三一二	三〇一	三一六	二七四	三一七	二一二	三三五	三〇六	三六二	三一八	二六三	二五八	三二八	二六二
他往		一九	二	三一	二	一六	一	一九		八		八		二三		二二	
壮丁		一一二		一二三		一〇四		一二一		一〇七		一一九		九一		一一〇	
识字		八二	六	九五	六	四五	一	七〇		六八		五七		六五	一	四八	
职业	有	二四五	二三五	一九九	一八三	一九四	一六八	一九五	一五三	一九二	一五四	二三四	一八一	一六七	一四〇	二〇八	一六二
	无	一六〇	一〇九	一四四	一二〇	一三八	一〇七	一四一	一五九	一五一	一五二	一三六	一三七	一一九	一一八	一四二	一〇〇
非家属同住者		一九	七	二九	二〇	四二	一五	三一	九	三二	一五	三六	二三	九	一	三三	一三
学童		五七		六七		五九		七一		七〇		八〇		七七		八四	
备考		出县男四人未出县男一五人女二人		出县男一五人未出县男一六人女二人		出县男六人未出县男一〇人女一人		出县男四人未出县男一五人		出县男三人未出县男五人		出县男一人未出县男七人		出县男三人未出县男二〇人		出县男七人未出县一五人	

事别＼保别		第二六四保		第二六五保		第二六六保		第二六七保		第二六八保		第二六九保		第二七〇保	
甲数		一〇		一〇		一〇		一〇		一〇		九		一〇	
户数		一三七		一〇四		一三七		一三四		一一八		八八		一〇三	
人口总数		男	女	男	女	男	女	男	女	男	女	男	女	男	女
		四一六	三二八	二七八	二四六	三三五	二九四	三二八	二九五	三四一	二八〇	二八一	二三一	二六〇	二〇九
现住		三八六	三二四	二三九	二四六	三二八	二九四	三一五	二九五	二九九	二七九	二八〇	二三一	二五六	二〇八
他往		三〇	四	三九		七		一三		四二	一	一		四	一
壮丁		一三〇		七〇		一〇三		一〇七		一三三		六九		八九	
识字		七八	二	二〇		一九		八		三一	二	九		四〇	
职业	有	二六九	二二二	一六三	一三八	一七八	一五六	一九五	一七〇	二一七	一七四	一三四	一一七	一六〇	一三五
	无	一四七	一〇六	一一五	一〇八	一五七	一三八	一三三	一二五	一二四	一〇六	一四七	一一四	一〇〇	七四
非家属同住者		四〇	一九	一	二	一四	七	二〇	九	二九	一三	二一	一	一七	三
学童		一〇八		六三		五四		六九		六四		四六		五六	
备考		出县男三人未出县男二六人女四人出省男一人		出县男三人未出县男二四人出省男二人		未出县男七人		出县男三人未出县男一〇人		出县男二人未出县男四〇人女一人		出县男一人		出县男一人未出县男三人女一人	

区长贺映福

中华民国二十五年七月　日

荣县第一区普通户口统计表（一）

荣县第一区第保普通户口统计表 区长贺映福

中华民国二十五年七月 日

事别 \ 保别		第二七一保		第二七二保		第二七三保		第二七四保		第二七五保	
甲数		一三		九		九		一一		一〇	
户数		一五八		一三二		一二三		一一六		一三四	
		男	女	男	女	男	女	男	女	男	女
人口总数		四四八	三七八	四四六	三九七	四二一	三八二	三二一	二七四	三二五	三一六
现住		四二七	三七七	四〇八	三九四	三九八	三八二	三一三	二七三	三一四	三一三
他往		二一	一	三八	三	二三		八	一	一一	三
壮丁		一一三		一〇三		一〇四		九六		八四	
识字		九八		八二	四	五九	三	二九	一	三三	
职业	有	二四八	二一二	三〇四	二七一	二二八	一六八	一六七	一六六	一七六	一五五
	无	二〇〇	一六六	一四二	一二六	一九三	一九六	一五四	一〇八	一四九	一六一
非家属同住者		六	一	四五	三二	六八	四九	二四	六	二三	一
学童		九二		九一		一〇〇		七四		六三	
备考		出县男六人未出县男一五人女一人		出县男二人未出县男二四人女三人出省男二人		出县男一人未出县男二二人		出县男一人女一人未出县男七人		出县男一人未出县男一〇人女三人	

事别 \ 保别		第二七六保		第二七七保		第二七八保		第二七九保		第二八〇保	
甲数		九		八		一〇		八		一四	
户数		一〇四		九四		一一六		一〇八		二〇六	
		男	女	男	女	男	女	男	女	男	女
人口总数		二七六	二三〇	二四一	一九九	三四二	二六九	四四〇	三二二	五六三	四六六
现住		二六六	二三〇	二四〇	一九九	三三〇	二六七	四二八	三一九	五二五	四六三
他往		一〇		一		一二	二	一二	三	三八	三
壮丁		九三		七八		七〇		八二		一六二	
识字		一六		一二	一	二五	一	三四	一	三九	
职业	有	一四九	一二七	一二五	八九	二四六	一七七	三一一	二一三	三三八	二七六
	无	一二七	一〇三	一一六	一一〇	九六	九二	一二九	一〇九	二二五	一九〇
非家属同住者		一八	九	一三	一	三三	一〇	一三	五	三五	一二
学童		六五		四六		五一		八三		七〇	
备考		出县男四人未出县男六人		未出县男一人		出县男七人女一人未出县男五人女一人		出县男三人未出县男七人女二人出省男二人女一人		出县男八人未出县男三〇人女三人	

事别 \ 保别		第二八一保		第二八二保		第二八三保		第二八四保		第二八五保	
甲数		一〇		一一		一〇		九		八	
户数		一一二		一一六		九五		一一九		九一	
		男	女	男	女	男	女	男	女	男	女
人口总数		四五七	三六三	二七六	二四八	二六九	二三二	三三五	二九二	二六八	二三〇
现住		四一六	三六一	二六四	二四八	二六〇	二三二	三〇六	二九一	二四五	二二九
他往		四一	二	一二		九		二九	一	二三	一
壮丁		一〇一		五一		七一		一〇五		一〇九	
识字		四七	三	五三	七	六六	二	一六		二四	
职业	有	二八八	二三三	一七九	一四〇	一八四	一七八	一九九	一七三	一六八	一一五
	无	一六九	一四〇	六七	一〇八	八五	五四	一三六	一一九	一〇〇	一一五
非家属同住者		五九	二一	一八	一一	一五	四	一一	二	一三	四
学童		七六		七九		五八		六二		六三	
备考		出县男一四人女一人未出县男二七人女一人		未出县男一二人		未出县男九人		出县男七人未出县男二二人女一人		出县男一人未出县男二二人女一人	

荣县第一区第保普通户口统计表

事别＼保别		第二八六保		第二八七保		第二八八保		第二八九保		第二九〇保	
甲数		九		一〇		一〇		一一		一〇	
户数		一〇八		一一五		一〇九		一〇四		一〇三	
		男	女	男	女	男	女	男	女	男	女
人口总数		三一七	二四四	三〇五	二八八	三六九	二九七	二九九	二五九	三一〇	二六二
现住		二八五	二四一	二九二	二八八	三五〇	二九一	二八〇	二五八	二九一	二六二
他往		三二	三	一三		一九		一九	一	一九	
壮丁		九八		七五		一〇九		六五		八〇	
识字		三一	一	三八	四	二五		二一		二七	
职业	有	一九三	一四三	二一六	二〇一	二六八	二〇七	一九〇	一五三	一九〇	一四二
	无	一二四	一〇一	八九	八七	一〇一	八四	一〇九	一〇六	一二〇	一二〇
非家属同住者		二四	六	二二	一〇	六	三	一四	一	一八	四
学童		七		八		八一		五三		一〇六	
备考		未出县男三二人女三人		出县男二人未出县男一一人		未出县男一九人		出县男六人未出县男一三人女一人		出县男二人未出县男一七人	

事别＼保别		第二九一保		第二九二保		第二九三保		第二九四保		第二九五保	
甲数		一〇		一〇		一一		一一		一〇	
户数		九七		一〇〇		一一二		一一三		九八	
		男	女	男	女	男	女	男	女	男	女
人口总数		二八四	二四九	二六一	二四四	三七三	三一八	三八四	三五八	三七九	二八一
现住		二六四	二四九	二五九	二四四	三一七	三〇七	三二七	三四六	三三三	三六八
他往		二〇		二		五六	一一	五七	一二	四六	一三
壮丁		七五		一〇九		一一八		一三六		一一七	
识字		二六	八	一〇	二	二七	一	六七	二二	九七	一〇
职业	有	二〇五	一八〇	一六〇	一五八	二四七	一九四	二三四	一九三	二六五	一八五
	无	七九	六九	一〇一	八六	一二六	一二四	一五〇	一六五	一一四	九六
非家属同住者		二四	五	二		二八	五	四一	一七	五九	三〇
学童		四二		五五		七七		九三		九一	
备考		出县男一人未出县男一九人		未出县男二人		出县男二二人女五人未出县男三四人女六人		出县男一六人女三人未出县男四一人女九人		出县男一四人女二人未出县男三二人女一一人	

事别＼保别		第二九六保		第二九七保		第二九八保		二九九第保		第三〇〇保	
甲数		一一		一二		一一		一〇		一二	
户数		一一二		一二一		一一一		一〇〇		一二〇	
		男	女	男	女	男	女	男	女	男	女
人口总数		三二一	二七四	三七二	二八八	三〇二	二六六	三一六	二八一	三六一	二九四
现住		三〇四	二七四	三五〇	二八六	二六九	二六六	三一三	二八〇	三四三	二八七
他往		一七		二二	二	三三		三	一	一八	七
壮丁		九七		一二一		一〇五		八九		一〇六	
识字		九八	一六	七九	三	二三	一	一七	三	四一	一
职业	有	一九四	一二八	二四一	一五四	二〇三	一六〇	一九五	一六一	二二八	一七五
	无	一二七	一四六	一三一	一三四	九九	一〇六	一二一	一二〇	一三三	一一九
非家属同住者		三四	一〇	四五	一五	一三	四	一二	七	四五	一七
学童		六〇		七七		三八		七一		三〇	
备考		出县男五人未出县男一二人		出县男一二人未出县男一〇人女二人		出县男一二人未出县男二〇人出省男一人		未出县男三人女一人		出县男八人女二人未出县男一〇人女五人	

区长贺映福

中华民国二十五年七月 日

荣县第一区第保普通户口统计表　区长贺映福
中华民国二十五年七月　日

事别＼保别		第三〇一保		第三〇二保		第三〇三保		第三〇四保		第三〇五保	
甲数		一一		一〇		九		一〇		九	
户数		一一二		九九		九四		一〇一		九四	
		男	女	男	女	男	女	男	女	男	女
人口总数		三一七	二七六	二七九	二一六	二四六	二三四	三二〇	二六四	二三五	一六六
现住		三〇〇	二七二	二五七	二一四	二三四	二三二	二八六	二六〇	二二五	一六六
他往		一七	四	二二	二	一二	二	三四	四	一〇	
壮丁		八七		九六		六五		八五		六九	
识字		二六	五	五四		六		三一		三九	
职业	有	一九九	一五七	一七四	一三五	一四四	一三三	二一〇	一六一	一二九	八五
	无	一一八	一一九	一〇五	九一	一〇二	一〇一	一一〇	一〇三	一〇六	八一
非家属同住者		三七	一四	二一	一	四	五	二九	七	三	
学童		五八		三四		五六		八九		四四	
备考		出县男七人未出县男一〇人女四人		出县男九人女一人未出县男一三人女一人		出县男七人女一人未出县男五人女一人		出县男一三人女三人未出县男二一人女一人		出县男四人未出县男六人	

事别＼保别		第三〇六保		第三〇七保		第三〇八保		第三〇九保		第三一〇保	
甲数		一〇		一〇		一〇		九		一〇	
户数		一〇一		九四		一〇二		九三		一〇二	
		男	女	男	女	男	女	男	女	男	女
人口总数		二九〇	二四六	二八五	二四〇	二九七	二六二	二三四	二一一	二五六	二二三
现住		二六四	二三七	二五二	二二九	二六四	二六〇	二〇一	二〇七	二三三	二二〇
他往		二六	九	三三	一一	三三	二	三三	四	二三	三
壮丁		八三		七八		一一四		一〇六		九四	
识字		四九		三三	九	五七	二	一七		二九	一
职业	有	一八一	一四二	二〇一	一四九	二〇一	一六一	一三四	一〇五	一五七	一二二
	无	一〇九	一〇四	八四	九一	九六	一〇一	一〇〇	一〇六	九九	一〇二
非家属同住者		一五		五	一	一七	二	一二	七	一八	四
学童		六五		四二		五二		三八		六〇	
备考		出县男一四人未出县男一二人女九人		出县男一五人女二人未出县男一八人女九人		出县男一四人女一人未出县男一九人女一人		出县男四人女二人未出县男二九人女二人		出县男二人女一人未出县男二一人女二人	

事别＼保别		第三一一保		第三一二保		第三一三保		第三一四保		第三一五保	
甲数		一〇		一〇		一〇		一〇		八	
户数		一〇一		九九		九三		九九		八四	
		男	女	男	女	男	女	男	女	男	女
人口总数		三〇五	二五一	三〇一	二六一	二六五	二三四	二五九	二三八	二六八	二一五
现住		二七六	二五〇	二八二	二五七	二四八	二三〇	二四六	二三七	二四一	二一五
他往		二九	一	一九	四	一七	四	一三	一	二七	
壮丁		九二		八六		七五		六八		四二	
识字		三五	一	三六	一	二三		二九		一〇	
职业	有	一九二	一五九	一八四	一三九	一四三	一二六	一五六	一二三	一四九	一〇四
	无	一一三	九二	一一七	一二二	一二二	一〇八	一〇三	一一五	一一九	一一一
非家属同住者		三〇	七	二四	四	一七	五	一一		二三	四
学童		六七		六四		六三		六三		五九	
备考		出县男一一人女一人		出县男一二人女二人未出县男一八人		出县男六人未出县男一一人女四人		出县男二人未出县男一一人女一人		出县男四人未出县男二三人	

荣县第一区第保普通户口统计表

中华民国二十五年七月　日　区长贺映福

事别＼保别	第三一六保		第三一七保		第三一八保		第三一九保		第三二〇保		第三二一保		第三二二保		第三二三保		第三二四保		第三二五保		第三二六保		第三二七保		第三二八保		第三二九保		合计	
甲数	一三		一〇		一〇		一〇		一〇		一〇		一〇		一〇		一〇		一〇		一〇		一〇		一〇		一五		三三三八	
户数	一三七		九九		一〇〇		九二		一〇一		一〇一		九六		一〇二		一〇〇		九二		一〇三		九四		九八		一四八		三六四〇三	
	男	女	男	女	男	女	男	女	男	女	男	女	男	女	男	女	男	女	男	女	男	女	男	女	男	女	男	女	男	女
人口总数	三八一	三五八	二四五	二〇七	二六〇	二一九	二四九	二九二	二五六	二三二	二七六	二四五	二六八	一九六	二五四	二三八	二五七	二二六	二七二	二四〇	三〇三	二七二	二九一	二三七	二九二	二四二	三九二	三三五	一〇六一五六	九三四九七
现住	三六〇	三五八	二三六	二〇九	二三八	二一六	二四〇	二九二	二四九	二三二	二七一	二四四	二五八	一九五	二四九	二三八	二四八	二二五	二五二	二三八	二七八	二七二	二六五	二三六	二七二	二四一	三七五	三三五	九六九三三	九二四四〇
他往	二一		九		二二	三	九		七		五	一	一〇	一	五		九	一	二〇	二	二五		二六	一	二〇	一	一七		九二二三	一〇五七
壮丁	一〇八		七五		八七		七四		七三		八六		七二		一〇五		八〇		八六		九三		七六		八九		一五七		三二四六七	
识字	三四	二	三九	一	二一		五七	四	三五	一	五四		三九	一〇	二二		一八	一	四五		四七		二六	二	四七		一〇六		一八〇八四	二二〇四
职业 有	二三〇	二〇六	一六二	一一六	一三八	一一六	一四〇	一六六	一三八	一三四	一六五	一三一	一五三	一二一	一五四	一一七	一六二	一四三	一六二	一五五	一八八	一四一	一八六	一五七	一八八	一四七	二一七	一八九	六五〇一一	五四三五四
职业 无	一五一	一五二	八三	九一	一二二	一〇三	一〇九	一二六	一一八	九八	一一一	一一四	一一五	七五	一〇〇	一二一	九五	八三	一一〇	八五	一一五	一三一	一〇五	八〇	一〇四	九五	一七五	一四六	四一一五四	三九一四三
非家属同住者	三〇	五	二一	九	一六	五	一八	一	一八	七	一七	四	二八	三	三一	一	二一	五	一六		三四		二八		三〇	二	三五	六	一〇七九七	四一四三
学童	七八		四六		六一		八一		六九		六一		九五		六一		五八		七五		八〇		七五		八三		九一		二一七二四	
备考	出县男六人未出县男一四人出省男一人		出县男二人未出县男七人		出县男四人女三人未出县男一八人		出县男五人未出县男二人出省男二人		出县男二人未出县男五人		出县男一人未出县男四人女一人		出县男二人未出县男八人女一人		出县男二人未出县男三人		出县男一人未出县男七人女一人出省男一人		出县男八人未出县男十二人女二人		出县男五人未出县男一九人出省男一人		出县男八人未出县男一七人女一人出省男一人		出县男一〇人未出县男一〇人女一人		出县男三人未出县男一四人出省男一人		未出县男七千四百九十六人女八百三十六人出县男一千五百九十七人女二百零八人出省男一百二十五人女十三人出国男五人	

荣县第一区第保普通户口统计表

事别＼保别	
甲数	
户数	
人口总数	
现住	
他往	
壮丁	
识字	
职业 有	
职业 无	
非家属同住者	
学童	
备考	

附记

一、本区所辖为二十一个联保保数原为三百九十保此次整理各联保因地形特殊与编余之保户少地贫为便管理计致有归并或划拨故较原有保甲数减少六一保

一、本区户数较去年相差原因实因去年有劣点二（1）有资产者以财产目标较大恐有特殊派疑用作建设费用故每以一户分为点户（2）有壮丁三四人者恐三丁抽一五丁抽二办法故多分为独丁之户此次整理以烟火为原则合并颇多故户数较去年减少

一、本区男女人口经整理后亦有减少确因去年有一口而误列数处者今均更正故较去年数目相差

一、本区他往出国男五人出省男一二五人女一三人出县男一五九七人女二〇八人未出县男七四九六人女八三六人

一、本区壮丁人数较之去年减少原因（1）癈疾不能任操作（2）壮丁年龄已超过者均删去故有减少

一、本区统计表系因前日划出联保十一处七月份后始奉令仍然归还建制以致照限定日期稍迟数日但较之县属别区则表尚在先期呈缴

区长贺映福

中华民国二十五年七月　日

荣县第一区普通户口统计表（二）

事别＼甲别	第一甲		第二甲		第三甲		第四甲		第五甲		第六甲		第七甲		第八甲		第九甲		第十甲		第十一甲		第十二甲		第十三甲		第十四甲		第十五甲		总计		附记
户数	一〇		九		一一		一一		一二		一〇		一一		七		一〇		九												一〇〇		
	男	女	男	女	男	女	男	女	男	女	男	女	男	女	男	女	男	女	男	女	男	女	男	女	男	女	男	女	男	女	男	女	
人口总数	三二	一一	三三	一四	三一	二一	二九	一七	三七	二八	三一	三〇	二二	二四	一二	一七	二二	二四	二四	二五											二七四	二一一	
现住	三二	一一	三三	一四	三一	二一	二六	一七	三五	二八	二七	二九	二〇		一四	一七	二一	二四	二二	二五											二六〇	二一〇	
他往							三		二		四	一	二				一		二												一四	一	
壮丁	一九		一八		一一		一二		一四		八		九		六		一二		九												一一八		本保男女统计四八五人出县未出省男十一人
识字	一一		一七	四	五		一一	一	一八	五	一四		一一	四	五	一	一三	六	一三												一一八	二六	
职业 有	一八		二一	一	一三	四	一五	四	一七	一	七	五	三		二		一〇	四	一〇	五											一一九	二九	
职业 无	一四	一一	一二	一三	一八	一七	一四	一三	二〇	二七	二四	二五	一九	二二	八	一四	一二	二〇	一四	二〇											一五五	一八二	
非家属同住者	二〇	一	一六	一	一〇	一	三		一五	三	三	六		一	二	一	四	二	二	二											七六	一八	
学童	二		六		八		四		六		一〇		六		二		六		七												五七		
备考																																	

四川省荣县第一区第二保普通户口统计表

保长

中华民国二十 年 月 日

四川省荣县第一区第三保普通户口统计表

事别＼甲别		第一甲		第二甲		第三甲		第四甲		第五甲		第六甲		第七甲		第八甲		第九甲		第十甲		第十一甲		第十二甲		第十三甲		第十四甲		第十五甲		总计		附记
户数		一五		一五		一五		一五		一五		一五		一五		一五		一五		一五												一五〇		
人口总数		男	女	男	女	男	女	男	女	男	女	男	女	男	女	男	女	男	女	男	女	男	女	男	女	男	女	男	女	男	女	男	女	
		二七	三八	三六	二六	二八	三二	四三	三四	三六	三一	四二	四〇	四二	三〇	三三	四二	三一	三八	四三	四九											三六一	三六〇	
现住		二五	三八	三一	二六	二五	三一	三六	三三	三五	三一	三八	四〇	三九	三〇	三二	四二	二五	三八	三七	四八											三二三	三五七	
他往		二		五		三	一	七	一	一		四		三		一		六		六	一											三八	三	
壮丁		六		一四		一二		一五		一五		一八		九		一二		一三		一四												一二八		
识字		二〇	一二	一八	三	一〇	七	二〇	八	一五	二	二四	七	一五	二	一二	三	一一	五	二〇	七											一六五	五六	出县未出省者男二人
职业	有	一五	一六	二七	一六	一二	二〇	二一	一六	一七	一七	二三	二二	二四	一六	一二	二三	一六	二五	一九	二一											一八六	一九二	
	无	一二	二二	九	一〇	一六	一二	二二	一八	一九	一四	一九	一八	一八	一四	二一	一九	一五	一三	二四	二八											一七五	一六八	
非家属同住者		二	五	七	五	二	五	九	五	九	二	二	三	五	一	五	九	一	六	八	四											五〇	四五	
学童		九		八		一〇		六		八		六		七		七		九		一六												八六		
备考																																		

保长周绍文

中华民国二十五年七月廿日

四川省荣县第一区第四保普通户口统计表

事别 \ 甲别		第一甲		第二甲		第三甲		第四甲		第五甲		第六甲		第七甲		第八甲		第九甲		第十甲		第十一甲		第十二甲		第十三甲		第十四甲		第十五甲		总计		附记
户数		一一		一〇		九		八		九		一一		八		一〇		一一		一二												九九		
人口总数		男	女	男	女	男	女	男	女	男	女	男	女	男	女	男	女	男	女	男	女	男	女	男	女	男	女	男	女	男	女	男	女	
		二五	二九	四四	二五	三四	三一	二五	一七	二二	一六	一九	二八	一五	一七	二四	二九	四五	二二	二四	二七											二七七	二四一	
现住		二〇	二九	四四	二四	三二	二九	二五	一七	二一	一六	一六	二八	一三	二三	一七	二七	四三	二〇	一九	二三											二五六	二三〇	
他往		五			一	二	二			一		三		二		一	二	二	二	五	四											二一	一一	
壮丁		一〇		一八		一二		一〇		七		九		四		九		一六		一七												一一二		
识字		一八	一二	二八	六	二一	一二	八	四	八	三	八	四	一一	四	一三	五	三〇	七	一四	九											一五九	六六	出县未出省男八人女五人出省未出国男四人女三人
职业	有	六	一四	一七	一一	一二	一四	一一	八	九	六	八	七	七	五	一〇	一〇	二六	九	一二	一五											一一八	九九	
	无	一九	一五	二七	一四	二二	一七	一四	九	一三	一〇	一一	二一	八	一二	一四	一九	一九	一三	一二	一二											一五九	一四二	
非家属同住者			六	二六	三	五	四	六	四	四	二	一	五	二	一	六	八	二〇	二	四	四											七四	三九	
学童		一一		六		九		六		五		四		三		四		五		一												五四		
备考		出县未出省者男四人				出县未出省者男二人女二人				出省未出国者男一人		出县未出省者男一人出区未出县者男一人				出县未出省者男一人女一人		出县未出省者女二人		出区未出县者女一人出省未出国者男三人女三人														

中华民国二十五年七月廿日　保长詹学文

四川省荣县第一区第五保普通户口统计表

保长钟文远

中华民国二十五年七月廿日

甲别	性别	户数	人口总数	现住	他往	壮丁	识字	职业（有）	职业（无）	非家属同住者	学童	备考	附记
第一甲	男	一〇	二一	二〇	一	一〇	一	一二	九	三	四		
	女		二四	二四				一〇	一四	一			
第二甲	男	一五	四四	三七	七	一六	一〇	二五	一九	九	五		
	女		四一	三八	三		三	二二	一九	七			
第三甲	男	一五	四三	三七	六	一三	一六	一五	二八	七	九		
	女		三三	三二	一		四	一二	二一	三			
第四甲	男	一四	三六	三二	四	一〇	七	一六	二〇	二	九		
	女		三一	三一				一八	一三	二			
第五甲	男	一二	二七	二五	二	九	四	一五	一二	二	四		
	女		二一	二〇	一			七	一四	三			
第六甲	男	一五	三七	三五	二	一三	一二	一七	二〇	五	一一		
	女		三九	三九			二	一五	二四	三			
第七甲	男	一五	四〇	二六	一四	一六	一三	一四	二六	八	八		
	女		三二	三〇	二		一	一二	二〇	五			
第八甲	男	一〇	三六	三四	二	一五	一五	一四	二二	八	六		
	女		三五	三五			一七	一九	一六	七			
第九甲	男	一〇	三五	三三	二	一三	一五	一九	一六	一八	八		
	女		三五	三五			一七	一八	一七	一一			
第十甲	男	一〇	二九	二八	一	九	一七	一六	一三	五	五		
	女		二四	二四			五	一六	八	三			
第十一甲	男												
	女												
第十二甲	男												
	女												
第十三甲	男												
	女												
第十四甲	男												
	女												
第十五甲	男												
	女												
总计	男	一二六	三四八	三〇七	四一	一二四	一一〇	一六三	一八五	六七	六九		出县未出省男二人
	女		三一五	三〇八	七		四九	一四九	一六六	四五			

四川省荣县第一区第六保普通户口统计表

保长周肇岐

中华民国二十五年七月廿日

事别＼甲别	第一甲		第二甲		第三甲		第四甲		第五甲		第六甲		第七甲		第八甲		第九甲		第十甲		第十一甲		第十二甲		第十三甲		第十四甲		第十五甲		总计		附记
户数	一〇		一〇		一〇		一〇		一〇		一〇		一〇		一〇		九		六												九五		
	男	女	男	女	男	女	男	女	男	女	男	女	男	女	男	女	男	女	男	女	男	女	男	女	男	女	男	女	男	女	男	女	
人口总数	一六	二四	三六	二七	二八	二〇	三四	一六	二四	二四	二九	三四	一五	一六	一七	一六	一八	二〇	二〇	一三											二三七	二一〇	
现住	一四	二三	二七	二六	二七	二〇	三〇	一六	一九	二三	二五	三三	一三	一五	一七	一六	一三	一九	一八	一三											二〇三	二〇四	
他往	二	一	九	一	一		四		五	一	四	一	二	一			五	一	二												三四	六	
壮丁	八		一一		一四		一六		一二		九		五		五		一三		七												一〇〇		出区未出县者男一人女一人 出县未出省者男七人女一人 出省未出国者男二人女二人
识字	六	一	一四	四	一五		二五	五	一三	三	一五	一三	二		五		一四	三	一五	四											一二四	三三	
职业 有	九	一二	一八	一一	一二	一二	一四	九	一四	一六	一三	一四	八	九	八	一〇	一一	一三	六	八											一一三	一一四	
职业 无	七	一二	一八	一六	一六	八	二〇	七	一〇	八	一六	二〇	七	七	九	六	七	七	一四	五											一二四	九六	
非家属同住者	四	一	七	一	九		七		四	三	二	四	一	一	二	一	四	二	五	一											四五	一四	
学童	三		一一		三		一		一		九		二		三		三		一												三七		
备考																																	

四川省荣县第一区第七保普通户口统计表

保长钟伯华

中华民国二十五年七月　日

事别＼甲别		第一甲		第二甲		第三甲		第四甲		第五甲		第六甲		第七甲		第八甲	
户数		一五		一五		一五		一五		一〇		一〇		一〇		一〇	
		男	女	男	女	男	女	男	女	男	女	男	女	男	女	男	女
人口总数		五二	四〇	三八	三五	三〇	三一	三九	三三	二九	二二	一七	一八	二一	一六	二七	二二
现住		五〇	四〇	三五	三五	二四	三〇	三五	三一	二九	二二	一五	一八	一九	一六	二四	二二
他往		二		三		六	一	四	二			二		二		三	
壮丁		二一		一七		一二		一二		一二		五		八		一一	
识字		二七	五	一七	七	一六		一四	六	一〇		四		五		七	
职业	有	二七	一八	二〇	二二	一九	一六	一六	一八	一九	一三	一三	一三	一一	一一	一四	一五
	无	二五	二二	一八	一三	一一	一五	二三	一五	一〇	九	四	五	一〇	五	一三	七
非家属同住者		一〇	二	九	五	五	四	八	三	八	一	一	一	一		四	
学童		七		五		一		六		三		二		三		四	
备考																	

事别＼甲别		第九甲		第十甲		第十一甲		第十二甲		第十三甲		第十四甲		第十五甲		总计		附记
户数		一〇		一三												一二三		
		男	女	男	女	男	女	男	女	男	女	男	女	男	女	男	女	
人口总数		二九	三一	三一	三一											三一三	二七九	
现住		二九	三一	二九	二九											二八九	二七四	
他往				二	二											二四	五	
壮丁		八		一〇												一一六		
识字		一七	八	一一	一											一二八	二七	出县未出省者男八女二人出省未出国男一人
职业	有	一六	一八	一九	二一											一七四	一六五	
	无	一三	一三	一二												一三九	一一四	
非家属同住者		八	五	五	四											五九	二五	
学童		一一		二												四四		
备考																		

甲别 / 事别	第一甲		第二甲		第三甲		第四甲		第五甲		第六甲		第七甲		第八甲		第九甲		第十甲		第十一甲		第十二甲		第十三甲		第十四甲		第十五甲		总计		附记
户数	一三		一三		一三		一三		一三		一四		一四		一四		一四		一四												一三五		
	男	女	男	女	男	女	男	女	男	女	男	女	男	女	男	女	男	女	男	女	男	女	男	女	男	女	男	女	男	女	男	女	
人口总数	二七	二一	二三	二六	三四	二一	二一	二七	三〇	二三	三六	三三	三四	三六	二六	三二	四四	二四	三〇	三一											三〇五	二七四	
现住	二六	二一	二一	二六	三〇	二一	一四	二三	二八	二三	三二	三三	三〇	三六	二三	二八	四〇	二四	二八	三一											二七二	二六六	
他往	一		二		四		七	四	二		四		四		二	四	四		二												三三	八	
壮丁	一五		一三		一二		一六		一一		一三		一四		一〇		二三		八												一三五		
识字	九		一一	五	三		一一	四	四		一二	五	一三	二	七		一〇	一	五	一											八五	一八	出县未出省男二人
职业 有	一七	一一	一一	一五	二一	一三	九	一三	一六	一八	二五	一六	一八	一七	一六	一八	三〇	一四	二〇	一八											一八三	一五三	
职业 无	一〇	一〇	一二	一一	一三	八	一二	一四	一四	五	一一	一七	一六	一九	一〇	一四	一四	一〇	一〇	一三											一二二	一二一	
非家属同住者	六	一	二	四	七	一	一		二		六	一	四	二	四	三	一五		二	一											四九	一三	
学童	六		五		五		一		六		八		五		六		三		二												四七		
备考																																	

四川省荣县第一区第八保普通户口统计表　　保长尹亮

中华民国二十五年七月廿日

四川省荣县第一区第九保普通户口统计表

事别＼甲别		第一甲		第二甲		第三甲		第四甲		第五甲		第六甲		第七甲		第八甲		第九甲		第十甲		第十一甲		第十二甲		第十三甲		第十四甲		第十五甲		总计		附记
户数		一〇		一〇		一〇		一〇		一〇		一〇		一〇		一〇		一〇		一〇												一〇〇		
人口总数		男	女	男	女	男	女	男	女	男	女	男	女	男	女	男	女	男	女	男	女	男	女	男	女	男	女	男	女	男	女	男	女	
		二六	二二	三五	三一	三〇	二四	三六	二四	四六	二八	四〇	二一	六七	三六	四四	四二	三四	三四	二三	三一											三八一	二九三	
现住		二五	二二	三〇	三〇	二六	二四	二八	二三	四三	二八	三八	二〇	六一	三六	三五	四一	三一	三四	二〇	二九											三三七	二八七	
他往		一		五	一	四		八	一	三		二	一	六		九	一	三		三	二											四四	六	
壮丁		四		八		一一		一〇		一八		一九		二四		一六		一〇		八												一二八		出区未出县者男一人出县未出省者男一一人女三人出省未出国者男一人
识字		三		一〇	四	六		四		二〇	五	二〇	二	二四	二	一二	三	一三		一一	五											一二三	二一	
职业	有	一七	一二	二三	一七	一七	一〇	二一	一一	三〇	一六	二四	一〇	三四	二四	二一	一九	一四	一七	一二	一三											二一三	一四九	
	无	九	一〇	一二	一四	一三	一四	一五	一三	一六	一二	一六	一一	三三	一二	二三	二三	二〇	一七	一一	一八											一六八	一四四	
非家属同住者		五	三	一三	三	八	四	七	三	一六	八	一七	一	二七	八	一二	五	三	四	二	三											一一〇	四二	
学童		二		一		三		三		五		六		五		四		二		一												三二		
备考																																		

保长张显身

中华民国二十五年七月廿日

四川省荣县第一区第十保普通户口统计表

保长滕光辉

中华民国二十五年七月廿日

事别＼甲别		第一甲		第二甲		第三甲		第四甲		第五甲		第六甲		第七甲		第八甲		第九甲		第十甲		第十一甲		第十二甲		第十三甲		第十四甲		第十五甲		总计		附记
户数		一〇		九		九		九		一〇		九		九		一〇		九		八												九二		
		男	女	男	女	男	女	男	女	男	女	男	女	男	女	男	女	男	女	男	女	男	女	男	女	男	女	男	女	男	女	男	女	
人口总数		三八	三三	三三	一〇	二三	二三	三四	二八	三六	三二	二二	一六	二一	一七	四七	三七	二三	三四	二一	一八											三〇八	二四八	
现住		三四	三三	三二	一〇	三〇	二三	三三	二八	三六	三二	二一	一四	一八	一七	四五	三六	二〇	三四	一九	一六											二八八	二四三	
他往		四		一		三		一				一	二	三		二	一	三		二	二											二〇	五	出区未出县者男一人出县未出省者男八人女三人出省未出国者男一人女一人
壮丁		一七		八		一四		一八		一〇		九		七		一九		一〇		九												一二一		
识字		二〇		一〇		一三	三	一一	六	一一	三	三		九	二	一七	五	一六	一〇	七	二											一一七	三一	
职业	有	一六	一四	一六	六	一三	一二	一一	一六	一二	一二	一〇	九	一二	一二	二三	一七	八	一二	九	七											一三〇	一一七	
	无	二二	一九	一七	四	二〇	一一	二三	一二	二四	二〇	一二	七	九	五	二四	二〇	一五	二二	一二	一一											一七八	一三一	
非家属同住者		一三	五	八	一	一〇	五	一四	九	一一	三	六	三	八	三	二〇	九		四	三	二											九三	四四	
学童		五		五		五		四		三		四		四		四		四		二												四〇		
备考																																		

四川省荣县第一区第十一保普通户口统计表

保长周克和

中华民国二十五年七月廿日

甲别/事别	第一甲		第二甲		第三甲		第四甲		第五甲		第六甲		第七甲		第八甲		第九甲		第十甲		第十一甲		第十二甲		第十三甲		第十四甲		第十五甲		总计		附记
户数	一一		一一		一〇		一〇		一〇		一〇		一〇		一〇		一三		一一												一〇六		
人口总数	男	女	男	女	男	女	男	女	男	女	男	女	男	女	男	女	男	女	男	女	男	女	男	女	男	女	男	女	男	女	男	女	
	三九	一九	五六	二六	二八	一二	三五	二四	三一	三一	三〇	二六	三四	一七	二四	二二	四八	三〇	二九	一七											三五四	二二四	
现住	三八	一八	四九	二四	二八	一二	三四	二四	三〇	二七	二九	二六	三〇	一五	二二	二二	四七	二九	二八	一七											三三五	二一四	
他往	一	一	七	二			一		一	四	一		四	二	二		一	一	一												一九	一〇	
壮丁	二〇		二七		一五		一一		一二		一〇		五		一一		二二		一五												一四八		
识字	一三	四	一七	四	九	三	一五	一	一四	七	一五	五	六		一二	一	二四	三	一一	一											一三六	二九	出县未出省者男一〇女五
职业 有	二五	一〇	二四	一二	一六	五	一〇	一六	一三	九	一二	一五	一三	六	九	一〇	二七	一三	一六	四											一六五	一〇〇	
职业 无	一四	九	三二	一四	一二	七	二五	八	一八	二二	一八	一一	二一	一一	一五	一二	二一	一七	一三	一三											一八九	一二四	
非家属同住者	一一		一六	三	五	一	六	三	五	一	六	三	一		三		一一	二	一	一											六五	一四七	
学童	二		六		二		九		六		四		二		五		六		五														
备考																																	

四川省荣县第一区第十二保普通户口统计表

保长郝光洲

中华民国二十五年七月廿日

事别 \ 甲别		第一甲		第二甲		第三甲		第四甲		第五甲		第六甲		第七甲		第八甲		第九甲		第十甲		第十一甲		第十二甲		第十三甲		第十四甲		第十五甲		总计		附记
户数		一〇		一〇		一一		一〇		一一		一〇		一一		一三		一一		一一												一〇八		
		男	女	男	女	男	女	男	女	男	女	男	女	男	女	男	女	男	女	男	女	男	女	男	女	男	女	男	女	男	女	男	女	
人口总数		四一	四一	二二	二五	四五	二五	二九	一六	三四	二七	三六	二六	三九	三八	三四	三〇	三〇	二九	二八	三二											三三八	二八九	出县未出省男十一女一人不详七人出省未出国女一人
现住		三九	四一	二一	二五	四四	二五	二九	一六	三一	二七	三五	二五	三五	三八	二九	二九	二六	二九	二二	三一											三一一	二八六	
他往		二		一		一				三		一	一	四		五	一	四		六	一											二七	三	
壮丁		一七		一〇		一八		一五		一四		八		一四		一一		一三		一〇												一三〇		
识字		二七	九	一四	五	一七	五	一九	三	七	一	一八	二	一五	四	一〇	三	四		一〇												一四一	三二	
职业	有	一七	八	一七	七	二二	七	一七	六	二一	九	一六	七	一五	一一	一八	一四	一六	一三	一七	一六											一七六	九八	
	无	二四	三三	五	一八	二三	一八	一二	一〇	一三	一八	二六	一九	二四	二七	一六	一六	一四	一六	一一	一六											一六二	一九一	
非家属同住者		一		二	一	五	一	九		一〇	五	六	一	三	一	四	三	八	四	一	三											四九	一九	
学童		八		七		五		一		五		三		七		四		五		六												五一		
备考																																		

四川省荣县第一区第十三保普通户口统计表

保长郝大周

中华民国二十五年七月廿日

事别＼甲别		第一甲		第二甲		第三甲		第四甲		第五甲		第六甲		第七甲		第八甲		第九甲		第十甲		第十一甲		第十二甲		第十三甲		第十四甲		第十五甲		总计		附记
		男	女	男	女	男	女	男	女	男	女	男	女	男	女	男	女	男	女	男	女	男	女	男	女	男	女	男	女	男	女	男	女	
户数		一〇		一一		一〇		一一		一一		一一		一〇		一〇		一一		一〇		一〇		一一								一二六		出县未出省男十五女三人出省未出国男二人外出不详男四人
人口总数		二九	一四	四〇	二九	三六	二七	三九	二五	二二	二九	四四	三六	三二	三一	三一	二五	三六	二九	三二	三〇	二八	二一	一九	一七							三八八	三一三	
现住		二八	一四	四〇	二八	三四	二七	三六	二五	二〇	二九	三七	三三	三〇	三〇	二七	二三	三四	二八	二五	二八	二五	二一	一六	一六							三二二	三〇二	
他往		一			一	二		三		二		七	三	二	一	四	二	二	一	七	二	三		三	一							三六	一一	
壮丁		一一		一三		一九		一七		七		一四		一三		九		一四		一一		一〇		九								一四七		
识字		五		二〇	七	一三	二	一八	一	六	二	一二	九	九	三	九	一	一〇	三	一三	一	六		三								一二四	二九	
职业	有	一四	六	二三	一一	二三	一三	二七	一二	八	一三	三二	一六	一二	七	一七	一四	二三	一六	二〇	一七	一四	五	一四	一一							二二七	一五一	
	无	一五	八	一七	一七	一三	一四	一二	一三	一四	一六	一二	二〇	二〇	二四	一四	一二	一三	一三	一二	一三	一四	六	五	六							一六一	一六二	
非家属同住者		一一	二	二〇	五	一〇	一	一三		五	八	一八	五	五	一	八	六	一六	二	三	四	六	二	二								一一七	三六	
学童		四		一〇		三		一				六				二		五		五		六		一								四三		
备考																																		

四川省荣县第一区第十四保普通户口统计表

事别＼甲别	第一甲		第二甲		第三甲		第四甲		第五甲		第六甲		第七甲		第八甲		第九甲		第十甲		第十一甲		第十二甲		第十三甲		第十四甲		第十五甲		总计		附记
户数	一一		一〇		一〇		一〇		一〇		一〇		一〇		八		一三		一五		一四		一〇		一三		九		八		一六一		出县未出省男十二人女二人
	男	女	男	女	男	女	男	女	男	女	男	女	男	女	男	女	男	女	男	女	男	女	男	女	男	女	男	女	男	女	男	女	
人口总数	三〇	三一	三五	三二	二六	二〇	二五	二〇	二六	二一	一八	二四	三六	一九	二五	一七	三四	二六	二七	二五	三〇	二五	二四	二六	二七	二九	二八	二三	二四	一七	四一五	三五五	
现住	二五	三一	三五	三二	二三	二〇	二四	二〇	二六	二一	一七	二四	三二	一八	二一	一七	二八	二六	二五	二五	二六	二五	一九	二六	二二	二九	二六	二二	二一	一七	三七〇	三五三	
他往	五				三		一				一		四	一	四		六		二		四		五		五		二	一	三		四五	二	
壮丁	一五		一四		一六		一二		一〇		六		一二		一〇		一二		五		九		七		一〇		一〇		八		一五六		
识字	八		一〇	二	五		四		三		四	一	七		六		二				四	一	五		二		五		三		六八	四	
职业 有	一〇	一九	一五	一七	九	一〇	一五	一二	一二	一〇	五	一二	一四	一三	一二	七	一三	一六	一九	一二	一六	一六	九	一一	一三	一三	一六	一四	一二	一〇	一九〇	一九二	
职业 无	二〇	一二	二〇	一五	一七	一〇	一〇	八	一四	一一	一三	一二	二二	六	一三	一〇	二一	一〇	八	一三	一四	九	一五	一五	一四	一六	一二	九	一二	七	二二五	一六三	
非家属同住者	九		一二	四	六	三	六	一	四		三	二	一〇	二	六	二	二	八	三	六	八	五	二	二	六	一	九	二	八	八	九四	四六	
学童	六		四		三		二		三		四		三		一		四		四		二		七		三		四		四		五四		
备考																																	

中华民国二十五年七月廿日　保长董澄福

四川省荣县第一区第十八保普通户口统计表

保长董光汇

中华民国二十五年七月二十二日

甲别＼事别	户数	人口总数 男	人口总数 女	现住 男	现住 女	他往 男	他往 女	壮丁 男	壮丁 女	识字 男	识字 女	职业 有 男	职业 有 女	职业 无 男	职业 无 女	非家属同住者 男	非家属同住者 女	学童	备考
第一甲	一〇	三三	一八	三二	一八	一		一四		一三		一六	五	一七	一三	一二	二	六	出保未出区者一人
第二甲	一〇	二九	二五	二九	二五			八		一一	二	一二	一三	一七	一二	一八	七	三	
第三甲	一〇	二九	三六	二八	三六	一		九		一一	三	一一	一〇	一八	二六	八	一〇	八	出保者一人保安队医兵
第四甲	一〇	三六	二六	三四	二六	二		一四		一七	四	一二	七	二四	一九	一〇	五	五	出区未出县者一人
第五甲	一〇	二九	三二	二二	三二	七		九		九	六	九	七	七	二五	三	八	八	出县者一人出区者一人出区者三人出县者二人
第六甲	一〇	二六	一九	二一	一九	五		七		一一	三	一二	七	一四	一二	四	九		出去未出县者三人出保未区者二人
第七甲	一〇	二一	一九	二〇	一九	一		五		九	三	六	七	一五	一二	三		一一	出县未出省者一人
第八甲	一〇	二六	三二	二五	三二	一		五		五		六	七	二〇	二五	九	八	八	出区未出县者一人
第九甲	一三	二六	三一	二三	三一	三		一一		四		八	五	一八	二六		一	一二	出省者一人
第十甲																			
第十一甲																			
第十二甲																			
第十三甲																			
第十四甲																			
第十五甲																			
总计	九三	二五五	二三八	二三四	二三八	二一		八二		八六	二五	九二	六七	一六三	一七一	六七	五〇	六一	出省者一人出县者四人出区者九人出保者七人

附记：本保内壮丁八十二名公务员九名他往二十一名发疯病八名实到壮丁四十四名

事别＼甲别		第一甲		第二甲		第三甲		第四甲		第五甲		第六甲		第七甲		第八甲		第九甲		第十甲		第十一甲		第十二甲		第十三甲		第十四甲		第十五甲		总计		附记
户数		一〇		一〇		一〇		一〇		一〇		一〇		一〇		一〇		一〇														九		
		男	女	男	女	男	女	男	女	男	女	男	女	男	女	男	女	男	女	男	女	男	女	男	女	男	女	男	女	男	女	男	女	
人口总数		三一	三三	四〇	三九	三五	三六	三三	三二	六三	四〇	四六	一八	五二	三八	四四	二二	三一	三四													三七五	二九二	
现住		二九	三二	三〇	三七	三五	三六	三三	三二	六〇	三六	四六	一七	四八	三六	三八	一八	二五	三二													三四四	二七六	
他往		三	一	九	二					三	四		一	四	二	六	四	六	二													三一	一六	
壮丁		六		九		一五		一四		三〇		二三		二〇		二六		一七														一六〇		
识字		九	二	二〇	七	二四	一〇	一九	五	三六	一二	二四	二	二三	五	二五	三	二一	九													二〇一	五五	出县未出省者男三〇女一五出保未出区者男一女一
职业	有	一四	一四	一七	一九	一九	一八	一五	一七	二一	一四	二〇	七	二四	一四	三六	一三	一七	一三													一七七	一二九	
	无	一七	一九	二三	二〇	一六	一八	一八	一五	四二	二六	二六	一一	二八	二四	一四	九	一四	二一													一九八	一六三	
非家属同住者		三	三	一	四	八	一四	一七	一二	二九	一二	一四	一	一五	一二	三一	四	六	五													一二四	六七	
学童		七		二		九		一		五		一〇		一三		八																五五		
备考		出县未出省者男二女一出保未出区者男一		出县未出省者男九女二						出县未出省者男三女四		出县未出省者女一		出县未出省者男四女二		出县未出省者男六女四		出县未出省者男六女一出保未出区者女一																

四川省荣县第一区第十九保普通户口统计表　保长高怀仁

中华民国二十五年七月　日

四川省荣县第一区第二十保普通户口统计表

保长刘中五

中华民国二十五年七月　日

事别＼甲别		第一甲		第二甲		第三甲		第四甲		第五甲		第六甲		第七甲		第八甲		第九甲		第十甲		第十一甲		第十二甲		第十三甲		第十四甲		第十五甲		总计		附记
户数		一〇		一〇		一〇		一〇		九		九		九		九		一〇		八												九四		
人口总数		男	女	男	女	男	女	男	女	男	女	男	女	男	女	男	女	男	女	男	女	男	女	男	女	男	女	男	女	男	女	男	女	
		四〇	二七	三〇	四一	三〇	二七	三〇	二四	一二	一六	二二	二八	二九	二一	三三	三一	三六	二一	三二	二一											二九四	二五七	
现住		三九	二七	二〇	四〇	二四	二四	二九	二三	一二	一六	二二	二八	二八	二一	三二	三一	三六	二一	三一	二一											二七三	一五二	
他往		一		一〇	一	六	三	一	一					一		一				一												二一	五	
壮丁		九		七		四		五		五		八		一一		一八		一九		一六												一〇一		出区未出县者男一人出县未出省者男一六人女三人出省未出国者男四人女二人
识字		二〇	二	一九	六	一六	四	一一	三	二	一	四	五	一二	二	二一	三	一四	四	一六	八											一三五	三八	
职业	有	一六	一四	一一	一四	九	九	一一	六	五	九	八	一三	一一	六	一五	八	一六	四	一五	五											一一七	八八	
	无	二四	一三	一九	二七	二一	一八	一九	一八	七	七	一四	一五	一八	一五	一八	二三	二〇	一七	一七	一六											一七七	一六九	
非家属同住者		八	四	一	一〇	二	四	五	三	三	一	四	六	五	四	一八	七	一五	一	一九	六											八〇	四六	
学童		一三		一三		四		六		三		六		一		四		四		三												五七		
备考		出区未出省者男一人		出县未出省者男八人出省未出国者男二人女一人		出县未出省者男六人女二人出省未出国者男二人女一人		出县未出省者男一人女一人						出县未出省者男一人		出县未出省者男一人				出县未出省者男一人														

四川省荣县第一区第二十一保普通户口统计表

甲别 事别	第一甲		第二甲		第三甲		第四甲		第五甲		第六甲		第七甲		第八甲		第九甲		第十甲		第十一甲		第十二甲		第十三甲		第十四甲		第十五甲		总计		附记
户数	一〇		一〇		一〇		一〇		一〇		一〇		一〇		一〇		一〇		一三												一〇三		
	男	女	男	女	男	女	男	女	男	女	男	女	男	女	男	女	男	女	男	女	男	女	男	女	男	女	男	女	男	女	男	女	
人口总数	二九	一七	一九	一五	二八	二一	二八	二六	三八	三三	三七	三二	三一	一五	三三	二一	三三	二五	二八	二六											三〇四	二三一	
现住	二八	一七	一九	一五	二八	二一	二八	二六	三八	三三	三七	三二	三一	一五	二九	二一	三二	二五	二七	二六											二九七	二三一	
他往	一														四		一		一												七		
壮丁	七		八		一九		一三		一六		一三		一二		一一		一四		一三												一二六		出保者男三人出县者男三人出省者男一人
识字	四	二			一〇	五	三	四	一二	五	一四	六	一二	一	一一	二	二		六	二											七四	二七	
职业 有	一七	七	一一	三	一九	六	一六	一〇	二〇	八	一一	七	一四	一	二〇	五	一七	一一	一四	一〇											一五九	六八	
职业 无	一二	一〇	八	一二	九	一五	一二	一六	一八	二五	二六	二五	一七	一四	一三	一六	一六	一四	一四	一六											一四五	一六三	
非家属同住者	五	二	四		一一	二	八	四	七	二	一一	九	六	一	一一	二	一一	二	五	二											七九	二六	
学童	六		二		八		五		七		九		三		九		九		六												六四		
备考	出保者男一人														出保者男一人出县者男二人出省者男一人		出保者男一人		出县者男一人														

保长辜健康

中华民国二十五年七月一日

四川省荣县第一区第二十二保普通户口统计表

事别＼甲别		第一甲		第二甲		第三甲		第四甲		第五甲		第六甲		第七甲		第八甲		第九甲		第十甲		第十一甲		第十二甲		第十三甲		第十四甲		第十五甲		总计		附记
户数		一〇		一〇		一〇		一〇		一〇		一〇		一二		一〇		一〇		一〇												一〇二		出省男四女二出县男一九女一出区男六女一出保男一四女三共计他往男四三人女七人
		男	女	男	女	男	女	男	女	男	女	男	女	男	女	男	女	男	女	男	女	男	女	男	女	男	女	男	女	男	女	男	女	
人口总数		三〇	四〇	二二	二三	二七	三〇	三九	三七	二九	二四	二〇	二四	一七	二二	二八	二一	二七	二一	六二	四七											三〇一	二八九	
现住		二六	四〇	一九	二二	二二	二九	三七	三五	二三	二四	一九	二四	一五	二二	二三	二一	一九	二〇	五五	四五											二五八	二八二	
他往		四		三	一	五	一	二	二	六		一		二		五		八	一	七	二											四三	七	
壮丁		一五		一五		一三		一〇		九		七		四		一二		一〇		一七												一一二		
识字		一六	八	一一	一	一一		二〇	一〇	一五	六	五		二	三	五	一	一六	二	四四	八											一四五	三九	
职业	有	一八	一三	九	一五	一二	一〇	一六	一九	一一	八	九	一〇	五	九	一八	一一	一一	一二	三五	二二											一四四	一二九	
	无	一二	二七	一三	八	一五	二〇	二三	一八	一八	一六	一一	一四	一二	一三	一〇	一〇	一六	九	二七	二五											一五七	一六〇	
非家属同住者		四	二	五	四	四	二	一一	一五	一	二	一	二	二	一	一五	五	二	四	三五	一六											七七	五三	
学童		三		五		七		一〇		七		九		五		五		五		五												六一		
备考		出省者男二出县者男二出区者男三		出县男三出保男二女一		出县男一出区男二出保男四女二		出县男二		出省男一出县男二出保男三				出县男二		出县男二出保男一		出省男一女一出县男二出区男一出保男二		出县男三女一出区女一出保男二														

保长张治知

中华民国二十五年七月二十日

四川省荣县第一区第二十三保普通户口统计表

保长郭懋威

中华民国二十五年七月一日

事别＼甲别		第一甲		第二甲		第三甲		第四甲		第五甲		第六甲		第七甲		第八甲		第九甲		第十甲		第十一甲		第十二甲		第十三甲		第十四甲		第十五甲		总计		附记
户数		一〇		一〇		一〇		一〇		一〇		一〇		一〇		一〇		一〇		一〇												一〇〇		
人口总数		男	女	男	女	男	女	男	女	男	女	男	女	男	女	男	女	男	女	男	女	男	女	男	女	男	女	男	女	男	女	男	女	
		三三	二六	二九	一八	二四	二九	三六	二三	三七	二八	四三	四一	三九	二八	四二	三〇	一八	二二	三九	一四											三四〇	二五九	
现住		二九	二四	二三	一六	二三	二九	三一	二三	三四	二六	三八	三九	三七	二八	三九	二九	一六	二二	三八	一四											三〇八	二五〇	
他往		四	二	六	二	一		五		三	二	五	二	二		三	一	二		一												三二	九	
壮丁		一四		一四		八		一三		一五		二三		一七		一七		一〇		一六												一四七		本保内壮丁一百四十七名除公务他往病废者八十二名应到壮丁六十五名
识字		六	二	七	一	九	一	七	一	六	五	一九	一二	一〇	三	一三	七	四	一	一一												九二	三三	
职业	有	一六	一二	一九	九	一〇	一三	一八	一一	一七	一三	一五	二八	一六	一二	二三	一二	一二	八	二二	九											一六八	一二七	
	无	一七	一四	一〇	九	一四	一六	一八	一二	二〇	一五	二八	一三	二三	一六	一九	一八	六	一四	一七	五											一七二	一三二	
非家属同住者		九	四	五	二	五	六	五	一	一一	五	一二	六	二二	九	一二	五	三		一七	二											一〇一	四〇	
学童		五		三		二		五		六		四				七				三												三五		
备考																																出县者男九人女五人出区者男三人出保者男二十人女四人		

四川省荣县第一区第二十四保普通户口统计表

保长钟尧昇

中华民国二十五年七月二十日

甲别/事别		第一甲		第二甲		第三甲		第四甲		第五甲		第六甲		第七甲		第八甲		第九甲		第十甲		第十一甲		第十二甲		第十三甲		第十四甲		第十五甲		总计		附记
户数		一〇		一〇		一〇		一〇		一〇		一〇		一〇		一〇		一〇		一一												一〇一		出保未出区男八人女二人出保未出县男三人出县未出省男十五人女七人出省未出国男二人他往不详男三人
		男	女	男	女	男	女	男	女	男	女	男	女	男	女	男	女	男	女	男	女	男	女	男	女	男	女	男	女	男	女	男	女	
人口总数		四五	二六	二七	二四	四三	四〇	三九	二九	二八	三二	二九	四四	一七	二四	二一	三四	三三	二六	三〇	一九											三一二	二九八	
现住		四三	二六	二四	二四	四〇	三八	三五	二六	二八	三二	二六	四四	一二	二四	一九	三二	二八	二四	二六	一九											二八一	二八九	
他往		二		三		三	二	四	三			三		五		二	二	五	二	四												三一	九	
壮丁		一七		六		六		六		五		三		一		四		六		五												五九		
识字		一八	二	一〇	四	二七	九	二三	七	九	一一	一八	一一	八	三	一一	二	九	六	七												一四〇	五五	
职业	有	二六	一一	一一	一〇	一五	一四	一九	八	九	一六	六	二三	六	一六	六	一五	一六	一三	一二	一〇											一二六	一三六	
	无	一九	一五	一六	一四	二八	二六	二〇	二一	一九	一六	二三	二一	一一	八	一五	一九	一七	一三	一八	九											一八六	一六二	
非家属同住者		一三	一	二	二	一二	六	一四	五	七	四	一〇	一四		七	五	七	一四	二	四	一											八一	四九	
学童		一〇		四		一〇		六		五		六		二		七		六		八												六四		
备考		出县未出省男一人出保未出区男一人		出县未出省男一人出保未出县男一人出保未出区男一人		出县未出省男二人女二人他往不详男一人		出县未出省男二人女三人出保未出区男二人				出县未出省男二人他往不详男一人		出保未出区男三人出县未出省男二人		出区未出县男一人出县未出省男一人女二人		出保未出区男一人女二人出县未出省男二人出省未出国男二人		出保未出县男二人出县未出省男二人														

四川省荣县第一区第二十五保普通户口统计表

事别 \ 甲别	第一甲		第二甲		第三甲		第四甲		第五甲		第六甲		第七甲		第八甲		第九甲		第十甲		第十一甲		第十二甲		第十三甲		第十四甲		第十五甲		总计		附记
户数	一〇		一〇		一〇		一〇		一〇		一〇		一〇		一〇		一〇		一三												一〇三		
	男	女	男	女	男	女	男	女	男	女	男	女	男	女	男	女	男	女	男	女	男	女	男	女	男	女	男	女	男	女	男	女	
人口总数	二三	三一	二一	一四	三一	三四	三〇	二一	二八	一九	二七	二四	三〇	二八	三一	二七	二三	二二	二九	四〇											二七三	二六〇	出保者男十七人女三人出区者男四人女三人出县者男十九人女二人
现住	一九	三一	一二	一四	三一	三四	二五	二一	二七	一九	二一	二二	二七	二六	二九	二六	二二	一九	二六	四〇											二三三	二五二	
他往	四		九				五		一		六	二	三	二	二	一	一	三	九												四〇	八	
壮丁	三		四		六		一二		六		一一		一五		一〇		八		一四												八九		
识字	一三	一二	三		一〇	四	五		六	一	一七	五	一一	四	一二	二	三		一四	一〇											九四	三八	
职业 有	九	一八	一一	八	一二	一一	一四	一〇	一一	九	一五	九	九	一四	一四	一〇	一一	七	一五	一六											一二一	一一二	
职业 无	一四	一三	一〇	六	一九	二三	一六	一一	一七	一〇	一二	一五	二一	一四	一七	一七	一二	一五	一四	二四											一五二	一四八	
非家属同住者	三	七			七	三			八		五		八	五	一一	五	五		三	八											五〇	二八	
学童	六		二				七		六		四		五		六		六		六												四八		
备考	出保者男二人出县者男二人		出保者男二人出区者男三人出县者男四人				出保者男二人出县者男三人		出保者男一人		出保者男四人女二人出县者男二人		出县者男三人女二人		出保者男一人女一人出县者男一人		出区者男一人女三人		出保者男五人出县者男四人														

保长丁郁兰

中华民国二十五年七月　日

四川省荣县第一区第二六保普通户口统计表

事别＼甲别	第一甲		第二甲		第三甲		第四甲		第五甲		第六甲		第七甲		第八甲		第九甲		第十甲		第十一甲		第十二甲		第十三甲		第十四甲		第十五甲		总计		附记
户数	一〇		一〇		一〇		一〇		一〇		一〇		九		一〇		一〇		六												九五		男出保未出区者三人出县未出省者十八人女出保未出区者三人出县未出省者九人
	男	女	男	女	男	女	男	女	男	女	男	女	男	女	男	女	男	女	男	女	男	女	男	女	男	女	男	女	男	女	男	女	
人口总数	三三	三六	三一	三一	二八	二六	一七	一九	二五	三六	二〇	二八	二一	三七	一九	一九	二五	二六	二二	一六											二四一	二七四	
现住	三三	三二	二七	三一	二七	二六	一五	一九	二四	三二	一九	二八	一九	三七	一八	一九	一九	二三	二〇	一五											二二〇	二六二	
他往	一	四	四		一		二			四	二		二		一		六	三	二	一											二一	一二	
壮丁	五		六		四		四		六		四		八		五		三		四												四九		
识字	一三	六	七	二	一一	四	四		六	六	九	三	六	二	二		九	二	九	五											七六	三〇	
职业 有	三	一〇	一一	九	一〇	八	七	一〇	八	九	九	八	二	九	六		七	一〇	六	四											六九	七七	
职业 无	三一	二六	二〇	二二	一八	一八	一〇	九	一六	二七	一一	二〇	一九	二八	一二	一九	一八	一六	一六	一二											一七二	一九七	
非家属同住者	二	三	二				一										三	一													八	四	
学童	七		四		二		三		六		四		五		三		三		三												四〇		
备考																																	

保长左襄臣
中华民国二十五年七月　日

四川省荣县第一区第二十七保普通户口统计表

保长赵为政

中华民国二十 年 月 日

甲别 事别	第一甲		第二甲		第三甲		第四甲		第五甲		第六甲		第七甲		第八甲		第九甲		第十甲		第十一甲		第十二甲		第十三甲		第十四甲		第十五甲		总计		附记
户数	一〇		一〇		一〇		一〇		一〇		一〇		一〇																		七〇		
	男	女	男	女	男	女	男	女	男	女	男	女	男	女	男	女	男	女	男	女	男	女	男	女	男	女	男	女	男	女	男	女	
人口总数	四七	一九	三三	三〇	一七	二〇	二一	二二	三六	三二	一五	二一	五一	一七																	二二〇	一六一	
现住	四六	一九	二九	三〇	一一	二〇	一八	二二	三五	三〇	一五	二一	四八	一七																	二〇二	一五九	
他往	一		四		六		三		一	二			三																		一八	二	
壮丁	二五		一〇		六		五		一四		七		一六																		八三		出保未出区者男六人女二人出区未出县者男二人出县未出省者男七人他往不详者男三人
识字	二六	三	一九	四	一一		一八	五	一七	四	一〇	一	二九	四																	一三〇	二一	
职业 有	二六	九	一〇	一四	九	七	一四	一六	一八	一八	一〇	八	二七	一二																	一一四	八四	
职业 无	二一	一〇	二三	一六	八	一三	七	六	一八	一四	五	一三	二四	五																	一〇六	七七	
非家属同住者	二四	四	五	七	一	一		一	一三	四	七	九	二六	二																	七六	二八	
学童	三		七		三		二		五		一		七																		二八		
备考	出保未出区者男一人		出县未出省者男四人		出县未出省者男一人出区未出县者男二人他往不详者男三人		出保未出区者男三人		出保未出区者男一人女二人				出县未出省者男二人出保未出区者男一人																				

四川省荣县第一区第二八保普通户口统计表

事别＼甲别	第一甲 男	第一甲 女	第二甲 男	第二甲 女	第三甲 男	第三甲 女	第四甲 男	第四甲 女	第五甲 男	第五甲 女	第六甲 男	第六甲 女	第七甲 男	第七甲 女	第八甲 男	第八甲 女	第九甲 男	第九甲 女	第十甲 男	第十甲 女	第十一甲 男	第十一甲 女	第十二甲 男	第十二甲 女	第十三甲 男	第十三甲 女	第一四甲 男	第一四甲 女	第十五甲 男	第十五甲 女	总计 男	总计 女	附记
户数	一〇		九		一〇		八		一〇		八		一〇		一〇		一〇		一〇												九五		出保者男十五人女四人出区者男三人出县者女一人出省者男四人女二人
人口总数	二一	二二	三〇	一八	四一	一五	二九	一二	二七	一六	一五	五	二七	二一	三九	三〇	三七	二一	二〇	三三											二八六	一九三	
现住	一七	二〇	三〇	一八	四一	一五	二八	一一	二五	一五	一三	四	二三	二一	三六	三〇	三一	二〇	二〇	三二											二六四	一八六	
他往	四	二					一	一	二	一	二	一	四		三		六	一		一											二二	七	
壮丁	四		一〇		一〇		八		九		六		七		一〇		一一		五												八〇		
识字	四	三	一四	五	二七	二	二〇	一	二〇	五	一三	一	一八	一	一七	六	一六	四	九	四											一五八	三六	
职业 有	一一	八	一五	八	二〇	八	一五	四	一二	八	一二	四	二〇	八	一八	一三	一五	一四	一〇	一六											一四八	九一	
职业 无	一〇	一四	一五	一〇	二一	七	四	八	一五	八	三	一	七	一三	二一	一七	二二	七	一〇	一七											一三八	一〇二	
非家属同住者	一			一	一一	一	九		九	一	一	三	七	一	九	四	五	二	三	六											五五	一九	
学童	一		四		二		三		三				五		五		三		六												三二		
备考	出保者男三人女二人出省者男一人						出保者男一人女一人		出保者男二人出省者女一人		出保者男二人女一人		出保者男四人		出保者男二人出省者男一人		出保者男一人出区者男三人出省者男二人女一人		出县者女一人														

保长王德武

中华民国二十五年七月二十日

四川省荣县第一区第二十九保普通户口统计表　保长吴章奎

中华民国二十五年七月二十日

事别＼甲别		第一甲		第二甲		第三甲		第四甲		第五甲		第六甲		第七甲		第八甲		第九甲		第十甲		第十一甲		第十二甲		第十三甲		第十四甲		第十五甲		总计		附记
户数		一〇		一〇		一〇		一〇		一〇		一〇		一〇		一〇		一〇		九												九九		
人口总数		男	女	男	女	男	女	男	女	男	女	男	女	男	女	男	女	男	女	男	女	男	女	男	女	男	女	男	女	男	女	男	女	
		二二	一七	三九	四〇	二五	三三	一六	二三	二三	二〇	二六	二二	三六	二一	二六	二七	二〇	一七	二五	二八											二五二	二四八	
现住		一九	一六	三一	四〇	二一	三一	一二	二〇	二二	二〇	二四	二二	二九	二一	二二	二七	二〇	一七	二五	二八											二二五	二四二	
他往		三	一	八		四	二	四	三	一		二		一		四																二七	六	出保未出区者男十三人女三人出区未出县者男五人出县未出省者男八人女二人出省未出国者男一人女一人
壮丁		七		一六		四		五		六		八		八		八		六		九												七七		
识字		六	二	一七	六	九	六	二	五	五	二	三		九	三	二				八												六一	二四	
职业	有	一三	八	一五	一五	一一	九	一〇	一一	一三	七	一九	一〇	一四	一一	一二	一一	一〇	八	一三	一三											一三〇	一〇三	
	无	九	九	二四	二五	一四	二四	六	一二	一〇	一三	七	一二	一六	一〇	一四	一六	一〇	九	一二	一五											一二二	一四五	
非家属同住者			一	三	三	二	八	一	三	三		七	一	二	三	二		一		八	八											二九	二七	
学童				二		三		一		五		三		三		四		三		四												二八		
备考		出省未出国者男一人女一人出区未出县者男二人		出保未出区者男八人		出保未出区者男四人女二人		出县未出省者男三人女二人出保未出区者男一人女一人		出县未出省者男一人		出区未出县者男二人		出区未出县者男一人		出县未出省者男四人																		

四川省荣县第一区第三十保普通户口统计表

保长尹庆丰

中华民国二十五年七月廿日

事别＼甲别		第一甲		第二甲		第三甲		第四甲		第五甲		第六甲		第七甲		第八甲		第九甲		第十甲		第十一甲		第十二甲		第十三甲		第十四甲		第十五甲		总计		附记
户数		一〇		一〇		一〇		一〇		一〇		一〇		一〇		一〇		一四														九四		出甲未出保者男五人出保未出区者男二十人女六人出区未出县者男一人女一人出县未出省者男六人女一人出省未出国者男一人
人口总数		男	女	男	女	男	女	男	女	男	女	男	女	男	女	男	女	男	女	男	女	男	女	男	女	男	女	男	女	男	女	男	女	
		四〇	三七	三四	二六	二九	一二	三五	三二	三二	二一	二七	二七	二七	二〇	二五	三一	二九	二七													二七八	二三三	
现住		三九	三七	三〇	二五	二〇	一一	三一	二九	二九	二一	二六	二七	二六	一九	二一	三〇	二三	二六													二四五	二二五	
他往		一		四	一	九	一	四	三	三		一		一		四	一	六	一													三三	八	
壮丁		一一		七		一二		一〇		一〇		五		二		一二		一一														八一		
识字		一三	八	一六	一	一五	一	一九	一〇	一三	五	一九	一一	一一	五	一五	六	二	一一													一四一	四九	
职业	有	一七	八	一八	一三	二一	二	一九	九	一五	九	八	五	一〇	六	一三	一一	一九	一三													一四〇	七六	
	无	二三	二九	一六	一三	八	一〇	一六	二三	一七	一二	一九	二二	一七	一四	一二	二〇	一〇	一四													一三八	一五七	
非家属同住者		一八	八	五	四	一二	四	七	二	六	五	一	二	三		三	七		三													五五	三五	
学童		九		八		五		六		七		五		二		五		一														四八		
备考		出县未出省者男一人		出县未出省者男二人女一人出甲未出保者男二人		出区未出县者女一人出保未出区者男六人出甲未出保者男三人		出省未出国者男一人出保未出区者男三人女三人		出区未出县者男一人出保未出区者男二人		出县未出省者男一人		出县未出省者男一人出保未出区者女一人		出县未出省者男一人出保未出区者男三人女一人		出保未出区者男六人女一人																

事别＼甲别	第一甲		第二甲		第三甲		第四甲		第五甲		第六甲		第七甲		第八甲		第九甲		第十甲		第十一甲		第十二甲		第十三甲		第十四甲		第十五甲		总计		附记
户数	一〇		一〇		一〇		一〇		一〇		一〇		一〇		一〇		七		八												九五		
人口总数	男	女	男	女	男	女	男	女	男	女	男	女	男	女	男	女	男	女	男	女	男	女	男	女	男	女	男	女	男	女	男	女	
	二五	一八	二五	三一	三一	二六	二〇	一九	二八	三〇	二九	三一	三七	三八	二八	一九	九	一八	四三	三三											二七五	二六三	
现住	二一	一八	二四	三一	二六	二六	一九	一九	二八	三〇	二六	三一	三五	三四	二七	一九	七	一八	三五	三三											二四八	二五九	
他往	四		一		五		一				三		二	四	一		二		八												二七	四	出县未出省者男十三女四出区未出县者男二出保未出区者男十二共计他往男二十七女四
壮丁	三		二		三		三		六		三		八		四				六												三八		
识字	五		四	二	五		三		八	二	五		九	一	六	二			八	三											五三	一〇	
职业 有	一九	八	一九	一一	一五	一一	一一	九	二一	二〇	一五	二〇	二七	二〇	二〇	一〇	四	一一	二一	二三											一七二	一四七	
职业 无	六	一〇	六	二〇	一六	一五	九	一〇	七	一〇	一四	一一	一〇	一四	八	九	三	七	二二	一〇											一〇三	一一六	
非家属同住者	一		一	一	一	一		一	二		二	二	一	六	三	一		一													一一	一三	
学童	二		五		一二		八		七		九		八		七		三		一四												七五		
备考	出县未出省者男二出保未出区者男二		出保未出区者男一		出县未出省者男二出保未出区者男三		出保未出区者男一				出县未出省者男二出保未出区者男一		出县未出省者男二女四		出县未出省者男一		出保未出区者男二		出县未出省者男四出保未出区者男一出区未出县者男一														

四川省荣县第一区第三一保普通户口统计表

保长曹理洲

中华民国二十　年　月　日

四川省荣县第一区第三十二保普通户口统计表

保长蒋舟平

中华民国二十五年七月一日

事别＼甲别	第一甲		第二甲		第三甲		第四甲		第五甲		第六甲		第七甲		第八甲		第九甲		第十甲		第十一甲		第十二甲		第十三甲		第十四甲		第十五甲		总计		附记
户数	一〇		一〇		一〇		一〇		一〇		一〇		九		九		一〇		一四		一〇		一〇		一〇		八				一四〇		
	男	女	男	女	男	女	男	女	男	女	男	女	男	女	男	女	男	女	男	女	男	女	男	女	男	女	男	女	男	女	男	女	
人口总数	一七	二〇	二〇	一九	二四	三一	一九	二一	二五	二二	二七	三五	三三	三二	二一	二七	二八	二六	二八	二八	三一	三〇	一七	二一	二一	一七	一二	一八			三二三	三四七	
现住	一七	二〇	一九	一八	一七	三一	一六	二一	一九	二二	二二	三二	二六	三二	一九	二七	二六	二四	二六	二七	二八	二九	一四	二一	一九	一七	八	一七			二七六	三三八	
他往			一	一	七		三		六		五	三	七		二		二	二	二	一	三	一	三		二		四	一			四七	九	
壮丁	七		九		一〇		八		五		一一		一七		八		九		一六		一三		一〇		七		八				一三八		
识字	四	一	三		九	一一	六		六	二	一六	六	一九	二	一二	五	一二	二	一〇	二	一三		八		四		三				一二五	三一	
职业 有	九	七	一二	三	一四	八	一一	三	七	六	一四	一二	一五	七	六	九	一六	七	一六	一〇	一四	一一	一〇	五	一一	七	一〇	七			一六五	一〇二	
职业 无	八	一三	八	一六	一〇	二三	八	一八	一八	一六	一三	二三	一八	二五	一五	一八	一二	一九	一二	一八	一七	一九	七	一六	一〇	一〇	二	一一			一五八	二四五	
非家属同住者	三	四	一	一	四	三	三	一		三	三	九	一			九	四	四	五	二	六	二	一	一	二	二					三三	四一	
学童	四		三				一		九		六		六		二		五		一		三		一		二		二				四五		
备考			出保未出区者男一人女一人		出保未出区者男七人		出保未出区者男一人出区未出县者男一人出县未出省者男一人		出保未出区者男四人出区未出县者男二人		出保未出区者男一人女一人出区未出县者男二人出县未出省者男二人女二人		出保未出区者男一人出区未出县者男二人出县未出省者男四人		出保未出区者男一人出县未出省者男一人		出县未出省者男二人女二人		出保未出区者男一人出区未出县者男一人出县未出省者女一人		出保未出区者男三人出县未出省者女一人		出保未出区者男二人出县未出省者男一人		出保未出区者男一人出县未出省者男一人		出保未出区者男三人女一人出区未出县者男一人				出保未出区者男二十六人女三人出区未出县者男九人出县未出省者男十二人女六人		

四川省荣县第一区第三十三保普通户口统计表　保长辜子高

中华民国二十五年七月一日

事别＼甲别		第一甲		第二甲		第三甲		第四甲		第五甲		第六甲		第七甲		第八甲		第九甲		第十甲		第十一甲		第十二甲		第十三甲		第十四甲		第十五甲		总计		附记
户数		一〇		一〇		一〇		一二		一〇		一〇		一〇		一〇		一〇		一〇		一〇		一〇		一〇		一〇		九		一五一		
人口总数		男	女	男	女	男	女	男	女	男	女	男	女	男	女	男	女	男	女	男	女	男	女	男	女	男	女	男	女	男	女	男	女	
		二三	一八	三〇	二〇	一五	一九	三一	二六	二五	二〇	二五	一七	一八	一九	二五	三一	二四	三二	三一	五七	三二	二四	一九	一五	二〇	二二	一七	二五	二二	二三	三五七	三六八	
现住		一九	一七	二一	一九	一〇	一八	二九	二六	二二	一九	二二	一七	一四	一七	二〇	三〇	一〇	三一	二四	五四	二四	二三	一四	一五	一七	二二	一六	二五	一六	二一	二七八	三五四	
他往		四	一	九	一	五	一	二		三	一	三		四	二	五	一	一四	一	七	三	八	一	五		三		一		六	二	七九	一四	
壮丁		七		一一		三		一二		三		九		八		一〇		一五		一二		一六		七		六		六		六		一三一		
识字		四		三				五	二	五		八		五	一	一五	八	一一	四	二二	二一	一八	七	五		五		五	四	一一	八	一二二	五五	
职业	有	一二	一一	一八	一〇	九	八	一八	一一	一一	一〇	一七	六	一三	一〇	一〇	一〇	一三	一〇	一二	一六	一九	一〇	一〇	八	一〇	九	九	一一	九	九	一九〇	一四九	
	无	一一	七	一二	一〇	六	二	一三	一五	一四	一〇	八	一一	五	九	一五	一一	一一	二二	一九	四一	一三	一四	九	七	一〇	一三	八	一四	一三	一四	一六七	二一九	
非家属同住者		二		六	三			九	二	三	一	四	一	一	一	四	四	三	五	一〇	一八	七	二	一	二	一	一		五	三	二	五四	四四	
学童		四						七		五		二		五		一一		六		四		二		二		二		五		五		五五		
备考																																出保男五十六人女四人出区男五人出县男十八人女十人		

四川省荣县第一区第三十四保普通户口统计表　保长缪君棋
中华民国二十五年七月　日

事别＼甲别		第一甲		第二甲		第三甲		第四甲		第五甲		第六甲		第七甲		第八甲		第九甲		第十甲		第十一甲		第十二甲		第十三甲		第十四甲		第十五甲		总计		附记
户数		一〇		一〇		一〇		一〇		一〇		一〇		九																		六九		出县未出省者男七人女一人出区未出县者男四人出保未出区者男九人出甲未出保者男一人出家未出甲者女一人
		男	女	男	女	男	女	男	女	男	女	男	女	男	女	男	女	男	女	男	女	男	女	男	女	男	女	男	女	男	女	男	女	
人口总数		二八	一九	四二	三九	五二	三二	六〇	二二	二六	二八	三九	二二	二七	一九																	二七四	一八一	
现住		二六	一九	三八	三七	四九	三一	五九	二二	二〇	二八	三六	二二	二五	一八																	二五三	一七七	
他往		二		四	二	三	一	一		六		三		二	一																	二一	四	
壮丁		九		一四		二一		三八		四		七		三																		九六		
识字		一〇	一	二六	一七	二八	八	四〇	一	一六	九	一三	三	九	二																	一四二	四一	
职业	有	一四	四	一九	一一	二八	九	四二	六	一五	一二	一七	九	一一	一〇																	一四六	六一	
	无	一四	一五	二三	二八	二四	二三	一八	一六	一一	一六	二二	一三	一六	九																	一二八	一二〇	
非家属同住者		八	一	一八	七	二三	五	四〇	三	二	八	七	一	三																		一〇一	二五	
学童		三		三		九		四		六		四		五																		三四		
备考		出保未出区者男二人		出县未出省者男一人女一人出区未出县者男一人出保未出区者男二人女一人		出县未出省者男三人出保未出区者女一人		出保未出区者男一人		出县未出省者男一人出区未出县者男二人出保未出区者男一人出甲未出保者男一人		出县未出省男二人出保未出区者男一人		出区未出县者男一人出保未出区者男一人出家未出甲者女一人																				

荣县第一区普通户口统计表（二）

四川省荣县第一区第　保普通户口统计表

中华民国二十五年七月二七日　保长刘荣华

事别＼甲别	第一甲		第二甲		第三甲		第四甲		第五甲		第六甲		第七甲		第八甲		第九甲		第十甲		第十一甲		第十二甲		第十三甲		第十四甲		第十五甲		总计		附记
户数	一五		一三		一二		一五		一五		一三		一五		一二		一〇		一〇												一三〇		
人口总数	男	女	男	女	男	女	男	女	男	女	男	女	男	女	男	女	男	女	男	女	男	女	男	女	男	女	男	女	男	女	男	女	
	四三	三六	三一	三八	三八	三七	四一	三一	四六	四二	四四	二七	四九	四六	三五	二六	四二	三四	四八	三七											四一七	三五四	
现住	三八	三六	三〇	三八	三四	三七	三八	三一	三七	四二	三七	二七	四四	四六	三三	二六	四〇	三四	四七	三七											三七八	三五四	
他往	五		一		四		三		九		七		五		二		二		一												三九		
壮丁	一七		九		一六		一一		一一		一七		二〇		八		一四		一七												一四〇		
识字	六		九		五		六		八	一	四		八		三		四		一二												六五	一	
职业 有	二四	二五	一八	一五	二三	二〇	二〇	一八	二五	二〇	二五	一四	二八	二五	一九	一五	二七	一八	二四	一八											二三三	一七八	
职业 无	一九	二一	一三	二三	一五	一七	二一	一三	二一	二二	一九	一三	二一	二一	一六	一一	一五	一六	二四	一九											一八四	一七六	
非家属同住者	二		五		一〇	二	四		八	三	一一	二	一四	八	三	一	一四		六	三											七七	一九	
学童	八		九		四		八		八		八		七		七		四		八												七一		
备考	他往壮丁四人癞病壮二人石工二人木工一人		他往壮丁一人吐血壮丁一人石工一人		他往壮丁二人耳聋壮丁一人土工一人		他往壮丁二人石工一人		他往壮丁八人		他往壮丁三人痔疮壮丁一人木工一人		他往壮丁四人眼病壮丁一人内病壮丁一人石工一人土工一人		他往壮丁一人跌伤壮丁一人		他往壮丁二人肺口病壮丁一人木工一人		他往壮丁一人												他往壮丁二十八人得病壮丁十人石工一人木工三人土工二人		

四川省荣县第一区第　保普通户口统计表

事别 \ 甲别		第一甲		第二甲		第三甲		第四甲		第五甲		第六甲		第七甲		第八甲		第九甲		第十甲		第十一甲		第十二甲		第十三甲		第十四甲		第十五甲		总计		附记
户数		一四		一二		一三		一四		一三		一二		一〇		一二		一二		一二												一二四		
		男	女	男	女	男	女	男	女	男	女	男	女	男	女	男	女	男	女	男	女	男	女	男	女	男	女	男	女	男	女	男	女	
人口总数		四五	三一	四六	四二	三四	二九	三二	三五	三五	三三	二八	二六	三八	四六	三九	三三	三〇	三〇	三二	三八											三五九	三三七	
现住		三五	三〇	四〇	四二	二四	二九	二六	三五	三一	三三	二五	二六	三七	四〇	三五	三三	二六	三〇	二八	三八											三〇七	三三六	
他往		一〇	一	六		一〇		六		四		三		一		四		四		四												五二	一	
壮丁		一七		一七		一三		八		一四		九		八		一三		一二		一五												一二六		
识字		六	一	九		九		一一		五		一一		三		三		二	一	二												六一	二	
职业	有	三〇	一六	二七	一九	二五	一四	二〇	二〇	二三	一八	一七	一四	二一	一八	二〇	一七	一九	一七	二一	二二											二二三	一七五	
职业	无	一五	一五	一九	二三	九	一五	一二	一五	一二	一五	一一	一二	一七	二二	一九	一六	一一	一三	一一	一六											二三六	一六二	
非家属同住者		九	七	五	五	四	五	三	二	五	三	一	一	六	四	五	三	三	四	五	三											四六	三七	
学童		六		七		六		六		五		二		一一		二		三		六												五四		
备考																																出县未出省者男十九人女一人出区未出县者男三人出保未出区者男三十人		

保长杨显名

中华民国二十五年七月　日

四川省荣县第一区第　保普通户口统计表　保长胡良义

中华民国二十五年　月　日

事别＼甲别		第一甲		第二甲		第三甲		第四甲		第五甲		第六甲		第七甲		第八甲		第九甲		第十甲		第十一甲		第十二甲		第十三甲		第十四甲		第十五甲		总计		附记
户数		一〇		一〇		一〇		一〇		一〇		一〇		一一		一一		九		一〇												一〇一		
人口总数		男	女	男	女	男	女	男	女	男	女	男	女	男	女	男	女	男	女	男	女	男	女	男	女	男	女	男	女	男	女	男	女	
		二九	三九	四三	三九	三五	二四	二七	二四	四一	三一	四三	三二	二八	二五	三三	二三	二九	三五	三〇	二七											三三八	二九九	
现住		二八	三九	三八	三九	三二	二四	二四	二四	三五	三一	三九	三二	二八	二五	三〇	二三	二七	三四	二七	二七											三〇八	二九八	
他往		一		五		三		三		六		四				三		二	一	三												三〇	一	
壮丁		一六		一二		九		五		一四		一一		五		九		九		五												九五		
识字		二		五		六		二		一九	三	四		一				四		一												四四	三	
职业	有	一六	一二	二五	一八	二〇	一五	一七	一四	二三	二二	二八	二〇	一三	一三	一六	一五	一八	二〇	一七	一一											一九三	一六〇	
	无	一三	二七	一八	一七	一五	九	一〇	一〇	一八	九	一五	一二	一五	一二	一七	八	一一	一五	一三	一六											一四五	一三九	
非家属同住者		五	四	四	二	四	八	三		三		一〇	二	二				一	一	四												三六	一七	
学童		六		一二		三		一		六		五		一		三		一		六												四四		
备考																																		

四川省荣县第一区第　保普通户口统计表

事别＼甲别		第一甲		第二甲		第三甲		第四甲		第五甲		第六甲		第七甲		第八甲		第九甲		第十甲		第十一甲		第十二甲		第十三甲		第十四甲		第十五甲		总计		附记
户数		一〇		一一		一五		一四		一二		一二		一三		一二		一一		一五												一二五		
		男	女	男	女	男	女	男	女	男	女	男	女	男	女	男	女	男	女	男	女	男	女	男	女	男	女	男	女	男	女	男	女	
人口总数		二八	二六	二〇	三一	四三	四五	四七	三九	四一	四四	二九	二七	三五	二八	三八	二二	五五	四八	四六	三八											三八二	三四八	
现住		二一	二六	一八	二九	三一	四四	四四	三九	三七	四四	二二	二七	三〇	二八	三五	二二	五二	四八	四二	三八											三三二	三四五	
他往		七		二	二	一二	一	三		四		七		五		三		三		四												五〇	三	
壮丁		五		五		一一		一五		一三		一四		一〇		一一		一五		一五												一一四		
识字		二		二		七	四	四		二		四		一		一		九		七	一											三九	五	
职业	有	一六	一一	一二	一一	三六	二六	三九	二二	三〇	二六	二三	二〇	二二	一八	二四	一五	二六	二八	三二	二五											二六〇	二〇二	
	无	一二	一五	八	二〇	七	一九	八	一七	一一	一八	六	七	一三	一〇	一四	七	二九	二〇	一四	一三											一二二	一四六	
非家属同住者		四	一			七		四		一一	三	二	二	四		六		六	五	五												四九	一一	
学童		三		六		八		九		七		三		八		五		一三		三												六五		
备考																																		

保长朱三和

中华民国二十五年七月　日

事别＼甲别	第一甲		第二甲		第三甲		第四甲		第五甲		第六甲		第七甲		第八甲		第九甲		第十甲		第十一甲		第十二甲		第十三甲		第十四甲		第十五甲		总计		附记
户数	一一		一二		一四		一一		一三		一一		一〇		一一		一二														一〇五		
人口总数	男	女	男	女	男	女	男	女	男	女	男	女	男	女	男	女	男	女	男	女	男	女	男	女	男	女	男	女	男	女	男	女	
	三五	二三	二八	三二	五〇	四六	二二	二三	五〇	四四	二七	二九	三九	二六	四四	四四	二九	二九													三二四	二九六	
现住	三四	二三	二八	三二	五〇	四六	二二	二三	五〇	四四	二七	二九	三九	二六	四四	四四	二七	二九													三二一	二九六	
他往	一																二														三		
壮丁	一〇		一〇		一九		八		一九		七		七		一一		六														九七		
识字	一			一	二		一		一						二																七	一	
职业 有	二四	一二	一七	一三	二六	一四	一三	八	三〇	一七	一三	九	一九	一一	二四	一三	一八	一〇													一八四	一〇七	
职业 无	一一	一一	一一	一九	二四	三二	九	一五	二〇	二七	一四	二〇	二〇	一五	二〇	三一	一一	一九													一四〇	一八九	
非家属同住者	四	三	五	二	八	二	一	一	九	三	一		三		七		五	二													四三	一四	
学童	二		六		一五		二		一二		一〇		七		一一		六														七一		
备考																																	

四川省荣县第一区第四二保普通户口统计表　保长宋蕴玉

中华民国二十五年　月　日

四川省荣县第　区第　保普通户口统计表　保长戴述屏

中华民国二十　年　月　日

事别＼甲别		第一甲		第二甲		第三甲		第四甲		第五甲		第六甲		第七甲		第八甲		第九甲		第十甲		第十一甲		第十二甲		第十三甲		第十四甲		第十五甲		总计		附记
户数		一一		一二		一二		一一		一一		一三		一一		一一		一〇		一一												一一三		
人口总数		男	女	男	女	男	女	男	女	男	女	男	女	男	女	男	女	男	女	男	女	男	女	男	女	男	女	男	女	男	女	男	女	
		三九	三九	三三	二七	三四	三二	三九	三四	二八	二六	四七	三八	三三	三六	三八	三〇	二三	二五	三八	三六											三五二	三二三	
现住		三三	三八	三二	二七	二八	三二	三六	三四	二三	二四	四一	三七	二九	三五	二八	三〇	一九	二五	三四	三六											三〇三	三一八	
他往		六	一	一		六		三		五	二	六		四	一	一〇		四		四												四九	五	
壮丁		一九		七		一六		六		一一		一五		一一		一三		八		八												一一四		
识字		一				一				三		三		一																		九		
职业	有	二二	二三	一八	一七	二二	一六	一九	一八	一五	一一	二〇	二〇	一五	一四	二八	二二	一二	一三	一九	一八											一九〇	一七二	
	无	一七	一六	一五	一〇	一二	一六	二〇	一六	一三	一五	二七	一八	一八	一二	一〇	八	一一	一二	九	一八											一六二	一五一	
非家属同住者						二						六	一					一一		九	七											二九	八	
学童		五		二		八		一一		五		五		五		一一		四		一〇												五七		
备考																																		

甲别/事别		第一甲		第二甲		第三甲		第四甲		第五甲		第六甲		第七甲		第八甲		第九甲		第十甲		第十一甲		第十二甲		第十三甲		第十四甲		第十五甲		总计		附记
户数		一三		一三		一三		一四		一〇		一一		一〇		一一		一三		一二												一二〇		
人口总数		男	女	男	女	男	女	男	女	男	女	男	女	男	女	男	女	男	女	男	女	男	女	男	女	男	女	男	女	男	女	男	女	
		五七	五二	三六	四二	四五	三三	四七	五〇	三四	三二	四〇	三五	三三	三二	三六	三一	四三	三五	五四	四七											四二五	三八九	
现住		五〇	五二	二八	四〇	三九	三三	三七	五〇	二六	三二	三五	三四	三二	三二	三一	三〇	二九	三四	四六	四七											三五三	三八四	
他往		七		八	二	六		一〇		八		五	一	一		五	一	一四	一	八												七二	五	
壮丁		一〇		一一		一〇		一三		九		九		九		七		一〇		七												九五		
识字		五	一			五				一		二		一		一		三	二	四												二二	三	
职业	有	三一	三五	二八	三〇	二九	一八	三七	三三	一八	二一	二二	二〇	一四	一七	二二	一七	二三	一八	三二	二六											二四六	二三五	
	无	二六	一七	八	一二	一六	一五	二〇	一七	一六	一一	一八	一五	一九	一五	一四	一四	二〇	一七	二二	二一											一七九	一五四	
非家属同住者		三	三	五	四	八	七	九	七	五	三	三		二	一	五	四	七	四	六	二											五三	三五	
学童		一二		一五		一〇		九		一〇		一二		七		九		六		七												九七		
备考																																		

四川省荣县第　区第　　保普通户口统计表　保长邹瑞轩

中华民国二十　年　月　日

四川省荣县第一区第　保普通户口统计表

事别＼甲别		第一甲		第二甲		第三甲		第四甲		第五甲		第六甲		第七甲		第八甲		第九甲		第十甲		第十一甲		第十二甲		第十三甲		第十四甲		第十五甲		总计		附记
户数		一一		一〇		一五		一一		一三		九		一二		一五		一五		一四												一二五		
		男	女	男	女	男	女	男	女	男	女	男	女	男	女	男	女	男	女	男	女	男	女	男	女	男	女	男	女	男	女	男	女	
人口总数		二四	二〇	三一	三一	四六	三五	二四	二九	四〇	三三	二三	二二	四五	三九	四二	三三	三九	三三	三五	三三											三四九	三〇八	
现住		二一	二〇	二九	三一	三五	三五	二一	二九	三四	三三	一九	二一	四二	三九	三九	三三	三四	三三	三二	三三											三〇六	三〇七	
他往		三		二		一一		三		六		四	一	三		三		五		三												四三	一	
壮丁		八		一〇		一六		一〇		一五		一一		一三		一三		一一		一一												一一八		
识字		一		一		三		一		二	三	一		三				一														一三	三	
职业	有	一四	一〇	一四	一三	二四	二〇	一五	一七	二四	二〇	一三	一二	一九	一五	二五	一八	二二	一五	一八	一五											一八八	一五五	
	无	一〇	一〇	一七	一八	二二	一五	九	一二	一六	一三	一〇	一〇	二六	二四	一七	一五	一七	一八	一七	一八											一六一	一五三	
非家属同住者		一		三	三	二	四	三	二	三	一		二	一	一	一	一															一四	一四	
学童				五		一五		一		六		一		一〇		八		九		七												六二		
备考																																		

中华民国二十五年七月二八日　保长钟治光

四川省荣县第　区第　保普通户口统计表

事别＼甲别	第一甲		第二甲		第三甲		第四甲		第五甲		第六甲		第七甲		第八甲		第九甲		第十甲		第十一甲		第十二甲		第十三甲		第十四甲		第十五甲		总计		附记
户数	一一		一二		一二		一〇		一〇		一〇		一〇		一一		一〇		一一												一〇七		
	男	女	男	女	男	女	男	女	男	女	男	女	男	女	男	女	男	女	男	女	男	女	男	女	男	女	男	女	男	女	男	女	
人口总数	二五	二五	四四	四一	四三	三七	二七	二二	三六	三〇	三五	三七	三六	二五	三四	二九	三九	一七	三三	二九											三五二	二九二	
现住	二三	二五	三二	四一	三七	三六	二〇	二二	二九	三〇	三三	三七	三二	二四	二七	二九	三三	一六	三三	二七											二九九	二八七	
他往	二		一二		六	一	七		七		二		四	一	七		六	一		二											五三	五	
壮丁	一〇		一五		一四		一三		一三		一二		九		一五		一六		一二												一二九		
识字	一		一二		三	一	二		一		六		二		六		六														三九	四	
职业 有	一六	一三	二五	二三	二七	二四	二〇	一六	一九	一六	一八	二二	二三	一七	二三	一八	三〇	一〇	二二	一八											二二三	一七七	
职业 无	九	一二	一九	一八	一六	一三	七	六	一七	一四	一七	一五	一三	八	一一	一一	九	七	一一	一一											一二九	一一五	
非家属同住者	五	二	一九	一三	一八	九	三	二	七	三	六	八	五	五	三	二	一四	一	七	三											八七	四八	
学童	五		六		六		二		五		三		六		四		三		四												四四		
备考																																	

中华民国二十　年　月　日　保长丁自明

四川省荣县第一区第　保普通户口统计表

保长彭守身

中华民国二十五年七月　日

事别＼甲别		第一甲		第二甲		第三甲		第四甲		第五甲		第六甲		第七甲		第八甲		第九甲		第十甲		第十一甲		第十二甲		第十三甲		第十四甲		第十五甲		总计		附记
户数		一〇		一〇		一〇		一〇		一〇		一〇		一〇		一二		一三		一三												一〇八		
		男	女	男	女	男	女	男	女	男	女	男	女	男	女	男	女	男	女	男	女	男	女	男	女	男	女	男	女	男	女	男	女	
人口总数		四〇	三一	四一	三六	五三	五〇	三六	三四	三一	三五	四〇	三九	四五	四二	二六	三三	三三	三四	五〇	三九											三九五	三七三	
现住		三四	三一	三八	三五	四八	五〇	三〇	三四	二八	三四	三七	三七	三九	四二	二二	三三	二九	三四	三八	三九											三四三	三六九	
他往		六		三	一	五		六		三	一	三	二	六		四		四		一二												五二	四	
壮丁		一七		一五		二二		一六		一四		一五		二〇		八		一八		二一												一六六		
识字		一九	五	一〇		一二	一	九	二	八	一	九	四	一七	二	九	一	八		一九	一											一二〇	一七	
职业	有	二一	一七	二九	二〇	三二	三一	二五	一七	二三	二三	一九	二四	二九	三〇	一九	二二	二〇	一八	三一	二六											二四八	二二八	
	无	一九	一四	一二	一六	二一	一九	一一	一七	八	一二	二一	一五	一六	一二	七	一一	一三	一六	一九	一三											一四七	一四五	
非家属同住者		八	五	一二	五	六	二	八	一二	一一	一〇	九	七	一七	一二	七	九	六	一〇	四												八八	七二	
学童		九		七		一一		六		七		一〇		一一		三		八		一〇												八二		
备考						出县未出省者男一人		出县未出省者男一人				出县未出省者男一人女二人		出县未出省者男一人		出县未出省者男三人				出省未出国者男一人出县未出省者男二人												出省未出国者男一人出县未出省者男九人女二人		

四川省荣县第一区第　保普通户口统计表　保长徐固伦

中华民国二十　年　月　日

事别＼甲别	第一甲		第二甲		第三甲		第四甲		第五甲		第六甲		第七甲		第八甲		第九甲		第十甲		第十一甲		第十二甲		第十三甲		第十四甲		第十五甲		总计		附记
户数	一二		一五		一五		九		一五		一四		一二		一二		一四		一四												一三二		
	男	女	男	女	男	女	男	女	男	女	男	女	男	女	男	女	男	女	男	女	男	女	男	女	男	女	男	女	男	女	男	女	
人口总数	四一	三〇	三八	三二	三八	三七	三一	二七	三一	三三	六一	四七	三四	三一	三三	二四	四一	三八	六一	五三											四〇九	三五二	
现住	三四	三〇	三三	二九	二七	三四	二九	二七	二三	三二	四九	四六	三三	三一	三二	二四	三六	三八	四七	五三											三四三	三四四	
他往	七		五	三	一一	三	二		八	一	一二	一	一		一		五		一四												六六	八	
壮丁	一一		一五		一五		一五		九		二一		一一		一三		一四		二四												一四八		
识字	五		三	一	五	一	五		七		二五	三	一〇		三	二	一六	二	二六	三											一〇五	一二	
职业　有	二二	一七	二一	一六	二四	二四	一九	一七	二一	二〇	三五	二八	二五	二〇	一九	一七	二〇	一八	三九	三二											二四五	二〇九	
职业　无	一九	一三	一七	一六	一四	一三	一二	一〇	一〇	一三	二六	一九	九	一一	一四	七	二一	二〇	二二	二一											一六四	一四三	
非家属同住者	六		一		八	一	六	二	五	三	九	七	六		二	四	九	六	二二	一四											七四	三七	
学童	七		八		一		九		四		一三		七		三		九		一三												七四		
备考																																	

四川省荣县第一区第　保普通户口统计表　保长龚育贤

中华民国二十五年七月二十八日

事别＼甲别		第一甲		第二甲		第三甲		第四甲		第五甲		第六甲		第七甲		第八甲		第九甲		第十甲		第十一甲		第十二甲		第十三甲		第一四甲		第十五甲		总计		附记
户数		一四		一一		一五		一五		一四		一五		一二		一三		一一		一二		一二										一四四		
		男	女	男	女	男	女	男	女	男	女	男	女	男	女	男	女	男	女	男	女	男	女	男	女	男	女	男	女	男	女	男	女	
人口总数		四五	三二	二七	二〇	五三	六七	五〇	三九	四六	四〇	五一	六一	三八	二八	三二	三九	三一	二七	二八	一七	三一	二九									四三二	三九九	
现住		三四	三二	二二	二〇	五二	六六	四三	三九	三九	四〇	四五	六一	二七	二八	二九	三九	二六	二七	九	一七	二四	二九									三五〇	三九八	
他往		一一		五		一	一	七		七		六		一一		三		五		一九		七										八二	一	
壮丁		一八		一四		二〇		一〇		一三		二〇		一〇		一五		一二		一六		一三										一六一		
识字				二		一一	三	八		七		一三		二		二						一										四六	三	
职业	有	二六	一六	一七	一二	三二	四〇	二七	二二	三〇	二五	三〇	三〇	二一	一三	一八	一七	一七	一六	一九	一四	一九	一六									二五六	二二一	
	无	一九	一六	一〇	八	二一	二七	二三	一七	一六	一五	二一	三一	一七	一五	一四	二二	一四	一一	九	三	一二	一三									一七六	一七八	
非家属同住者		二		二		八	一一	六	六	七	三	五	六	四		二	二	一		一	一	二										四〇	二九	
学童		五				一九		一〇		一〇		一三		七		二		四		三		四										七七		
备考																																		

四川省荣县第一区第　　保普通户口统计表

保长伍镇声

中华民国二十　年　月　日

事别＼甲别	第一甲		第二甲		第三甲		第四甲		第五甲		第六甲		第七甲		第八甲		第九甲		第十甲		第十一甲		第十二甲		第十三甲		第十四甲		第十五甲		总计		附记
户数	一〇		一一		一〇		一〇		一一																						一〇六		
	男	女	男	女	男	女	男	女	男	女	男	女	男	女	男	女	男	女	男	女	男	女	男	女	男	女	男	女	男	女	男	女	
人口总数	三三	二六	三七	三四	三二	二二	三五	二五	三四	三一	三二	二四	三七	三六	三五	二七	三七	三四	四三	四〇											三五五	二九九	
现住	二八	二六	三一	三三	三一	二二	三五	二四	三〇	三一	二九	二四	三二	三六	三三	二七	三六	三四	四〇	三九											三二五	二九六	
他往	五		六	一	一				四		三		五		二		一		三	一											三〇	三	
壮丁	一五		一五		一一		一〇		一四		一一		五		一一		一六		一〇												一一八		
识字	一四		九		二		三		一	一	一		三		三		三		六												四五	一	
职业 有	二一		二二	一九	一八	一六	一九	一八	二四	一八	一八	一八	二九	三一	二五	二一	二六	二一	二八	二八											二三〇	二〇六	
职业 无	一二		一五	一五	一四	六	一六	七	一〇	一三	一四	六	八	五	一〇	六	一一	一三	一五	一二											一二五	九三	
非家属同住者			六	四	六	三	三	一	四	五	二	二	八	五	九		五	七	一二	一一											五五	三八	
学童	五		六		六		一三		八		七		四		三		五		八												六五		
备考																																	

四川省荣县第一区第　保普通户口统计表

中华民国二十　年　月　日　保长赵炳良

事别＼甲别		第一甲		第二甲		第三甲		第四甲		第五甲		第六甲		第七甲		第八甲		第九甲		第十甲		第十一甲		第十二甲		第十三甲		第十四甲		第十五甲		总计		附记
户数		一〇		一二		一三		一四		一五		一三		一五		一四		一四		一三		一三										一四六		
		男	女	男	女	男	女	男	女	男	女	男	女	男	女	男	女	男	女	男	女	男	女	男	女	男	女	男	女	男	女	男	女	
人口总数		三四	三六	二三	二八	三八	二九	四五	三四	六一	三九	四〇	四〇	五三	五七	五六	三六	四七	三四	三二	二八	三四	二三									四六三	三八三	
现住		三四	三六	二二	二八	三七	二九	四〇	三四	五六	三九	四〇	四〇	五一	五七	五四	三六	四六	三四	三〇	二八	三一	二三									四四一	三八三	
他往				一		一		五		五				二		二		一		二		三										二二		
壮丁		一一		六		一五		一一		八		一四		一五		八		一一		六		五										一一〇		
识字		八		五		二				四		二		六		二		二		一		一										三一		
职业	有	二六	二二	一六	二〇	二七	一六	三三	二一	二九	二〇	二〇	二一	三二	二九	二九	一八	三〇	二一	一二	一四	二一	一一									二七五	二一三	
	无	八	一四	七	八	一一	一三	一二	一三	三二	一九	二〇	一九	二一	二八	二七	一八	一七	一三	二〇	一四	一三	一二									一八八	一七〇	
非家属同住者		三	一			六	一	一五	八	一七	七	三	九	一八	一五	九	五	一七	五	四	二	六	四									九八	五七	
学童		三		七		六		七		一二		六		一三		八		八		六		三										七九		
备考																																		

荣县第一区普通户口统计表（二）

四川省荣县第一区第　保普通户口统计表

事别＼甲别	第一甲		第二甲		第三甲		第四甲		第五甲		第六甲		第七甲		第八甲		第九甲		第十甲		第十一甲		第十二甲		第十三甲		第十四甲		第十五甲		总计		附记
户数	一四		一二		一一		一一		一二		一二		一二		一三		一〇		一二												一一九		
人口总数	男	女	男	女	男	女	男	女	男	女	男	女	男	女	男	女	男	女	男	女	男	女	男	女	男	女	男	女	男	女	男	女	
	三二	二九	四一	三一	二九	二八	三五	三四	二八	二九	二九	二九	二四	二二	三九	三四	二四	三六	二七	二九											三〇八	三〇一	
现住	二五	二九	四〇	三一	二七	二八	三五	三四	二六	二九	二六	二九	二四	二二	三四	三三	二三	三六	二七	二八											二八七	二九九	
他往	七		一		二				二		三				五	一	一			一											二一	二	
壮丁	五		八		一一		一一		六		一〇		九		一二		一三		八												九三		
识字	二		五		三		二				一		一		一		四		三												二二		
职业 有	二三	一七	一八	二〇	一八	一六	一六	一七	一四	一五	一七	一八	一三	一三	二二	二〇	一六	二四	一六	一七											一七三	一七七	
职业 无	九	一二	二三	一二	一一	一二	一九	一七	一四	一四	一二	一一	一一	九	一七	一四	八	一二	一一	一一											一三五	一二四	
非家属同住者	五	一	三	二		一			一	一	二		二	二			二	二	一	二											一六	一一	
学童	一〇		一三		八		一一		八		八		三		一〇		九		七												八七		
备考																																	

保长刘克刚

中华民国二十五年七月　日

四川省荣县第一区第　保普通户口统计表

事别 \ 甲别	第一甲		第二甲		第三甲		第四甲		第五甲		第六甲		第七甲		第八甲		第九甲		第十甲		第十一甲		第十二甲		第十三甲		第十四甲		第十五甲		总计		附记
户数	一五		一五		一五		一五		一〇		一〇		一二		一二		一三		一四												一三一		
	男	女	男	女	男	女	男	女	男	女	男	女	男	女	男	女	男	女	男	女	男	女	男	女	男	女	男	女	男	女	男	女	
人口总数	二八	二七	三五	三八	四七	三〇	四八	四七	二六	二二	二八	二四	三五	三五	三七	三三	四一	四八	三四	三〇											三五九	三三四	
现住	二七	二七	三三	三八	四六	三〇	四〇	四六	二五	二二	二七	二四	三五	三五	三七	三三	四〇	四八	三一	三〇											三四一	三三三	
他往	一		二		一		八	一	一		一						一		三												一八	一	
壮丁	一一		八		一七		二一		九		一〇		一二		一三		一五		一三												一二九		
识字	五		一七	二	一四	一	二四	一	九	二	三		一四	一	八		一一		八	一											一一三	八	
职业 有	一六	一七	一九	二四	三一	一七	三四	二九	一四	一八	二六	一五	一九	二四	二三	二三	二四	二四	二六	一五											二二六	二〇六	
职业 无	一二	一〇	一六	一四	一六	一三	一四	一八	一二	四	八	九	一六	一一	一四	一〇	一七	二四	八	一五											一三三	一二八	
非家属同住者			二	一	一		二	一	二	一	一				五		一〇		一	一											二四	四	
学童	二		四		六		九		二		二		一		一		五		六												三八		
备考																																	

保长杨志道

中华民国二十五年七月　日

四川省荣县第一区第　保普通户口统计表　保长邱闽皋①
中华民国二十五年七月二十八日

事别＼甲别	第一甲		第二甲		第三甲		第四甲		第五甲		第六甲		第七甲		第八甲		第九甲		第十甲		第十一甲		第十二甲		第十三甲		第十四甲		第十五甲		总计		附记
户数	一三		一二		一〇		一三		一一		一五		一二		一一		一〇		一三												一二〇		
	男	女	男	女	男	女	男	女	男	女	男	女	男	女	男	女	男	女	男	女	男	女	男	女	男	女	男	女	男	女	男	女	
人口总数	三八	四〇	三一	三三	二一	二二	三三	三〇	四九	四一	三九	三一	三三	二七	三五	三六	二九	二七	四三	五〇											三五一	三三七	
现住	三三	四〇	二八	三三	二六	二二	三〇	三〇	四七	四一	三八	三一	三二	二七	二五	三六	二八	二七	四二	五〇											三三三	三三七	
他往	五		三		一		三		二		一		一				一		一												一八		
壮丁	八		八		八		六		九		八		一〇		九		四		六												七六		
识字	三		一		二		二		一二	二	二		五		一		三		一二	三											四三	五	
职业　有	二二	二八	二一	二〇	一四	一三	二一	二〇	三一	二九	二二	二〇	一九	一七	二五	二三	二〇	一八	二八	三二											二二三	二二〇	
职业　无	一六	一二	一〇	一三	七	九	一二	一〇	一八	一二	一七	一一	一四	一〇	一〇	一三	九	九	一五	一八											一二八	一一七	
非家属同住者	二	六	一	一	一	一	三	一	三	二	二	一					一		一	三											一四	一六	
学童	五		四		六		三		九		六		三		四		七		五												五二		
备考																																	

① 原文如此，应为他人代签。

四川省荣县第一区第六十二保普通户口统计表　　保长翁极森
中华民国二十　年　月　日

事别＼甲别	第一甲		第二甲		第三甲		第四甲		第五甲		第六甲		第七甲		第八甲	
户数	一三		一二		一四		一二		一三		九		一五		一三	
	男	女	男	女	男	女	男	女	男	女	男	女	男	女	男	女
人口总数	三五	二六	二七	二二	二九	二六	二二	二六	三六	二八	二〇	二二	四一	三三	三四	三三
现住	二九	二五	二七	二二	二七	二六	二二	二六	三五	二八	一八	二二	三八	三三	三二	三三
他往	六	一			二				一		二		四		二	
壮丁	九		八		六		七		九		五		八		七	
识字	二一	二	一五	三	六		九		一九	二	一二		二五	一	九	一
职业 有	二二	一六	一九	一六	一八	一五	一六	一四	二三	一七	一三	一五	二七	一九	二一	一九
职业 无	一三	一〇	八	六	一一	一一	六	一二	一三	一一	七	七	一四	一四	一三	一四
非家属同住者	二		二		二		二		三	三	二	一	一	一	二	
学童	五		七		四		三		五		四		八		六	
备考																

事别＼甲别	第九甲		第十甲		第十一甲		第十二甲		第十三甲		第十四甲		第十五甲		总计		附记
户数	一三		一三												一二七		
	男	女	男	女	男	女	男	女	男	女	男	女	男	女	男	女	
人口总数	三二	二五	二六	三〇											三〇二	二七一	
现住	三一	二五	二六	三〇											二八四	二七〇	
他往	一														一八	一	
壮丁	一〇		六												七五		
识字	一八	二	一二												一四六	一一	
职业 有	二〇	一五	一七	一九											一九六	一六五	
职业 无	一二	一〇	九	一一											一〇六	一〇六	
非家属同住者	一														一七	五	
学童	六		四												五二		
备考																	

四川省荣县第一区第六十三保普通户口统计表

保长程根培

中华民国二十五年七月　日

事别＼甲别		第一甲		第二甲		第三甲		第四甲		第五甲		第六甲		第七甲		第八甲		第九甲		第十甲		第十一甲		第十二甲		第十三甲		第十四甲		第十五甲		总计		附记
户数		一〇		一一		七		九		一〇		一〇		九		一三		一五														九四		
人口总数		男	女	男	女	男	女	男	女	男	女	男	女	男	女	男	女	男	女	男	女	男	女	男	女	男	女	男	女	男	女	男	女	
		二四	二〇	三一	一六	二四	一六	一四	一四	二〇	一五	三四	二三	一五	一七	二一	二二	二一	三四													二〇四	一七七	
现住		二二	二〇	二六	一六	二四	一六	一四	一四	一八	一五	三四	二三	一四	一七	二〇	二二	一八	三四													一九〇	一七七	
他往		二		五						二				一		一		三														一四		
壮丁		五		六		九		四		七		五		三				四														四三		
识字		二		七		三		四		三		一〇		七		八		六														四九		
职业	有	一六	九	一八	一一	一五	一〇	一一	一一	一五	一二	二四	九	一一	一六	一五	二〇	一五	二六													一四〇	一四四	
	无	八	一	一三	五	九	六	三	三	五	三	一〇	四	四	一	六	二	六	八													六四	三三	
非家属同住者		四		四		七		五	一	七		四	一	一	二	三	一	四	五													三九	一〇	
学童		二		四		四		一		三				二				三														一九		
备考		出县未出省者男二人		出保未出区者男三人出县未出省者男二人						出保未出区者男二人				出保未出区者男一人				出保未出区者男三人														出保未出区者男九人出县未出省者男四人		

四川省荣县第一区第六四保普通户口统计表

甲别／事别		第一甲		第二甲		第三甲		第四甲		第五甲		第六甲		第七甲		第八甲		第九甲		第十甲		第十一甲		第十二甲		第十三甲		第十四甲		第十五甲		总计		附记
户数		九		九		九		九		一〇		一〇		一〇		一〇		九		一一												九六		
人口总数		男	女	男	女	男	女	男	女	男	女	男	女	男	女	男	女	男	女	男	女	男	女	男	女	男	女	男	女	男	女	男	女	
		二一	二四	一五	二五	二三	一五	一七	二一	一六	一八	二二	二四	一五	二〇	三一	一七	三四	三三	二四	二九											二一八	二二六	
现住		一四	二一	一五	二五	二〇	一五	一二	一九	一一	一五	二二	二一	一一	二〇	二六	一七	二六	三三	一八	二九											一七五	二一五	
他往		七	三			三		五	二	五	三		三	四		五		八		六												四三	一一	
壮丁		一〇		二		一〇		六		八		六		六		九		一三		九												七九		
识字		九	四	三		四		四		六	四	五		五				八	二	二												四六	一〇	
职业	有	一二	一九	一一	一八	一三	一一	七	一四	一二	一二	九	一四	一一	一三	二二	一三	一九	一八	一五	一九											一三一	一五一	
	无	九	五	四	七	一〇	二	一〇	七	四	六	一三	一〇	四	七	九	四	一五	一五	九	一〇											八七	七五	
非家属同住者			三		九	一	一				一			三		八		六	一	一												一九	一五	
学童		二		四		三		九		三		八		一		二		八		五												四五		
备考		出县未出省者男二人				出县未出省者男三人				出县未出省者男一人		出县未出省者男一人		出县未出省者男二人		出县未出省者男二人		出县未出省者男一人		出县未出省者男一人												出县未出省者男十三人出区未出县者二十五人出保未出区者男五人女三人		

保长王永丰

中华民国二十五年七月二十日

四川省荣县第一区第六五保普通户口统计表　保长龚崇高

中华民国二十五年七月二十四日

事别＼甲别	第一甲		第二甲		第三甲		第四甲		第五甲		第六甲		第七甲		第八甲		第九甲		第十甲		第十一甲		第十二甲		第十三甲		第十四甲		第十五甲		总计		附记
户数	一〇		一〇		九		一一		一〇		一一		一一		一〇		一〇		一〇												一〇二		
	男	女	男	女	男	女	男	女	男	女	男	女	男	女	男	女	男	女	男	女	男	女	男	女	男	女	男	女	男	女	男	女	
人口总数	二五	三一	三五	三六	三四	二三	三三	二六	四〇	三三	二六	一八	二三	二八	二六	二七	二六	二一	三一	三二											二九九	二七五	
现住	一九	三〇	三四	三六	二九	二三	三一	二六	三七	三三	二四	一八	二一	二八	二四	二七	二五	二一	二六	三〇											二七〇	二七二	
他往	六	一	一		五		二		三		二		二		二		一		五	二											二九	三	
壮丁	八		一六		一四		一二		一七		一一		八		七		八		一一												一一二		
识字	八		七		三		四	五	一九	五	二		一		六	二	三		二												五五	一二	
职业　有	一八	一八	一四	一九	二四	一三	二一	一三	二二	一六	一三	一〇	一三	一六	一五	一五	一二	一二	一八	二〇											一八〇	一五二	
职业　无	七	一三	一一	一七	一〇	一〇	一二	一三	一八	一七	一三	八	一〇	一二	一一	一二	一四	九	一三	一二											一一九	一二三	
非家属同住者	四		五	二	四		六		七	五	二		一		四	二	一	一	一	三											三五	一三	
学童	一〇		一三		六		八		一二		八		四		九		三		一一												八四		
备考	出区未出县者男①								出县未出省者男一人						出县未出省者男一人				出县未出省者男一人														

① 原文如此。

四川省荣县第一区第六六保普通户口统计表　　保长丁玉高

中华民国二十五年七月廿五日

事别＼甲别		第一甲		第二甲		第三甲		第四甲		第五甲		第六甲		第七甲		第八甲	
户数		一〇		一〇		一〇		九		一〇		一一		一一		一一	
		男	女	男	女	男	女	男	女	男	女	男	女	男	女	男	女
人口总数		三三	二五	三八	二八	二九	三〇	二九	二六	二〇	一八	二二	一九	二二	二一	二二	二二
现住		三一	一四	三六	二八	二七	三〇	二六	二六	一五	一七	一八	一八	一八	二一	一六	二二
他往		二	一一	二		二		三		五	一	四	一	四		六	
壮丁		四		六		五		三		八		一〇		八		七	
识字		八		一一		一〇		一〇	一	六		七		一〇	一	六	
职业	有	二三	一七	二三	一八	一九	一五	一二	一四	一五	一三	一五	一三	一六	一二	一七	一六
	无	一〇	八	一五	一〇	一〇	一五	一七	一二	五	五	七	六	六	九	五	六
非家属同住者		九		八	二	四	一	三	七	三	一	三					一
学童		一〇		一一		一三		一〇		九		一〇		五		一一	
备考				出县男二人													

事别＼甲别		第九甲		第十甲		第十一甲		第十二甲		第十三甲		第十四甲		第十五甲		总计		附记
户数		一一		九												一〇二		
		男	女	男	女	男	女	男	女	男	女	男	女	男	女	男	女	
人口总数		二四	二七	三五	三三											二七四	二四九	
现住		一八	二六	三二	三三											二三七	二三五	
他往		六	一	三												三七	一四	
壮丁		一〇		八												七二		
识字		四	一	九	九											八一	一五	
职业	有	一七	一五	二二	二三											一七九	一五六	
	无	七	一二	一三	一〇											九五	九三	
非家属同住者				九	七											三九	一九	
学童		一二		一二												一一三		
备考		出县男二人女一人		出省男一人														

四川省荣县第一区第六七保普通户口统计表 保长刘彦儒

中华民国二十五年七月廿二日

事别＼甲别		第一甲		第二甲		第三甲		第四甲		第五甲		第六甲		第七甲	
		男	女	男	女	男	女	男	女	男	女	男	女	男	女
户数		一一		一〇		一〇		一〇		一〇		一〇		一〇	
人口总数		三〇	二五	二五	一八	二〇	二〇	一五	一六	二五	二三	二二	一八	二六	三三
现住		二三	二五	二二	一八	一五	二〇	一三	一六	一六	二三	二一	一八	一九	三二
他往		七		三		五		二		九		一		七	一
壮丁		一〇		六		五		四		五		四		五	
识字		九		六		二		二		三		一		七	一
职业	有	二一	一六	一七	一二	一五	一六	一〇	一二	一七	一六	一二	一三	二〇	二〇
	无	九	九	八	六	五	四	五	四	八	七	一〇	五	六	一三
非家属同住者		二		二		一	一	二	一	一	一	三	一	一	四
学童		七		七		七		四		六		四		三	
备考		出县未出省者男一人		出县未出省者男一人		出省未出国者男一人				出县未出省者男一人					

事别＼甲别		第八甲		第九甲		第十甲		第十一甲		第十二甲		第十三甲		第十四甲		第十五甲		总计		附记
		男	女	男	女	男	女	男	女	男	女	男	女	男	女	男	女	男	女	
户数		一〇		一〇		一〇		一〇		一〇		一〇		一三				一四四		
人口总数		三五	二四	三五	四四	三三	三四	二五	一八	五一	二三	三九	三〇	五四	三八			四三五	三六四	
现住		二七	二四	二四	四四	二九	三三	一九	一七	四八	二三	三五	二九	四七	三八			三五八	三六〇	
他往		八		一一		四	一	六	一	三		四	一	七				七七	四	
壮丁		六		九		一〇		五		九		七		一六				一〇一		
识字		一		三		二	五	四		六	一	四		五	一			五五	八	
职业	有	二二	一七	二三	二三	二〇	二五	一六	一四	二七	二一	二三	二〇	三三	二四			二七六	二四九	
	无	一三	七	一二	二一	一三	九	九	四	二四	二	一六	一〇	二一	一四			一五九	一一五	
非家属同住者		四	二	一	一	五		四		六	一	三		八				四三	一二	
学童		四		六		四		四		一一		六		七				八〇		
备考		出县未出省者男一人		出省未出国者男一人出县未出省者男三人						出县未出省者男一人										

四川省荣县第一区第六八保普通户口统计表

中华民国二十五年六月三十日　　保长张灼亨

甲别＼事别	户数	人口总数 男	人口总数 女	现住 男	现住 女	他往 男	他往 女	壮丁 男	壮丁 女	识字 男	识字 女	职业 有 男	职业 有 女	职业 无 男	职业 无 女	非家属同住者 男	非家属同住者 女	学童	备考
第一甲	一〇	三六	四三	三五	四三	一		三				二三	三四	一三	九	三	四	七	
第二甲	一〇	二六	二〇	二一	二〇	五		三		一		一五	一七	一一	三	二	二	四	出县男二人
第三甲	一〇	二一	二五	二〇	二二	一	三	九			一	一三	一六	七	九	二	一	四	
第四甲	一〇	二五	二四	二二	二四	三		九		三	一	一九	二一	六	三	五	一	三	出县男一人
第五甲	一〇	二五	一九	二三	一九	二		六				一五	一三	一〇	六			八	
第六甲	一〇	二一	二二	一八	二二	三		三		一		九	一九	一二	三			九	
第七甲	一〇	二九	二五	二六	二五	三		三				一九	二〇	一〇	五	三		一	
第八甲	一〇	三六	二八	三一	二八	五		四				一九	二一	一七	七	三	二	九	出县男一人
第九甲	一〇	三二	二七	二五	二六	七	一	三			一	一八	一四	一四	一三	四	五	九	出县男三人
第十甲	一〇	二一	二七	一八	二七	三		二		一		一七	一八	四	九			五	
第十一甲	一〇	一八	一一	一四	一一	四		一				一三	九	五	二			一	
第十二甲	一〇	四〇	三六	三七	三六	三		五		一		二三	二三	一七	一二	二		一〇	
第十三甲	一〇	二四	二五	一九	二五	五		二				一四	一五	一〇	一〇	二	一	四	
第十四甲	一〇	三〇	三一	二九	三一	一		六		一		二〇	二〇	一〇	一一	三	二	五	
第十五甲																			
总计	一四〇	三八四	三六三	三三八	三五九	四六	四	五九		八	三	二三七	二五〇	一四七	一一三	二九	一八	七四	
附记																			

四川省荣县第一区第七十保普通户口统计表　　保长曹坚义

中华民国二十五年七月一日

事别＼甲别		第一甲		第二甲		第三甲		第四甲		第五甲		第六甲		第七甲		第八甲		第九甲		第十甲		第十一甲		第十二甲		第十三甲		第十四甲		第十五甲		总计		附记
户数		一一		一〇		一〇		一〇		一一		九		一〇		一一		一〇		一〇		九		一六								一二七		
人口总数		男	女	男	女	男	女	男	女	男	女	男	女	男	女	男	女	男	女	男	女	男	女	男	女	男	女	男	女	男	女	男	女	
		三六	四一	二九	二四	四二	二九	二四	一二	三五	二九	二九	二七	四五	四七	三九	二八	二一	二四	三四	二一	二四	二九	四五	五六							四〇三	三六七	
现住		三六	四一	二五	二四	三九	二九	二三	一二	二七	二八	二六	二六	四〇	四七	二九	二八	一六	二四	三三	二〇	二三	二九	四三	五五							三六〇	三六三	
他往				四		三		一		八	一	三	一	五		一〇		五		一	一	一		二	一							四三	四	
壮丁		一二		八		一三		八		一二		一〇		一四		一五		六		一〇		七		一六								一三一		
识字		八		八		一〇	一			一〇		六		一一		四		四						七								六八		
职业	有	二五	二一	一三	一六	二五	二〇	一六	九	二八	一七	二一	一五	一九	二〇	二八	一八	一七	一三	一八	一二	一四	一四	二八	二九							二五二	二〇四	
	无	一一	二〇	一六	八	一七	九	八	三	七	一二	八	一二	二六	二七	一一	一〇	四	一一	一六	九	一〇	一五	一七	二七							一五一	一六三	
非家属同住者		五		三		六	一			六		五		五		六		二		七	二		一	三	四							四八	八	
学童		七		三		六						五		一一		六		四		七		八		一一								七八		
备考				出县男一人						出县男二人		出县男一人		出县男二人				出县男三人																

四川省荣县第一区第七一保普通户口统计表

甲别/事别		第一甲		第二甲		第三甲		第四甲		第五甲		第六甲		第七甲		第八甲		第九甲		第十甲		第十一甲		第十二甲		第十三甲		第十四甲		第十五甲		总计		附记
户数		一〇		一〇		一〇		一〇		一〇		一〇		一〇		一〇		九		一〇												九九		
		男	女	男	女	男	女	男	女	男	女	男	女	男	女	男	女	男	女	男	女	男	女	男	女	男	女	男	女	男	女	男	女	
人口总数		三三	三二	二九	二二	三二	二五	一五	一六	三九	三八	二七	二四	三四	三七	三六	二四	二四	二六	一九	一六											二七八	二六〇	
现住		二八	三二	二三	二二	二八	二五	一四	一六	三三	三六	二四	二四	三二	三七	二二	二四	二一	二六	一四	一六											二三九	二五八	
他往		五		六		四		一		六	二	三		二		四		三		五												三九	二	
壮丁		四		三		三		三		六		六		二		六	一	一	一	二												三一		出保未出县者三十四人
识字		三				四		二		八		二		五		二		四		一												三一		
职业	有	二一	一四	一九	一〇	二二	一四	九	七	三〇	三八	二〇	二一	二六	一七	一九	一五	一六	一〇	一一	一〇											一九三	一三九	
	无	一二	一八	一〇	一二	一〇	一〇	六	九	九	一〇	七	一三	六	二〇	七	九	八	一六	八	六											八五	一二一	
非家属同住者		五		二		八				五		一		五		二	一	一		一												三〇	一	
学童		八		七		六		四		五		四		六		五		六		七												五九		
备考								出县者一人		出县者一人						出县者三人																		

保长伍硕夫

中华民国二十五年七月四日

四川省荣县第一区第七二保普通户口统计表

事别＼甲别		第一甲		第二甲		第三甲		第四甲		第五甲		第六甲		第七甲		第八甲		第九甲		第十甲		第十一甲		第十二甲		第十三甲		第十四甲		第十五甲		总计		附记
户数		一〇		一〇		一〇		一〇		九		九		一〇		七		九		一〇												九四		
人口总数		男	女	男	女	男	女	男	女	男	女	男	女	男	女	男	女	男	女	男	女	男	女	男	女	男	女	男	女	男	女	男	女	
		三五	三四	二九	二三	三五	三八	一九	二四	三五	三二	二四	二一	二三	二四	二〇	二〇	二四	二〇	三三	三五											二七七	二七一	
现住		二八	三二	二二	二二	三〇	三八	一七	二四	三四	三二	二三	二一	二一	二四	一七	二〇	二三	二〇	二八	三五											二四三	二六八	
他往		七	二	七	一	五		二		一		一		二		三		一		五												三四	三	
壮丁		一〇		六		八		七		九		一〇		七		二		三	一一	一一												八四		
识字		六	五	一				一		一										七												一六	五	
职业	有	二二	二二	一九	一三	二三	一八	一〇	一四	一九	一八	一五	一一	一三	一五	一一	九	一二	九	一七	一九											一六一	一四八	
	无	一三	一二	一〇	一〇	一二	二〇	九	一〇	一六	一四	九	一〇	一〇	九	九	一一	一二	一一	一六	一六											一一六	一二三	
非家属同住者		四	二	四		三				二	二	二				四		一		四												二四	四	
学童		三		七		一一		四		五		七		八		六		六		九												六六		
备考				出县男一人																出县男一人														

中华民国二十五年七月 日 保长刘元佐

四川省荣县第一区第七三保普通户口统计表　保长曹学明

中华民国二十五年七月廿日

甲别/事别		第一甲		第二甲		第三甲		第四甲		第五甲		第六甲		第七甲		第八甲		第九甲		第十甲		第十一甲		第十二甲		第十三甲		第十四甲		第十五甲		总计		附记
户数		一〇		一〇		一〇		一〇		一〇		一〇		一〇		一〇		一〇		一一												一〇〇		
		男	女	男	女	男	女	男	女	男	女	男	女	男	女	男	女	男	女	男	女	男	女	男	女	男	女	男	女	男	女	男	女	
人口总数		二五	二二	二三	二四	二七	三八	二六	二三	三四	一九	二五	二〇	一八	二一	二八	二八	二三	二九	四八	三四											二七七	二五八	
现住		二五	二二	一九	二四	二七	三八	二六	二三	三二	一九	二五	二〇	一八	二一	二八	二八	二三	二九	四七	三四											二七〇	二五八	
他往				四						二										一												七		
壮丁		九		一〇		一四		九		一二		一〇		六		一〇		九		一五												一〇四		
识字		七		四		六		二		四		四		一	一	七	二	四	四	一三	六											五二	一三	
职业	有	一八	一四	一八	一二	一七	一七	一四	一三	二〇	一二	一三	一四	九	一五	一五	一四	一四	一八	三二	二二											一八〇	一五一	
	无	七	八	五	一二	一〇	二一	一二	一〇	一四	七	一二	六	九	六	一三	一四	九	一一	一六	一二											九七	一〇七	
非家属同住者		二		四		五		二		五			一					六	二	一四												二四	三	
学童		九		一一		一三		一一		一四		一二		一四		一九		一三		一五												一三一		
备考				出县未出省者男四人						出县未出省者男二人										出县未出省者男一人														

四川省荣县第一区第七四保普通户口统计表

事别＼甲别		第一甲		第二甲		第三甲		第四甲		第五甲		第六甲		第七甲		第八甲		第九甲		第十甲		第十一甲		第十二甲		第十三甲		第十四甲		第十五甲		总计		附记
户数		一〇		九		一一		八		一〇		八		一〇		一一		一〇		一〇												九七		出保未出区者男十五人女一人出区未出县者男九人女二人出县未出省者男一人
		男	女	男	女	男	女	男	女	男	女	男	女	男	女	男	女	男	女	男	女	男	女	男	女	男	女	男	女	男	女	男	女	
人口总数		一六	一六	二〇	二一	三二	三一	二二	一九	二七	二七	二三	一七	一六	一六	二四	一七	二九	二八	二五	二三											二三四	二一五	
现住		一六	一六	一七	二一	二六	三〇	二二	一九	二七	二七	二一	一七	九	一四	一八	一七	二七	二八	二一	二三											二〇四	二一二	
他往				二		五	一					二		七	二	六		二		四												三〇	三	
壮丁		六		八		九		一一		一二		二		四		一〇		七		八												七七		
识字		二		六		四		三		三		二		一		二		二		一												二六		
职业	有	一〇	一二	一六	一五	二一	二〇	一五	一八	二一	二一	一一	一二	一二	一二	一二	一二	二一	一七	一三	一八											一五二	一五七	
	无	六	四	四	六	一〇	一一	一一	一	六	六	一二	五	四	四	一二	五	八	一一	二	五											八二	五八	
非家属同住者						一		二		四								一														八		
学童		五		四		五		四		六		七		三		一		六		五												四六		
备考				出保未出区者男二人		出保未出区者男五人女一人				出保未出县者男二人		出区未出县者男二人		出区未出县者男七人女二人		出保未出区者男二人		出保未出区者男二人		出保未出区者男三人出县未出省者男一人														

保长郝逸然

中华民国二十五年六月三十日

四川省荣县第一区第七五保普通户口统计表

事别＼甲别		第一甲		第二甲		第三甲		第四甲		第五甲		第六甲		第七甲		第八甲		第九甲		第十甲		第十一甲		第十二甲		第十三甲		第十四甲		第十五甲		总计		附记
户数		一〇		一〇		九		一〇		一〇		一〇		一〇		一〇		一〇		九												九六		
人口总数		男	女	男	女	男	女	男	女	男	女	男	女	男	女	男	女	男	女	男	女	男	女	男	女	男	女	男	女	男	女	男	女	
		二二	二九	二四	二三	二七	二九	一七	二一	二五	二二	二六	一九	三一	三〇	三五	二九	三一	二二	一九	一四											二五七	二三八	
现住		二一	二八	二〇	二三	一九	二七	一三	二一	二二	二二	二四	一九	二九	三〇	三一	二九	二九	二二	一〇	一二											二一八	二三三	
他往		一	一	四		八	二	四		三		二		二		四		二		九	二											三九	五	
壮丁		九		一二		九		七		一〇		七		八		六		九		一〇												八七		出省未出国者男一人出县未出省者男三人
识字		三		一		六		一		五		一		一〇		八		八		一												四四		
职业	有	一七	一七	一五	一三	一六	一五	一二	一二	一五	一〇	一七	九	二三	一五	二三	一一	一五	一六	一五	一〇											一六六	一二八	
	无	五	一二	九	一〇	一一	一四	五	九	一〇	一二	九	一〇	八	一五	一二	一八	一六	六	六	四											九一	一一〇	
非家属同住者		三	一	二		一		一						六		一一	一	一														二五	二	
学童		七		三		七		四		五		二		五		一〇		九		三												五五		
备考																																		

保长郝级荣

中华民国二十五年七月十日

荣县第一区普通户口统计表（二）

四川省荣县第一区第七十六保普通户口统计表

保长郝龙骧

中华民国二十五年七月一日

事别＼甲别		第一甲		第二甲		第三甲		第四甲		第五甲		第六甲		第七甲		第八甲		第九甲		第十甲		第十一甲		第十二甲		第十三甲		第十四甲		第十五甲		总计		附记
户数		一〇		一〇		一〇		一〇		一〇		一〇		一〇		一〇		一〇		一〇												一〇〇		
人口总数		男	女	男	女	男	女	男	女	男	女	男	女	男	女	男	女	男	女	男	女	男	女	男	女	男	女	男	女	男	女	男	女	
		二八	二七	三二	二六	二五	一四	二四	二六	二七	二〇	三九	二七	二七	二二	二七	二六	二二	三七	一九	二七											二七〇	二五二	
现住		二六	二七	三〇	二六	一九	一四	二三	二六	二五	二〇	三八	二七	二一	二二	二二	二六	二二	三七	一三	二七											二三九	二五二	
他往		二		二		六		一		二		一		六		五				六												三一		
壮丁		一二		六		六		一一		七		一六		九		一二		四		六												八九		
识字		一一	一			一		六		三		一一		四		七		二														四五	一	
职业	有	一九	一三	二一	一六	一八	一一	二〇	一三	一六	一二	二七	一九	一八	一七	一五	一三	二〇	二一	一四	一二											一八八	一四七	
	无	九	一四	一一	一〇	七	三	四	一三	一一	八	一一	八	九	五	九	一三	二	一六	五	一五											八二	一〇五	
非家属同住者		三	二	一	一	二		一		一		一二	一	四	一		一		一	一												二五	七	
学童		四		八		三		三		五		四		二		七		四		五												四五		
备考																																		

事别＼甲别		第一甲		第二甲		第三甲		第四甲		第五甲		第六甲		第七甲		第八甲		第九甲		第十甲		第十一甲		第十二甲		第十三甲		第十四甲		第十五甲		总计		附记
户数		九		一一		一一		一〇		一一		八		九		八		一〇		一一												九八		
		男	女	男	女	男	女	男	女	男	女	男	女	男	女	男	女	男	女	男	女	男	女	男	女	男	女	男	女	男	女	男	女	
人口总数		三〇	二一	一六	一七	三七	三七	二四	二三	二七	二五	二五	一八	三二	四二	四二	二七	三二	二四	二五	一六											二九〇	二五〇	
现住		三〇	二一	一四	一六	三四	三七	二〇	二二	一八	二五	二四	一八	三〇	四一	四二	二七	三一	二四	二三	一六											二六六	二四七	
他往				二	一	三		四	一	九		一		二	一			一		二												二四	三	
壮丁		八		一一		一〇		八		一四		六		一〇		一三		一一														九六		出保男十四人女三人出区男十人
识字		八		八		五	三	六		一		一	二	五	六	二一	二	七	二	二												八四	一五	
职业	有	一九	一四	一五	九	二三	二四	一四	一二	二〇	一六	一二	一三	一六	一九	二五	一七	二一	一二													一八一	一四九	
	无	一二	七	一	八	一四	一三	一〇	一一	七	九	一三	五	一六	二三	一七	一〇	一一	一二	九	三											一〇九	一〇一	
非家属同住者		一		四		九		一		三		一	二	八	八	八		四		二	一											四一	一二	
学童		四		一		七		三		五		五		一二		六		二		四												四九		
备考																																		

四川省荣县第一区第七七保普通户口统计表

保长郝初萌

中华民国二十五年七月廿六日

四川省荣县第一区第七八保普通户口统计表

保长罗荣安

中华民国二十五年七月廿二日

事别＼甲别	第一甲		第二甲		第三甲		第四甲		第五甲		第六甲		第七甲		第八甲		第九甲		第十甲		第十一甲		第十二甲		第十三甲		第十四甲		第十五甲		总计		附记
户数																															九八		
	男	女	男	女	男	女	男	女	男	女	男	女	男	女	男	女	男	女	男	女	男	女	男	女	男	女	男	女	男	女	男	女	
人口总数	一四	一五	二五	二一	二〇	一三	三六	二七	三七	二四	二六	二三	四八	三八	三九	二七	二六	一九	一九	二八											二八八	二三五	
现住	一一	一三	一七	二一	一八	一三	三四	二七	二六	二四	二四	二三	三九	三八	三三	二五	二一	一六	一六	二六											二三九	二二六	
他往	三	二	六		二		二		一一		二		九		六	二	五	三	三	一											四九	九	
壮丁	四		一〇		七		八		九		一四		一八		一八		六		七												一〇一		
识字	三		六		三		七		四		六		一六		三		五		四												五七		
职业 有	九	八	一二	一〇	一二	七	二〇	一七	一六	一〇	二〇	一一	二七	二一	二六		一一	一五	一四	二〇											一六七	一一九	
职业 无	五	七	一一	一一	八	六	一六	一〇	二一	一四	六	一二	二一	一七	一三	二七	一五	四	五	八											一二一	一一六	
非家属同住者	一		四		一		四										一		二	四											一三	四	
学童	三		二		三		一三		九		六				一二		九		七												六四		
备考			出县男二人										出县男三人																				

四川省荣县第一区第七九保普通户口统计表

中华民国二十　年　月　日　保长郝百祥

事别＼甲别		第一甲		第二甲		第三甲		第四甲		第五甲		第六甲		第七甲		第八甲		第九甲		第十甲		第十一甲		第十二甲		第十三甲		第十四甲		第十五甲		总计		附记
户数		九		一四		一三		一二		九		一〇		一〇		一一		一〇		一〇		一一		一五								一三四		
		男	女	男	女	男	女	男	女	男	女	男	女	男	女	男	女	男	女	男	女	男	女	男	女	男	女	男	女	男	女	男	女	
人口总数		一六	一四	三五	二九	四二	三三	三二	二七	一九	二〇	二一	二一	二八	二五	三二	一八	二五	一八	二四	一七	二九	二六	四〇	二七							三四三	二七五	
现住		一五	一三	三三	二九	四二	三三	三一	二七	一七	二〇	一九	二一	二六	二五	二五	一七	二一	一八	二一	一七	二九	二五	三七	二六							三一六	二七一	
他往		一	一	二				一		二		二		二		七	一	四		三			一	三	一							二七	四	
壮丁		八		一三		一〇		八		二		八		一三		一八		一〇		二		九		一〇								一一一		
识字		三		五	三	六		七		一		三		五	一	二	一	四		五		三		六								五〇	五	
职业	有	一二	一〇	二三	一九	二六	二二	一九	一四	一二	一四	一七	一一	一二	一六	二八	八	一七	一二	一三	一一	一六	一四	一九	一六							二一四	一六七	
	无	四	四	一二	一〇	一六	一一	一三	一三	七	六	四	一一	一六	九	四	一〇	八	六	一一	六	一三	一二	二一	一一							一二九	一〇八	
非家属同住者				五		四	一	一		二	三	三	二	九	五	一三	一	四	一	二	一	三	一	二	二							四八	一七	
学童		一		七		一一		六		三		三		三		五		三		四		九		七								六二		
备考																出县者二人		出县者一人						出省者一人										

事别＼甲别		第一甲		第二甲		第三甲		第四甲		第五甲	
		男	女	男	女	男	女	男	女	男	女
户数		一〇		九		一三		八		一二	
人口总数		三九	三四	二一	一一	三一	二六	三九	四三	三一	二八
现住		三四	三三	二〇	一一	二三	二六	三六	四三	二三	二三
他往		五	一	一		八		三		八	五
壮丁		一七		一〇		一六		一七		六	
识字		一二	二	八		九		一八	四	一五	五
职业	有	二七	一九	一四	六	二二	一六	二一	一九	一八	一一
	无	一二	一五	七	五	九	一〇	一八	二四	一三	一七
非家属同住者		六	二	五		三		一〇	六	四	二
学童		八		一		三		一〇		八	
备考											

事别＼甲别		第六甲		第七甲		第八甲		第九甲		第十甲	
		男	女	男	女	男	女	男	女	男	女
户数		一一		一〇		一〇		一一		八	
人口总数		四〇	三九	二一	一七	一五	一八	二一	三〇	二五	二五
现住		三二	三五	一九	一七	一〇	一八	一七	二九	二二	二五
他往		八	四	二		五		四	一	三	
壮丁		一八		五		六		一〇		六	
识字		二〇	八	五		七	一	七	二	五	二
职业	有	二六	一九	一二	九	一二	一〇	一二	一四	一五	一〇
	无	一四	二〇	九	八	三	八	九	一六	一〇	一五
非家属同住者		一一	六	一	二				一	四	三
学童		六		七		二		二		六	
备考											

事别＼甲别		第十一甲		第十二甲		第十三甲		第十四甲		第十五甲		总计		附记
		男	女	男	女	男	女	男	女	男	女	男	女	
户数												一〇二		
人口总数												二八三	二七一	
现住												二三六	二六〇	
他往												四七	一一	出保未出区者男二十七人女二人出区未出县者男一人出县未出省者男十二人女九人出省未出国者男三人他往不详男一人
壮丁												一一一		
识字												一〇六	二四	
职业	有											一七九	一三三	
	无											一〇四	一三八	
非家属同住者												四四	二二	
学童												五三		
备考														

四川省荣县第一区第八〇保普通户口统计表 保长宋国钧

中华民国二十五年七月 日

四川省荣县第　区第　保普通户口统计表　保长詹伯雅

中华民国二十五年七月二十三日

事别＼甲别	第一甲		第二甲		第三甲		第四甲		第五甲		第六甲		第七甲		第八甲		第九甲		第十甲		第十一甲		第十二甲		第十三甲		第十四甲		第十五甲		总计		附记
户数	一〇		一〇		一〇		一〇		一〇		一〇		九		一一		七		八												九五		出保未出区之壮丁八人出区未出县之壮丁四人出县未出省者壮丁七人出省未出国之壮丁一人其他不详之壮丁一人出保未出区者男十人出县未出省者男八人出保未出区者女九人出区未出县者女二人
	男	女	男	女	男	女	男	女	男	女	男	女	男	女	男	女	男	女	男	女	男	女	男	女	男	女	男	女	男	女	男	女	
人口总数	四二	三八	三五	三六	一七	二五	二五	二七	二五	二五	二八	二三	二一	二一	二六	二三	二九	二九	三〇	二四											二七八	二七一	
现住	三六	三七	三一	三六	一三	二三	一八	二五	二一	二二	二五	二三	一四	二一	二四	二二	二八	二九	二九	二四											二三九	二六二	
他往	六	一	四		四	二	七	二	四	三	三		七		二	一	一		一												三九	九	
壮丁	一六		一三		四		五		八		一〇		五		一一		五		一三												九二		
识字	二一	一一	一二	二	七	六	八	八	七	四	一一		五		四		六		七	三											八七	三六	
职业　有	二〇	一二	一四	一五	一二	一四	一六	一二	一六	一三	一四	一五	八	一二	一六	八	一九	八	一四	一三											一四九	一二二	
职业　无	二二	二六	二一	二一	五	二	九	一五	九	一二	一四	八	一三	九	一〇	一五	一〇	二一	一六	一一											一三一	一四九	
非家属同住者	一一	四	三	六		一	一	二	四	一	四	一			一	一	一	二	三	三											二八	二一	
学童	七		二		二		五		五		六		五		七		七		五												五一		
备考	内有壮丁二人残疾						内有壮丁一人眼不明				内有壮丁一人近视								内有壮丁一人耳聋														

荣县第一区普通户口统计表（二）

四川省荣县第一区第八二保普通户口统计表　保长童锡光

中华民国二十五年七月　日

事别＼甲别	第一甲		第二甲		第三甲		第四甲		第五甲		第六甲		第七甲		第八甲		第九甲		第十甲		第十一甲		第十二甲		第十三甲		第十四甲		第十五甲		总计		附记
户数	一〇		七		九		一〇		九		一〇		一一		八		一一		九												九四		
	男	女	男	女	男	女	男	女	男	女	男	女	男	女	男	女	男	女	男	女	男	女	男	女	男	女	男	女	男	女	男	女	
人口总数	三七	二二	一六	一五	二七	二三	三〇	一六	二八	二二	一五	二〇	三一	一九	三〇	二一	一七	二四	二三	二二											二五四	二〇四	
现住	三七	二二	一四	一五	二四	二二	二九	一六	二八	二二	一五	二〇	三〇	一九	三〇	二一	一七	二四	二三	二二											二四七	二〇三	
他往			二		三	一	一						一																		七	一	
壮丁	一〇		六		四		一一		七		四		七		七		八		一〇												七四		
识字	九		一		一〇	三	七	一	五	四	五		一二	一	四	一	四														五七	一〇	
职业 有	二六	一四	一二	九	二〇	二一	一九	一〇	一五	一三	一〇	一一	一五	一一	二一	一五	一三	一三	一一	一三											一六二	一三〇	
职业 无	一一	八	四	六	七	二	一一	二八	一三	九	五	九	一六	八	九	六	四	一一	一二	九											九二	七四	
非家属同住者	九				三		六						四		一二		二														三六		
学童	八		三		八		一〇		一三		五		一一		一六		一四		一五												一〇四		
备考			出保未出区者男二人		出区未出县者男二人出保未出区者男一人女一人		出保未出区者男一人						出保未出区者男一人																				

四川省荣县第一区第八三保普通户口统计表

中华民国二十五年七月 日 保长李泰园

事别＼甲别	第一甲		第二甲		第三甲		第四甲		第五甲	
户数	九		九		一〇		一二		一二	
	男	女	男	女	男	女	男	女	男	女
人口总数	一四	一六	三四	二八	二七	三五	三〇	二五	三五	三五
现住	一二	一六	三三	二八	二七	三五	二八	二五	三一	三五
他往	二		一		二		二		四	
壮丁	七		一七		六		七		一一	
识字	四		八	一	八		四	三	七	一
职业 有	一一	一二	二四	一六	一八	二一	一八	一四	二四	二四
职业 无	三	四	一〇	一二	九	一四	一二	一一	一一	一一
非家属同住者	一	一	一一		一		七		三	
学童	四		一二		一七		一五		一二	
备考	聋子壮丁一人				驼背壮丁一人肺病壮丁一人		肺病男丁一人		瞎子女丁一人驼背壮丁一人	

事别＼甲别	第六甲		第七甲		第八甲		第九甲		第十甲	
户数	一一		一〇		一〇		八		九	
	男	女	男	女	男	女	男	女	男	女
人口总数	三三	二八	二二	二八	四〇	三〇	一九	二二	一八	一八
现住	三二	二八	二二	二八	二九	三〇	一九	二二	一六	一八
他往	一				一一		一		二	
壮丁	一〇		九		四		五		四	
识字	五	一	一		八		四	一	四	
职业 有	二〇	一六	一三	一五	二五	一七	一二	八	一六	一四
职业 无	一三	一二	九	一三	一五	一三	七	一四	二	四
非家属同住者	四		二		五		二		二	
学童	一〇		一一		一二		一三		二	
备考			肺疾者壮丁一人				肺病壮丁男一人		疯摊病女一人肺疾病壮丁一人	

事别＼甲别	第十一甲		第十二甲		第十三甲		第十四甲		第十五甲		总计		附记
户数											一〇〇		
	男	女	男	女	男	女	男	女	男	女	男	女	
人口总数											二七二	二六五	
现住											二四六	二六五	
他往											二六		出保未出区者男四人壮丁十六人出区未出县者壮丁三人出县未出省者壮丁五人出省未出国者壮丁一人
壮丁											八〇		
识字											五三	七	
职业 有											一八一	一五七	
职业 无											九一	一〇八	
非家属同住者											三八	一	
学童											一〇八		
备考													

四川省荣县第一区第八四保普通户口统计表
保长周烈承
中华民国二十五年七月　日

事别＼甲别		第一甲		第二甲		第三甲		第四甲		第五甲		第六甲		第七甲		第八甲	
户数		一〇		一〇		一一		一〇		七		一〇		一二		一〇	
		男	女	男	女	男	女	男	女	男	女	男	女	男	女	男	女
人口总数		二三	二八	二〇	一六	三〇	一九	二一	二〇	三三	二二	一八	一九	三三	二四	三六	二七
现住		二三	二七	一九	一六	二七	一八	一九	二〇	二九	二二	一五	一八	二七	二四	三五	二七
他往			一	一		三	一	二		三		三	一	六		一	
壮丁		五		四		八		四		七		七		六		七	
识字		二	二	四		三		四		四	四	二		二		四	
职业	有	一二	一一	九	九	一〇	六	一二	七	一三	九	八	九	一〇	九	一四	一二
职业	无	一一	一七	一一	七	二〇	一三	九	一三	二〇	一三	一〇	一〇	二三	一五	二二	一五
非家属同住者		二		三	二	一	一			七	一	一		四	一	五	一
学童										二四		一					
备考		出县未出省者女一人		出县未出省者男一人出保未出区者男二人		出县不详者男三人出保未出区者女一人		出区未出县者男二人		出县未出省者男一人出区未出县者男一人出保未出区者男一人		出保未出区者男三人女一人		出保未出区者男六人		出保未出区者男一人	

事别＼甲别		第九甲		第十甲		第十一甲		第十二甲		第十三甲		第十四甲		第十五甲		总计		附记
户数		一〇		九												九九		出保未出区者男十三人女二人出区未出县者男十二人女三人出县未出省者男五人女一人
		男	女	男	女	男	女	男	女	男	女	男	女	男	女	男	女	
人口总数		二八	三五	二二	一四											二六三	二二四	
现住		二五	三四	一五	一二											二三四	二一八	
他往		三	一	七	二											二九	六	
壮丁		六		九												五九		
识字		三	一	一												二九	六	
职业	有	九	一四	九	七											一〇六	九三	
职业	无	一九	二一	九	七											一五七	一三一	
非家属同住者		三	一	三												二九	七	
学童		二																
备考		出区未出县者男三人女一人		出区未出县者男七人女二人														

四川省荣县第一区第八五保普通户口统计表

保长刘文之

中华民国二十五年七月 日

事别＼甲别	第一甲		第二甲		第三甲		第四甲		第五甲		第六甲		第七甲		第八甲		第九甲		第十甲		第十一甲		第十二甲		第十三甲		第十四甲		第十五甲		总计		附记
户数	一〇		九		九		一〇		九		九		九		一二		九		九												九五		
	男	女	男	女	男	女	男	女	男	女	男	女	男	女	男	女	男	女	男	女	男	女	男	女	男	女	男	女	男	女	男	女	
人口总数	四四	三二	三一	一五	二五	二四	三六	二六	六四	四五	二三	一五	三三	二八	三二	二八	二七	一七	一七	一六											三三二	二四六	
现住	三六	三〇	二七	一五	二三	二四	三〇	二六	六三	四五	二二	一五	二八	二七	二七	二八	二四	一七	一二	一五											二九二	二四二	
他往	八	二	四		二	三	六		一		一		五	一	五		三		五	一											四〇	四	出保未出区者男二十二人女四人出区未出县者男五人出县未出省者男二人出外不详者男九人
壮丁	二〇		八		一一		九		一九		九		一二		九		一一		三												一一一		
识字			七		一				八		一				一																一八		
职业 有	三三	一六	一三	八	一七	八	二三	一五	三五	二二	一三	八	二三	一二	一七	一〇	二〇	一〇	六	一三											二〇〇	一二二	
职业 无	一一	一六	一八	七	八	一六	一三	一一	二九	二三	一〇	七	一〇	一六	一五	一八	七	七	一一	三											一三二	一二四	
非家属同住者	六		四		一二	一			一二				五		五	一	七														五一	二	
学童	九		一〇		二		七		一二		六		五		五		二		一												五九		
备考																																	

四川省荣县第一区第八六保普通户口统计表

事别＼甲别		第一甲		第二甲		第三甲		第四甲		第五甲		第六甲		第七甲		第八甲		第九甲		第十甲		第十一甲		第十二甲		第十三甲		第十四甲		第十五甲		总计		附记
户数		八		一一		九		九		一〇		九		九		九		五		一〇												八九		出保未出区者男十二人女四人出区未出县者男十人女二人出县未出省者男五人女四人出省未出国者男二人他往不详者男一人他往壮丁一七人
		男	女	男	女	男	女	男	女	男	女	男	女	男	女	男	女	男	女	男	女	男	女	男	女	男	女	男	女	男	女	男	女	
人口总数		三二	二五	三五	三〇	二七	一六	三〇	二八	二八	三五	一九	二五	二八	二四	二一	二〇	一七	一七	五一	三三											二九八	二五三	
现住		二八	二四	三〇	三〇	二三	一六	二八	二四	三七	三四	一九	二三	二七	二四	一五	二〇	一五	一七	四六	三一											二六八	二四三	
他往		四	一	五		四		二	四	一	一		二	一		六		二		五	二											三〇	一〇	
壮丁		一三		一四		八		一〇		一二		九		一四		五		六		二六												一一七		
识字		七		四	一	一		八		五	二	四	一	四		一		四		一三												五〇	四	
职业	有	二〇	一四	一八	一三	一五	一一	一五	一六	二八	一七	一七	二〇	二〇	一四	一三	一二	一〇	一二	三一	三三											一八七	一五二	
	无	一二	一一	一七	一七	一二	五	一五	一二	一〇	一八	二	五	八	一〇	八	八	七	五	一〇	一〇											一一一	一〇一	
非家属同住者		五		二		一			一	二	一	三	二	四		二	一	二	一	一二	二											三二	八	
学童		九		八		九		一〇		七		五		八		四		五		九												七四		
备考																																		

保长戴德伦

中华民国二十五年七月二十日

四川省荣县第一区第八七保普通户口统计表

甲别＼事别	户数	人口总数 男	人口总数 女	现住 男	现住 女	他往 男	他往 女	壮丁 男	壮丁 女	识字 男	识字 女	职业 有 男	职业 有 女	职业 无 男	职业 无 女	非家属同住者 男	非家属同住者 女	学童	备考
第一甲	一三	三五	三二	二九	二九	六	三	一二		八	二	二一	九	一四	二三	四	四	九	壮丁有冯世镜受泽丸病一人
第二甲	一〇	二〇	二一	一七	二〇	三	一	一一		八		一四	七	六	一四			四	
第三甲	九	三〇	二三	三〇	二三			九		七		一五	一〇	一五	一三			四	壮丁唐荣兴有肺病朱本高驼子一人朱顺和风足
第四甲	八	二五	二三	二一	二三	四		一〇		五		一六	五	九	一八	四		三	壮丁胡信泽风足
第五甲	八	二一	二〇	二〇	二〇	一		五		四	一	一一	八	一〇	一二	三	一	四	
第六甲	九	一一	一九	八	一八	三	一	五	五	七		八	一一	三	八		一	二	
第七甲	八	一四	一二	一四	一二			六		二		六	一〇	八	二			三	壮丁黄四和目有不大明
第八甲	九	二六	二六	二一	二五	五	一	一一		七		一六	八	一〇	一八	二		一〇	壮丁罗绍华跰子一人
第九甲	一四	三三	二八	三〇	二八	三		一五		六	一	二〇	一七	一三	一一	一		五	壮丁邹百川独目不明沈鸿兴双目不明
第十甲	一〇	二八	二四	二五	二三	三	一	一〇		八	一	一七	一三	一一	一一	三	一	四	
第十一甲																			
第十二甲																			
第十三甲																			
第十四甲																			
第十五甲																			
总计	九八	二四三	二二八	二一五	二二一	二八	七	九四		六二	五	一四四	九八	九九	一三〇	一六	七	四八	

附记：出保未出区者男六人女四人出区未出县者男九人出县未出省者男二人女一人出省未出国者男一人不详男七人女一人

保长张高文

中华民国二十五年七月　日

四川省荣县第一区第八十八保普通户口统计表

事别＼甲别		第一甲		第二甲		第三甲		第四甲		第五甲		第六甲		第七甲		第八甲		第九甲		第十甲		第十一甲		第十二甲		第十三甲		第十四甲		第十五甲		总计		附记
户数		一〇		九		八		一〇		一一		一〇		一〇		一〇		九		一〇												九七		出省未出国者一人出县未出省者二人出区未出县者五人出保未出区者二十五人
人口总数		男	女	男	女	男	女	男	女	男	女	男	女	男	女	男	女	男	女	男	女	男	女	男	女	男	女	男	女	男	女	男	女	
		一四	一三	二一	一八	二八	二〇	三〇	一七	三二	二五	一八	一一	二九	三一	三四	二七	六〇	五〇	二三	二三											二八九	二三五	
现住		一二	一三	二〇	一八	二六	二〇	二二	一七	三〇	二五	一四	一一	二八	三一	三三	二七	四九	四九	二二	二三											二五六	二三四	
他往		二		一		二		八		二		四		一		一		一一		一												三三	一	
壮丁		五		九		七		四		九		七		一〇		一〇		二七		六												九四		
识字		一		四		五		二		四				七		九		一三	六	一												四六	六	
职业	有	九	六	一一	八	一一	八	一五	七	一七	一三	一三	七	一九	一四	一四	八	三八	一九	一一	九											一五八	九九	
	无	五	七	一〇	一〇	一七	一二	一五	一〇	一五	一二	五	四	一〇	一七	二〇	一九	二二	三〇	一二	一四											一三一	一三六	
非家属同住者				四		三	一	三		三				七	二			一三	一	一												三四	四	
学童		五		六		一二		一二		一四		五		一〇		一〇		二五		一一												一一〇		
备考		壮丁他往二人		壮丁他往一人瘢疾一人		壮丁他往一人瘢疾一人		壮丁他往三人		壮丁他往二人		壮丁他往二人		壮丁他往一人瘢疾二人		壮丁瘢疾二人		壮丁他往五人瘢疾二人																

中华民国二十五年七月二十日　保长江述文

四川省荣县第一区第八九保普通户口统计表

甲别/事别	第一甲		第二甲		第三甲		第四甲		第五甲		第六甲		第七甲		第八甲		第九甲		第十甲		第十一甲		第十二甲		第十三甲		第十四甲		第十五甲		总计		附记
户数	一一		一三		九		九		一〇		一〇		一〇		八		一〇		一〇												一〇〇		
	男	女	男	女	男	女	男	女	男	女	男	女	男	女	男	女	男	女	男	女	男	女	男	女	男	女	男	女	男	女	男	女	
人口总数	四〇	三二	三五	三九	三九	三六	二二	二七	二三	二一	三三	三六	四三	四三	二五	一九	二三	二一	三一	二四											三一四	二九八	出保未出区者男三十人女三人出区未出县者男四人女一人出县未出省者男六人女一人
现住	三九	三二	三四	三八	三五	三六	一七	二六	二二	二一	二八	三六	三四	四二	二一	一八	二一	二〇	二三	二四											二七四	二九三	
他往	一		一	一	四		五	一	一		五		九	一	四	一	二	一	八												四〇	五	
壮丁	一一		一二		一五		七		一〇		九		二〇		九		一一		七												一一一		
识字	五		四		一一		四		五		六		一四		三	一	三	一	五												六〇	二	
职业 有	二八	一九	二二	二六	二六	二六	一四	一七	一四	一七	二一	二二	二八	二九	一四	一五	一六	一三	一六	一六											一九九	二〇〇	
职业 无	一二	一三	一三	一三	一三	一〇	八	一〇	九	四	一二	一四	一五	一四	一一	四	七	八	一五	八											一一五	九八	
非家属同住者	九		二		三				六		二		二		一	一	三		一												二九	二	
学童	三		七		一〇		四		四		六		四		四		二		四												四八		
备考																																	

保长谢绍修

中华民国二十五年　月　日

四川省荣县第一区第九十保普通户口统计表 保长官经

中华民国二十五年七月二十日

事别＼甲别	第一甲		第二甲		第三甲		第四甲		第五甲		第六甲		第七甲		第八甲		第九甲		第十甲		第十一甲		第十二甲		第十三甲		第十四甲		第十五甲		总计		附记
户数	九		九		一〇		一〇		九		一〇		一〇		九		一〇		一一												九七		出保未出区者男二十六人女三人出区未出县者男四人出县未出省者男四人出省未出国者男一人他往不详男二人他往壮丁十八人
	男	女	男	女	男	女	男	女	男	女	男	女	男	女	男	女	男	女	男	女	男	女	男	女	男	女	男	女	男	女	男	女	
人口总数	三一	一八	一六	一四	三〇	二三	三七	二四	三二	二九	二二	二二	二八	二五	一九	一七	二六	二〇	三一	二六											二七二	二一八	
现住	二七	一六	一一	一三	二九	二三	二九	二四	二八	二八	一九	二二	二六	二五	一六	一七	二二	二〇	三〇	二五											二三七	二一三	
他往	四	二	五	一	一		八		四	一	三		二		三		四		一	一											三五	五	
壮丁	一〇		一一		一二		一二		一七		一〇		一二		八		一〇		一〇												一一二		
识字	六		四		二		八		七		二		四		二		三		二												四〇		
职业 有	二〇	一二	一二	一〇	二〇	一四	一八	一五	二〇	二一	一四	一〇	一八	一四	一一	一二	一九	一一	一六	一四											一六八	一三三	
职业 无	一一	六	四	四	一〇	九	一九	九	一二	八	八	一二	一〇	一一	八	五	七	九	一五	一二											一〇四	八五	
非家属同住者	五		一		四		三		八	一	一	二	二	一			五	一	一												二九	五	
学童	五		三		九		七		一三		五		二		三		四		九												六〇		
备考																																	

事别＼甲别	第一甲		第二甲		第三甲		第四甲		第五甲		第六甲		第七甲		第八甲		第九甲		第十甲		第十一甲		第十二甲		第十三甲		第十四甲		第十五甲		总计		附记
户数	九		一〇		一〇		九		一〇		一〇		一〇		九		八														八五		未出保者男二人出保未出区者十一人出区未出县者女二人他往壮丁共十四人
	男	女	男	女	男	女	男	女	男	女	男	女	男	女	男	女	男	女	男	女	男	女	男	女	男	女	男	女	男	女	男	女	
人口总数	二七	二一	二〇	一八	三一	二四	二〇	二〇	三四	二九	二八	二〇	二〇	二四	二二	一五	一九	二二													二二一	一九三	
现住	二七	二一	一九	一八	二九	二四	一七	二〇	三二	二九	二六	二〇	一九	二二	二二	一五	一七	二二													二〇八	一九一	
他往			一		二		三		二		二		一	二			二														一三	二	
壮丁	一〇		八		一四		六		一三		六		二		八		六														七三		
识字	三	一			七		七		五		四		三	三	四		六														三九	四	
职业 有	一六	一〇	一五	九	一八	九	一〇	七	二〇	九	一三	七	一一	八	一二	八	七	九													一二二	七六	
职业 无	一一	一一	五	九	一三	一五	一〇	一三	一四	二〇	一五	一三	九	一六	一〇	七	一二	一三													九九	一一七	
非家属同住者	四	一	三		四		一		九	一	六	一	一		四		一														三三	三	
学童	五		三		六		六		一〇		三		四		一		五														四三		
备考																																	

四川省荣县第一区第九十一保普通户口统计表

保长陈伯雄

中华民国二十　年　月　日

四川省荣县第　区第　　保普通户口统计表　保长朱志诚

事别＼甲别	第一甲		第二甲		第三甲		第四甲		第五甲		第六甲		第七甲		第八甲		第九甲		第十甲		第十一甲		第十二甲		第十三甲		第十四甲		第十五甲		总计		附记
户数	一一		一二		一〇		一一		一一		一一		一〇		一〇		一〇		一二												一〇八		
人口总数	男	女	男	女	男	女	男	女	男	女	男	女	男	女	男	女	男	女	男	女	男	女	男	女	男	女	男	女	男	女	男	女	
	三三	三五	三〇	二三	二九	三一	二三	二三	三〇	二三	三六	二三	五四	四一	三二	二六	三九	三六	二七	三〇											三三三	二九一	
现住	三〇	三四	二三	二三	二四	三〇	二二	二二	二九	二三	三五	二三	四九	四一	二八	二六	三八	三六	二四	三〇											三〇二	二八八	
他往	三	一	七		五	一	一	一	一		一		五		四		一		三												三一	三	
壮丁	一〇		一一		一二		七		八		八		八		一一		九		一〇												九四		
识字	二〇	五	一一		九	六	九	五	九	三	二一	八	八		三		六	三	六												一〇二	三〇	
职业 有	一九	一七	一七	一六	一九	一八	一四	一四	一七	一二	一九	九	三二	二四	二〇	一四	一九	一九	一八	一六											一九四	一五九	
职业 无	一四	一八	一三	七	一〇	一一	九	一〇	一三	一一	一七	一四	二二	一七	一二	一二	二〇	一七	九	一四											一三九	一三二	
非家属同住者	一二	一	四	四	八	四	四	二	四	一	六	一	一九	八	九	二	一〇	一一	五	二											八一	三六	
学童	四		七		五		六		一二		九		七		五		一〇		五												七〇		
备考																																	

中华民国二十　年　月　日

四川省荣县第　区第　保普通户口统计表

中华民国二十　年　月　日

保长陈季辉

甲别	户数	人口总数 男	人口总数 女	现住 男	现住 女	他往 男	他往 女	壮丁 男	壮丁 女	识字 男	识字 女	职业 有 男	职业 有 女	职业 无 男	职业 无 女	非家属同住者 男	非家属同住者 女	学童	备考
第一甲	一二	二六	二一	二五	二〇	二		一〇		一〇	一	一九	一二	八	九	三	一	三	
第二甲	一三	五〇	三五	三八	三三	一二	一	五		一五	三	一九	一八	二三	一四	四	五	六	
第三甲	一〇	二二	二一	一九	二一	三		五		一一	一	一五	一四	七	七	一		九	
第四甲	一二	三一	三三	二六	三二	七	一	九		一二		二一	一九	九	一三	三	四	一〇	
第五甲	一〇	一九	一八	一四	一八	四		八		四		一四	一二	五	六			六	
第六甲	一二	三八	三三	二四	二八	一四	五	一三		一〇	一	二八	一九	一〇	一四	八	一	一〇	
第七甲	一一	二七	二五	二六	二四	一		七		五		一九	一二	七	一〇	二		五	
第八甲	一一	二五	二八	二三	二四	三		七		二	一	一二	一二	一四	一四	二	三	一一	
第九甲	一〇	三四	二九	二七	二八	七	一	五		七		一七	一八	一七	一一		二	一三	
第十甲																			
第十一甲																			
第十二甲																			
第十三甲																			
第十四甲																			
第十五甲																			
总计	一〇一	二七二	二四二	二二二	二二八	五三	八	六九		七六	七	一六四	一三六	一〇〇	九八	二三	一六	七三	
附记																			

事别＼甲别		第一甲		第二甲		第三甲		第四甲		第五甲		第六甲		第七甲		第八甲		第九甲		第十甲		第十一甲		第十二甲		第十三甲		第十四甲		第十五甲		总计		附记
户数		一〇		一〇		一〇		一〇		一〇		一〇		一〇		一〇		七		一〇												九七		
人口总数		男	女	男	女	男	女	男	女	男	女	男	女	男	女	男	女	男	女	男	女	男	女	男	女	男	女	男	女	男	女	男	女	
		二一	二三	二四	二二	三四	三七	二九	三二	三一	二八	三八	二七	五六	四五	三一	二六	二四	一六	二四	一七											三一二	二七三	
现住		一九	二三	一九	二二	三二	三三	二五	三二	二七	二七	三五	二七	五二	四五	三〇	二六	二二	一六	二四	一七											二八五	二六八	
他往		二		五		二	四	四		四	一	三		四		一		二														二七	五	
壮丁		五		五		六		一〇		一〇		一一		一六		一二		四		七												八六		
识字		五		一二	五	一二	七	一四		六	一	六		一四	一一	六	一	五	一	九	一											八九	二七	
职业	有	一二	一二	二〇	一二	二〇	一二	一六	一六	一八	一七	一六	一三	二四	二一	一八	一七	一四	一一	一七	一二											一七五	一四三	
	无	九	一一	四	一〇	一四	二五	一三	一六	一三	一一	二二	一四	三二	二四	一三	九	一〇	五	七	五											一三七	一三〇	
非家属同住者		一		一一	四	一一	四	四	一	六	三	四	四	一三	六	七	二	六	三	四	一											六七	二八	
学童		六		一〇		八		四		七		一二		一〇		二		三		二												六四		
备考																																		

四川省荣县第　区第　保普通户口统计表　保长赵岳军

中华民国二十　年　月　日

四川省荣县第一区第九五保普通户口统计表　保长张比和

中华民国二十五年　月　日

事别＼甲别		第一甲		第二甲		第三甲		第四甲		第五甲		第六甲		第七甲		第八甲		第九甲		第十甲		第十一甲		第十二甲		第十三甲		第十四甲		第十五甲		总计		附记
户数		一〇		一〇		一〇		一〇		一〇		一〇		一〇		一〇		一二														九二		
		男	女	男	女	男	女	男	女	男	女	男	女	男	女	男	女	男	女	男	女	男	女	男	女	男	女	男	女	男	女	男	女	
人口总数		三三	二四	三八	一七	三〇	二三	二九	二七	二一	二〇	三〇	三一	二三	二〇	三八	三二	三七	三二													二八〇	二二六	
现住		三〇	二四	二七	一七	三〇	二三	二九	二七	一七	二〇	三〇	三一	二一	一九	三三	三二	三二	三一													二六〇	二二四	
他往		三		一						四				二	一	五		五	一													二〇	二	
壮丁		八		二一		九		六		九		九		六		一二		七														八七		
识字		八		一三		七		八		五		六		三		一二		一														六三		
职业	有	二一	四	二八	一一	一七	一〇	一八	一三	一五	一〇	一六	一六	一七	一四	二〇	一六	一九	一九													一七一	一二三	
	无	一二	一〇	一〇	六	一三	一二	一二	一四	六	一〇	一四	一五	六	六	一八	一六	一八	一三													一〇九	一〇三	
非家属同住者		三	二	四				一			一	一		二	二	七	四		一													一八	一〇	
学童		七		四		五		八		三		八		二		八		八														五三		
备考																																		

荣县第一区普通户口统计表（二）

事别＼甲别	第一甲		第二甲		第三甲		第四甲		第五甲		第六甲		第七甲		第八甲		第九甲		第十甲		第十一甲		第十二甲		第十三甲		第十四甲		第十五甲		总计		附记
户数	一〇		一〇		一〇		一〇		一〇		一〇		一〇		一〇		一〇		一〇												一〇〇		
	男	女	男	女	男	女	男	女	男	女	男	女	男	女	男	女	男	女	男	女	男	女	男	女	男	女	男	女	男	女	男	女	
人口总数	二六	三二	三四	二〇	二七	三一	四三	三九	三七	三五	三九	三一	五〇	三二	三三	三四	三六	三六	三〇	二九											三五五		
现住	二一	三二	二七	二〇	二五	三一	三七	三九	三一	三五	三六	三一	四〇	三一	三一	三四	三一	三六	二〇	二八											二九九	三一九	
他往	五		七		二		六		六		三		一〇	一	二		五		一〇	一											五六	三一七	
壮丁	六		四		五		五		四		八		一〇		七		五		八												六二	二	
识字	四		三		五	三	九		五		九		二四	二	一〇		九		一〇												八八		
职业　有	一六	二一	二一	一二	一八	一七	二二	二三	二五	一八	二一	一八	二八	一九	二一	二〇	二四	二一	二三	一六											二一九	五	
职业　无	一〇	一一	一三	八	九	一四	二一	一六	一二	一七	一八	一三	二二	一三	一二	一四	一二	一五	七	一三											一三六	一八五	
非家属同住者	七	三	五		六		九	六	九	七	五	四	一	二	四	一	八	一〇	八	七											六二	一三四	
学童	五		八		五		一一		九		七		一四		七		六		四												四〇		
备考																															七六		

四川省荣县第一区第　　保普通户口统计表　　保长王惠和

中华民国二十五年　月　日

四川省荣县第一区第　　保普通户口统计表

保长杨志修

中华民国二十　年　月　日

事别＼甲别		第一甲		第二甲		第三甲		第四甲		第五甲		第六甲		第七甲		第八甲		第九甲		第十甲		第十一甲		第十二甲		第十三甲		第十四甲		第十五甲		总计		附记
户数		一〇		一〇		一〇		一〇		一〇		一〇		一〇		一〇		七														八七		
		男	女	男	女	男	女	男	女	男	女	男	女	男	女	男	女	男	女	男	女	男	女	男	女	男	女	男	女	男	女	男	女	
人口总数		二五	三一	三四	二六	二七	二三	四五	三五	二七	三〇	三四	三一	二六	二一	二二	一七	一四	一二													二五四	二二六	
现住		二四	三一	三〇	二六	二五	二三	四四	三五	二六	三〇	三二	三一	二五	二一	二〇	一七	一三	一二													二三九	二二六	
他往		一		四		二		一		一		二		一		二		一														一五		
壮丁		九		一二		三		九		七		七		六		四		二														五九		
识字		七	一	三		四		一五	一	一一	三	一二	三	八	一	二																八二	九	
职业	有	一五	一九	二五	二一	一五	一四	二四	二〇	一七	一八	二四	二〇	一六	一三	一二	一二	一〇	八													一五八	一四五	
	无	一〇	一二	九	五	一二	九	二一	一五	一〇	一二	一〇	一一	一〇	八	一〇	五	四	四													九六	八一	
非家属同住者						一	一	三	一	五	四	二	二	二	一																	一三	九	
学童		八		三		五		九		四		八		八		六		三														五四		
备考																																		

四川省荣县第一区第　　保普通户口统计表

事别＼甲别	第一甲		第二甲		第三甲		第四甲		第五甲		第六甲		第七甲		第八甲		第九甲		第十甲		第十一甲		第十二甲		第十三甲		第十四甲		第十五甲		总计		附记
户数	一〇		一〇		一〇		一〇		一〇		一〇		一〇		一〇		一〇		一〇												一〇〇		
	男	女	男	女	男	女	男	女	男	女	男	女	男	女	男	女	男	女	男	女	男	女	男	女	男	女	男	女	男	女	男	女	
人口总数	三五	二七	二五	二三	三一	三三	二九	二三	三四	三八	二九	二七	二七	二八	三三	三四	三二	三〇	二三	一五											二九八	二七八	
现住	三一	二七	二〇	二三	二九	三三	二四	二三	二〇	三三	二四	二七	二三	二八	二七	三四	三二	三〇	二〇	一四											二五〇	二七二	
他往	四		五		二		五		一四	五	五		四		六				三	一											四八	六	
壮丁	一〇		五		六		五		六		四		四		四		一〇		八												六二		
识字	四	一	五		三		四		一七	八	六	二	八		二〇	四	三														七〇	一五	
职业 有	二二	一〇	一七	一二	一九	一二	一一	九	二二	一七	一七	一〇	一五	一二	一三	一三	一六	一二	一三	一二											一七五	一一九	
职业 无	一三	一七	八	一一	一二	二一	八	一四	一二	二一	一二	一七	一二	一六	二〇	二一	一六	一八	一〇	三											一二三	一五九	
非家属同住者	七	一	三	一	四		二				二		一	三	四		三		三												二九	五	
学童	五		二		九		六		四		八		五		一〇		七		三												五九		
备考																																	

保长吴汝石

中华民国二十五年七月　日

四川省荣县第　区第　保普通户口统计表　保长

中华民国二十　年　月　日

事别＼甲别	第一甲		第二甲		第三甲		第四甲		第五甲		第六甲		第七甲		第八甲	
户数	一〇		一〇		一〇		一〇		一〇		一〇		一〇		一〇	
	男	女	男	女	男	女	男	女	男	女	男	女	男	女	男	女
人口总数	三二	二二	三一	二四	三二	二七	二八	二四	二六	二九	二一	三〇	五〇	三七	三四	二五
现住	二七	二二	二三	二三	三二	二七	二八	二四	二六	二九	二〇	三〇	四九	三七	三〇	二五
他往	五		八	一							一		一		四	
壮丁	四		五		七		六		四		一〇		一二		五	
识字	七	一	一二	三	三		七		四		六		二〇	七	七	
职业 有	一七	一四	一九	一四	九	一一	一八	一三	一七	一四	一六	一八	二八	二七	二四	一四
职业 无	一五	七	一二	一〇	二四	一六	一〇	一一	九	一五	五	一二	二二	一〇	一〇	一一
非家属同住者	四		五	二	五	一	四		二	二	一	二	三	五	七	二
学童	八		五		九		四		九		一		一二		七	
备考																

事别＼甲别	第九甲		第十甲		第十一甲		第十二甲		第十三甲		第十四甲		第十五甲		总计		附记
户数	一〇		九												九九		
	男	女	男	女	男	女	男	女	男	女	男	女	男	女	男	女	
人口总数	三七	三一	二六	二七											三一七	二七六	
现住	二五	二九	二四	二七											二八四	二七三	
他往	一二	二	二												三三	三	
壮丁	一		五												五九		
识字	九		六	一											八一	一二	
职业 有	二一	一七	一九	一二											一八八	一五四	
职业 无	一六	一四	七	一五											一六三	一二二	
非家属同住者	七	六	一	三											四九	二三	
学童	五		九												六九		
备考																	

荣县第一区普通户口统计表（二）

四川省荣县第一区第　保普通户口统计表　保长

中华民国二十　年　月　日

事别＼甲别		第一甲		第二甲		第三甲		第四甲		第五甲		第六甲		第七甲		第八甲		第九甲		第十甲		第十一甲		第十二甲		第十三甲		第十四甲		第十五甲		总计		附记
户数		一〇		一〇		一〇		一〇		一〇		一〇		一〇		一一		一一		一一												一〇三		
人口总数		男	女	男	女	男	女	男	女	男	女	男	女	男	女	男	女	男	女	男	女	男	女	男	女	男	女	男	女	男	女	男	女	
人口总数		三〇	三六	七〇	五五	二八	二六	三六	二七	四一	三三	四八	三一	五五	三三	四三	三八	三九	二一	四六	三八											四三六	三三八	
现住		二九	三六	六八	五五	六	二六	三六	二七	三六	三三	三六	三一	四七	三三	四一	三八	三七	二一	三五	三八											三六八	三三八	
他往		一		二				三		五		一二		八		二		二		一一												六八		
壮丁		六		二一		六		一三		一三		二〇			一八	一二		一七		一七												一四四		
识字		四		二〇	二	二		九		六	一	一〇	一	九		四		七		一												七二	四	
职业	有	一七	一五	三七	三三	六	五	一四	一二	二〇	一四	二一	一四	二五	一七	一三	七	一八	五	二一	五											一九二	一二八	
职业	无	一三	二一	三三	二二	一二	二一	二二	一五	二一	一九	二七	一七	三〇	一六	三〇	三一	二一	一六	二五	三三											二二四	二一〇	
非家属同住者		五		二	二七	五	六	七	二	一四	五	一〇	四	一三	三	八		六	五	八	七											七八	三九	
学童		六		一一		九		五		七		五		一三		四		八		八												三一		
备考																																		

四川省荣县第一区第　保普通户口统计表

事别 \ 甲别		第一甲		第二甲		第三甲		第四甲		第五甲		第六甲		第七甲		第八甲		第九甲		第十甲		第十一甲		第十二甲		第十三甲		第一四甲		第十五甲		总计		附记
户数		一〇		一〇		一〇		一〇		一〇		一〇		一〇		一〇		一〇		一〇												一〇〇		
人口总数		男	女	男	女	男	女	男	女	男	女	男	女	男	女	男	女	男	女	男	女	男	女	男	女	男	女	男	女	男	女	男	女	
		二六	二三	二九	二六	二六	二〇	二三	二一	三七	二九	四四	四三	三一	二七	三七	二九	四〇	四二	五四	五九											三四七	三一九	
现住		二二	二三	二九	二六	一八	二〇	二〇	二一	三〇	二九	三七	四三	二五	二七	三〇	二九	三四	四二	四八	五七											二九三	三一六	
他往		四				八		三	三	七		七		六		七		六		六	三											五四	三	
壮丁		四		一〇		六		四		八		一六		五		一〇		六		一四												八三		
识字		七		六		五				四		九		三		四	一	八	二	一二	二											五八	五	
职业	有	二〇	一六	二〇	一八	一八	九	一四	一一	二一	一一	二五	一九	一四	九	二一	一〇	二〇	二二	二七	二〇											二〇〇	一四五	
	无	一三	八	八	六	八	一一	一〇	九	一五	一八	一九	二四	一二	一五	一二	二〇	二〇	一九	二六	三七											一四三	一六七	
非家属同住者		一	一		二			一	一			一	三					五	六													一〇	一六	
学童		二		五		四		一		九		九		二				一三		一一												六五		
备考																																		

中华民国二十　年　月　日　保长宋绍怀

事别＼甲别		第一甲		第二甲		第三甲		第四甲		第五甲		第六甲		第七甲		第八甲		第九甲		第十甲		第十一甲		第十二甲		第十三甲		第十四甲		第十五甲		总计		附记
户数		一〇		一二		一一		一〇		一二		一〇		一二		一三		一二		一三												一一五		出保未出区者男二十人出区未出县者男十一人女一人出省者男二人
人口总数		男	女	男	女	男	女	男	女	男	女	男	女	男	女	男	女	男	女	男	女	男	女	男	女	男	女	男	女	男	女	男	女	
		二五	二三	二一	二六	三九	三二	三九	五〇	二八	二七	二九	二六	三七	二五	五六	二八	六七	五三	三八	三〇											三七九	三二〇	
现住		二〇	二三	一七	二六	三六	三二	三五	五〇	一九	二七	二七	二六	三三	二五	五二	二七	六三	五三	三四	三〇											三三六	三一九	
他往		五		四		三		四		九		二		四		四	一	四		四												四三	一	
壮丁		一三		一〇		八		一五		一〇		六		五		二〇		二〇		一〇												一一七		
识字		二		一		三		一一		七	三	四	一	三		一〇	五	八														四九	九	
职业	有	一六	一〇	一二	一四	二三	一八	三二	二六	一六	一四	一七	一五	一八	一六	三二	一五	三七	二八	一九	一六											二二二	一七二	
	无	九	一三	九	一二	一六	一四	七	二四	一二	一三	一二	一一	一九	九	二三	一三	三〇	二三	一九	一四											一五七	一四八	
非家属同住者		二						九		二		四		二		一七	二	一二		八												五六	二	
学童		六		一		七		四		七		六		一〇		一〇		一二		三												六六		
备考																																		

四川省荣县第一区第一〇四保普通户口统计表

保长胡廷湘

中华民国二十五年七月三十日

四川省荣县第一区第一〇五保普通户口统计表

事别＼甲别		第一甲		第二甲		第三甲		第四甲		第五甲		第六甲		第七甲		第八甲		第九甲		第十甲		第十一甲		第十二甲		第十三甲		第十四甲		第十五甲		总计		附记
户数		一二		一三		一三		一〇		一〇		一〇		一一		一〇		一〇		一二												一一一		
人口总数		男	女	男	女	男	女	男	女	男	女	男	女	男	女	男	女	男	女	男	女	男	女	男	女	男	女	男	女	男	女	男	女	
		三八	二七	三〇	三二	三一	三五	三九	二四	二四	一八	二三	一八	三六	三三	二一	二五	二五	二一	三〇	二八											二九七	二六一	
现住		三五	二七	二五	三一	二九	三五	三六	二四	二二	一八	一七	一八	三四	三三	二〇	二五	二三	二一	二五	二八											二六六	二六〇	
他往		三		五	一	二		三		二		六		二		一		二		五												三一	一	
壮丁		三		四		九		九		九		六		五		八		四		七												六四		出保未出区者男十五人女一人出区未出县者男十六人
识字		一		六		四		二		三	一	二		三		二		五		四	一											三二	二	
职业	有	二五	一六	二〇	二〇	二四	二二	二八	一八	一五	一〇	一二	一〇	二四	二〇	九	一三	一六	一〇	一九	一五											一九二	一五四	
	无	一三	一一	一〇	一一	一一	七	一一	六	九	八	一一	八	一二	一三	一二	一二	九	一一	一一	一三											一〇二	一〇六	
非家属同住者		三	一			三				二		二	一		二		一															一〇	四	
学童		六		八		一〇		六		七		九		四		六		八		八												七八		
备考																																		

保长王白金①

中华民国二十五年八月一日

① 原文后有一“谢纯初印”印鉴，疑为代签。

荣县第一区普通户口统计表（二）

事别＼甲别		第一甲		第二甲		第三甲		第四甲		第五甲		第六甲		第七甲		第八甲		第九甲		第十甲		第十一甲		第十二甲		第十三甲		第十四甲		第十五甲		总计		附记
户数		一一		一一		一二		一〇		一二		一三		一二		一二		一二		一二												一一七		
		男	女	男	女	男	女	男	女	男	女	男	女	男	女	男	女	男	女	男	女	男	女	男	女	男	女	男	女	男	女	男	女	
人口总数		二一	一九	二二	三〇	三五	三〇	二六	二八	三八	三一	二四	二二	三四	三〇	三五	三七	三六	三四	三〇	二六											三〇一	二八六	
现住		一九	一八	一八	三〇	三五	三〇	二四	二八	三四	三一	一九	二二	三二	三〇	三五	三七	三五	三四	二九	二六											二八〇	二八五	
他往		二	一	四				二		四		五		二				一		一												二一	一	
壮丁		九		五				一一		一一				一六		一五		一五		七												八九		出保未出区者男十五人女一人出区未出县者男六人
识字				四		七		二		五				一二		二		五		五												四二		
职业	有	一四	一二	一六	一三	一八	一七	一四	一六	二二	一五	一八	一一	一九	一六	一九	二〇	二五	一四	一五	一三											一八〇	一四七	
	无	七	七	六	一七	一七	一三	一二	一二	一六	一六	六	一一	一五	一四	一六	一七	一一	二〇	一五	一三											一二一	一四〇	
非家属同住者				二		四	一	二		二	一	三	一	六		一		七														二七	三	
学童		四		九		七		九		二		五		一〇		四		一〇		四												六四		
备考																																		

四川省荣县第一区第一〇六保普通户口统计表　　保长刘德培

中华民国二十五年七月三十日

四川省荣县第一区第一〇七保普通户口统计表　保长谢从周
中华民国二十五年八月　日

事别＼甲别	第一甲		第二甲		第三甲		第四甲		第五甲		第六甲		第七甲		第八甲		第九甲		第十甲		第十一甲		第十二甲		第十三甲		第十四甲		第十五甲		总计		附记
户数	一二		一〇		一二		一四		一五		一〇		一一		九		一〇		一一												一一四		未出保者男七人出保未出区者男十七人女二人出区未出县者男七人出县未出省者男六人女二人出省未出国者五人
人口总数	男	女	男	女	男	女	男	女	男	女	男	女	男	女	男	女	男	女	男	女	男	女	男	女	男	女	男	女	男	女	男	女	
	二八	三九	二六	一六	三〇	二三	三四	一七	四〇	二三	二四	一八	三二	二二	二七	二二	二六	二四	四〇	三五											三〇七	二三九	
现住	二四	三九	二一	一六	二五	二二	二七	一七	三八	二三	一七	一六	二五	二一	二六	二二	二五	二四	三七	三五											二六五	二三五	
他往	四		五		五	一	七		二		七	二	七	一	一		一		三												四二	四	
壮丁	一〇		一二		九		一三		一三		七		一三		一一		七		一一												一〇六		
识字	三		二			一	二	一			三		三				二		六	二											二一	四	
职业 有	一八	二五	一七	九	一七	一二	一七	一五	二三	一二	一八	一二	二四	二〇	二二	一七	一七	一二	二三	二九											一九六	一六三	
职业 无	一〇	一四	九	七	一三	一一	一七	二	一七	一一	六	六	八	二	五	五	九	一二	一七	六											一一一	七六	
非家属同住者							二		一	一					一	一	一	二	一												六	四	
学童	一一		三		六		四		五		二		四		三		三		九												五〇		
备考																																	

事别＼甲别	第一甲		第二甲		第三甲		第四甲		第五甲		第六甲		第七甲		第八甲		第九甲		第十甲		第十一甲		第十二甲		第十三甲		第十四甲		第十五甲		总计		附记
户数	一〇		九		一〇		一〇		八		九		一〇		一〇		一一		一〇												九七		
	男	女	男	女	男	女	男	女	男	女	男	女	男	女	男	女	男	女	男	女	男	女	男	女	男	女	男	女	男	女	男	女	
人口总数	二一	二七	二三	二三	二四	二九	一九	一七	二八	二六	二一	二五	三三	二六	二三	二〇	二八	二二	二二	一二											二四二	二二七	出甲未出保者女一人出保未出区者男六人女二人出区未出县者男二人女一人出县未出省者男九人女一人出省未出国者男一人出国不详男一人
现住	一九	二七	二二	二三	二四	二八	一九	一七	二八	二六	二一	二五	二九	二六	二三	二〇	二八	二二	二二	一二											二三五	二二六	
他往	二		一			一							四																		七	一	
壮丁	八		一一		一〇		四		一四		四		一三		九		一一		八												九二		
识字	九		六		三	三	四		五	三	二	一	五		二		七		八												四三	七	
职业 有	一四	一六	一五	一三	一二	一五	一〇	一四	一三	一三	一一	一二	二〇	一二	一二	九	一三	一一	一八	八											一三八	一二三	
职业 无	六	一一	八	一〇	一二	一四	九	一二	一五	一三	一〇	一三	一三	一四	一一	一一	一五	一一	四	四											一〇三	一一三	
非家属同住者	一		一		一			二											四												七	二	
学童	七		一		六		四		八		六		七		五		五		四												五三		
备考	胸病男一人		痣疮男一人		胸病男一人		肺病男一人		鼓账病男一人								胸病男一人		胸病男一人														

四川省荣县第一区第一〇九保普通户口统计表 保长曹述尧

中华民国二十五年 月 日

四川省荣县第一区第一一〇保普通户口统计表

保长蓝泽青

中华民国二十五年七月二十日

事别＼甲别		第一甲		第二甲		第三甲		第四甲		第五甲		第六甲		第七甲		第八甲		第九甲		第十甲		第十一甲		第十二甲		第十三甲		第十四甲		第十五甲		总计		附记
户数		一〇		一〇		一〇		一二		九		一〇		八		一〇		一〇		一一												一〇〇		
人口总数		男	女	男	女	男	女	男	女	男	女	男	女	男	女	男	女	男	女	男	女	男	女	男	女	男	女	男	女	男	女	男	女	
		一九	二四	三一	二九	三八	三三	三〇	二七	一七	一五	三七	三一	二六	二四	三五	三二	三七	三九	三三	三二											三〇三	二八六	
现住		一三	二四	二五	二九	三五	三三	二三	二七	一二	一五	三一	二九	二五	二四	二九	三二	二七	三七	一七	三〇											二三七	二八〇	
他往		六		六		一二		七			五	六	二	一		六		一〇		一六	二											六六	六	
壮丁		七		六		八		九			七	一一		八		九		一四		一六												九五		出保未出区者男三十六人出区未出县者男三十人女六人
识字				五		二		一			一	四		二〇	一八	八		八		七														
职业	有	一四		二二	二一	二一	一七	二三	二一	二一	一二	二九	二四			二八	二四	二六	二四	二五	二二											二二〇	二〇一	
	无	五		九	八	一七	一六	七	六	五	一	八	七	六	六	七	八	一一	一五	八	一〇											八三	八五	
非家属同住者			一	二	一	八	二			二		四	二	四		三	一			一												二四	八	
学童		八		五		一一		九		三				六		七		一〇		五												六四		
备考																																		

事别＼甲别		第一甲		第二甲		第三甲		第四甲		第五甲		第六甲		第七甲		第八甲		第九甲		第十甲		第十一甲		第十二甲		第十三甲		第十四甲		第十五甲		总计		附记
户数		一〇		一〇		一〇		一〇		一〇		一〇		一〇		一〇																八一		
人口总数		男	女	男	女	男	女	男	女	男	女	男	女	男	女	男	女	男	女	男	女	男	女	男	女	男	女	男	女	男	女	男	女	
		二五	三一	二四	二八	四五	三三	二九	二九	三四	四二	二〇	二九	三四	二五	三九	三〇															二五〇	二四七	
现住		二一	三〇	二〇	二六	四三	三一	二七	二九	二六	四二	二〇	二九	三一	二五	三三	二九															二二一	二四一	
他往		四	一	四	二	二	二	二		八				三		六	一															二九	六	
壮丁		一〇		七		一三		一一		六		四		一〇		九																七〇		
识字		五	一	七	二	一二	七	三		一二		五		八		九	二															六一	一二	
职业	有	一九	一四	一六	一八	二三	一六	一八	一三	一三	一八	八	一四	一八	一三	一五	一三															一三〇	一一九	
	无	六	一六	一一	一一	二二	一六	一〇	一五	二一	二三	一二	一五	一六	一二	二四	二七															一二三	一二四	
非家属同住者		四	二		二	五		三						四			一															一六	五	
学童		一二		一〇		一七		一五		二三		一五		一三		一四																一一九		
备考																																		

四川省荣县第一区第一一一保普通户口统计表 保长胡怡和

中华民国二十五年七月二十日

四川省荣县第一区第一一二保普通户口统计表

事别＼甲别		第一甲		第二甲		第三甲		第四甲		第五甲		第六甲		第七甲		第八甲	
		男	女	男	女	男	女	男	女	男	女	男	女	男	女	男	女
户数		一五		一四		一三		一四		一四		一三		一〇		一五	
人口总数		三二	三〇	四一	三三	三五	三四	三五	四五	二九	二九	三六	二九	二八	二五	三四	三三
现住		三一	三〇	三八	三三	三四	三四	三三	四五	二六	二九	三四	二九	二三	二五	三〇	三三
他往		一		三		一		二		三		二		五		四	
壮丁		六		一四		七		一四		九		一〇		一〇		九	
识字		二		二		三		三		一		四		一		五	
职业	有	一六	一三	二四	二〇	一六	一四	二七	二九	二〇	一八	一八	一六	一七	一四	二一	一七
	无	一六	一七	一七	一三	一九	二〇	八	一六	九	一一	一八	一三	一一	一一	一三	一六
非家属同住者		一						三				二					
学童		一〇		六		一五		一二		五		九		一〇		八	
备考																	

事别＼甲别		第九甲		第十甲		第十一甲		第十二甲		第十三甲		第十四甲		第十五甲		总计		附记
		男	女	男	女	男	女	男	女	男	女	男	女	男	女	男	女	
户数		一一		一二												一三一		出区未出县者男六人出保未出区者男二十四人
人口总数		三二	二七	三四	三二											三三六	三一七	
现住		二六	二七	三一	三二											三〇六	三一七	
他往		六		三												三〇		
壮丁		一三		一四												一〇六		
识字		二		四												二七		
职业	有	二七	一八	二五	二一											二一一	一八	
	无	五	九	九	一一											一二五	一三七	
非家属同住者				二												八		
学童		九		九												九三		
备考																		

保长杨高林

中华民国二十五年七月卅日

甲别 / 事别	第一甲		第二甲		第三甲		第四甲		第五甲		第六甲		第七甲		第八甲		第九甲		第十甲		第十一甲		第十二甲		第十三甲		第十四甲		第十五甲		总计		附记
户数	一二		一二		一二		一三		一一		一〇		一一		一三		一〇		一一												一一五		出保未出区者男十人出区未出县者男二十二人女四人出县未出省者男十一人
	男	女	男	女	男	女	男	女	男	女	男	女	男	女	男	女	男	女	男	女	男	女	男	女	男	女	男	女	男	女	男	女	
人口总数	三〇	二九	五一	三四	三七	三四	四六	五〇	三〇	二九	二三	二五	三四	二九	三二	二四	二二	一九	三〇	三〇											三三五	三〇三	
现住	二四	二九	四七	三四	三五	三二	四三	五〇	二五	二九	一八	二五	三三	二八	二三	二四	一九	一九	二五	二九											二九二	二九九	
他往	六		四		二	二	三		五		五		一	一	九		三		五	一											四三	四	
壮丁	九		一三		九		一六		九		九		一七		一〇		九		六												一〇七		
识字	三		一四		八	一	一三	七	四		一四	一	八		三		三		五	一											七五	一〇	
职业 有	一二	六	二九	一七	一六	一四	三一	二九	一八	一一	一三	一一	二二	一三	一八	九	一一	九	一八	一六											一八八	一三五	
职业 无	一八	二三	二二	一七	二一	二〇	一五	二一	一二	一八	一〇	一四	一二	一六	一四	一五	一一	一〇	一二	一四											一四七	一六八	
非家属同住者	二		一一	二	三	三	四	三	一		一		七						五	四											三四	一二	
学童	七		一二		七		八		七		四		八		七		六		一〇												七六		
备考																																	

四川省荣县第一区第一二三保普通户口统计表　保长谢纯初

中华民国二十五年七月二十日

四川省荣县第一区第一一四保普通户口统计表

保长邓绍钦

中华民国二十五年五月三十日

事别＼甲别		第一甲		第二甲		第三甲		第四甲		第五甲		第六甲		第七甲		第八甲		第九甲		第十甲		第十一甲		第十二甲		第十三甲		第十四甲		第十五甲		总计		附记
户数		一四		一一		一一		一〇		一二		一一		一一		一〇		九		一二		一二										一二三		出保未出区者十人出区未出县者十五人出县未出省者五人
人口总数		男	女	男	女	男	女	男	女	男	女	男	女	男	女	男	女	男	女	男	女	男	女	男	女	男	女	男	女	男	女	男	女	
		三〇	三〇	二〇	一六	二四	三一	二四	二六	二四	二四	二九	二三	二二	一八	二八	二六	二〇	二二	二五	二二	二八	二三									二七四	二六一	
现住		二五	三〇	一八	一六	二〇	三一	二〇	二六	二二	二四	二八	二三	一八	一八	二六	二六	一九	二二	二四	二二	二四	二三									二四四	二六一	
他往		五		二		四		四		二		一		四		二		一		一		四										三〇		
壮丁		一〇		八		一〇		八		一〇		六		四		六		五		八		五										八〇		
识字		二		一		二		三		四		二		三		二		一		五		六										三一		
职业	有	二〇	二二	一四	八	一六	一八	一八	一六	一六	二五	一五	一四	一四	一〇	一六	一五	一二	一四	一四	一五	一六	一四									一七一	一七一	
	无	一〇	八	六	八	八	一三	六	一〇	八	九	一四	九	八	八	一二	一一	八	八	一一	七	一二	九									一〇三	九〇	
非家属同住者		二	二	一	一	二	一	三		四	二			二	一	二		一		三		一										二一	六	
学童		六		六		一二		二		四		八		五		一〇		五		四		二										六四		
备考																																		

事别＼甲别		第一甲		第二甲		第三甲		第四甲		第五甲		第六甲		第七甲		第八甲		第九甲		第十甲		第十一甲		第十二甲		第十三甲		第十四甲		第十五甲		总计		附记
户数		一〇		一〇		一〇		一〇		一一		一一		一一		一一		一三		一四		一四										一二五		出县未出省者男四人出区未出县者女七人
		男	女	男	女	男	女	男	女	男	女	男	女	男	女	男	女	男	女	男	女	男	女	男	女	男	女	男	女	男	女	男	女	
人口总数		三〇	二二	一八	二四	一九	三一	二五	二三	二一	二六	二五	二五	二四	二五	二六	三〇	三四	三五	四一	三一	二八	二五									二九一	二九七	
现住		三〇	二二	一八	二四	一八	三〇	二五	二〇	二〇	二五	二五	二四	二三	二五	二六	三〇	三四	三五	四〇	三〇	二八	二五									二八七	二九〇	
他往						一	一		三	一	一		一	一						一	一											四	七	
壮丁		一〇		一一		九		五		一二		一〇		一一		一〇		一八		二四		一八										一三八		
识字		五	四	六	三	二	一	三	一	二	一	三		二	一	三		三	一	四		四										三七	一二	
职业	有	二一	一〇	八	一〇	一〇	一五	一四	二〇	一五	一六	一五	一二	一四	一五	一二	一五	一四	二二	三〇	二一	二一	一八									一七八	一七四	
	无	九	一二	一〇	一四	九	一六	一一	三	六	一〇	一〇	一三	一〇	一〇	一四	一五	二〇	一三	一一	一〇	七	七									一一七	一二三	
非家属同住者														一	一	二		三		二												八	一	
学童		一六		一八		一七		五		七		一八		一六		一九		一〇		一一		七										一四四		
备考																																		

四川省荣县第一区第一一五保普通户口统计表　　保长邓阊

中华民国二十五年七月卅日

四川省荣县第一区第一一七保普通户口统计表　保长张相廷

中华民国二十五年七月二〇日

甲别／事别	第一甲		第二甲		第三甲		第四甲		第五甲		第六甲		第七甲		第八甲		第九甲		第十甲		第十一甲		第十二甲		第十三甲		第十四甲		第十五甲		总计		附记
户数	一〇		一四		一四		一四		一三		九		一一		八		一二		一二		一〇		一〇								一三七		
	男	女	男	女	男	女	男	女	男	女	男	女	男	女	男	女	男	女	男	女	男	女	男	女	男	女	男	女	男	女	男	女	
人口总数	一七	一六	三三	二六	三四	三三	三四	二四	三一	三八	二二	三〇	四八	三四	二六	二六	三八	三二	三七	二六	二四	二〇	三四	三二							三七八	三三七	
现住	一六	一六	三三	二六	三二	三三	二六	二三	三〇	三八	二二	三〇	四八	三四	二六	二六	三七	三二	三三	二六	二二	二〇	三二	三二							三五六	三三六	
他往	一				二		八	一	一								一		四		二		二								二二	一	出省未出国者男四人出县未出省者男三人出区未出县者十五人出保未出区者女一人
壮丁	五		四		九		四		五		三		一二		六		四		六		八		六								七二		
识字					二		一		一		一		二		三						三		一								一三		
职业 有	一〇	八	一八	一六	二四	一六	二〇	一七	一九	二六	一四	一五	三二	一八	一六	一四	二二	一八	二〇	一六	一四	一二	一八	二〇							二二七	一九六	
职业 无	七	八	一五	一〇	一〇	一七	一四	七	一二	一二	八	一五	一六	一六	一〇	一二	一六	一四	一七	一〇	一〇	八	一六	一二							一五一	一四一	
非家属同住者					二	二	三		一		一		二	一	四		三		二		三		二	一							二一	四	
学童	四		六		一二		六		九		九		八		五		一一		七		三		一一								九一		
备考																																	

四川省荣县第一区第一一八保普通户口统计表

事别＼甲别		第一甲		第二甲		第三甲		第四甲		第五甲		第六甲		第七甲		第八甲		第九甲		第十甲		第十一甲		第十二甲		第十三甲		第十四甲		第十五甲		总计		附记
户数		一〇		一〇		一一		一一		一二		一二		一一		一二		一三		一〇		一〇		一〇		一〇						一四二		
人口总数		男	女	男	女	男	女	男	女	男	女	男	女	男	女	男	女	男	女	男	女	男	女	男	女	男	女	男	女	男	女	男	女	
		三一	二六	二七	一九	三五	二八	三三	二一	三一	二三	四八	三三	三六	二九	二九	二二	二六	二二	二六	二一	二二	二一	三五	二七	三一	三〇					四一〇	三二二	
现住		二九	二六	二四	一九	三五	二八	三二	二一	二七	二三	四八	三三	三五	二九	二九	二二	二四	二二	二五	二一	二二	二一	三五	二七	三一	三〇					三九六	三二二	
他往		二		三				一		四				一				二		一												一四		
壮丁		一一		七		八		七		一一		一〇		一〇		一〇		五		六		七		六		八						一〇六		
识字		二		一						一		二		四		二																一二		
职业	有	二〇	一〇	一三	九	二〇	一三	一〇	九	一四	一〇	二七	一八	一八	一五	一五	一三	一〇	一〇	一一	一一	一〇	一〇	一〇	一三	一一	一三					一八九	一五四	
	无	一一	一六	一四	一〇	一五	一五	二三	一二	一七	一三	二一	一五	一八	一四	一四	九	一六	一二	一五	一〇	一二	一一	二五	一四	二〇	一七					二二一	一六八	
非家属同住者		五		一	一	五		四				一一		四						一						二						三三	一	
学童		四		七		七		五		八		九		六		一		五		一〇		四		六		四						七六		
备考																																		

保长钟化星

中华民国二十五年八月 日

四川省荣县第一区第一二〇保普通户口统计表　保长龚海云

中华民国二十五年七月三十日

事别＼甲别		第一甲		第二甲		第三甲		第四甲		第五甲		第六甲		第七甲		第八甲	
户数		一一		一〇		一〇		一一		一一		一二		一二		一二	
		男	女	男	女	男	女	男	女	男	女	男	女	男	女	男	女
人口总数		二二	二九	三一	二二	三七	二七	四〇	二八	三七	二六	二二	一六	二一	二五	三五	二七
现住		一九	二八	二七	二二	三六	二七	三八	二七	三五	二五	二〇	一六	一九	二三	三〇	二四
他往		二	一	四		一		二	一	二	一	二		二	二	五	三
壮丁		一〇		一三		九		一二		一五		六		七		一三	
识字		六	二	一五	二	一八	二	一五	六	一三	二	三		六	五	一	
职业	有	一三	二一	一四	一一	二一	一四	二五	一九	二五	一五	一二	八	一三	一四	一八	一四
	无	九	八	一七	一一	一六	一三	一五	九	一二	一一	一〇	八	八	一一	一七	一三
非家属同住者				一	二	七		八	一	一一	一	一					一
学童		六		五		七		五		七		二		四		九	
备考																	

事别＼甲别		第九甲		第十甲		第十一甲		第十二甲		第十三甲		第十四甲		第十五甲		总计		附记
户数		一一		一二		一一		一二								一三五		
		男	女	男	女	男	女	男	女	男	女	男	女	男	女	男	女	
人口总数		二五	二一	四三	二七	三七	二二	二四	二五							三七四	二九五	
现住		二二	一九	四三	二七	三七	二二	二三	二四							三四九	二八四	
他往		三	二					一								二四	一一	
壮丁		八		二一		一六		一〇								一四〇		
识字		二		一一		一		一								九二	一九	
职业	有	一八	一五	三二	二一	二一	一三	一七	一四							二二九	一七九	
	无	七	六	一一	六	一六	九	七	一一							一四五	一一六	
非家属同住者				八		六										四二	五	
学童		五		五		六		四								六五		
备考																		

荣县第一区普通户口统计表（二）

事别＼甲别		第一甲		第二甲		第三甲		第四甲		第五甲		第六甲		第七甲		第八甲		第九甲		第十甲		第十一甲		第十二甲		第十三甲		第十四甲		第十五甲		总计		附记
户数		九		九		一二		一一		九		九		一一		八		一〇		一〇												九八		
人口总数		男	女	男	女	男	女	男	女	男	女	男	女	男	女	男	女	男	女	男	女	男	女	男	女	男	女	男	女	男	女	男	女	
人口总数		四二	四四	三三	三〇	二八	二七	三三	三六	二三	一八	三四	三一	三三	三一	四七	三五	三二	三一	三四	二六											三三九	三〇九	
现住		四〇	四三	三二	三〇	二七	二七	三三	三六	二三	一八	二六	三一	三二	三一	四五	三五	三一	三一	二九	二六											三二七	三〇九	
他往		二		一		一								一		二				五												一二		
壮丁		一三		一〇		八		五		九		一三		九		一七		一八		一二												一一四		
识字		一一	六	二		四		三		七	二	七		九		九		八		一二												七一	八	
职业	有	二四	一三	二〇	二一	一六	二〇	一八	一九	一三	一〇	一三	一八	一五	一六	二七	一八	一六	一八	二四	二〇											一八六	一七三	
职业	无	一八	三一	一三	九	一二	七	一五	一七	一〇	八	一一	一三	一八	一五	二〇	一七	一六	一三	一〇	六											一五三	一三六	
非家属同住者		五										二		一		六				三												一七		
学童		八		五		一〇		三		四		八		七		九		一〇		一三												七七		
备考																																		

四川省荣县第一区第一二一保普通户口统计表　保长周理昌
中华民国二十五年七月三十日

四川省荣县第一区第一二二保普通户口统计表 保长张守瑜
中华民国二十五年七月三十日

事别＼甲别		第一甲		第二甲		第三甲		第四甲		第五甲		第六甲		第七甲		第八甲		第九甲		第十甲		第十一甲		第十二甲		第十三甲		第十四甲		第十五甲		总计		附记
户数		九		一三		九		一一		八		一一		一〇		一〇		一〇		一一												一〇二		
		男	女	男	女	男	女	男	女	男	女	男	女	男	女	男	女	男	女	男	女	男	女	男	女	男	女	男	女	男	女	男	女	
人口总数		一七	二〇	三六	三一	二八	三〇	三七	三七	三五	三〇	三〇	三〇	二三	二七	二八	二五	三一	二〇	三五	二四											三〇〇	二七一	
现住		一六	一八	三五	三一	二八	三〇	二八	三二	三一	三〇	二八	三〇	一七	二一	二六	二四	二一	一九	二七	二三											二五七	二五八	
他往		一	二	一				九	二	四		二		六	六	二	一	一〇	一	八	一											四三	一三	
壮丁		一		一〇		七		四		七		一〇		七		五		二		二												五五		
识字		四		八	一	四		一〇		六		五		七		六		三		四												五六	一	
职业	有	九	一一	二〇	一八	二〇	二一	二四	二〇	一八	二〇	一七	二〇	一四	一九	一五	一六	二〇	一二	二一	一四											一七八	一七一	
	无	八	九	一六	一三	八	九	一三	一四	一七	一〇	一三	一〇	九	八	一三	九	一一	八	一四	一〇											一二二	一〇〇	
非家属同住者		五	二	一		二	五	五	三	二			二			一	一			一												一九	一一	
学童		七		六		一一		一一		三		八		七		一〇		四		五												七二		
备考																																		

事别＼甲别	第一甲		第二甲		第三甲		第四甲		第五甲		第六甲		第七甲		第八甲	
	男	女	男	女	男	女	男	女	男	女	男	女	男	女	男	女
户数	一〇		一〇		一〇		一〇		一〇		一一		九		一一	
人口总数	三八	三一	二八	二六	二九	二五	三二	二〇	二一	一九	二二	一四	三〇	二九	五三	五二
现住	三六	三一	二三	二六	二八	二五	二六	二〇	一九	一七	二一	一四	二五	二九	四四	五二
他往	二		五		一		六		二	二	一		五		九	
壮丁	八		七		七		四		五		三		六		一〇	
识字	六		六		三		一		一		二		六	一	一二	
职业 有	二四	一五	一九	一四	一八	一三	二一	一三	一四	九	一四	八	二〇	一七	三五	二四
职业 无	一四	一六	九	一二	一一	一二	一一	七	七	一〇	八	六	一〇	一二	一八	二八
非家属同住者	七		三	一	五	一	四		五		一		三		七	二
学童	一〇		六		五		四		七		六		二		一一	
备考																

事别＼甲别	第九甲		第十甲		第十一甲		第十二甲		第十三甲		第十四甲		第十五甲		总计		附记
	男	女	男	女	男	女	男	女	男	女	男	女	男	女	男	女	
户数	一〇		一〇		一〇										一一一		
人口总数	一五	一二	三六	三四	二六	二六									三三〇	二八八	
现住	九	一二	三二	三四	二五	二六									二八八	二八六	
他往	六		四		一										四二	二	
壮丁	五		三		六										六四		
识字	一		五		四										四七	一	
职业 有	一二	五	一九	一七	一五	一八									二一一	一五三	
职业 无	三	七	一七	一七	一一	六									一一九	一三五	
非家属同住者	一	三	二	一	三										四一	八	
学童	一		九		四										六五		
备考																	

四川省荣县第一区第一二三保普通户口统计表　　保长张慎徽

中华民国二十五年七月三十日

四川省荣县第一区第一二四保普通户口统计表

中华民国二十五年七月三十日　保长李天炳①代

事别＼甲别		第一甲		第二甲		第三甲		第四甲		第五甲		第六甲		第七甲		第八甲		第九甲		第十甲		第十一甲		第十二甲		第十三甲		第十四甲		第十五甲		总计		附记
户数		一〇		一〇		一〇		一〇		一〇		一〇		一〇		一〇		一〇		一〇												一〇〇		
人口总数		男	女	男	女	男	女	男	女	男	女	男	女	男	女	男	女	男	女	男	女	男	女	男	女	男	女	男	女	男	女	男	女	
		二八	二八	三四	二七	三一	二七	四七	三一	二五	二五	四四	三五	二一	一九	三三	二六	二五	二八	二二	二一											三一〇	二六七	
现住		二六	二八	三二	二七	二九	二七	四一	三一	二四	二五	四二	三五	一八	一九	三一	二六	二四	二八	二〇	二一											二八七	二六七	
他往		二		二		二		六		一		二		三		二		一		二												二三		
壮丁		六		七		七		一四		七		一一		七		九		五		四												七七		
识字				二		一		一		一		一		一		二		二		三												一四		
职业	有	一七	一八	二三	一三	二三	一六	二九	一八	一七	一三	二七	二六	一六	一二	二一	一五	二二	一六	一三	一一											二〇八	一五八	
	无	一一	一〇	一一	一四	八	一一	一八	一三	八	一二	一七	九	五	七	一二	一一	三	一二	九	一〇											一〇二	一〇九	
非家属同住者		四	二	七	一	二		三		二		二		一		三		一	二	二												二七	五	
学童		六		一〇		三		九		二		九		四		五		四		五												五七		
备考																																		

① 原文后有一“杨元海印”印鉴，应为代签。

事别＼甲别		第一甲		第二甲		第三甲		第四甲		第五甲		第六甲		第七甲		第八甲		第九甲		第十甲		第十一甲		第十二甲		第十三甲		第十四甲		第十五甲		总计		附记
户数		一〇		一〇		一〇		一〇		一〇		一〇		一〇		一〇		一〇		一〇												一〇〇		
		男	女	男	女	男	女	男	女	男	女	男	女	男	女	男	女	男	女	男	女	男	女	男	女	男	女	男	女	男	女	男	女	
人口总数		三三	四一	三〇	三二	三七	二七	三九	三五	三一	二九	二四	二六	三五	二五	三八	三二	一七	一九	三七	三一											三二一	二九一	
现住		三三	四一	二六	三二	三六	二七	三四	三五	二八	二九	二四	二〇	三五	二五	三五	三二	一五	一九	三六	三一											三〇四	二九一	
他往				二		一		五		三						三		二		一												一七	一七	
壮丁		六		一二		一二		八		八		一〇		八		一〇		七		一一												九二	九二	
识字		五		二		四		四		二		三		三		三		三		一六	一											四五	四五	
职业	有	一六	二一	二三	一八	二八	一二	二三	一六	一五	一二	一四	九	一五	一〇	三〇	二五	一四	七	二四	一六											二〇二	二〇二	
	无	一七	二〇	七	一四	九	一五	一六	一九	一六	一七	一〇	一一	二〇	一五	八	七	三	一二	一三	一五											一一九	一一九	
非家属同住者		二		三		五		六	四	一		五		三		三		二	一	六	一											三六	三六	
学童		七		六		五		八		七		三		二		三		三		九												五三		
备考																																		

四川省荣县第一区第一二五保普通户口统计表

保长丁应心

中华民国二十五年七月廿六日

四川省荣县第二区第一一六保普通户口统计表　保长刘泽民

中华民国二十五年七月三十日

甲别＼事别	户数	人口总数 男	人口总数 女	现住 男	现住 女	他往 男	他往 女	壮丁 男	壮丁 女	识字 男	识字 女	职业 有 男	职业 有 女	职业 无 男	职业 无 女	非家属同住者 男	非家属同住者 女	学童	备考
第一甲	一〇	二三	一八	一八	一八	五		四		三		一四	一三	九	五	二		二	
第二甲	一〇	二六	二二	二三	二二	三		七		二		一八	一三	八	九			五	
第三甲	一〇	二二	二〇	二〇	二〇	二		七		六		一九	一三	三	七			四	
第四甲	一〇	二三	二八	二二	二八	一		九		二	一	一七	一三	六	二	二		四	
第五甲	一〇	二四	二八	二一	二八	三		六		一		一五	一七	九	一	一		三	
第六甲	一〇	二二	一七	二一	一六	一	一	八		五		一二	一一	一〇	六			四	
第七甲	一〇	四二	三六	四一	三六	一		一六		四	一	一八	一七	二四	一九	一	二	一〇	
第八甲	一〇	三七	二三	三七	二三			七		一		一五	一五	二二	八	三		四	
第九甲	一〇	三四	三三	三四	三二		一	一一		三	一	一九	一五	一五	一七			五	
第十甲	一〇	三〇	三四	二八	三三	二	一	六		四	二	一六	一七	一四	一七		二	四	
第十一甲																			
第十二甲																			
第十三甲																			
第十四甲																			
第十五甲																			
总计	一〇〇	二八三	二五九	二六五	二五六	一八	三	八一		三一	五	一七三	一四四	一一〇	一一五	九	四	四五	
附记																			

事别＼甲别	第一甲		第二甲		第三甲		第四甲		第五甲		第六甲		第七甲		第八甲	
	男	女	男	女	男	女	男	女	男	女	男	女	男	女	男	女
户数	一二		一一		一〇		一一		九		九		一一		九	
人口总数	三一	三三	三一	二七	三一	二八	三六	二三	三一	二〇	二三	二〇	二三	二三	二一	二一
现住	二八	三二	二八	二四	二九	二九	三一	二三	三一	二〇	二三	二〇	二〇	二三	一八	二一
他往	三	一	三	三	二		五						三		三	
壮丁	二		七		九		一一		七		七		一〇		七	
识字	八		二	二	三		六		二		一		二		二	
职业 有	一七	一九			一七	一三	二一	一五	二〇	一五	一五	一一	一五	一四	一四	一五
职业 无	一四	一四			一四	一五	一五	八	一一	五	八	九	八	九	七	六
非家属同住者	二		五	三	五		七		三		三		一			
学童	七		七		七		六		三		三		三		三	
备考																

事别＼甲别	第九甲		第十甲		第十一甲		第十二甲		第十三甲		第十四甲		第十五甲		总计		附记
	男	女	男	女	男	女	男	女	男	女	男	女	男	女	男	女	
户数	九		九														
人口总数	一九	一八	三四	二八													
现住	一六	一八	三四	二八													
他往	三																
壮丁	七		二														
识字	一		三														
职业 有	一四	一二	二三	一八													
职业 无	五	六	一一	一〇													
非家属同住者	四	二	七	一													
学童			七														
备考																	

四川省荣县第一区第一二七保普通户口统计表 保长李浩之

中华民国二十五年七月三十日

四川省荣县第一区第一二八保普通户口统计表 保长郝开第

中华民国二十五年七月二十七日

甲别/事别		第一甲		第二甲		第三甲		第四甲		第五甲		第六甲		第七甲		第八甲		第九甲		第十甲		第十一甲		第十二甲		第十三甲		第十四甲		第十五甲		总计		附记
户数		一〇		一〇		一〇		一〇		一〇		一〇		一〇		一〇		一〇		一〇												一〇〇		
		男	女	男	女	男	女	男	女	男	女	男	女	男	女	男	女	男	女	男	女	男	女	男	女	男	女	男	女	男	女	男	女	
人口总数		三七	二八	二九	一二	三五	二七	二九	三四	三四	二八	三八	三一	三五	二七	二六	二一	三九	三三	二四	二四											三二六	二六五	
现住		三七	二八	二二	一二	三三	二七	二八	三四	三〇	二八	三六	三一	三三	二七	二三	二一	三〇	三三	二三	二四											二九五	二六五	
他往				七		二		一		四		二		二		三		九		一												三一		
壮丁		一四		五		八		七		五		一一		七		四		六		三												七〇		
识字		五		五		六		五		五		七		四		一		九		四												五一		
职业	有	二五	一五	一七	一〇	二三	一六	一九	二五	二〇	一八	二二	一九	二〇	一八	一六	一六	二三	二二	一三	一五											一九八	一七四	
	无	一二	一三	一二	二	一二	一一	一〇	九	一四	一〇	一六	一二	一五	九	一〇	五	一六	一一	一一	九											一二八	九一	
非家属同住者		三		一	一	六	一	五	二	六		三	一	三		二				四	二											三三	七	
学童		二		七		九		八		一〇		八		一〇		四		一一		四												七三		
备考																																		

事别＼甲别	第一甲		第二甲		第三甲		第四甲		第五甲		第六甲		第七甲		第八甲		第九甲		第十甲		第十一甲		第十二甲		第十三甲		第十四甲		第十五甲		总计		附记
户数	一〇		一〇		一〇		九		一一		九		一〇		一〇		一〇		一〇												九九		
	男	女	男	女	男	女	男	女	男	女	男	女	男	女	男	女	男	女	男	女	男	女	男	女	男	女	男	女	男	女	男	女	
人口总数	三三	二九	二六	一九	二四	二五	二二	二〇	三四	三〇	二一	二一	三五	二六	一七	二二	三一	二九	二二	二五											二六五	二四六	
现住	三一	二九	二五	一九	二四	二五	二一	二〇	三四	三〇	一六	二一	二七	二六	一六	二二	二八	二九	二一	二五											二四三	二四六	
他往	二		一				一				五		八		一		三		一												二二		
壮丁	一〇		五		七		四		八		六		八		五		六		四												六三		
识字			四								二				三		三														一二		
职业 有	一九	一九	一四	一四	一三	一九	一六	一四	二三	一二	一五	一三	二一	一六	一〇	一一	二〇	一七	一六	一四											一六七	一四九	
职业 无	一四	一〇	一二	五	一一	六	六	六	一一	一八	六	八	一四	一〇	七	一一	一一	一二	六	一一											九八	九七	
非家属同住者			三				四		六		二	一	四		二		四	一	二	一											二七	三	
学童	二		三		二		四		二		二		二				一														一八		
备考																																	

四川省荣县第一区第一三九保普通户口统计表　保长李佑之
中华民国二十五年七月二十八日

四川省荣县第一区第一三〇保普通户口统计表

保长戴迎光

中华民国二十五年七月二十日

事别＼甲别		第一甲		第二甲		第三甲		第四甲		第五甲		第六甲		第七甲		第八甲		第九甲		第十甲		第十一甲		第十二甲		第十三甲		第一四甲		第十五甲		总计		附记
户数		一〇		一〇		一〇		一〇		一〇		一〇		一〇		一〇		一〇		一〇												一〇〇		
		男	女	男	女	男	女	男	女	男	女	男	女	男	女	男	女	男	女	男	女	男	女	男	女	男	女	男	女	男	女	男	女	
人口总数		四二	三〇	三一	二八	二八	二九	三一	二九	三六	二八	三二	二四	三一	二六	二四	二六	三三	二七	三六	二八											三二四	二七五	
现住		三八	二九	二八	二五	二七	二九	二六	二六	三四	二八	三一	二四	二九	二六	一八	二六	三二	二七	三一	二七											二九四	二六七	
他往		四	一	三	三	一		五	三	二		一		二		六		一		五	一											三〇	八	
壮丁		七		一五		一〇		一八		一二		一五		一一				九		一五												一二〇		
识字		三		六	二	三		五		一〇		一		一		二		二		二												三五	二	
职业	有	二六	二〇	二四	一二	一六	二〇	二〇	一七	二八	二一	二二	一七	一八	一六	一五	一六	一四	一一	二三	一九											二〇六	一七〇	
	无	一六	一〇	七	一五	一二	九	一一	一二	八	七	一〇	七	一三	一〇	九	一〇	一九	一六	一三	九											一一八	一〇五	
非家属同住者		四	一	九	一	一	二	一〇	一	九	一		一	三			一	五	一	八	一											四九	一〇	
学童		一二		八		七		五		八		六		八		六		五		三												六八		
备考																																		

事别＼甲别	第一甲		第二甲		第三甲		第四甲		第五甲		第六甲		第七甲		第八甲		第九甲		第十甲		第十一甲		第十二甲		第十三甲		第十四甲		第十五甲		总计		附记
户数	一〇		一〇		一〇		一〇		一〇		一〇		一〇		一〇		一〇		一〇												一〇〇		
	男	女	男	女	男	女	男	女	男	女	男	女	男	女	男	女	男	女	男	女	男	女	男	女	男	女	男	女	男	女	男	女	
人口总数	三一	二六	二五	二四	三二	三〇	三七	二七	二〇	二〇	四四	三四	二四	二七	二九	二八	二九	二五	二三	三三											二九四	二七四	
现住	二七	二六	二四	二四	三二	三〇	三七	二七	一八	二〇	四三	三四	二一	二六	二九	二八	二九	二五	二二	三三											二八〇	二七三	
他往	四		一				二		二		一		三	一					一												一四	一	
壮丁	一四		七		八		一一		五		一四		八		一〇		九		一二												九八		
识字	一		一		一		七		二		五		一		二		三		五												二八		
职业 有	二〇	二〇	一九	一九	二五	二〇	二三	一七	一六	一五	三〇	二九	一五	二〇	二二	一八	一七	一九	一九	二三											二〇六	二〇〇	
职业 无	一一	六	六	五	七	一〇	一三	一〇	四	五	一四	五	九	六	七	一〇	一二	六	四	一〇											八七	七三	
非家属同住者	二		一		一	一	五		三		三		一	一	一		二		二												二一	二	
学童	九		二		七		九		七		一〇		八		八		六		四												七〇		
备考																																	

四川省荣县第一区第一三一保普通户口统计表　保长丁申福
中华民国二十五年七月三十日

四川省荣县第一区第一三二保普通户口统计表　保长董仲高

中华民国二十五年七月三十日

事别＼甲别		第一甲		第二甲		第三甲		第四甲		第五甲		第六甲		第七甲		第八甲	
户数		一〇		一〇		一〇		一一		一〇		一〇		九		一〇	
		男	女	男	女	男	女	男	女	男	女	男	女	男	女	男	女
人口总数		二〇	二四	一八	一六	二六	二九	三四	二六	二七	三三	三四	二五	二一	二六	三二	二七
现住		一九	二四	一六	一六	二五	二八	三二	二五	二三	三三	三〇	二五	一七	二六	二七	二七
他往		一		二		一	一	二	一	四		四		四		五	
壮丁		五		六		一〇		一二		一二		一〇		一三		一〇	
识字		四		五		四		二		三		七		三		七	
职业	有	一五	一八	一七	一一	一九	一七	二五	一九	二一	二〇	二二	一四	一五	一八	二二	一五
	无	五	六	一	五	一七	一二	九	七	六	一三	一三	一一	六	八	一〇	一二
非家属同住者		二				六	三	四	一	六		四		二		二	
学童		三		二		七		一		六		七		二		九	
备考																	

事别＼甲别		第九甲		第十甲		第十一甲		第十二甲		第十三甲		第十四甲		第十五甲		总计		附记
户数		九		一〇												九九		
		男	女	男	女	男	女	男	女	男	女	男	女	男	女	男	女	
人口总数		二五	一五	二一	一八											二六八	二三九	
现住		二四	一五	一八	一八											二四一	二三七	
他往		一		三												二七	二	
壮丁		七		七												九二		
识字		一														四六		
职业	有	一七	九	一二	一三											一八一	一五四	
	无	八	六	九	五											八七	八五	
非家属同住者		一														二七	四	
学童		四		三												四四		
备考																		

事别＼甲别		第一甲		第二甲		第三甲		第四甲		第五甲		第六甲		第七甲		第八甲		第九甲		第十甲		第十一甲		第十二甲		第十三甲		第十四甲		第十五甲		总计		附记
户数		一〇		一〇		一〇		一〇		一〇		一〇		一〇		一〇		八		八												九八		
		男	女	男	女	男	女	男	女	男	女	男	女	男	女	男	女	男	女	男	女	男	女	男	女	男	女	男	女	男	女	男	女	
人口总数		三七	二八	二六	二二	三七	三一	三三	二八	四〇	三一	三八	二六	二〇	一九	二二	二四	一六	一一	一二	九											二九一	二二九	
现住		三二	二八	二四	二二	三五	三一	二六	二八	三九	三一	三二	二六	一八	一九	三〇	二四	一六	一一	一一	九											二六三	二二九	
他往		五		二		二		七		一		六		二		二				一												二八		
壮丁		一四		七		一〇		一七		一七		一三		六		一三		七		四												一〇八		
识字		九	一	二		九		二		一〇		五		二		三		一		一												四四	一	
职业	有	二二	一六	一四	一一	一八	一七	二二	一四	二五	一四	三〇	一六	九	九	一九	一三	一一	七	一一	六											一八一	一二三	
	无	一五	一二	一二	一一	一九	一四	一一	一四	一五	一七	八	一〇	一一	一〇	一三	一一	五	四	一	三											一一〇	一〇六	
非家属同住者		二		一		一		一		七		三				二	二															一五	二	
学童		一〇		八		七		六		一四		三		二		四		二		一												五七		
备考																																		

四川省荣县第一区第一三三保普通户口统计表　保长张朝锡

中华民国二十五年七月三十日

四川省荣县第一区第一二三四保普通户口统计表
中华民国二十五年七月三十日　保长王著华

事别＼甲别		第一甲		第二甲		第三甲		第四甲		第五甲		第六甲		第七甲		第八甲		第九甲		第十甲		第十一甲		第十二甲		第十三甲		第一四甲		第十五甲		总计		附记
户数		一二		一二		一〇		一〇		一〇		一〇		一〇		八		八		一一												一〇一		
人口总数		男	女	男	女	男	女	男	女	男	女	男	女	男	女	男	女	男	女	男	女	男	女	男	女	男	女	男	女	男	女	男	女	
		三二	三四	三九	四〇	二七	二五	二一	二〇	三二	二五	三八	三二	三四	三六	二三	二六	二二	一三	四〇	三二											三〇八	二八三	
现住		二八	三四	三六	三九	二四	二五	二一	二〇	三二	二五	三六	三二	三三	三五	二三	二六	一五	一三	三八	三二											二八五	二八一	
他往		四		三	一	三						二		一	一			七		二												二三	二	
壮丁		四		四		五		二		九		九		二		四		二		九												五一		
识字		六		一三	二			二		五		九		六		三		三		六												五六	二	
职业	有	一八	二七	二六	一八	一八	一七	一四	一四	二四	一七	二六	二五	二二	二五	一五	一八	一六	一〇	二一	二二											二〇〇	二〇三	
	无	一四	七	一三	一二	九	八	七	六	八	八	一二	七	一二	一一	八	八	六	三	一九	一〇											一〇八	八〇	
非家属同住者		六	三	三	一	二				四		四		三		三		二	一	三												三〇	五	
学童		八		三		七		三		二		七		七		六		四		一〇												五七		
备考																																		

事别＼甲别		第一甲		第二甲		第三甲		第四甲		第五甲		第六甲		第七甲		第八甲		第九甲		第十甲		第十一甲		第十二甲		第十三甲		第十四甲		第十五甲		总计		附记
户数		一〇		一〇		一〇		一〇		一〇		一〇		一〇		一〇		一〇		一〇												一〇〇		
		男	女	男	女	男	女	男	女	男	女	男	女	男	女	男	女	男	女	男	女	男	女	男	女	男	女	男	女	男	女	男	女	
人口总数		二四	二一	二三	一八	二九	一八	三〇	一九	三七	三一	二七	一七	二二	二七	三三	三一	三三	三二	四三	三八											三〇一	二五二	
现住		二一	二一	二二	一八	二八	一八	三〇	一九	三七	三一	二七	一七	二一	二七	三三	三一	三三	三二	四三	三八											二九五	二五二	
他往		三		一		一								一																		六		
壮丁		七		六		四		七		五		三		八		五		九		一一												六五		
识字		二	一	六		三		二		四		二	一	四		八		四		一三												四八	二	
职业	有	九	七	一二	一〇	一三	七	一五	七	二一	一四	一七	九	八	一四	二三	一六	一四	一三	二五	一七											一五五	一一四	
	无	一五	一四	一一	八	一六	一一	一五	一二	一六	一七	一〇	八	一四	一三	一〇	一五	一九	一九	一八	二一											一四六	一三八	
非家属同住者		三	二			三	一	二								七	五	三		八	一											二六	九	
学童		四		八		三		五		九		二		六		六		一		五												四九		
备考																																		

四川省荣县第一区第一三五保普通户口统计表　保长刘从之

中华民国二十五年七月三十日

四川省荣县第一区第一三六保普通户口统计表　保长丁兴焕

中华民国二十五年七月三十日

甲别	事别	户数	人口总数	现住	他往	壮丁	识字	职业·有	职业·无	非家属同住者	学童	备考
第一甲	男		三五	三三	二	一〇	一五	二二	一三	七	八	
	女		三五	三五			一	一九	一六			
第二甲	男		四〇	三八	二	一四	一一	二九	一一	一一	一〇	
	女		四三	四三				二三	二〇	一		
第三甲	男		三一	二四	七	一〇	三	二三	八		八	
	女		三一	三一				一四	一七	一		
第四甲	男		三三	二八	五	一四	六	二〇	一三	六	五	
	女		二三	二三				二〇	三	一		
第五甲	男		一六	一三	三	五	四	一二	四	五		
	女		一七	一七				一四	三			
第六甲	男		四六	四五	一	一八	一四	三四	一二	八	九	
	女		四二	四二				三〇	一二			
第七甲	男		二〇	一八	二	三	一	一五	五		四	
	女		二二	二二				一五	七			
第八甲	男		二五	二〇	五	六	四	一五	一〇	六	八	
	女		三一	三一				二一	一〇	三		
第九甲	男		三七	三七		一〇	六	二九	八	一	六	
	女		三九	三九				二一	一八			
第十甲	男		二二	二一	一	一九	八	一九	三	一〇	五	
	女		二四	二四				二〇	四			
第十一甲	男											
	女											
第十二甲	男											
	女											
第十三甲	男											
	女											
第十四甲	男											
	女											
第十五甲	男											
	女											
总计	男		三〇五	二七七	二八	一〇九	七五	二〇八	八七	五四	六五	
	女		三〇七	三〇七				一九七	一一〇	六		
附记												

事别 \ 甲别		第一甲		第二甲		第三甲		第四甲		第五甲		第六甲		第七甲		第八甲		第九甲		第十甲		第十一甲		第十二甲		第十三甲		第十四甲		第十五甲		总计		附记
户数		一〇		一〇		一〇		一〇		一〇		一〇		一〇		一〇		一〇		一〇												一〇〇		
人口总数		男	女	男	女	男	女	男	女	男	女	男	女	男	女	男	女	男	女	男	女	男	女	男	女	男	女	男	女	男	女	男	女	
		三五	二八	三〇	二一	三〇	一九	一九	一六	三一	二二	四一	二四	二二	二〇	三八	三五	四六	二四	三二	二一											三二四	二三〇	
现住		三一	二八	二四	二一	二九	一九	一四	一六	二九	二二	三六	二四	二〇	二〇	三八	三五	四四	二四	三二	二一											二九七	二三〇	
他住		四		六		一		五		二		五		二				二														二七		
壮丁		一二		九		二一		八		一二		八		二〇		二〇		二三		一六												一四九		
识字		一〇		七		一一		三		八		二		六		一四	五	九		六												七六	五	
职业	有	一八	二一	一五	二〇	二七	一九	一三	一〇	二三	一二	一七	一三	一八	一七	二七	二二	二八	一四	二三	一七											二〇九	一六五	
	无	一七	七	一五	一	三		六	六	八	一〇	二四	一一	四	三	一一	一三	一八	一〇	九	四											一一五	六五	
非家属同住者		五	三			六	一	二	一	三	一	四		二		四		六		二												三四	六	
学童		七		五		四		二		八		八		四		八		六		三												五五		
备考																																		

四川省荣县第一区第一三七保普通户口统计表　保长蓝树三

中华民国二十五年七月三十日

四川省荣县第一区第一三八保普通户口统计表　保长王理卿

中华民国二十五年七月三十日

事别＼甲别	第一甲		第二甲		第三甲		第四甲		第五甲		第六甲		第七甲		第八甲		第九甲		第十甲		第十一甲		第十二甲		第十三甲		第十四甲		第十五甲		总计		附记
	男	女	男	女	男	女	男	女	男	女	男	女	男	女	男	女	男	女	男	女	男	女	男	女	男	女	男	女	男	女	男	女	
户数	一〇		一〇		一〇		一〇		一〇		一〇		一〇		一〇		一〇		一〇														
人口总数	三三	二四	四三	三三	四〇	二九	二五	一八	二三	二三	七一	四四	二五	一九	三二	二六	三七	三六	二一	二二													
现住	二四	二四	四一	三三	二八	二六	二〇	一七	一六	二三	五五	四三	一〇	一八	三〇	二六	二八	三五	一五	二一													
他往	九		二		一二	三	五	一	七		一六	一	一五	一	二		九	一	六	一													
壮丁	一五		一七		一二		一〇		一〇		二六		一三		一〇		一七		九														
识字	五		七		六		一		五		二二	八	三		三		六		一														
职业 有	二三	一七	三二	二〇	二六	二四	一六	一三	二〇	一六	三九	二六	二〇	一一	二〇	一六	二九	二〇	一六	一一													
职业 无	一〇	七	一一	一三	一四	五	九	五	三	七	三二	一八	五	八	一二	一〇	八	一六	一五	一一													
非家属同住者	一〇	二	一〇		三		三		一		一四	二	二		二		一〇	五	一	二													
学童	五		五		二		二		五		一三		五		九		七		五														
备考																																	

事别＼甲别	第一甲		第二甲		第三甲		第四甲		第五甲		第六甲		第七甲		第八甲		第九甲		第十甲		第十一甲		第十二甲		第十三甲		第十四甲		第十五甲		总计		附记
户数	九		一〇		一一		一〇		一〇		一〇		一一		一〇		一〇		九												一〇〇		
	男	女	男	女	男	女	男	女	男	女	男	女	男	女	男	女	男	女	男	女	男	女	男	女	男	女	男	女	男	女	男	女	
人口总数	三一	二〇	三五	二七	二八	二四	三四	二八	二五	一九	二六	二八	二二	二六	三〇	三二	五四	三七	二二	一七											三〇七	二五八	
现住	二七	二〇	三二	二七	二三	二二	三〇	二五	二四	一九	二四	二八	二〇	二六	二六	三二	四九	三七	一八	一七											二七三	二五三	
他往	四		三		五	二	四	三	一		二		二		四		五		四												三四	五	
壮丁	九		一二		一四		一一		一〇		一二		八		一〇		一六		六												一〇八		
识字	五		三		二		一六	七	一二	二	一一	九	三	二	八	一	五		七												七二	二〇	
职业 有	一九	一六	二一	一五	一八	一三	一七	一五	一〇	七	一六	一二	一三	一五	一八	一二	三六	一六	一五	一三											一八三	一三四	
职业 无	一二	四	一四	一二	一〇	一一	一七	一三	一五	一二	一〇	一六	九	一一	一二	二〇	一八	二一	七	四											一二四	一二四	
非家属同住者	二		七	三	二	三	四	四	三		三	三	四		七	三	一六		四	三											五二	一九	
学童	六		八		六		五		八		七		五		七		五		七												六四		
备考																																	

四川省荣县第一区第一三九保普通户口统计表　　保长张硕辅

中华民国二十五年七月三十日

四川省荣县第一区第一四〇保普通户口统计表

中华民国二十五年七月三十日　保长杨元海

事别＼甲别	第一甲		第二甲		第三甲		第四甲		第五甲		第六甲		第七甲		第八甲		第九甲		第十甲		第十一甲		第十二甲		第十三甲		第十四甲		第十五甲		总计		附记
户数	一〇		一〇		一〇		一〇		一〇		一〇		一〇		一〇		一〇		九												九九		
	男	女	男	女	男	女	男	女	男	女	男	女	男	女	男	女	男	女	男	女	男	女	男	女	男	女	男	女	男	女	男	女	
人口总数	二一	一九	三一	二二	二三	三三	六六	五一	二九	二八	三一	二八	六三	四六	四四	三二	三四	二八	二六	二四											三六八	三一一	
现住	一六	一九	二七	二一	二二	二八	五〇	三三	二五	二八	二九	二八	五九	四一	四三	三二	二五	二七	二五	二三											三二一	二八〇	
他往	五		四	一	一	五	一六	一八	四		二		四	五	一		九	一	一	一											四七	三一	
壮丁	八		一一		七		一七		八		一一		二一		一五		九		五												一一二		
识字	一		二		四	一	九	三	二		二		一三		八		八		三												五二	四	
职业　有	一五	一三	二一	七	一五	一六	四〇	二〇	一七	一八	一七	一八	三八	二七	二四	一八	一六	一五	一七	一四											二二〇	一七六	
职业　无	六	六	一〇	五	八	一七	二六	三一	一二	一〇	一四	一〇	二五	一九	二〇	一四	一八	一三	九	一〇											一四八	一三五	
非家属同住者	一		四	一	五	二	二一	五	三	一	三		一〇	一	五		二		三												五七	一〇	
学童	六		二		三		八		一〇		一〇		八		八		三		七												六五		
备考																																	

四川省荣县第一区第一四一保普通户口统计表

中华民国二十五年七月卅日　保长邹品祥

事别＼甲别		第一甲		第二甲		第三甲		第四甲		第五甲		第六甲		第七甲		第八甲		第九甲		第十甲		第十一甲		第十二甲		第十三甲		第十四甲		第十五甲		总计		附记
户数		一〇		一〇		一〇		一〇		一〇		一〇		一〇		一〇		一〇		一〇												一〇〇		
		男	女	男	女	男	女	男	女	男	女	男	女	男	女	男	女	男	女	男	女	男	女	男	女	男	女	男	女	男	女	男	女	
人口总数		三一	二四	二七	二三	三六	三〇	二五	二六	三七	二二	二三	二五	三四	二九	二三	二一	二三	二三	二〇	二一											二七九	二四四	
现住		二五	二四	二七	二三	二九	三〇	二四	二六	三二	二二	二一	二五	三二	二九	二〇	二一	一八	二三	一七	二一											二四五	二四四	
他往		六				七		一		五		二		二		三		五		三												三四		
壮丁		九		九		一四		一〇		一六		七		九		九		九		八												一〇〇		
识字		一〇		七		九		七		九	一	四		一一		七	一	一		二												六七	二	
职业	有	一九	一六	一四	一五	二三	一九	一六	一六	二五	二〇	一五	一三	一六	一七	一六	一一	一六	一九	一四	一三											一七四	一五九	
	无	一二	八	一三	八	一三	一一	九	一〇	一二	二	八	一二	一八	一二	七	一〇	七	四	六	八											一〇五	八五	
非家属同住者		一		二		六		四		七		一		三	一			三	三	二	二											二九	六	
学童		六		二		八		四		九		六		七		三		四		五												五四		
备考																																		

四川省荣县第一区第一四二保普通户口统计表

中华民国二十五年七月二十八日　保长程直良

事别＼甲别		第一甲		第二甲		第三甲		第四甲		第五甲		第六甲		第七甲		第八甲		第九甲		第十甲		第十一甲		第十二甲		第十三甲		第十四甲		第十五甲		总计		附记
户数		一〇		九		九		一〇		一〇		八		一〇		八		一〇		一〇												九四		
		男	女	男	女	男	女	男	女	男	女	男	女	男	女	男	女	男	女	男	女	男	女	男	女	男	女	男	女	男	女	男	女	
人口总数		三六	一六	三九	三三	二六	二一	二一	二六	二六	二八	一三	二三	二七	二七	二七	一九	三八	二六	二六	三二											一八六	二六一	
现住		二九	一五	三四	三三	二三	二一	一八	二六	一七	二八	一二	二三	二四	二七	二六	一九	三四	二六	三三	三二											四九	二六〇	
他往		七	一	三		三		三		九		一		三		一		四		三												三七	一	
壮丁		一四		一二		七		九		八		六		三		九		一四		一四												一〇六		
识字		一一		一〇		三		五		二		二		七		三		三		三												四九		
职业	有	二四	二四	一四	二五	一五	一七	一四	一九	一七	一八	一三	一三	一八	一九	二一	一五	二二	一八	二一	一〇											一八七	一七八	
	无	一二	一	八	八	一三	四	六	六	九	一〇	一	一〇	九	八	一〇	七	六	六	一五	一二											九〇	七二	
非家属同住者		二	一	一	一					一				七		一		一		四	一											一七	三	
学童		六		九		七		五		四		三		三		六		六		三												五二		
备考																																		

事别＼甲别	第一甲		第二甲		第三甲		第四甲		第五甲		第六甲		第七甲		第八甲		第九甲		第十甲		第十一甲		第十二甲		第十三甲		第十四甲		第十五甲		总计		附记
户数	九		一〇		一〇		一一		一〇		一〇		一〇		一〇		七		一〇														
	男	女	男	女	男	女	男	女	男	女	男	女	男	女	男	女	男	女	男	女	男	女	男	女	男	女	男	女	男	女	男	女	
人口总数	二五	三二	二二	二一	一八	一七	二八	一八	三〇	二四	一六	一八	三六	三二	二八	一八	二五	二二	三二	二五											二六〇	二二七	
现住	二四	三二	一九	二一	一四	一七	二三	一八	二三	二三	一五	一八	三〇	三二	二四	一八	二三	二二	二九	二五											二二四	二二六	
他往	一		三		四		五		七	一	一		六		四		二		三												三六	一	
壮丁	一三		九		六		一〇		一一		八		一三		六		六		一〇												九二		
识字	八		一一		一		二		二		七		七		三		一〇		一五												五六		
职业 有	一九	二一	一四	一四	一四	一二	二二	一四	二四	一六	一一	一一	二二	二五	二〇	一六	一八	一七	二四	二一											一八八	一六七	
职业 无	六	一〇	七	八	四	五	六	四	六	八	五	七	一四	七	八	二	七	五	八	四											七一	六〇	
非家属同住者	二	一	二				三		四				三	一	一	二	五		四	二											二四	六	
学童	五		九		四		四		四		四		七		五		六		六												五四		
备考																																	

四川省荣县第一区第一四三保普通户口统计表　保长叶樑诚

中华民国二十五年七月三十日

四川省荣县第一区第一四四保普通户口统计表　　保长刘学渠

中华民国二十五年七月三十日

甲别 事别	第一甲		第二甲		第三甲		第四甲		第五甲		第六甲		第七甲		第八甲		第九甲		第十甲		第十一甲		第十二甲		第十三甲		第十四甲		第十五甲		总计		附记
户数	九		九		一〇		一〇		一〇		一〇		九		九		一一		一一												九八		
人口总数	男	女	男	女	男	女	男	女	男	女	男	女	男	女	男	女	男	女	男	女	男	女	男	女	男	女	男	女	男	女	男	女	
	二一	三〇	二二	二七	二九	三〇	二六	二一	三七	二〇	三六	三二	二一	二二	三一	二二	四三	四二	五〇	三六											三一六	二八二	
现住	一七	三〇	一八	二四	二九	三〇	二六	二一	三三	二〇	三四	三二	一七	一九	二四	二〇	三四	三六	四九	三四											二八一	二六六	
他往	四		四	三					四		二		四	三	七	二	九	六	一	二											三五	一六	
壮丁	九		四		一二		一二		一二		一一		四		一一		一五		一三												一〇三		
识字	二		二		六		四		六		三	二	三		三		四		一〇												四三	二	
职业 有	一六	一二	一四	一三	一六	一〇	一三	八	一七	一〇	二〇	一一	一二	一〇	二一	七	二一	二〇	二五	一八											一七五	一一九	
职业 无	五	一八	八	一四	一三	二〇	一三	一三	二〇	一〇	一六	二一	九	一二	一〇	一五	二二	二二	二五	一八											一四一	一六三	
非家属同住者	三	一	二		五				四	一	四	二	二	一	五		六		五	一											三六	六	
学童	四		五		九		七		八		一二		一		四		四		六												六〇		
备考																																	

甲别 事别		第一甲		第二甲		第三甲		第四甲		第五甲		第六甲		第七甲		第八甲		第九甲		第十甲		第十一甲		第十二甲		第十三甲		第十四甲		第十五甲		总计		附记
户数		一〇		一〇		一〇		一〇		一〇		一〇		一〇		一〇		一一		一〇												一〇一		
		男	女	男	女	男	女	男	女	男	女	男	女	男	女	男	女	男	女	男	女	男	女	男	女	男	女	男	女	男	女	男	女	
人口总数		三七	二〇	二八	二七	三四	二八	二二	二三	二七	二六	五三	四一	二三	二六	三六	二五	三八	三四	三一	三一											三二九	二八一	
现住		三四	一九	二六	二二	三一	二八	一九	二二	二四	二六	五〇	四一	二〇	二六	三三	二五	三六	三一	二六	三一											二九九	二七四	
他往		三	一	二	五	三		三	一	三		三		三		三		二		五												三〇	七	
壮丁		一〇		八		一〇		九		一〇		二二		一一		一三		一一		一四												一一八		
识字		八		七	一	八	一	一		四		一五		三		一〇	一	一二	一	六	四											七三	八	
职业	有	二三	一二	一七	一四	二二	一六	一七	一七	一九	一六	三六	二六	一九	一六	一八	一二	二八	二二	二一	一七											二二〇	一六八	
	无	一四	八	一一	一三	一二	一二	五	六	八	一〇	一七	一五	四	一〇	一八	一三	一〇	一二	一〇	一四											一〇九	一一三	
非家属同住者		三		二	一	五						一一		三		九		四	一	四	一											四一	三	
学童		七		四		五		一		六		七		六		四		五		六												五一		
备考																																		

四川省荣县第一区第一四五保普通户口统计表　保长王世烈

中华民国二十五年七月三十日

四川省荣县第一区第一四六保普通户口统计表　　保长刘体常
中华民国二十五年七月三十日

事别＼甲别		第一甲		第二甲		第三甲		第四甲		第五甲		第六甲		第七甲		第八甲		第九甲		第十甲		第十一甲		第十二甲		第十三甲		第十四甲		第十五甲		总计		附记
户数		一〇		一〇		一〇		一〇		一〇		一〇		一〇		一〇		一〇		一三												一〇三		
人口总数		男	女	男	女	男	女	男	女	男	女	男	女	男	女	男	女	男	女	男	女	男	女	男	女	男	女	男	女	男	女	男	女	
		二七	二二	二二	一八	三四	三七	三六	二三	二八	三一	二三	二〇	三二	二四	三五	三五	三二	二五	四三	四四											三一二	二七九	
现住		二〇	二〇	二一	一八	三〇	三七	三一	二三	二五	二九	二一	二〇	二八	二四	三二	三五	三二	二五	三九	二一											二七九	二七二	
他往		七	二	一		四		五		三	二	二		四		三				四	三											三三	七	
壮丁		九		九		一六		一三		一二		九		一五		一五		一三		一七												一二八		
识字		三		六		五	六	三		二		三		三		四		五		四												三八	六	
职业	有	二〇	一四	九	一〇	二一	三一	二五	一六	二二	二一	一八	一二	二三	二一	二四	二四	二六	一七	二七	二四											二一五	一八〇	
	无	七	八	一三	八	一三	一六	一一	七	六	一〇	五	八	九	三	一一	一一	六	八	一六	二〇											九七	九九	
非家属同住者						八	四	三		三	一			三		四		六		五												三二	五	
学童		三		三		四		六		六		六		五		一二		六		一五												六六		
备考																																		

事别＼甲别		第一甲		第二甲		第三甲		第四甲		第五甲		第六甲		第七甲		第八甲		第九甲		第十甲		第十一甲		第十二甲		第十三甲		第十四甲		第十五甲		总计		附记
户数		一一		一一		九		一一		一四		一〇		九		一〇		一〇		一〇		八		一〇								一二三		
人口总数		男	女	男	女	男	女	男	女	男	女	男	女	男	女	男	女	男	女	男	女	男	女	男	女	男	女	男	女	男	女	男	女	
		二六	一九	二一	二一	三五	二九	三七	二六	三二	三三	二三	二五	二九	二〇	二二	一四	二三	二二	二六	二二	二四	二二	二八	二九							三二六	二八二	
现住		二四	一九	一六	二一	三四	二九	三一	二六	二六	三二	二〇	二五	二六	一九	二二	一四	一八	二二	二二	二一	二四	二二	二七	二八							二九〇	二七八	
他往		二		五		一		六		六	一	三		三	一			五		四	一			一	一							三六	四	
壮丁		九		六		三		一三		一〇		九		七		五		五		一〇		一〇		六								九三		
识字		九		七	一	一		三		二	一	四		一〇	二	六		六		八		七		一四								七七	四	
职业	有	一八	一四	一七	一六	一七	一六	二五	二〇	二四	二一	一六	二〇	一四	一四	一五	八	一三	一七	一九	一五	一六	一四	一三	一九							二〇七	一九四	
	无	八	五	四	五	一八	一三	一二	六	八	一二	七	五	一五	六	七	六	一〇	五	七	七	八	八	一五	一〇							一一九	八八	
非家属同住者		三	一	二	二	五		二		一	二		一		二	五		一	一	八		八	四	二	一							三八	一四	
学童		六		四		九		六		三		二		六		二		二		五		二		三								五一		
备考																																		

四川省荣县第一区第一四七保普通户口统计表　保长丁怀松

中华民国二十五年七月二十九日

四川省荣县第一区第一四八保普通户口统计表　保长王四成

中华民国二十五年七月三十日

事别＼甲别		第一甲		第二甲		第三甲		第四甲		第五甲		第六甲		第七甲		第八甲		第九甲		第十甲		第十一甲		第十二甲		第十三甲		第十四甲		第十五甲		总计		附记
户数		一〇		一〇		一〇		一〇		一〇		一〇		一〇		一〇		一〇		一〇												一〇〇		
		男	女	男	女	男	女	男	女	男	女	男	女	男	女	男	女	男	女	男	女	男	女	男	女	男	女	男	女	男	女	男	女	
人口总数		三〇	一六	二六	二八	二五	二八	二二	一六	三八	二四	二四	一四	二一	一四	二三	二三	一九	一八	二二	二六											二二五	二〇七	
现住		三〇	一六	二三	二八	二三	二五	二一	一六	三二	二四	一八	一四	二〇	一四	二〇	二一	一八	一八	二一	二六											二二六	二〇二	
他往				三		二	三	一		六		六		一		三	二	一		一												二四	五	
壮丁		三		六		七		三		八		七		六		三		四		六												五三		
识字		一一	一	一三	六	二一	七	一五	一	二一	四	一四	五	六		二	三	三		四												一三	二七	
职业	有	一三	七	一四	一四	二〇	一二	一一	九	二三	一〇	一六	六	一一	九	一六	一〇	一一	九	一一	一二											一四六	九八	
	无	一五	七	一三	一二	六	一六	一二	七	一五	一四	五	八	八	五	六	一四	六	六	八	一四											九四	一〇三	
非家属同住者			二		一	二				五				一						一												一〇	三	
学童		八		一二		一〇		八		一〇		七		三		七		七		一〇												八二		
备考																																		

事别＼甲别	第一甲		第二甲		第三甲		第四甲		第五甲		第六甲		第七甲		第八甲		第九甲		第十甲		第十一甲		第十二甲		第十三甲		第十四甲		第十五甲		总计		附记
户数	一一		一〇		一〇		一〇		一〇		一〇		一〇		一〇		一〇		九												一〇一		
	男	女	男	女	男	女	男	女	男	女	男	女	男	女	男	女	男	女	男	女	男	女	男	女	男	女	男	女	男	女	男	女	
人口总数	二八	三〇	二一	二五	二七	一九	二〇	一四	三五	二四	二〇	一九	四〇	二二	二三	一九	二五	一九	三四	三一											二七三	二二二	
现住	二五	三〇	二一	二四	二六	一九	一九	一四	三五	二四	二〇	一九	四〇	二二	二二	一九	二四	一九	三四	三一											二六六	二二一	
他往	三			一	一		一								一		一														七	一	
壮丁	五		七		七		六		八		八		六		四		六		五												六二		
识字	三	一	四	一	二		一	二	三		一		二		一		一		二												二〇	四	
职业 有	一八	一九	一六	一二	一九	一〇	一三	一二	二六	二一	一一	一二	二七	一四	一六	一五	二〇	一二	二八	二七											一九四	一五四	
职业 无	一〇	一一	五	一三	八	九	七	二	九	三	九	七	一三	八	七	四	五	七	六	四											七九	六八	
非家属同住者	一	二	二	一									二				一														六	三	
学童	五		四		七		四		八		六		九		五		五		七												六〇		
备考																																	

四川省荣县第一区第一四九保普通户口统计表　保长王永卿

中华民国二十五年七月三十日

四川省荣县第一区第一五〇保普通户口统计表

保长王永道

中华民国二十五年七月三十日

甲别 \ 事别	户数	人口总数 男	人口总数 女	现住 男	现住 女	他往 男	他往 女	壮丁 男	壮丁 女	识字 男	识字 女	职业 有 男	职业 有 女	职业 无 男	职业 无 女	非家属同住者 男	非家属同住者 女	学童	备考
第一甲	一〇	二九	一九	二八	一九	一		八		一三		二一	一二	八	七			六	
第二甲	一〇	一六	二三	一三	二三	三		七		一		一六	二三			一		五	
第三甲	一〇	三二	二四	二八	二四	四		一三		六		二三	一六	九	八	四		七	
第四甲	一〇	三一	二八	二八	二八	三		一〇		四		二〇	一八	一一	一〇	三	一	七	
第五甲	一〇	二五	二五	二四	二五	一		六		三		一四	一六	一一	九	一	一	五	
第六甲	一〇	二九	二七	二二	二七	七		一四		四		二三	一八	六	九		一	八	
第七甲	一〇	二八	二七	二八	二七			一〇		四	一	二三	二一	五	六	六	四	四	
第八甲	一〇	四一	四八	三五	四六	六	二	一八		一〇	六	三一	三八	一〇	一〇	一〇	二	一〇	
第九甲	一〇	三一	一九	三一	一九			九		五		二一	一三	一〇	六	四		九	
第十甲	一二	四〇	三二	三九	三二	一		一三		六		二三	二〇	一七	一二	二		一〇	
第十一甲																			
第十二甲																			
第十三甲																			
第十四甲																			
第十五甲																			
总计	一〇二	三〇二	二七二	二七六	二七〇	二六	二	一〇八		五六	七	二一五	一九六	八七	七六	三一	九	七一	
附记																			

四川省荣县第三区第一六八保普通户口统计表　保长刘笃敏

中华民国二十五年七月　日

事别＼甲别	第一甲		第二甲		第三甲		第四甲		第五甲		第六甲		第七甲		第八甲		第九甲		第十甲		第十一甲		第十二甲		第十三甲		第十四甲		第十五甲		总计		附记
户数	一二		一〇		九		一一		一四		一一		一二		一〇		一〇		一〇												一〇九		
	男	女	男	女	男	女	男	女	男	女	男	女	男	女	男	女	男	女	男	女	男	女	男	女	男	女	男	女	男	女	男	女	
人口总数	三〇	二七	五一	三〇	三〇	八	二二	一四	四一	三三	二八	二五	三五	二九	三一	二一	二一	一六	二〇	一九											三〇九	二二二	
现住	二六	二七	四八	三〇	三〇	八	二二	一四	三七	三三	二三	二四	三三	二九	二九	二一	二〇	一六	一五	一九											二八三	二二一	
他往	四		三						四		五	一	二		二		一		五												二六	一	
壮丁	一三		二九		一六		一四		一六		一〇		一八		一〇		五		八												一四二		
识字	一三	三	一八		七		九	二	一五	三	八	四	一二	三	五	二	二		四	一											九三	一八	
职业·有	一九	一八	三三	四	二五	四	一八	九	二四	二〇	一五	一七	二二	一九	二〇	一五	一四	一〇	一一	一三											二〇一	一二九	
职业·无	一一	九	一八	二六	五	四	四	五	一七	一三	一三	八	一三	一〇	一一	六	七	六	九	六											一〇八	九三	
非家属同住者	二	二	一八	一	一二		四		五	二	七	二	一〇	四	五	四	一	二	二	三											六六	一九	
学童	三		八		三		三		一三		七		九		七		八		四												六五		
备考																																	

四川省荣县第三区第一六九保普通户口统计表

保长杨德皋

中华民国二十五年七月廿八日

事别＼甲别		第一甲		第二甲		第三甲		第四甲		第五甲		第六甲		第七甲		第八甲		第九甲		第十甲		第十一甲		第十二甲		第十三甲		第十四甲		第十五甲		总计		附记
		男	女	男	女	男	女	男	女	男	女	男	女	男	女	男	女	男	女	男	女	男	女	男	女	男	女	男	女	男	女	男	女	
户数		一〇		一一		一二		一〇		一一		一〇		八		一〇		一一		九												一〇二		
人口总数		二四	三六	三二	一八	二一	二九	二九	二六	三〇	二八	二三	二七	二六	一八	四一	三五	二七	一九	二八	二一											二八一	二五七	
现住		一九	三一	三一	一八	二一	二九	二五	二六	三〇	二八	一九	二七	二四	一八	三五	三四	二四	一九	二三	二一											二五一	二五一	
他往		五	五	一				四				四		二		六	一	三		五												三〇	六	
壮丁		一〇		一二		八		一二		一一		一〇		八		一三		一〇		九												一〇三		
识字		八	二	四		五		五		一〇	一	二		五		九		六	一	三	一											五七	五	
职业	有	二一	三一	一三	一三	一五	一三	二〇	一四	一八	一九	一八	一七	一七	一一	二三	二四	一八	一四	一八	一五											一八一	一七一	
	无	三	五	一九	五	六	一六	九	一二	一二	九	五	一〇	九	七	一八	一一	九	五	一〇	六											一〇〇	八六	
非家属同住者		一	二	一		一	一			一		一	一					一		一	一											七	五	
学童[①]		五	一一	二		二	六	五	四	七	三			四	二	六	四	三	二	二	二											三六	二五	
备考		出保未出 区男五出 区未出县 一未出区 四																																

① 本表档案原件中“学童”栏各项即系如此，男女分列统计数字，虽然部分表格填制不统一，但为与档案原件保持一致，未作改动。

事别＼甲别		第一甲		第二甲		第三甲		第四甲		第五甲		第六甲		第七甲		第八甲		第九甲		第十甲		第十一甲		第十二甲		第十三甲		第十四甲		第十五甲		总计		附记
户数		一〇		一〇		一〇		一〇		一〇		九		一〇		九		一〇		一〇												九八		
		男	女	男	女	男	女	男	女	男	女	男	女	男	女	男	女	男	女	男	女	男	女	男	女	男	女	男	女	男	女	男	女	
人口总数		三五	二〇	二五	二一	二五	一八	二五	二一	二七	二八	二三	一二	三八	二三	二〇	一八	二二	二七	二六	二三											二六六	二一一	
现住		三五	二〇	二二	二一	二四	一八	二四	二一	二七	二八	一九	一二	二八	二三	一九	一八	二一	二七	二三	二三											二四二	二一一	
他往				三		一		一				四		一〇		一		一		三												二四		
壮丁		一二		一二		八		七		一二		九		一五		六		一一		一二												一〇四		
识字		四		一		三		一		三		一	一	三		四		一	一	三												二四	二	
职业	有	二二	一八	一八	一六	一八	一二	一五	一六	二〇	一八	一四	八	二五	一五	一五	一六	一八	一六	一七	一五											一八二	一五〇	
	无	一三	二	七	五	七	六	一〇	五	七	一〇	九	四	一三	八	五	二	四	一一	九	八											八四	六一	
非家属同住者		四		二		三		一												一												一一		
学童		一二		五		九		一三		一三		五		一二		三		三		一〇												八五		
备考																																		

四川省荣县第三区第一七〇保普通户口统计表

保长张烈先

中华民国二十五年七月二十八日

四川省荣县第三区第一七一保普通户口统计表

事别＼甲别	第一甲		第二甲		第三甲		第四甲		第五甲		第六甲		第七甲		第八甲		第九甲		第十甲		第十一甲		第十二甲		第十三甲		第十四甲		第十五甲		总计		附记
户数	一一		一〇		一〇		九		一〇		一〇		九		一〇		一〇		九												九八		
人口总数	男	女	男	女	男	女	男	女	男	女	男	女	男	女	男	女	男	女	男	女	男	女	男	女	男	女	男	女	男	女	男	女	
	二四	二六	二六	一七	二二	一五	一五	一九	二三	二一	二九	二五	三〇	二二	三六	二二	二一	二五	二二	一四											二四八	二〇六	
现住	二二	二六	二三	一七	一八	一五	一三	一九	一七	二一	二四	二五	二九	二二	三〇	二二	二〇	二五	一九	一四											二一五	二〇六	
他往	二		三		四		二		六		五		一		六		一		三												三三		
壮丁	六		六		五		六		六		七		一一		一一		八		五												七一		
识字	六		二		二		三		二		四		三		八		二		一												三三		
职业 有	一三	一七	一五	一三	一五	一〇	一二	一五	一九	一五	一八	一四	二一	一四	二七	一四	一七	一三	一五	一〇											一七二	一三五	
职业 无	一一	九	一一	四	七	五	三	四	四	六	一一	一一	九	八	九	八	四	一二	七	四											七六	七一	
非家属同住者		一											二		一																三	一	
学童	八		五		三		三		三		五		三		六		七		五												四八		
备考																																	

保长李耀权

中华民国二十五年七月三十日

事别＼甲别	第一甲		第二甲		第三甲		第四甲		第五甲		第六甲		第七甲		第八甲		第九甲		第十甲		第十一甲		第十二甲		第十三甲		第十四甲		第十五甲		总计		附记
户数	九		九		一〇		九		一〇		一二		一〇		九		一二		一〇												一〇〇		
	男	女	男	女	男	女	男	女	男	女	男	女	男	女	男	女	男	女	男	女	男	女	男	女	男	女	男	女	男	女	男	女	
人口总数	二一	一九	三六	二五	二三	二三	二八	二八	五五	五四	三〇	三三	二八	二六	二〇	二六	四〇	三三	二五	三一											三〇六	二九八	
现住	一七	一九	二五	二四	二一	二二	二六	二八	五五	五四	二八	三二			一七	二六	三九	三三	二四	三一											二七六	二九五	
他往	四		一一	一	二	一	二				二	一	四		三		一		一												三〇	三	
壮丁	九		九		八		七		一三		一〇		一一		五		一三		八												九三		
识字	二		二		二		二		一三		七	四	五		二		五		八												四七	四	
职业 有	一四	一二	一七	二〇	一四	九	一二	一九	三二	三七	一七	一九	一五	一二	一一	一五	二二	一九	一九	二〇											一七三	一八二	
职业 无	七	七	一九	五	九	一四	一六	九	二三	一七	一三	一四	一三	一四	九	一一	一八	一四	六	一一											一三三	一一六	
非家属同住者											二									一											二	一	
学童	七		五		九		一四		六		七		五		六		九		八												七六		
备考																																	

四川省荣县第三区第一七三保普通户口统计表　保长张怀钧

中华民国二十五年　月　日

四川省荣县第三区第一七四保普通户口统计表

保长王翰白

中华民国二十五年八月三日

甲别	性别	户数	人口总数	现住	他往	壮丁	识字	职业·有	职业·无	非家属同住者	学童	备考
第一甲	男	一一	四四	四三	一	一八	一〇	三六	八	一二	六	癈疾者男五女一
	女		四〇	三七	三		七	二一	一九	五		
第二甲	男	一五	四一	三四	七	一九	五	二六	一五	四	一〇	癈疾者男二女二
	女		三九	三八	一			二五	一四	一		
第三甲	男	九	二四	二二	二	一二	四	一七	七		四	癈疾者男一
	女		一九	一八	一			一一	八	一		
第四甲	男	一〇	三一	二九	二	一五	四	二〇	一一		三	癈疾者男二女一
	女		二五	二五				一五	一〇	二		
第五甲	男	九	一九	一九		九	六	一五	四		四	
	女		一六	一六				一一	五	一		
第六甲	男	一〇	四四	四三	一	一八	六	二八	一六	四	九	
	女		四二	四二				二一	二一			
第七甲	男	一〇	四一	四一		一九	三	二九	一二	六	一六	
	女		四四	四四				二九	一五	三		
第八甲	男	一〇	三六	三五	一	一〇	六	一九	一七	三	五	
	女		二一	二一				一三	八			
第九甲	男	一〇	三二	二九	三	一五	三	一九	一三	三	五	癈疾者男三
	女		二八	二八				一六	一二			
第十甲	男	九	一八	一六	二	五	一	一〇	八		三	癈疾者男一
	女		一八	一八				一〇	八			
第十一甲	男											
	女											
第十二甲	男											
	女											
第十三甲	男											
	女											
第十四甲	男											
	女											
第十五甲	男											
	女											
总计	男	一〇三	三三〇	三一一	一九	一四〇	四八	二一九	一一一	三二	六二	癈疾者男丁一四口女丁四口
	女		二九二	二八七	五		七	一七二	一二〇	一三		
附记												

四川省荣县第三区第　保普通户口统计表

事别＼甲别		第一甲		第二甲		第三甲		第四甲		第五甲		第六甲		第七甲		第八甲		第九甲		第十甲		第十一甲		第十二甲		第十三甲		第十四甲		第十五甲		总计		附记
户数		九		一一		一〇		一〇		一〇		一〇		一〇		一〇		九		一〇												九九		
人口总数		男	女	男	女	男	女	男	女	男	女	男	女	男	女	男	女	男	女	男	女	男	女	男	女	男	女	男	女	男	女	男	女	
人口总数		二八	二六	三二	二七	三八	三七	二四	三二	二六	二六	三四	三四	三八	三一	三五	四四	二八	二五	二六	一五											三〇九	二九七	
现住		二八	二六	三〇	二七	三八	三七	二四	三二	二六	二六	三四	三二	三八	三一	三五	四四	二八	二五	二六	一五											三〇七	二九五	
他往				二									二																			二	二	
壮丁		一〇		一〇		一五		一一		一〇		一六		一四		一四		一三		九												一二二		
识字		三		二		六	三			一		二				一一	一〇	七	三	四	一											一二六	一七	
职业	有	二一	一六	二〇	一九	二七	二五	一九	一九	一七	一六	二五	二六	二九	一九	二五	三一	一六	一八	一六	九											二一五	一九八	
职业	无	七	一〇	一二	八	一一	一二	五	一三	九	一〇	九	八	九	一二	一〇	一三	一二	七	一〇	六											九四	九九	
非家属同住者		二		一	二	四		四		三		二				四	一一	四	三	一												二五	一七	
学童		三		一〇		六		八		四		六		二		三		二		四												四八		
备考																																		

保长刘晞岚

中华民国二十五年　月　日

四川省荥县第一区第二〇六保普通户口统计表

代理保长①张竹辉

中华民国二十五年八月　日

事别＼甲别		第一甲		第二甲		第三甲		第四甲		第五甲		第六甲		第七甲		第八甲		第九甲		第十甲		第十一甲		第十二甲		第十三甲		第十四甲		第十五甲		总计		附记
户数		一〇		一〇		一二		一〇		一〇		七		一一		九		九		一〇												九八		
人口总数		男	女	男	女	男	女	男	女	男	女	男	女	男	女	男	女	男	女	男	女	男	女	男	女	男	女	男	女	男	女	男	女	
		二一	二三	三一	二六	四四	四四	三二	二六	三四	二八	一三	二二	二一	一八	二一	二一	三二	二一	三一	三四											二八〇	二六三	
现住		二一	二二	三〇	二六	三七	三九	三〇	二四	三一	二七	一〇	二三	二一	一八	一九	二一	二四	二〇	二八	二五											二五一	二四四	
他往			一	一		七	五	二	二	三	一	三				二		八	一	三	九											二九	一九	
壮丁		三		五		四		五		一〇		三		一		六		七		七												五一		
识字		四	二	一一		七		七	六	一〇	七	一三		三		五		六		三												六九		
职业	有	一六	一七	二〇	二三	二八	二一	二七	一七	二三	一六	一〇	一一	二〇	一六	一八	一七	二五	一四	二二	一六											二〇八	一六八	
	无	五	一〇	一一	一二	一一	一一	五	五	一二	一二	三	五	一〇	一一	三	四	七	七	五	一八											七二	九五	
非家属同住者		一		三		一一		四	二	二	五	四	一	七	六	二	一	八	一〇	二	一											四四	二六	
学童		四		六		一〇		六		六		三		三		九		六		四												五七		
备考		有残疾男一人		有残疾男三人女一人		有残疾男一人		有残疾男四人				有残疾男一人女一人		有残疾男一人		有残疾女二人				有残疾男一人												有残疾男十二人女四人		

① 原文如此。

事别＼甲别		第一甲		第二甲		第三甲		第四甲		第五甲		第六甲		第七甲		第八甲		第九甲		第十甲		第十一甲		第十二甲		第十三甲		第十四甲		第十五甲		总计		附记
户数		一〇		一一		一〇		一〇		一〇		一一		一〇		一〇		一〇		一〇												一〇二		
		男	女	男	女	男	女	男	女	男	女	男	女	男	女	男	女	男	女	男	女	男	女	男	女	男	女	男	女	男	女	男	女	
人口总数		二三	二三	二二	二四	一六	一七	二六	一七	二八	一八	一七	一四	三〇	二六	二八	二五	三三	三四	二七	二二											二五〇	二一四	
现住		二二	二三	二二	二四	一二	一七	二五	一七	二六	一八	一七	一四	二九	二〇	二四	二五	三三	三四	二三	二二											二三三	二一四	
他往		一				四		一		二				一		四				四												一七		
壮丁		七		八		六		七		六		四		六		九		七		三												六三		
识字		八		三		五		五		七		一				六		四		一												四〇		
职业	有	一四	一八	一三	一七	一三	一二	一五	九	一四	一一	一二	一〇	二〇	一五	二三	一五	一九	二〇	二一	一六											一六四	一四三	
	无	九	五	九	七	三	五	一一	八	一四	七	五	四	一〇	五	五	一〇	一四	一四	六	六											八六	七一	
非家属同住者						一															一											一	一	
学童		二		五		三		六		七		二		六		四		七		五												四七		
备考										癈疾者女一人		癈疾者女一人																				癈疾者女二人		

四川省荣县第三区第一七六保普通户口统计表

保长陈荣通

中华民国二十五年　月　日

四川省荣县第三区第一七七保普通户口统计表

保长程芝兰

中华民国二十五年七月廿八日

事别＼甲别	第一甲		第二甲		第三甲		第四甲		第五甲		第六甲		第七甲		第八甲		第九甲		第十甲		第十一甲		第十二甲		第十三甲		第十四甲		第十五甲		总计		附记
户数	一〇		一〇		一〇		一〇		一〇		一〇		一〇		一〇		一〇		七												九七		
	男	女	男	女	男	女	男	女	男	女	男	女	男	女	男	女	男	女	男	女	男	女	男	女	男	女	男	女	男	女	男	女	
人口总数	二四	二七	三二	三〇	二七	二二	二二	二二	二一	二五	二六	二五	四一	二三	三四	二九	二七	二三	一七	一五											二七一	二四一	
现住	二四	二七	三一	三〇	二七	二二	二二	二二	二一	二五	二六	二五	三九	二三	三三	二九	二七	二三	一七	一四											二六七	二四〇	
他往			一										二		一					一											四	一	
壮丁	一〇		八		一〇		八		七		一〇		一〇		八		一〇		四												八五		
识字	三		二		二		五		六		五		六		三		五		二												三九		
职业 有	二〇	一九	二七	二二	二〇	一六	一三	一四	一四	一六	二〇	一九	三二	一九	二一	一九	一八	一三	一一	九											一九六	一六六	
职业 无	四	八	五	八	七	六	九	八	七	九	六	六	九	四	一三	一〇	九	一〇	六	六											七五	七五	
非家属同住者						一	一		一		一					一															三	二	
学童	一〇		三		五		三		七		四		八		六		五		四												五五		
备考																																	

四川省荣县第三区第一七八保普通户口统计表　保长邱明钦

中华民国二十五年七月二八日

事别＼甲别		第一甲		第二甲		第三甲		第四甲		第五甲		第六甲		第七甲		第八甲		第九甲		第十甲		第十一甲		第十二甲		第十三甲		第十四甲		第十五甲		总计		附记
户数		一〇		九		一〇		九		一一		一〇		九		一〇		一〇		一一												九九		
		男	女	男	女	男	女	男	女	男	女	男	女	男	女	男	女	男	女	男	女	男	女	男	女	男	女	男	女	男	女	男	女	
人口总数		二二	一九	一六	一二	二四	二二	二五	一七	二九	三〇	二一	三四	二二	二三	一八	一九	二一	二四	三三	二七											二三一	二二七	
现住		二二	一九	一六	一二	二四	二二	二五	一七	二九	三〇	二一	三四	二二	二三		一九	二一	二四	三三	二七											二三一	二二七	
他往																																		
壮丁		九		八		七		一二		一一		七		八		六		九		一二												八九		
识字		二		二		二		三		三		二		二		二		三		四												二五		
职业	有	二〇	一一	一三	八	一五	一三	二〇	一〇	二〇	一五	一四	二四	一七	一七	一五	一〇	一三	一三	一九	一二											一六六	一三三	
	无	二	八	三	四	九	九	五	七	九	一五	七	一〇	五	六	三	九	八	一一	一四	一五											六五	九四	
非家属同住者		二	一	一		三	一	二		一	一	三		二		二		三	一	二												二一	四	
学童		六		二		五		四		一二		八		二		三		四		五												五一		
备考																																		

四川省荣县第　区第　保普通户口统计表

事别＼甲别	第一甲		第二甲		第三甲		第四甲		第五甲		第六甲		第七甲		第八甲		第九甲		第十甲		第十一甲		第十二甲		第十三甲		第十四甲		第十五甲		总计		附记
户数	九		九		一〇		九		一〇		一〇		九		一〇		一二		一〇												九八		
	男	女	男	女	男	女	男	女	男	女	男	女	男	女	男	女	男	女	男	女	男	女	男	女	男	女	男	女	男	女	男	女	
人口总数	三七	二九	三一	三二	三四	二八	二二	一九	二七	二三	二二	二〇	二三	二〇	二八	三七	三三	三〇	二九	二九											二八六	二六七	
现住	三六	二九	三一	三二	三三	二八	一八	一九	二七	二三	二二	二〇	二三	二〇	二三	三七	三一	三〇	二九	二九											二七三	二六七	
他往	一				一		四								五		二														一三		
壮丁	一三		一〇		一〇		六		一〇		九		一〇		一三		一四		一〇												一〇六		
识字	七		四		六		八		五		六		七		一四		一二		八												七七		
职业 有	一七	一三	一五	一八	二〇	一七	一三	一〇	一六	一一	一四	一三	一五	一一	二〇	二三	二一	一七	一五	一六											一六六	一四九	
职业 无	二〇	一六	一六	一四	一四	一一	九	九	一一	一二	八	七	八	九	八	一四	一二	一三	一四	一三											一二〇	一一八	
非家属同住者	一			一	三	一	二	二	一				四	一	三	二	一	二	三	三											一八	一二	
学童	七		一〇		九		四		四		五		四		四		六		七												六〇		
备考																																	

保长张效渠

中华民国二十五年　月　日

甲别/事别	第一甲		第二甲		第三甲		第四甲		第五甲		第六甲		第七甲		第八甲		第九甲		第十甲		第十一甲		第十二甲		第十三甲		第十四甲		第十五甲		总计		附记
户数	一〇		一〇		一〇		一〇		一〇		一〇		九		一〇		九		九												九七		
人口总数	男	女	男	女	男	女	男	女	男	女	男	女	男	女	男	女	男	女	男	女	男	女	男	女	男	女	男	女	男	女	男	女	
人口总数	二九	二七	二二	二七	二一	一七	二二	二九	三三	三〇	三〇	二八	二八	二五	三一	一五	三四	一九	二六	二二											二七六	二三九	
现住	二二	二七	一八		一八	一六	二一	二九	三一	三〇	二四	二八	二三	二五	二八	一五	二六	一九	二〇	二二											二三一	二三八	
他往	七		四		三	一	一		二		六		五		三		八		六												四五	一	
壮丁	一二		八		六		九		九		七		八		一〇		一〇		六												八五		
识字	二		二		二	一	六		三		三	一	二		四		五		二												三一	二	
职业 有	一六	一四	一九	一七	一二	一三	一五	二一	二二	二四	二三	二三	二四	一八	二〇	一二	二二	一四	一七	一四											一九〇	一七〇	
职业 无	一三	一三	三	一〇	九	四	七	八	一一	六	七	五	四	七	一一	三	一二	五	九	八											八六	六九	
非家属同住者	一									一			二		一					一											四	三	
学童	九		三		四		六		七		六		六		五		八		一〇												六四		
备考																																	

四川省荣县第三区第一八〇保普通户口统计表 保长钟子廷

中华民国二十五年七月二八日

四川省荣县第一区第二一五保普通户口统计表

甲别	性别	户数	人口总数	现住	他往	壮丁	识字	职业 有	职业 无	非家属同住者	学童	备考
第一甲	男	一〇	二三	二一	二	七	一	一七	六	一	三	
	女		二〇	二〇				二二	四			
第二甲	男	一一	三一	二九	二	一五	三	二三	七	三	五	
	女		二二	二二				二五	八	二		
第三甲	男	一二	二九	二五	四	一三	二	二〇	九	二	四	
	女		二一	二一	一		三	二六	五			
第四甲	男	一〇	三二	三一	一	一〇	三	二二	九	七	六	
	女		二七	二四	一		二	二〇	六	五		
第五甲	男	一〇	三一	二七	四	一四	五	二五	六	一	五	
	女		二四	二四			三	二〇	四	一		
第六甲	男	一〇	五一	四八	三	二一	一一	三七	一四	九	八	
	女		四二	四二				三三	九	一		
第七甲	男	一〇	二四	二〇	四	八	三	一七	七		六	
	女		二〇	二〇				一五	五			
第八甲	男	一〇	三九	三七	二	一七	四	三一	八		六	
	女		三一	三一				二六	五	一		
第九甲	男	一〇	二八	二六	二	一四	五	一九	九	一	八	
	女		二四	二三	一			一九	三			
第十甲	男	一〇	三二	三四	八	一三	一	二六	六	三	八	
	女		三五	三四	一			六	七	三		
第十一甲	男	一〇	四〇	三九	一	一〇	一〇	一九	一五	四	一三	
	女		三五	三九				一九	一七	四		
第十二甲	男	一二	三七	三四	三	一四	六	二九	八	二	七	
	女		三三	三二	一			二五	八			
第十三甲	男											
	女											
第十四甲	男											
	女											
第十五甲	男											
	女											
总计	男	一二五	三九七	三七一	三六	一五六	五四	二八五	一一二	三三	七九	
	女		三三七	三三二	五		八	二五六	八一	一七		
附记												

保长张鸿鼎

中华民国二十五年 月 日

四川省荣县第　区第　保普通户口统计表

事别＼甲别	第一甲		第二甲		第三甲		第四甲		第五甲		第六甲		第七甲		第八甲		第九甲		第十甲		第十一甲		第十二甲		第十三甲		第十四甲		第十五甲		总计		附记
户数	九		一二		一〇		一〇		一二		一〇		一〇		一〇		七		一〇												一〇〇		
	男	女	男	女	男	女	男	女	男	女	男	女	男	女	男	女	男	女	男	女	男	女	男	女	男	女	男	女	男	女	男	女	
人口总数	一九	八	三三	一九	四二	一四	三二	二二	三〇	二五	二四	二五	二〇	二一	二七	一七	一二	二〇	二四	一九											二六三	一九〇	
现住	一九	八	二六	一九	四一	一四	三二	二二	二九	二五	二一	二五	一九	二一	二二	一七	一一	二〇	二二	一九											二四二	一九〇	
他往			七		一				一		三		一		五		一		二												二一		他往者出保未出区者男四人出区未出县者男十一人出县未出省者六人
壮丁	一〇		一八		一二		一〇		五		三		一一		一三		五		六												九三		
识字	二		一一		九	四	八		七		一二		六	二	九		三	一	六	三											七三	一〇	
职业　有	一二	三	二九	一一	三七	一二	二六	一九	二七	一八	一三	二〇	一八	一四	二五	一二	九	一六	二〇	一三											二一六	一三八	
职业　无	七	五	四	八	五	二	六	三	三	七	一一	五	二	七	二	五	三	四	四	六											四七	五二	
非家属同住者			二				四	三	四				一																		一一	三	
学童			二		四		一		三		四		二		三		二		四												二五		
备考	跛足者男一人						手足不便者男一人				足跰者男一人		跛足者男一人				肺病者男一人																

中华民国二十　年　月　日　保长戴汉高

四川省荣县第三区第一五二保普通户口统计表

事别 \ 甲别		第一甲		第二甲		第三甲		第四甲		第五甲		第六甲		第七甲		第八甲		第九甲		第十甲		第十一甲		第十二甲		第十三甲		第十四甲		第十五甲		总计		附记
户数		一〇		一〇		一〇		一一		一〇		一〇		一〇		一〇		九		一一												一〇一		
人口总数		男	女	男	女	男	女	男	女	男	女	男	女	男	女	男	女	男	女	男	女	男	女	男	女	男	女	男	女	男	女	男	女	
人口总数		二〇	一八	三二	二五	二六	三〇	四四	四三	三〇	二七	四九	三九	三一	三一	二一	二六	二四	一七	一七	二二											二九四	二七八	
现住		二〇	一八	三〇	二五	二六	三〇	四三	四三	二六	二六	四八	三九	二八	三一	二〇	二五	二三	一七	一六	二二											二八〇	二七六	
他往				二				一		四	一	一		三		一	一	一		一												一四	二	出保未出区者男五人出区未出县者男四人女一人出县未出省者男七人女一人
壮丁		一三		一二		八		二〇		一四		一五		一五		一一		九		五												一二二		
识字		一二		八	一	九	一	八	三	一九	四	七		五		三		二		一												六四	一〇	
职业	有	一四	一〇	一九	九	一七	一四	三一	二八	一六	一九	三二	二三	二三	二一	一六	一八	一六	一一	一四	一二											一九八	一六五	
职业	无	六	八	一三	一六	九	一六	一三	一五	一四	八	一七	一六	八	一〇	五	八	八	六	三	一〇											九六	二三	
非家属同住者		三		六		七	二	六	七	二	一	七		六				二	二													三九	一二	
学童		五		七		五		六		八		五		一〇		七		五		六												六四		
备考								肺病男一 残疾男二		失性男一				癞黄病男一																		有病者男五		

中华民国二十 年 月 日 保长张逸尘

事别＼甲别	第一甲		第二甲		第三甲		第四甲		第五甲		第六甲		第七甲		第八甲		第九甲		第十甲		第十一甲		第十二甲		第十三甲		第十四甲		第十五甲		总计		附记
户数	一〇		一〇		一〇		一〇		一〇		一〇		一一		一〇		一〇		一〇												一〇一		
	男	女	男	女	男	女	男	女	男	女	男	女	男	女	男	女	男	女	男	女	男	女	男	女	男	女	男	女	男	女	男	女	
人口总数	二八	二五	二六	二三	一八	一六	三四	二一	一七	一七	二〇	三三	二二	一九	二一	二五	三七	二八	三二	三一											二五五	二三八	
现住	二六	二五	二二	二三	一五	一六	三四	二〇	一七	一七	二〇	三三	二二	一九	一九	二五	三七	二八	三一	三一											二四三	二三七	
他往	二		四		三			一							二				一												一二	一	
壮丁	八		一〇		四		四		六		八		五		六		七		八												六六		出省未出国男七出县未出省男五出区未出县女一
识字	四		二		四		五	一	四		四		四		三		二		三												三五	一	
职业 有	二二	一六	二一	一九	一三	一三	二八	一七	一三	一四	一六	二五	一七	一五	一六	二〇	二九	二四	二五	二四											二〇〇	一八七	
职业 无	六	九	五	四	五	三	六	四	四	三	四	八	五	四	五	五	八	四	七	七											五五	五一	
非家属同住者																																	
学童	四		五		二		三		三		二		二		三		三		六												三三		
备考					瞎子一		手不能屈一		瞎子一				跰子一		驼子一																		

四川省荣县第三区第一五三保普通户口统计表　保长毕绍怀

中华民国二十五年七月　日

四川省荣县第三区第一五四保普通户口统计表

保长辜大槐

中华民国二十六年八月　日

事别＼甲别		第一甲		第二甲		第三甲		第四甲		第五甲		第六甲		第七甲		第八甲		第九甲		第十甲		第十一甲		第十二甲		第十三甲		第十四甲		第十五甲		总计		附记
户数		一〇		一〇		一〇		一〇		一〇		一〇		一〇		一〇		一〇		九												九九		癞疾男三人
		男	女	男	女	男	女	男	女	男	女	男	女	男	女	男	女	男	女	男	女	男	女	男	女	男	女	男	女	男	女	男	女	
人口总数		二六	二七	二四	二三	二二	三〇	三〇	二二	一七	一五	三四	二九	二九	二七	二一	一七	二三	二六	二二	一二											二四八	二二八	
现住		二六	二七	二三	二三	二一	三〇	二六	二二	一四	一五	三四	二九	二八	二六	二〇	一七	二三	二六	二二	一二											二三七	二二七	
他往				一		一		四		三				一	一	一																一一	一	
壮丁		九		一四		一一		一三		一一		一二		一〇		八		一一		六												一〇五		
识字		九		三		二		三		一		七		二		五	一			一												三三	一	
职业	有	一四	二一	一九	一四	一五	二二	二三	一七	一四	一〇	二二	二〇	二二	一九	一七	一四	一六	二〇	一七	九											一七九	一六六	
	无	一二	六	五	九	六	八	七	五	三	五	一二	九	七	八	四	三	七	六	五	三											六九	六二	
非家属同住者																																		
学童		一二		二		一		四				一五		三		三		七		三												五〇		
备考		癞疾男二人						癞疾男一人																										

四川省荣县第三区第一五五保普通户口统计表　保长赖树堂

中华民国二十五年七月廿九日

事别＼甲别	第一甲		第二甲		第三甲		第四甲		第五甲		第六甲		第七甲		第八甲		第九甲		第十甲		第十一甲		第十二甲		第十三甲		第十四甲		第十五甲		总计		附记
户数	九		一〇		一〇		一〇		一〇		一〇		一〇		一一		一〇		一〇												一〇〇		
	男	女	男	女	男	女	男	女	男	女	男	女	男	女	男	女	男	女	男	女	男	女	男	女	男	女	男	女	男	女	男	女	
人口总数	二六	二〇	一五	一七	一八	一四	一六	一二	二一	二五	一四	一四	一八	二四	二四	二四	三一	二二	二三	一五											二〇六	一八七	
现住	二五	二〇	一二	一七	一六	一四	一六	一二	一九	二五	一四	一四	一四	二四	二四	二四	三一	二二	二二	一五											一九三	一八七	
他往	一		三		二				二				四						一												一三		
壮丁	一		三		四		五		六		四		七		七		九		五												五一		
识字					一		二		一				二		一		四		二												一四		
职业 有			一二	一	四				二				四		二		一二	一二													二八	一三	
职业 无	二五	二〇	一二	一六	一四	一四	一六	一二	一九	二五	一四	一四	一四	二四	二二	二四	一九	一〇	二三	一五											一七八	一七四	
非家属同住者																																	
学童	一		一		四								一		一		一		一												一四		
备考																																	

四川省荣县第三区第一五六保普通户口统计表　保长刘汉良

中华民国二十五年七月廿八日

甲别/事别		第一甲		第二甲		第三甲		第四甲		第五甲		第六甲		第七甲		第八甲		第九甲		第十甲		第十一甲		第十二甲		第十三甲		第十四甲		第十五甲		总计		附记
户数		一二		一一		一二		九		一〇		九		一〇		一一		一一		一〇												一〇五		
		男	女	男	女	男	女	男	女	男	女	男	女	男	女	男	女	男	女	男	女	男	女	男	女	男	女	男	女	男	女	男	女	
人口总数		四九	三九	三〇	二七	三二	二八	三〇	三〇	二一	一四	二六	一八	二九	二四	二二	二一	二二	二九	三一	一五											二九二	二四五	
现住		四八	三九	二八	二五	二九	二八	三〇	三〇	二一	一四	二五	一八	二九	二四	二〇	二一	二二	二九	三一	一五											二八三	二四三	
他往		一		二	二	三						一				二																九	二	出甲未出保者男一人出保未出区者男一人出区未出县者男五人女二人出县未出省者男一人出省未出国者男一人
壮丁		一二		五		一〇		七		五		六		八		三		七		三												六六		
识字		九		五		六	一	六	五	一		七		九		四		三	一	二												五二	七	
职业	有	二四	二二	二〇	一八	二一	一五	一九	一五	一八	一一	一九	一三	一八	一八	一四	一六	一八	一七	一三	一〇											一八四	一五五	
	无	二五	一七	一〇	九	一一	一三	一一	一五	三	三	七	五	一一	六	八	五	四	一二	一八	五											一〇八	九〇	
非家属同住者		一						六	七			二		一		一		一														一二	七	
学童		一七		七		五		九		二		二		五		四		五		五												六一		
备考		癈病六人		癈病四人		癈病一人		癈病三人		癈病二人		癈病二人		癈病二人		癈病三人		癈病五人		癈病三人														

事别 \ 甲别		第一甲		第二甲		第三甲		第四甲		第五甲		第六甲		第七甲		第八甲		第九甲		第十甲		第十一甲		第十二甲		第十三甲		第十四甲		第十五甲		总计		附记
户数		一〇		一〇		一〇		一〇		九		一〇		一〇		一〇		一〇		九												九八		
		男	女	男	女	男	女	男	女	男	女	男	女	男	女	男	女	男	女	男	女	男	女	男	女	男	女	男	女	男	女	男	女	
人口总数		二三	二三	一三	一五	二五	二九	一七	一三	二一	一七	二一	二四	一一	一六	一六	一六	一九	一七	一八	一九											一八四	一七九	
现住		一八	二三	一三	一五	二五	一九	一七	一三	二一	一七	二一	二四	一一	一六	一六	一六	一九	一七	一八	一九											一七九	一七八	
他往					一	一		一		一										一												五	一	
壮丁		一〇		五		六		七		八		一〇		六		五		六		七												七〇		
识字		一		一		一		二		一		一		一		一		一		一												一一		
职业	有	七	一二	五	八	一八	一二	一三	六	一四	一三	一二	一〇	一〇	一〇	一〇	七	八	一二	一三	一三											一一〇	一〇三	
	无	一一	一一	七	七	七	四	七	七	四	九	一四	一一	六	六	九	一一	六	五	六	五											七四	七六	
非家属同住者		一	二					一		一							一		一													三	四	
学童		一〇		六		三		一		三		四		六		三		五		二												四三		
备考																																		

四川省荣县第一区第一九一保普通户口统计表

保长杨先高

中华民国二十五年七月 日

事别＼甲别		第一甲		第二甲		第三甲		第四甲		第五甲		第六甲		第七甲		第八甲		第九甲		第十甲		第十一甲		第十二甲		第十三甲		第十四甲		第十五甲		总计		附记
户数		一〇		一〇		一〇		九		一一		八		九		一〇		一〇		一〇												九七		
		男	女	男	女	男	女	男	女	男	女	男	女	男	女	男	女	男	女	男	女	男	女	男	女	男	女	男	女	男	女	男	女	
人口总数		三五	三六	二三	二二	三三	二六	三三	二二	三一	一八	一八	一六	二九	一九	一九	一七	三〇	二四	一六	一一											二六七	二一一	
现住		三四	三六	二〇	二〇	三二	二六	二八	二二	二八	一八	一八	一六	二九	一九	一九	一七	二九	二四	一五	一一											二五二	二〇九	
他往		一		三	二	一		五		三								一		一												一五	二	
壮丁		九		七		一一		一〇		七		七				八		八		五												七二		
识字		六				九		六		五				四		八		七		二												四七		
职业	有	二二	二〇	一八	一二	一八	一一	一七	一五	一六	一一	一三	七	一六	一〇	一四	一〇	一八	一五	一二	七											一六四	一一八	
	无	一三	一六	五	一〇	一五	一五	一六	七	一五	七	五	九	一三	九	五	七	一二	九	四	四											一〇三	九三	
非家属同住者		三	一	一	一	四		六	一			二		二		一		四														二三	三	
学童		一一		五		七		五		四				五		四		八		一												五〇		
备考																																		

四川省荣县第三区第一五八保普通户口统计表　保长杨锡儒

中华民国二十五年七月廿九日

四川省荣县第一区第一九三保普通户口统计表　保长杨华章

中华民国二十五年七月廿八日

事别＼甲别		第一甲		第二甲		第三甲		第四甲		第五甲		第六甲		第七甲		第八甲		第九甲		第十甲		第十一甲		第十二甲		第十三甲		第十四甲		第十五甲		总计		附记
户数		一〇		一〇		一〇		一一		一〇		一〇		一一		九		一一		一〇												一〇二		
人口总数		男	女	男	女	男	女	男	女	男	女	男	女	男	女	男	女	男	女	男	女	男	女	男	女	男	女	男	女	男	女	男	女	
		一九	一六	一五	一八	二〇	一二	二一	一八	二五	二六	二九	三一	二六	一六	一五	一五	二二	一四	一八	一五											二一〇	一八一	
现住		一九	一六	一五	一八	二〇	一二	二一	一八	二五	二六	二九	三一	二六	一六	一五	一五	二二	一四	一八	一五											二一〇	一八一	
他往																																		
壮丁		六		六		四		四		五		八		七		一		五		二												四八		
识字		二		三		二		二		二		三		二				三		二												二一		
职业	有	七	九	一〇	一一	一二	八	一〇	一二	一四	一六	一七	二一	一九	一一	一〇	一〇	一四	九	一二	九											一二五	一一六	
	无	一二	七	五	七	八	四	一一	六	一一	一〇	一二	一〇	七	五	五	五	八	五	六	六											八五	六五	
非家属同住者																																		
学童		六		七		四		五		七		一一		四		三		四		四												五五		
备考																																		

四川省荥县第　区第　保普通户口统计表

事别＼甲别	第一甲		第二甲		第三甲		第四甲		第五甲		第六甲		第七甲		第八甲		第九甲		第十甲		第十一甲		第十二甲		第十三甲		第十四甲		第十五甲		总计		附记
户数	八		一一		九		一〇		一〇		一〇		八		一〇		九		一〇												九五		
	男	女	男	女	男	女	男	女	男	女	男	女	男	女	男	女	男	女	男	女	男	女	男	女	男	女	男	女	男	女	男	女	
人口总数	二二	一七	三一	二五	二一	一四	二〇	一二	一八	八	二〇	一八	一三	一五	二六	二九	一九	一七	一九	一六											二〇九	一七一	
现住	二一	一七	二九	二五	二一	一四	二〇	一二	一八	八	一八	一八	一一	一五	二六	二九	一八	一七	一七	一六											一九九	一七一	
他往	一		二								二		二				一		二												一〇		
壮丁	五		一〇		五		七		四		八		六		六		七		九												六七		
识字	七		七		二		四		三		二		四		九		二		四												四四		
职业 有	一一	一二	一五	一四	一三	七	一一	九	一〇	五	一五	一〇	一〇	一一一	一三	一七	一四	一〇	一二	九											一二四	一〇四	
职业 无	一一	五	一六	一一	八	七	九	三	八	三	五	八	三	四	一三	一二	五	七	七	七											八五	六七	
非家属同住者			一		一	一		一	三	一	一				一	一															七	四	
学童	七		一〇		四		五		五		一		一		九		三		二												四七		
备考															残废者男一人		残废者女一人		残废女一人														

保长辜廉浦

中华民国二十　年　月　日

荣县第一区普通户口统计表（二）

事别＼甲别	第一甲		第二甲		第三甲		第四甲		第五甲		第六甲		第七甲		第八甲		第九甲		第十甲		第十一甲		第十二甲		第十三甲		第十四甲		第十五甲		总计		附记
户数	一〇		一〇		九		八		一〇		一〇		一〇		一〇		一〇		一〇												九七		
	男	女	男	女	男	女	男	女	男	女	男	女	男	女	男	女	男	女	男	女	男	女	男	女	男	女	男	女	男	女	男	女	
人口总数	二四	二三	二六	十八	二〇	一二	一〇	一七	二四	二〇	二八	一五	二三	二一	二九	二九	二五	二五	二一	一七											二三〇	一九七	
现住	二四	二三	二六	十八	二〇	一二	一〇	一七	二四	二〇	二八	一五	二三	二一	二九	二九	二五	二五	二一	一七											二三〇	一九七	
他往																																	
壮丁	八		八		七		五		六		一〇		六		九		六		七												七二		
识字	九		四		七		二		八	一	五		八		六		三		一												五三	二	
职业 有	一五	一三	一三	一〇	一一	八	七	一一	九	一五	一〇	九	一四	一一	一六	一一	一二	一九	一三	一三											一二〇	一三二	
职业 无	九	一〇	一三	八	九	四	三	六	一五	五	一八	六	九	一〇	一三	八	一三	六	八	四											一一〇	六五	
非家属同住者	一		二		二				一				四		一			一													一一	一	
学童	二		一				二				四		三		四		四		二												二二		
备考	女一残废		男三女一残废				女一残废		男三残废				女一残废		男三女一残废		男二残废		男一残废												男一二女五残废		

四川省荣县第一区第一九五保普通户口统计表

保长辜维周

中华民国二十五年七月廿日

四川省荣县第三区第一六二保普通户口统计表

甲别	性别	户数	人口总数	现住	他住	壮丁	识字	职业·有	职业·无	非家属同住者	学童	备考
第一甲	男	一〇	二一	二〇	一	七	五	一一	一〇	二	二	
	女		一五	一五				一一	四			
第二甲	男	一〇	四〇	三八	二	一二	六	一六	二四	一	八	
	女		二〇	二〇				一〇	一〇			
第三甲	男	一一	二八	二六	二	六	三	一三	一五	一	六	
	女		二四	二四				一二	一二			
第四甲	男	一〇	二〇	一九	一	八	二	一三	七	一	六	
	女		二〇	二〇				一二	八			
第五甲	男	八	一九	一九		一	二	九	一〇		七	
	女		一四	一四				六	八			
第六甲	男	一一	二八	二四	四	八	四	一四	一四		五	
	女		二〇	一九	一			一四	六			
第七甲	男	一一	一九	一八	一	五	一二	一一	八	一	三	
	女		一九	一九				一五	四	一		
第八甲	男	一〇	二五	二五		一一	三	一五	一〇		五	
	女		三〇	三〇				一三	一七			
第九甲	男	一〇	三一	二六	五	二	二	一五	一六	一	一〇	
	女		二一	二一				一二	九			
第十甲	男	一〇	二一	二一		五	二	一二	九		二	
	女		二一	二一				一〇	一一			
第十一甲	男											
	女											
第十二甲	男											
	女											
第十三甲	男											
	女											
第十四甲	男											
	女											
第十五甲	男											
	女											
总计	男	一〇一	二五二	二三六	一六	六五	四一	一二九	一二三	七	五四	
	女		二〇四	二〇三	一			一一五	八九	一		

附记

保长金少廉

中华民国二十　年　月　日

事别＼甲别		第一甲		第二甲		第三甲		第四甲		第五甲		第六甲		第七甲		第八甲		第九甲		第十甲		第十一甲		第十二甲		第十三甲		第十四甲		第十五甲		总计		附记
户数		一〇		一〇		一〇		一〇		一〇		一二		一〇		一〇		一〇		一〇												一〇二		
人口总数		男	女	男	女	男	女	男	女	男	女	男	女	男	女	男	女	男	女	男	女	男	女	男	女	男	女	男	女	男	女	男	女	
		二四	二七	二二	二七	二四	二五	二三	二四	二七	二八	二〇	二九	二三	一七	二九	二二	三二	二六	二三	二八											二四七	二五三	
现住		二三	二七	二二	二六	二三	二五	二一	二四	二一	二八	一八	二九	二三	一七	二六	二二	二九	二六	二一	二八											二二七	二五二	
他往		一			一	一		二		六		二				三		三		二												二〇	一	
壮丁		七		一〇		五		八		九		五		五		七		八		七												七一		
识字		六		一		三		四		四		六		二		六		五		二												三九		
职业	有	二〇	二五	二二	二六	二四	二四	二二	二四	二六	二八	二〇	二八	二三	一七	二七	二〇	二九	二五	二〇	二六											二三三	二四三	
	无	四	二		一		一	一		一			一			二	二	三	一	三	二											一四	一〇	
非家属同住者		一		一	二		一	一		四						一		一		六												一五	三	
学童		三		一				一		一						二		三		二												一三		
备考																																		

四川省荣县第一区第一九七保普通户口统计表　保长曹著明

中华民国二十五年七月廿八日

四川省荣县第三区第一六四保普通户口统计表　保长辜大禄

中华民国二十五年七月廿五日

甲别＼事别	户数	人口总数		现住		他往		壮丁		识字		职业·有		职业·无		非家属同住者		学童	备考
		男	女	男	女	男	女	男	女	男	女	男	女	男	女	男	女		
第一甲	一〇	二三	二一	二三	二一			六				一九	一六	四	五			三	
第二甲	九	一七	一五	一三	一五	四				三		一七	一〇		五			五	
第三甲	九	二三	二七	二一	二七	二		七		八		二〇	二一	三	六			一四	
第四甲	一〇	二三	一一	二〇	一一	三		六		一		一三	一一	一〇				三	
第五甲	一〇	二五	二三	二五	二三			五		一		二一	一八	四	五			七	
第六甲	一〇	二三	二〇	二三	二〇			五		一		二〇	一六	三	四			三	
第七甲	九	二九	一八	二六	一八	三		五		一		二四	一四	五	四			五	
第八甲	八	一七	一三	一五	一三	二		六		二		一四	一〇	三	三			四	
第九甲	七	一五	一三	一一	一三	四		四		二		九	一〇	六	三			二	
第十甲	八	一五	一四	一五	一四			六		一		一三	一一	二	三			三	
第十一甲																			
第十二甲																			
第十三甲																			
第十四甲																			
第十五甲																			
总计	九〇	二一〇	一七五	一九二	一七五	一八		五〇		二〇		一七〇	一三九	四〇	三六			四九	
附记																			

事别＼甲别		第一甲		第二甲		第三甲		第四甲		第五甲		第六甲		第七甲		第八甲		第九甲		第十甲		第十一甲		第十二甲		第十三甲		第十四甲		第十五甲		总计		附记
户数		一〇		一二		一〇		一〇		一〇		一〇		一〇		八		一〇		一〇												一〇〇		
		男	女	男	女	男	女	男	女	男	女	男	女	男	女	男	女	男	女	男	女	男	女	男	女	男	女	男	女	男	女	男	女	
人口总数		一八	一二	三九	二四	二六	二六	二三	二二	二五	二〇	二六	二五	三一	二三	二三	一七	三〇	二三	二〇	一四											二六一	二〇六	
现住		一八	一二	三五	二四	二五	二六	一九	二二	二二	二〇	二六	二五	二七	二三	二〇	一七	三〇	二三	一七	一四											二三九	二〇六	
他往				四		一		四		三				四		三				三												二三		
壮丁		三		一二		九		八		九		七		一四		七		七		九												八五		
识字				一		一		一						三																		六		
职业	有	一二	一〇	二七	一九	一二	一六	一八	一八	一六	一六	一五	一二	二〇	一七	一二	一一	一八	一七	一八	一二											一六八	一四八	
	无	六	二	一二	五	一四	一〇	五	四	九	四	一一	一三	一一	六	一一	六	一二	六	二	二											九三	五八	
非家属同住者		一		三		一				一			一	二				二		一												一一	一	
学童		四		四		六				二		五		六		六		四		二												三九		
备考																																		

四川省荣县第一区第一九九保普通户口统计表 保长罗锡侯

中华民国二十五年七月廿九日

四川省荣县第三区第一六六保普通户口统计表　保长陈学涵

中华民国二十五年七月廿八日

事别＼甲别		第一甲		第二甲		第三甲		第四甲		第五甲		第六甲		第七甲		第八甲		第九甲		第十甲		第十一甲		第十二甲		第十三甲		第十四甲		第十五甲		总计		附记
户数		一〇		一〇		一〇		一〇		一〇		一〇		一〇		一〇		一〇		一〇												一〇〇		
人口总数		男	女	男	女	男	女	男	女	男	女	男	女	男	女	男	女	男	女	男	女	男	女	男	女	男	女	男	女	男	女	男	女	
		三二	一八	二三	二三	二七	一七	二〇	一五	二一	一八	二七	三三	三〇	二八	二六	二一	二三	二一	二〇	二三											二四九	二一七	
现住		二八	一八	一八	二三	二二	一七	一五	一五	一五	一八	二六	三三	二七	二八	二四	二一	一九	二〇	一七	二三											二一一	二一六	
他往		四		五		五		五		六		一		三		二		四	一	三												三八	一	
壮丁		一〇		一〇		一三		八		一〇		八		八		六		八		六												八七		
识字		五		一		三		四		四		四		五		三		三		二												三四		
职业	有	二〇	九	一五	一三	一七	九	一二	九	一三	一〇	一八	二一	二一	一六	一九	一三	一五	一二	一一	一二											一六一	一二四	
	无	一二	九	八	一〇	一〇	八	八	六	八	八	九	一二	九	一二	七	八	八	九	九	一一											八八	九三	
非家属同住者																																		
学童		七		九		九		九		一二		一一		九		一四		九		一一												一〇〇		
备考																																		

事别＼甲别	第一甲		第二甲		第三甲		第四甲		第五甲	
	男	女	男	女	男	女	男	女	男	女
户数	一〇		一〇		一〇		一〇		一〇	
人口总数	三六	二四	一七	一九	二一	一五	二五	一八	二三	一七
现住	三四	二四	一四	一九	二〇	一五	二二	一七	二二	一七
他往	二		三		一		三	一	一	
壮丁	一二		六		九		一〇		一〇	
识字	一七	一	四		六		二		三	
职业 有	一九	一一	九	一二	一二	一〇	一七	二	一三	一二
职业 无	一七	一三	八	七	九	五	七	七	一〇	五
非家属同住者	九									
学童	六				四		五		七	
备考										

事别＼甲别	第六甲		第七甲		第八甲		第九甲		第十甲	
	男	女	男	女	男	女	男	女	男	女
户数	一〇		一〇		一〇		一〇		一〇	
人口总数	二八	一二	二七	二七	三一	二四	一七	二〇	一七	一八
现住	二八	一二	二六	二五	三〇	二四	一七	二〇	一七	一八
他往			一	二	一					
壮丁	一〇		一三		二		九		六	
识字	二		五		一三		一		一	
职业 有	一五	七	二三	一九	一八	一八	一三	一一	一一	一〇
职业 无	一三	五	四	八	一三	六	四	九	六	八
非家属同住者			二	一	四	二				
学童			七		六		二		一	
备考			驼背男一						驼背男一	

事别＼甲别	第十一甲		第十二甲		第十三甲		第十四甲		第十五甲		总计		附记
	男	女	男	女	男	女	男	女	男	女	男	女	
户数	一一		一〇		一〇						一三一		出保未出区者男一人女二人出区未出县者男三人女一人出县未出省者男四人女一人
人口总数	三〇	四〇	二五	二二	三〇	二五					三二七	二八一	
现住	二九	三九	二五	二二	二九	二五					三〇九	二七七	
他往	一	一	四		一						一八	四	
壮丁	三		一五		一六						一二一		
识字	四		五	一	五						六八	二	
职业 有	一八	二一	一七		二〇	二〇					二〇五	一八四	
职业 无	一三	一九	八		一〇	五					一二二	九七	
非家属同住者	一										七	三	
学童	九		七		八						六二		
备考													

四川省荣县第三区第一六七保普通户口统计表　　保长沈文湘

中华民国二十五年七月廿二日

四川省荣县第一区第二一六保普通户口统计表　保长刘碧章
中华民国二十五年七月　日

事别＼甲别		第一甲		第二甲		第三甲		第四甲		第五甲		第六甲		第七甲		第八甲		第九甲		第十甲		第十一甲		第十二甲		第十三甲		第一四甲		第十五甲		总计		附记
户数		一〇		一一		一一		一〇		一〇		一三		一一		一〇		九		一〇												一〇五		
		男	女	男	女	男	女	男	女	男	女	男	女	男	女	男	女	男	女	男	女	男	女	男	女	男	女	男	女	男	女	男	女	
人口总数		四一	三一	二八	二六	三六	三三	三六	二五	三一	二三	三九	三六	三二	三八	二一	二二	一九	二三	三四	三五											三一七	二九二	
现住		四一	三一	二三	二六	三四	三三	三四	二五	二九	二三	三九	三六	三二	三八	二〇	二二	一三	二三	三〇	三五											二九五	二九二	
他往				五		二		二		二						一		六		四												二二		
壮丁		八		四		五		一〇		六		一〇		三		五		三		八												六二		
识字		三		一		一		五		七		四						三		九												三三		
职业	有	二三	二四	一九	一四	一七	二〇	二〇	一一	一六	一一	二四	二一	一八	一八	一四	一二	一四	一六	二二	二一											一八七	一六八	
	无	一八	七	九	一二	一九	一三	一六	一四	一五	一二	一五	一五	一四	二〇	七	一〇	五	七	一二	一四											一三〇	一二四	
非家属同住者					一	一					一				一																	一	三	
学童		一三		八		一一		一二		一〇		九		一四		八		四		一〇												九九		
备考																																		

事别＼甲别		第一甲		第二甲		第三甲		第四甲		第五甲		第六甲		第七甲		第八甲		第九甲		第十甲		第十一甲		第十二甲		第十三甲		第十四甲		第十五甲		总计		附记
户数		一二		一三		一一		一三		一一		一一		一〇		一〇		一〇		九												一一〇		
人口总数		男	女	男	女	男	女	男	女	男	女	男	女	男	女	男	女	男	女	男	女	男	女	男	女	男	女	男	女	男	女	男	女	
		三二	二三	三三	三二	四三	三三	四〇	三〇	二三	二六	三二	三五	二六	一九	二三	二五	三九	二七	三三	二七											三二四	二七七	
现住		二五	二三	二七	三〇	三九	三一	三四	三〇	一九	二五	二八	三五	二二	一八	一六	二五	三九	二五	三一	二七											二八〇	二六九	
他往		七		六	二	四	二	六		四	一	四		四	一	七			二	二												四四	八	
壮丁		一二		一〇		一九		一二		六		八		七		九		一三		一〇												一〇六		
识字		四		六		七		七		六		八		五	一	四		九		五												六一	一	
职业	有	二四	一五	二〇	一七	二三	二〇	三一	一八	七	一〇	二〇	二一	一四	一一	一三	一三	二三	一八	一八	一四											一九三	一五七	
	无	八	八	一三	一五	二〇	一三	九	一二	一六	一六	一二	一四	一二	八	一〇	一二	一六	九	一五	一三											三一	一二〇	
非家属同住者				一		三		二	一			二	二	一		一		五		一												一六	三	
学童		九		八		九		一二		六		八		六		七		一〇		一一												八六		
备考																																		

四川省荣县第一区第二一七保普通户口统计表

保长杨德修

中华民国二十五年七月　日

四川省荣县第一区第二一八保普通户口统计表

事别＼甲别	第一甲		第二甲		第三甲		第四甲		第五甲		第六甲		第七甲		第八甲		第九甲		第十甲		第十一甲		第十二甲		第十三甲		第十四甲		第十五甲		总计		附记
	男	女	男	女	男	女	男	女	男	女	男	女	男	女	男	女	男	女	男	女	男	女	男	女	男	女	男	女	男	女	男	女	
户数	九		八		一〇		一〇		九		一二		一一		九		一〇		一〇												九八		内寺庙一所男一已例入普通户口矣
人口总数	二四	二七	一八	一六	二一	二五	三五	三〇	三三	二九	四四	四三	二六	二一	一六	二一	二八	一七	三三	二九											二七八	二五八	
现住	二四	二七	一八	一六	一九	二四	三四	二九	三二	二九	四三	四三	二一	二一	一四	二一	二五	一七	三三	二九											二六三	二五六	
他往					二	一	一	一	一		一		五		二		三														一五	二	
壮丁	七		四		七		一二		九		一四		五		四		九		七												七八		
识字	四		二				三		九		一〇		一		一		二		五												三八		
职业 有	一八	一八	一二	一一	一四	一六	二二	一五	一八	一九	三〇	二四	一六	一三	八	一二	二一	一〇	一六	一七											一七五	一五五	
职业 无	六	九	六	五	七	九	一三	一五	一五	一〇	一四	一九	一〇	八	八	九	七	七	一七	一二											一〇三	一〇三	
非家属同住者	三	一					一		三		七		二		一		四		一												二二	一	
学童	四		三		四		六		六		一三		五		三		五		六												五五		
备考																																	

保长戴伯权

中华民国二十五年七月　日

事别＼甲别		第一甲		第二甲		第三甲		第四甲		第五甲		第六甲		第七甲		第八甲		第九甲		第十甲		第十一甲		第十二甲		第十三甲		第十四甲		第十五甲		总计		附记
户数		一一		一〇		七		一二		一〇		一〇		一二		一一		一〇		一〇												一〇三		
		男	女	男	女	男	女	男	女	男	女	男	女	男	女	男	女	男	女	男	女	男	女	男	女	男	女	男	女	男	女	男	女	
人口总数		二一	二二	二六	二六	二三	一九	三八	三八	二四	二二	二七	二五	三二	三四	三四	二五	二三	二〇	二八	二二											二七六	二五三	
现住		一七	二二	二二	二二	二二	一九	三六	三八	二二	二二	二七	二五	二九	三四	三一	二五	二二	二〇	二四	二二											二五二	二五三	
他往		四		四		一		二		二				三		三		一		四												二四		
壮丁		二		五		二		四		七		一		二		五		六		六												四〇		
识字		二		一		一		三		一		一		一		一		一		一												一三		
职业	有	一四	一三	一六	一六	一四	一〇	二五	二〇	一六	一四	一五	一二	一七	二二	一七	一五	一六	一三	一五	一五											一六五	一五〇	
	无	七	九	一〇	一〇	九	九	一三	一八	八	八	一二	一三	一五	一二	一七	一〇	七	七	一三	七											一一一	一〇三	
非家属同住者		一		二	二			九	二	三		三		一	三	二				一												二二	七	
学童		九		八		九		八		六		一〇		一三		九		九		八												八九		
备考																																出县男三人		

四川省荣县第一区第二一九保普通户口统计表　保长王世铜

中华民国二十五年七月　日

四川省荣县第一区第二二〇保普通户口统计表

事别＼甲别		第一甲	第二甲	第三甲	第四甲	第五甲	第六甲	第七甲	第八甲	第九甲	第十甲	第十一甲	第十二甲	第十三甲	第十四甲	第十五甲	总计	附记
户数		一〇	九	一〇	一〇	一一	一〇	一〇	一〇	一一	九	九	九	九			一二七	
人口总数	男	三一	二九	四四	二六	二六	二八	二二	四五	三七	二四	一七	三四	二六			三八九	
	女	二九	二七	三九	三三	二四	二七	一七	二四	二七	二四	二四	二九	三〇			三五四	
现住	男	二二	二八	四一	二六	二二	二〇	二一	四二	三四	一八	一六	三〇	二三			三四三	
	女	二九	二七	三九	三三	二四	二七	一七	二四	二七	二四	二四	二九	三〇			三五四	
他往	男	九	一	三		四	八	一	三	三	六	一	四	三			四六	
	女																	
壮丁	男	二	三	七	四	四	四	二	五	七	四	四	四	四			五四	
	女																	
识字	男	六	五	九	二	四	七	三	四	一	五	二	三	三			五五	
	女	一															一	
职业 有	男	二二	一八	一九	一七	一七	一八	一四	二七	一九	一五	一三	一九	一六			二三四	
	女	一七	一七	二三	一五	一七	二三	一一	一五	二三	一二	一五	一九	一五			二〇二	
职业 无	男	九	一一	二五	九	九	一〇	八	一八	一八	九	四	一五	一〇			一五五	
	女	一二	一〇	一六	一八	七	一四	六	九	一四	一二	九	一〇	一五			一五二	
非家属同住者	男	三	一		一	三		一	八		一		一				一九	
	女									一			一				二	
学童		三	七	一〇	五	四	四	五	一二	一三	四	四	一二	九			九二	
备考																		

保长陈必顺

中华民国二十五年七月　日

事别 \ 甲别		第一甲		第二甲		第三甲		第四甲		第五甲		第六甲		第七甲		第八甲		第九甲		第十甲		第十一甲		第十二甲		第十三甲		第十四甲		第十五甲		总计		附记
户数		九		一〇		一五		九		八		一三		一二		一〇		一〇														一二九		
人口总数		男	女	男	女	男	女	男	女	男	女	男	女	男	女	男	女	男	女	男	女	男	女	男	女	男	女	男	女	男	女	男	女	
		三一	二四	四二	二七	三八	三〇	三七	二七	二二	一六	四六	四六	二六	三一	四二	三三	二三	一七	三八	三三	三四	三八	二八	二二							四〇七	三四四	
现住		二九	二四	三七	二七	三三	三〇	三六	二七	二一	一六	四二	四四	二一	三一	三九	三三	一九	一七	三四	三三	三二	三八	二五	二二							三六八	三四二	
他往		二		三		五		一		一		四	二	五		三		四		四		二		三								三九	二	
壮丁		六		一六		一五		一一		九		八		一一		一三				一六		一二		一〇								一三七		保内寺庙一所男一人已例入本统计表内
识字		二		二		三		一		六		三		八	一	七		一		五		八		一								四七	一	
职业	有	一五	一三	二三	一五	二六	二〇	二〇	一六	一七	一二	二七	三〇	一九	一六	二七	二六	一五	一一	二三	一七	二三	二五	二〇	一五							二五五	二一六	
	无	一六	一一	一九	一二	一二	一〇	一七	一一	五	四	一九	一六	七	一五	一五	七	八	六	一五	一六	一一	一三	八	七							一五二	一二八	
非家属同住者		八	一	三		一		二		二		二				五		一		八		八		二								三五	一	
学童		一〇		一〇		六		七		六		四		六		一二		三		九		七		七								八七		
备考																																		

四川省荣县第一区第二二一保普通户口统计表

保长王述文

中华民国二十五年七月二八日

四川省荣县第一区第二二二保普通户口统计表

事别＼甲别		第一甲		第二甲		第三甲		第四甲		第五甲		第六甲		第七甲		第八甲		第九甲		第十甲		第十一甲		第十二甲		第十三甲		第十四甲		第十五甲		总计		附记
户数		一〇		一一		一〇		一〇		一〇		一〇		一〇		一〇		一〇		一〇												一〇一		
		男	女	男	女	男	女	男	女	男	女	男	女	男	女	男	女	男	女	男	女	男	女	男	女	男	女	男	女	男	女	男	女	
人口总数		二九	二九	四〇	二六	三四	二八	三一	三〇	三七	三一	三四	二六	二三	一五	四二	三七	四三	二三	三九	三九											三五二	二八四	
现住		二九	二九	三五	二六	三二	二八	三一	三〇	三六	三一	二九	二五	一九	一五	三九	三七	三六	二三	三六	三九											三二二	二八三	
他往				三		二				一		五	一	四		三		七		三												三〇	一	
壮丁		一〇		八		七		八		一一		一〇		六		一二		一五		一〇												九九		
识字		四		四		五	一	五		九		一九	四	三		五		二二		二二												九八	五	
职业	有	二一	一八	二六	一六	二二	二〇	一九	二〇	二四	二〇	二二	二〇	一五	一三	二九	二五	三一	一八	二六	二五											二三五	一九五	
	无	八	一一	一四	一〇	一二	八	一二	一〇	一三	一一	一二	六	八	二	三	一二	一二	五	一三	一四											一一七	八九	
非家属同住者		三		三		一		二		二	一	七	四	一	一			二		二	一											二三	七	
学童		八		一〇		一一		九		七		七		五		八		三		一〇												七八		
备考																																		

保长朱新民

中华民国二十五年七月　日

四川省荣县第一区第223[①]保普通户口统计表　保长周肇旦
中华民国二十五年七月　日

事别＼甲别		第一甲		第二甲		第三甲		第四甲		第五甲		第六甲		第七甲		第八甲		第九甲		第十甲		第十一甲		第十二甲		第十三甲		第十四甲		第十五甲		总计		附记
户数		一〇		一〇		九		一〇		一〇		一〇		一一		九		一二		一〇												一〇一		
人口总数		男	女	男	女	男	女	男	女	男	女	男	女	男	女	男	女	男	女	男	女	男	女	男	女	男	女	男	女	男	女	男	女	
		二八	二三	二二	一六	三〇	二三	三二	二三	二五	一六	二九	二三	二九	二九	二四	一七	二五	二八	三五	二七											二七九	二二五	
现住		二七	二三	一八	一五	二六	二三	二八	二一	一七	一五	二七	二三	二四	二九	二三	一六	二三	二八	三一	二六											二四四	二一九	
他往		一		四	一	四		四	二	八	一	二		五		一	一	二		四	一											三五	六	
壮丁		七		五		六		八		五		一二		三		三		九		一三												七一		
识字		一二	一	九		三		七	一	二		七		七	一	一一	一	二		六												六六	四	
职业	有	一八	一四	一三	一一	一七	一四	二一	一四	一七	六	一八	九	一九	一五	一二	一一	一七	一四	一七	一三											一六九	一二一	
	无	一〇	九	九	五	一三	九	一一	九	八	一〇	一一	一四	一〇	一四	一二	六	八	一四	一八	一四											一一〇	一〇四	
非家属同住者		一		一		二	一	三	一	三		三		四	二	三		二	四	三	一											二五	九	
学童		三		二		六		六		七		七		四		四		七		七												五三		
备考																																		

①原文如此。

四川省荣县第一区第二二四保普通户口统计表

保长周其康

中华民国二十五年七月　日

事别＼甲别		第一甲		第二甲		第三甲		第四甲		第五甲		第六甲		第七甲		第八甲		第九甲		第十甲		第十一甲		第十二甲		第十三甲		第十四甲		第十五甲		总计		附记
户数		九		一〇		一〇		九		九		一二		一二		九		九		一二												一〇一		本保内公共四所计男一百六十人女五十二人在住户表已例入他往者男一人女六人
人口总数		男	女	男	女	男	女	男	女	男	女	男	女	男	女	男	女	男	女	男	女	男	女	男	女	男	女	男	女	男	女	男	女	
		二七	一九	三二	二一	三六	一七	二三	一九	二〇	二二	三二	二一	二七	二六	三二	二三	四八	二二	二四	二六											三〇一	二一六	
现住		二四	一七	三二	二一	三五	一七	二二	一九	一四	二〇	二八	二〇	二五	二五	二九	二一	四七	二一	二一	二六											二七七	二〇七	
他往		三	二			一		一		六	二	四	一	二	一	三	二	一	一	三												二四	九	
壮丁		一三		一九		一五		一〇		七		一一		一二		一二		一九		一〇												一二八		
识字		一四	三	一六		一五		一四		八		九	一	三		五	一	一一														九五	五	
职业	有	一九	八	二四	九	二六	九	一六	一一	一一	九	二〇	一〇	一八	九	一六	一〇	二七	一三	一四	一四											一九一	一〇二	
	无	八	一一	八	一二	一〇	八	七	八	九	一三	一二	一一	九	一七	一六	一三	二一	九	一〇	一二											一一〇	一一四	
非家属同住者		八	二	一二	三	一一	一	三		一	一	六			一	三		二〇	三	一												六五	一一	
学童		九		六		五		二		六		五		五		七		九		五												五九		
备考																																		

四川省荣县第一区第二二五保普通户口统计表　　保长曹积禧
中华民国二十五年七月　日

事别＼甲别	第一甲		第二甲		第三甲		第四甲		第五甲		第六甲		第七甲		第八甲		第九甲		第十甲		第十一甲		第十二甲		第十三甲		第十四甲		第十五甲		总计		附记
户数	一〇		一一		九		一四		一〇		九		一〇		一〇		一二		一二												一〇七		
	男	女	男	女	男	女	男	女	男	女	男	女	男	女	男	女	男	女	男	女	男	女	男	女	男	女	男	女	男	女	男	女	
人口总数	三七	二九	三二	二四	二三	一六	四四	三五	二九	二七	二三	一九	四〇	三七	二九	一八	五四	三六	三九	三五											三五〇	二七六	
现住	三一	二九	二八	二四	二一	一六	四三	三五	二六	二七	一八	一九	三七	三七	二八	一八	四七	三六	三四	三五											三一三	二七六	
他往	六		四		二		一		三		五		三		一		七		五												三七		
壮丁	四		三		四		七		八		四		一一		四		一一		五												六一		
识字	九	三	五		五		一〇		七		九		一一		四		一三		九												八五	三	
职业 有	一七	一七	一四	二三	一三	一一	一八	二五	一五	一三	一三	一三	一六	二二	一三	一四	二四	二四	二一	二二											一六四	一八四	
职业 无	二〇	一二	一八		一〇	五	二六	一〇	一四	一四	一〇	六	二四	一五	一六	四	三〇	一二	一八	一三											一八六	九二	
非家属同住者	四		三		二		七		一				一一		四		六		一												三九		
学童	三		七		一		四		四		三		三		四		三		一												三三		
备考																																	

四川省荣县第一区第二二六保普通户口统计表

甲别 事别		第一甲		第二甲		第三甲		第四甲		第五甲		第六甲		第七甲		第八甲		第九甲		第十甲		第十一甲		第十二甲		第十三甲		第十四甲		第十五甲		总计		附记
户数		一〇		一一		一〇		一〇		一一		九		一一		九		一〇		一〇												一〇一		
人口总数		男	女	男	女	男	女	男	女	男	女	男	女	男	女	男	女	男	女	男	女	男	女	男	女	男	女	男	女	男	女	男	女	
		三一	二八	三三	三六	三五	二九	二五	二〇	二八	二四	三四	二四	三三	三四	二四	二一	二九	二七	三三	三一											三〇五	二七四	
现住		三一	二八	二八	三三	三〇	二九	一九	二〇	二三	二四	三一	二四	二九	三四	二一	二一	二七	二七	二七	三一											二六六	二七一	
他往				五	三	五		六		五		三		四		三		二		六												三九	三	
壮丁		八		六		八		六		四		七		七		七		八		七												六八		
识字		一		七	六	四		八		二		四		二		二		二		八												四〇	六	
职业	有	一八	一六	二〇	二七	一八	二一	一四	一六	一七	一九	二〇	一九	一九	二三	一五	一四	一〇	一五	二三	一八											一八四	一八八	
	无	一三	一二	一三	九	一七	八	一一	四	一一	五	一四	五	一四	一一	九	七	九	一二	一〇	一三											一二一	八六	
非家属同住者		二	一	二	三	一		一	二	二		二				四	一	三		三												二一	七	
学童		九		七		七		四		六		五		五		三		七		一一												六四		
备考																																		

保长叶志权

中华民国二十五年七月　日

四川省荣县第一区第二二七保普通户口统计表

事别＼甲别		第一甲		第二甲		第三甲		第四甲		第五甲		第六甲		第七甲		第八甲		第九甲		第十甲		第十一甲		第十二甲		第十三甲		第十四甲		第十五甲		总计		附记
户数		一〇		一〇		一〇		一一		一一		一〇		九		一〇		一一		一一												一〇三		
		男	女	男	女	男	女	男	女	男	女	男	女	男	女	男	女	男	女	男	女	男	女	男	女	男	女	男	女	男	女	男	女	
人口总数		三八	四一	三四	二四	二七	二六	四一	三一	三四	三四	四六	四一	二五	二七	三六	二五	三三	二九	四一	三八											三五五	三一六	
现住		三八	四一	三〇	二四	二二	二六	三九	三一	三一	三四	三九	四一	二四	二五	三五	二五	二七	二九	四〇	三八											三二五	三一四	
他往				四		五		二		三		七		一	二	一		六		一												三〇	二	
壮丁		一七		一三		一一		七		一三		一四		一〇		一二		一二		一四												一二三		
识字		七		四		五		九		一六	三	一〇		一		六		一		八												六七	三	
职业	有	二五	一九	一九	一四	一八	一三	一九	一三	一九	一四	三一	一七	一七	一二	二二	一一	二一	一一	二一	一七											二一二	一四一	
	无	一三	二二	一五	一〇	九	一三	二二	一八	一五	二〇	一五	二四	八	一五	一四	一四	一二	一八	二〇	二一											一四三	一七五	
非家属同住者		六		三	二	三	一	三		四		七	二	五		四	一	三	一	五	一											四三	八	
学童		八		二		五		一三		九		一〇		八		九		八		一一												八三		
备考																																		

保长戴子高

中华民国二十五年七月 日

四川省荣县第一区第二二八保普通户口统计表

事别＼甲别	第一甲		第二甲		第三甲		第四甲		第五甲		第六甲		第七甲		第八甲		第九甲		第十甲		第十一甲		第十二甲		第十三甲		第十四甲		第十五甲		总计		附记
户数	一〇		一〇		一〇		一〇		一〇		一〇		一〇		一〇		一二		一〇												一〇二		
	男	女	男	女	男	女	男	女	男	女	男	女	男	女	男	女	男	女	男	女	男	女	男	女	男	女	男	女	男	女	男	女	
人口总数	二一	三一	三二	二五	二二	二七	三三	三四	六〇	四四	四〇	二九	二六	三〇	三六	二四	二五	二二	二六	二二											三二一	二八八	
现住	一七	三一	三二	二五	一八	二七	二九	三四	五九	四四	四〇	二九	二六	三〇	二九	二四	二二	二二	二二	二二											二九四	二八八	
他往	四				四		四		一						七		三		四												二七		保内寺庙一所男二女一皆已例入本统计表内又公共一所计男五十四人在住户表已例入他往者男三人
壮丁	七		一〇		五		五		一六		八		一〇		八		七		八												八四		
识字	八		七		六		七		一一		七		三		五		三		三												六〇		
职业 有	一一	一八	一四	一四	一三	一二	二〇	一八	三〇	二〇	一八	一六	一九	一五	二一	一四	一六	一三	一四	一三											一七六	一五三	
职业 无	一〇	一三	一八	一一	九	一五	一三	一六	三〇	二四	二二	一三	七	一五	一五	一〇	九	九	一二	九											一四五	一三五	
非家属同住者	一	一	二				四		九		四	二	二	一	一			二		一											二三	七	
学童	七		一一		二		七		一六		一〇		六		八		四		一												七二		
备考																																	

保长戴自恒

中华民国二十五年七月　日

事别＼甲别		第一甲		第二甲		第三甲		第四甲		第五甲		第六甲		第七甲		第八甲		第九甲		第十甲		第十一甲		第十二甲		第十三甲		第十四甲		第十五甲		总计		附记
户数		一〇		一〇		一〇		九		一〇		一〇		一〇		九		一〇		一〇												九八		
人口总数		男	女	男	女	男	女	男	女	男	女	男	女	男	女	男	女	男	女	男	女	男	女	男	女	男	女	男	女	男	女	男	女	
		二九	三〇	二八	三〇	三一	一六	三七	三〇	二八	二六	二八	三二	三三	三〇	二九	一四	三三	一五	二二	二二											二八八	二四五	
现住		二九	三〇	二六	三〇	三一	一六	三四	三〇	二五	二六	二七	三二	三三	三〇	二九	一四	一九	一五	二二	二二											二七五	二四五	
他往				二				三		三		一						四														一三		
壮丁		八		六		九		一一		七		九		九		八		五		七												七九		
识字		一二		九		三		二		一六		三		七		四	二	三		六												六五	二	
职业	有	一五	一五	一三	一六	一三	一二	一九	一九	一七	一四	一七	一八	二二	一八	一三	一〇	一三	九	一四	一〇											一五六	一四一	
	无	一四	一五	一五	一四	一八	四	一八	一一	一一	一二	一一	一四	一一	一二	一六	四	一〇	六	八	一二											一三二	一〇四	
非家属同住者		一	一	三		二		五		二			二		一	一		一			一											一七	三	
学童		九		八		四		八		五		四		五		七		二		四												五六		
备考																																		

四川省荣县第一区第二二九保普通户口统计表　　保长戴学川

中华民国二十五年七月　日

四川省荣县第一区第二三〇保普通户口统计表　　保长朱志昂
中华民国二十五年七月　日

事别＼甲别	第一甲		第二甲		第三甲		第四甲		第五甲		第六甲		第七甲		第八甲		第九甲		第十甲		第十一甲		第十二甲		第十三甲		第一四甲		第十五甲		总计		附记
户数	一〇		一一		一〇		一〇		一〇		一〇		一〇		一一		九		一一												一〇二		
	男	女	男	女	男	女	男	女	男	女	男	女	男	女	男	女	男	女	男	女	男	女	男	女	男	女	男	女	男	女	男	女	
人口总数	三〇	二三	三六	三九	二六	三二	二三	二四	二一	二〇	二六	二七	一八	一九	三六	三一	三四	三四	二八	二五											二七八	二七四	
现住	三〇	二三	三六	三九	二六	三二	二三	二四	二〇	二〇	二三	二七	一六	一九	三二	三〇	二七	三一	二七	二二											二六〇	二六七	
他往									一		三		二		四	一	七	三	一	三											一八	七	
壮丁	九		八		一〇		八		八		六		七		一四		一〇		八												八八		
识字			二	一							二	三			三	一	五	二													一二	七	
职业 有	二〇	一五	二一	二二	一六	一七	一三	一四	一二	一四	一九	一七	一三	一六	二一	一九	一八	二〇	一二	一八											一六五	一七二	
职业 无	一〇	八	一五	一七	一〇	一五	一〇	一〇	九	六	七	一〇	五	三	一五	一二	一六	一四	一六	七											一一三	一〇二	
非家属同住者												一					一	一													一	二	
学童	六		二		五		九		六		六		三		六		七		七												六六		
备考																																	

事别＼甲别	第一甲		第二甲		第三甲		第四甲		第五甲		第六甲		第七甲		第八甲		第九甲		第十甲		第十一甲		第十二甲		第十三甲		第十四甲		第十五甲		总计		附记
户数	一〇		一一		一一		一〇		一〇		一〇		一〇		一〇		一〇		一〇												一〇二		
	男	女	男	女	男	女	男	女	男	女	男	女	男	女	男	女	男	女	男	女	男	女	男	女	男	女	男	女	男	女	男	女	
人口总数	二七	二一	二四	二一	三〇	一九	四二	三四	三四	三三	三〇	二四	二六	三二	二六	二七	三五	三二	三九	三二											三一三	二七五	
现住	二五	二一	二一	二一	二七	一九	三九	三四	三〇	三三	二九	二四	二四	三二	二二	二六	三四	三二	三八	三一											二八九	二七三	
他往	二		三		三		三		四		一		二		四	一	一		一	一											二四	二	
壮丁	二		五		九		一四		一四		八		一〇		六		一二		一七												九七		
识字	三		三		二		四		四		七		二		一		一		六												三三		
职业 有	一四	一五	一八	一七	二二	一五	二七	二四	二二	二一	一七	一八	二〇	二〇	二一	一七	二三	一九	二九	二三											二一三	一八九	
职业 无	一三	六	六	四	八	四	一五	一〇	一二	一二	一三	六	六	一二	五	一〇	一二	一三	一〇	九											一〇〇	八六	
非家属同住者	一	一			二	二	一						一				一		三	一											九	四	
学童	七		三		五		七		七		六		七		六		七		六												六一		
备考																																	

四川省荣县第一区第二三一保普通户口统计表
保长胡考休
中华民国二十五年七月 日

四川省荣县第一区第二三二保普通户口统计表

甲别 事别	第一甲		第二甲		第三甲		第四甲		第五甲		第六甲		第七甲		第八甲		第九甲		第十甲		第十一甲		第十二甲		第十三甲		第十四甲		第十五甲		总计		附记
户数	一〇		一〇		九		一〇		一〇		一〇		一〇		一〇		一一		一一												一〇一		
	男	女	男	女	男	女	男	女	男	女	男	女	男	女	男	女	男	女	男	女	男	女	男	女	男	女	男	女	男	女	男	女	
人口总数	二八	二八	二九	二〇	二四	三〇	二二	一九	二九	二〇	二四	一七	二三	一六	二七	一八	二八	二〇	二六	二一											二八八	二〇九	
现住	二〇	二六	二〇	二〇	二二	三〇	一六	一九	二〇	二〇	二二	一七	二二	一六	二五	一八	二四	二〇	一九	二一											二三九	二〇七	
他往	八	二	九		二		六		九		二		一		二		四		六												四九	二	
壮丁	四		六		六		四		七		三		五		四		三		五												四七		
识字	八		七		一二		四		五		七		一二		一二		五		四												七五		
职业 有	一六	九	一二	九	七	二一	一七	一六	二一	一六	一七	一二	一一	一〇	一四	一一	一四	一一	一六	一四											一四五	一四九	
职业 无	一二	九	一七	一	一七	一九	五	三	四	七	七	五	一一	六	一一	一七	一〇	九	一〇	七											一四三	六〇	
非家属同住者			一	一					一				一						一												四	一	
学童	四		五		三		七		六		三		九		八		五		六												五六		
备考																																	

保长赵玉光

中华民国二十五年七月　日

事别＼甲别		第一甲		第二甲		第三甲		第四甲		第五甲		第六甲		第七甲		第八甲		第九甲		第十甲		第十一甲		第十二甲		第十三甲		第十四甲		第十五甲		总计		附记
户数		九		一二		一〇		九		九		一〇		一〇		一一		九		一一		一一		九										
人口总数		男	女	男	女	男	女	男	女	男	女	男	女	男	女	男	女	男	女	男	女	男	女	男	女	男	女	男	女	男	女	男	女	
		二六	二五	二五	二六	二五	二二	二一	一九	三四	三一	二九	二四	二二	一九	二一	一七	二〇	一九	二八	二六	三〇	二八	一九	一八									
现住		二二	二五	二〇	二四	二三	二二	一六	一九	三三	三一	二四	二四	一五	一九	一六	一七	一八	一九	二四	二六	二九	二八	一六	一八									
他往		四		五	二	二		五		一		五		七		五		二		四		一		三										
壮丁		三		五		三		五		八		七		四		二		三		五		六		六										
识字		二		一		五				四		七		三		一		四		二		五		二										
职业	有	一八	二二	二二	二一		一四	一七		二三	二三	二三	二三	二〇	一八	一八	一五	一五	一五	二三	二二	二五	二四	一五	一六									
	无	八	三	三	五		七	二		一一	八	六	一	二	一	一	三	五	四	五	四	五	四	四	二									
非家属同住者			一						一	一				一	一	一						二												
学童		二		一		二		一		二		一		一				一		二		二												
备考																																		

四川省荣县第一区第二三三保普通户口统计表

保长张瑞荣

中华民国二十五年七月　日

四川省荣县第一区第　保普通户口统计表

保长范景五

中华民国二十五年七月　日

事别＼甲别	第一甲		第二甲		第三甲		第四甲		第五甲		第六甲		第七甲		第八甲		第九甲		第十甲		第十一甲		第十二甲		第十三甲		第十四甲		第十五甲		总计		附记
户数	一二		一一		一〇		一三		一三		一〇		一一		一〇		一二														一〇二		
	男	女	男	女	男	女	男	女	男	女	男	女	男	女	男	女	男	女	男	女	男	女	男	女	男	女	男	女	男	女	男	女	
人口总数	三〇	一九	二五	二九	三五	二六	三五	三三	三五	一九	三二	二九	二三	二九	四七	五〇	四七	四〇													三〇九	二七四	出保未出区者男五女四人出区未出县者男一五女七人出县未出省者男二〇女二人出省未出国者男二人他往壮丁二八人现有壮丁八二人
现住	二四	一八	二四	二九	三三	二五	三〇	三一	二九	一九	二三	二七	二一	二九	四一	四七	四二	三六													二六七	二六一	
他往	六	一	一		二	一	五	二	六		九	二	二		六	三	五	四													四二	一三	
壮丁	一三		一三		一二		一一		一五		一一		六		一七		一三														一一〇		
识字	七	一	九		一二	一	九	四	六		五	一	二		一〇	二	一一	六													七一	一五	
职业 有	一九	一二	一四	一三	一八	一三	二一	二〇	二一	一三	二〇	一八	一三	二一	三二	二七	二七	二五													一八五	一六二	
职业 无	一一	七	一一	一六	一七	一三	一四	一三	一四	六	一二	一一	一〇	八	一五	二三	二〇	一五													一二四	一一二	
非家属同住者	六	二	六	五	八	二	四		七	二	四	三	二	一	一〇	七	七	三													五四	二五	
学童	二		九		八		五		四		六		四		一二		九														五九		
备考	出保未出区男一女一人出区未出县男五人他往壮丁五人		出区未出县男一人		出甲未出保者女一人出县未出省者男一人出省未出国者男一人他往壮丁二人		出区未出县者男三女二人出县未出省者男二人他往壮丁三人		出县未出省者男六人他往壮丁五人		出区未出县者男三女二人出县未出省者男六人他往壮丁五人		出保未出区者男二人		出保未出区者男二女二人出县未出省者男四女一人他往壮丁五人		出区未出县者男三女三人出县未出省者男一女一人出省未出国者男一人他往壮丁三人																

荣县第一区普通户口统计表（二）

四川省荣县第一区第　保普通户口统计表

事别＼甲别	第一甲		第二甲		第三甲		第四甲		第五甲		第六甲		第七甲		第八甲		第九甲		第十甲		第十一甲		第十二甲		第十三甲		第十四甲		第十五甲		总计		附记
户数	一五		一二		一二		七		一五		一五		一一		一〇		一四		一四		一三										一三八		
	男	女	男	女	男	女	男	女	男	女	男	女	男	女	男	女	男	女	男	女	男	女	男	女	男	女	男	女	男	女	男	女	
人口总数	二九	二二	四〇	二八	三六	二一	一九	二一	五二	四八	三七	二九	三三	二三	二二	二六	二七	三五	四一	四二	三八	三九									三七四	三三四	
现住	二八	二二	三五	二八	三一	二〇	一五	二一	四八	四八	三五	二九	三三	二三	二二	二六	二四	三五	三九	四二	三六	三九									三四六	三三三	
他往	一		五		五	一	四		四		二						三		二		二										二八	一	
壮丁	一〇		一四		一四		八		一三		一〇		七		九		六		七		七										一〇五		出县未出省者男二人出区未出县者男二十四人女一人出保未出区者男二人他往壮丁二十六名有痼疾不能编壮丁者十五人
识字	四		四		五		四		九		七		五		二		三		一五	四	九	一									六七	五	
职业 有	二一	一六	二九	一九	二九	一五	一七	一三	三七	三四	二九	二三	二四	一七	一五	一七	一八	二四	二九	二七	二九	二五									二七七	二三〇	
职业 无	八	六	一一	九	七	六	二	八	一五	一四	八	六	九	六	七	九	九	一一	一二	一五	九	一四									九七	一〇四	
非家属同住者		一					一	一	一								一			一											三	三	
学童	五		八		六		三		二〇		九		六		四		八		一三		八										九〇		
备考	出区未出县男一人		出区未出县者男三人出保未出区者男二人瞎子男一人他往壮丁四名		出区未出县者男五人出区未出县者女一人他往壮丁五名		出区未出县者男四人脚跰者壮丁一名他往壮丁四名		出县未出省者男二人出区未出县者男二人驼子男二人跰子男二人驼子女一人他往壮丁四名		出区未出县者男二人跰子男一人他往壮丁二名		有痼疾不能编壮丁者三人		痼疾壮丁者二人		出区未出县者男三人黄肿病壮丁三名		出区未出县者男二人头癞不能编壮丁者一名		出区未出县者男二人眼病壮丁一名												

保长虞庶康

中华民国二十五年七月　日

四川省荣县第一区第　保普通户口统计表

事别 \ 甲别	第一甲		第二甲		第三甲		第四甲		第五甲		第六甲		第七甲		第八甲		第九甲		第十甲		第十一甲		第十二甲		第十三甲		第十四甲		第十五甲		总计		附记
户数	一〇		一四		一一		一五		一三		一二		一五		一二		一三		一〇		一〇										一三五		
	男	女	男	女	男	女	男	女	男	女	男	女	男	女	男	女	男	女	男	女	男	女	男	女	男	女	男	女	男	女	男	女	
人口总数	四四	三八	三六	四〇	二九	二九	五四	四四	四二	二五	四五	四五	五六	四一	三四	二七	三五	四二	三四	二九	二七	二七									四三六	三八七	
现住	四一	三八	三三	三九	二六	二九	五〇	四四	四〇	二五	四二	四五	五六	四一	三四	二七	三三	四一	三二	二八	二六	二七									四一三	三八四	
他往	三		三	一	三		四		二		三						二	一	二	一	一										二三	二	
壮丁	六		六		一〇		一四		六		一〇		一四		五		六		八		六										九一		他往壮丁一四人出保未出区者男二一人女一人出县未出省者男二人女一人
识字	七		五	二	六		一二		七		七	二	五		六		七	五	五		四										七一	一一	
职业 有	二八	二五	二一	二五	一八	二〇	二七	二四	一七	一四	二八	三七	二八	二五	二四	一八	二二	二〇	二四	一九	一六	一五									二五四	二四二	
职业 无	一五	一三	一五	一五	一一	九	二七	二〇	二五	一一	一七	八	二八	一六	一〇	九	一三	二二	一〇	一〇	一一	一二									一八二	一四五	
非家属同住者	三		一		二	二	四		六	二	四	三	三	二	二		三		四	一	一										三二	一一	
学童	五		四		六		一七		一〇		九		一二		四		一二		三		五										八九		
备考	他往壮丁二人出保未出区者男三人		他往壮丁一人出保未出区者男三人出县未出省者女一人		他往壮丁一人出保未出区者男二人出县未出省者男一人		他往壮丁二人出保未出区者男四人		他往壮丁二人出保未出区者男二人		出保未出区者男三人						他往壮丁二人出保未出区者男二人出保未出区者女一人		他往壮丁三人出保未出区者男二人		他往壮丁一人出县未出省者男一人												

保长杨相槐

中华民国二十五年六月　日

四川省荣县第一区第　保普通户口统计表

中华民国二十五年六月　日　保长刘汉周

事别＼甲别		第一甲		第二甲		第三甲		第四甲		第五甲		第六甲		第七甲		第八甲	
户数		一〇		一〇		一三		一五		一五		一五		一五		一五	
		男	女	男	女	男	女	男	女	男	女	男	女	男	女	男	女
人口总数		五七	四二	三七	二八	四二	三二	四三	五四	四四	五五	四五	三六	五九	四八	六二	六三
现住		五四	四一	二八	二八	三二	三二	三五	五三	四〇	五三	四五	三六	五七	四八	五九	六三
他往		三	一	九		一〇		八	一	四	三			二		三	
壮丁		一六		一〇		一一		一二		一三		一〇		一五		一四	
识字		一五	四	九		五		八		九		六		一一		二六	
职业	有	三二	二五	二三	一八	二六	二五	二八	三二	三〇	三四	二四	二四	三六	三四	三四	三五
	无	二五	一四	一四	一〇	一四	六	一二	二二	一三	一九	二〇	一一	二二	一三	二七	二四
非家属同住者		一四	五	四		八	四	一二	六	九	四	六		一〇	二	八	四
学童		九		五		五		八		七		四		七		一三	
备考		他往壮丁一人出区未出县者男三人女一人		他往壮丁五人出区未出县者男一人出县未出省者男八人		他往壮丁六人出保未出区者男一人出区未出县者男九人		他往壮丁一人出保未出区者男八女一人		他往壮丁四人出区未出县者男四女三人				他往壮丁一人出保未出区者男一人出区未出县者男一人		他往壮丁一人出保未出区者男三人	

事别＼甲别		第九甲		第十甲		第十一甲		第十二甲		第十三甲		第十四甲		第十五甲		总计		附记
户数		一五		一二												一三五		他往壮丁二六人出省未出国者男二人出区未出县者男二三女四人出保未出区者男一七女二人出县未出省者男八人
		男	女	男	女	男	女	男	女	男	女	男	女	男	女	男	女	
人口总数		三七	三五	四〇	三二											四六六	四二六	
现住		二九	三四	三七	三二											四一六	四二〇	
他往		八	一	三												五〇	六	
壮丁		一一		九												一二一		
识字		六		一一	二											一〇六	六	
职业	有	二三	二一	二三	二〇											二九〇	二六七	
	无	一二	一一	一七	一一											一七六	一五九	
非家属同住者		二	二	五	一											七七	二八	
学童		九		六												七三		
备考		他往壮丁五人出保未出区者男二女一人出区未出县者男四人出省未出国者男二人		他往壮丁二人出保未出区者男二人出区未出县者男一人														

四川省荣县第一区第　保普通户口统计表

保长钟义春

中华民国二十五年七月　日

事别＼甲别		第一甲		第二甲		第三甲		第四甲		第五甲		第六甲		第七甲		第八甲		第九甲		第十甲	
户数				一四		一三		一二		一二		一三		一三		一三		一四		一三	
		男	女	男	女	男	女	男	女	男	女	男	女	男	女	男	女	男	女	男	女
人口总数		五〇	三七	五七	四八	三一	二九	二六	二七	三五	二三	三六	三〇	二五	二五	三六	二九	三九	三〇	三一	一八
现住		四七	三七	四九	四八	二九	二九	二五	二七	二九	二二	二七	三〇	二二	二五	三五	二九	三八	二九	三一	一八
他往		三		八		二		一		六	一	九		三		一		一	一		
壮丁		二一		一六		七		八		一四		一〇		八		八		一七		九	
识字		三	一	一一		六		一		一二		六		三	一	四		八		一	
职业	有	三二	二三	三四	二七	二三	二三	一六	一六	二六	一三	二五	一九	一四	一七	二一	一六	二五	二一	一八	一三
	无	一八	一四	二三	二一	八	六	一〇	一一	九	一〇	一一	一一	一一	八	一五	一三	一四	九	一三	五
非家属同住者		七	一	五	二					三						二		六	二	一	一
学童		一〇		一二		二		六		三		五		三		八		六		五	
备考		出区未出县者男二出保未出区者男一壮丁他往者男三		出区未出县者男六出保未出区者男二壮丁他往者男五		出县未出省者男一出保未出区者男一壮丁他往者男一		出保未出区者男一		出县未出省者男一女一人出区未出县者男三出保未出区者男一壮丁他往者男二		出区未出县者男七出保未出区者男二壮丁他往者男三残废未列入壮丁者男二		出区未出县者男二出保未出区者男一壮丁他往者男三残废未列入壮丁者男一		出保未出区者男一壮丁他往者男一残废未列入壮丁者男一		出区未出县者男一女一人壮丁他往者男一			

事别＼甲别		第十一甲		第十二甲		第十三甲		第十四甲		第十五甲		总计		附记
户数												一三一		本保有出县未出省者男二女一 本保有出区未出县者男二一女一 本保有出保未出区者男一 本保有壮丁他往者男一九 本保有残废未列入壮丁者男四
		男	女	男	女	男	女	男	女	男	女	男	女	
人口总数												三六六	二九六	
现住												三三二	二九四	
他往												三四	二	
壮丁												一一八		
识字												五五	二	
职业	有											二三四	一八八	
	无											一三二	一〇八	
非家属同住者												二五	六	
学童												六〇		
备考														

荣县第一区普通户口统计表（二）

四川省荣县第一区第　　保普通户口统计表　保长刘克恒

中华民国二十五年六月　日

甲别／事别	第一甲		第二甲		第三甲		第四甲		第五甲		第六甲		第七甲		第八甲		第九甲		第十甲		第十一甲		第十二甲		第十三甲		第十四甲		第十五甲		总计		附记
户数	一〇		一〇		一二		一二		八		一四		一三		八		八														九五		他往壮丁一五人出保者男二一女六人出区者男六人出县者男九女一人
	男	女	男	女	男	女	男	女	男	女	男	女	男	女	男	女	男	女	男	女	男	女	男	女	男	女	男	女	男	女	男	女	
人口总数	五八	五五	三一	二三	五二	四一	二九	三一	三六	二四	五五	三六	四九	四一	二六	二〇	三二	二九													三六八	三〇〇	
现住	五五	五二	二八	二三	三九	四〇	二八	三一	三二	二四	五〇	三五	四六	四一	二五	二〇	二九	二七													三三二	二九三	
他往	三	三	三		一三	一	一		四		五	一	三		一		三	二													三六	七	
壮丁	一四		七		二〇		八		一一		一三		一一		九		八														一〇一		
识字	二〇	一三	三		一二	一	三		一二	三	四		五		四		五	一													六八	一八	
职业　有	四〇	二九	二一	一四	二七	二三	二〇	二〇	二五	一八	三九	二七	三四	三〇	一八	一四	二三	一八													二四七	一九三	
职业　无	一八	二六	一〇	九	二五	一八	九	一一	一一	六	一六	九	一五	一一	八	六	九	一一													一二一	一〇七	
非家属同住者	二〇	一一	三		一九	一一	五	三	七	三	六	六	一九	一四	五	三	一〇	五													九四	五六	
学童	一一		五		一八		七		四		一〇		七		五		四														七一		
备考	他往壮丁一人出保者男一人女三人出区者男三人出县者男一人		出保者男一人出区者男一人出县者男一人		他往壮丁六人出保者男七人女一人出区者男三人出县者男三人		出保者男一人		他往壮丁二人出县者男四人		他往壮丁三人出保者男四人女一人出区者男一人		他往壮丁二人出保者男三人		他往壮丁一人出保者男一人		出保者男三女一人出县者女一人																

四川省荣县第一区第　保普通户口统计表

甲别／事别		第一甲		第二甲		第三甲		第四甲		第五甲		第六甲		第七甲		第八甲		第九甲		第十甲		第十一甲		第十二甲		第十三甲		第一四甲		第十五甲		总计		附记
户数		一四		一五		一五		一五		一五		一五		一五		一五		一五		一五												一四九		
		男	女	男	女	男	女	男	女	男	女	男	女	男	女	男	女	男	女	男	女	男	女	男	女	男	女	男	女	男	女	男	女	
人口总数		三四	二六	三五	二二	三三	四一	三二	二一	四二	三四	二六	三〇	三四	二四	三六	二九	四四	三一	四〇	三五											三五六	二九三	
现住		三四	二六	三一	二二	三三	四一	三二	二〇	四一	三四	二六	三〇	三二	二四	三六	二九	三六	三一	三五	三五											三三六	二九二	
他往				四					一	一				二				八		五												二〇	一	
壮丁		一二		一一		一六		九		九		八		一五		一二		一六		九												一一二		他往壮丁共二〇人出保未出区者男九人出区未出县者男一一人女一人
识字		二		一		三				二		一		三		一		一		四												一八		
职业	有	一九	一六	二一	一四	一八	二四	一六	一三	二九	一六	一五	二〇	二四	一五	二一	一七	二一	一九	二〇	一七											二〇四	一七一	
职业	无	一五	一〇	一四	八	一五	一七	一六	八	二三	一八	一一	一〇	一〇	九	一五	一二	二三	一二	二〇	一八											一五二	一二二	
非家属同住者		三		一			二	一	一	六		一	二	一				八	一	二	二											二三	八	
学童		一二		六		五		四		七		一〇		五		七		八		八												七二		
备考				他往壮丁四人出保未出区者男一人出区未出县者男三人				出区未出县者女一人		他往壮丁一人出保未出区者男一人				他往壮丁二人出保未出区者男一人出区未出县者男一人				他往壮丁八人出保未出区者男三人出区未出县者男五		他往壮丁五人出保未出区者男三人出区未出县者男二人														

保长曹伯康

中华民国二十　年　月　日

四川省荣县第一区第　保普通户口统计表　保长伍玉岗

中华民国二十五年六月　日

事别＼甲别		第一甲		第二甲		第三甲		第四甲		第五甲		第六甲		第七甲		第八甲		第九甲		第十甲		第十一甲		第十二甲		第十三甲		第十四甲		第十五甲		总计		附记
户数		一四		一四		一二		一〇		一三		一三		一三		一三		一三		一一		一〇										一三六		他往壮丁共一五人出保未出区者男一三人出区未出县者男八女一人出县未出省者男七女二人
		男	女	男	女	男	女	男	女	男	女	男	女	男	女	男	女	男	女	男	女	男	女	男	女	男	女	男	女	男	女	男	女	
人口总数		三八	二九	二九	二四	三八	三一	二六	二〇	三八	四二	三九	四〇	五〇	二九	四五	三七	三六	二八	二七	二三	二八	二四									三九四	三二七	
现住		二八	二九	二七	二四	三七	三一	二六	二〇	三三	三九	三四	四〇	四八	二九	四四	三七	三六	二八	二六	二三	二七	二四									三六六	三二四	
他往		一〇		二		一				五	三	五		二		一				一		一										二八	三	
壮丁		一八		一一		一〇		八		一二		一三		一六		一二		九		八		五										一二二		
识字		六		二		三		四		一一	一	三	一	六		二		六														四三	二	
职业	有	二五	二一	一九	一六	一九	二一	一三	九	二五	二四	二七	二三	二二	一六	二六	一九	一六	一六	一五	一三	一八	一五									二三五	一九三	
	无	一三	八	一〇	八	一九	一〇	一三	一一	一三	一八	一二	一七	二八	一三	一九	一八	二〇	一二	一二	一〇	一〇	一九									一五九	一三四	
非家属同住者		六	一	二		一				五	二	八	一	五	一	四		一		一		六	三									三九	九	
学童		四		八		九		一〇		九		一〇		一四		一五		九		七		八										一〇三		
备考		他往壮丁七人出保未出区者男五人出县未出省者男三人出区未出县者男二人		他往壮丁一人出区未出县者男二人		他往壮丁一人出区未出县者男一人				他往壮丁二人出保未出区者男二人出区未出县者男二人女一人出县未出省者男一人女二人		他往壮丁一人出保未出区者男三人出区未出县者男一人出县未出省者男一人		他往壮丁二人出县未出省者男二人		出保未出区者男一人				他往壮丁一人出保未出区者男一人		出保未出区者男一人												

四川省荣县第一区第　保普通户口统计表

中华民国二十五年六月　日　保长王耀清

事别＼甲别		第一甲		第二甲		第三甲		第四甲		第五甲		第六甲		第七甲		第八甲		第九甲		第十甲		第十一甲		第十二甲		第十三甲		第十四甲		第十五甲		总计		附记
户数		一五		一五		一二		一二		一二		一三		一三		一三		一一		一二												一二八		
人口总数		男	女	男	女	男	女	男	女	男	女	男	女	男	女	男	女	男	女	男	女	男	女	男	女	男	女	男	女	男	女	男	女	
		五〇	三一	三二	四一	三五	三一	二六	四〇	三二	三〇	三五	三四	四四	四〇	四〇	三七	二七	一八	四七	四〇											三六八	三四二	
现住		四五	三〇	三一	四一	三四	三一	二六	四〇	三〇	二九	三五	三四	三六	四〇	三九	三七	二三	一八	四五	四〇											三四四	三四〇	
他往		五	一	一		一				二	一			八		一		四		二												二四	二	
壮丁		一三		一〇		一〇		八		一一		一二		一四		一八		五		一〇												一一一		因出县未出省男四人出区未出县男一二人出保未出区男八人女二人他往壮丁六人
识字		七		四		二		五		六		一		八		四		一		八												四六		
职业	有	二九	一八	二二	二四	二一	一七	一九	二三	二二	一九	一八	一七	二七	二四	三〇	二二	一八	一四	二七	二一											二三三	一九九	
	无	二一	一二	一〇	一七	一四	一四	七	一七	一〇	一一	一七	一七	一七	一六	一〇	一五	九	四	二〇	一九											一三五	一四三	
非家属同住者		三			一	四	一	一	一	二				一	一					三												一四	四	
学童		八		三		一四		七		六		一〇		一二		一〇		四		一一												八五		
备考		出县未出省男一人出区未出县男三人出保未出区男一人女一人		出区未出县男一人		出区未出县男一人				出区未出县男一人出保未出区男一人女一人				出县未出省男一人出区未出县男四人出保未出区男三人		出县未出省男一人		出县未出省男一人出区未出县男二人出保未出区男一人		出区未出县男一人出保未出区男一人														

四川省荣县第一区第　保普通户口统计表

中华民国二十五年六月　日　保长晏三戒

事别＼甲别		第一甲		第二甲		第三甲		第四甲		第五甲		第六甲		第七甲		第八甲		第九甲		第十甲		第十一甲		第十二甲		第十三甲		第十四甲		第十五甲		总计		附记
户数		一四		一五		一二		一〇		一〇		一二		一二		一〇		一五		一〇												一二〇		他往壮丁二九人出保未出区者男一八人女一人出区未出县者男一二人女二人出县未出省者男五人出省未出国者男一人
		男	女	男	女	男	女	男	女	男	女	男	女	男	女	男	女	男	女	男	女	男	女	男	女	男	女	男	女	男	女	男	女	
人口总数		四一	三八	四四	四三	四七	三七	三〇	三一	三〇	一八	三七	二六	二八	二五	二九	一九	四〇	三二	二四	二一											三五〇	二九〇	
现住		三六	三八	三八	四三	四四	三七	二九	二九	二五	一八	三三	二六	二四	二五	二六	一九	三五	三一	二四	二一											三一四	二八七	
他往		五		六		三		一	二	五		四		四		三		五	一													三六	三	
壮丁		一一		一一		一六		八		八		八		一〇		九		九		五												九五		
识字		五		九		八		二	二	二		三		三		四		四		三												四三	二	
职业	有	二〇	二〇	二五	二四	二八	二三	一四	一五	一三	一四	一五	一五	二〇	一四	一九	一一	二一	一九	一三	一三											一八八	一六八	
	无	二一	一八	一九	一九	一九	一四	一六	一六	一七	四	二二	一一	八	一一	一〇	八	一九	一三	一一	八											一六二	一二二	
非家属同住者		一		一	一	四		一		四		二	一	六		一		三		一												二四	二	
学童		一三		一二		九		八		六		八		七		三		七		六												七九		
备考		他往壮丁三人出保未出区者男二人出区未出县者男三人		他往壮丁四人出县未出省者男五人出省未出国者男一人		他往壮丁二人出保未出区者男二人出区未出县者男一人		他往壮丁一人出区未出县者男一人女二人		他往壮丁四人出保未出区者男三人出区未出县者男二人		他往壮丁四人出保未出区者男二人出区未出县者男二人		他往壮丁三人出保未出区者男二人出区未出县者男二人		他往壮丁三人出保未出区者男三人		他往壮丁五人出保未出区者男四人女一人出区未出县者男一人																	

四川省荣县第一区第　保普通户口统计表　保长刘伯威

中华民国二十五年七月二十日

事别＼甲别		第一甲	第二甲	第三甲	第四甲	第五甲	第六甲	第七甲	第八甲	第九甲	第十甲	第十一甲	第十二甲	第十三甲	第十四甲	第十五甲	总计	附记
户数		一一	一〇	一〇	一〇	一〇	一三	八	一〇	一一	九						一〇二	
人口总数	男	四九	四四	二七	四六	四二	三九	二六	四八	四四	三八						四〇三	
	女	三九	三一	二五	二九	三六	四〇	一八	三七	三〇	三五						三二〇	
现住	男	四一	三九	二七	四二	三四	三七	二〇	四一	三九	三四						三五四	
	女	三三	三一	二四	二九	三六	三九	一八	三七	三〇	三三						三一〇	
他往	男	八	五		四	八	二	六	七	五	四						四九	
	女	六		一			一				二						一〇	
壮丁	男	一六	二一	九	一五	一六	一二	七	一三	一四	一四						一三七	
	女																	
识字	男	一九	一三	七	一二	九	三	二	四	九	一〇						八八	
	女	八		一							一						一〇	
职业　有	男	二九	二八	一六	二九	二九	二四	一一	三三	二七	二五						二五一	
	女	二五	二〇	一六	一九	二四	二五	八	二五	二四	二五						二一一	
职业　无	男	二〇	一六	一一	一七	一三	一五	一五	一五	一七	一三						一五二	
	女	一四	一一	九	一〇	一二	一五	一〇	一二	六	一〇						一〇九	
非家属同住者	男	三	一	三	四	四	一	三	七		三						三九	
	女	二	四	三			一		一								一一	
学童		一九	一九	一二	九	二二	九	一六	二四	一四	二一						一六五	
备考		出县未出省者男二出保未出区者男六女六	出区未出县男一出保未出区男四	出保未出区女一	出保未出区男四	出保未出区男八	出保未出区男二女一	出区未出县男一出保未出区男五	出区未出县男二出保未出区男五	出保未出区男五	出保未出区男四女二							

四川省荣县第一区第　保普通户口统计表　保长吴遂良
中华民国二十五年七月廿二日

事别＼甲别		第一甲		第二甲		第三甲		第四甲		第五甲		第六甲		第七甲		第八甲		第九甲		第十甲		第十一甲		第十二甲		第十三甲		第十四甲		第十五甲		总计		附记
户数		一二		一一		一〇		一〇		一三		一一		一一		一一		一〇		一〇												一〇九		
		男	女	男	女	男	女	男	女	男	女	男	女	男	女	男	女	男	女	男	女	男	女	男	女	男	女	男	女	男	女	男	女	
人口总数		四〇	三五	四二	三一	三四	二六	三六	二四	四二	三九	三七	三九	四七	四四	三六	三九	二七	二二	三〇	三三											三七一	三三二	
现住		三六	三五	三八	三一	三三	二六	二五	二四	三七	三九	三三	三九	四一	四二	三四	三九	二二	二二	二六	三三											三三五	三三〇	
他往		四		四		一				五		四		六	二	二		五		四												三六	二	
壮丁		一八		一六		一〇		一三		一一		一一		一四		七		七		一〇												一一七		
识字		三		七		三		二		五		三		七		二		一		五												三七		
职业	有	二三	二七	二九	一九	二二	一七	二一	一九	三三	二五	二四	一九	一九	二三	二五	二四	二四	一三	二二	一八											二五二	二〇四	
	无	一七	八	一三	一二	一二	九	一五	五	九	一四	一三	二〇	一八	二一	一一	一五	三	九	八	一五											一一九	一二八	
非家属同住者		一〇	五	八	二	六				四	二	五	二	九	一〇	五	五	八		七	三											六二	二九	
学童		六		五		四		六		四		九		一〇		六		五		八												六三		
备考		出区未出县者男二人出保未出区者男二人		出保未出区者男三人出区未出县者男一人		出保未出区者男一人		出保未出区者男一人		出保未出区者男一二人出县未出省者男一人出省未出国者男一人		出保未出区者男三人未出保者男一人		出保未出区者男四人女二人出省未出国者男二人		出县未出省者男一人出省未出国者男一人		出保未出区者男四人出县未出省者男一人		出甲未出保者男一人出保未出区者男三人												出保未出区者男二十四人女二人出区未出县者男三人出县未出省者男四人出省未出国者男四人出甲未出保者男二人		

四川省荣县第一区第　保普通户口统计表

保长张宗文

中华民国二十五年七月十九日

甲别/事别	第一甲		第二甲		第三甲		第四甲		第五甲		第六甲		第七甲		第八甲		第九甲		第十甲		第十一甲		第十二甲		第十三甲		第十四甲		第十五甲		总计		附记
户数	一〇		一〇		一一		一〇		一〇		一〇		一〇		一〇		一〇		一五												一〇六		
	男	女	男	女	男	女	男	女	男	女	男	女	男	女	男	女	男	女	男	女	男	女	男	女	男	女	男	女	男	女	男	女	
人口总数	三九	三七	四二	二七	三四	二八	二六	二〇	三〇	二六	二〇	一九	三二	二九	三二	三八	四二	三二	五〇	三二											三四七	二八八	
现住	三八	三七	四〇	二七	三二	二七	二三	二〇	二八	二六	一七	一八	三〇	二九	二八	三七	四一	三二	四七	三二											三二四	二八五	
他往	一		二		二	一	三		二		三	一	二		四	一	一		三												二三	三	
壮丁	九		一四		九		六		九		五		九		七		一三		一九												一〇〇		
识字	三		三		一		一		一		一	一	一		三	一	二		五												二一	二	
职业 有	二二	二〇	一九	一五	一二	一八	一二	九	一四	一二	九	九	一七	一四	一九	二〇	一九	一六	二八	一七											一七一	一五〇	
职业 无	一七	一七	二三	一二	二二	一〇	一四	一一	一六	一四	一一	一〇	一五	一五	一三	一八	二三	一六	二二	一五											一七六	一三八	
非家属同住者	五	一〇	一		三		七	四	一		二	一	一		一	二	一		一	一											二三	一八	
学童	五		一〇		一〇		六		八		二		七		九		一三		七												七七		
备考	出县未出省者一男		出保未出区者一男出县未出省者一男		出保未出区者一男一女出区未出县者一男		出保未出区者二男出区未出县者一男		出区未出县者男二人		出区未出县者男二女一人出县未出省者男一人		出保未出区者一男出区未出县者一男		出保未出区者男二女一人出区未出县者男二人		出保未出区者男一人		出保未出区者男二人出县未出省者男一人												出保未出区者男十女二人出区未出县者男九女一人出县未出省者男四人		

四川省荣县第一区第　保普通户口统计表　保长邓光森

中华民国二十五年七月廿二日

事别＼甲别	第一甲		第二甲		第三甲		第四甲		第五甲		第六甲		第七甲		第八甲		第九甲		第十甲		第十一甲		第十二甲		第十三甲		第十四甲		第十五甲		总计		附记
户数	一二		一一		一三		一二		一二		一二		一一		一三		一〇		一一												一一七		
人口总数	男	女	男	女	男	女	男	女	男	女	男	女	男	女	男	女	男	女	男	女	男	女	男	女	男	女	男	女	男	女	男	女	
	一七	二五	三三	二八	三八	三七	四九	四九	三三	二六	二九	二〇	四二	三六	三一	三二	二一	二〇	二九	二九											三三二	三〇二	
现住	二六	二五	三一	二八	三五	三七	四五	四九	三〇	二六	二七	二〇	三六	三六	三〇	三二	二〇	一九	二八	二九											三〇八	三〇一	
他往	一		二		三		四		三		二		六		一		一	一	一												二四	一	
壮丁	一二		九		一二		一三		一〇		一一		一二		九		七		一二												一〇七		
识字	八		六		七		九		二		三		四		六	一	六		八												五九	一	
职业 有	一五	一六	一六	一八	二〇	二三	一九	二四	一九	一七	一五	一六	二四	二四	一九	一九	一五	一一	二一	二四											一八三	一九二	
职业 无	一二	九	一七	一〇	一八	一四	三〇	二五	一四	九	一四	四	一八	一二	一二	四	六	九	八	五											一四九	一一〇	
非家属同住者		二	二		七	四	四		一	二	二			二	三	一	一		四	一											二四	一二	
学童	六		七		一〇		一二		七		五		一一		六		六		四												七四		
备考	出保未出区男一人		出保未出区男二人		出保未出区男三人		出保未出区男三人出县男一人		出保未区男二人出县男一人		出保未区男二人		出保未区男六人		出保未区男一人		出保未区男一人出保未区女一人		出保未区男一人												出保未出区男二人出县男二人出保未出区女一人		

四川省荣县第一区第　保普通户口统计表

中华民国二十五年七月二十日　保长吴民岩

事别＼甲别	第一甲		第二甲		第三甲		第四甲		第五甲		第六甲		第七甲		第八甲		第九甲		第十甲		第十一甲		第十二甲		第十三甲		第十四甲		第十五甲		总计		附记
户数	一二		一一		一一		一四		一三		一四		一三		一二		一三		一三												一二六		
	男	女	男	女	男	女	男	女	男	女	男	女	男	女	男	女	男	女	男	女	男	女	男	女	男	女	男	女	男	女	男	女	
人口总数	三五	三五	三八	三八	三七	二九	三九	三五	五九	三一	六一	四七	五二	五一	三五	三八	三九	三二	三六	二八											四三一	三六四	
现住	三五	三五	三六	三八	三五	二九	三五	三五	五一	三〇	五三	四七	四〇	五一	三一	三八	三五	三二	三三	二六											三八四	三六三	
他往			二		二		四		八	一	八		一二		四		四		三												四七	一	
壮丁	九		一二		一四		一〇		二一		一五		一一		一〇		一五		一五												一三九		
识字	六		二八	二	八		三		六		一〇		六				一		一												四七	二	
职业 有	二三	一八	二六	一八	二七	一八	二二	一九	三八	二〇	三七	二七	三一	二三	二二	一九	二三	二〇	二三	二二											二七二	二〇四	
职业 无	一二	一七	一二	二〇	一〇	一一	一七	一六	二一	一一	二四	二〇	二一	二八	一三	一九	一六	一二	一三	六											一五九	一六〇	
非家属同住者	六	二	六	二					八	一	一二	四	三	三	九	五	六	二	四												五四	一九	
学童	一二		一一		一〇		一六		一七		二四		二三		一五		一五		一三												一六六		
备考							出县未出省男二人		出县未出省男二人																						出县未出省男四人		

四川省荣县第一区第二五六保普通户口统计表 保长朱瑞芝

中华民国二十五年七月廿日

事别＼甲别		第一甲		第二甲		第三甲		第四甲		第五甲		第六甲		第七甲		第八甲		第九甲		第十甲		第十一甲		第十二甲		第十三甲		第十四甲		第十五甲		总计		附记
户数		一一		一三		一一		一二		一一		一二		一四		一〇		一一		七		一一										一二三		
		男	女	男	女	男	女	男	女	男	女	男	女	男	女	男	女	男	女	男	女	男	女	男	女	男	女	男	女	男	女	男	女	
人口总数		三〇	二四	四七	三九	三四	二八	三〇	三〇	三三	三〇	三五	三五	四八	四八	四三	三八	三六	三八	三〇	二五	三七	三二									四〇三	三六七	
现住		二九	二四	四一	三九	二九	二八	二五	二八	三三	三〇	三三	三四	四二	四六	四三	三七	三一	三六	二六	二五	三六	三二									三六八	三五九	
他往		一		六		五		五	二			二	一	六	二		一	五	二	四		一										三五	八	
壮丁		一〇		一二		一三		一二		三			二	一四		三		九		八		六										一一九		
识字				五		六		六		二		七		三		一〇	一			四		七	六									五〇	七	
职业	有	二〇	一四	二七	二三	二四	一八	二二	二四	二四	二一	二〇	二四	三二	三二	二四	一九	二〇	二一	一八	一四	二〇	一八									二五一	二二八	
	无	一〇	一〇	二〇	一六	一〇	一〇	八	六	九	九	一五	一一	一六	一六	一九	一九	一六	一七	一二	一一	一七	一四									一五二	一三九	
非家属同住者		四		四	三	一		五	四	四		四	二	九	一〇	七	五	四	三	六	六	一一										五九	三三	
学童		四		一七		九		一一		八		六		一三		一一		四		一二												九五		
备考		出保未出区男一人		出区未出县男二人出保未出区男四人		出保未出区男二人出县未出省男三人		出保未出区男四人出区未出省男三人出保未出区女二人				出保未出区男二人出保未出区女一人		出保未出区男六人出区未出县女二人		出保未出区女一人		出保未出区男五人出保未出区女二人		出保未出区男四人		出保未出区男一人												

四川省荣县第一区第　保普通户口统计表　保长刘历耕

中华民国二十五年七月二三日

事别＼甲别	第一甲		第二甲		第三甲		第四甲		第五甲		第六甲		第七甲		第八甲		第九甲		第十甲		第十一甲		第十二甲		第十三甲		第十四甲		第十五甲		总计		附记
户数	一二		一〇		一一		一〇		一〇		一二		一一		一三		一〇		九												一〇八		
	男	女	男	女	男	女	男	女	男	女	男	女	男	女	男	女	男	女	男	女	男	女	男	女	男	女	男	女	男	女	男	女	
人口总数	三五	三〇	三八	二七	四五	四三	三五	二八	三八	四二	四五	四六	三五	三八	三七	三七	四三	四七	二五	二九											三七六	三六七	
现住	二七	二九	三三	二六	三八	四三	三一	二八	三四	四二	四三	四六	三三	三八	三六	三七	四一	四七	二四	二九											三四〇	三六五	
他往	八	一	五	一	七		四		四		二		二		一		二		一												三六	二	
壮丁	一二		一六		一五		九		一一		一二		一〇		一四		一五		五												一一九		
识字	七	三	四		一〇		一二	一	八		一二		五		一一		九	一〇	六												八四	一四	
职业　有	二六	二二	二九	一九	二八	二四	一六	一九	二三	二〇	三二	三〇	二一	二〇	二二	二五	二八	三〇	一八	二一											二四三	二三〇	
职业　无	九	八	九	一八	一七	一九	一九	九	一五	二二	一三	一六	一四	一八	一五	一二	一五	一七	七	八											一三三	一三七	
非家属同住者	五	二	三		九	三	五	一	七	二	一三	二	七	一	四		四	三	四	二											六一	一六	
学童	六		三		一二		四		一一		一二		一四		八		一五		七												九二		
备考	出保未出区男一人女一人出区未出县男六人出县未出省男一人		出保未出区男三人出区未出县男三人		出保未出区男三人出区未出县男二人		出区未出县男四人		出区未出县男四人		出保未出区男二人		出保未出区男一人出区未出县男一人		出区未出县男一人		出县未出省男二人		出保未出区男一人												出保未出区男一一人女一人出区未出县男二一人出县未出省男三人		

四川省荣县第一区第二五九保普通户口统计表

事别＼甲别		第一甲		第二甲		第三甲		第四甲		第五甲		第六甲		第七甲		第八甲		第九甲		第十甲		第十一甲		第十二甲		第十三甲		第十四甲		第十五甲		总计		附记
户数		一〇		九		一〇		一〇		一一		一〇		一〇		一〇		一〇		一〇		九										一〇九		
		男	女	男	女	男	女	男	女	男	女	男	女	男	女	男	女	男	女	男	女	男	女	男	女	男	女	男	女	男	女	男	女	
人口总数		三二	二八	三一	二一	三二	三四	四五	四六	二九	三三	三四	三〇	二四	三〇	四〇	二八	三一	二八	三三	三七	二一	二〇									三五二	三三五	
现住		三二	三八	二三	二一	三〇	三四	四〇	四六	二八	三三	三三	三〇	二〇	三〇	三九	二七	三〇	二八	三二	三七	一九	二〇									三二六	三三四	
他往				八		二		五		一		一		四		一	一	一		一		二										二六	一	
壮丁		五		七		一〇		一二		一〇		一一		七		一二		一三		九		五										一〇一		
识字		二		四		五		六		四		二		二		六	一	四		四		六										四五	一	
职业	有	一七	二〇	一九	一四	二二	一八	二六	二四	一九	二〇	二〇	一七	一五	一六	二五	一六	一七	一八	一八	一九	一二	一〇									二一〇	一九二	
	无	一五	八	一二	七	一〇	一六	一九	二二	一〇	一三	一四	一三	九	一四	一五	一二	一四	一〇	一五	一八	九	一〇									一四二	一四三	
非家属同住者		二	二	一		一	一	一	三	一	二	六	六			五	一			四	二											二一	一七	
学童		一一		一三		一二		一三		一〇		一三		一〇		八		九		一五		八										一二二		
备考				出保未出区者八人																														

保长朱开华

中华民国二十五年七月廿日

四川省荣县第一区第　保普通户口统计表

中华民国二十五年七月廿日　保长冯自华

事别＼甲别		第一甲		第二甲		第三甲		第四甲		第五甲		第六甲		第七甲		第八甲		第九甲		第十甲		第十一甲		第十二甲		第十三甲		第十四甲		第十五甲		总计		附记
户数		一二		一二		一三		一一		一一		一一		一〇		一二		一〇		一〇												一一二		
		男	女	男	女	男	女	男	女	男	女	男	女	男	女	男	女	男	女	男	女	男	女	男	女	男	女	男	女	男	女	男	女	
人口总数		三二	三九	四八	三九	三三	三四	三一	四一	三七	二九	三三	三九	二五	二九	四五	三七	五五	四三	四〇	三八											三七九	三六五	
现住		二九	三九	四五	三九	二八	三四	二九	四一	三五	二九	三一	三九	二四	二九	三七	三四	四八	四三	四〇	三八											三四六	三六五	
他往		三		三		五		二		二		二		一		八		七														三三		
壮丁		八		一六		一五		一四		七		一四		一一		一三		二三		一四												一三五		
识字		七		一二	一	四		九		一		七		九		五		一五		一一												八〇	一	
职业	有	二〇	二一	二六	二三	一八	二一	一八	二〇	一九	一三	二一	一九	一五	一四	三〇	二三	三六	二九	二二	二三											二二五	二〇六	
	无	一二	一八	二二	一六	一五	一三	一三	二一	一八	一六	一二	二〇	一〇	一五	一五	一一	一九	一四	一八	一五											一五四	一五九	
非家属同住者		六	五	九	二	四	二	二	一	九	四	七	七	二	三	九	五	一三	六	一〇	四											七一	三九	
学童		九		一六		八		七		五		六		五		九		一〇		一〇												八五		
备考														出县未出省者男一人																		出县未出省者男一人		

四川省荣县第一区第　　保普通户口统计表　　保长曾森培

中华民国二十五年七月二十日

事别＼甲别		第一甲		第二甲		第三甲		第四甲		第五甲		第六甲		第七甲		第八甲		第九甲		第十甲		第十一甲		第十二甲		第十三甲		第十四甲		第十五甲		总计		附记
户数		一〇		一〇		一〇		一〇		一〇		一〇		一〇		一〇		一〇		七												九七		
		男	女	男	女	男	女	男	女	男	女	男	女	男	女	男	女	男	女	男	女	男	女	男	女	男	女	男	女	男	女	男	女	
人口总数		一八	二一	三一	三七	四〇	三〇	四五	五三	三五	二二	四四	四一	三〇	二三	二九	二三	二五	二二	二六	一八											三二三	二九〇	
现住		一三	二一	三一	三六	三九	三〇	四四	五三	二八	二一	四二	四一	三〇	二三	二七	二三	二一	二二	二六	一八											三〇一	二八八	
他往		五			一	一		一		七	一	二				二		四														二二	二	
壮丁		六		一五		一八		二〇		一五		一〇		七		六		四		七												一〇八		
识字		一		五		一一		一二				六		一		三				二												四一		
职业	有	一六	一四	二二	二七	二一	一七	三六	二八	二二	二〇	二四	二五	一七	一四	一八	一五	一九	一三	一五	一二											二一〇	一八五	
	无	二	七	九	一〇	一九	一三	九	二五	一三	二	二〇	一六	一三	九	一一	八	六	九	一一	六											一一三	一〇五	
非家属同住者				五		三		一一		一				一		二		三		一												二七		
学童		四		一五		二三		一七		一一		九		一〇		一六		六		一二												一二三		
备考		出保未出区者五人		出保未出区者一人		出保未出区者一人		出保未出区者一人		出县者男一名出保者男六人出保女一人		出保者男二人				出保者男二人		出保未出区者四人														出保未出区者二十二人女一人出县未出省者男一人		

四川省荣县第一区第　保普通户口统计表

保长郝泽皋

中华民国二十五年七月二日

事别＼甲别		第一甲		第二甲		第三甲		第四甲		第五甲		第六甲		第七甲		第八甲		第九甲		第十甲		第十一甲		第十二甲		第十三甲		第十四甲		第十五甲		总计		附记
户数		一一		一一		一一		一〇		一一		一〇		一〇		一〇		一〇														九四		出保未出区者男一五人出区未出县者男二人出县未出省者男二人
人口总数		男	女	男	女	男	女	男	女	男	女	男	女	男	女	男	女	男	女	男	女	男	女	男	女	男	女	男	女	男	女	男	女	
		二三	二九	二七	一九	二八	二六	三二	二九	二八	三三	三五	三二	三五	三二	三七	三〇	二四	二六													二六九	二五六	
现住		二一	二七	二三	一九	二八	二六	二九	二九	二七	三三	三四	三二	三一	三二	三四	三〇	二三	二六													二四八	二五四	
他往		二	二	四		二		三		一		一		四		三		一														二一	二	
壮丁		三		三		六		一二		一一		七		一一		六		一〇														六九		
识字		二		一		一		二		一		二		三		二		三														一七		
职业	有	一三	一七	一八	一三	一五	一四	一八	一五	一八	一八	二〇	一九	二五	二一	二〇	一八	一七	一八													一六四	一五三	
	无	一〇	一二	九	六	一三	一二	一四	一四	一〇	一五	一五	一三	一〇	一一	一七	一二	七	八													一〇五	一〇三	
非家属同住者		三	六					八	五	四								二	二													一七	一四	
学童		五		五		一		三		四		五		四		七		六														四〇		
备考								出保未出区者男二人出县未出省者男二人		出保未出区者男四人				出保未出区者男五人出区未出县者男二人		出保未出区者男三人		出保未出区者男一人																

事别＼甲别	第一甲		第二甲		第三甲		第四甲		第五甲		第六甲		第七甲		第八甲		第九甲		第十甲		第十一甲		第十二甲		第十三甲		第十四甲		第十五甲		总计		附记
户数	一二		一一		一二		一二		一一		一二		一一		一一		一一		一二												一一五		
人口总数	男	女	男	女	男	女	男	女	男	女	男	女	男	女	男	女	男	女	男	女	男	女	男	女	男	女	男	女	男	女	男	女	
	二九	二三	二五	三五	三七	四二	三三	三三	三九	三五	三一	二八	三〇	二六	三四	二九	二八	二三	三三	三七											三一九	三一一	
现住	二七	二三	二三	三五	三三	四二	二五	三三	三八	三三	二七	二八	二九	二六	二九	二九	二二	二三	二四	三五											二七七	三〇七	
他往	二		二		四		八		一	二	四		一		五		六		九	二											四二	四	
壮丁	六		八		一二		七		九		一二		八		一二		九		一三												九六		
识字	八		九		一一		九		一二		六		一〇	一	九		四		四												八二	一	
职业 有	一八	一六	一七	二五	二四	二三	二二	二六	二五	二四	一〇	二三	二〇	一八	二二	二〇	二一	一八	二四	二四											二一三	二一七	
职业 无	一一	七	八	一〇	一三	一九	一一	七	一四	一一	一一	五	一〇	八	一二	九	七	五	九	一三											一〇六	九四	
非家属同住者	三	二	一	一	六	三	四	三	三	三	五	二	三	二	五	一	四	四	四	四											三八	二五	
学童	六		四		一〇		一〇		八		六		四		二		四		六												六〇		
备考	出保未出区男二人		出保未出区男二人		出保未出区男四人		出保未出区男七人 出区未出县女一人		出保未出区男一人 出保未出区女二人		出保未出区男四人		出保未出区男一人		出保未出区男五人		出保未出区男五人 出县未出省男一人		出保未出区男六人 出县未出省男三人 出保未出区女二人												出县未出省男四人 出区未出县女一人 出保未出区男三七人 出保未出区女二人		

四川省荣县第一区第　保普通户口统计表　保长郝治钧

中华民国二十五年七月廿日

四川省荣县第一区第　保普通户口统计表

中华民国二十　年　月　日　保长余伯埙

甲别／事别	第一甲		第二甲		第三甲		第四甲		第五甲		第六甲		第七甲		第八甲		第九甲		第十甲		第十一甲		第十二甲		第十三甲		第十四甲		第十五甲		总计		附记
户数	一一		一〇		一一		一五		一三		一一		一二		一二		八		七												一一〇		
	男	女	男	女	男	女	男	女	男	女	男	女	男	女	男	女	男	女	男	女	男	女	男	女	男	女	男	女	男	女	男	女	
人口总数	二七	三〇	二七	二七	二五	二五	四九	四七	三四	四〇	二八	二五	三三	四〇	三六	三〇	三一	二三	一五	一四											三〇三	三〇一	
现住	二七	三〇	二七	二七	二二	二五	四六	四六	三三	四〇	二七	二五	三〇	四〇	三二	二九	三一	二三	一七	一四											二九二	二九九	
他往					三		三	一	一		一		三		四	一			二												一一	二	
壮丁	一一		九		五		一一		九		二		九		九		一〇		七												八二		
识字	一一	三	一〇	一	五		二三	五	七		一三		一三	九	一二		一二	一	四												一一〇	一九	
职业　有	一八	一八	一五	一一	一七	一六	二五	二三	二〇	一三	一三	一一	一八	一四	一八	一六	一五	一二	一一	六											一四八	一四二	
职业　无	九	一二	一二	一六	八	九	二四	二四	一四	二七	一五	一四	一五	二六	一八	一四	一六	一一	八	八											一五五	一五九	
非家属同住者	三		一		一		三	二	六	二			二	四	一		二	二	一												二〇	一〇	
学童	三		八		五		一一		一二				一〇		九		六		三												七四		
备考																																	

荣县第一区普通户口统计表（二）

事别＼甲别	第一甲		第二甲		第三甲		第四甲		第五甲		第六甲		第七甲		第八甲		第九甲		第十甲		第十一甲		第十二甲		第十三甲		第十四甲		第十五甲		总计		附记
户数	一四		一二		一五		一五		一四		一四		一一		一一		一五		一四												一三五		
	男	女	男	女	男	女	男	女	男	女	男	女	男	女	男	女	男	女	男	女	男	女	男	女	男	女	男	女	男	女	男	女	
人口总数	五一	三八	四一	三一	六三	五七	五一	四七	四六	二八	四四	三四	二八	三八	三九	三五	二九	二八	七二	四九											四六四	三八五	
现住	四九	三八	三七	三一	五九	五七	五〇	四七	四三	二八	三九	三四	二七	三八	三六	三五	二九	二八	六八	四九											四三七	三八五	
他往	二		四		四		一		三		五		一		三				四												二七		
壮丁	一八		一二		二〇		一九		一五		一四		一八		一三		一〇		二七												一六一		
识字	一一		五		一五		七		一一		七		二		六		三		六												七三		
职业 有	三一	二六	三三	一八	三九	三五	三六	三〇	三一	一九	二九	二二	二三	二二	二一	二四	二一	一九	四六	三一											三〇〇	二四六	
职业 无	二〇	一二	一八	一三	二四	二二	一五	一七	一五	九	一五	一二	五	一六	一八	一一	八	九	二六	一八											一六四	一三九	
非家属同住者	八	二	五	三	一三	六	五	一	四		四		三		四			一	一九	五											六五	一七	
学童	一〇		七		一二		一四		六		九		二		六		九		一四												八九		
备考																																	

四川省荣县第　区第　保普通户口统计表

保长罗克渊

中华民国二十　年　月　日

四川省荣县第一区第　保普通户口统计表

中华民国二十　年　月　日　保长余怀钦

事别＼甲别	第一甲		第二甲		第三甲		第四甲		第五甲		第六甲		第七甲		第八甲		第九甲		第十甲		第十一甲		第十二甲		第十三甲		第十四甲		第十五甲		总计		附记
户数	一〇		一〇		一〇		一〇		九		一〇		一〇		一〇		一一		一一												一〇一		
	男	女	男	女	男	女	男	女	男	女	男	女	男	女	男	女	男	女	男	女	男	女	男	女	男	女	男	女	男	女	男	女	
人口总数	三四	二五	三六	二五	四五	三八	三二	二二	二六	二八	三四	二六	二九	三三	二三	二八	三三	三三	三四	三六											三二八	二九四	
现住	三三	二五	三四	二五	四五	三八	三一	二二	二五	二八	二八	二六	二四	三二	二四	二八	三二	三三	三〇	三五											三〇六	二九二	
他往	一		二				一		一		六		五	一	一		一		四	一											二二	二	
壮丁	八		六		一三		六		九		八		六		七		七		一一												八一		
识字	五		六		六		七		七		九		一二	二	六		六	四	九												七三	六	
职业　有	二一	一七	一七	一四	二〇	一三	一六	一四	一八	一九	二四	一四	二五	二七	一六	二一	二〇	二三	二七	二六											一四八	一八六	
职业　无	一三	八	一九	一一	二五	二五	一四	八	八	九	一〇	一二	四	六	七	九	一三	一〇	七	一〇											一二〇	一〇八	
非家属同住者			六	二	三				三	二	五	一	一	一	二	一	二	三	四	一											二六	一一	
学童	六		七		一二		四		九		八		一		六		五		七												六五		
备考															目疾男一人				目疾女一人														

四川省荣县第一区第　保普通户口统计表　保长罗彬

中华民国二十　年　月　日

事别＼甲别		第一甲		第二甲		第三甲		第四甲		第五甲		第六甲		第七甲		第八甲		第九甲		第十甲		第十一甲		第十二甲		第十三甲		第十四甲		第十五甲		总计		附记
户数		八		九		一〇		一四		一二		一〇		一一		九		一〇		九												一〇二		
人口总数		男	女	男	女	男	女	男	女	男	女	男	女	男	女	男	女	男	女	男	女	男	女	男	女	男	女	男	女	男	女	男	女	
		四二	三八	二〇	一八	三二	二七	四〇	四五	五二	四〇	三八	三〇	四六	三五	二二	二三	二七	三一	二五	二〇											三四四	三一七	
现住		四〇	三八	一七	一八	二六	二七	三七	四五	四九	四〇	三五	三〇	三九	三五	二〇	二三	二一	三〇	一九	二〇											三〇三	三一六	
他往		二		三		六		三		三		三		七		二		六	一	六												四一	一	
壮丁		七		九		四		一〇		七		六		一一		三		八		三												六八		
识字		一六	三	六		七	一	一〇		七		六		九		八		五		三												七七	四	
职业	有	二四	一九	一二	九	二五	一五	二五	二一	四〇	二〇	一五	一七	二五	二二	一五	一五	一九	一九	一九	一二											二二九	一六九	
	无	一八	一九	八	九	七	一二	一五	二四	一二	二〇	一三	一三	一一	一三	七	八	八	一二	六	八											一〇五	一三八	
非家属同住者		三	一	二		二		三	一	一三	四	一	三	一二	二		一	七	三													四三	一五	
学童		一二		六		六		一三		一〇		六		七		一一		七		五												八三		
备考																																		

四川省荣县第　区第二六九保普通户口统计表

中华民国二十　年　月　日

保长徐文栋

甲别＼事别	性别	户数	人口总数	现住	他往	壮丁	识字	职业·有	职业·无	非家属同住者	学童	备考
第一甲	男	一〇	一九	一九		六	四	一四	五	三	五	
	女		二四	二四				一三	一一	一		
第二甲	男	一四	三七	三四	三	一〇	六	二四	一三	二	七	
	女		三八	三八				二八	一〇	五		
第三甲	男	一〇	二七	二六	一	一〇	三	二一	六	一	五	
	女		二七	二七				二一	六	二		
第四甲	男	一四	三七	三四	三	一四	三	二四	一三	六	六	
	女		二七	二六	一		一	二〇	七	一		
第五甲	男	一一	三四	三二	二	一一	三	二五	九	四	四	
	女		二九	二九				二一	八	一		
第六甲	男	一〇	二八	二八		一〇	三	一六	一二	四	六	
	女		一六	一六				一三	三	三		
第七甲	男	一〇	二六	二四	二	九	四	一九	七	二	三	
	女		二一	二一				一九	二			
第八甲	男	一一	二八	二七	一	七	七	一六	一二	二	六	
	女		二七	二七				一六	一一			
第九甲	男	一〇	二五	二三	二	五	六	一六	九	二	四	
	女		二四	二四				一四	一〇			
第十甲	男	一〇	三二	三二		一一	三	二〇	一二	四	八	
	女		一八	一八				一四	四			
第十一甲	男											
	女											
第十二甲	男											
	女											
第十三甲	男											
	女											
第十四甲	男											
	女											
第十五甲	男											
	女											
总计	男	一一〇	二九三	二七九	一四	九三	四二	一九九	九四	三〇	五四	
	女		二五一	二五〇	一		一	一七九	七二	一三		
附记												

四川省荣县第　区第二七七保普通户口统计表　保长罗斌武

中华民国二十　年　月　日

事别＼甲别		第一甲		第二甲		第三甲		第四甲		第五甲		第六甲		第七甲		第八甲		第九甲		第十甲		第十一甲		第十二甲		第十三甲		第十四甲		第十五甲		总计		附记
户数		一五		一三		一四		一三		一五		一五		一一		一一		一〇		一〇												一二七		
		男	女	男	女	男	女	男	女	男	女	男	女	男	女	男	女	男	女	男	女	男	女	男	女	男	女	男	女	男	女	男	女	
人口总数		五八	四五	四一	三三	四二	三四	三二	三六	四八	三四	五一	三四	四六	三四	三一	二七	二〇	二二	二三	二六											三九二	三二五	
现住		五二	四五	四一	三三	四〇	三四	三〇	三六	四七	三四	四七	三四	四〇	三四	二七	二六	一七	二二	二三	二六											三六四	三二四	
他往		六				二		二		一		四		六		四	一	三														二八	一	
壮丁		二〇		九		一四		一三		一一		一七		一八		一一		七		九												一二九		
识字		九	一	四		三		四		七		三		一〇	六	二	一	二		二												四六	八	
职业	有	三九	三二	二四	二一	二七	二三	一八	二一	二五	二三	二七	二一	三〇	一五	二〇	一八	一六	一二	一五	一七											二四一	二〇三	
	无	一九	一三	一七	一二	一五	一一	一四	一五	二三	一一	二四	一三	一六	一九	一一	九	四	一〇	八	九											一五一	一二二	
非家属同住者		七	一	五				一	二	三		二	一	一八	四	三		二		一												四二	八	
学童		八		一二		九		九		八		一一		九		六		七		九												八八		
备考																																		

四川省荣县第 区第二七二保普通户口统计表

事别＼甲别		第一甲		第二甲		第三甲		第四甲		第五甲		第六甲		第七甲		第八甲		第九甲		第十甲		第十一甲		第十二甲		第十三甲		第十四甲		第十五甲		总计		附记
户数		一〇		一一		一一		一〇		一〇		一〇		一〇		一二		一一		八												一〇三		
人口总数		男	女	男	女	男	女	男	女	男	女	男	女	男	女	男	女	男	女	男	女	男	女	男	女	男	女	男	女	男	女	男	女	
		四五	三六	三六	三六	二九	三一	二九	二八	三三	三三	四一	三三	三〇	二七	四四	三三	三〇	三〇	三一	三二											三四八	三一九	
现住		四三	三六	三二	三六	二三	三〇	二九	二八	二九	三三	四〇	三三	二九	二七	四一	三三	二九	三〇	三〇	三二											三二五	三一八	
他往		二		四		六	一			四		一		一		三		一		一												二三	一	
壮丁		一二		九		七		八		一一		六		六		九		八		八												八四		
识字		一四	一	七		七	七	六		七	四	一一	一	四	一	四	一	六		一二	五											七八	二〇	
职业	有	二八	二六	二七	二〇	二二	二〇	二〇	一六	二二	二四	二八	二五	二一	一九	二六	二四	二二	二四	一九	一九											二三七	二一七	
	无	一七	一〇	九	一六	七	一一	九	一二	一〇	九	一三	八	九	八	一八	九	八	六	一一	一三											一一一	一〇二	
非家属同住者		一〇	四	三		三	六	七	四	三	七	六	五	一	一	五	二	三	一	一												四二	三〇	
学童		一〇		九		九		八		九		九		六		六		八		八												八二		
备考		癞疾男三人										癞疾男一人		癞疾男一人				咳病一人																

保长张汉文

中华民国二十 年 月 日

四川省荣县第一区第二七三保普通户口统计表

事别＼甲别		第一甲		第二甲		第三甲		第四甲		第五甲		第六甲		第七甲		第八甲		第九甲		第十甲		第十一甲		第十二甲		第十三甲		第十四甲		第十五甲		总计		附记
户数		一一		一二		一二		一二		一二		一一		一二		一二		一二		一三												一一九		
		男	女	男	女	男	女	男	女	男	女	男	女	男	女	男	女	男	女	男	女	男	女	男	女	男	女	男	女	男	女	男	女	
人口总数		三五	四三	三七	三三	三二	三六	三八	二八	二八	二五	三〇	二一	二九	二八	四六	三一	三三	三一	三五	三三											三四三	三〇七	
现住		三四	四三	三五	三二	三二	三六	三六	二八	二四	二五	三〇	二一	二七	二八	四六	三一	三一	三一	三三	三三											三二九	三〇七	
他往		一		二				二		四				二				二		二												一四		
壮丁		一三		九		九		一〇		六		一二		四		一四		七		一〇												九四		
识字		一				一								一		四				六												一三		
职业	有	二四	二六	二二	二九	一九	二三	一九	二二	二四	一九	二七	一五	一五	二七	二七	二五	三九	二四	二七	二七											二九〇	二五九	
	无	四	一二	六	四	四	一三	六	六	四	六	三	五	五	三	九	六	四	七	八	六											五三	六八	
非家属同住者		一						三		一	一	二		一		四																一三		
学童		一二		九		一〇		九		六		三		一〇		一一		一〇		六												八六		
备考				跰子男二人		瞎子男二人跰子男二人		哑子男一人								癞疾男一人				癞疾男二人														

保长周华堂

中华民国二十　年　月　日

四川省荣县第一区第二七四保普通户口统计表

保长陈性之

中华民国二十　年　月　日

甲别 事别		第一甲		第二甲		第三甲		第四甲		第五甲		第六甲		第七甲		第八甲		第九甲		第十甲		第十一甲		第十二甲		第十三甲		第十四甲		第十五甲		总计		附记
户数		一一		一五		一四		一五		一二		一三		一一		一三		一二		一二												一二八		
		男	女	男	女	男	女	男	女	男	女	男	女	男	女	男	女	男	女	男	女	男	女	男	女	男	女	男	女	男	女	男	女	
人口总数		三六	三二	四二	四七	二八	三七	四〇	四二	二七	一八	三九	二九	四三	二五	三八	二二	二九	二九	三五	三〇											三五七	三一一	
现住		三六	三二	三五	四七	二〇	三七	三九	四二	二七	一八	三六	二九	四二	二五	三八	二二	二九	二九	三三	三〇											三三五	三一一	
他往				七		八		一				三		一						二												二二		
壮丁		一三		一二		一二		一六		八		一〇		一〇		六		七		一二												一〇六		
识字		一		一				四		四		一		三		一				一												一六		
职业	有	二一	一九	二八	二三	二二	一七	二三	二四	一五	一一	二六	一六	二六	一八	二〇	一五	一八	一三	一四	一二											二二三	一六九	
	无	一五	一三	一四	二四	六	二〇	一七	一八	一二	七	一三	一三	一七	七	一八	七	一一	一六	一一	一八											一三四	一四二	
非家属同住者				一	一	一	一							一	一	一	一		一	四	一											一四		
学童		一三		一一		一二		一三		一一		八		一二		一四		八		六												一〇八		
备考																																		

事别＼甲别		第一甲		第二甲		第三甲		第四甲		第五甲		第六甲		第七甲		第八甲		第九甲		第十甲		第十一甲		第十二甲		第十三甲		第十四甲		第十五甲		总计		附记
户数		一四		一一		一一		一二		一四		一三		一〇		一二		一〇														一〇七		
人口总数		男	女	男	女	男	女	男	女	男	女	男	女	男	女	男	女	男	女	男	女	男	女	男	女	男	女	男	女	男	女	男	女	
		三五	三九	四九	三八	五〇	四六	四五	五〇	四五	四四	三三	三三	二五	二二	二八	三五	三八	三一													三四八	三三八	
现住		三一	三九	四九	三八	五〇	四六	四五	五〇	四四	四四	三三	三三	二五	二二	二八	三五	三六	三一													三四四	三三八	
他往		一								一								二														四		
壮丁		九		一七		一五		一二		一三		一三		一一		一〇		一四														一一四		
识字		二		七		六		三		五		一		一		二		六														三三		
职业	有	二九	二八	三九	三〇	三六	三一	三〇	二九	二五	三八	二四	二三	一九	二一	二一	二〇	二七	一九													二五〇	二二九	
	无	六	一一	一〇	八	一四	一五	一五	二一	二〇	一六	九	一〇	六	一	七	一五	九	一二													九八	一〇九	
非家属同住者		五	六	一七	七	二〇	九	八	八	六	八	三	一	一		二	四	六	一													五九	四四	
学童		九		一一		一三		一〇		一〇		四		五		五		五														七二		
备考																																		

四川省荣县第　区第二七七保普通户口统计表　　保长罗汉文

中华民国二十　年　月　日

四川省荣县第一区第二八六保普通户口统计表

甲别 / 事别	第一甲		第二甲		第三甲		第四甲		第五甲		第六甲		第七甲		第八甲		第九甲		第十甲		第十一甲		第十二甲		第十三甲		第十四甲		第十五甲		总计		附记
户数	一三		一四		一四		一四		一四		一五		一二		一六		一四		一五												一四一		
	男	女	男	女	男	女	男	女	男	女	男	女	男	女	男	女	男	女	男	女	男	女	男	女	男	女	男	女	男	女	男	女	
人口总数	五四	三九	四〇	三七	三六	三七	三七	四六	四〇	五〇	三一	二九	二六	三三	三八	三九	四二	三八	五二	三四											三九六	三八二	
现住	五三	三九	三七	三七	三六	三七	三五	四六	四〇	五〇	二九	二九	二四	三三	三七	三九	四一	三八	五二	三四											三八四	三八二	
他往	一		三				二				二		二		一		一														一二		
壮丁	一五		一四		一〇		九		一六		一〇		七		一四		一二		一三												一二〇		
识字	一一	三	一一		五		五	二	一一		一		三		一〇		八		一一												七六	五	
职业 有	三三	二九	三二	三一	二七	二六	二六	三三	三〇	三二	二五	二三	一七	二三	二三	二四	三四	二六	三四	二五											二八一	二七二	
职业 无	二〇	一〇	五	六	九	一一	九	一三	一〇	一八	四	六	七	一〇	一四	一五	七	一二	一八	九											一一五	一一〇	
非家属同住者	一六	一	四	三	二		六	一	七	二			一	二	一		七		一〇	一											五四	一〇	
学童	一一		一三		一三		一一		一七		六		一七		一一		一八		一一												一二八		
备考																																	

保长晏光侯

中华民国二十五年八月　日

事别＼甲别		第一甲		第二甲		第三甲		第四甲		第五甲		第六甲		第七甲		第八甲		第九甲		第十甲		第十一甲		第十二甲		第十三甲		第十四甲		第十五甲		总计		附记
户数		一三		一四		一四		一三		一三		一三		一三		一四		一三														一二〇		
		男	女	男	女	男	女	男	女	男	女	男	女	男	女	男	女	男	女	男	女	男	女	男	女	男	女	男	女	男	女	男	女	
人口总数		三四	二五	五三	五八	五七	四四	三六	三二	二八	二七	四一	二七	三三	二六	三四	一七	二九	二五													三四五	二八一	
现住		三〇	二五	五一	五八	五五	四四	三五	三二	二八	二六	三七	二七	三二	二六	三二	一七	二三	二五													三二三	二八〇	
他往		四		二		二		一			一	四		一		二		六														二二	一	
壮丁		一〇		一九		一四		一二		八		九		八		一三		五														九八		
识字		五		一九	二	一〇	一	五		六		五	一	七		四		四														六五	四	
职业	有	二〇	二四	三二	二四	三〇	二二	一七	一六	一五	一三	二三	一四	一八	一七	二一	一〇	一〇	一二													一八六	一五二	
	无	一四	一	二一	三四	二五	二二	一八	一六	一三	一三	一四	一三	一四	九	一一	七	一三	一三													一五九	一二九	
非家属同住者		七	三	一五	三	一〇	三	七	六	一			一一	三		一一	一	一三	四													六七	三一	
学童		三		八		一二		八		七		五		一二		四		五														六四		
备考																																		

四川省荣县第一区第二七九保普通户口统计表

保长杜廷元

中华民国二十五年八月　日

四川省荣县第一区第　保普通户口统计表

中华民国二十五年八月一日　保长晏子成

事别＼甲别		第一甲		第二甲		第三甲		第四甲		第五甲		第六甲		第七甲		第八甲		第九甲		第十甲		第十一甲		第十二甲		第十三甲		第十四甲		第十五甲		总计		附记
户数		一四		一三		一四		一四		一四		一三		一二		一三		一二		一四												一三三		
		男	女	男	女	男	女	男	女	男	女	男	女	男	女	男	女	男	女	男	女	男	女	男	女	男	女	男	女	男	女	男	女	
人口总数		三八	三〇	四四	二一	四七	三七	四一	四一	四二	三九	三八	三八	四二	三五	三二	三二	四四	四七	三四	二四											四〇二	三四四	
现住		三五	三〇	四二	二一	四五	三七	三九	四一	四二	三九	三八	三八	三九	三五	三一	三二	四四	四七	三二	二四											三八七	三四四	
他往		三		二		二		二						三		一				二												一五		
壮丁		一三		一〇		一七		九		一五		七		九		九		一二		一二												一一三		
识字		一		一		二		三	一	二		六		一		四		一		一												二二	一	
职业	有	二四	二四	二七	一七	三二	二四	二三	二七	二七	二五	二五	二四	二七	二〇	二二	一九	二七	二七	二二	一九											二五六	二二六	
	无	一四	六	一七	四	一五	一三	一八	一四	一五	一四	一三	一四	一五	一五	一〇	一三	一七	二〇	一二	五											一四六	一一八	
非家属同住者		一	一	六		八	一	一	三	四		三	一	二	一			五		四	一											三四	八	
学童		九		五		八		五		一四		七		一〇		八		一三		六												八五		
备考																																		

荣县第一区普通户口统计表（二）

事别＼甲别		第一甲		第二甲		第三甲		第四甲		第五甲		第六甲		第七甲		第八甲		第九甲		第十甲		第十一甲		第十二甲		第十三甲		第十四甲		第十五甲		总计		附记
户数		九		一〇		八		一一		一二		一〇		一二		一二		一四		九												一〇七		
人口总数		男	女	男	女	男	女	男	女	男	女	男	女	男	女	男	女	男	女	男	女	男	女	男	女	男	女	男	女	男	女	男	女	
		二五	二八	三四	二七	一五	二二	三二	二七	四〇	三〇	二〇	二〇	四〇	三四	三九	三三	五〇	四三	二七	二四											三二二	二八八	
现住		二五	二八	三一	二七	一四	二二	三二	二七	三八	三〇	二〇	二〇	三八	三四	三九	三三	五〇	四三	二七	二四											三一四	二八八	
他往				三		一				二				二																		八		
壮丁		七		七		八		七		八		八		八		一〇		一七		七												八二		
识字				一				一		二		一						二		一												八		
职业	有	一七	一九	二一	一五	一三	一三	一五	一七	二六	二一	一三	一二	二一	二二	二二	一八	二八	二八	一三	一三											一七九	一七八	
	无	八	九	一〇	一二	二	九	一七	一〇	一二	九	七	八	一九	一二	一七	一五	二二	一五	一四	一一											一四三	一一〇	
非家属同住者		三	四	一	一			二	二	四	三	四	二	一	一	三		一〇	一	三												三一	一四	
学童		四		四		四		一三		三		五		一三		一四		八		八												七六		
备考																																		

四川省荣县第　区第　　保普通户口统计表

保长王善口

中华民国二十　年　月　日

四川省荣县第一区第　保普通户口统计表

事别＼甲别		第一甲		第二甲		第三甲		第四甲		第五甲		第六甲		第七甲		第八甲		第九甲		第十甲		第十一甲		第十二甲		第十三甲		第十四甲		第十五甲		总计		附记
户数		一〇		一一		一一		一一		一〇		一〇		一〇		一三		一二		一三												一一一		
人口总数		男	女	男	女	男	女	男	女	男	女	男	女	男	女	男	女	男	女	男	女	男	女	男	女	男	女	男	女	男	女	男	女	
		二九	三〇	二五	二九	二一	二〇	二七	二一	三〇	二九	二六	二一	二五	二〇	三七	三五	二七	三四	三二	三七											二七九	二七六	
现住		二九	三〇	二四	二九	二〇	二〇	二六	二一	三〇	二九	二二	二一	二五	二〇	三三	三五	二七	三四	三二	三七											二五八	二七六	
他往				一		一		一				四		四		四																一五		
壮丁		一二		一三		一〇		一一		一一		九		一五		一五		一〇		五												一一一		
识字		七		五		二		四		一		一		一		一		一		二												二五		
职业	有	二〇	二〇	一八	一九	一六	一六	一七	一二	一九	二〇	一七	一六	一六	一五	二六	二一	一九	二五	一六	二一											一八四	一八五	
	无	九	一〇	七	一〇	五	四	一〇	九	一一	九	九	五	九	五	一一	一四	八	九	一六	一六											九五	九一	
非家属同住者		二		一	一		一	一		二		一	一	四		四		一	一	一												一七	四	
学童		六		四		六		五		四		七		五		九		七		一四												六七		
备考																																		

中华民国二十五年七月　日　保长晏兴炳

事别＼甲别	第一甲		第二甲		第三甲		第四甲		第五甲		第六甲		第七甲		第八甲		第九甲		第十甲		第十一甲		第十二甲		第十三甲		第十四甲		第十五甲		总计		附记
户数	一一		一二		一一		一一		一一		一一		一二		一一		一一		一三												一一四		
	男	女	男	女	男	女	男	女	男	女	男	女	男	女	男	女	男	女	男	女	男	女	男	女	男	女	男	女	男	女	男	女	
人口总数	四五	四四	三七	三八	三五	三三	四二	四四	二七	三四	三四	三〇	五七	五一	四三	三六	三二	三一	三六	三六											三七八	三七九	
现住	四五	四四	三六	三八	三四	三三	四一	四四	二〇	三四	三二	三〇	五六	五一	四二	三六	三〇	三一	三四	三六											三七〇	三七九	
他往			一		一		一		七		二		一		一		二		二												一八		
壮丁	一九		一三		一四		一八		九		一五		一五		一八		一一		一四												一四六		
识字	一四		三		一一		八		八		六		一九		一二		二		八												九		
职业 有	三一	二八	二四	二四	二三	二三	二八	三一	二一	一八	二六	二〇	二八	三六	二八	二六	一八	一九	二二	二一											二四九	二四六	
职业 无	一四	一六	一三	一四	一二	一〇	一四	一三	六	一六	八	一〇	二九	一五	一五	一〇	一四	一二	一四	一五											一三九	一三三	
非家属同住者	七	二	四		三		一		二		二		一	一			二		二												二四	三	
学童	一四		一六		一〇		一〇		九		四		一九		一〇		八		九												一〇九		
备考																																	

四川省荣县第一区第二九三保普通户口统计表　保长龚硕甫

中华民国二十五年八月　日

四川省荣县第　区第　保普通户口统计表

事别＼甲别	第一甲		第二甲		第三甲		第四甲		第五甲		第六甲		第七甲		第八甲	
	男	女	男	女	男	女	男	女	男	女	男	女	男	女	男	女
户数	一二		一三		一一		一一		一一		一二		一三		一三	
人口总数	三六	三八	三二	四〇	二九	三六	二九	二七	三五	三二	三七	二九	四一	三四	三六	二九
现住	三三	三八	三一	四〇	二八	三六	二七	二七	三四	三二	三五	二九	三九	三四	三五	二九
他往	三		一		一		二		一		二		二		一	
壮丁	一〇		九		九		八		七		一六		一五		一三	
识字	三		三		一		二		四		三		七		三	
职业 有	二四	二八	二二	三〇	二三	三〇	一八	二四	二二	二一	二七	二二	三三	二六	二六	二五
职业 无	一二	一〇	一〇	一〇	六	六	一一	三	一三	一一	一〇	七	八	八	一〇	四
非家属同住者	九	五	二	二	一	一	一		七	五	五	三			三	三
学童	一一		七		八		六		一〇		八		一〇		八	
备考																

事别＼甲别	第九甲		第十甲		第十一甲		第十二甲		第十三甲		第十四甲		第十五甲		总计		附记
	男	女	男	女	男	女	男	女	男	女	男	女	男	女	男	女	
户数	一三		一〇												一一九		
人口总数	三七	四二	二九	二六											三四一	三三三	
现住	三五	四二	二六	二六											三二三	三三三	
他往	二		三												一八		
壮丁	一〇		一三												一一〇		
识字	三		四												三三		
职业 有	二九	二七	二三	一七											二四八	二四三	
职业 无	八	一五	六	九											九三	九〇	
非家属同住者	四	四	三												三五	三三	
学童	一一		五												七四		
备考																	

保长晏秉斋

中华民国二十五年七月　日

荣县第一区普通户口统计表（二）

事别 \ 甲别	第一甲		第二甲		第三甲		第四甲		第五甲		第六甲		第七甲		第八甲		第九甲		第十甲		第十一甲		第十二甲		第十三甲		第十四甲		第十五甲		总计		附记
户数	一三		一四		一一		一三		一五		一四		一三		一〇		一〇		一〇												一二三		
	男	女	男	女	男	女	男	女	男	女	男	女	男	女	男	女	男	女	男	女	男	女	男	女	男	女	男	女	男	女	男	女	
人口总数	三八	三六	三六	三〇	二三	二二	三一	三四	二九	二七	三九	四二	三五	三二	三一	一九	二八	三一	二〇	三〇											三一〇	三〇三	
现住	三七	三四	三二	三〇	二三	二二	三〇	三〇	二七	二六	三九	四二	三一	三〇	三〇	一五	二四	三〇	一七	二五											二九〇	二五六	
他往	一	二	四				一	四	二	一			四	二	一	四	四	一	三	五											二〇	四七	
壮丁	二〇		一五		一三		一三		一一		一九		一七		一〇		一三		一〇												一四一		
识字	六		二		四		三		二		二		四		三		五	二	三												三四	二	
职业 有	三〇	二六	二〇	二一	一六	一五	一八	二三	二四	二五	三〇	三一	三〇	二二	二六	一五	二一	一九	一六	一六											二二一	二一三	
职业 无	八	一〇	一六	九	七	七	一二	一一	五	二	九	一一	四	一〇	五	四	七	一二	四	一四											八九	九〇	
非家属同住者	七	二		一	一						六		二	二	二		二	一													二〇	六	
学童	四		四		四		二		二		四		六		六		二		三												三七		
备考																																	

四川省荣县第一区第　保普通户口统计表　保长徐立昌

中华民国二十五年六月廿九日

四川省荣县第　区第　保普通户口统计表

甲别	户数	人口总数		现住		他往		壮丁		识字		职业·有		职业·无		非家属同住者		学童	备考
		男	女	男	女	男	女	男	女	男	女	男	女	男	女	男	女		
第一甲	一四	三一	三七	二九	三七	二		八		三		二二	二七	九	一〇	一	一	三	
第二甲	一一	二七	二七	二四	二六	三	一	七		一		一七	一八	一〇	九			一〇	
第三甲	一三	二七	三七	二七	三七			一〇		一		一六	二二	一一	一五	一		四	
第四甲	一五	四二	四二	四一	四二	一		一五		一		二七	二七	一五	一五	一	二	四	
第五甲	一〇	一八	二二	一八	二二			三				一二	一四	六	八			二	
第六甲	一二	二四	二九	二一	二九	三		八				一八	二一	六	八			四	
第七甲	一四	二八	二九	二五	二九	三		九				二一	二五	七	四		一	四	
第八甲	一三	二三	二五	一九	二五	四		一一				一七	一六	六	九			三	
第九甲	一三	三二	三七	三〇	三七	二		六				一七	二五	一五	一二			五	
第十甲	一一	三二	二七	三〇	二七	二		一〇				一九	二二	一三	五	一		五	
第十一甲																			
第十二甲																			
第十三甲																			
第十四甲																			
第十五甲																			
总计	一一四	二八四	三一二	二六四	三一一	二〇	一	八七		七		一八六	二一七	九八	九五	四	四	四四	
附记																			

保长吴尚志

中华民国二十五年七月　日

四川省荣县第五区第　　保普通户口统计表　　保长郝有光

中华民国二十五年七月二八日

甲别／事别	第一甲		第二甲		第三甲		第四甲		第五甲		第六甲		第七甲		第八甲		第九甲		第十甲		第十一甲		第十二甲		第十三甲		第十四甲		第十五甲		总计		附记
户数	一二		一三		一三		一一		一一		一一		一四		一二		一三		一二												一二二		
	男	女	男	女	男	女	男	女	男	女	男	女	男	女	男	女	男	女	男	女	男	女	男	女	男	女	男	女	男	女	男	女	
人口总数	三九	四〇	四七	三八	三一	三五	二六	三二	二四	二四	二五	二一	三三	四二	三四	二五	二九	二四	二六	三〇											三一八	三一一	
现住	三七	四〇	三一	三八	二八	三五	二六	三二	二四	二四	一四	二一	三一	四二	二三	二五	二九	二四	二四	三〇											二七一	三一一	
他往	二		一六		三						一一		二		一一				二												四七		
壮丁	一七		一七		一三		一三		二		一一		一六		一五		一一		一〇												一二七		
识字	三		二		一		二		一		一		一		一																一二		
职业　有	二四	二五	三七	二六	二七	二五	二三	二七	一八	二〇	二二	一六	二五	二六	二一	一九	二〇	一九	一八	二三											二三二	二三五	
职业　无	一三	一五	一〇	一二	四	一〇	四	七	六	四	五	五	七	一六	八	六	九	五	七	七											八六	八六	
非家属同住者			七	一	五	三			一	二					六	一	五	一	二	一											二六	九	
学童	一二		七		一		五		七		四		六		六		六		六												六〇		
备考																																	

四川省荣县第　区第三〇二保普通户口统计表　保长毕鸣歧

中华民国二十五年　月　日

甲别/事别		第一甲		第二甲		第三甲		第四甲		第五甲		第六甲		第七甲		第八甲		第九甲		第十甲		第十一甲		第十二甲		第十三甲		第十四甲		第十五甲		总计		附记
户数		一〇		一〇		一〇		一〇		一〇		一〇		一〇		一〇		一〇		一〇												一〇〇		
人口总数		男	女	男	女	男	女	男	女	男	女	男	女	男	女	男	女	男	女	男	女	男	女	男	女	男	女	男	女	男	女	男	女	
		五一	四四	三三	三六	三九	五〇	四一	三六	四三	三七	三五	四五	二八	一八	七三	一四	三四	三三	四七	四七											四二四	三六〇	
现住		四八	四四	二九	三六	三四	五〇	三七	三六	三八	三七	三二	四五	二六	一八	七一	一四	三一	三三	四五	四七											三八一	三六〇	
他往		三		四		五		四		五		三		二		二		三		二												三三		
壮丁		七		六		六		六		七		四		二		二		三		七												五〇		
识字		八		五		九		六		五		七		一		二		四		一三												六〇		
职业	有	四一	四〇	二三	二五	二九	四六	三〇	二五	四〇	二〇	二五	四〇	二〇	一七	七〇	一〇	二四	二三	四〇	四〇											三三二	二八六	
	无	一〇	四	一〇	一一	一〇	四	一一	一一	三	一七	一〇	五	八	一	三	四	一〇	一〇	一七	七											九二	七四	
非家属同住者		二	九	五	七	九	七	九	七	七	五	五	一	二	一	一		一二	一一	一二	一一											六四	五九	
学童		五		二		四		五		一		二		一		一		四		三												二八		
备考																																		

四川省荣县第五区第　　保普通户口统计表　　保长吴济周

中华民国二十五年　月　日

事别＼甲别	第一甲		第二甲		第三甲		第四甲		第五甲		第六甲		第七甲		第八甲		第九甲		第十甲		第十一甲		第十二甲		第十三甲		第十四甲		第十五甲		总计		附记
户数	一三		一三		一三		一四		一四		一〇		九		一〇		一〇		一四												一二〇		
	男	女	男	女	男	女	男	女	男	女	男	女	男	女	男	女	男	女	男	女	男	女	男	女	男	女	男	女	男	女	男	女	
人口总数	四一	三四	三三	二六	三九	三八	五七	五一	三〇	二七	三一	二三	二六	一七	一八	一九	一九	二〇	三九	三七											三三三	二九二	
现住	三九	三四	三三	二六	三四	三八	五六	五一	二九	二七	二七	二三	二五	一七	一八	一九	一九	二〇	三八	三七											三一八	二九二	
他往	二				五		一		一		四		一						一												一五		
壮丁	一八		一〇		一四		一七		一〇		一二		七		六		七		一四												一一五		
识字	九		一		七		七	一			六		五		二		三		一												四一	一	
职业 有	三四	二四	二二	一九	二九	二四	四三	三一	二五	一八	二三	一九	一六	一二	一二	一三	一五	一五	三〇	二六											二四九	二〇一	
职业 无	七	一〇	一一	七	一〇	一四	一四	二〇	五	九	八	四	一〇	五	六	六	四	五	九	一一											八四	九一	
非家属同住者	二										二	二					一														五	二	
学童	六		四		九		一二		三		四		六		四		二		四												五四		
备考																																	

四川省荣县第五区第一二九八保普通户口统计表

事别＼甲别		第一甲		第二甲		第三甲		第四甲		第五甲		第六甲		第七甲		第八甲		第九甲		第十甲		第十一甲		第十二甲		第十三甲		第十四甲		第十五甲		总计		附记
户数		一〇		一〇		一二		一〇		一〇		一〇		八		一〇		一〇		一〇												一〇〇		
人口总数		男	女	男	女	男	女	男	女	男	女	男	女	男	女	男	女	男	女	男	女	男	女	男	女	男	女	男	女	男	女	男	女	
		二五	一九	二一	二〇	三一	二八	二六	二九	二七	二七	二五	一九	一八	二三	三〇	二六	二二	一六	二一	二三											二四六	二三〇	
现住		二五	一九	二〇	二〇	二九	二八	二六	二九	二五	二七	二三	一九	一八	二三	三〇	二八	二二	一六	二一	二三											二三九	二三〇	
他往				二		二				二		二																				七		
壮丁		七		五		五		九		四		九		一二		二一		九		六												八七		
识字		九	一	七		一九	一三	八	一	二		一〇		九		一三		六		五												七五		
职业	有	一五	一二	一三	一八	一八	二四	二三	二二	二〇	二四	二一	一六	一一	二三	二六	一八	一七	一二	一九	二一											一七四	一八六	
	无	一〇	一七	七	二	一一	四	三	七	五	三	二	三	五		四	一〇	五	六	二	一一											七二	四四	
非家属同住者		二	一	五		二	二	一	三			六		二	七	一	二	二	一	二	四											二三	二〇	
学童		三		四		五		七		二		三		四		六		五		三												四二		
备考																																		

保长戴吉昌

中华民国二十五年六月　日

四川省荣县第五区第二九九保普通户口统计表 保长阙疑
中华民国二十五年七月二十八日

事别＼甲别		第一甲		第二甲		第三甲		第四甲		第五甲		第六甲		第七甲		第八甲		第九甲		第十甲		第十一甲		第十二甲		第十三甲		第十四甲		第十五甲		总计		附记
户数		一三		一二		一二		一三		一二		一三		一三		一二		一三		一三												一二六		
人口总数		男	女	男	女	男	女	男	女	男	女	男	女	男	女	男	女	男	女	男	女	男	女	男	女	男	女	男	女	男	女	男	女	
		四七	三九	三七	三四	三六	四三	三一	三二	三五	三三	四三	三九	二七	二六	四二	三八	四三	三六	三九	二七											三八〇	三四七	
现住		四〇	三八	三一	三四	三四	四三	二七	三二	二六	三三	三八	三九	一八	二六	三七	三八	四〇	三五	三四	二七											三二五	三四五	
他往		七	一	六		二		四		九		五		九		五		三	一	五												五五	二	
壮丁		九		八		一〇		八		五		九		六		一三		七		一〇												八五		
识字		三		三		四		一		一		二		三		七		二		二												二八		
职业	有	二三	二四	二四	二〇	一九	二九	一九	二二	一八	一八	二三	二六	二三	一八	三一	二八	二八	二二	二六	二一											二二四	二二七	
	无	一七	一五	一三	一四	一五	一四	一二	一〇	一七	一三	一五	一三	四	五	一五	一〇	一二	一三	八	六											一五六	一二〇	
非家属同住者		五	五	二	四	四	一	二	四	八	七	五	三			九	四	四	三	五												四四	三一	
学童		一一		六		一一		四		七		七		五		六		八		七												七二		
备考																																		

四川省荣县第一区第二七八保普通户口统计表

甲别	性别	户数	人口总数	现住	他往	壮丁	识字	职业 有	职业 无	非家属同住者	学童	备考
第一甲	男	一一	三四	三〇	四	一一	八	二四	一〇		六	
	女		四〇	四〇				二五	一五			
第二甲	男	一四	五〇	五〇		一九	一六	三〇	二〇		七	
	女		四五	四五				二九	一六	六		
第三甲	男	一二	五四	五〇	四	二〇	五	三七	一七	五	八	
	女		五〇	五〇				四〇	一〇	二		
第四甲	男	一二	二二	二一	一	一一	三	一五	七		三	
	女		二六	二六				二〇	六			
第五甲	男	一四	三三	三〇	三	一三	七	二三	七	二	五	
	女		四三	四三				三四	九			
第六甲	男	一一	五四	四七	七	一七	二〇	三九	一五		一〇	
	女		五〇	四七	三		二	三五	一五			
第七甲	男	一六	四四	四四		一四	五	三〇	一四	二	八	
	女		三三	三三				一九	一四			
第八甲	男	一五	五七	五六	一	二〇	二	五〇	七	一	一五	
	女		三八	三八				三四	四	一		
第九甲	男	一五	三九	三九		一二	二	二五	一四		六	
	女		三六	三六				三一	五	一		
第十甲	男	一二	三一	三一		一二	一	二五	六		六	
	女		二六	二六				二二	四	四		
第十一甲	男	一二	二七	二七		一一	四	一八	九		三	
	女		二二	二二				一六	八	一		
第十二甲	男											
	女											
第十三甲	男											
	女											
第十四甲	男											
	女											
第十五甲	男											
	女											
总计	男	一一四	四四五	四二五	二〇	一六〇	七五	三一六	一二九	一〇	七七	
	女		四〇九	四〇六	三		二	三〇五	一〇四	一五		

附记：

保长虞福章

中华民国二十五年八月 日

甲别 / 事别	第一甲		第二甲		第三甲		第四甲		第五甲		第六甲		第七甲		第八甲		第九甲		第十甲		第十一甲		第十二甲		第十三甲		第十四甲		第十五甲		总计		附记
户数	一三		一四		一四		一四		一五		一三		一三		一三		一四		一四												一三七		
人口总数	男	女	男	女	男	女	男	女	男	女	男	女	男	女	男	女	男	女	男	女	男	女	男	女	男	女	男	女	男	女	男	女	
	二七	三〇	四七	三七	三二	二二	三九	三一	三四	三五	三〇	二九	三〇	三三	三五	三六	三一	三一	二三	三一											三二八	三一五	
现住	二六	三〇	四三	三七	二八	二二	三九	三一	三一	三五	二九	二九	二九	三三	三一	三六	二八	三一	二二	三一											三〇六	三一五	
他往	一		四		四				三		一		一		四		三		一												二二		
壮丁	一二		一二		八		一〇		一〇		一二		一〇		一二		一〇		一一												一〇七		
识字	五		三		一		一		二				二		四		一		一												二〇		
职业 有	二三	二五	三一	三一	二二	一八	二九	二七	二六	二九	二六	二三	二三	三一	二六	二六	二三	二八	一七	二四											二四六	二六二	
职业 无	三	五	一二	六	六	四	一〇	四	五	六	三	六	六	二	五	一〇	五	三	五	七											六〇	五三	
非家属同住者	五	三	八	一	一〇	三	六	二	三	五	七	一	九	四	四	二	一	一	三	二											五六	二四	
学童	六		六		三		六		四		三		三		五		二		一												三九		
备考																																	

四川省荣县第一区第　保普通户口统计表

中华民国二十　年　月　日　保长徐卓儒

四川省荣县第五区第　保普通户口统计表

保长伍世礼

中华民国二十五年七月　日

事别＼甲别		第一甲		第二甲		第三甲		第四甲		第五甲		第六甲		第七甲		第八甲		第九甲		第十甲		第十一甲		第十二甲		第十三甲		第十四甲		第十五甲		总计		附记
户数		一四		一四		一五		一四		一五		一五		一五		一三		一三		一四												一四二		
		男	女	男	女	男	女	男	女	男	女	男	女	男	女	男	女	男	女	男	女	男	女	男	女	男	女	男	女	男	女	男	女	
人口总数		四三	三八	四二	二九	四一	三二	三六	三一	三一	三五	三〇	四〇	三六	二五	三八	三〇	三九	三一	三一	三一											三六七	三一九	
现住		三六	三八	三九	二九	三八	三二	三五	三一	二四	三五	二九	三九	三五	二五	三八	三〇	三八	三一	三一	三一											三四三	三一八	
他往		七		三		三		一		七		一	一	一				一														二四	一	
壮丁		三		八		九		五		六		八		八		一三		七		九												七六		
识字		三																														四		
职业	有	三三	二二	三一	二一	三二	二一	二五	一九	二五	二二	二二	二一	二四	一五	二四	二〇	二〇	二一	二二	二一											二五六	二〇三	
	无	三	一六	一一	八	九	一一	一一	一二	六	一三	八	一九	一二	一〇	一四	一〇	一九	一〇	九	一〇											一一一	一一六	
非家属同住者		四		四		三		三	二	一	二					二		二	二	三	一											二二	七	
学童		一二		一二		一〇		三		六		六		六		七		一三		六												八一		
备考																																		

荣县第一区普通户口统计表（二）

四川省荣县第一区第　保普通户口统计表　保长张汉夫

中华民国二十五年八月五日

事别＼甲别	第一甲		第二甲		第三甲		第四甲		第五甲		第六甲		第七甲		第八甲		第九甲		第十甲		第十一甲		第十二甲		第十三甲		第十四甲		第十五甲		总计		附记
户数	一二		一一		一三		一二		一四		一二		一一		一二		一一		一一		一〇										一二九		
人口总数	男	女	男	女	男	女	男	女	男	女	男	女	男	女	男	女	男	女	男	女	男	女	男	女	男	女	男	女	男	女	男	女	
	四二	三四	三四	三九	三五	三九	三〇	二九	三九	五一	三八	三三	三九	四〇	三九	四三	三五	三六	五二	四四	三四	三九									四一七	四二七	
现住	三八	三四	三二	三九	三四	三九	二八	二九	三八	五一	三五	三三	三七	四〇	三九	四三	三四	三六	四九	四四	三二	三九									三九六	四二七	
他往	四		二		一		二		一		三		二				一		三		二										二一		
壮丁	一〇		八		一三		一一		一二		一五		一六		一二		一二		二一		一〇										一四〇		
识字	一二	二	七		八		五		七		四		一〇		九	一	一〇		一〇		一一										九三	三	
职业　有	二三	二一	二一	二〇	一八	二〇	一七	一七	二二	二九	二九	二三	二九	二五	二八	三二	二一	二四	三五	二九	二三	二六									二六六	二六六	
职业　无	一九	一三	一三	一九	一七	一九	一三	一二	一七	二二	六	一〇	一〇	一五	一一	一一	一四	一二	一七	一五	一一	一三									一五一	一六一	
非家属同住者	八	三	五	一	一		四	三	三	二	九	四	六	二	四		一	二	八		四										五三	一七	
学童	一二		一三		七		九		一一		五		一一		七		六		七		五										九三		
备考																																	

四川省荣县第一区第二八一保普通户口统计表

事别＼甲别		第一甲		第二甲		第三甲		第四甲		第五甲		第六甲		第七甲		第八甲		第九甲		第十甲		第十一甲		第十二甲		第十三甲		第十四甲		第十五甲		总计		附记
户数		一一		一〇		七		九		一二		一〇		一〇		一四		九		一〇												一〇二		
		男	女	男	女	男	女	男	女	男	女	男	女	男	女	男	女	男	女	男	女	男	女	男	女	男	女	男	女	男	女	男	女	
人口总数		三二	二八	二一	二〇	一六	二〇	一七	二二	一三	三四	三〇	二七	一五	三〇	四四	三四	二七	三七	二七	二八											二四二	二八〇	
现住		三〇	二八	一六	一九	一二	二〇	一五	二一	一三	三四	二九	二七	一五	三〇	三六	三二	二三	三七	二三	二八											二一三	二六五	
他往		二		五	一	四		二	一			一				八	二	四		四												二九	六	
壮丁		五		四		三		三		八		五		五		九		四		四												五二		
识字		五	一	一		三		三		四		一		一		一		三		四												二六	一	
职业	有	二〇	一六	一五	一二	一〇	一二	九	一五	八	二〇	一九	一八	九	二二	三四	二〇	一九	二五	一五	一九											一五八	一七九	
	无	一二	一二	六	八	六	八	八	七	五	一四	一一	九	六	八	一〇	一四	八	一二	一二	九											八四	一〇一	
非家属同住者		一〇	一				一	四	一	二		五						四														二五	三	
学童		四				四		二		四		二		四		六		六		四												三六		
备考																																		

保长代理[①]周璧文

中华民国二十五年八月　日

① 原文如此。

事别＼甲别	第一甲		第二甲		第三甲		第四甲		第五甲		第六甲		第七甲		第八甲		第九甲		第十甲		第十一甲		第十二甲		第十三甲		第十四甲		第十五甲		总计		附记
户数	一五		一二		一二		一四		一一		一〇		一五		一〇		一〇		一一												一二〇		
	男	女	男	女	男	女	男	女	男	女	男	女	男	女	男	女	男	女	男	女	男	女	男	女	男	女	男	女	男	女	男	女	
人口总数	四三	三九	六〇	四〇	三六	二七	五三	四五	二八	三九	三二	三二	四七	三二	四〇	三〇	二九	二七	三七	三三											四〇五	三四四	
现住	四一	三九	五四	四〇	三四	二六	五〇	四五	二八	三九	三二	三二	四五	三二	四〇	三〇	二六	二七	三六	三二											三八六	三四二	
他往	二		六		二	一	三						二				三		一	一											一九	二	
壮丁	九		一二		八		二〇		一〇		一二		一五		六		五		一五												一一二		
识字	六		一六	二	一一	一	一〇		九		四		七		一		九	二	九	一											八二	六	
职业 有	二〇	二二	二九	二五	二〇	二〇	三〇	三二	二〇	二七	二二	二〇	二八	二三	三一	二七	二一	二三	二四	一七											二四五	二三五	
职业 无	二一	一七	二五	一五	一四	六	二〇	一三	八	一二	一〇	一二	一七	九	九	三	五	四	一二	一六											一四一	一〇七	
非家属同住者			四				一		二	一	四	四	一		五		二	二													一九	七	
学童	四		二一		四		九		二		四		七		二				四												五七		
备考																																	

四川省荣县第一区第二八〇保普通户口统计表　保长王永涛

中华民国二十五年八月六日

四川省荣县第五区第一三五保普通户口统计表　保长周光富

中华民国二十五年七月三十一日

事别＼甲别		第一甲		第二甲		第三甲		第四甲		第五甲		第六甲		第七甲		第八甲		第九甲		第十甲		第十一甲		第十二甲		第十三甲		第十四甲		第十五甲		总计		附记
户数		一〇		一一		一〇		一一		一一		一〇		一一		一一		一三		一三												一一一		一、出县未出省者男三人
		男	女	男	女	男	女	男	女	男	女	男	女	男	女	男	女	男	女	男	女	男	女	男	女	男	女	男	女	男	女	男	女	
人口总数		三〇	二七	二七	三三	三一	二五	三六	二六	三一	二一	三四	三五	三二	三三	四六	四五	三九	二九	三七	三二											三四三	三〇六	
现住		二九	二七	二七	三三	三一	二五	四六	二六	三一	二一	三四	三五	三〇	三三	四六	四五	三八	二九	三三	三二											三三五	三〇六	
他往		一												二				一		四												八		
壮丁		一三		八		一〇		一〇		一二		一三		九		一六		五		一一												一〇七		
识字		八		六		七		二		一〇		一〇		八		七		三		七												六八		
职业	有	二一	一六	一四	一六	一八	一三	一五	一六	二四	九	二一	一六	一六	一六	二三	二二	二〇	一六	二〇	一四											一九二	一五四	
	无	九	一一	一三	一七	一三	一二	二一	一〇	七	一二	一三	一九	一六	一七	二三	二三	一九	一三	一七	一八											一五一	一五二	
非家属同住者		二				二		一		五		五	二	五	四	一一	七	一	二													三二	一五	
学童		七		六		四		八		二		一一		七		八		九		八												七〇		
备考																																		

四川省荣县第一区第　保普通户口统计表

事别＼甲别		第一甲		第二甲		第三甲		第四甲		第五甲		第六甲		第七甲		第八甲		第九甲		第十甲		第十一甲		第十二甲		第十三甲		第十四甲		第十五甲		总计		附记
户数		一一		一一		一一		一一		一一		一一		一一		一一		一一		一二												一一一		
		男	女	男	女	男	女	男	女	男	女	男	女	男	女	男	女	男	女	男	女	男	女	男	女	男	女	男	女	男	女	男	女	
人口总数		三二	二九	三六	三二	四四	三三	二九	二九	三三	二九	三〇	三八	四〇	三三	四三	二九	五三	三六	三〇	三〇											三七〇	三一八	
现住		三二	二九	三五	三二	四四	三三	二七	二九	三三	二九	二九	三八	三七	三三	四二	二九	五三	三六	三〇	三〇											三六二	三一八	
他往				一				二				一		三		一																八		
壮丁		九		八		一三		一〇		一一		一四		一二	一六	一六		一三		一三												一一九		
识字		三		五		九		五		六		三		六		六		九		五												五七		一、出县未出省者男一人
职业	有	一七	二三	一七	一六	三三	一五	二一	一六	一八	一九	二〇	一九	二四	一七	二八	二一	三五	二一	二一	一四											二三四	一八一	
	无	一五	六	一九	一六	一一	一八	八	一三	一五	一〇	一〇	一九	一六	一六	一五	八	一八	一五	九	一六											一三六	一三七	
非家属同住者				二	二	五	六	一		一		四	五	二	一	五	二	一四	四	二	三											三六	二三	
学童		七		九		一四		四		四		六		七		七		一二		一〇												八〇		
备考																																		

中华民国二十五年八月四日　保长芦明高

四川省荣县第五区第一三七保普通户口统计表　保长向述廷
中华民国二十五年七月二十九日

甲别	性别	户数	人口总数	现住	他往	壮丁	识字	职业·有	职业·无	非家属同住者	学童	备考
第一甲	男	一三	二五	二三	二	七	二	一四	一一		七	
	女		二四	二四				一三	一一			
第二甲	男	一五	三九	三四	五	一一	一一	二五	一四	五	九	
	女		三三	三三				二〇	一三			
第三甲	男	一三	三八	三六	二	一一	一一	一九	一九	一	一二	
	女		三六	三〇			一	一八	一二			
第四甲	男	一三	三二	三〇	二	八	四	一七	一五	二	一二	
	女		二六	二六				一五	一一			
第五甲	男	一一	三七	三二	五	一〇	八	一九	一八	一	八	
	女		三二	三二				一四	一八	一		
第六甲	男	一一	三〇	二九	一	一二	一二	一六	一四		九	
	女		二八	二八				一三	一五			
第七甲	男	一一	一八	一七	一	八	七	一四	四		三	
	女		一七	一七				九	八			
第八甲	男	一〇	二三	二二	一	八	一	一五	八		三	
	女		二〇	二〇				一四	六			
第九甲	男	一〇	一九	一八	一	八	八	一四	五		三	
	女		二三	二三				一二	一一			
第十甲	男	一二	二五	二二	三	八	一	一四	一一		一一	
	女		二五	二五				一二	一三			
第十一甲	男											
	女											
第十二甲	男											
	女											
第十三甲	男											
	女											
第十四甲	男											
	女											
第十五甲	男											
	女											
总计	男	一一九	二八六	二六三	二三	九一	六五	一六七	一一九	九	七七	
	女		二五八	二五八			一	一四〇	一一八	一		

附记：一、出县未出省者男三人

甲别 / 事别	第一甲		第二甲		第三甲		第四甲		第五甲		第六甲		第七甲		第八甲		第九甲		第十甲		第十一甲		第十二甲		第十三甲		第十四甲		第十五甲		总计		附记
户数	一二		一三		一三		一一		一〇		一一		一〇		一四		一三		一三												一二〇		
	男	女	男	女	男	女	男	女	男	女	男	女	男	女	男	女	男	女	男	女	男	女	男	女	男	女	男	女	男	女	男	女	
人口总数	二九	二二	四八	三一	四九	三六	二四	三一	三八	二六	三二	二一	二五	一七	四〇	二三	三八	二五	二七	三〇											三五〇	二六二	
现住	二六	二二	四六	三一	四四	三六	二二	三一	三七	二六	三〇	二一	二五	一七	三八	二三	三五	二五	二五	三〇											三二八	二六二	
他往	三		二		五		二		一		二				二				二												二二		
壮丁	六		一三		一六		一〇		一二		八		一一		一一		一〇		一三												一一〇		
识字	四		一〇		八		四		三		三		二		三		九		二												四八		一、出县未出省者男七人
职业 有	一六	一六	二六	一九	二五	一八	一五	二〇	二四	一八	一九	一五	一六	一〇	二五	一三	二四	一七	一八	一六											二〇八	一六二	
职业 无	一三	六	二二	一二	二四	一八	九	一一	一四	八	一三	六	九	七	一五	一〇	一四	八	九	一四											一四二	一〇〇	
非家属同住者		一	一三	四	四		三	三	五			二	一		三	一	三	一	一	一											三三	一三	
学童	九		一一		一五		六		一一		五		四		九		七		七												八四		
备考																																	

四川省荣县第五区第一三八保普通户口统计表　保长徐沿龙

中华民国二十五年七月三十日

四川省荣县第一区第　保普通户口统计表

中华民国二十五年七月　日　　保长叶楚良

事别＼甲别		第一甲		第二甲		第三甲		第四甲		第五甲		第六甲		第七甲		第八甲		第九甲		第十甲		第十一甲		第十二甲		第十三甲		第十四甲		第十五甲		总计		附记
		男	女	男	女	男	女	男	女	男	女	男	女	男	女	男	女	男	女	男	女	男	女	男	女	男	女	男	女	男	女	男	女	
户数		一五		一五		一五		一一		一三		一四		一三		一三		一三		一五												一三七		一、出县未出省者男三人出省未出国者男一人
人口总数		六〇	四三	四六	四八	三三	三七	三五	二四	三一	二〇	二六	二四	四二	二六	四四	二一	四六	四四	五三	四一											四一六	三二八	
现住		五三	四三	四六	四八	三一	三五	三四	二四	二九	二〇	二五	二四	三九	二六	三七	二一	四四	四三	四八	四〇											三八六	三二四	
他往		七				二	二	一		二		一		三		七		二	一	五	一											三〇	四	
壮丁		二〇		一二		一四		一二		八		六		一七		九		一六		一六												一三〇		
识字		一七	一	一三		五		七		四		二		四		九		八		九	一											七八	二	
职业	有	四一	二六	二八	三〇	二三	二二	二一	一七	二一	一五	一八	一八	二八	二二	二九	一七	二八	二六	三二	二九											二六九	二二二	
	无	一九	一七	一六	一九	一五	五	一四	七	一〇	五	六	一〇	一四	四	一五	四	一八	一九	二〇	一六											一四七	一〇六	
非家属同住者		七		三	三	三		一	一	六	一	一				二	一	八	一一	九	二											四〇	一九	
学童		二一		一四		一二		一〇		二		五		五		八		一三		一八												一〇八		
备考																																		

四川省荣县第一区第　保普通户口统计表

事别＼甲别	第一甲		第二甲		第三甲		第四甲		第五甲		第六甲		第七甲		第八甲		第九甲		第十甲		第十一甲		第十二甲		第十三甲		第十四甲		第十五甲		总计		附记
户数	一〇		一二		一〇		一〇		一〇		一一		一〇		一〇		一〇		一一												一〇四		一、出县未出省者男三人出省未出国者男二人
	男	女	男	女	男	女	男	女	男	女	男	女	男	女	男	女	男	女	男	女	男	女	男	女	男	女	男	女	男	女	男	女	
人口总数	一九	一八	三四	二二	三〇	二一	二七	三〇	二八	二一	三六	四二	二五	二六	二一	二一	三二	二〇	二六	二五											二七八	二四六	
现住	一七	一八	二八	二二	二五	二一	二五	三〇	二四	二一	三〇	四二	二三	二六	一六	二一	三〇	二〇	二一	二五											二三九	二四六	
他往	二		六		五		二		四		六		二		五		二		五												三九		
壮丁	六		八		五		八		八		一〇		六		五		四		一〇												七〇		
识字	二		二		三		二		二		二		二		二		一		二												二〇		
职业 有	一〇	一四	一六	一二	一五	一二	一八	一六	一四	一〇	二二	二二	一五	一四	一三	一二	二三	一三	一七	一三											一六三	一三八	
职业 无	九	四	一八	一〇	一五	九	九	一四	一四	一一	一四	二〇	一〇	一二	八	九	九	七	九	一二											一一五	一〇八	
非家属同住者					一	一						一																			一	二	
学童	四		一二		六		六		四		六		六		三		九		七												六三		
备考																																	

中华民国二十五年八月五日　保长陈焕然

四川省荣县第五区第一四一保普通户口统计表　保长詹伯勋
中华民国二十五年七月十日

事别 \ 甲别		第一甲		第二甲		第三甲		第四甲		第五甲		第六甲		第七甲		第八甲		第九甲		第十甲		第十一甲		第十二甲		第十三甲		第十四甲		第十五甲		总计		附记
户数		一三		一四		一五		一三		一四		一三		一三		一四		一三		一三												一三七		
		男	女	男	女	男	女	男	女	男	女	男	女	男	女	男	女	男	女	男	女	男	女	男	女	男	女	男	女	男	女	男	女	
人口总数		二六	三四	四二	二六	四一	二八	三三	二五	二七	三三	三五	二八	三一	一九	四一	三八	三一	三一	二八	三二											三三五	二九四	
现住		二四	三四	四二	二六	三八	二八	三三	二五	二五	三三	三五	二八	三一	一九	四一	三八	三一	三一	二八	三二											三二八	二九四	
他往		二				三				二																						七		
壮丁		一二		八		一四		六		七		一三		一二		一二		一〇		九												一〇三		
识字		二		二		四		二		一		二						一		二												一九		
职业	有	一九	一九	二〇	一九	二五	一八	一六	一六	一八	一六	一五	一七	一五	一二	一八	一七	一五	一〇	一七	一二											一七八	一五六	
	无	七	一五	二二	七	一六	一〇	一七	九	九	一七	二〇	一一	一六	七	二三	一一	一六	二一	一一	二〇											一五七	一三八	
非家属同住者		二	一	一				一				二				二		一		五	六											一四	七	
学童		六		七		六		四		七		七		三		七		四		三												五四		
备考																																		

事别＼甲别	第一甲		第二甲		第三甲		第四甲		第五甲		第六甲		第七甲		第八甲		第九甲		第十甲		第十一甲		第十二甲		第十三甲		第十四甲		第十五甲		总计		附记
	男	女	男	女	男	女	男	女	男	女	男	女	男	女	男	女	男	女	男	女	男	女	男	女	男	女	男	女	男	女	男	女	
户数	一〇		一〇		一二		一一		一〇		一〇		一三		一五		一二		一五												一一八		一、出县未出省者男二人
人口总数	三二	一九	二一	一八	三一	三二	二八	二三	三四	二二	二六	二五	四二	三七	四四	二九	三九	三二	四四	四三											三四一	二八〇	
现住	二九	一九	一六	一七	二九	三二	二二	二三	二六	二二	二四	二五	三八	三七	三五	二九	三六	三二	四四	四三											二九九	二七九	
他往	三		五	一	二		六		八		二		四		九		三														四二	一	
壮丁	一〇		一三		一四		一〇		一六		一三		一三		一九		一一		一四												一三三		
识字	二		一		四				一	二			一三				七		三												三一	二	
职业 有	二一	一四	一八	一四	二〇	二〇	一七	一五	二〇	一九	一八	一六	二八	二三	三〇	一六	二一	一五	二四	二二											二一七	一七四	
职业 无	一一	五	三	四	一四	一一	一一	八	一四	三	八	九	一四	一四	一四	一三	一八	一七	二〇	二一											一二四	一〇六	
非家属同住者	一				一		二	一	三	一	五	五	四	一	四	二	四	一	五	二											二九	一三	
学童	一二		一		七		四		三		四		五		六		一〇		一二												六四		
备考																																	

四川省荣县第五区第一四三保普通户口统计表 保长刘伯宗
中华民国二十五年七月三十日

四川省荣县第一区第　保普通户口统计表

事别＼甲别		第一甲		第二甲		第三甲		第四甲		第五甲		第六甲		第七甲		第八甲		第九甲		第十甲		第十一甲		第十二甲		第十三甲		第十四甲		第十五甲		总计		附记
户数		九		一〇		一〇		一一		一〇		九		九		一〇		一〇														八八		
		男	女	男	女	男	女	男	女	男	女	男	女	男	女	男	女	男	女	男	女	男	女	男	女	男	女	男	女	男	女	男	女	
人口总数		二三	一六	二五	二九	三三	二二	三五	三〇	三八	二四	二四	二四	三三	三〇	三八	二八	三二	二八													二八一	二三一	
现住		二三	一六	二五	二九	三二	二二	三五	三〇	三八	二四	二四	二四	三三	三〇	三八	二八	三二	二八													二八〇	二三一	
他往						一																										一		
壮丁		八		五		一〇		一一		一〇		六		六		七		六														六九		
识字				二		一		二				一		一		一		一														九		
职业	有	一三	一〇	一六	一二	一七	一三	一八	一六	一八	一四	一〇	一二	一三	一五	一五	一一	一四	一四													一三四	一一七	
	无	一〇	六	九	一七	一六	九	一七	一四	二〇	一〇	一四	一二	二〇	一五	二三	一七	一八	一四													一四七	一一四	
非家属同住者		一		一				五		三				五	一	五		一														二一	一	
学童		四		二		四		六		四		四		四		八		一〇														四六		
备考																																		

保长黄泽安

中华民国二十五年七月　日

事别＼甲别	第一甲		第二甲		第三甲		第四甲		第五甲		第六甲		第七甲		第八甲		第九甲		第十甲		第十一甲		第十二甲		第十三甲		第十四甲		第十五甲		总计		附记
户数	一〇		一〇		一〇		一〇		一〇		九		一〇		一一		一二		一一												一〇三		
	男	女	男	女	男	女	男	女	男	女	男	女	男	女	男	女	男	女	男	女	男	女	男	女	男	女	男	女	男	女	男	女	
人口总数	三五	三〇	二八	一八	二七	二一	二〇	一七	二七	二一	二四	一五	二五	一八	二三	二四	二五	二四	二六	二一											二六〇	二〇九	
现住	三五	三〇	二八	一八	二六	二一	二〇	一七	二七	二〇	二四	一五	二四	一八	二二	二四	二五	二四	二五	二一											二五六	二〇八	
他往					一					一			一		一				一												四	一	
壮丁	一二		七		八		八		一二		一〇		九		八		六		九												八九		
识字	五		六		三		一		四		一		一		四		八		七												四〇		
职业 有	一三	一四	二〇	一二	一二	一四	一六	一三	一九	一二	一六	一二	一七	一二	一六	一五	一四	一六	一七	一五											一六〇	一三五	
职业 无	二二	一六	八	六	一五	七	四	四	八	九	八	三	八	六	七	九	一一	八	九	六											一〇〇	七四	
非家属同住者	一		一				三		一		三	二	三				四	一	一												一七	三	
学童	一二		七		六		一		四		八		二		八		四		四												五六		
备考																																	

四川省荣县第一区第　　保普通户口统计表　　保长龚宇廷

中华民国二十五年七月　日

四川省荣县第一区第　　保普通户口统计表

中华民国二十　年　月　日　保长黄丽清

事别＼甲别	第一甲		第二甲		第三甲		第四甲		第五甲		第六甲		第七甲		第八甲		第九甲		第十甲		第十一甲		第十二甲		第十三甲		第十四甲		第十五甲		总计		附记
户数	一五		一四		一〇		一一		一二		一四		一五		一〇		九		一五		一四		六		一三						一五八		
	男	女	男	女	男	女	男	女	男	女	男	女	男	女	男	女	男	女	男	女	男	女	男	女	男	女	男	女	男	女	男	女	
人口总数	四六	四一	四三	三七	二四	一九	二九	二三	二八	二六	四一	三二	三四	二七	四一	四五	二〇	二一	四五	三一	三一	三一	二二	一九	四四	二六					四四八	三七八	
现住	四六	四一	四〇	三七	二四	一九	二九	二三	二八	二六	四〇	三二	三一	二七	四〇	四五	二〇	二一	三五	三一	三一	三一	二一	一九	四一	二五					四二七	三七七	
他往			三								一		三		一				一〇						三	一					二一	一	
壮丁	八		八		八		六		九		一〇		一二		六		八		一三		一一		三		一一						一一三		
识字	一〇		三		五		三		三		一三		一二		一五	四	一〇	二	九		五		二		三						九八		
职业 有	二〇	二〇	二〇	一七	一三	一一	一三	一一	二〇	一一	二三	一五	二一	一五	一九	二二	一三	一〇	二六	二九	二一	一七	一〇	一二	二九	二二					二四八	二一二	
职业 无	二六	二一	二三	二〇	一一	八	一六	一二	八	一五	一八	一七	一三	一二	二二	二三	七	一一	一九	二	一〇	一四	一二	七	一五	四					二〇〇	一六六	
非家属同住者											三														三	一							
学童	一四		一二		三		六		六		六		六		八		七		三		七		七		七						九二		
备考			他往壮丁三人																他往壮丁八名														

事别＼甲别	第一甲		第二甲		第三甲		第四甲		第五甲		第六甲		第七甲		第八甲		第九甲		第十甲		第十一甲		第十二甲		第十三甲		第十四甲		第十五甲		总计		附记
户数	一五		一五		一五		一五		一五		一五		一五		一五		一三														一三二		
	男	女	男	女	男	女	男	女	男	女	男	女	男	女	男	女	男	女	男	女	男	女	男	女	男	女	男	女	男	女	男	女	
人口总数	五七	三五	四五	三七	六二	五〇	五五	三九	四〇	四七	三五	四八	五七	五五	五五	五二	四〇	三四													四四六	三九七	
现住	五二	三四	四〇	三七	五八	五〇	四七	三九	三八	四七	三三	四八	五三	五五	四八	五〇	三九	三四													四〇八	三九四	
他往	五	一	五		四		八		二		二		四		七	二	一														三八	三	
壮丁	一一		八		一六		一〇		一〇		一〇		一八		一四		六														一〇三		
识字	一〇		一〇		六		五		四		九		一一	一	二二	三	五														八二	四	
职业 有	三五	二五	三二	三〇	四一	四〇	三九	二六	二九	三一	二七	二九	三六	三八	三八	三四	二七	一八													三〇四	二七一	
职业 无	二二	一〇	一三	七	二一	一〇	一六	一三	一一	一六	八	一九	二一	一七	一七	一八	一三	一六													一四二	一二六	
非家属同住者	五	三	九	三	一七	五	五	四	五	五	二	四	八	七		一	四														四五	三二	
学童	一一		八		九		八		一三		六		一四		一二		一〇														九一		
备考																																	

四川省荣县第一区第　保普通户口统计表　保长李开荣

中华民国二十二年七月二十八日

四川省荣县第一区第　保普通户口统计表

中华民国二十五年七月廿日　保长李业儒

事别＼甲别		第一甲		第二甲		第三甲		第四甲		第五甲		第六甲		第七甲		第八甲		第九甲		第十甲		第十一甲		第十二甲		第十三甲		第十四甲		第十五甲		总计		附记
户数		一四		一五		一五		一五		一〇		一四		一五		一五		一〇														一二三		出甲未出保者男四人出保未出区者男七人出区未出县者男十二人
		男	女	男	女	男	女	男	女	男	女	男	女	男	女	男	女	男	女	男	女	男	女	男	女	男	女	男	女	男	女	男	女	
人口总数		四九	四五	四三	五〇	五二	五七	四七	四一	二九	三九	四八	三一	六〇	四五	六二	五四	三一	二〇													四二一	三八二	
现住		四六	四五	三八	五〇	五一	五七	四五	四一	二六	三九	四七	三一	五七	四五	六一	五四	二七	二〇													三九八	三八二	
他往		三		五		一		二		三		一		三		一		四														二三		
壮丁		一〇		一三		一六		一〇		一一		一三		一三		一〇		八														一〇四		
识字		一一		八	二	四		八		六		五		六		九		二	一													五九	三	
职业	有	二四	二〇	二〇	二二	二八	二七	二六	二二	一四	一五	二七	一九	三七	二五	三五	二五	一七	一一													二二八	一八六	
	无	二五	二五	二三	二八	二四	三〇	二一	一九	一五	二四	二一	一二	二五	二〇	二七	二九	一四	九													一九三	一九六	
非家属同住者		八	七	三	四	一三	一三	一一	八	六	三	九	七	一一	七	七																六八	四九	
学童		一七		一六		一三		七		一一		五		一五		一一		五														一〇〇		
备考		出区未出县者男三人		出保未出区者男一人出区未出县者男四人		出甲未出保者男一人		出保未出区者男二人		出甲未出保者男二人出区未出县者男一人		出保未出区者男一人		出甲未出保男一人出区未出县男二人		出保未出区者男一人		出保未出区者男二人出区未出县者男二人																

四川省荣县第一区第　　保普通户口统计表

事别＼甲别		第一甲		第二甲		第三甲		第四甲		第五甲		第六甲		第七甲		第八甲		第九甲		第十甲		第十一甲		第十二甲		第十三甲		第十四甲		第十五甲		总计		附记
户数		一一		一一		一〇		九		九		一〇		一二		一二		一〇		一一		一一										一一六		
		男	女	男	女	男	女	男	女	男	女	男	女	男	女	男	女	男	女	男	女	男	女	男	女	男	女	男	女	男	女	男	女	
人口总数		二六	二八	一七	一九	二七	二九	二〇	一七	二八	二五	二五	二一	三三	二八	四一	三一	三二	一七	三六	三五	三六	二四									三二一	二七四	
现住		二四	二八	一七	一九	二六	二九	二〇	一七	二八	二五	二五	二一	三三	二八	四一	三一	三二	一七	三二	三四	三五	二四									三一三	二七三	
他往		二			一															四	一	一										八	一	
壮丁		一〇		一一		六		三		七		八		一二		七		一〇		一三		九										九六		
识字		四		三		四							一	二		六				五		五										二九	一	
职业	有	一六	一二	一五	一一	一四	二一	一〇	一一	一五	一六	一四	一四	一五	一四	一七	一五	一四	一二	一九	二三	一八	一七									一六七	一六六	
	无	一〇	一六	二	八	一五	八	一〇	六	一三	九	一一	七	八	一四	一四	一六	八	五	一七	一二	一八	七									一五四	一〇八	
非家属同住者		三	一	三		二		一		二		五		三	二	二				一	三	二										二四	六	
学童		三		一		五		四		九		三		五		一八		八		一〇		八										七四		
备考																																		

保长张康衢

中华民国二十五年七月　日

四川省荣县第一区第一二五保普通户口统计表　保长丁仲文
中华民国二十五年七月二十七日

事别＼甲别		第一甲		第二甲		第三甲		第四甲		第五甲		第六甲		第七甲		第八甲		第九甲		第十甲		第十一甲		第十二甲		第十三甲		第十四甲		第十五甲		总计		附记
户数		一三		一五		一五		一〇		一四		一一		一二		一四		一五		一五												一三四		
		男	女	男	女	男	女	男	女	男	女	男	女	男	女	男	女	男	女	男	女	男	女	男	女	男	女	男	女	男	女	男	女	
人口总数		三二	二七	四五	四一	三五	三一	二九	二六	二三	三五	二六	二六	二九	三二	三〇	二二	三三	二九	四三	四七											三二五	三一六	
现住		二八	二五	四三	四〇	三二	三一	二七	二六	二三	三五	二六	二六	二九	三二	三〇	二二	三三	二九	四三	四七											三一四	三一三	
他往		四	二	二	一	三		二																								一一	三	
壮丁		一〇		一〇		一〇		七		八		八		三		九		九		一〇												八四		
识字		二		五		二		四		二		四		四		一		四		五												三三		
职业	有	一九	一七	二〇	一九	一八	一四	一七	一二	一四	一七	一四	一四	一四	一六	一九	一四	一八	一七	二三	一五											一七六	一五五	
	无	一三	一〇	二五	二二	一七	一七	一二	一四	九	一八	一二	一二	一五	一六	一一	八	一五	一二	二〇	三二											一四九	一六一	
非家属同住者		二				一		三				二	一					一五		四												二三	一	
学童		一〇		九		七		五		五		五		九		四		四		五												六三		
备考																																		

四川省荣县第一区第　保普通户口统计表　保长吕达文
中华民国二十五年七月　日

事别＼甲别		第一甲		第二甲		第三甲		第四甲		第五甲		第六甲		第七甲		第八甲		第九甲		第十甲		第十一甲		第十二甲		第十三甲		第十四甲		第十五甲		总计		附记
户数		一五		一三		八		一五		一三		一一		一一		九		九														一〇四		
		男	女	男	女	男	女	男	女	男	女	男	女	男	女	男	女	男	女	男	女	男	女	男	女	男	女	男	女	男	女	男	女	
人口总数		三八	三三	三七	二二	二七	三〇	四一	三三	三四	二七	二七	二五	二七	一九	二四	一九	二一	二二													二七六	二三〇	
现住		三四	三三	三七	二二	二六	三〇	四一	三三	三二	二七	二六	二五	二六	一九	二四	一九	二〇	二二													二六六	二三〇	
他往		四				一				二		一		一				一														一〇		
壮丁		一三		一三		九		一一		一三		九		八		九		八														九三		
识字		三		一		五		一		一		二		一		一		一														一六		
职业	有	一八	一七	二一	一四	二〇	一八	一八	一六	一八	一四	一五	一五	一八	一三	一二	九	九	一一													一四九	一二七	
	无	二〇	一六	一六	八	七	一二	二三	一七	一六	一三	一二	一〇	九	六	一二	一〇	一二	一一													一二七	一〇三	
非家属同住者		四	一	二		三			二		二	二		五	一			二	三													一八	九	
学童		七		四		八		一三		七		六		六		七		七														六五		
备考																																		

四川省荣县第一区第　保普通户口统计表

保长李柏林

中华民国二十五年七月　日

事别＼甲别	第一甲		第二甲		第三甲		第四甲		第五甲		第六甲		第七甲		第八甲		第九甲		第十甲		第十一甲		第十二甲		第十三甲		第十四甲		第十五甲		总计		附记
户数	一三		一五		一三		一一		八		一一		一一		一三																九四		
	男	女	男	女	男	女	男	女	男	女	男	女	男	女	男	女	男	女	男	女	男	女	男	女	男	女	男	女	男	女	男	女	
人口总数	四二	三三	二八	二三	三四	二九	二九	二四	二三	一一	三二	三一	二六	二〇	二八	二八															二四一	一九九	
现住	四二	三三	二八	二三	三四	二九	二八	二四	二三	一一	三一	三一	二六	二〇	二八	二八															二四〇	一九九	
他往											一																				二		
壮丁	一六		一一		六		一一		八		九		六		一二																七八		
识字	二	一	一		二		二		三		一				一																一二	一	
职业 有	一九	一六	一五	一〇	一四	一二	一三	一〇	一三	五	一九	一五	一七	九	一五	一二															一二五	八九	
职业 无	二三	一七	一三	一三	二〇	一七	一五	一四	一〇	六	一三	一六	九	一一	一三	一六															一一六	一一〇	
非家属同住者	三						三		四		一				二																一三	一	
学童	六		四		七		五		六		八		四		六																四六		
备考																																	

荣县第一区普通户口统计表（二）

事别＼甲别	第一甲		第二甲		第三甲		第四甲		第五甲		第六甲		第七甲		第八甲		第九甲		第十甲		第十一甲		第十二甲		第十三甲		第十四甲		第十五甲		总计		附记
户数	一二		一〇		一二		一〇		一〇		一四		一〇		一一		一一		一〇												一一〇		
	男	女	男	女	男	女	男	女	男	女	男	女	男	女	男	女	男	女	男	女	男	女	男	女	男	女	男	女	男	女	男	女	
人口总数	三三	二四	二七	二〇	四四	四七	四七	二六	一八	一七	三二	二七	三〇	二四	三四	一八	四四	三五	三三	三一											三四二	二六九	
现住	三一	二三	二五	二〇	四四	四七	四七	二六	一七	一七	二九	二七	二九	二四	三二	一八	四三	三五	三三	三〇											三三〇	二六七	
他往	二	一	二						一		三		一		二		一			一											一二	二	
壮丁	六		四		一〇		四		四		七		一一		一〇		六		六												七〇		
识字	二	一	六		三		二				一		二		二		六		一												二五	一	
职业 有	一九	一四	一七	一四	二四	二七	二七	一六	一三	一〇	三〇	一七	二一	一四	三〇	一二	三七	二八	二八	二五											二四六	一七七	
职业 无	一四	一〇	一〇	六	二〇	二〇	二〇	一〇	五	七	二	一〇	九	一〇	四	六	七	七	五	六											九六	九二	
非家属同住者	二		一	二	七	三	三	二	六		三	二	三		三		二		三	一											三三	一〇	
学童	二		八		二		七		一		七		五		四		四		一一												五一		
备考																																	

四川省荣县第一区第　　保普通户口统计表　　保长李绍伯

中华民国二十五年七月　日

四川省荣县第一区第　保普通户口统计表

事别＼甲别	第一甲		第二甲		第三甲		第四甲		第五甲		第六甲		第七甲		第八甲		第九甲		第十甲		第十一甲		第十二甲		第十三甲		第十四甲		第十五甲		总计		附记
户数	一二		一三		一五		一三		一四		一四		一二		一五																一〇八		
	男	女	男	女	男	女	男	女	男	女	男	女	男	女	男	女	男	女	男	女	男	女	男	女	男	女	男	女	男	女	男	女	
人口总数	五一	三三	三八	三二	六九	六八	六四	四一	四七	三三	七〇	四四	四四	三四	五七	三七															四四〇	三二二	
现住	五一	三三	三八	三二	六八	六八	六二	四一	四一	三〇	六八	四四	四三	三四	五七	三七															四二八	三一九	
他往					一		二		六	三	二		一																		一二	三	
壮丁	九		一四		一四		一一		五		一一		九		九																八二		
识字	二		三		八	一	二		九		六		一		三																三四	一	
职业　有	三一	二四	二七	二五	六〇	四九	四六	三	三七	二〇	四五	三三	二六	二七	三九	三二															三一一	二一三	
职业　无	二〇	九	一一	七	九	一九	一八	三八	一〇	一三	二五	一一	一八	七	一八	五															一二九	一〇九	
非家属同住者	一		一		二		三	四		一	一		二		三																一三	五	
学童	一六		一		一三		一七		八		六		一四		八																八三		
备考																																	

保长蓝发钏

中华民国二十五年七月　日

事别＼甲别		第一甲		第二甲		第三甲		第四甲		第五甲		第六甲		第七甲		第八甲		第九甲		第十甲		第十一甲		第十二甲		第十三甲		第十四甲		第十五甲		总计		附记
户数		一四		一五		一五		一五		一五		一四		一四		一五		一五		一五		一五		一四		一五		一五				二〇六		
人口总数		男	女	男	女	男	女	男	女	男	女	男	女	男	女	男	女	男	女	男	女	男	女	男	女	男	女	男	女	男	女	男	女	
		四六	三五	四六	四〇	四四	四三	四一	三〇	四九	四五	三六	三二	三四	二二	四〇	三二	五五	四七	三三	一八	三五	三一	四二	三五	三九	三五	二三	二一			五六三	四六六	
现住		四三	三五	三九	四〇	三九	四三	三九	三〇	四九	四五	三二	三二	三一	二二	三八	三二	五五	四七	三三	一八	三四	三一	三七	三二	三九	三五	一七	二一			五二五	四六三	
他往		三		七		五		二				四		三		二						一		五	三			六				三八	三	
壮丁		一七		一一		一五		一〇		一一		九		一二		一五		一四		六		一二		二		一六		一二				一六二		
识字		一		二		六		二		二		二						三		一		四		九		六		一						
职业	有	二八	二三	二八	二五	二六	二六	三〇	一七	二八	二九	二四	二四	二〇	一三	二一	一七	二九	二七	二〇	一三	一四	一五	二七	一四	二五	二二	一八	一一			三三八	二七六	
	无	一八	一二	一八	一五	一八	一七	一一	一三	二一	一六	一二	八	一四	九	一九	一五	二六	二〇	一三	五	二一	一六	一五	二一	一四	一三	五	一〇			二二五	一九〇	
非家属同住者		三			五	三	三			四		三	一	四		一	一	三						九		四		一	二			三五	一二	
学童		一二		八		九		五		一五		一		六		四		一四		六		三		二		三		二				七〇		
备考																																		

四川省荣县第一区第　保普通户口统计表　保长龙咸辉

中华民国二十五年七月廿日

四川省荣县第一区第　保普通户口统计表

中华民国二十五年六月　日　保长朱重伦

甲别/事别		第一甲		第二甲		第三甲		第四甲		第五甲		第六甲		第七甲		第八甲		第九甲		第十甲		第十一甲		第十二甲		第十三甲		第十四甲		第十五甲		总计		附记
户数		一〇		一一		一五		一五		九		一〇		九		一二		一〇		一一												一一二		
		男	女	男	女	男	女	男	女	男	女	男	女	男	女	男	女	男	女	男	女	男	女	男	女	男	女	男	女	男	女	男	女	
人口总数		二九	二三	六八	五二	七五	五九	五九	三六	二七	二一	四〇	二九	三〇	二七	四七	三八	三八	三六	四六	四二											四五七	三六三	
现住		二八	二三	六二	五二	七二	五九	五三	三六	二三	二一	三三	二九	二五	二五	四六	三八	三六	三六	三九	四二											四一六	三六一	
他往		一		六		四		四		四		七		五	二	一		二		七												四一	二	
壮丁		一二		一二		一四		一四		七		九		五		一一		一四		一二												一〇一		
识字		三		一三		六		三		三	一	五	一	四	一	二		四		四												四七	三	
职业	有	二〇	一五	三七	三三	四〇	三二	四一	二一	二〇	二一	二七	一七	一六	一七	三一	二五	二六	一八	三〇	二四											二八八	二二三	
	无	九	八	三一	一九	三五	二七	一六	二一	七	九	一三	一二	一四	一〇	一六	一三	一二	一八	一六	一八											一六九	一四〇	
非家属同住者		三		一六	四	一〇	四	一〇	一	一		二	二	一		五	一	六	六	四	三											五九	二一	
学童		四		一一		一一		一〇		三		九		六		八		六		八												七六		
备考																																		

四川省荣县第一区第　保普通户口统计表　保长左承旭

中华民国二十五年七月廿五日

甲别	性别	户数	人口总数	现住	他往	壮丁	识字	职业：有	职业：无	非家属同住者	学童	备考
第一甲	男	一〇	二六	二四	二	七	一一	一六	一〇	四	八	
	女		二二	二二			一	一二	一〇	二		
第二甲	男	九	一七	一五	二	二	四	八	九	一	四	
	女		一〇	一〇				八	二			
第三甲	男	一一	一九	一八	一	五	七	一一	八	一	七	
	女		二三	二三			一	一二	一一	二		
第四甲	男	一〇	三三	三二	一	五	一〇	二三	一〇	八	一〇	
	女		四一	四一			二	一八	二三	二		
第五甲	男	一〇	二七	二七		四	三	一四	一三	二	九	
	女		二一	二一				一三	八	一		
第六甲	男	一〇	二四	二三	一	六	三	一六	八		四	
	女		一六	一六				九	七			
第七甲	男	一一	三一	三一		七	二	一九	一二	二	八	
	女		二六	二六				一一	一五	三		
第八甲	男	一一	一九	一七	二	二	四	一六	三		四	
	女		一七	一七				一〇	七			
第九甲	男	一〇	二〇	二〇		二	三	一二	八		七	
	女		一八	一八				一五	三			
第十甲	男	一三	二四	二三	一	六	三	一八	六		一〇	
	女		三一	三一			三	一六	一五	一		
第十一甲	男	一一	三六	三四	二	五	三	二六	一〇		八	
	女		二三	二三				一六	七			
第十二甲	男											
	女											
第十三甲	男											
	女											
第十四甲	男											
	女											
第十五甲	男											
	女											
总计	男	一一六	二七六	二六四	一二	五一	五三	一七九	九七	一八	七九	
	女		二四八	二四八			七	一四〇	一〇八	一〇		

附记：

四川省荣县第一区第　保普通户口统计表

保长唐渭光

中华民国二十五年七月廿七日

事别＼甲别		第一甲		第二甲		第三甲		第四甲		第五甲		第六甲		第七甲		第八甲		第九甲		第十甲		第十一甲		第十二甲		第十三甲		第一四甲		第十五甲		总计		附记
户数		一〇		一〇		一〇		一〇		九		一一		一〇		一〇		八		七												九五		
人口总数		男	女	男	女	男	女	男	女	男	女	男	女	男	女	男	女	男	女	男	女	男	女	男	女	男	女	男	女	男	女	男	女	
		二八	一九	二九	三一	二二	二四	二四	二三	三〇	二二	三六	三七	三三	二一	二五	一九	一八	一七	二四	一九											二六九	二三二	
现住		二六	一九	二六	三一	二一	二四	二三	二三	二九	二二	三五	三七	三三	二一	二五	一九	一八	一七	二四	一九											二六〇	二三二	
他往		二		三		一		一		一		一																				九		
壮丁		九		五		七		九		九		八		七		七		四		六												七一		
识字		一一		一〇	一	七		一二		八	一	七		三				二		六												六六	二	
职业	有	二〇	一六	二三	二三	一四	一九	一五	一四	二〇	二一	二五	三〇	二一	一三	一六	一三	一二	一四	一八	一五											一八四	一七八	
	无	八	三	六	八	八	五	九	九	一〇	一	一一	七	一二	八	九	六	六	三	六	四											八五	五四	
非家属同住者		三	一	二	一	一		三		二	一		一	一						三												一五	四	
学童		二		三		九		九		五		八		九		四		五		四												五八		
备考																																		

事别＼甲别		第一甲		第二甲		第三甲		第四甲		第五甲		第六甲		第七甲		第八甲		第九甲		第十甲		第十一甲		第十二甲		第十三甲		第十四甲		第十五甲		总计		附记
户数		一四		一四		一四		一五		一〇		一一		一五		一五		一一														一一九		
人口总数		男	女	男	女	男	女	男	女	男	女	男	女	男	女	男	女	男	女	男	女	男	女	男	女	男	女	男	女	男	女	男	女	
		四四	四一	二六	二八	四〇	五六	四六	三〇	三四	二四	二七	二一	三九	三〇	四二	三九	三七	二三													三三五	二九二	
现住		三九	四一	二三	二八	三八	五六	四三	三〇	二八	二三	二四	二一	三八	三〇	三九	三九	三四	二三													三〇六	二九一	
他往		五		三		二		三		六	一	三		一		三		三														二九	一	
壮丁		一三		一〇		一〇		一四		一〇		一〇		一三		一一		一四														一〇五		
识字						三				三		二		二		四		二														一六		
职业	有	二七	二六	一八	一三	二四	二八	二五	二〇	二五	一四	一九	一三	二四	二〇	一七	二〇	二〇	一九													一九九	一七三	
	无	一七	一五	八	一五	一六	二八	二一	一〇	九	一〇	八	八	一五	一〇	二五	一九	一七	四													一三六	一一九	
非家属同住者		二	一					三		三	一			一		二																一一	二	
学童		一〇		四		一六		九		七		三		八		三		二														六二		
备考		出县未出省者男三口				出县未出省者男一口		出县未出省者男一口				出县未出省者男一口		出县未出省者男一口																		出县未出省者男七口		

四川省荣县第一区第　保普通户口统计表　保长钟大春

中华民国二十五年七月廿九日

四川省荣县第一区第　保普通户口统计表　保长明泰星

中华民国二十五年七月廿三日

甲别 / 事别		第一甲		第二甲		第三甲		第四甲		第五甲		第六甲		第七甲		第八甲		第九甲		第十甲		第十一甲		第十二甲		第十三甲		第十四甲		第十五甲		总计		附记
户数		一二		一二		一四		一二		九		九		九		一四																九一		
人口总数		男	女	男	女	男	女	男	女	男	女	男	女	男	女	男	女	男	女	男	女	男	女	男	女	男	女	男	女	男	女	男	女	
		三七	三一	三九	三五	五〇	三二	三七	三六	二三	一五	二六	二三	一九	一六	三七	四二															二六八	二三〇	
现住		三七	三一	三四	三五	四四	三二	三四	三六	一九	一五	二四	二三	一九	一六	三四	四一															二四五	二二九	
他往				五		六		三		四		二				三	一															二三	一	
壮丁		一八		一九		一六		一六		一二		一〇		八		一〇																一〇九		
识字		五		四		七		四		一		一		一		一																二四		
职业	有	二一	一三	二五	一六	二七	一七	二〇	一五	一八	八	一七	一三	一二	一二	二八	二一															一六八	一一五	
	无	一六	一八	一四	一九	二三	一五	一七	二一	五	七	九	一〇	七	四	九	二一															一〇〇	一一五	
非家属同住者		四		一		四		一	一	一		一				一	三															一三	四	
学童		八		一六		一三		一〇		二		四		三		七																六三		
备考								出县未出省者男一口																								出县未出省者男一口		

四川省荣县第一区第　保普通户口统计表　保长晏仲勋

中华民国二十五年七月廿五日

事别＼甲别	第一甲		第二甲		第三甲		第四甲		第五甲		第六甲		第七甲		第八甲		第九甲		第十甲		第十一甲		第十二甲		第十三甲		第十四甲		第十五甲		总计		附记
户数	一五		一二		一二		一一		一二		一〇		一二		一一		一三														一〇八		
人口总数	男	女	男	女	男	女	男	女	男	女	男	女	男	女	男	女	男	女	男	女	男	女	男	女	男	女	男	女	男	女	男	女	
	三九	三八	三六	二五	三七	三〇	三六	二六	三四	一九	二九	二五	三二	一八	二八	二〇	四六	四三													三一七	二四四	
现住	三三	三八	三五	二五	三一	二九	三二	二六	三一	一九	二五	二五	二六	一六	二七	二〇	四五	四三													二八五	二四一	
他往	六		一		六	一	四		三		四		六	二	一		一														三二	三	
壮丁	一二		一三		一〇		一三		一一		九		八		八		一四														九八		
识字	四		六		七		四	一					四		三		三														三一	一	
职业 有	二六	二五	二一	一三	二二	一六	二三	一六	一六	一二	一九	一三	二二	一三	一八	一一	二六	二四													一九三	一四三	
职业 无	一三	一三	一五	一二	一五	一四	一三	一〇	一八	七	一〇	一二	一〇	五	一〇	九	二〇	一九													一二四	一〇一	
非家属同住者		一	一	一	三	一	七	一	三		二	一	一		二		五	一													二四	六	
学童	八		七		一二		六		六		六		五		八		一三														七一		
备考																																	

四川省荣县第一区第　保普通户口统计表

甲别 事别	第一甲		第二甲		第三甲		第四甲		第五甲		第六甲		第七甲		第八甲		第九甲		第十甲		第十一甲		第十二甲		第十三甲		第十四甲		第十五甲		总计		附记
户数	一〇		一〇		一〇		一〇		一〇		一〇		一〇		一〇		一〇		一〇												一〇〇		
	男	女	男	女	男	女	男	女	男	女	男	女	男	女	男	女	男	女	男	女	男	女	男	女	男	女	男	女	男	女	男	女	
人口总数	二三	二四	二〇	二七	二七	二五	二一	二〇	三五	二二	二二	二〇	二四	一九	二七	二〇	三一	三八	三一	二九											二六一	二四四	
现住	二三	二四	二〇	二七	二七	二五	二〇	二〇	三五	二二	二二	二〇	二三	一九	二七	二〇	三一	三八	三一	二九											二五九	二四四	
他往							一						一																		二		
壮丁	七		七		一〇		九		一三		二四		四		一〇		六		一六												一〇九		
识字	二		二				一	二	一				一				一		二												一〇	二	
职业 有	一四	一七	一二	二一	一八	一六	一四	一五	二六	一四	一二	一〇	一二	一二	一七	一七	一九	一九	一六	一七											一六〇	一五八	
职业 无	九	七	八	六	九	九	七	五	九	八	一〇	一〇	一二	七	一〇	三	一二	一九	一五	一二											一〇一	八六	
非家属同住者	一								一																						二		
学童	四		四		七		三		五		八		四		六		八		一六												五五		
备考																																	

保长唐福怀

中华民国二十五年六月　日

四川省荣县第一区第　保普通户口统计表

中华民国二十五年七月廿五日　保长左树屏

事别＼甲别	第一甲		第二甲		第三甲		第四甲		第五甲		第六甲		第七甲		第八甲		第九甲		第十甲		第十一甲		第十二甲		第十三甲		第十四甲		第十五甲		总计		附记
户数	一一		一〇		一一		一五		一二		一〇		一二		一二		一二		一〇												一一五		
	男	女	男	女	男	女	男	女	男	女	男	女	男	女	男	女	男	女	男	女	男	女	男	女	男	女	男	女	男	女	男	女	
人口总数	四三	三二	二八	二三	二四	二四	四〇	三四	二九	二八	一七	二四	二七	二七	三〇	二八	三〇	二八	三七	四〇											三〇五	二八八	
现住	四一	三二	二八	二三	二二	二四	三八	三四	二八	二八	一六	二四	二六	二七	二九	二八	二八	二八	三六	四〇											二九二	二八八	
他往	二				二		二		一		一		一		一		二		一												一三		
壮丁	七		八		七		九		四		七		九		七		八		九												七五		
识字	二		一		三		五		三		二	一	四		六	一	六		六	二											三八	四	
职业　有	二六	二三	二三	一八	一九	一五	三三	二五	二一	二〇	一七	一五	一五	一六	二二	二二	一七	二〇	二三	二七											二一六	二〇一	
职业　无	一七	九	五	五	五	九	七	九	八	八		九	一二	一一	八	六	一三	八	一四	一三											八九	八七	
非家属同住者	二	一	一	一		一	一	一	二	二	一	一	三	一	七	一	二		三	一											二二	一〇	
学童	一三		六		七		六		八		五		八		五		九		一五												八二		
备考					出县未出省者男二口																										出县未出省者男二口		

四川省荣县第一区第　保普通户口统计表　保长黄克明

中华民国二十五年六月　日

事别＼甲别		第一甲		第二甲		第三甲		第四甲		第五甲		第六甲		第七甲		第八甲		第九甲		第十甲		第十一甲		第十二甲		第十三甲		第十四甲		第十五甲		总计		附记
户数		一〇		一一		七		一〇		一〇		一一		一二		九		一〇		九		一〇										一〇九		
人口总数		男	女	男	女	男	女	男	女	男	女	男	女	男	女	男	女	男	女	男	女	男	女	男	女	男	女	男	女	男	女	男	女	
		三五	二五	三九	四四	二八	二五	四〇	二七	二三	二〇	三二	二七	五三	四四	二九	一六	三二	三四	二八	一九	三〇	一四									三六九	二九一	
现住		三四	二五	三三	四四	二八	二五	三九	二七	二一	二〇	三二	二七	四九	四四	二九	一六	三二	三四	二七	一九	二七	一四									三〇五	二九一	
他往		一		六				一		二		一		四						一		一										一九		
壮丁		一六		一四		九		一一		八		六		一一		七		一二		七		九										一〇九		
识字		一		六		三		二						一〇						一		二										二五		
职业	有	二三	一八	三〇	二四	一九	一六	二九	二〇	一九	一四	二四	二一	三五	三二	二一	一四	二三	二一	二一	一六	二三	一一									二六八	二〇七	
	无	一二	七	九	一六	九	九	一一	七	四	六	八	六	一七	一二	八	二	九	一三	七	三	七	三									一〇一	八四	
非家属同住者		一		一	一			二					一		一			二														六	三	
学童		六		三		六		一六		四		七		一六		四		六		一		二												
备考																																		

四川省荣县第一区第 保普通户口统计表

保长左曙熙

中华民国二十五年七月廿五日

事别＼甲别	第一甲		第二甲		第三甲		第四甲		第五甲		第六甲		第七甲		第八甲		第九甲		第十甲		第十一甲		第十二甲		第十三甲		第十四甲		第十五甲		总计		附记
户数	一二		九		一〇		一二		一三		一〇		八		九		一一		一〇												一〇四		
	男	女	男	女	男	女	男	女	男	女	男	女	男	女	男	女	男	女	男	女	男	女	男	女	男	女	男	女	男	女	男	女	
人口总数	三六	二八	二三	二四	三三	二三	三〇	二五	三三	三三	一八	一八	四〇	四六	二四	一五	三一	一九	三一	二八											二九九	二五九	
现住	三六	二八	二二	二四	三〇	二三	二六	二五	三〇	三三	一五	一八	四〇	四五	二四	一五	二九	一九	二八	二八											二八〇	二五八	
他往			一		三		四		三		三			一			二		三												一九	一	
壮丁	八		七		五		四		一〇		五		七		八		七		四												六五		
识字	三		二		二		一		二		一		六		一		一		二												二一		
职业 有	二二	一七	一三	一三	一九	一四	二三	一四	二三	一九	一四	一〇	二四	二九	一四	一〇	二二	一一	一六	一六											一九〇	一五三	
职业 无	一四	一一	一〇	一一	一四	九	七	一一	一〇	一四	四	八	一六	一七	一〇	五	九	八	一五	一二											一〇九	一〇六	
非家属同住者	三				三								二	一					六												一四	一	
学童	九		六		六		二		三		二		一二		二		四		七												五三		
备考																																	

四川省荣县第一区第　保普通户口统计表

事别＼甲别	第一甲		第二甲		第三甲		第四甲		第五甲		第六甲		第七甲		第八甲		第九甲		第十甲		第十一甲		第十二甲		第十三甲		第十四甲		第十五甲		总计		附记
户数	一〇		一〇		一一		一一		一〇		一〇		一一		一〇		一〇		一〇												一〇三		
	男	女	男	女	男	女	男	女	男	女	男	女	男	女	男	女	男	女	男	女	男	女	男	女	男	女	男	女	男	女	男	女	
人口总数	二六	二一	三三	三二	三八	三五	三二	三五	二七	一六	二七	二〇	三〇	二六	二九	二四	二八	二三	四〇	三〇											三一〇	二六二	
现住	二四	二一	三三	三二	三四	三五	三一	三五	二六	一六	二五	二〇	二八	二六	二六	二四	二五	二三	三九	三〇											二九一	二六二	
他往	二				四		一		一		二		二		三		三		一												一九		
壮丁	七		六		八		八		九		八		八		八		七		一一												八〇		
识字	二		五		八		一		一		四		二		二		一		一												二七		
职业 有	一八	一二	二〇	一七	一九	二〇	一九	一九	一四	九	一九	一一	一八	一三	一八	一二	二二	一二	二三	一七											一九〇	一四二	
职业 无	八	九	一三	一五	一九	一五	一三	一六	一三	七	八	九	一二	一三	一一	一二	六	一一	一七	一三											一二	一二	
非家属同住者	二		三	二	五	二	三				一		一		一		一		一												一八	四	
学童	一三		一一		一八		一四		八		一一		一〇		五		六		一〇												一〇六		
备考																																	

中华民国二十五年七月廿四日　保长曾鉴明

四川省荣县第一区第　保普通户口统计表

甲别/事别		第一甲		第二甲		第三甲		第四甲		第五甲		第六甲		第七甲		第八甲		第九甲		第十甲		第十一甲		第十二甲		第十三甲		第十四甲		第十五甲		总计		附记
户数		一〇		八		九		一〇		九		九		一一		一〇		一〇		一一												九七		
人口总数		男	女	男	女	男	女	男	女	男	女	男	女	男	女	男	女	男	女	男	女	男	女	男	女	男	女	男	女	男	女	男	女	
人口总数		二〇	二七	一九	二七	三三	二三	三一	二九	三二	二九	三〇	二〇	三五	二一	二三	二四	二七	二一	三四	二八											二八四	二四九	
现住		一九	二七	一六	二七	二九	二三	二七	二九	三〇	二九	二八	二〇	三五	二一	二二	二四	二五	二一	三三	二八											二六四	二四九	
他往		一		三		四		四		二		二				一		二		一												二〇		
壮丁		八		五		六		四		一一		七		九		八		八		九												七五		
识字		二		七	三			八	五	一		一				五				二												二六	八	
职业	有	一九	一八	一六	二〇	二四	一七	二〇	二四	二二	一八	二五	一七	二一	一六	一八	一三	一六	一六	二四	二一											二〇五	一八〇	
职业	无	一	九	三	七	九	六	一一	五	一〇	一一	五	三	一四	五	五	一一	一一	五	一〇	七											七九	六九	
非家属同住者				四	一	一				六	一	一		七		一	二		一	四												二四	五	
学童		二		六		五		二		五		五		三		四		三		七												四二		
备考																																		

中华民国二十五年七月廿三日　保长黄海清

四川省荣县第一区第　保普通户口统计表　保长

中华民国二十五年　月　日

事别＼甲别		第一甲		第二甲		第三甲		第四甲		第五甲		第六甲		第七甲		第八甲		第九甲		第十甲		第十一甲		第十二甲		第十三甲		第十四甲		第十五甲		总计		附记
户数		一〇		一〇		一〇		一〇		一〇		一〇		一〇		一〇		一〇		一〇		一二										一一二		
		男	女	男	女	男	女	男	女	男	女	男	女	男	女	男	女	男	女	男	女	男	女	男	女	男	女	男	女	男	女	男	女	
人口总数		三三	二五	三五	四一	三二	三一	三三	二五	四五	四三	二九	二三	四一	二七	四三	二八	二五	二二	三〇	三二	三六	二一									三七三	三一八	
现住		二九	二五	二二	三三	二八	三〇	二六	二五	三八	四二	二七	二三	三三	二六	三四	二八	二二	二二	二九	三二	二九	二一									三一七	三〇七	
他往		四		一三	八	四	一	七		七	一	二		八	一			三		一		七										五六	一一	
壮丁		一二		一二		八		一六		一九		七		一二		一一		八		九		四										一一八		
识字		六		一		五		二		三		二		六		二							一									二七	一	
职业	有	一九	一六	二八	二三	一八	二〇	二四	一四	三七	三二	一八	一五	二三	一六	二二	一八	一六	一三	一八	一五	二四	一二									二四七	一九四	
	无	一四	九	七	一八	一四	一一	九	一一	八	一一	一一	八	一八	一一	一二	一〇	九	九	一二	一七	一二	九									一二六	一二四	
非家属同住者		一	一	四	二			四		六				二		三		一		二		五	二									二八	五	
学童		九		四		七		一六		一二		九		五		六		三		四		二										七七		
备考																																		

四川省荣县第一区第　　保普通户口统计表　　保长

中华民国二十五年　　月　　日

事别＼甲别		第一甲		第二甲		第三甲		第四甲		第五甲		第六甲		第七甲		第八甲		第九甲		第十甲		第十一甲		第十二甲		第十三甲		第十四甲		第十五甲		总计		附记
户数		一〇		一〇		一〇		一〇		一〇		一〇		一〇		一〇		一〇		一一		一二										一一三		
人口总数		男	女	男	女	男	女	男	女	男	女	男	女	男	女	男	女	男	女	男	女	男	女	男	女	男	女	男	女	男	女	男	女	
		二六	二九	二八	四〇	二八	三五	三三	二〇	三三	二二	三二	二八	二九	二五	三四	三〇	三四	三九	四七	四二	六〇	四八									三八四	三五八	
现住		二三	二七	二三	三六	二〇	三二	二九	一九	三〇	二二	二六	二八	二六	二五	二九	三〇	三〇	三九	三八	四二	五三	四六									三二七	三四六	
他往		三	二	五	四	八	三	四	一	三		六		三		五		四		九		七	二									五七	一二	
壮丁		一一		八		一〇		一〇		九		一〇		一一		一二		一三		二〇		二二										一三六		
识字		三		九	一五	一五	六	三		九	一	五		二		七		四		五		五										六七	二二	
职业	有	一八	一六	一七	一八	一〇	二〇	一八	一一	一七	一二	一八	一四	一八	一四	二三	二〇	二一	二〇	三七	二三	三七	二五									二三四	一九三	
	无	八	一三	一一	二二	一八	一五	一五	九	一六	一〇	一四	一四	一一	一一	一一	一〇	一三	一九	一〇	一九	二三	二三									一五〇	一六五	
非家属同住者		二		二	五	六	一	三		五		三	三	三	一	五		二	二	八	四	二	一									四一	一七	
学童		五		一〇		七		九		一〇		九		八		七		九		六		一三										九三		
备考																																		

四川省荣县第一区第　保普通户口统计表　保长

中华民国二十五年　月　日

甲别	户数	人口总数 男	人口总数 女	现住 男	现住 女	他往 男	他往 女	壮丁	识字 男	识字 女	职业 有 男	职业 有 女	职业 无 男	职业 无 女	非家属同住者 男	非家属同住者 女	学童	备考
第一甲	一〇	三四	三四	三一	三三	三	一	一五	七		二三	二一	一一	一三	三	二	一〇	
第二甲	一〇	五〇	二八	四〇	二六	一〇	二	一九	一〇		三三	二六	一七	二	八	七	五	
第三甲	一〇	四五	三〇	四〇	二九	五	一	一二	一八	三	三三	一八	一二	一二	二		一四	
第四甲	一〇	四一	三二	三八	三一	三	一	一二	一五	四	二八	一八	一三	一四	六	一	一一	
第五甲	一〇	三一	二二	二八	二二	三		七	五		二四	一六	七	六	五	三	六	
第六甲	一〇	四二	三二	三七	三一	五	一	一三	九		三三	一七	九	一五	七	一	一〇	
第七甲	一〇	五〇	三七	四四	三七	六		一四	一九	二	三六	二一	一四	一六	一六	五	一五	
第八甲	八	一七	一二	一六	一一	一	一	四	三		一〇	一〇	七	二	一		三	
第九甲	一〇	四〇	二九	三二	二七	八	二	一二	七	一	二六	一八	一四	一一	八	五	一一	
第十甲	一〇	二九	二五	二七	二一	二	四	九	四		一九	二〇	一〇	五	三	六	六	
第十一甲																		
第十二甲																		
第十三甲																		
第十四甲																		
第十五甲																		
总计	九八	三七九	二八一	三三三	二六八	四六	一三	一一七	九七	一〇	二六五	一八五	一一四	九六	五九	三〇	九一	
附记																		

事别＼甲别		第一甲		第二甲		第三甲		第四甲		第五甲		第六甲		第七甲		第八甲		第九甲		第十甲		第十一甲		第十二甲		第十三甲		第十四甲		第十五甲		总计		附记
户数		一〇		一〇		一二		一〇		一〇		一〇		一〇		一〇		一〇		一〇		一〇										一一二		
		男	女	男	女	男	女	男	女	男	女	男	女	男	女	男	女	男	女	男	女	男	女	男	女	男	女	男	女	男	女	男	女	
人口总数		二四	二一	三七	一五	三九	二九	二七	三一	四一	二八	二四	二六	二六	二四	二七	二九	二九	二八	三〇	二七	一七	一六									三二一	二七四	
现住		二三	二一	三五	一五	三六	二九	二四	三一	四一	二八	二三	二六	二六	二四	二七	二九	二七	二八	二八	二七	一四	一六									三〇四	二七四	
他往		一		二		三		三				一						二		二		三										一七		
壮丁		一一		一二		一三		七		七		四		九		七		七		一三		七										九七		
识字		一八	四	二〇	一	一五	四	二		一三		二						二		一七	五	九	二									九八	一六	
职业	有	一六	一五	二七	一〇	二四	六	一五	一六	一九	一五	一五	一五	一二	九	一七	一二	一八	一二	二〇	一一	一一	七									一九四	一二八	
	无	八	六	一〇	五	一五	二三	一二	一五	二二	一三	九	二	一四	一五	一〇	一七	一一	一六	一〇	一六	六	九									一二七	一四六	
非家属同住者		六	二	一六	二	三											一			六	四	三	一									三四	一〇	
学童		六		四		五		七		一一		四		五		八		三		四		三										六〇		
备考																																		

四川省荣县第一区第　保普通户口统计表　保长

中华民国二十五年　月　日

四川省荣县第一区第　保普通户口统计表　保长

中华民国二十五年　月　日

事别＼甲别	第一甲		第二甲		第三甲		第四甲		第五甲		第六甲		第七甲		第八甲		第九甲		第十甲		第十一甲		第十二甲		第十三甲		第十四甲		第十五甲		总计		附记
户数	一〇		一〇		一〇		一〇		一〇		一〇		一〇		一〇		一〇		一〇		一一		一〇								一二一		
	男	女	男	女	男	女	男	女	男	女	男	女	男	女	男	女	男	女	男	女	男	女	男	女	男	女	男	女	男	女	男	女	
人口总数	二八	二二	二六	一九	三四	二四	二六	一九	二六	二九	三二	二四	三九	二七	二六	一九	四二	三三	三五	二二	二六	二五	三二	二五							三七二	二八八	
现住	二六	二二	二五	一九	二七	二三	二六	一九	二六	二九	二八	二三	三六	二七	二五	一九	四〇	三三	三四	二二	二五	二五	三二	二五							三五〇	二八六	
他往	二		一		七	一					四	一	三		一		二		一		一										二二	二	
壮丁	一一		一二		一〇		八		七		八		一〇		一一		一三		一一		八		一二								一二一		
识字	三		八	二	六		八		八		八		七		五		七		六		六		七	一							七九	三	
职业 有	一七	七	一九	一一	二三	一一	一七	一〇	一四	一三	二二	一〇	二四	一二	一七	一五	二八	二四	二四	一四	一一	一二	二五	一五							二四一	一五四	
职业 无	一一	一五	七	八	一一	一三	九	九	一二	一六	一〇	一四	一五	一五	九	四	一四	九	一一	八	一五	一三	七	一〇							一三一	一三四	
非家属同住者	一	一	三	一	四		四	一	一	一	三	一	八	一	三	三	六	二	六		一	一	五	三							四五	一五	
学童	二		五		八		二		九		九		九		三		七		九		一〇		四								七七		
备考																																	

事别＼甲别	第一甲		第二甲		第三甲		第四甲		第五甲		第六甲		第七甲	
	男	女	男	女	男	女	男	女	男	女	男	女	男	女
户数	一〇		一〇		一〇		一〇		一〇		一〇		一〇	
人口总数	三〇	二七	二五	二五	二五	一九	二八	二三	三五	二九	二六	一七	二〇	一九
现住	二六	二七	二三	二五	一九	一九	二三	二三	三五	二九	二三	一七	一七	一九
他往	四		二		六		五				三		三	
壮丁	一五		五		一〇		一四		一一		八		八	
识字	三		一				二	一			四			
职业 有	二三	一六	一八	一三	二〇	一三	一六	一四	二三	一九	一七	一〇	一六	一二
职业 无	七	一一	七	一二	五	六	一二	九	一二	一〇	九	七	四	七
非家属同住者						一	一	一	三		二		二	
学童	四		四		二		二		四		一		二	
备考														

事别＼甲别	第八甲		第九甲		第十甲		第十一甲		第十二甲		第十三甲		第十四甲		第十五甲		总计		附记
	男	女	男	女	男	女	男	女	男	女	男	女	男	女	男	女	男	女	
户数	一〇		一一		一〇		一〇										一一一		
人口总数	二三	一八	二二	二六	四一	三八	二七	二五									三〇二	二六六	
现住	一七	一八	二二	二六	四〇	三八	二四	二五									二六九	二六六	
他往	六				一		三										三三		
壮丁	一一		九		六		八										一〇五		
识字					三		一〇										二三	一	
职业 有	一七	一二	一七	一四	二一	二一	一五	一六									二〇三	一六〇	
职业 无	六	六	五	一二	二〇	一七	一二	九									九九	一〇六	
非家属同住者	二	一	一	一	一		一										一三	四	
学童			二		一〇		七										三八		
备考																			

四川省荣县第一区第　　保普通户口统计表　保长

中华民国二十五年　月　日

四川省荣县第一区第　保普通户口统计表　保长

中华民国二十五年　月　日

事别＼甲别		第一甲		第二甲		第三甲		第四甲		第五甲		第六甲		第七甲		第八甲		第九甲		第十甲		第十一甲		第十二甲		第十三甲		第十四甲		第十五甲		总计		附记
户数		一〇		一〇		一〇		一〇		一〇		一〇		一〇		一〇		一〇		一〇												一〇〇		
		男	女	男	女	男	女	男	女	男	女	男	女	男	女	男	女	男	女	男	女	男	女	男	女	男	女	男	女	男	女	男	女	
人口总数		三四	二〇	三四	三六	三六	二五	三六	三四	三八	四七	三〇	二二	二五	一八	二七	一七	三二	三一	二四	三一											三一六	二八一	
现住		三四	二〇	三四	三六	三六	二五	三六	三四	三八	四七	三〇	二二	二四	一八	二六	一七	三一	三一	二四	三〇											三一三	二八〇	
他往														一		一		一			一											三	一	
壮丁		八		一二		一一		七		一四		一〇		八		一〇		六		三												八九		
识字		四		三		一				六	三	二						二														一七	三	
职业	有	二三	一四	二〇	二〇	二二	一八	二一	一九	二一	二五	一九	一二	一六	一〇	一七	一一	一八	一四	一八	一八											一九五	一六一	
	无	一一	六	一四	一六	一四	七	一五	一五	一七	二二	一一	一〇	九	八	一〇	六	一四	一七	六	一三											一二一	一二〇	
非家属同住者						二	二	一		一	二			一	一	一		四	一	二	一											一二	七	
学童		五		九		八		一四		一六		四		七		四		四														七一		
备考																																		

事别＼甲别		第一甲		第二甲		第三甲		第四甲		第五甲		第六甲		第七甲		第八甲		第九甲		第十甲		第十一甲		第十二甲		第十三甲		第十四甲		第十五甲		总计		附记
户数		九		一一		一〇		一一		一〇		一〇		九		一〇		一〇		一〇		一〇		一〇								一二〇		
		男	女	男	女	男	女	男	女	男	女	男	女	男	女	男	女	男	女	男	女	男	女	男	女	男	女	男	女	男	女	男	女	
人口总数		二一	一八	三三	二五	二七	二四	三九	三一	二一	二四	三五	二七	二八	二一	三四	二六	三二	二五	三二	二二	二七	二七	三二	二四							三六一	二九四	
现住		二一	一八	三一	二五	二四	二三	三八	二九	二一	二四	三二	二七	二七	二一	三四	二三	三一	二五	二七	二二	二七	二七	三〇	二三							三四三	二八七	
他往				二		三	一	一	二			三		一			三	一		五				二	一							一八	七	
壮丁		二		五		四		一二		六		七		九		一二		七		八		一二		一二								一〇六		
识字				二		一		九		二	一	九		二		四		一		三		四		四								四一	一	
职业	有	一六	一〇	二七	一八	一四	一三	二二	二〇	一五	一四	二一	一四	二一	一六	一九	一三	一六	一四	一九	一二	一六	一五	二二	一六							二二八	一七五	
	无	五	八	六	七	一三	一一	一七	一一	六	一〇	一四	一三	七	五	一五	一三	一六	一一	一三	一〇	一一	一二	一〇	八							一三三	一一九	
非家属同住者		五	四	五	三	三	二	六	一	二	一	三		四	二	六	一	一	一	三		三		四	二							四五	一七	
学童						二				一								七		八		八		四								三〇		
备考																																		

四川省荣县第一区第　　保普通户口统计表　保长

中华民国二十五年　月　日

四川省荣县第一区第　　保普通户口统计表　　保长

中华民国二十五年　　月　　日

事别 \ 甲别		第一甲		第二甲		第三甲		第四甲		第五甲		第六甲		第七甲		第八甲		第九甲		第十甲		第十一甲		第十二甲		第十三甲		第一四甲		第十五甲		总计		附记
户数		一〇		一〇		一〇		一〇		一〇		一〇		一〇		一二		一〇		一〇		一〇										一一二		
人口总数		男	女	男	女	男	女	男	女	男	女	男	女	男	女	男	女	男	女	男	女	男	女	男	女	男	女	男	女	男	女	男	女	
		二三	二四	三二	二七	二七	二一	三一	二七	二〇	一八	三五	二七	二六	二一	二八	三六	二六	二二	三二	二三	三七	三〇									三一七	二七六	
现住		二一	二四	三一	二六	二六	二一	三〇	二七	一九	一八	三二	二七	二四	二一	二四	三三	二五	二二	三一	二三	三七	三〇									三〇〇	二七二	
他往		二		一	一	一		一		一		三		二		四	三	一		一												一七	四	
壮丁		六		九				八		五		六		一〇		七		一二		一三		一一										八七		
识字		一		七		一						一		五	一	九	四			二												二六	五	
职业	有	一八	一四	一九	一九	一七	一二	一六	一四	一四	八	一七	一六	二一	一一	一九	二一	一七	一二	二三	一三	一八	一七									一九九	一五七	
	无	五	一〇	一三	八	一〇	九	一五	一三	六	一〇	一八	一一	五	一〇	九	一五	九	一〇	九	一〇	一九	一三									一一八		
非家属同住者		四	二	六	二	三		七	二	一	一	一	一	二	一	四	二	二		四	三	三										三七	一四	
学童		二		六		七		六		四		九		五		五		三		四		七										五八		
备考																																		

事别＼甲别		第一甲		第二甲		第三甲		第四甲		第五甲		第六甲		第七甲		第八甲		第九甲		第十甲		第十一甲		第十二甲		第十三甲		第十四甲		第十五甲		总计		附记
户数		一〇		一〇		一〇		一〇		一〇		九		一〇		一一		一〇		九												九九		
		男	女	男	女	男	女	男	女	男	女	男	女	男	女	男	女	男	女	男	女	男	女	男	女	男	女	男	女	男	女	男	女	
人口总数		二九	二六	二八	一七	二三	一二	三八	二六	二四	二五	二三	一六	三〇	二八	三四	二七	三一	一七	一九	二二											二七九	二一六	
现住		二七	二五	二七	一七	二二	一二	三六	二六	二二	二五	二三	一六	二五	二七	三一	二七	二五	一七	一九	二二											二五七	二一四	
他往		二	一	一		一		二		二				五	一	三		六														二二	二	
壮丁		七		一〇		一二		一四		八		七		一〇		一二		六		一〇												九六		
识字		一四		七		六		九		三		一		三		四		四		三												五四		
职业	有	一八	一〇	一五	七	一二	八	二三	一八	一六	一三	一三	一〇	二一	二一	一七	一一	二二	一五	一七	一二											一七四	一二五	
	无	一一	一六	一三	一〇	一一	四	一五	八	八	一二	一〇	六	九	七	一七	一六	九	二	二	一〇											一〇五	九一	
非家属同住者				五	一	三		七		二				一				三														二一	一	
学童		九		四		二		三		四		五		三		二		一		一												三四		
备考																																		

四川省荣县第一区第三六三保普通户口统计表　　保长李绍华

中华民国二十五年七月　日

四川省荣县第一区第三六四保普通户口统计表

保长曾又可

中华民国二十五年八月六日

甲别/事别		第一甲		第二甲		第三甲		第四甲		第五甲		第六甲		第七甲		第八甲		第九甲		第十甲		第十一甲		第十二甲		第十三甲		第十四甲		第十五甲		总计		附记
户数		一二		一〇		一〇		一〇		一〇		一〇		一〇		一一		一一														九四		
		男	女	男	女	男	女	男	女	男	女	男	女	男	女	男	女	男	女	男	女	男	女	男	女	男	女	男	女	男	女	男	女	
人口总数		二一	一七	三一	二七	三二	三〇	二七	一八	一六	二四	三二	二八	二九	一八	三一	三八	二七	三四													二四六	二三四	
现住		二一	一七	三一	二七	三二	三〇	二三	一八	一五	二四	三一	二八	二六	一七	三〇	三八	二六	三四													二三四	二三四	
他往				一	一			四		一		一		三	一	一		一														一二	二	
壮丁		七		八		三		四		六		一一		一〇		八		六														六三		
识字				一		一		一				二						一														六		
职业	有	一一	七	一九	一六	二一	一九	一四	一三	一二	一三	一九	一三	一七	一二	一六	二〇	一五	二〇													一四四	一三三	
	无	一〇	一〇	一二	一一	一一	一一	一三	五	四	一一	一五	一五	一二	六	一五	一八	一二	一四													一〇二	一〇二	
非家属同住者					一			三									一	一	三													四	五	
学童		三		三		一三		六		四		八		三		九		七														五六		
备考																																		

事别＼甲别		第一甲		第二甲		第三甲		第四甲		第五甲		第六甲		第七甲		第八甲		第九甲		第十甲		第十一甲		第十二甲		第十三甲		第十四甲		第十五甲		总计		附记
户数		一一		一〇		一〇		一〇		一〇		一〇		一二		一〇		一一		七												一〇一		
		男	女	男	女	男	女	男	女	男	女	男	女	男	女	男	女	男	女	男	女	男	女	男	女	男	女	男	女	男	女	男	女	
人口总数		四四	三一	二七	二七	二九	二一	二四	一八	二五	二八	三三	二七	三七	三二	三四	三一	四三	三一	二四	一八											三二〇	二六四	
现住		四二	三一	二五	二七	二九	二一	二〇	一八	二三	二七	三二	二七	三〇	三二	三一	三一	三四	二九	二〇	一七											二八六	二六〇	
他往		二		二				四		二	一	一		七		三		九	二	四	一											三四	四	
壮丁		一〇		四		七		八		七		五		八		一三		一四		九												八五		
识字		一		四		一		一		二		五		一		七		四		五												三一		
职业	有	二六	一七	二一	一五	二一	一二	一四	一五	一七	一二	二一	一八	二六	一六	二一	二二	二五	二一	一八	一三											二一〇	一六一	
	无	一八	一四	六	一二	八	九	一〇	三	八	一六	一二	九	一一	一六	一三	九	一八	一〇	六	五											一一〇	一〇三	
非家属同住者		八	一	六	一	四		一					一	一		一	一	五	一	三	二											二九	七	
学童		一三		九		八		四		一〇		一二		一二		四		一三		四												八九		
备考																																		

四川省荣县第一区第三六五保普通户口统计表　保长杨慧卿

中华民国二十五年　月　日

四川省荣县第一区第三六六保普通户口统计表　保长曾禹明
中华民国二十五年七月十五日

甲别/事别		第一甲		第二甲		第三甲		第四甲		第五甲		第六甲		第七甲		第八甲		第九甲		第十甲		第十一甲		第十二甲		第十三甲		第十四甲		第十五甲		总计		附记
户数		一〇		一〇		一二		一〇		一〇		一〇		一〇		一〇		一〇														九二		
		男	女	男	女	男	女	男	女	男	女	男	女	男	女	男	女	男	女	男	女	男	女	男	女	男	女	男	女	男	女	男	女	
人口总数		三三	一五	二四	一八	二一	一八	三一	二四	二三	一九	二二	一八	二六	一七	二六	一五	二九	二二													二三五	一六六	
现住		三二	一五	二二	一八	二〇	一八	二九	二四	二三	一九	二一	一八	二三	一七	二六	一五	二九	二二													二二五	一六六	
他往		一		二		一		二				一		三																		一〇		
壮丁		六		五		七		一〇		一一		五		八		六		一一														六九		
识字		一〇		五		四		五		五		四		三		一		二														三九		
职业	有	一五	一〇	一五	九	一二	一〇	一八	一一	一四	九	一二	九	一四	八	一三	七	一六	一二													一二九	八五	
	无	一八	五	九	九	九	八	一三	一三	九	一〇	一〇	九	一二	九	一三	八	一三	一〇													一〇六	八一	
非家属同住者		二		一																												三		
学童		三		三		四		八		五		九		五		三		四														四四		
备考																																		

事别＼甲别	第一甲		第二甲		第三甲		第四甲		第五甲		第六甲		第七甲		第八甲		第九甲		第十甲		第十一甲		第十二甲		第十三甲		第十四甲		第十五甲		总计		附记
户数	一〇		九		一一		一〇		一〇		一〇		一〇		一〇		一一		一〇												一〇一		
	男	女	男	女	男	女	男	女	男	女	男	女	男	女	男	女	男	女	男	女	男	女	男	女	男	女	男	女	男	女	男	女	
人口总数	二一	一六	二四	一七	一八	二七	二六	二一	四四	二八	三三	二〇	二七	二五	二九	二七	三五	三五	三三	三〇											二九〇	二四六	
现住	二〇	一五	一九	一七	一八	二五	二二	二〇	四四	二四	二七	二〇	二六	二五	二七	二七	三四	三五	二七	二九											二六四	二三七	
他往	一	一	五			二	四	一		四	六		一		二		一		六	一											二六	九	
壮丁	八		九		七		九		一〇		六		八		九		五		一二												八三		
识字	三		一三		三		二		四		七		五		四		五		三												四九		
职业 有	一四	一〇	一七	一四	一三	一二	一六	一五	二五	一八	二〇	一一	一五	一九	一七	一四	二〇	一五	二四	一四											一八一	一四二	
职业 无	七	六	七	三	五	一五	一〇	六	一九	一〇	一三	九	一二	六	一二	一三	一五	二〇	九	一六											一〇九	一〇四	
非家属同住者			一	一					二				三		一		三		三												一五		
学童	四		四		五		五		一二		八		九		八		七		四												六五		
备考																																	

四川省荣县第一区第三六七保普通户口统计表　保长黄树槐

中华民国二十五年七月十五日

事别 \ 甲别	第一甲		第二甲		第三甲		第四甲		第五甲		第六甲		第七甲		第八甲	
	男	女	男	女	男	女	男	女	男	女	男	女	男	女	男	女
户数	九		九		一〇		九		九		一〇		一〇		九	
人口总数	二三	二四	三二	二〇	二五	二二	二九	一八	二四	二四	三〇	二七	二五	二三	二三	一八
现住	二一	二四	三〇	一九	二二	二二	二五	一八	二四	二二	二六	二七	二〇	二三	二〇	一六
他往	二		二	一	三		四			二	四		五		三	二
壮丁	八		九		六		七		八		六		六		七	
识字	三	二	四	一	二		三		四	一	三		三		二	一
职业 有	一九	一五	二三	一六	二〇	一二	二一	一五	一六	一三	一五	一四	一六	一〇	二一	一三
职业 无	四	九	九	四	五	一〇	八	三	八	一一	一五	一三	九	一三	二	五
非家属同住者							一								一	
学童	三		二		六		五		四		三		五		四	
备考																

事别 \ 甲别	第九甲		第十甲		第十一甲		第十二甲		第十三甲		第十四甲		第十五甲		总计		附记
	男	女	男	女	男	女	男	女	男	女	男	女	男	女	男	女	
户数	一〇		九												九四		
人口总数	三九	二四	三五	四〇											二八五	二四〇	
现住	三四	二二	三〇	三六											二五二	二二九	
他往	五	二	五	四											三三	一一	
壮丁	一〇		一一												七八		
识字	五	二	四	二											三三	九	
职业 有	二二	一九	二八	二二											二〇一	一四九	
职业 无	一七	五	七	一八											八四	九一	
非家属同住者	二	一	一												五	一	
学童	六		四												四二		
备考																	

四川省荣县第一区第三六八保普通户口统计表 保长周树章

中华民国二十五年七月十五日

四川省荣县第一区第三六九保普通户口统计表　保长黄荣武

中华民国二十五年七月十五日

事别＼甲别	第一甲		第二甲		第三甲		第四甲		第五甲		第六甲		第七甲		第八甲		第九甲		第十甲		第十一甲		第十二甲		第十三甲		第十四甲		第十五甲		总计		附记
户数	一〇		一〇		一〇		一〇		一一		一二		八		九		一二		一〇												一〇二		
	男	女	男	女	男	女	男	女	男	女	男	女	男	女	男	女	男	女	男	女	男	女	男	女	男	女	男	女	男	女	男	女	
人口总数	二四	二〇	四〇	二八	二八	二一	二五	二二	三四	二七	三五	三三	二八	二〇	二八	三四	二八	二三	二七	三四											二九七	二六二	
现住	二三	二〇	三七	二八	二六	二一	二三	二一	二六	二七	三二	三二	二五	二〇	二四	三四	二四	二三	二四	三四											二六四	二六〇	
他往	一		三		二		二	一	八		三	一	三		四		四		三												三三	二	
壮丁	一〇		一二		一二		九		一四		一三		七		一六		一〇		一一												一一五		
识字	一		八		七		六	一	四		八	一	四		六		七		六												五七	二	
职业 有	一七	一〇	二六	二一	一八	一三	一六	一五	二四	一六	二〇	一九	一八	一二	一九	二一	二三	一六	二〇	一八											二〇一	一六一	
职业 无	七	一〇	一四	七	一〇	八	九	七	一〇	一一	一五	一四	一〇	八	九	一三	五	七	七	一六											九六	一〇一	
非家属同住者	二		二		四		二		一		一		一		一		一		二	二											一七	二	
学童	一		六		四		三		六		九		四		八		三		八												五二		
备考																																	

四川省荣县第一区第三七〇保普通户口统计表　保长何品光

中华民国二十五年七月三十日

事别＼甲别		第一甲		第二甲		第三甲		第四甲		第五甲		第六甲		第七甲		第八甲		第九甲		第十甲		第十一甲		第十二甲		第十三甲		第十四甲		第十五甲		总计		附记
户数		一一		一〇		一二		一一		一〇		九		一〇		一〇		一〇														九三		
		男	女	男	女	男	女	男	女	男	女	男	女	男	女	男	女	男	女	男	女	男	女	男	女	男	女	男	女	男	女	男	女	
人口总数		三〇	二八	二〇	二三	二六	二五	三二	一九	二七	二三	三六	二六	二一	二四	二二	一九	二〇	二四													二三四	二一一	
现住		二八	二七	一五	二二	二〇	二五	三〇	一八	二七	二三	三一	二五	一七	二四	一四	一九	一九	二四													二〇一	二〇七	
他往		二	一	五	一	六		二	一			五	一	四		八		一														三三	四	
壮丁		一七		一二		一三		一一		一二		一二		一二		七		一〇														一〇六		
识字				一		一		五		三		三		一				三														一七		
职业	有	二〇	一二	一二	一〇	一六	一二	一九	一四	一四	一二	一七	一六	一五	九	一一	七	一〇	一三													一三四	一〇五	
	无	一〇	一六	八	一三	一〇	一三	一三	五	一三	一一	一九	一〇	六	一五	一一	一二	一〇	一一													一〇〇	一〇六	
非家属同住者			一	一	一	一		二	一	二		三	一		二	二		一	一													一二	七	
学童		三		四		三		六		三		三		五		五		六														三八		
备考		残废壮丁八名他往壮丁三名实到操场六名		残废壮丁四名他往壮丁三名实到操场三名		残废壮丁二名他往壮丁五名实到操场六名		残废壮丁三名他往壮丁二名实到操场六名		残废壮丁四名他往壮丁二名实到操场六名		残废壮丁五名他往壮丁二名实到操场三名		残废壮丁四名他往壮丁四名实到操场四名		残废壮丁一名他往壮丁六名		残废壮丁二名他往壮丁三名实到操场五名														残废壮丁三三名他往壮丁三二名实到操场四一名		

四川省荣县第一区第三七一保普通户口统计表　保长何龙御
中华民国二十五年七月十五日

事别＼甲别		第一甲	第二甲	第三甲	第四甲	第五甲	第六甲	第七甲	第八甲	第九甲	第十甲	第十一甲	第十二甲	第十三甲	第十四甲	第十五甲	总计	附记
户数		一一	一〇	九	一〇	一二	九	一一	一〇	一〇	一〇						一〇二	
人口总数	男	二七	二九	二五	二四	二九	二四	二七	二〇	二九	二二						二五六	
	女	二〇	二四	二〇	二二	二四	二〇	二六	二〇	二六	二一						二二三	
现住	男	二四	二八	一八	二三	二六	二二	二四	一八	二九	二一						二三三	
	女	二〇	二四	二〇	二〇	二三	二〇	二六	二〇	二六	二一						二二〇	
他往	男	三	一	七	一	三	二	三	二		一						二三	
	女				二	一											三	
壮丁	男	一一	一一	一一	九	九	九	九	九	八	八						九四	
	女																	
识字	男	四	六	三	二	三		三	二	三	三						二九	
	女									一							一	
职业 有	男	一四	一七	二〇	一三	一九	一五	一一	一五	一七	一六						一五七	
	女	一三	一五	一一	一二	九	一三	一二	一一	一三	一二						一二一	
职业 无	男	一三	一二	五	一一	一〇	九	一六	五	一二	六						九九	
	女	七	九	九	一〇	一五	七	一四	九	一三	九						一〇二	
非家属同住者	男	一	一	四	二	二			二	一	五						一八	
	女	一	一	一							一						四	
学童		四	七	三	五	七	七	七	三	一二	五						六〇	
备考																		

四川省荣县第一区第三七二保普通户口统计表

保长龚锡垚

中华民国二十五年七月十日

事别＼甲别	第一甲		第二甲		第三甲		第四甲		第五甲		第六甲		第七甲		第八甲		第九甲		第十甲		第十一甲		第十二甲		第十三甲		第十四甲		第十五甲		总计		附记
户数	一〇		九		一〇		一〇		一〇		一〇		一〇		一〇		一一		一〇												一〇〇		
	男	女	男	女	男	女	男	女	男	女	男	女	男	女	男	女	男	女	男	女	男	女	男	女	男	女	男	女	男	女	男	女	
人口总数	四二	三二	二八	二一	三一	二三	三〇	二七	三二	二二	三二	二八	二七	一八	二八	二六	二八	三一	二七	二三											三〇五	二五一	
现住	三八	三二	二四	二〇	二七	二三	二七	二七	二五	二二	三一	二八	二七	一八	二七	二六	二五	三一	二五	二三											二七六	二五〇	
他往	四		四	一	四		三		七		一				一		三		二												二九	一	
壮丁	一二		九		一〇		一二		一一		七		八		四		八		一一												九二		
识字	一〇		四		三		一		七	一	二		三		一		三		一												三五	一	
职业 有	二八	二一	一八	一四	二二	一五	二二	一七	二〇	一六	一六	一六	一八	一三	一四	一五	一九	一九	一五	一三											一九二	一五九	
职业 无	一四	一一	一〇	七	九	八	八	一〇	一二	六	一六	一二	九	五	一四	一一	九	一二	一二	一〇											一一三	九三	
非家属同住者	一五	三			一	二	八		一		三						二			二											三〇	七	
学童	九		五		四		六		四		一〇		三		一〇		六		一〇												六七		
备考																																	

事别＼甲别		第一甲		第二甲		第三甲		第四甲		第五甲		第六甲		第七甲		第八甲		第九甲		第十甲		第十一甲		第十二甲		第十三甲		第十四甲		第十五甲		总计		附记
户数		一〇		九		一〇		九		一〇		一〇		一〇		九		九		一三												九九		
		男	女	男	女	男	女	男	女	男	女	男	女	男	女	男	女	男	女	男	女	男	女	男	女	男	女	男	女	男	女	男	女	
人口总数		三六	三三	二一	二二	三五	二七	二七	二四	二九	二七	四〇	二六	三〇	二六	二六	一八	二三	二九	三四	二九											三〇一	二六一	
现住		二八	三一	二〇	二一	三二	二七	二七	二四	二九	二七	三五	二六	二九	二六	二六	一八	二三	二八	三三	二九											二八二	二五七	
他往		八	二	一	一	三						五		一					一	一												一九	四	
壮丁		一四		六		七		一〇		八		一四		五		九		六		七												八六		
识字		四		四	一	一		三		五		七		三		三		二		四												三六	一	
职业	有	二一	一六	一四	八	一五	一四	一六	一五	一八	一八	二七	一三	二二	一五	二二	一〇	一三	一四	一六	一六											一八四	一三九	
	无	一五	一七	七	一四	二〇	一三	一一	九	一一	九	一三	一三	八	一一	四	八	一〇	一五	一八	一三											一一七	一二二	
非家属同住者		五	一	三		一	一	六				九	二																			二四	四	
学童		九		三		八		八		二		三		四		六		九		一二												六四		
备考																																		

四川省荣县第一区第三七三保普通户口统计表　保长钟子尧

中华民国二十五年七月十五日

四川省荣县第一区第三七四保普通户口统计表

保长陈庶咸

中华民国二十五年七月十五日

事别＼甲别		第一甲		第二甲		第三甲		第四甲		第五甲		第六甲		第七甲		第八甲		第九甲		第十甲		第十一甲		第十二甲		第十三甲		第十四甲		第十五甲		总计		附记
户数		八		一〇		一〇		一〇		九		九		一〇		九		九		九												九三		
		男	女	男	女	男	女	男	女	男	女	男	女	男	女	男	女	男	女	男	女	男	女	男	女	男	女	男	女	男	女	男	女	
人口总数		一六	二二	三四	二九	四一	三九	二五	二一	二八	二七	二五	二〇	二六	二三	二二	二一	二一	一四	二七	一八											二六五	二三四	
现住		一四	二二	二九	二八	三九	三八	二四	二〇	二八	二七	二五	二〇	二四	二三	二〇	二〇	一九	一四	二六	一八											二四八	二三〇	
他往		二		五	一	二	一	一	一					二		二	一	二		一												一七	四	
壮丁		五		一〇		一三		八		八		四		五		一〇		四		八												七五		
识字		二		二		八				二		一		一		三		二		二												二三		
职业	有	一四	一一	一七	一六	二四	一七	一三	一一	一三	一一	一四	一一	一三	一五	一三	一二	七	一〇	一五	一二											一四三	一二六	
	无	二	一一	一七	一三	一七	二二	一二	一〇	一五	一六	一一	九	一三	八	九	九	一四	四	一二	六											一二二	一〇八	
非家属同住者		二				五	一			二		一		三	二	二	一		一	二												一七	五	
学童		四		四		一一		四		一〇		九		五		五		六		五												六三		
备考																																		

四川省荣县第一区第三七五保普通户口统计表　　保长张泽安

中华民国二十五年七月十五日

事别＼甲别		第一甲		第二甲		第三甲		第四甲		第五甲		第六甲		第七甲		第八甲		第九甲		第十甲		第十一甲		第十二甲		第十三甲		第十四甲		第十五甲		总计		附记
户数		一〇		一〇		一〇		一〇		一一		九		一〇		九		一〇		一〇												九九		
		男	女	男	女	男	女	男	女	男	女	男	女	男	女	男	女	男	女	男	女	男	女	男	女	男	女	男	女	男	女	男	女	
人口总数		一四	二五	二三	一七	二六	二一	二六	二二	二三	一九	三五	二〇	二五	三一	二一	二〇	三九	三七	二七	二六											二五九	二三八	
现住		一四	二四	二二	一七	二五	二一	二六	二二	二〇	一八	三四	二〇	二四	三一	二〇	二〇	三七	三七	二四	二六											二四六	二三七	
他往			一	一		一				三	一	一		一		一		二		三												一三	一	
壮丁		二		七		九		八		六		九		七		五		一〇		五												六八		
识字		二		五		一		二		三		六		二		二		五		一												二九		
职业	有	九	一一	一二	九	一四	一三	一三	一二	一五	九	二一	一二	一八	一七	一四	一〇	二二	一八	一八	一二											一五六	一二三	
	无	五	一四	一一	八	一二	八	一三	一〇	八	一〇	一四	八	七	一四	七	一〇	一七	一九	九	一四											一〇三	一一五	
非家属同住者								三				八																				一一		
学童		八		五		七		一〇		四		三		二		六		九		九												六三		
备考																																		

四川省荣县第一区第三七六保普通户口统计表　保长张明瑞
中华民国二十五年七月十五日

事别＼甲别	第一甲		第二甲		第三甲		第四甲		第五甲		第六甲		第七甲		第八甲		第九甲		第十甲		第十一甲		第十二甲		第十三甲		第十四甲		第十五甲		总计		附记
户数	一〇		一〇		一〇		一〇		一〇		一〇		一〇		一四																八四		
人口总数	男	女	男	女	男	女	男	女	男	女	男	女	男	女	男	女	男	女	男	女	男	女	男	女	男	女	男	女	男	女	男	女	
	四五	三七	四一	二六	二五	一九	二七	三一	一九	一八	三七	三〇	二九	一九	四五	三五															二六八	二一五	
现住	四四	三七	三六	二六	二四	一九	二四	三一	一五	一八	三二	三〇	二四	一九	四一	三五															二四一	二一五	
他往	一		五		一		三		四		五		五		四																二七		
壮丁	九		五		九		七		二		五		四		五																四二		
识字	五		二		一				一						一																一〇		
职业 有	二四	一四	二三	一二	一七	一一	一七	一六	一三	八	二〇	一一	一七	一二	一八	二〇															一四九	一〇四	
职业 无	二一	二三	一八	一四	八	八	一〇	一五	六	一〇	一七	一九	一二	七	二七	一五															一一九	一一一	
非家属同住者	六		四		四	二					五	一	一		三	一															二三	四	
学童	一五		一一		三		六		三		七		五		九																五九		
备考																																	

荣县第一区普通户口统计表（二）

事别＼甲别		第一甲		第二甲		第三甲		第四甲		第五甲		第六甲		第七甲		第八甲		第九甲		第十甲		第十一甲		第十二甲		第十三甲		第十四甲		第十五甲		总计		附记
户数		一一		一〇		一〇		一〇		一一		一一		一一		一〇		一一		一〇		一〇		一二		一〇						一三七		
人口总数		男	女	男	女	男	女	男	女	男	女	男	女	男	女	男	女	男	女	男	女	男	女	男	女	男	女	男	女	男	女	男	女	
		三五	三七	二八	二二	二三	二四	二六	二六	二三	二六	一九	三一	三三	二五	三八	二八	三一	三一	三九	三五	二四	一八	三五	三五	二七	二〇					三八一	三五八	
现住		三三	三七	二六	二二	二二	二四	二五	二六	一八	二六	一七	三一	三三	二五	三六	三八	二九	三一	三九	三五	二四	一八	三二	三五	二六	二〇					三六〇	三五八	
他往		二		二		一		一		五		二				二		二						三		一						二一		
壮丁		一二		四		六		六		七		六		一〇		一六		一〇		七		一〇		九		五						一〇八		
识字		六	一	一		二		二		五		二	一	二		三		一		八						二						三四	二	
职业	有	二〇	二〇	一七	一四	一八	一二	一五	一四	一二	一七	一一	二三	一八	一五	二五	一六	二一	一五	二二	一六	一一	一二	二三	二一	二九	一一					二三〇	二〇六	
	无	一五	一七	一一	八	七	一二	一一	一二	一一	九	八	一八	一五	一〇	一三	一二	一〇	一六	一七	一九	一三	六	一二	一四		九					一五一	一五二	
非家属同住者		二	二	一	一	三		二		二		一	一	一		五		六		四		二	一			一						三〇	五	
学童		九		五		五		四		四		五		四		七		九		一〇		五		六		五						七八		
备考																																		

四川省荣县第一区第三七七保普通户口统计表　保长李义廷

中华民国二十五年七月十五日

四川省荣县第一区第三七八保普通户口统计表

事别		第一甲 男	第一甲 女	第二甲 男	第二甲 女	第三甲 男	第三甲 女	第四甲 男	第四甲 女	第五甲 男	第五甲 女	第六甲 男	第六甲 女	第七甲 男	第七甲 女	第八甲 男	第八甲 女	第九甲 男	第九甲 女	第十甲 男	第十甲 女	总计 男	总计 女
户数		一〇		一〇		九		一〇		一〇		一〇		一〇		一〇		一〇		一〇		九九	
人口总数		二四	二〇	二四	二七	二七	二四	二七	二〇	二八	一九	二〇	一八	二八	二二	一五	一七	三〇	一九	二二	二一	二四五	二〇七
现住		二四	二〇	二三	二七	二五	二四	二七	二〇	二八	一九	二〇	一八	二七	二二	一三	一七	二九	一九	二〇	二一	二三六	二〇七
他往				一		二								一		二		一		二		九	
壮丁		七		一〇		七		一二		七		九		八		四		七		四		七五	
识字		三		一		九	九	九		六		一		三		一		二		四	一	三九	一
职业	有	一八	一三	二〇	二二	一五	一七	一五	一四	一六	一三	一五	一五	一九	一三	一三	一三	一七	一三	一四	一五	一六二	一一六
	无	六	七	四	五	一二	七	一二	六	一二	六	五	三	九	九	二	四	一三	六	八	六	八三	九一
非家属同住者		五	一	三	一	一	一	一	一	二		二	一	三	一			二	二	二	一	二一	九
学童		四		四		五		七		七		一		六		三		六		三		四六	
备考																							

（表中另有第十一甲、第十二甲、第十三甲、第十四甲、第十五甲各栏（男、女）及附记栏，均空白。）

保长杨子钦

中华民国二十五年七月十五日

荣县第一区普通户口统计表（二）

事别＼甲别		第一甲		第二甲		第三甲		第四甲		第五甲		第六甲		第七甲		第八甲		第九甲		第十甲		第十一甲		第十二甲		第十三甲		第十四甲		第十五甲		总计		附记
户数		一〇		一二		一一		九		九		九		一〇		一一		一〇		九												一〇〇		
		男	女	男	女	男	女	男	女	男	女	男	女	男	女	男	女	男	女	男	女	男	女	男	女	男	女	男	女	男	女	男	女	
人口总数		三五	三二	二六	二四	二九	二〇	二三	二一	二二	一七	一九	一七	二二	二二	二七	一九	三四	二七	二三	二〇											二六〇	二一九	
现住		三三	三二	二五	二三	二六	二〇	二三	二一	二〇	一七	一八	一七	一六	二二	二三	一九	三一	二五	二三	二〇											二三八	二一九	
他往		二		一	一	三				二		一		六		四		三	二													二二	三	
壮丁		一二		一〇		九		四		五		九		一〇		一〇		九		九												八七		
识字		三		二		三		三		二		三		二		二		一														二一		
职业	有	一八	一二	一七	一二	一七	一二	一一	一二	一〇	七	九	一一	一五	一四	一三	八	一四	一八	一四	一〇											一三八	一一六	
	无	一七	二〇	九	一二	一二	八	一二	九	一二	一〇	一〇	六	七	八	一四	一一	二〇	九	九	一〇											一二二	一〇三	
非家属同住者		三	三	一		一		二		一				二		二		一	一	三	一											一六	五	
学童		七		八		七		五		八		六		二		六		九		三												六一		
备考																																		

四川省荣县第一区第三七九保普通户口统计表 保长吴从先

中华民国二十五年七月十五日

四川省荣县第一区第三八〇保普通户口统计表

甲别 事别	第一甲		第二甲		第三甲		第四甲		第五甲		第六甲		第七甲		第八甲		第九甲		第十甲		第十一甲		第十二甲		第十三甲		第十四甲		第十五甲		总计		附记
户数	一〇		九		一〇		九		八		九		一〇		一〇		九		八												九二		
	男	女	男	女	男	女	男	女	男	女	男	女	男	女	男	女	男	女	男	女	男	女	男	女	男	女	男	女	男	女	男	女	
人口总数	二一	二一	二一	二六	二六	二三	三〇	一六	一一	一五	一七	二三	二八	二六	四二	二九	二二	二五	二一	二五											二四九	二二九	
现住	二〇	二一	二一	二六	二四	二三	二九	一六	一一	一五	一七	二三	三八	二六	四〇	二九	二一	二五	一九	二五											二四〇	二二九	
他往	一				二		一								二		一		二												九		
壮丁	九		七		七		六		五		四		五		一五		八		八												七四		
识字	六	三	六	一	七		三		四		一		五		一〇		六		九												五七	四	
职业 有	一〇	一一	一〇	九	一六	一三	一九	九	八	九	七	九	二三	一四	二二	一二	一〇	一二	一五	一五											一四四	一一三	
职业 无	一一	一〇	一一	一七	一〇	一〇	一一	七	三	六	一〇	一四	一五	一二	一八	一七	一一	一三	九	一〇											一〇九	一一六	
非家属同住者	二	一	一				二						九		一二				二												二八	一	
学童	七		九		八		六		四		八		一〇		一六		五		八												八一		
备考																																	

保长张育敷

中华民国二十五年七月　日

四川省荣县第一区第三八一保普通户口统计表

甲别	户数	性别	人口总数	现住	他往	壮丁	识字	职业·有	职业·无	非家属同住者	学童	备考
第一甲	一〇	男	二四	二四		七	五	一一	一三	一	六	
		女	二三	二三				一一	一二			
第二甲	一〇	男	一八	一八		四	二	八	一〇	一	八	
		女	二三	二三				一二	一一			
第三甲	一〇	男	二七	二五	二	六	二	一三	一四	一	六	
		女	二六	二六				一四	一二	一		
第四甲	一〇	男	一九	一八	一	五	三	一一	八		三	
		女	一六	一六				一一	五			
第五甲	一〇	男	二六	二五	一	一〇	四	二〇	六	二	四	
		女	二四	二三	一		一	一七	七			
第六甲	一〇	男	二七	二六	一	六	二	一〇	一七	二	一〇	
		女	二二	二二			一	六	六			
第七甲	一〇	男	三二	三二		一一	四	二二	一〇	二	七	
		女	三四	三四				二〇	一四			
第八甲	一〇	男	二八	二八		一二	二	一七	一一	二	九	
		女	二九	二九				一六	一三	一		
第九甲	一〇	男	二八	二六	二	七	七	一七	一一	三	六	
		女	二一	二一				一三	八	一		
第十甲	一一	男	二七	二七		五	四	九	一八	四	一〇	
		女	二七	二七				一七	一〇	四		
第十一甲		男										
		女										
第十二甲		男										
		女										
第十三甲		男										
		女										
第十四甲		男										
		女										
第十五甲		男										
		女										
总计		男										
		女										
附记												

保长范心诚

中华民国二十五年七月 日

四川省荣县第一区第三八二保普通户口统计表　　保长张忠懿

中华民国二十五年七月　日

事别＼甲别		第一甲		第二甲		第三甲		第四甲		第五甲		第六甲		第七甲		第八甲		第九甲		第十甲		第十一甲		第十二甲		第十三甲		第十四甲		第十五甲		总计		附记
户数		一〇		一〇		一一		一〇		一〇		一〇		一〇		一〇		一〇		一〇												一〇一		
		男	女	男	女	男	女	男	女	男	女	男	女	男	女	男	女	男	女	男	女	男	女	男	女	男	女	男	女	男	女	男	女	
人口总数		二一	二〇	一九	二〇	四五	四一	二〇	一八	二五	二五	三二	三三	二八	二六	二〇	一五	三七	二七	二九	二〇											二七六	二四五	
现住		二一	二〇	一九	一九	四三	四一	二〇	一八	二五	二五	三一	三三	二七	二六	一九	一五	三七	二七	二九	二〇											二七一	二四四	
他往					一	二						一		一		一																五	一	
壮丁		六		六		一〇		九		九		一二		一一		五		一二		六												八六		
识字		五		七		一〇		四		八		四		四		二		七		三												五四		
职业	有	一一	一二	一〇	一〇	二七	二〇	一五	一五	一三	一五	一九	一六	二〇	七	一一	八	二一	一一	一八	一七											一六五	一三一	
	无	一〇	一八	九	一〇	一八	二一	五	三	一二	一〇	一三	一三	八	一九	九	七	一六	一六	一一	三											一一一	一一四	
非家属同住者		一				二	二			一				一	一	一		七	一	四	一											一七	五	
学童		四		五		一〇		六		七		七		六		四		七		五												六一		
备考																																		

事别＼甲别	第一甲		第二甲		第三甲		第四甲		第五甲		第六甲		第七甲		第八甲		第九甲		第十甲		第十一甲		第十二甲		第十三甲		第十四甲		第十五甲		总计		附记
户数	一〇		一〇		九		一一		八		九		一〇		九		一〇		一〇												九六		
	男	女	男	女	男	女	男	女	男	女	男	女	男	女	男	女	男	女	男	女	男	女	男	女	男	女	男	女	男	女	男	女	
人口总数	二七	二三	二三	二一	二〇	二二	二三	二四	三二	一二	二五	一九	二三	一八	二五	一三	三一	一五	三九	二九											二六八	一九六	
现住	二七	二三	二二	二一	二〇	二二	二三	二四	三一	一二	二三	一九	二三	一八	二四	一三	二六	一四	三九	二九											一五八	一九五	
他往			一						一		二				一		五	一													一〇	一	
壮丁	七		八		八		八		七		六		四		一〇		五		九												七二		
识字	一五	五			四		二	二	四	二	三		四				一		六	一											三九	一〇	
职业 有	二二	一四	一四	一三	九	一〇	一七	七	一〇	八	一五	八	一一	一三	一六	八	一八	一一	二一	一九											一五三	一二一	
职业 无	五	九	九	八	一一	一二	六	七	二一	四	一〇	一一	一二	五	九	五	一三	四	一八	一〇											一一五	七五	
非家属同住者	五		四		三	一			二		二				四		三	一	五	一											二八	三	
学童	一五		四		八		一四		一二		一〇		一四		五		五		一二												九五		
备考																																	

四川省荣县第一区第三八三保普通户口统计表

保长钟长元

中华民国二十五年七月　日

四川省荣县第一区第三八四保普通户口统计表

保长赵紫高

中华民国二十五年七月　日

事别＼甲别		第一甲		第二甲		第三甲		第四甲		第五甲		第六甲		第七甲		第八甲		第九甲		第十甲		第十一甲		第十二甲		第十三甲		第十四甲		第十五甲		总计		附记
户数		一〇		一〇		一〇		一一		一〇		一一		一〇		一〇		一〇		一〇												一〇二		
		男	女	男	女	男	女	男	女	男	女	男	女	男	女	男	女	男	女	男	女	男	女	男	女	男	女	男	女	男	女	男	女	
人口总数		二九	二九	二五	二一	二六	二三	三三	二四	二三	二六	二七	二四	二六	二四	二一	二四	三〇	二一	一五	二二											二五四	二三八	
现住		二九	二九	二四	二一	二五	二三	三三	二四	二一	二六	二七	二四	二六	二四	二一	二四	三〇	二一	一四	二二											二四九	二三八	
他往				一		一				二										一												五		
壮丁		九		八		七		一四		一三		一〇		九		八		一〇		七												一〇五		
识字		四		二				二		一		二		七		一		二		一												二二		
职业	有	一八	一二	一三	一二	一五	九	一八	一二	一七	一七	一八	一五	一五	九	一二	一三	一七	一〇	一一	八											一五四	一一七	
	无	一一	一七	一二	九	一一	一四	一五	一二	六	九	九	九	一六	一五	九	一一	一三	一一	四	一四											一〇〇	一二一	
非家属同住者		五				二		八	一	四		一二		一二				六														三一	一	
学童		一一		八		八		三		四		五		八		五		六		一二												六一		
备考																																		

事别＼甲别	第一甲		第二甲		第三甲		第四甲		第五甲		第六甲		第七甲		第八甲		第九甲		第十甲		第十一甲		第十二甲		第十三甲		第十四甲		第十五甲		总计		附记
	男	女	男	女	男	女	男	女	男	女	男	女	男	女	男	女	男	女	男	女	男	女	男	女	男	女	男	女	男	女	男	女	
户数	九		一一		九		一〇		一〇		一〇		一〇		一〇		一一		一〇												一〇〇		
人口总数	二〇	一三	一六	一五	三二	二七	二七	二九	二七	二二	三〇	二二	二七	二一	二三	二八	二六	二六	二八	二九											二五七	二二六	
现住	一九	一三	一六	一五	三一	二七	二七	二九	二六	二二	二八	二一	二三	二一	二三	二八	二六	二〇	二八	二九											二四八	二二五	
他往	一				一				一		二	一	四																		九	一	
壮丁	六		七		七		六		九		一二		七		四		一〇		一二												八〇		
识字	二		三		四	一			二		一		二		一		二		一												一八	一	
职业 有	一二	九	一二	一一	一七	一八	一八	一八	一五	一五	二〇	一三	一六	一五	一三	一四	一七	一五	二二	一五											一六二	一四三	
职业 无	八	四	四	四	一五	九	九	一一	一二	七	一〇	九	一一	六	一〇	一四	九	五	六	一四											九五	八三	
非家属同住者	一		一		一	二	四	二	一	一			三		二		三		五												二一	五	
学童	五		三		九		九		七		二		六		八		四		五												五八		
备考																																	

四川省荣县第一区第三八五保普通户口统计表

保长钟德举

中华民国二十五年七月　日

四川省荣县第一区第三八六保普通户口统计表

保长刘仲然

中华民国二十五年七月　日

事别 \ 甲别		第一甲		第二甲		第三甲		第四甲		第五甲		第六甲		第七甲		第八甲		第九甲		第十甲		第十一甲		第十二甲		第十三甲		第十四甲		第十五甲		总计		附记
户数		九		八		一〇		一〇		九		八		一〇		一〇		一〇		八												九二		
人口总数		男	女	男	女	男	女	男	女	男	女	男	女	男	女	男	女	男	女	男	女	男	女	男	女	男	女	男	女	男	女	男	女	
		二六	二〇	四八	三七	二三	二八	二九	二三	二六	二六	二五	二二	二四	二〇	二五	二七	二五	二五	二一	一二											二七二	二四〇	
现住		二二	二〇	四七	三五	二三	二八	二八	二三	二三	二六	二五	二二	二三	二〇	二四	二七	二三	二五	一八	一二											二五二	二三八	
他往		四	二	三	二			一		三		二		一		一		二		三												二〇	二	
壮丁		一〇		一八		八		八		六		一〇		七		五		六		八												八六		
识字		七		八				八				五		四		四		五		四												四五		
职业	有	二〇	一七	三一	二一	一六	一六	一八	一九	一三	一六	一三	一四	一三	一一	一四	一七	一一	一五	一三	九											一六二	一五五	
	无	六	一二	一六	一四	七	一二	一一	四	一〇	一〇	一〇	八	一一	九	一〇	一〇	一二	一〇	一一	三											一一〇	八五	
非家属同住者		二		九		一		二											二													一六		
学童		一三		一二		四		四		八		六		五		七		一一		五												七五		
备考																																		

事别＼甲别	第一甲		第二甲		第三甲		第四甲		第五甲		第六甲		第七甲		第八甲		第九甲		第十甲		第十一甲		第十二甲		第十三甲		第十四甲		第十五甲		总计		附记
户数	一〇		一〇		一〇		一一		一一		一二		一〇		九		一〇		一〇												一〇三		
	男	女	男	女	男	女	男	女	男	女	男	女	男	女	男	女	男	女	男	女	男	女	男	女	男	女	男	女	男	女	男	女	
人口总数	三一	三五	二九	二九	四三	三七	三四	三八	三〇	二七	三一	二二	二〇	二二	二四	二〇	二九	二二	三二	一九											三〇三	二七二	
现住	三一	三五	二五	二九	四三	三六	三二	三八	二六	二七	二九	二二	二〇	二二	二二	二〇	二七	二二	二二	一九											二七八	二七二	
他往			四			一	二		四		二				二		二		六												二五		
壮丁	九		一〇		一三		一三		一二				五				七		一三												九三		
识字	三		五		四		八		六		八				五		四		四												四七		
职业 有	一八	一六	一五	一五	二五	二一	二〇	二一	一六	一七	一七	一二	一五	九	一六	一五	一七	一二	二〇	八											一八八	一四一	
职业 无	一三	一九	一四	一四	一八	一六	一四	一七	一四	一〇	一四	一〇	五	一三	八	五	一二	一〇	二	一一											一一五	一三一	
非家属同住者	三	一	二		五		五		三		一		二		四		四		四												三四		
学童	一一		五		三		二		四		一一		四		五		六		一一												八〇		
备考																																	

四川省荣县第一区第三八七保普通户口统计表　　保长谢既明
中华民国二十五年七月　日

四川省荣县第一区第三八八保普通户口统计表　　保长龚寿益

中华民国二十五年七月　日

事别＼甲别		第一甲		第二甲		第三甲		第四甲		第五甲		第六甲		第七甲		第八甲		第九甲		第十甲		第十一甲		第十二甲		第十三甲		第十四甲		第十五甲		总计		附记
户数		一〇		九		九		一〇		一〇		八		九		一〇		九		一〇												九四		
		男	女	男	女	男	女	男	女	男	女	男	女	男	女	男	女	男	女	男	女	男	女	男	女	男	女	男	女	男	女	男	女	
人口总数		三二	二五	三四	三三	二一	二〇	二九	三三	二六	二四	二六	一四	三三	三〇	三七	二二	二七	一九	二六	一七											二九一	二三七	
现住		三〇	二五	三三	三三	一八	一八	二八	三三	一九	二四	二二	一四	三〇	三〇	三三	二一	二七	一九	二五	一七											二六五	二三四	
他往		二		一		三	二	一		七		四	一一	三		四	一			一												二七	三	
壮丁		九		一〇		一二		二		一四			二	一三		一		七		八												一〇六		
识字		六		九		三	一	三		三		二	二	七		一		二														三六	一	
职业	有	二一	一七	二〇	二一	一九	一二	一七	二〇	一九	一五	六	三	一三	二一	一九	一五	一三	一三	一六	一一											一八五	一五七	
	无	二	八	一四	一一	二	八	一二	一三	七	九		一四	一四	九	一八	七	一二	五	一〇	六											一〇六	八六	
非家属同住者		六		四	一	一	一			三	一	一		七	二	一		三		二														
学童		一一		七		四		二		六		二		九		九		九		七												七五		
备考																																		

四川省荣县第一区第三八九保普通户口统计表

事别＼甲别	第一甲		第二甲		第三甲		第四甲		第五甲		第六甲		第七甲		第八甲		第九甲		第十甲		第十一甲		第十二甲		第十三甲		第十四甲		第十五甲		总计[①]		附记
户数	一一		一一		一一		一〇		一〇		一一		九		六		九		一〇												九八		
	男	女	男	女	男	女	男	女	男	女	男	女	男	女	男	女	男	女	男	女	男	女	男	女	男	女	男	女	男	女	男	女	
人口总数	三八	三一	二九	二一	三一	二四	一七	一五	三五	二五	三七	二九	二五	二三	一三	一三	三五	二八	三二	三三											二九二	二四〇	
现住	三二	三一	二八	二一	三一	二四	一六	一五	三三	二五	三四	二八	二三	二三	一二	一三	三五	二八	二八	三三											二七二	二三九	
他往	六		一				一		二		三	一	二		一				四												二〇	一	
壮丁	一二		八		六		九		六		一二		六		八		九		一三												八九		
识字	七		六		三		四		四		九		三		三		三		五												四七		
职业 有	二四	二二	一六	一三	一六	一七	一五	一二	二七	一九	二一	一六	一四	一〇	一一	七	二〇	一三	二四	一八											一八八	一四七	
职业 无	一四	九	一三	八	一五	七	二	三	八	六	一六	一三	一一	一三	二	六	一五	一五	八	一五											一〇四	九五	
非家属同住者			二				一		四		六		三		二		六	二	五												二七	四	
学童	一二		五		一三		三		一一		八		八		一		一〇		一二												八三		
备考																																	

中华民国二十五年七月　日　保长张忠炳

① 本页档案原件破损致表格中“总计”栏各项完全不能辨认，编校者根据相应各项数字计算后填入。

四川省荣县第一区第三　保普通户口统计表①

保长谢疌堦

中华民国二十五年七月　日

事别＼甲别		第一甲		第二甲		第三甲		第四甲		第五甲		第六甲		第七甲		第八甲		第九甲		第十甲		第十一甲		第十二甲		第十三甲		第十四甲		第十五甲		总计		附记
户数		九		九		一一		一〇		一〇		一〇		一〇		一〇		九		一〇		八		一〇		九		九		一四		一四八		
		男	女	男	女	男	女	男	女	男	女	男	女	男	女	男	女	男	女	男	女	男	女	男	女	男	女	男	女	男	女	男	女	
人口总数		二九	二四	一八	一九	五〇	四〇	三〇	二八	二八	二二	二四	二四	二四	一二	二五	一九	二六	二六	二五	二〇	一六	一五	二四	二一	二六	二七	一五	一六	三二	二二	三九二	三三五	
现住		二四	二四	一六	一九	四七	四〇	三〇	二八	二四	二二	二四	二四	二一	一三	二四	一九	二六	二六	二四	二〇	一六	一五	二四	二一	二六	二七	一四	一六	三二	二二	三七五	三三五	
他往		三		一		三				四				三		一				一								一				一七		
壮丁		一一		一六		一四		一〇		一七		五		一三		七		二六		六		六		七		六		三		一〇		一五七		
识字		一〇		五		一〇		七		七		五		四		五		五		五		一〇		一一		一〇		四		八		一〇六		
职业	有	一六	一四	一二	一一	二〇	一五	一〇	一六	一七	一二	一〇	一〇	一二		三一		一六	一六	一〇	一〇	六	一一	一四	一一	一六	一七	八	九	一九	一七	二一七	一八九	
	无			五	七	三〇	一五	一〇	一二	一一	一〇	一四	一四	一一	一〇			一〇	一〇	一一	一〇	一〇	五	一〇	一〇	一〇	一〇	七	八	一二	五	一七五	一四六	
非家属同住者			一	三		八	三	一		一			一	二	三			一		一	一			四		三				五		三五	六	
学童		七		四		一〇		八		七		八		四		五		四		六		五		四		一〇		三		四		九一		
备考																																		

① 本页档案原件破损致表格中“保数”、“第七甲有职业女”、“第八甲有职业女”、“第一甲无职业男”“第一甲无职业女”、“第八甲无职业男”、“第八甲无职业女”、“第一甲非家属同居者男”等各栏无法辨识，故为空白。

国家社科基金重大招标项目阶段性成果
四川大学中央高校基本科研业务费高水准团队建设成果
四川大学近代文化研究院近代基层档案整理成果

·民国时期荥县档案整理与研究系列　总主编：里赞

民国荥县档案选编丛书

民国荥县档案选编

户口

四川大学／荥县档案馆／主编
李莹／编校

（下）

巴蜀书社

荣县第二区普通户口统计表

荣县第二区普通户口统计表 区长钟伯康

中华民国二十五年八月 日

事别＼保别	第一保 男	第一保 女	第二保 男	第二保 女	第三保 男	第三保 女	第四保 男	第四保 女	第五保 男	第五保 女
甲数	一〇		一二		一〇		一〇		一〇	
户数	一〇〇		一一八		一〇二		九九		九九	
人口总数	二九八	二三三	三三三	二四七	三六六	二〇六	三二三	二二六	二九五	二六六
现住	二六五	二二四	三二一	二三八	三五五	二〇六	三〇六	二二四	二六七	二六二
他往	三三	九	一二	九	一一		二〇	二	二八	四
壮丁	一二九		一二七		一五八		一一七		八三	
识字	一一六	一	二八	七	一〇二	四一	一四七	一二	五〇	三
职业 有	二三〇	一五三	二四五	一八二	三〇六	一七五	二三八	一三六	一六二	一三六
职业 无	六八	八〇	八八	六四	六〇	三一	八五	九〇	一三三	一三〇
非家属同住者	一〇九	四九	五七	五一	一五三	二八	一三五	四五	一三	二〇
学童	一一七		三九		五二		五五		七四	
备考	出国男一人出省男七人出县男七人女二人未出县男十四人女七人		出省男二人出县男五人女二人未出县男五人女七人		出省男一人出县男七人未出县男三人		出县男十二人女一人未出县男八人女一人		出省男三人出县男二十一人女一人未出县男四人女三人	

事别＼保别	第六保 男	第六保 女	第七保 男	第七保 女	第八保 男	第八保 女	第九保 男	第九保 女	第十保 男	第十保 女
甲数	一〇		一〇		一〇		一〇		一〇	
户数	九六		一〇一		九七		一〇一		九八	
人口总数	二六五	二三五	三〇九	二七七	三三四	二八六	二九一	二八三	三二七	二五四
现住	二一九	二三五	二八五	二七三	三一四	二八六	二六六	二八二	二九三	二五三
他往	四六		二四	四	二〇	一	二五	一	三四	一
壮丁	四七		一一五		一一四		二〇七		一〇二	
识字	一〇	一	三七		一六		四七		一四	
职业 有	二三五	一七四	一八七	一五六	二〇五	一五三	一八一	一六一	二一二	一五九
职业 无	三〇	六一	一二二	一二一	一二九	一三三	一一〇	一二二	一一五	九五
非家属同住者	三	一	四三	一七	四八	一八	二九	三	三七	一四
学童	三一		六七		八三		六一		六四	
备考	出省男二人出县男十九人未出县男二十五人		出省男一人出县男九人女一人未出县男十四人女三人		出国男一人出省男二人出县男八人未出县男九人女一人		出县男十人未出县男十五人女一人		出县男十七人未出县男十七人女一人	

事别＼保别	第十一保 男	第十一保 女	第十二保 男	第十二保 女	第十三保 男	第十三保 女	第十四保 男	第十四保 女	第十五保 男	第十五保 女
甲数	九		一〇		一〇		一〇		一〇	
户数	八八		九六		九五		一〇〇		一〇一	
人口总数	二八五	二五五	一八三	二四九	三一〇	二五二	三〇九	二三〇	二九二	二五三
现住	二六六	二五五	二五五	一四八	二七八	二五二	二九四	二二五	二七二	二四九
他往	一九		一八	一	三二		一五	五	二〇	三四
壮丁	八七		九一		一一三		八八		九五	
识字	三七		二〇		二五		二四		二一	二
职业 有	一七八	一四六	一六五	一四〇	一九四	一四五	一八五	一四六	一七四	一四九
职业 无	一〇七	一〇九	一一八	一〇五	一一六	一〇七	一二四	八四	一一八	一〇四
非家属同住者	四四	二三	二八	一三	三七	一四	二四	六	四一	一七
学童	六二		六四		五二		三二		七三	
备考	出县男六人未出县男十三人		出县男五人未出县男十三人女一人		出县男四人未出县男二十八人		出县男二人未出县男十三人女五人		出县男八人女十二人未出县男十二人女二十二人	

荣县第二区普通户口统计表

区长钟伯康

中华民国二十五年八月　日

事别＼保别		第十六保		第十七保		第十八保		第十九保		第二十保		第二十一保		第二十二保		第二十三保		第二十四保		第二十五保		第二十六保		第二十七保		第二十八保		第二十九保		第三十保	
甲数		一〇		一〇		一〇		一〇		一〇		一〇		一〇		一〇		一〇		一〇		一〇		一C		一〇		一〇		一〇	
户数		九八		九四		九五		九九		九八		一〇〇		九八		九八		一〇〇		九九		一〇〇		九七		九九		九七		一〇二	
		男	女	男	女	男	女	男	女	男	女	男	女	男	女	男	女	男	女	男	女	男	女	男	女	男	女	男	女	男	女
人口总数		三〇三	二五一	二九八	二四二	二五一	二五九	二八五	二五三	三四五	三〇四	三一三	二六九	三一七	三〇四	三一六	二八四	二五九	二六二	三二二	二七九	三二二	二九九	二九六	二五〇	三三九	三〇八	二六七	二三四	三三四	三一三
现住		二七三	二五〇	二七〇	二三九	二四六	二五九	二五一	二四六	三一三	三〇一	二六八	二五九	三〇一	三〇三	二九一	二八四	二四二	二六二	二九六	二七八	三一七	一九六	一八〇	二五〇	三〇二	二〇六	二五一	二三四	三〇一	三一一
他往		三〇	一	二八	三	四		三四	七	三三	三	四五	一〇	一六	一	二五		一七		二六	一	五	一	一六		二七	二	一六		三三	二
壮丁		八二		九六		七四		一〇一		七〇		九五		七九		一一八		四二		七六		九五		一〇二		八七		六六		八三	
识字		三三		三六	一	五二		二二	三	七五	六	五五	一	九		三三	二	一一		二四		一六	三	八		二八	二	二〇		二一	
职业	有	一九一	一五三	一八二	一五四	一七二	一五五	一七二	一五〇	二二三	一七八	一七九	一三四	一七四	一七	一八七	一四七	一四〇	一四九	一九一	一五二	一八二	一四九	一七〇	一二四	二三〇	一七四	一七五	一一四	二〇〇	一五九
	无	一一二	一九八	一一六	八八	七九	一〇四	一一三	一〇三	一二二	一二六	一三四	一三五	一四三	一三三	一二九	一三七	一一九	一一三	一三一	一三七	一四〇	一四八	一二六	一一六	一〇九	一三四	九二	一二〇	一三四	一五四
非家属同住者		三四	八	二七	八	三三	一一	二九	四	四五	一一	三五	一九	二四	九	四一	一〇	一七	三	四二	九一	四三	三	二三	三	三七	八	三		四六	二五
学童		三五		八一		二六		一〇七		六二		六四		七四		七〇		二三		七八		六八		一二六		四九		五七		六七	
备考		出省男二人出县男七人未出县男二十一人女一人		出县男九人女一人未出县男十九人女二人		出县男二人未出县男二人		出县男十三人女二人未出县男二十一人女五人		出县男九人女一人未出县男二十四人女二人		出县男十六人未出县男二十九人女十人		出县男八人女一人未出县男八人		出县男五人未出县男二十人		出县男九人未出县男八人		出县男九人未出县男十七人女一人		出县男二人未出县男三人女一人		出县男二人未出县男四人		出县男十一人未出县男十六人女二人		出县男七人未出县九人		出县男十九人未出县男十四人女二人	

事别＼保别		第三十一保		第三十二保		第三三保		第三四保		第三五保		第三六保		第三七保		第三八保		第三九保		第四十保		第四一保		第四二保		第四三保		第四四保		第四五保	
甲数		一〇		一〇		一〇		一〇		一〇		一〇		一〇		一〇		一〇		一〇		九		一〇		一〇		一〇		一〇	
户数		九八		九九		九四		九八		九六		一〇二		九八		一〇〇		九八		一〇〇		九〇		一〇〇		九九		一〇〇		一〇二	
人口总数		男	女	男	女	男	女	男	女	男	女	男	女	男	女	男	女	男	女	男	女	男	女	男	女	男	女	男	女	男	女
		三〇一	二八一	二八九	二八五	二九三	二五九	二九一	二六九	二四三	二二四	三一五	三〇七	二八八	三一〇	二八〇	二八六	三一一	二八一	二〇九	二六一	二一七	一二一	三〇九	一九二	一六八	一三〇	二三四	二八六	三二四	二八六
现住		二八一	二七六	二七六	二七八	二六五	二五六	二六一	二五〇	二三五	二一六	二七六	二七八	二六八	三〇八	二七八	二八二	二九一	二七八	二六六	一四八	二〇八	一一一	二八四	二九〇	二五五	一三〇	二八五	二八六	二九五	二八二
他往		二〇	五	一三	七	二八	三	三〇	一九	八	八	一三	七	二〇	二	二	四	二〇	三	四三	一三	九		二五	二	一三		四九		二九	四
壮丁		八七		七二		八〇		五一		五二		七二		一二四		七三		八八		三三	一三	二八九		四一		七八		一〇一		九二	
识字		二四	四	三三	一	四六	五	一八		二九	一〇	三三	四	三六		三七	三	一二	一	二四		一九		一六		九		四〇		四二	二
职业	有	一三七	二三七	一八三	一六三	一七四	一四五	一八〇	一五〇	一六二	一三六	一八三	一八三	二〇六	一九七	一九〇	一七一	一七五	一五七	一八三	一四九	一二三	一三二	一八八	一六五	一六四	一五一	一九三	一二八	一八八	一五五
	无	六四	四四	一〇六	一二二	一一九	一一四	一一八	一一九	八〇	八八	一〇六	一二四	八二	一一三	九〇	二五	一三六	一二四	一二六	一一二	九四	八九	一二一	一二七	一〇四	七九	一四一	一五八	一三六	一三一
非家属同住者		三六	三	二五	一〇	四一	九	二九	八	三六	一四	二五	一〇	五三	一〇	五六	三四	三八	二三	五三	一七	二二	一一	三九	二二	三八	一四	五一	一一	五〇	二三
学童		六三		七三		六四		六五		四九		七三		六二		六七		一九		八八		八七		九二		八〇		六九		一一四	
备考		出县男五人女一人未出县男十五人女四人		出县男六人未出县男七人女七人		出县男四人未出县男二十四人女三人		出县男八人女六人未出县男二十二人女十三人		出省男一人出县男三人女三人未出县男四人女五人		出省男二人出县男四人女二人未出县男七人女五人		出省男一人出县男十一人未出县男八人女二人		出县男一人女一人未出县男一人女三人		出省男一人出县男五人女一人未出县男十四人女二人		出县男十六人女七人未出县男二十七人女六人		出省男一人出县男四人未出县男四人		出县男十一人未出县男十四人女二人		出县男九人未出县男四人		出县男十七人未出县男二十八人		出县男十二人女一人未出县男十七人女三人	

荣县第二区普通户口统计表　　区长钟伯康

中华民国二十五年八月　日

荣县第二区普通户口统计表

事别＼保别		第四六保		第四七保		第四八保		第四九保		第五〇保	
甲数		一〇		一〇		一〇		一〇		一〇	
户数		一〇二		一〇〇		九二		九九		九九	
		男	女	男	女	男	女	男	女	男	女
人口总数		二七七	二八四	三六七	三三七	三一六	三六四	三三〇	二八八	三〇二	二七六
现住		二九一	二八四	三二八	三二九	二八八	二六四	三〇二	二八三	二六三	二七六
他往		六		二九	二	二八		二八	五	三九	
壮丁		八七		一一九		一〇四		一二〇		一一六	
识字		三九	一	八〇	七	五九	一	四四	三	四五	三
职业	有	一六六	一四〇	二二九	二〇五	二〇二	一七一	二一七	一八六	二〇八	一七五
	无	一一一	一四四	一三八	一二六	一一四	一七一	一一三	一〇二	九四	一〇一
非家属同住者		三四	一七	五三	九	四四	一三	二五	一八	三四	一一
学童		七六		八八		六三		八六		六三	
备考		出县男一人未出县男五人		出县男十人女一人未出县男九人女一人		出省男一人出县男十二人		出县男九人女二人未出县男十九人女三人		出县男十三人未出县男二十六人	

事别＼保别		第五一保		第五二保		第五三保		第五四保		第五五保	
甲数		一〇		一〇		一〇		一〇		一〇	
户数		九九		九九		一〇二		九六		九七	
		男	女	男	女	男	女	男	女	男	女
人口总数		三二六	二五三	三四三	二七三	三二五	二六六	三四七	二九一	三〇二	二八一
现住		三〇六	二五一	三〇九	二六九	二九六	二六四	三一七	二八九	二九三	二七一
他往		一八	二	三四	四	二九	二	三〇	二	九	一〇
壮丁		七〇		一一四		一〇四		八二		九八	
识字		三三		七四	一	三七		六三	四	三一	五
职业	有	一九二	一五〇	二〇八	一五一	二三四	一九六	二〇三	一七六	一七六	一四九
	无	一三四	一〇三	一三五	一二二	九一	七〇	一四四	一一五	一二六	一三二
非家属同住者		五二	一二	五〇	五	三七	六	六五	二三	三四	一〇
学童		八五		五七		七四		九二		三八	
备考		出县男二人未出县男十六人女二人		出省男一人出县男七人女一人未出县男二十六人女三人		出县男五人未出县男二十四人女二人		出县男九人未出县男二十一人女二人		出县男四人女五人未出县男五人女五人	

事别＼保别		第五六保		第五七保		第五八保		第五九保		第六〇保	
甲数		一〇		一〇		一〇		一〇		一〇	
户数		九八		一〇〇		九五		九七		一〇三	
		男	女	男	女	男	女	男	女	男	女
人口总数		二六七	二九三	三〇一	二七七	二九〇	二六五	三二七	二六八	三二八	二六六
现住		二四二	二八七	二六七	二七二	二四三	二六四	二六三	二六三	二九一	二五四
他往		二五	六	三五	五	四七	一	六四	五	三七	一二
壮丁		七二		八九		五九		四六		一一六	
识字		九				一〇三	六	三九		二四	
职业	有	一七四	一九一	一八七	一六一	二五一	二三五	二一五	一七一	二〇九	一八三
	无	九三	一〇一	一一四	一一六	三九	三〇	一一二	九七	一一九	八六
非家属同住者		八	一〇	三三	一王	六	五	五四	一四	七〇	一七
学童		五九		七八		六一		七九		六四	
备考		出省男二人出县男八人女一人未出县男十五人女五人		出县男七人女一人未出县男二十八人女四人		出县男十九人女一人未出县男二十八人		出省男一人出县男二十一人女三人未出县男四十一人女二人		出省男一人出县男十六人女三人未出县男三十人女七人	

区长钟伯康

中华民国二十五年八月　日

荣县第二区普通户口统计表　区长钟伯康

中华民国二十五年八月　日

事别＼保别	第六一保		第六二保		第六三保		第六四保		第六五保	
甲数	一〇		一〇		一〇		一〇		一〇	
户数	九七		九八		一〇〇		一〇〇		一〇六	
	男	女	男	女	男	女	男	女	男	女
人口总数	二六七	二四五	三二二	二九二	三一八	三〇六	三〇九	二六〇	三三五	二七七
现住	二三五	二四四	二八四	二八八	二八五	三〇四	二八三	二六〇	二六八	二六八
他往	三一	一	三八	四	三三	二	二六		六七	九
壮丁	一〇一		一一一		一一八		九八		八九	
识字	三二	一	三六		三六	一〇	二九		四六	四
职业 有	一六六	一四三	二〇三	一七九	二〇一	一七六	二二	一八八	二〇八	一八九
职业 无	一〇一	一〇二	一一九	一一三	一一七	一三〇	九八	七二	一二七	八八
非家属同住者	三五	一一	五五	二八	四九	二〇	三二	二八	四五	一四
学童	七九		七二		六三		五二		六六	
备考	出县男五人未出县男二十六人女一人		出县男六人女一人未出县男三十二人女三人		出县男八人未出县男二十五人女二人		出县男七人未出县男十九人		出县男二十三人女三人未出县男四十四人女六人	

事别＼保别	第六六保		第六七保		第六八保		第六九保		第七〇保	
甲数	一〇		一〇		一〇		一〇		一〇	
户数	九九		一〇〇		一〇〇		一〇六		九九	
	男	女	男	女	男	女	男	女	男	女
人口总数	三六三	三四九	二八三	二四二	二五三	二四一	二九二	二六八	二七一	二五〇
现住	三一六	三二八	二七六	二三四	二二四	二三六	二六九	二五〇	二三四	二四六
他往	四七	二一	七	八	二九	五	二三	一八	三七	四
壮丁	一三〇		七八		七八		八三		八九	
识字	六一	九	五一	一	二一		一六		三三	
职业 有	一九四	一八四	一八二	一五三	一四六	一九	一七一	一五九	一七一	一五四
职业 无	一六九	一六五	一〇一	八七	一〇七	一二二	一一一	一〇九	一〇〇	九六
非家属同住者	五〇	二六	二四	四	二一	六	一一		九	九
学童	九四		四六		七一		七四		五六	
备考	出县男十九人女十一人未出县男二十八人女十人		出省男二人出县男三人女四人未出县男二人女四人		出省男三人出县男十五人女五人未出县男十一人		出省男一人出县男十一人女二人未出县男十一人女十六人		出县男九人未出县男二十八人女四人	

事别＼保别	第七一保		第七二保		第七三保		第七四保		第七五保	
甲数	一四		一〇		一〇		一〇		一〇	
户数	一四〇		九四		一〇一		八九		九四	
	男	女	男	女	男	女	男	女	男	女
人口总数	四四七	三六一	二八八	二三六	二八三	一六二	二九〇	二五〇	三〇九	二六二
现住	四二二	三五八	二四三	二三六	二六〇	一六一	二六二	二四五	二八〇	二六二
他往	二五	三	四五		二三	一	二八	五	二九	
壮丁	一四六		六九		七二		八一	一	七六	
识字	三七		一九	一	三一	一	二八	二	一五	
职业 有	二三五	一六九	一五五	一二四	一六〇	一四一	一五六	一四九	一八三	一六二
职业 无	二一二	一九二	一三三	一一二	一二三	一二一	一三四	一〇一	一二六	一〇〇
非家属同住者	一六	八	一五	九	二七	一〇	一九	九	二〇	八
学童	六二		六四		五一		六一		七二	
备考	出县男十五人女一人未出县男十人女二人		出县男七人未出县男三十八人		出县男十八人未出县男五人女一人		出省男一人出县男七人女一人未出县男二十人女四人		出县男十一人未出县男十八人	

荣县第二区普通户口统计表　区长钟伯康

中华民国二十五年八月　日

事别＼保别	第七六保		第七七保		第七八保		第七九保		第八〇保	
甲数	一〇		一〇		一〇		九		一一	
户数	九九		九七		一〇一		一〇〇		一〇六	
	男	女	男	女	男	女	男	女	男	女
人口总数	二九九	三〇九	三一一	二七六	二七〇	一〇五	一五一	二一六	三三二	一八八
现住	二七七	三〇八	二九六	二七三	二三八	二〇四	二二七	二一四	三〇四	二八一
他往	二二	一	二五	三	三二	一	二四	二	二八	七
壮丁	八九		九一		八八		七九		九六	
识字	一九		二〇	二	三九	四	二四		一三	二
职业 有	一八七	一五九	一八六	一四五	一四七	一一三	一六〇	一三五	二一〇	一七四
职业 无	一一二	一五〇	一三五	一三一	一二三	九二	九一	八一	一二二	一一八
非家属同住者	三九	六	二	七	三一	一〇	二一	五	一五	三
学童	八二		六七		四一		五四		七三	
备考	出县男十四人未出县男八人女一人		出省男一人出县男九人女一人未出县男十五人女二人		出县男十五人未出县男十七人女一人		出省男一人出县男十人女一人未出县男十三人女一人		出县男六人未出县男二十二人女七人	

事别＼保别	第八一保		第八二保		第八三保		第八四保		第八五保	
甲数	一〇		一〇		一〇		一〇		一〇	
户数	一〇一		九六		一〇五		八七		九七	
	男	女	男	女	男	女	男	女	男	女
人口总数	三〇八	二六七	二七七	二四五	三〇七	二六六	二五四	二三五	三五〇	二七九
现住	二七〇	二六六	二四〇	二四四	二六二	二六五	二二二	二三一	三二五	一七九
他往	三八	一	三七	一	四五	一	三三	四	二五	
壮丁	六五		六八		七七		七〇		一〇五	
识字			一九		二八	四	一六	四	二五	
职业 有	一九七	一三三	一七一	一三六	一七七	一四七	一六八	一六三	一九五	一八〇
职业 无	一一一	一三四	一〇六	一〇九	一三〇	二九	八六	七八	一五三	九九
非家属同住者	三九	九	一二	三	三五	二	二二	七	三三	七
学童	四二		四四		七二		六三		六九	
备考	出省男二人出县十三人未出县男二十三人女一人		出县男十六人未出县男二十一人女一人		出县男十四人未出县男三十人女一人		出县男十四人女一人未出县男十九人女三人		出省男一人出县男十八人未出县男六人	

事别＼保别	第八六保		第八七保		第八八保		第八九保		第九〇保	
甲数	一〇		一〇		一〇		一〇		一二	
户数	九二		一〇三		九四		一〇四		一一六	
	男	女	男	女	男	女	男	女	男	女
人口总数	二九一	二六〇	二八六	二四五	二八六	一四四	三〇二	二六五	三二〇	二六六
现住	二七一	二六〇	二五六	二四五	二五八	二三七	二六四	二六五	三〇八	二六六
他往	二〇		三〇		一八	七	三八		一二	
壮丁	七五		六七		七一		七二		八六	
识字	二二		二四				六一	三	二一	一
职业 有	一七二	一五二	一八四	一六四	一七九	一五五	一八七	一四九	一一三	一七四
职业 无	一一九	一〇八	一〇二	八一	一〇七	八九	一一五	一一六	一〇七	九二
非家属同住者	三三	五	一五	四	六〇	六	三七	七		
学童	七九		七〇		六二		四六		八四	
备考	出县男十一人未出县男九人		出县男十人未出县男二十人		出县男五人女二人未出县男十三人女五人		出县男十七人未出县男二十一人		出县男五人未出县男七人	

事别＼保别		第九一保		第九二保		第九三保		第九四保		第九五保		第九六保		第九七保		第九八保	
甲数		一〇		一〇		一〇		一〇		一〇		一〇		一〇		一〇	
户数		九五		九九		一〇三		一〇一		九八		九六		九九		一〇〇	
		男	女	男	女	男	女	男	女	男	女	男	女	男	女	男	女
人口总数		二八二	二〇六	二九九	二六三	三〇四	二六八	二六四	二二一	三〇八	三〇一	二六三	二三三	三二一	一五一	三〇四	二六七
现住		二六九	二〇五	二七二	二六二	二七八	二五七	二五七	二二一	二八一	三〇一	二三六	二二八	二九一	一四八	一五八	二六二
他往		一三	一	二七	一	二六	一一	七	一	二七		三七	五	三〇	一	四六	五
壮丁		八一		九三		七九		五四		五六		八三		六七		七三	
识字		三五		五六	四	五四		二四		二四	一	二〇		二四	三	二一	
职业	有	一六八	一〇	一六七	一八五	二〇四	一六八	一八〇	一六一	一七五	一六八	一八八	一六五	一八九	一七〇	一八九	一六八
	无	一一四	八六	一三二	七八	一〇〇	一〇〇	八四	六一	一三三	一三三	七五	六八	一三九	八〇	一一五	九九
非家属同住者		四三	五	二四	二	一四	七	二七	七	三八	一六	三三	一二	三八	六	九	八
学童		五七		七九		七二		六五		六二		六三		七一		七二	
备考		出县男四人未出县男九人女一人		出县男九人未出县男十八人女一人		出县男七人女三人未出县男十九人女八人		出县男四人未出县男三人女一人		出县男六人未出县二十一人		出县男九人女二人未出县男二十八人女三人		出县男一人未出县男二十九人女二人		出县男十七人女一人未出县男二十九人女四人	

事别＼保别		第九九保		第一〇〇保		第一〇一保		第一〇二保		第一〇三保		第一〇四保		第一〇五保	
甲数		一〇		一〇		一〇		一〇		一〇		一〇		一〇	
户数		九七		一〇四		一〇四		一〇四		九八		九六		九六	
		男	女	男	女	男	女	男	女	男	女	男	女	男	女
人口总数		二一八	一六四	二七四	二三三	三三六	二九四	三三二	二六三	二七四	二四二	二九七	二四一	二四七	二二九
现住		二〇五	一六二	二三〇	二三三	二九三	二九〇	二九五	三六二	二四七	二四二	一六六	二三九	一一二	二二五
他往		一三	二	二四		四三	四	三七	一	二七		三四	一	二五	四
壮丁		八六		九八		九五		一〇二		四九		八一		六	
识字		九七	一九	七六	二一	一六		二六		二七	四	三六	二	一四	五
职业	有	一四九	一〇一	一九三	一五六	二二八	二二	一二一	一八六	一八四	一八七	三一〇	一六三	一六八	一三七
	无	六九	六二	八一	七七	一〇八	八三	一一一	七七	九〇	五五	八七	七八	七九	九二
非家属同住者		三八	五	五五	一一	三六	六	三九	三	二五	九	三九	一〇	三〇	九
学童		三一		四五		六三		六七		五八		五八		五三	
备考		出县男八人未出县男五人女二人		出县男七人未出县男十七人		出县男九人未出县男三十四人女四人		出省男二人出县男十五人未出县男二十人女一人		出县男七人未出县男二十人		出县男七人女一人未出县男二十七人		出省男二人出县男八人未出县男十五人女四人	

荣县第二区普通户口统计表　区长钟伯康

中华民国二十五年八月　日

荥县第二区普通户口统计表

区长钟伯康

中华民国二十五年八月 日

事别 \ 保别		第一〇六保		第一〇七保		第一〇八保		第一〇九保		第一一〇保		第一一一保		第一一二保		第一一三保	
甲数		一〇		一〇		一〇		一〇		一〇		一〇		一〇		一〇	
户数		九六		一〇〇		九九		九九		九七		一〇四		九八		九八	
		男	女	男	女	男	女	男	女	男	女	男	女	男	女	男	女
人口总数		三一九	二八二	三二五	二八四	三〇六	二三〇	二六六	二五四	三〇〇	二七五	二九六	二六六	二五八	二五八	二二九	一九〇
现住		二七五	一六八	二九二	二七九	二六五	二一八	二三九	二五三	一六六	二七二	二四二	二六三	二〇八	二五七	二〇九	一九〇
他往		四四	一四	二〇	五	四一	一二	二七	一	三四	二	五四	三	五〇	一	二〇	
壮丁		七八		一〇三		九九		七二		九〇		八八		六一		六三	
识字		四三	二	七四	二	五	一	二五		五一	二	一八		二一	一	七	
职业	有	二四〇	一三二	二三六	二〇〇	一九四	一五一	二三一	二〇六	一〇八	一六九	一六八	一四一	二〇七	一五九	一四三	一一一
职业	无	七九	五〇	八六	八四	一一二	七九	二五	四八	九二	一〇六	一二八	二五	五一	五九	八六	七九
非家属同住者		三五	六	三九	八	二八	五			一二	一四	二九	三			七	四
学童		六二		八三		六三		六五		六四		七九		四五		五七	
备考		出县男八人女二人未出县男三十六人女十二人		出县男五人女一人未出县男十五人女四人		出县男十一人女四人未出县男三十人女八人		出省男一人出县男六人未出县男二十人女一人		出县男五人未出县男二十九人女二人		出省男一人出县男十七人未出县男三十六人女三人		出县男十二人未出县男三十八人女一人		出县男三人未出县男十七人	

事别 \ 保别		第一一四保		第一一五保		第一一六保		第一一七保		第一一八保		第一一九保		第一二〇保	
甲数		一五		一五		一五		一五		一五		一五		一三	
户数		一五〇		一六〇		一四七		一四九		一四四		一四八		一三二	
		男	女	男	女	男	女	男	女	男	女	男	女	男	女
人口总数		三五九	三六八	四一四	三九八	四六九	四二三	四三三	三八〇	四八〇	四一四	二七六	三二六	三五七	二五七
现住		三〇七	三六八	八九	三九五	四四〇	四三二	二九一	一七五	四三二	四〇八	三三三	三一九	三二六	二九四
他往		五二		二五	三	二九	二	四二	五	四八	六	四三	七	三一	三
壮丁		一一八		一二八		二二六		一三〇	一四	一一六		一二四		九八	
识字		二九		一〇二	一七	三九	一	五二二	一四	八四		五五	七	一六	
职业	有	二一一	二〇〇	三一四	二五六	三二四	一八四	二一八	三二六	三二五	二九二	二三四	二一六	二二六	一八六
职业	无	一四八	一六八	一〇〇	一四一	一四〇	一三九	一七三	一五四	一五五	一二二	一四二	一一〇	一三一	一一一
非家属同住者		二四		四五	一七	二九	五	四二	一二			二四	七	二一	一〇
学童		五六		八四		一〇一		七三		一〇六		五二		七三	
备考		出县男十三人未出县男三十九人		出县男四人未出县男二十一人女三人		出县男七人未出县男二十二人女二人		出县男九人女二人未出县男三十三人女三人		出省男三人女一人出县男二十人女四人未出县男二十五人女一人		出省男一人出县男十七人女二人未出县男二十五人女五人		出县男十三人女一人未出县男十八人女二人	

保别/事别		第一二一保		第一二二保		第一二三保		第一二四保		第一二五保	
甲数		一三		一五		一〇		一五		一五	
户数		一二九		一五〇		九八		一五八		一四六	
		男	女	男	女	男	女	男	女	男	女
人口总数		三八八	三六三	三五九	三六八	二二九	一九〇	三七二	三五四	三二七	二九六
现住		三六八	三四三	三〇七	三六八	二〇九	一九〇	三五四	三五二	三〇九	二九四
他往		二〇	二〇	五二		二〇		一八	二	一八	二
壮丁		一五六		二八		六三		一三二		一三二	
识字		六九	一三	一一九		七		四二	三	四二	三
职业	有	二四〇	一九九	二一一	二〇〇	一四三	一一一	二一六	一七三	二一六	一七三
	无	一四八	一六四	一四八	一六八	八六	七九	一一一	一二三	一一一	一二三
非家属同住者		五二	一一	二四		七	四	五	四	一	五
学童		六六		五六		五七		六四		六四	
备考		出县男四人女四人未出县男十六人女十六人		出县男十七人未出县男三十五人		出县男五人未出县男十五人		出县男六人未出县男十二人女二人		出省男四人出县男四人女二人未出县男十人	

保别/事别		第一二六保		第一二七保		第一二八保		第一二九保		第一三〇保	
甲数		一〇		一三		一四		一五		一三	
户数		九七		一二五		一四三		一四七		一二六	
		男	女	男	女	男	女	男	女	男	女
人口总数		二七〇	二四四	三七七	三二一	三六七	二九八	三七五	三六九	三九〇	三〇八
现住		二五六	二四三	三六六	三一五	三三〇	二九四	三三〇	三六二	三六七	二九六
他往		一四	一	一一	六	三五	四	四五	七	二三	一二
壮丁		七五		一一一		八六		一一〇		一三三	
识字		一九	二	三五	七	二四		五六	一五	二一	七
职业	有	一六四	一三七	二三一	二〇一	二三六	一八一	二四三	二一七	二三九	二一一
	无	一〇六	一〇七	一四六	一二〇	一三一	一一二	一三二	一五二	一〇一	九七
非家属同住者		六	一	五〇	九	二一	一〇	三九	一二	三四	七
学童		五六		五一		七三		六八		九六	
备考		出县男二人未出县男二人女一人		出县男六人女四人未出县男五人女二人		出县男五人未出县男三十人女四人		出县男十二人女四人未出县男三十三人女三人		出县男六人女二人未出县男十七人女十人	

保别/事别		第一三一保		第一三二保		第一三三保		第一三四保		第一三五保	
甲数		一〇		一五		一五		一五		一五	
户数		九八		一四九		一四九		一五四		一四五	
		男	女	男	女	男	女	男	女	男	女
人口总数		三〇八	二五八	四三三	三八〇	三九八	三二七	四八七	三九八	三七六	三三七
现住		三〇一	二〇七	三九一	三七五	三七一	三二七	四二五	三九三	三五四	三二二
他往		七	一	四二	五	二五		六二	五	二二	一五
壮丁		八九		一三〇		一一六		一三三		一四六	
识字		二九		五二	一四	七		七六	一	九	
职业	有	二〇六	一八八	二六〇	二二六	二四二	二〇〇	二九四	二五〇	二八七	二二六
	无	一〇二	七〇	一七三	一五四	一五六	一二七	一九三	一四八	八九	一一一
非家属同住者		三一	三	四二	一二	一九	八	三八	一〇	二五	四
学童		六〇		七三		八七		一一〇		八二	
备考		出县男三人未出县男四人女一人		出县男九人女一人未出县男三十三人女四人		出省男二人出县男八人未出县男十五人		出省男三人出县男二十一人女一人未出县男三十八人女四人		出县男十人女七人未出县男十二人女八人	

荣县第二区普通户口统计表

中华民国二十五年八月　日　区长钟伯康

荣县第二区普通户口统计表　　区长钟伯康

中华民国二十五年八月　日

事别＼保别	第一三六保		第一三七保		第一三八保		第一三九保		第一四〇保	
甲数	一〇		一五		一〇		一〇		一〇	
户数	九九		一四九		一〇〇		一〇〇		九七	
	男	女	男	女	男	女	男	女	男	女
人口总数	四〇七	三六八	四二二	三七一	三九七	三二三	四四八	四〇二	四三八	三六一
现住	三八七	三六一	四一八	三七一	三七一	三一〇	三九八	三九六	四一三	三五二
他往	二〇	七	四		二六	一三	五〇	六	二五	九
壮丁	一五九		一三二		九六		一二三		九〇	
识字	一〇八	六	三七		九一	二〇	一二二	一三	二一六	一二五
职业　有	二三五	二一〇	二五五	二〇一	二一四	一七六	一五五	一九七	三五〇	二七四
职业　无	一七二	一五八	一六七	一七〇	一八三	一四七	二九三	二〇五	一〇二	八七
非家属同住者	一六	七	四		一二五	六七	一四	六九	九九	九四
学童	九三		五三		七三		一一四		八五	
备考	出县男十一人女二人未出县男九人女五人		出县男三人未出县男一人		出县男五人未出县男二十一人女十三人		出县男十九人女一人未出县那三十一人女五人		出县男二人女一人未出县男二十三人女八人	

事别＼保别	第一四一保		第一四二保		第一四三保		第一四四保		第一四五保	
甲数	一〇		一〇		一〇		一〇		一〇	
户数	一〇〇		一〇〇		一〇〇		一〇〇		一〇〇	
	男	女	男	女	男	女	男	女	男	女
人口总数	二七四	三三九	四八二	三九五	五四七	四七三	三六二	一四二	四八〇	四〇三
现住	三三八	三三九	四二六	三八六	四八五	四五三	三一三	三三二	四二一	三九五
他往	九		五六	九	六二	二〇	四九	一〇	五九	八
壮丁	一〇八		一二八		一二八		一〇八		一三四	
识字	一五五		六七	一〇	六五	二〇	六三	三	五二	二
职业　有	一九四	一七一	一八七	二二八	三五三	一八〇	一四一	二二二	二一五	二七四
职业　无	一五三	一六八	一九五	一六七	一九四	一九三	一二一	一二〇	一六五	一二九
非家属同住者	一〇六	七一	七五	一八	一九一	二八〇	八六	四九	一二七	五一
学童	七〇		一一二		一〇八		八一		一〇二	
备考	出县男三人未出县男六人		出县男十一人女三人未出县男四十五人女六人		出县男十八人女六人未出县男四十四人女十四人		出县男九人女二人未出县男四十人女八人		出县男十五人女三人未出县男四十四人女五人	

事别＼保别	第一四六保		第一四七保		第一四八保		第一四九保		第一五〇保	
甲数	一〇		一〇		一二		一〇		一〇	
户数	一〇〇		一〇〇		一一九		一〇二		一〇〇	
	男	女	男	女	男	女	男	女	男	女
人口总数	五一二	四四九	四五〇	三八八	五一五	四二二	五五八	五〇〇	五一三	四六四
现住	四六五	四四三	四〇五	三八二	四四九	四二二	五〇七	四八九	四九一	四六〇
他往	四八	六	四五	六	六六		五一	一一	二二	四
壮丁	一二五		一四二		一四六		一七一		一八一	
识字	四〇		二八		四七	二	一一七	一五	四九	一
职业　有	三六三	二二五	三一六	一六四	二八四	二二四	三四六	三〇八	二八六	二六九
职业　无	一五	一二四	一三四	一二四	二三一	一九八	二一二	一九二	二二七	一九五
非家属同住者	二五八	一一	九五	六七	一〇二	四八	一七九	一一一	九六	七四
学童	九九		七八		一一四		一一九		一三七	
备考	出县男十一人女三人未出县男四十七人女三人		出省男一人出县男十五人女一人未出县男三十人女五人		出省男二人出县男二十三人未出县男四十一人		出县男八人女四人未出县男四十三人女七人		出县男九人女一人未出县男十三人女三人	

荣县第二区普通户口统计表

区长钟伯康

中华民国二十五年八月 日

事别 \ 保别	第一五一保		第一五二保		第一五三保		第一五四保		第一五五保	
甲数	一〇		一〇		一一		一〇		一〇	
户数	一〇五		一〇〇		一二[①]		一〇〇		一〇〇	
	男	女	男	女	男	女	男	女	男	女
人口总数	四二三	三二八	四二〇	三六八	四四三	四一五	三二一	二九三	四〇二	三七五
现住	四一九	三二八	三八一	三六八	四〇七	四一二	二九八	二九〇	三五四	三六四
他往	四		三九		三六	三	二三	三	四八	一一
壮丁	一一八		一二三		一一六		九三		八七	
识字	二一		二三		六四	三	一七		三九	七
职业 有	二八三	一一六	二六三	二三二	二八二	二四七	二七〇	二四七	二六九	二四五
职业 无	一四〇	一一二	一五七	一三六	一六一	一六八	五一	四六	一三三	一三〇
非家属同住者	五八	六〇	八四	五〇	六七	五四	五七	四七	一二五	一一九
学童	一〇六		一〇九		一〇五		五八		六四	
备考	出县男一人未出县男三人		出县男十四人未出县男二十五人		出省男一人出县男十五人女一人未出县男二十人女二人		出县男十三人女三人未出县男十人		出县男十四人女二人未出县男三十四人女九人	

事别 \ 保别	第一五六保		第一五七保		第一五八保		第一五九保		第一六〇保	
甲数	一一		一〇		一〇		一二		一〇	
户数	一一〇		一〇〇		一〇〇		一一九		一〇三	
	男	女	男	女	男	女	男	女	男	女
人口总数	三六六	三二八	四一九	二二一	四五七	四一〇	三四六	三二九	三四六	三二〇
现住	三三七	三二二	二七九	一一六	四〇六	三七八	三四四	三二九	三三三	三一一
他往	二九	六	四〇	五	五一	三二	二		一三	九
壮丁	一二九		一二八		一四六		六三		一〇二	
识字	二八	一	三一	二	五八	三	二一	一	五八	九
职业 有	二五七	二一七	二六九	一〇三	二六四	二四二	二六九	二四五	一八〇	一六四
职业 无	一〇九	一〇一	一五〇	一一八	一九二	一六八	七七	八四	一六六	一五六
非家属同住者	四八	三四	五二	一四	六〇	二七	五		二三	六
学童	七一		八三		九六		四七		八八	
备考	出县男六人女一人未出县男二十三人女五人		出省男六人出县男十五人女三人未出县男十九人女二人		出县男十九人女七人未出县男三十二人女二十五人		出县男二人		出省男二人女一人出县男四人女二人未出县男七人女六人	

事别 \ 保别	第一六一保		第一六二保		第一六三保		第一六四保		第一六五保	
甲数	一〇		一〇		一〇		一〇		一〇	
户数	一〇三		九五		九九		九九		九七	
	男	女	男	女	男	女	男	女	男	女
人口总数	三〇六	二七六	二六一	二六〇	二七〇	二九四	三〇八	二六六	二六七	二六七
现住	二七六	二七六	二四八	二六〇	二四四	二九三	二九三	二六四	二三五	二六四
他往	三〇		一三		二六	一	一五	二	三二	三
壮丁	一一四		七八		五九		八八		九一	
识字	三九		三二		二九	三	六〇	四	三一	
职业 有	一九〇	一七八	一三八	一五〇	一七八	一四四	一〇三	一二〇	一八三	一八〇
职业 无	一一六	九八	一二三	一一〇	九二	一五〇	二〇五	一四六	八四	八七
非家属同住者	三五				二七	七	一七		三三	八
学童	二七		六二		六三		八〇		六九	
备考	出县男十人未出县男二十人		出县男三人未出县男十人		出省男一人出县男八人未出县男十七人女一人		出县男三人未出县男十二人女二人		出县男九人女一人未出县男二十三人女二人	

① 第一五三保户数显系谬误，因无数据可资计算比较，故未作更改。

荣县第二区普通户口统计表　　区长钟伯康

中华民国二十五年八月　日

事别＼保别	第一六六保		第一六七保		第一六八保		第一六九保		第一七〇保		第一七一保		第一七二保		第一七三保	
	男	女	男	女	男	女	男	女	男	女	男	女	男	女	男	女
甲数	一〇		一〇		一五		九		九		九		九		八	
户数	九八		九四		一四八		九二		九〇		九〇		九〇		八三	
人口总数	二六二	二六〇	二九五	二八四	三九六	三八〇	二九七	二六七	三六〇	三三二	三二一	二九七	三七二	三二六	二三一	二三〇
现住	二五六	一五七	二五九	二八四	三六九	三六三	二六〇	二六七	三四〇	三三一	三〇六	二九五	三二八	三二四	二四〇	二二八
他往	六	三	三六		二七	一七	三七	一	二〇	一	一五	二	四四	二	一一	二
壮丁	六七		四一		九〇		八六		一〇〇		一三		九六		七八	
识字	七	二	一九		三七	二	三三		二三		四八		三九	五	四六	三
职业 有	一七四	一八〇	一五九	一五一	二五五	二六一	一八四	四七	一七五	一四六	一八七	一六九	二三五	二八一	一六六	一五五
职业 无	八八	八〇	一三六	一三三	一四一	一一九	一一三	一二〇	一八五	一八六	一三四	一二八	一三七	四五	八五	七五
非家属同住者	二三	三	三		四八	一五	三八	三八	一三九	八三	五一	四七	六八	七六	五二	三〇
学童	六〇		五九		六九		四八		六六		七六		六八		五一	
备考	出县男一人未出县男五人女三人		出县男十三人未出县男二十三人		出省男一人出县男五人女一人未出县男二十一人女十七人		出省男二人出县男八人未出县男二十七人女一人		出县男六人未出县男十四人女一人		出县男九人女一人未出县男六人女一人		出省男二人出县男十二人未出县男三十人女二人		出县男一人未出县男十人女二人	

事别＼保别	第一七四保		第一七五保		第一七六保		第一七七保		第一七八保		第一七九保		第一八〇保	
	男	女	男	女	男	女	男	女	男	女	男	女	男	女
甲数	九		九		九		一〇		九		一〇		一〇	
户数	九一		一〇〇		八九		九七		八六		一〇四		一〇四	
人口总数	三七七	三一九	三七一	三四八	三一三	三二四	三〇二	二九〇	二七七	二四三	四一四	三五四	三五五	二九六
现住	三四二	三〇六	三二九	三三五	三一三	三二四	二七五	二八八	二六七	二四三	三八四	三五二	三三二	二九五
他往	三五	一三	四二	一三			二七	二	一〇		三〇	二	二三	一
壮丁	一〇四		八七		六三		七七		八九		九四		九〇	
识字	二七		三五		三一	一	五八	九	四二		七七		五一	六
职业 有	三五六	三〇三	二四四	一九九	二〇八	二〇一	一六一	一五〇	一六五	一四七	二六三	二二三	二二〇	一八二
职业 无	一二一	一一六	一二七	一四九	一〇五	一二三	一四一	一四〇	一一二	九六	一五一	一三一	一三五	一一四
非家属同住者	四二	三四	五二	五七	九	八	三二	一三	二三	一五	三八	四七	五九	三四
学童	六八		八二		七一		七八		四二		八五		七七	
备考	出省男二人女一人出县男九人女二人未出县二十四人女十人		出省男一人出县男十六人女六人未出县男二十五人女七人				出省男一人出县男十五人女一人未出县男十一人女一人		出县男六人未出县男四人		出县男二十人未出县男十人女二人		出县男十四人未出县男九人女一人	

荣县第二区普通户口统计表

事别＼保别	第一八一保 男	第一八一保 女	第一八二保 男	第一八二保 女	第一八三保 男	第一八三保 女	第一八四保 男	第一八四保 女	第一八五保 男	第一八五保 女
甲数	一〇		九		一〇		一〇		一〇	
户数	一〇三		九〇		一〇〇		一〇〇		一〇一	
人口总数	三五八	三一三	三五二	三二一	四六七	四二一	三二〇	二六五	四一二	三八九
现住	三三七	三〇八	三〇九	三二〇	四二二	四二〇	二九〇	二六八	三九〇	三八九
他往	二一	五	四三	一	四五	一	二〇		二二	
壮丁	一〇五		一〇〇		一五六		七八		一一一	
识字	四八	三	四四	一〇	六〇	一〇	三九			
职业 有	二〇一	一八八	一一一	一七一	二九二	二三四	二五六	二一五	二八六	二五一
职业 无	一五七	一二五	一四一	一五〇	一七五	一八七	五四	五三	一二六	一三八
非家属同住者	一二	九	六六	二四	一三〇	八三	二八	五〇		
学童	八一		七〇		一〇五		五五		一六〇	
备考	出省男二人出县男八人女二人未出县男十一人女三人		出省男二人女一人出县男二十一人未出县男二十人		出县男十五人未出县男三十人女一人		出县男二人未出县男四人		出县男五人未出县男十七人	

事别＼保别	第一八六保 男	第一八六保 女	第一八七保 男	第一八七保 女	第一八八保 男	第一八八保 女	第一八九保 男	第一八九保 女	第一九〇保 男	第一九〇保 女
甲数	一〇		一〇		一〇		一〇		一〇	
户数	〇〇①		一〇〇		九八		一〇七		九九	
人口总数	三八四	三三一	二六〇	一七八	二二四	二一一	四二七	四〇二	三九二	三三〇
现住	三六一	三二一	二四七	一七八	二〇九	二〇八	三九六	三九七	三六九	三三〇
他往	二三		一三		一五	三	三一	五	二三	
壮丁	一三六		八六		七六	六	一一四		一〇三	
识字	四三	三	一一七	一	九二		三九	三		
职业 有	二二九	一八一	一六九	二〇	一五六	一二九	二五九	一九二	二三〇	一七四
职业 无	一五五	一五〇	九一	六八	六八	九八二	一六八	二一〇	一六二	一五六
非家属同住者	三〇	七	三三	一一	二九	一三	七四	五二		
学童	五九		二七		三九		九七		六八	
备考	出县男九人未出县男十四人		出县男四人未出县男九人		出县男七人女一人未出县男八人女二人		出省男一人出县男九人女二人未出县男二十一人女三人		出县男四人未出县男十九人	

事别＼保别	第一九一保 男	第一九一保 女	第一九二保 男	第一九二保 女	第一九三保 男	第一九三保 女	第一九四保 男	第一九四保 女	第一九五保 男	第一九五保 女
甲数	一〇		九		一〇		九		一〇	
户数	一〇〇		八七		一〇一		九三		一〇〇	
人口总数	四四三	三八五	三三三	二八二	四三九	四二三	二四〇	二〇〇	三〇九	二六三
现住	四一五	三八四	三二六	二八二	四一一	四二二	二二四	一九八	二九一	二五三
他往	二八	一	七		二八	一	一六	二	一八	
壮丁	一一二		一〇七		一五六		七一		九六	
识字	二二		四〇	二	四九	一			二五	
职业 有	二七九	二五六	二一一	一七七	二九四	二三五	一七〇	一三六	一九五	一四四
职业 无	一二四	一二九	一二二	一〇五	一四五	一九〇	七〇	六四	一一四	一一九
非家属同住者	六七	三八	六六	三八	四〇	一六			二七	四
学童	一三一		六八		一〇一		五二		四〇	
备考	出县男七人未出县男二十一人女一人		出县男五人未出县男二人		出县男十人未出县男十八人女一人		出县男八人未出县男八人女二人		出县男七人未出县男十一人	

荣县第二区普通户口统计表 区长钟伯康

中华民国二十五年八月 日

① 原文如此。

荣县第二区普通户口统计表

事别＼保别		第一九六保		第一九七保		第一九八保		第一九九保		第二〇〇保		第二〇一保		第二〇二保		第二〇三保		第二〇四保		第二〇五保		第二〇六保		第二〇七保		第二〇八保		第二〇九保		第二一〇保	
甲数		一〇		一〇		一〇		一〇		一〇		一〇		一二		一〇		一〇		一〇		一一		一〇		一〇		一〇		九	
户数		一〇〇		一〇〇		一〇〇		一〇〇		一〇〇		九四		一一九		一〇五		一〇〇		一〇〇		一〇六		一一一		一〇〇		一〇〇		九〇	
		男	女	男	女	男	女	男	女	男	女	男	女	男	女	男	女	男	女	男	女	男	女	男	女	男	女	男	女	男	女
人口总数		三七八	三一三	四〇六	三六〇	三七〇	三一七	五二七	四九八	五二七	四九八	四八四	四〇一	四一八	三四七	二四六	二〇五	二九六	二三八	三〇三	二五六	三〇〇	二八九	二九九	二三三	二九六	二三六	三一四	二七八	四二六	三一七
现住		三五三	三〇五	三七六	三五八	三六一	三一七	五〇七	四九八	五〇七	四九八	四五九	四〇〇	四〇一	三四四	二四六	二〇五	二七五	二三七	二九三	二五一	二九四	二八九	二八八	二三一	二八二	二三四	二九三	二七七	三九八	三一七
他往		二五	八	三〇	二	九		二〇		一〇		二五	一	一七	三			二一	一	一〇	五	六		一一	二	一四	二	二一	一	二八	
壮丁		一一六		一五八		九三		一三七		一三七		一六二		一五八		八五		八二		八四		九八		一〇三		九八		一一二		一二二	
识字		三一	一	四九	一	三二	五	三四		三四		四五	一〇	四〇		七		四四		七		二〇	二	六		六		一六	六	二〇	
职业	有	二三一	一九九	二七七	二二二	二三二	二〇四	三〇一	三〇五	三〇一	二〇五	三四一	二七三	二八五	一九九	一六八	一一一	一九六	一四三	二一三	一六九	一九七	一六一	一九四	一五五	一七三	一四五	二〇〇	一四二	二四八	一六三
	无	一四七	一一四	一二九	一三八	一三八	一一三	一二六	一九三	二二五	一九三	一四三	一二八	一三三	一四八	七八	九四	一〇〇	九五	九〇	八七	一〇三	一二八	一〇五	七八	一二三	九一	一一四	一三六	一七四	一五四
非家属同住者		六七	二三	九二	五四	五二	三〇	九六	一〇三	九六	一〇三	一〇五	五〇	三七	二二	一五	八	一		八		二一	一〇	二二	三	二八	二	一八	五	七八	二八
学童		九一		八三		七七		六六		六六		一〇三		七六		五七		八六		五三		九二		五八		四九		八六		九九	
备考		出县男六人女二人未出县男十九人女六人		出县男十二人女一人未出县男十八人女一人		出县男五人未出县男四人		出县男十一人未出县男九人		出县男六人未出县男四人		出县男十一人未出县男十四人女一人		出县男八人女一人未出县男九人女二人				出县男四人未出县男七人女一人		出县男五人女三人未出县男五人女二人		出县男一人出县男二人未出县男三人		出省男二人出县男五人女一人未出县男四人女一人		出县男九人未出县男五人女二人		出县男八人未出县男十三人女一人		出县男十一人未出县男十七人	

区长钟伯康

中华民国二十五年八月 日

事别＼保别	第二一一保		第二一二保		第二一三保		第二一四保		第二一五保		第二一六保		第二一七保		第二一八保		第二一九保		第二二〇保		第二二一保		第二二二保		第二二三保		第二二四保		第二二五保	
甲数	一〇		九		九		九		一〇		一〇		一〇		一〇		一〇		一〇		一〇		一〇		一〇		一〇		一〇	
户数	一〇四		九八		一〇一		九八		九八		九三		九七		九八		九四		一〇五		九九		一〇〇		一〇〇		一〇〇		一一二	
	男	女	男	女	男	女	男	女	男	女	男	女	男	女	男	女	男	女	男	女	男	女	男	女	男	女	男	女	男	女
人口总数	三八五	三六三	四二三	三四八	三七三	三二〇	三〇四	二五三	三〇四	二三四	三六九	三〇四	三〇三	二六〇	三三一	二八九	三四八	二五四	二五八	二三六	三六〇	二九〇	三八二	二九九	三五九	三〇七	三四〇	二七八	四一八	三四八
现住	三六〇	三六二	三七六	三三八	三五三	三一九	二八四	二五三	二七〇	二三一	三三一	三〇三	二七七	二五八	二九四	二八七	三一七	二五三	二四四	二三四	三一七	二八八	三三〇	二九四	三二五	三〇四	三一一	二七八	三六九	三四八
他往	二五		四七	一〇	二〇	一	二〇		三四	三	三八	一	二六	二	三七	二	二一	一	一四		四三	二	五二	五	三四	三	二九		四九	
壮丁	九八		六一		一〇二		七七		一〇五		一〇〇		九一		七九		八二		四六		八七		一三六		一一〇		一〇〇		八四	
识字	一九		二〇		二六		一四		三四		二二	四	三四		四三	一	五四	一	二八	一	一六	一	五八		四二	二	四四	五	七六	
职业 有	二二一	一九二	二三二	一八五	一三一	一五七	一八五	一五〇	一八四	一三七	二〇六	一六〇	一七八	一四九	一九五	一五四	二一九	一六二	一六七	一六八	二五一	二〇六	二五一	一九〇	二二四	一七五	二一三	一六二	二七九	二二五
职业 无	一六四	一七一	一九一	一六三	一四二	一六三	一一九	一〇三	一二〇	九六	一六三	一四四	一二五	一一一	一三六	二一五	一二九	九二	九四	六八	一〇九	八四	九二	一〇二	一三五	一三二	一二七	一一六	一三九	一二三
非家属同住者	五四	四〇	四八	八	四九	七	二〇	一一	三五	五	六三	二五	三八	一二	四三	二三	五〇	八一			七四	三九	七八	三六	六〇	二七	七一	三八	六二	一二
学童	七五		九五		八五		五六		七〇		一八二		五八		七六		五七		一五		五九		六七		九二		八七		八〇	
备考	出县男十一人未出县男十三人女一人		出县男十九人女四人未出县男十八人女六人		出县男十二人未出县男八人女一人		出县男九人未出县男十一人		出县男十三人女一人你未出县男二十人女二人		出县男十五人未出县男二十三人女一人		出县男五人女一人未出县男二十人女一人		出县男十四人未出县男十三人女二人		出县男九人女一人未出县男十二人		出县男六人未出县男八人		出省男一人出县男十九人未出县男二十六人女二人		出省男二人出县男十七人女二人未出县男三十二人女三人		出县男八人女一人未出县男二十六人女二人		出县男七人未出县男二十二人		出县男十五人未出县男三十四人	

荣县第二区普通户口统计表

区长钟伯康

中华民国二十五年八月　日

荣县第二区普通户口统计表

事别＼保别		第二二六保		第二二七保		第二二八保		第二二九保		第二三〇保		第二三一保		第二三二保		第二三三保	
甲数		一〇		一〇		一〇		一〇		一〇		一〇		一〇		一〇	
户数		一〇〇		九八		九九		一〇〇		九八		九九		九七		九四	
		男	女	男	女	男	女	男	女	男	女	男	女	男	女	男	女
人口总数		三六二	二九四	三一七	二六二	三二二	二六二	三二三	二六五	三四九	二八一	三六〇	二九〇	四五四	三九三	三四〇	二七八
现住		三一五	二八〇	二八三	二六〇	二九〇	二六二	二六九	二五九	二八一	二八一	三一七	二八八	三九五	三八九	三一一	二七八
他往		四七	一四	三四	二	三二		五四	六	六八		四三	二	五九	四	二九	
壮丁		一四〇		八四		七五		六八		九三		八七		一〇七		一〇〇	
识字		二八		八九	一	五九	一	五九		五九	二	一六	一	六一		四四	五
职业	有	一八五	一五三	一九五	一五四	一九一	一五八	一八七	一三五	一九五	一二六	二五一	二〇六	二八五	二五九	二一三	一六二
	无	一七七	一四一	一二二	一〇八	一三一	一〇四	一三六	一三〇	一五四	一五五	一〇九	八四	一七五	一三四	一二七	一一六
非家属同住者		一八五	一〇二	五三	一四	四五	一三	九四	六四	五五	六七	七四	三九	一三二	八八	七一	三八
学童		五七		七一		七三		六四		八五		五九		一〇八		八七	
备考		出县男二十一人女五人未出县男二十六人女九人		出省男一人出县男十人女一人未出县男二十三人女一人		出县男十一人未出县男二十一人		出省男二人出县男十三人女二人未出县男三十九人女四人		出县男二十七人未出县男四十一人		出县男十四人未出县男二十九人女二人		出省男一人出县男二十四人女一人未出县男二十四人女三人		出县男十一人未出县男十八人	

事别＼保别		第二三四保		第二三五保		第二三六保		第二三七保		第二三八保		第二三九保		第二四〇保	
甲数		一〇		一〇		一〇		一〇		一〇		一〇		一〇	
户数		九九		一〇二		九七		一〇〇		一〇〇		一〇三		九九	
		男	女	男	女	男	女	男	女	男	女	男	女	男	女
人口总数		四二三	三四八	四〇九	二九一	二九八	二五八	三六二	二九四	三一三	一九二	四〇四	三一二	二六〇	一八二
现住		三七六	三三八	三七二	二九一	二七三	二四九	三一五	二八〇	二六三	一八九	三四三	二六一	二四〇	一七一
他往		四七	一〇	三七		二五	九	四七	一四	五〇	三	六一	五一	二〇	一一
壮丁		六一		一三九		一一四		一四〇		四九		七六		五一	
识字		二〇		六二		四一	一二	二八		一三	一	一二三	一七	一四一	三
职业	有	三三二	一八五	三三七	一八六	一七〇	一五二	一八五	一五三	二一五	二一六	二九九	二〇九	一七八	一三一
	无	一九一	一六三	一七二	一〇五	一二八	一〇六	一七七	一四一	一〇六	九七	一〇五	一〇三	八二	五一
非家属同住者		四八	八	一一九	八〇	六二	三二	一八五	一〇二	三二	五七	一一	一〇五	六一	四一
学童		九五		八三		五八		五七		五七		五一		三五	
备考		出省男一人出县男十九人女五人未出县男二十七人女五人		出省男二人出县男十九人未出县男十六人		出县男九人女三人未出县男十六人女六人		出县男七人女三人未出县男三十人女十一人		出省男一人出县男十五人未出县男二十四人女三人		出省男一人出县男二十四人女十九人未出县男三十六人女三十二人		出县男十一人女三人未出县男九人女八人	

区长钟伯康

中华民国二十五年八月 日

事别＼保别	第二四一保		第二四二保		第二四三保		第二四四保		第二四五保	
甲数	一〇		一〇		一〇		一〇		一〇	
户数	九三		一〇〇		一〇〇		一〇〇		一〇〇	
	男	女	男	女	男	女	男	女	男	女
人口总数	二八三	一八二	一〇八	二〇一	二九四	二三〇	三一四	二六九	二七四	二七八
现住	二七九	一八二	二〇三	一九七	二七二	二三〇	二五八	二五七	二六四	二六九
他往	四		五	四	二二		五六	一二	一〇	九
壮丁	八八		六一		九四		六六		七五	
识字	七五	五	一五〇		一一〇	二一	一五二	五七	八五	二〇
职业 有	一七四	一〇三	一三〇		一一五	一二七	一二六	一九一	一七四	一六六
职业 无	一〇九	七九	七八	八三	一七九	一〇三	八八	七八	一〇〇	一一二
非家属同住者	一一七	二〇	七	三			一〇七	六三	一〇	九
学童	四一		三〇		六〇		八四		三〇	
备考	出县男二人未出县男二人		出县男二人女一人未出县男四人女三人		出县男十人未出县男十二人		出省男一人出县男十五人女五人未出县男四十人女七人		出县男三人女二人未出县男七人女七人	

事别＼保别	第二四六保		第二四七保		第二四八保		第二四九保		第二五〇保	
甲数	一〇		一〇		一〇		一〇		一〇	
户数	一〇〇		一〇〇		一〇〇		一〇〇		一〇〇	
	男	女	男	女	男	女	男	女	男	女
人口总数	三八四	一六七	二九二	二七六	二五二	二四七	二四四	二一四	三一八	三三二
现住	三〇八	一五八	二六五	二六一	二二五	二四〇	二一一	一九二	二六六	三三二
他往	七六	九	二七	一五	二七	七	三三	二二	五一	
壮丁	一二五		九三		七七		五六		六三	
识字	一五九	二五	一四一	三六	八九	一八	一一九	三七	一〇一	二六
职业 有	三二一	一五八	一七六	一九三	一六五	一三五	一四九	一三〇	一五六	一〇三
职业 无	六三	九	一一六	一一一	一一七	一一二	九五	八四	一六五	二二九
非家属同住者	一一九	一八	六七	三七	二五	二六	三二	二九		
学童	四〇		四五		四七		四七		五六	
备考	出省男一人出县男十九人女二人未出县男五十六人女七人		出县男十四人女四人未出县男十三人女十一人		出县男十人女一人未出县男十七人女六人		出县男十三人女七人未出县男二十人女十五人		出省男一人出县男十九人未出县男三十一人	

事别＼保别	第二五一保		第二五二保		第二五三保		第二五四保		第二五五保	
甲数	一〇		一〇		一〇		一〇		一〇	
户数	一〇〇		一〇〇		一〇〇		一〇〇		一〇〇	
	男	女	男	女	男	女	男	女	男	女
人口总数	三〇四	二七〇	二八〇	二四八	三三一	二七三	三〇六	二八三	二五一	二四二
现住	二七四	二六五	二六三	二四八	二九四	二六〇	二七〇	二六八	二一一	二二八
他往	三〇	五	一七		三七	一三	三〇	一五	四〇	一四
壮丁	三〇		一一四		九七		九八		八二	
识字	一四五	四六	一〇五	四四	一四七	二二	二八四	一六	一二六	一四
职业 有	一七〇	一四〇	一四四	一三七	一七六	一一〇	一九八	一八二	一六七	一五〇
职业 无	一三四	一三〇	一三六	一一	一五五	一六三	一〇七	一〇一	八四	九二
非家属同住者	七三	四五二			一七	二六	三九	三〇	四二	四四
学童	六四		七八		三六		五六		四九	
备考	出县男十二人女二人未出县男十八人女三人		出县男七人未出县男十人		出省男一人出县男十一人女五人未出县男二十五人女八人		出省男一人出县男十三人女七人未出县男二十一人女八人		出县男二十一人女五人未出县男九人女九人	

荣县第二区普通户口统计表　区长钟伯康

中华民国二十五年八月　日

荣县第二区普通户口统计表

区长钟伯康

中华民国二十五年八月　日

事别＼保别		第二五六保		第二五七保		第二五八保		第二五九保		第二六〇保		第二六一保		总计	
甲数		一〇		一〇		一〇		一〇		一〇		一四		二七一四	
户数		一〇〇		一〇〇		一〇〇		一〇〇		一〇〇		一三六		二六九七九	
		男	女	男	女	男	女	男	女	男	女	男	女	男	女
人口总数		二七三	二五一	二七九	二九〇	一八五	二七九	二五三	二二〇	三〇一	二七九	二九五	二五九	八七一五九	七五九一二
现住		二三四	二三三	二三八	二五八	二二五	二七七	二一二	二〇一	二五七	二七四	二四七	二四九	七九五三六	七四三八二
他往		三九	一九	四一	三二	五〇	二	四一	一九	四四	五	四八	一〇	七六二三	一五三〇
壮丁		七九		七三		八〇		八九		六七		六一		二五〇一三	
识字		九二	三九	一二一	二四	一〇三	二九	一二四	三五	六八	七	四一	五	一三三五九	一四三二
职业	有	一四四	一四九	一九四	二〇一	一二七	一五一	一七一	一三六	一六三	一三三	八二	一五七	五四八五八	四五九九七
	无	一二九	一〇二	八五	八九	一四八	一二三	八二	八四	一三八	一四六	一一三	一〇二	三二三〇五	三〇二四一
非家属同住者		四八	五〇	五一	五一	二一	二四	四七	五一	三八	一八	一九	七	一一四七五	五八四五
学童		六〇		五八		一五		五七		六三		四九		一八〇三五	
备考		出省男一人出县男十五人女九人未出县男二十三人女十人		出县男十五人女十三人未出县男三十六人女十九人		出省男一人出县男二十三人女一人未出县男二十六人女一人		出县男二十四人女八人未出县男十四人女十一人		出省男一人出县男三十四人女五人未出县男八人		出省男五人出县男三十三人女八人未出县男十人女二人			

附记

1、本区计十三联保二百六十一保二千七百一十四甲因此次整理保甲多有于去年编查户口时分居者至今复行同居故保甲数减少

2、他往人数计出国男二人出省男一二二人女四人出县男二七八六人女三七八人未出县男四七一五人女一一四八人

3、本表造送时间本已遵限惟附记栏未能填注详细故此迟延合并声明

荣县第三区普通户口统计表

荣县第三区普通户口统计表
区长王典文
中华民国二十五年七月五日

事别＼保别	第一保		第二保		第三保		第四保		第五保	
甲数	一〇		一〇		一〇		一〇		一〇	
户数	八九		九二		八九		一〇三		九七	
	男	女	男	女	男	女	男	女	男	女
人口总数	二二四	一七五	二二五	一四〇	一四九	一五一	二六九	二三七	二六三	二一一
现住	二一六	一七五	二一九	一四〇	二三八	一五一	二四四	二三六	二三八	二一九
他往	八		六		一一		二五	一	二五	一
壮丁	九二		八三		八九		一〇四		五六	
识字	七〇	二	六九	八	七五	四	四二	六	三	
职业 有	一四四	一一一	一六八	一〇九	一六六	九〇	一六三	一六二	一四六	一二二
职业 无	八〇	六四	五七	三一	八三	六一	一〇六	七五	一一七	八九
非家属同住者	五八	二三	五五	八	七三	六	一六	三	一三	三
学童	三八		六二		一二〇		四六		五〇	
备考	出县男八人		出区男六人		出保者男三出区者男六出县者男二		出保者男一九人出区者男二人出县者男四人		出保男一五人出区男一〇人女一人	

事别＼保别	第六保		第七保		第八保		第九保		第一〇保	
甲数	一〇		一〇		一〇		一〇		一〇	
户数	九六		一〇三		九三		一〇三		九六	
	男	女	男	女	男	女	男	女	男	女
人口总数	二八五	二三三	二〇七	二〇七	二五〇	二三〇	三四〇	三〇六	二一四	一六七
现住	二六四	二二三	二〇二	二〇七	二四七	二二〇	三一三	三〇五	二一一	一六七
他往	二一	一〇	五		三		二七	一	三	
壮丁	六六		八〇		七五		六九		六一	
识字	二七	二	五	一	一三〇	四〇	四一	一	五〇	二
职业 有	一七七	一三八	一六四	一四九	二〇四	一四八	二一二	一九六	一二九	一〇四
职业 无	一〇八	九五	四三	五八	四六	八二	一二八	一一〇	八五	六三
非家属同住者	二五	八	一〇	四	一五	一	一二	七	一九	
学童	五九		五〇		六四		九八		三五	
备考	出保男一六人女七人出区男五人女三人		出保者男二出区者男二出县者男一人		出保男三人		出保男一四人出区男八人女一人出县男五人		出区男一人出县男二人女无	

事别＼保别	第一一保		第一二保		第一三保		第一四保		第一五保	
甲数	一〇		一〇		一〇		一〇		一〇	
户数	九九		一〇一		一〇四		一〇四		一〇一	
	男	女	男	女	男	女	男	女	男	女
人口总数	二三八	二一七	二五五	二一〇	二五九	二〇八	二五六	二一一	二八二	二四五
现住	二二四	二一五	二四二	二〇九	二五六	二〇八	二三三	二一一	二六二	二四四
他往	一四	二	三	一	三		二三		一九	一
壮丁	八一		八九		七六		八四		九〇	
识字	一九		二三		四一	五	四四	八	五〇	八
职业 有	一九〇	一六八	一七四	一四〇	一七五	一二五	一六八	一三一	一九九	一五八
职业 无	四八	四九	八一	七〇	八四	八三	八八	八〇	八三	八七
非家属同住者	一三	五	二七	四	一七	五	一一		二四	五
学童	三五		六六		三四		四七		四七	
备考	出保男四人出区男一〇人出县女二人		出保者男四人女一人出县者男八人		出区男三人		出保男一六人出区男三人出县男四人		出保者男一九人女一人	

荣县第三区普通户口统计表

区长王典文

中华民国二十五年七月五日

事别＼保别		第一六保		第一七保		第一八保		第一九保		第二〇保	
甲数		一〇		一〇		一〇		一〇		一〇	
户数		一〇八		九九		一〇〇		九八		一〇六	
		男	女	男	女	男	女	男	女	男	女
人口总数		三〇五	二九二	三一六	二八八	三〇五	二八一	二三一	二〇〇	三〇八	二六八
现住		二九四	二九一	三〇二	二八八	二九一	二七一	二二二	二〇〇	二九六	二六八
他往		九	一	一四		一四	一〇	九		一二	
壮丁		一二三		九六		一〇七		五七		一〇一	
识字		二二		二三	一	六一	四	二六		二三	
职业	有	二〇〇	一八五	二〇六	一八八	一五八	一五五	一三八	一一四	一九二	一六九
职业	无	一〇三	一〇七	一一〇	一〇〇	一四七	一二六	九三	八六	一一六	九九
非家属同住者		二二	三	一五	七	二	一			二〇	七
学童		六八		八〇		八一		六二		五〇	
备考		出保者男四人女一人出县者男五人		出保男一一人出区男二人出县男一人		出保男七人出区男四女四人出省男三人		出区男九人		出保男一二人	

事别＼保别		第二一保		第二二保		第二三保		第二四保		第二五保	
甲数		一二		一三		一〇		一二		一〇	
户数		一二一		一三八		一〇〇		一一六		九八	
		男	女	男	女	男	女	男	女	男	女
人口总数		三〇七	二九八	四〇二	三六四	二五三	二四六	三四五	三一三	四〇六	三三七
现住		三〇四	二九八	三九三	三六三	二四八	二四六	三三四	三〇二	三七六	三三四
他往		三		九	一	五		一一	一一	三〇	三
壮丁		八〇		七八		七〇		九五		一〇九	
识字		二六		八		二四		一八	一	二四	四
职业	有	九九	一〇〇	二四九	一八四	一八七	一九四	二六二	一三七	二三二	一七九
职业	无	二〇八	一九八	一五三	一八〇	六六	五二	八三	七六	一七四	一五八
非家属同住者		一二	一	二	四	四	八	七	一	五四	一五
学童		一七		八〇		五〇		七三		七〇	
备考		出县男三人		出保男九人		出区男二人出县男三人		出保男一一女一一人		出保男一四女一人出区男六女二人	

事别＼保别		第二六保		第二七保		第二八保		第二九保		第三〇保	
甲数		一〇		一〇		一〇		一〇		一〇	
户数		一〇二		一〇一		九九		一〇〇		一〇二	
		男	女	男	女	男	女	男	女	男	女
人口总数		二七六	二二七	二七五	二二八	二五六	二三五	二四四	二一一	二三八	二〇七
现住		二六二	二二七	二六八	二二六	二五三	二三五	二三四	二一〇	二三三	二〇六
他往		一四		七	二	三		一〇	一	五	一
壮丁		一〇二		八四		九六		八二		七七	
识字		五三	二	一六	一	一一		三六		二	一
职业	有	一七三	一四五	一六七	一三三	一六五	一四一	一四三	一一六	一三一	一一八
职业	无	一〇三	八二	一〇八	九五	九一	九四	一〇一	九五	一〇七	八九
非家属同住者		三五	八	八	一一	一七	三	三	一	二	一
学童		四七		四八		二九		二九		五八	
备考		出保男八人出区男六人		出保男七女二人		出保男三人		出保男六人出区男四女一人		出保男三女一人出区男二人	

事别＼保别	第三一保		第三二保		第三三保		第三四保		第三五保	
甲数	一〇		九		九		一〇		一〇	
户数	九八		八三		九三		一〇一		一〇四	
	男	女	男	女	男	女	男	女	男	女
人口总数	二一六	一九五	二一九	二〇二	二二九	一八九	二五四	二一八	二八二	一九三
现住	二一三	一九五	二〇四	二〇二	二二一	一八八	二五〇	二一八	二六九	一九三
他往	三		五		八	一	四		一三	
壮丁	七三		七九		八三		九八		六三	
识字	一二		一三	一	二三		二八	三	二五	一
职业 有	一三八	一四〇	一四五	一〇七	一四二	一〇九	一三八	一〇〇	二一二	一三七
职业 无	七八	五五	七四	九五	八七	八〇	一一六	一一八	七〇	五六
非家属同住者	一二	一三	三一	二六	一三	七	一三	三	二	一
学童	四四		四七		四七		三一		五一	
备考	出区男一人出县男二人		出保男七人出区男二人出县男六人		出保男六人出区男二女一人		出保男二人出区男一人出县男一人		出保男一三人	

事别＼保别	第三六保		第三七保		第三八保		第三九保		第四〇保	
甲数	一二		一〇		一〇		一〇		一〇	
户数	一二二		一〇一		一〇八		一〇三		一〇四	
	男	女	男	女	男	女	男	女	男	女
人口总数	三一三	二八二	二九八	二七一	三二九	二八六	二四〇	一九二	二五四	一九八
现住	三〇八	二八一	二九七	二七一	三一九	六六	二二五	一九二	二三三	一九八
他往	五	一	一		一〇		一五		二一	
壮丁	一〇五		六八		一〇三		七九		五五	
识字	四六	五	四六		一六		二六	二	二六	
职业 有	二〇四	一五〇	一七九	一五三	一八六	一六四	一六三	一三六	一五七	一四三
职业 无	一〇九	一三一	一一九	一一八	一四三	一二二	七七	五六	九七	五六
非家属同住者	一八	四	一七	一	二三	三	一〇		二	一
学童	七一		六六		九一		四三		五五	
备考	出保男四人出区男一人女一人		出区男一人		出保男三人出区男四人出县男三人		出保男六人出区男六人出县男三人		出保男一七人出区男四人	

事别＼保别	第四一保		第四二保		第四三保		第四四保		第四五保	
甲数	一〇		一一		一〇		一〇		一〇	
户数	九二		一一一		一〇四		九九		九七	
	男	女	男	女	男	女	男	女	男	女
人口总数	二三六	一八二	三〇二	二六八	二七五	二七四	二八二	二八三	二五九	二三八
现住	二二二	一八二	二八五	二六八	二六〇	二七四	二七五	二八二	二三八	二三七
他往	一四		一七		一五		七	一	二一	一
壮丁	七一		六五		九三		一〇四		五九	
识字	五		二四		三〇	三	三三		三四	一
职业 有	一八八	一五〇	二三四	二二四	一八五	一七七	一八八	一三一	一二三	一三三
职业 无	四八	三二	六八	四四	九〇	九七	九二	一五二	一〇六	一〇五
非家属同住者	五	二	九	二	一四	七	三〇	三	一九	三
学童	三九		六九		五七		七七		六六	
备考	出保男八人出区男六人		出保男八人出区男九人		出保男七人出区男七人出县男一人		出保男七人出区女二人		出保男一八人女一人出区男二人出县男一人	

荣县第三区普通户口统计表
区长王典文
中华民国二十五年七月五日

荣县第三区普通户口统计表

区长王典文

中华民国二十五年七月五日

事别＼保别	第四六保		第四七保		第四八保		第四九保		第五〇保	
甲数	一〇		九		一〇		一〇		一〇	
户数	一〇四		九三		九七		一〇三		一〇八	
	男	女	男	女	男	女	男	女	男	女
人口总数	二七三	二一二	二三九	二一六	二五四	二二三	二七五	二四〇	三〇一	二八四
现住	二六一	二一二	二二八	二一四	二三四	二二一	二五四	二三六	二九八	二八四
他往	一二		一一	二	二〇	二	二一	四	三	
壮丁	八二		八七		七八		九七		一二一	
识字	一三	三	二六		二五	三	二四	六	一八	
职业 有	一五五	一三〇	一四六	一一八	一五九	四四	一八六	一六三	一九三	一九〇
职业 无	一一八	八二	九三	九八	九五	七九	八九	七七	一〇八	九四
非家属同住者	九	七	一一	九	六	七	二〇	一二	二四	一〇
学童	二六		四九		四九		六〇		六六	
备考	出保男七人出区男五人		出保男九人女一人出区男二人女一人		出保男一七人出区男三人		出保男二一人女四人		出保男三人	

事别＼保别	第五一保		第五二保		第五三保		第五四保		第五五保	
甲数	一〇		一〇		一〇		一〇		一〇	
户数	八九		九五		一〇〇		一〇一		一〇〇	
	男	女	男	女	男	女	男	女	男	女
人口总数	二五三	二〇三	二八八	二一三	三〇五	二二五	二七七	二五五	二九二	二三四
现住	二三八	二〇二	二六五	二一〇	二八三	二二三	二四二	二五三	二五二	二三三
他往	一五	一	二三	三	二二	二	三五	二	四〇	一
壮丁	九六		三八		四八		六三		八二	
识字	二九	一	一		一〇		三			
职业 有	一六二	一三八	一八九	一六三	一六六	一一九	一八七	一六二	二〇九	一六六
职业 无	九一	六五	九九	五〇	一三九	一〇六	九〇	九三	八三	六八
非家属同住者	三九	一七	二七	一	六		一一	八	三二	一一
学童	三二		六二		五三		四八		五九	
备考	出保男五人出区男八人女二人出县男六人女一人		出保男九人出区男八人女二人出县男六人女一人		出保男七女一人出区男一五女一人		出保男一三人出区男二〇人女二人出县男二〇人		出保男四人出区男三五人女一人出县男一人	

事别＼保别	第五六保		第五七保		第五八保		第五九保		第六〇保	
甲数	一〇		一〇		一〇		一〇		一〇	
户数	一〇二		九六		一〇一		九七		一〇〇	
	男	女	男	女	男	女	男	女	男	女
人口总数	二七四	二二三	三一五	二六三	三〇五	二七三	二五三	二一二	二六八	二二六
现住	二三九	二一九	二九八	二五八	二七八	二六六	二四五	二一一	二五二	二二六
他往	三五	四	一七	五	二七	七	八	一	一六	
壮丁	九五		七四		五七		九八		七五	
识字	三		一四		一四		六		四	
职业 有	一八八	一三〇	二一〇	一七五	一九四	一七九	一六三	一四二	一六五	一三五
职业 无	八六	九三	一〇五	八八	一一一	九四	九〇	七〇	一〇三	九一
非家属同住者	三六	一	五七	一三	三〇	一三	一三	一一	二三	四
学童	四七		五〇		七九		五七		四四	
备考	出保男五人女一人出区男二七人女三人出县男三人		出保男三人女二人出区男一四人女三人		出保男六人女三人出区男一九人女四人出县男二人女一人		出区男八人女一人		出保男一二人出区男三人出县男一人	

事别＼保别		第六一保		第六二保		第六三保		第六四保		第六五保	
甲数		一〇		一〇		一〇		一〇		一五	
户数		一〇〇		一〇〇		一〇〇		一〇二		一四四	
		男	女	男	女	男	女	男	女	男	女
人口总数		二一八	一九二	二五六	一九二	二八五	二四二	三五三	三四七	三七〇	二二六
现住		一九二	一九〇	二五六	一九二	二六七	二三七	三二八	三四六	三三四	二二五
他往		二六	二			一八	五	二五	一	三六	一
壮丁		七三		九〇		七八		八四		一四一	
识字		八		七		一〇	一	一六	二	六	一
职业	有	一三九	一三八	一四〇	一三八	一九〇	一五八	二三八	二一八	二四六	一二〇
	无	七九	五四	一一六	五四	九五	八四	一一五	一二九	一二四	一〇六
非家属同住者		一〇	一〇	一〇	一〇	二〇	六	五三	二一	三一	一二
学童		四二		八〇		五三		七八		七一	
备考		出保男一一人出区男一四人女二人出县男一人				出保男一〇人女二人出区男八人女三人		出保男一五人女一人出区男一〇人		出保男一人出区男三一人女一人出县男二人出省男二人	

事别＼保别		第六六保		第六七保		第六八保		第六九保		第七〇保	
甲数		一〇		一〇		一〇		一〇		九	
户数		一〇〇		九六		一〇三		一〇八		九三	
		男	女	男	女	男	女	男	女	男	女
人口总数		二六二	二四九	二二二	二〇七	二五〇	二二四	二六六	二三三	二四九	二三七
现住		二五四	二四九	二七一	二〇七	二四六	二二四	二五四	二三三	二三〇	二三六
他往		八		五		四		一二		一九	一
壮丁		六四		八四		七七		九二		八五	
识字		二二		二七		三七		一七		二六	三
职业	有	一三三	一四一	一四二	一三五	一四五	一四〇	一四七		一四七	一三七
	无	一二九	一〇八	八〇	七二	一〇五	八四	一一九		一〇二	一〇〇
非家属同住者		一四	一三	六	一	四	二	五	三	一四	六
学童		五六		五六		三七		五五		五〇	
备考		出保男五人出区男三人		出保男三人出区男二人		出保男二人出区男二人		出保男七人出区男五人		出保男九人出区男五人女一人出县男五人	

事别＼保别		第七一保		第七二保		第七三保		第七四保		第七五保	
甲数		一〇		一二		一〇		一〇		一〇	
户数		一〇四		一一八		一一〇		一〇一		九〇	
		男	女	男	女	男	女	男	女	男	女
人口总数		二五八	二四八	三二四	二七七	二四二	二二二	二三七	二〇五	二〇八	二〇一
现住		二四七	二四五	三二四	二七七	二四〇	二二二	二二五	二〇五	一九三	二〇一
他往		一一	三			二		一二		一五	
壮丁		八二		七五		八四	、	七六		七一	
识字		四〇		三〇		四三		三六		二三	
职业	有	一七四	一六七	二二〇	二〇二	一五〇	一四三	一五五	一二六	一四〇	一四一
	无	八四	八一	一〇四	七五	九六	七九	八二	七九	六八	六〇
非家属同住者		二一	一〇					一一	五	六	
学童		四五		五七		三六		三六		四三	
备考		出保男四人女一人出区男五人女二人出县男二人				出保男二人		出保男七人出区男四人出县男一人		出保男五人出区男九人出县男一人	

荣县第三区普通户口统计表　区长王典文

中华民国二十五年七月五日

荣县第三区普通户口统计表

区长王典文

中华民国二十五年七月五日

事别 \ 保别		第七六保		第七七保		第七八保		第七九保		第八〇保		第八一保		第八二保		第八三保	
甲数		一〇		一〇		一〇		一〇		一〇		一〇		一〇		一〇	
户数		一〇二		九七		一〇〇		九八		一〇〇		一〇〇		一〇〇		九七	
		男	女	男	女	男	女	男	女	男	女	男	女	男	女	男	女
人口总数		二三〇	二二一	二三五	一七三	二二五	一九九	一九九	一六四	二四〇	二三九	二二五	一九六	一九八	一七六	二四六	一九九
现住		二一三	二二一	二二〇	一七三	二〇三	一九九	一七三	一六二	二一五	二三二	二〇五	一九六	一八六	一七六	二二八	一九八
他往		一七		一五		二〇		二六	二	二五	七	二〇		一二		一八	一
壮丁		七八		五八		五〇		六二		九二		八七		八〇		九七	
识字		二七		一四		四		三二		四五		二七	一	二		一九	
职业	有	一五六	一四〇	一四八	一一一	一三八	一二二	一二二	九八	一三〇	一二六	一五三	一三一	一四三	一二六	一七六	一四七
	无	七四	八〇	八七	六二	八七	七七	七六	六六	一一〇	一一三	七二	六五	五五	四七	七〇	五二
非家属同住者		一二		一六	二	一						九	三	九	七	一三	七
学童		五〇		三一		四一		二七		四六		五六		四八		四三	
备考		出保男三人出区男一一人出县男三人		出保男三人出区男九人出县男三人		出保男九人出区男九人出县男二人		出保男一三人出区男九人女二人出县男二人		出保男九人女二人出区男一三人女三人出县男三人女二人		出保男五人出区男一一人出县男四人		出保男四人出区男七人出县男一人		出保男三人出区男一二人女一人出县男三人	

事别 \ 保别		第八四保		第八五保		第八六保		第八七保		第八八保		第八九保		第九〇保	
甲数		一〇		一二		九		一〇		一〇		一〇		一〇	
户数		一〇二		一二三		八八		九九		一〇三		九六		一〇一	
		男	女	男	女	男	女	男	女	男	女	男	女	男	女
人口总数		二六六	二〇七	三三四	三二二	二一九	二二〇	二〇二	二四五	二六八	二五五	二五九	二四六	二四一	二三五
现住		二四八	二〇六	三〇四	三二〇	二〇九	二一九	一八〇	二〇五	二四九	二五五	二五九	二四六	二二七	二三三
他往		一二	一	三〇	二	一〇	一	二二		一九				一四	二
壮丁		一二一		一二六		五九		五三		九六		一一二		一〇二	
识字		五七	三	四一		一七	一	一一		四一	四	一九	一	一五	三
职业	有	一六一	一四〇	二三一	一九四	一九六	一八九	一三八	一一四	二四五	二三五	一九五	一七七	一五五	一三七
	无	一〇五	六七	一〇三	一二八	二三	三一	六四	九一	二四	二〇	六四	六九	八六	九八
非家属同住者				二一	六			六	一	二六	一三	七	一	一五	一〇
学童		四三		七七		四二		四六		四七		六八		四九	
备考		出保男三人出区男九人女一人		出保男一七人女一人出区男一三人女一人		出保男三人出区男七人女一人		出保男三人出区男一七人出县男二人		出保男一九人				出保男六人女一人出区男八人女一人	

事别 \ 保别		第九一保		第九二保		第九三保		第九四保		第九五保		第九六保		第九七保		第九八保		第九九保		第一〇〇保		第一〇一保		第一〇二保		第一〇三保		第一〇四保		第一〇五保	
甲数		一〇		一〇		一〇		七		一〇		一〇		一三		一〇		一〇		一〇		一〇		一〇		一〇		一〇		一〇	
户数		九四		一〇四		九七		七〇		一〇〇		九四		一三二		九七		一〇〇		一〇三		九九		九八		九七		一〇三		一〇二	
		男	女	男	女	男	女	男	女	男	女	男	女	男	女	男	女	男	女	男	女	男	女	男	女	男	女	男	女	男	女
人口总数		二六二	二三一	二七九	二四九	二三五	二二二	一九六	一五六	二四七	二二七	二三五	一八九	二七六	二一九	二一三	二一〇	二五一	二一七	三〇〇	二五〇	二二九	二〇五	二五二	一九八	二二五	一九三	二三三	一八一	二七二	二五九
现住		二四八	二三一	二六六	二四九	二二九	二二二	一八七	一五六	二三七	二二五	二二三	一八八	二五九	二一七	二〇〇	二〇九	二三八	二一四	二八五	二四五	二二〇	二〇五	二四四	一九七	二二一	一九三	二〇六	一七八	二五八	二五六
他往		一四		一三		六		九		一〇	二	一二	一	一七	二	一三	一	一三	三	一五	五	九		八	一	四		二七	三	一四	三
壮丁		八〇		一二五		七三		三六		九八		六七		九九		九〇		八四		六三		七三		八〇		六一		七二		五五	
识字		二〇	三	三六		三三	一	一一		四四	四	八六	二	四一		一六		二〇	二	三四		一三	一	三五	一	二一		二		一二	
职业	有	一六〇	一五一	一八一	一七五	一二七	一五八	一四二	一〇〇	一五六	一三八	一四三	九一	一六六	一三四	一二九	一〇六	一三三	一二九	二三一	一七五	一四九	一〇三	一四八	一三一	一五四	一三三	一七九	一四三	一二九	一一七
	无	一〇二	八〇	九八	七四	一〇八	六四	五四	五六	九一	八九	九二	九八	一〇〇	八五	八四	一〇四	一一八	八八	六九	七五	八〇	一〇二	一〇四	六七	七一	六〇	五四	三八	一四三	一四二
非家属同住者		八	八	二三	四	四	五	一	二	一七	四	二六	六	三三	九	一一	七	六	二	一二	一三	四	四	一二	六	一〇	一	一一	七	九	
学童		六九		七〇		六二		一七		五六		九三		五四		五〇		五〇		四六		三八		七〇		五五		三四		五五	
备考		出保男五人出区男九人		出保男二人出区男一一人		出保男一人出区男五人		出保男二人出区男七人		出保男六人出区男四人女二人		出保男三人出区男九人女一人		出保男一〇人出区男七人女二人		出保男九人出区男四人出县女一人		出保男五人女一人出区男八人女二人		出保男八人女一人出区男七人女四人		出保男二人出区男七人		出保男五人出区男一人女一人出县男二人		出保男一人出区男二人出县男一人		出保男八人出区男一五人女二人出县男四人女一人		出保男三人女一人出区男九人女二人出县男二人	

荣县第三区普通户口统计表

区长王典文

中华民国二十五年七月五日

荣县第三区普通户口统计表

事别＼保别		第一〇六保		第一〇七保		第一〇八保		第一〇九保		第一一〇保		第一一一保		第一一二保		第一一三保	
甲数		一〇		一〇		一〇		一〇		一〇		一〇		一〇		一〇	
户数		一〇〇		九九		一〇一		一〇二		九九		一〇五		九九		一〇三	
		男	女	男	女	男	女	男	女	男	女	男	女	男	女	男	女
人口总数		二三〇	二二一	二三四	二二二	二三九	一八一	二三七	二一六	二四八	二二五	二八三	二四九	二五五	一九三	二六四	二二〇
现住		二二四	二一九	二一四	二二二	二二〇	一七九	二一八	二一四	二四〇	二二五	二七二	二四九	二三一	一九二	二四五	二一七
他往		六	二	二〇		一九	二	一九	二	八		一一	二	二四	一	一九	三
壮丁		八七		八七		一〇〇		七〇		八四		七二		七八		七三	
识字		一三		一四		七		一一		四〇	一	二六		二五	一	二七	三
职业	有	一六三	一五一	一六五	一三九	一五五	一二二	一四九	一四〇	一七三	一七〇	一八三	一六三	一八六	一四四	二〇一	一五九
	无	六七	七〇	六九	八三	八四	五九	八八	七六	七五	五五	一〇一	八六	六九	四九	六三	六一
非家属同住者		二		五		五	四	五	三	一四	三	一八	二	一一	六	二一	六
学童		五七		五三		六一		五一		五七		五八		四三		五七	
备考		出保男一人女一人出区男四人女一人出县男一人		出保男一五人出区男四人出县男一人		出保男一七人出区女二人出县男二人		出保男三人出区男一五人女二人出县男一人		出区男八人		出保男一一人女二人		出保男六人出区男一七人女一人出县男一人		出区男一九人女三人	

事别＼保别		第一一四保		第一一五保		第一一六保		第一一七保		第一一八保		第一一九保		第一二〇保	
甲数		一〇		一〇		一〇		一〇		一〇		一〇		一〇	
户数		九七		九九		九九		一〇〇		一〇九		九五		一〇三	
		男	女	男	女	男	女	男	女	男	女	男	女	男	女
人口总数		二四九	二四四	二七九	二三六	二七一	二三六	二六一	二五九	二八九	二五一	二七四	二三六	二六三	二三五
现住		二二八	二四二	二六九	二三六	二六〇	二三三	二五〇	二五九	二七一	二四七	二六七	二三六	二四三	二三三
他往		二一	一	一〇		一一	三	一一		一八	四	七		二〇	二
壮丁		七四		七五		八四		八八		一〇三		七九		九九	
识字		一八		三		一九	三	三八		二三	六	二〇	四	一	
职业	有	一七六	一七三	一八七	一五〇	一七六	一三三	一八七	一五五	一九六	一七五	一九〇	一六四	一六一	一三五
	无	七三	七一	九二	八六	九五	一〇三	七四	一〇四	九三	七八	八四	七二	一〇二	一〇〇
非家属同住者		二	二	二四	五	二一	六	一六	一四	二二	二〇	一八	七	二	
学童		五七		五七		六五		六三		六〇		五七		五七	
备考		出保男七人女一人出区男一四人女一人		出保男一〇人		出区男一一人女三人		出保男五人出区男六人		出保男一二人女一人出区男六人女二人出县女一人		出保男六人出区男一人		出保男一〇人出区男八人女二人出县男二人	

区长王典文

中华民国二十五年七月五日

荣县第三区普通户口统计表

事别＼保别	第一二一保		第一二二保		第一二三保		第一二四保		第一二五保	
甲数	一〇		一一		一〇		一〇		一〇	
户数	九九		一一一		一〇〇		一〇二		一〇〇	
	男	女	男	女	男	女	男	女	男	女
人口总数	二四七	二二五	二九五	二六六	二五一	二二一	二三四	一八二	二三六	一七七
现住	二二二	二二五	二六六	二六六	二四三	二一九	二三三	一八二	二三〇	一七七
他往	二五		二九		八	二	一一		六	
壮丁	八〇		五一		一一五		九四		一〇一	
识字	一九		四三	二	四〇		一三		一五	
职业 有	一七八	一五三	二一一	一八七	一五五	一三〇	一五八	一一五	一五七	一〇八
职业 无	六九	七二	七三	七九	九六	八七	七六	六七	七九	六九
非家属同住者	九	四	一九	二	二四	一一	八	一〇	一〇	七
学童	四三		五九		四七		四八		五二	
备考	出保男五人出区男一六人出县男四人		出保男一〇人出区男一七人出县男二人		出保者男八人女二人		出保者男一一人		出保者男六人	

事别＼保别	第一二六保		第一二七保		第一二八保		第一二九保		第一三〇保	
甲数	一〇		一〇		一〇		八		一〇	
户数	一〇〇		一〇〇		一〇〇		七二		一〇三	
	男	女	男	女	男	女	男	女	男	女
人口总数	二四七	一九二	二三二	二〇〇	二二五	一七九	一七一	一二五	二二七	一九七
现住	二四五	一九二	二二九	一九九	二二五	一七九	一五九	一二五	二一二	一九四
他往	二		三	一			一二		一五	三
壮丁	一〇八		八七		九三		八〇		八二	
识字	一六	三	一六		一四		二六	二	三四	一
职业 有	一七三	一二五	一六一	一四八	一四六	一一八	一二八	九〇	一三一	一一四
职业 无	七四	六七	七一	五二	七九	六一	四三	三五	九六	八三
非家属同住者	一五	九	七	三	九	五	三	四	一九	一一
学童	三八		五一		五一		一九		四四	
备考	出保者男六人		出保男三人女一人				出保男一二人		出保男二人出区男四人女二人出县男九人女一人	

事别＼保别	第一三一保		第一三二保		第一三三保		第一三四保		第一三五保	
甲数	一〇		一〇		一〇		一〇		一〇	
户数	一〇〇		一〇〇		九六		一〇一		一〇一	
	男	女	男	女	男	女	男	女	男	女
人口总数	二六四	二一五	二六五	二六二	二四四	二〇八	二六五	二三四	二六六	二〇〇
现住	二六四	二一五	二六五	二六二	二三一	二〇七	二五三	二三三	二四〇	一九七
他往					一三	一	一二	一	二六	三
壮丁	一〇〇		九八		七六		六三		七〇	
识字	五〇	二	九		二五		二七		一四	一
职业 有	一六〇	一二四	一六九	一三六	一四三	一一三	一五五	一一〇	一七〇	一〇九
职业 无	一〇四	九一	九六	一二六	一〇一	九五	一一〇	一二四	九六	九一
非家属同住者	六	六	一四	四	一一	三	二	一		一
学童	七〇		六三		五四		六三		六四	
备考					出保男二人出区男六人女二人出县男三人出省男二人		出保男三人女一人出区男七人出县男二人		出保男一五人女三人出区男八人出县男三人	

荣县第三区普通户口统计表　区长王典文

中华民国二十五年七月五日

荣县第三区普通户口统计表

事别 \ 保别		第一三六保		第一三七保		第一三八保		第一三九保		第一四〇保	
甲数		一〇		一〇		七		一〇		一〇	
户数		九〇		一〇二		七六		九九		九四	
		男	女	男	女	男	女	男	女	男	女
人口总数		二三四	一七四	二二七	一九〇	一五六	一五〇	二一四	一九五	二二四	二一二
现住		二一七	一六九	二一一	一九〇	一三六	一五〇	二〇二	一九五	二二二	二一二
他往		一七	五	一六		二〇		一二		二	
壮丁		六四		六八		三三		五九		五〇	
识字		三		一六	一			三	一	二六	
职业	有	一一二	八四	一五三	一二九	九五	七八	一三六	一二六	一五五	一六二
	无	一二二	九〇	七四	六一	六一	七二	七八	六九	六九	五〇
非家属同住者		七		一	三	四		四	三	一〇	八
学童		七一		五七		四三		三八		四九	
备考		出保男七人女五人出区男六人出县男三人		出保男六人出区男七人出县男三人		出保男九人出区男八人出县男三人		出保男五人出区男七人		出保男二人	

事别 \ 保别		第一四一保		第一四二保		第一四三保		第一四四保		第一四五保	
甲数		一〇		七		一〇		一〇		一〇	
户数		一〇二		七〇		一〇〇		九四		九三	
		男	女	男	女	男	女	男	女	男	女
人口总数		二三六	一九三	一六五	一五六	二八〇	二一六	二七〇	二二四	二五一	二三〇
现住		二二八	一九三	一五九	一五六	二八〇	二一六	二五九	二二一	二五〇	二三〇
他往		八		六				一一	三	一	
壮丁		六六		四七		一〇〇		六六		八二	
识字		一七	二	八		五〇	二	四四		五二	
职业	有	一五六	一三七	一一四	一〇六	一六〇	一五〇	一七三	一七四	一二四	九四
	无	八〇	五六	五一	五〇	一二〇	六六	九七	五〇	一二七	一三六
非家属同住者		一	四	一二	三	三〇		二二	一六	二〇	三
学童		三一		三三		五〇		五〇		五一	
备考		出保男一人出区男三人出县男四人		出县男六人				出保男三人女三人出区男五人出县男三人		出保男一人	

事别 \ 保别		第一四六保		第一四七保		第一四八保		第一四九保		第一五〇保	
甲数		一〇		一〇		一〇		九		八	
户数		一〇五		一〇四		一〇五		八八		七五	
		男	女	男	女	男	女	男	女	男	女
人口总数		二五四	二三二	二二九	二〇〇	二三五	二二三	一九三	一七六	一九五	一七七
现住		二五一	二三二	二二八	二〇〇	二一六	二一七	一七四	一七六	一八九	一七七
他往		三		一		一九		一九		六	
壮丁		八七		七六		九四		三五		七七	
识字		一二		一四		四八		一五		四〇	
职业	有	一八二	四二	一三八	一一七	一五六	一三九	一一九	一〇五	一二八	一一五
	无	七二	九〇	九一	八三	七九	八四	七四	七一	六七	六二
非家属同住者		二〇	三			一八	七	五	五	一五	
学童		三七		三七		三五		四八		二七	
备考		出保男一人出区男二人		出区男一人		出保男七人出区男九人出县男三人		出保男五人出区男一一人出县男三人		出保男一人出区男三人出县男二人	

区长王典文

中华民国二十五年七月五日

荣县第三区普通户口统计表
中华民国二十五年七月五日　区长王典文

保别 事别	合计		附记
甲数	一五〇二		
户数	一五〇二[①]		
	男	女	
人口总数	三八六四一	三三五三六	
现住	三六六四二	三三三五八	
他往	一九九九	一七八	
壮丁	一二一八〇		
识字	三七七六	三〇一	本区人口总数男共为三九九四五人女共为三三七七〇人
职业 有	二五〇三五	二一二二九	
职业 无	一三六〇六	一二三〇七	
非家属同住者	二一九一	八〇一	
学童	七八四二		
备考	出保男九一九人女七九人出区男八八六人女八七人出县男一八七人出省男七人女一二人		

① 本页“户数合计”数值疑系谬误，以本表所列各甲户数相加可得总户数为一五〇二二，为保持档案原貌，表内未作改动。

荣县第四区普通户口统计表（一）

事别＼保别		第一保		第二保		第三保		第四保		第五保		第六保		第七保		第八保		第九保		第一〇保		第一一保		第一二保		第一三保		第一四保		第一五保	
甲数		一〇		一〇		一〇		一〇		一〇		一〇		一〇		一〇		一一		一〇		一〇		一〇		一〇		一〇		一〇	
户数		一〇四		一一二		一一二		一〇八		一一四		一〇〇		一〇四		一〇三		一二三		一〇六		一〇九		一一六		一一五		一二六		一三一	
		男	女	男	女	男	女	男	女	男	女	男	女	男	女	男	女	男	女	男	女	男	女	男	女	男	女	男	女	男	女
人口总数		二五三	二三二	二八二	二七九	三一〇	三〇六	三〇三	二七〇	三〇五	二六三	二二八	二三一	二六九	二二六	三三一	三〇五	三五一	三一六	二七八	二六四	二六〇	二五九	二八三	二六六	三二六	三一四	三一八	三〇五	三三八	二七六
现住		二三八	二三一	二七一	二七七	二九六	三〇四	二六四	二七〇	二八〇	二六〇	一九二	二三一	二三八	二二六	二九四	二九一	二七五	三〇九	二五一	二六四	二四二	二五九	二五七	二六一	二六八	三一一	三〇二	三〇四	三二六	二七六
他往		一五	一	一一	二	一四	二	三九		二五	三	三六		三一		三七	一四	七六	七	二七		一八		二六	五	五八	三	一六	一	一二	
壮丁		九八		一〇〇		一二一		九七		九七		九六		九二		一〇七		一二八		一〇二		一〇一		九三		一一九		一〇〇		一〇一	
识字		九六	一〇	一三		二五	二	二九		四六		五六		二一	一	二五		一九	三	五八	五	五三	二	二四		五九		四八	二	四八	
职业	有	一五五	一四〇	一二七	一二二	一六八	一五一	一六二	一四八	二二三	一七六	一一七	一三五	二二九	一九二	二〇九	一九七	二〇七	一六七	一七二	一五五	一六四	一六一	一七三	一三七	二〇八	一六四	二〇四	一六五	一六一	一四三
	无	九八	九二	一五五	一五七	一四二	一五五	一四一	一二二	八二	八七	一一一	九六	四〇	三四	一二二	一〇八	一四四	一四九	一〇六	一〇九	九六	九八	一一〇	一二九	一一八	一五〇	一一四	一四〇	一七七	一三三
非家属同住者		一七	一三	四	三	五	四	四	二	一五	一〇	四	四	三	四	三三	二四	一五	一〇	一五	一二	五		七	七	二六	一四	一九	七	一一	八
学童		四四		六五		七〇		六七		六五		五一		五七		六九		五四		五一		六三		四九		八八		七五		五二	
备考		出区男五人出县男一〇女一人		出保男二人女二人出区男七人出县男一人出省男二人		出保男三人女二人出区男五人出县男五人他往不详男一人		出保男二一人出区男一六人他往不明男二人		出保男一五人女三人出区男七人出县男三人		出保男十八人出区男十五人出县男二人		出保男二〇人出区男一人出县男一〇人		出保男一九人女一四人出区男二〇人出县男三人		出保男四人女七人出区男七人出县男二三人		出保男二一人女二人出区男三人出县男三人		出保男一四人出区男二人出省男一人他往不详男一人		出保男二人女五人出区男二人出县男一人		出保男四三人女三人出区男八人出县男七人		出保男一四人出县男一人出省男一人		出保男一〇人出区男一人出县男一人	

荣县第四区普通户口统计表 区长何裕光

中华民国二十五年七月五日

荣县第四区普通户口统计表

事别＼保别	第一六保		第一七保		第一八保		第一九保		第二〇保		第二一保		第二二保		第二三保		第二四保		第二五保		第二六保		第二七保		第二八保		第二九保		第三〇保	
甲数	一〇		一四		一三		一四		九		一〇		八		一〇		一四		一三		一四		一五		一〇		一〇		一〇	
户数	一一五		一三四		一二一		一〇六		一〇五		一〇三		八九		九五		一三七		一四九		一六三		一七二		一二八		一四七		一〇二	
	男	女	男	女	男	女	男	女	男	女	男	女	男	女	男	女	男	女	男	女	男	女	男	女	男	女	男	女	男	女
人口总数	二九七	三〇二	三五〇	三四二	三〇六	三一〇	二六八	二六四	三三五	三二九	二五一	二三一	二二七	二二九	二七五	二五五	三三四	三三五	四〇四	三八九	四四八	四三〇	四八四	四四九	三七七	三三五	四二六	四二四	三三二	二九〇
现住	二八二	三〇〇	三二六	三四一	二九一	三〇五	二四六	二六二	三〇五	三二六	二一九	二二〇	二〇四	二二六	二四五	二五〇	三〇三	三三二	四〇三	三八八	四二九	四二八	四三八	四四九	三七三	三三三	四〇一	四二三	三一四	二八七
他往	一五	二	二四	一	一五	五	二二	二	三〇	三	三二	一一	二三	三	三〇	五	三一	三	一	一	一九	二	二六		四	二	二五	一	一八	三
壮丁	七八		一〇九		一〇一		九〇		九三		五六		五四		九一		一二〇		一二三		一三二		一七五		一三六		一五三		一三八	
识字	三六		三二		三五		三八		一六		二一	四	二〇		四五		九五	七	七四		三二		七一	四	二二	二	七八		六三	一
职业 有	一九五	二一二	一九〇	一八八	一七四	一七五	一六五	一六五	二二八	二〇七	一七八	一八三	四二	一六一	二〇六	一九二	二二八	二一四	二四〇	二〇八	二四七	二四一	三七四	二七〇	二三五	一八〇	二三三	一六三	二三三	二〇六
职业 无	一〇二	九〇	一六〇	一五四	一三二	一三五	一〇三	九九	一〇七	一二二	七三	四八	一八五	六八	六九	六三	一〇六	一二一	一六四	一八一	二〇一	一八九	一七〇	一七九	一四二	一五五	一九三	二六一	九九	八四
非家属同住者	一七	六	一五	二	二〇	一〇		一	一三	六	二二	四			一三	八	一六	一三	三	一	二三	六	六七	一八	二〇	一三	三四	二二	二六	七
学童	六八		四五		六一		六八		三二		五三		一三		五九		八〇		五八		四六		六一		一四〇		一〇二		一〇二	
备考	出保男七人女二人出县男七人		出保男一二人出区男七人女一人出县男四人不详他往一人		出保男八人女二人出区男七人女二人		出保男一二人女二人出区男八人出县男二人		出保男十一人女一人出区男一七人女二人出县男一人		出保男一三人女六人出区男一二人女三人出县男七人女二人		出保男一六人女一人出区男三人女一人出县男三人女一人		出保男十八人女一人出区男一一人女一人出县男一人女一人		出保男一七人女一人出区男九人女一人出县男一人		出保男一人女一人		出保男九人女一人出区男八人女一人出县男二人		出保男一七人出区男五人出县男三人		出保男四人女一人出区女一人		出保男十三人女一人出区男三人出县男九人		出保男十一名女二人出区男一名出县男六人女一名	

区长何裕光

中华民国二十五年七月五日

荣县第四区普通户口统计表

区长何裕光

中华民国二十五年七月五日

事别 \ 保别	第三一保		第三二保		第三三保		第三四保		第三五保	
甲数	一〇		一〇		一〇		一〇		八	
户数	一三八		一一〇		九五		一一九		七七	
	男	女	男	女	男	女	男	女	男	女
人口总数	四一七	三四九	三一二	二九一	三一一	三一九	三八一	三五九	二三三	二一四
现住	二九九	三四八	二八二	二九〇	三〇一	三一九	三五〇	三五八	二一〇	二一一
他往	一八	一	三〇	一	一〇		三一	一	二三	三
壮丁	一五〇		一一五		一二七		一三九		五二	
识字	一三	四	一九	二	四七	一	五九		五三	五
职业 有	二九四	二六五	一八四	一九二	二〇一	一八七	二四六	二四二	一五九	一二六
职业 无	一二三	八四	一二八	九九	一一〇	一三二	一三五	一一七	七四	八八
非家属同住者	三五	一〇	九	六	一九	一三	七〇	六一	六七	三五
学童	一一九		六八		八四		七八		三八	
备考	出保男八人女一人出区男七人出县男三人		出保男十一人女一人出区男十三人出县男四人他往不详男二人		出保男三人出区男三人出县男二人出省男一人他往不详男一人		出保男九人女一人出区男九人出县男九人他往不详男二人		出保男四人出区男六人女一人出县男一〇人女一人他往不详男三人女一人	

事别 \ 保别	第三六保		第三七保		第三八保		第三九保		第四〇保	
甲数	一〇		一〇		九		九		一三	
户数	一一〇		九七		九二		九〇		一三七	
	男	女	男	女	男	女	男	女	男	女
人口总数	四一七	三八七	二五四	二四三	四〇三	三二八	二四一	二二二	三一一	二六四
现住	三七三	三八二	二三四	二四一	三六六	三二五	二三三	二二二	二八五	二六二
他往	四四	五	二〇	二	三七	三	八		二六	二
壮丁	一一一		八九	一	一四〇		九三		一〇二	
识字	七八	四	二三	一	二二		二三		二〇	
职业 有	二六九	二五三	一五二	一五五	二五四	二一六	一六四	一五四	二二〇	一八六
职业 无	一四八	一三四	一〇二	八八	一四九	一一二	七七	六八	九一	七八
非家属同住者	五九	二四	一五	一一	一二四	八八	三〇	八	二九	二
学童	九六		一一五		六三		五〇		一二五	
备考	出保男一四人出区男九人女一人出县男一三人女二人不详男五人女二人		出保男十人女一人出区男八人出县男三人		出保男八女二人出区男五人出县男二四人女一人		出保男六人出县男二人		出区男八人女二人出县男一三人他往不详男五人	

事别 \ 保别	第四一保		第四二保		第四三保		第四四保		第四五保	
甲数	一〇		一一		一〇		八		一一	
户数	一三〇		一二四		一一六		七六		一三七	
	男	女	男	女	男	女	男	女	男	女
人口总数	三六九	三〇八	三八三	三二三	三〇五	二七五	二二〇	二〇四	四四三	三九五
现住	三五四	三〇六	三四九	三二二	二九〇	二七五	二一二	二〇三	四一一	三九二
他往	一五	二	三四	一	一五		八	一	三二	三
壮丁	一〇二		一二一		六三		五一		一六四	
识字	三〇		五九	六	一八	三	二四		六三	八
职业 有	二三七	一六一	二三九	一六四	一四〇	一〇七	一一七	九八	二七二	二一二
职业 无	一三二	一四七	一四四	一五九	一六五	一六八	一〇三	一〇六	一七一	一八三
非家属同住者	五二	一六	四〇	六	一六	一〇	二〇	一八	五二	三六
学童	八〇		一四二		八二		六七		六四	
备考	出保男二人出区男六人女二人出县男二人他往不详男五人		出保男七名出区男五人出县男二名女一名出省男一名		出保男三人出区男三人他往不详男九人		出保男一人女一人出县男二人他往不详男五人		出保男四人出区男一〇人女一人出县男一八名女二人	

荣县第四区普通户口统计表

区长何裕光

中华民国二十五年七月五日

事别＼保别		第四六保		第四七保		第四八保		第四九保		第五〇保		第五一保		第五二保		第五三保	
甲数		一〇		九		一〇		八		一二		一〇		九		一〇	
户数		一〇九		八四		一二三		九四		一三二		一三〇		一二四		一〇〇	
		男	女	男	女	男	女	男	女	男	女	男	女	男	女	男	女
人口总数		三二六	三二八	二一六	一九四	三七〇	三二五	二九七	二八八	四〇五	三二一	三七七	三〇二	三六六	三三二	二六八	二六一
现住		三一四	三二八	一八二	一九四	三二五	三二〇	二六四	二八七	三六二	三一九	三二八	二九九	二八四	三三二	二四八	二五七
他往		一二		三四		四五	五	三三	一	四三	二	四九	三	八二		二〇	四
壮丁		八五		七三		一四一		一〇六		八一		一二四		一三七		九四	
识字		五三		二六		四六	四	五五		四九		二五		一九		一二	
职业	有	二〇八	一九九	一三二	一二一	二二三	一九八	一九〇	一八〇	二二八	二一七	二三七	二一八	二三二	二〇四	一四四	一五二
	无	一一八	一二九	八四	七三	一四七	一二七	一〇七	一〇八	一七七	一〇四	一四〇	八四	一三四	一二八	一二四	一〇九
非家属同住者		四		七	一	五九	一七	二四	九	一七	九	一八	六	三〇	一九	一五	三
学童		五五		四〇		七七		七六		八一		七五		八七		七七	
备考		出保男六人出区男三人出县男三人		出区男四人他往不详男一四人		出保男二二人女三人出区男十五人女一人出县男六人他往不详男二人		出保男十三人出区男十人女一人出县男七人不详他往男二人		出保男一五人女一人出区男三人出县男七人		出保男二〇人女二人出区男二一人女一人出县男二人他往不详男六人		出保男一二人出区男四人出县男六人他往不详男二〇人		出保男七人女二人出区男五人女二人出县男二人	

事别＼保别		第五四保		第五五保		第五六保		第五七保		第五八保		第五九保		第六〇保	
甲数		九		八		八		一四		一三		一三		一二	
户数		九五		八七		八三		一四四		一三五		一二四		一一五	
		男	女	男	女	男	女	男	女	男	女	男	女	男	女
人口总数		三五四	三一四	二七四	二六九	二一二	二一〇	三三六	三三〇	三三〇	三二六	三一一	三〇七	三三八	三〇〇
现住		三三七	三一三	二五四	二六八	二〇二	二一〇	三二四	三二九	三〇七	三二〇	二六六	三〇七	三一五	三〇〇
他往		一七	一	二〇	一	一〇		一二	一	二三	六	四五		二三	
壮丁		六二		九三		七三		八二		一二一		一二二		九八	
识字		四三		三六	四	四四	一	四二		三九		五六		四四	
职业	有	一九二	一六三	一六〇	一四九	一二九	一一〇	二〇三	一八八	一八八	一六四	二一一	一三二	一八三	三八
	无	一六二	一五一	一一四	一二〇	八三	一〇〇	一三三	一四二	一四二	一六二	一〇〇	一七五	一五五	二六二
非家属同住者		一六	六	二五	五	一九	一二	九	五	八	三	二二	五	二三	一三
学童		七一		五二		四七		七四		一二〇		六一		七一	
备考		出保男七人出区男三人女一人出县男二人出省男一人		出保男九人出区男七人女一人出县男二人他往不详男二人		出保男三人出县男四人他往不详男三人		出县男四人女一人		出县男三人女二人		出县男二〇人出省男一人		出县男一三人	

事别＼保别		第六一保		第六二保		第六三保		第六四保		第六五保	
甲数		一一		一二		一三		一四		一四	
户数		一一六		一三三		一三〇		一五二		一四〇	
		男	女	男	女	男	女	男	女	男	女
人口总数		三五一	二九六	三八七	三三二	三二九	三三一	四一四	三八四	三五三	三六〇
现住		三二三	二九四	三六七	三三一	三一八	三三〇	三六九	三八二	三二三	三五七
他往		二八	二	二〇	一	一一	一	四五	二	三〇	三
壮丁		一三二		一一〇		八四		一六〇		一四七	
识字		九五		一三三		七〇		六一	一	一〇五	二
职业	有	一九〇	一一五	二四九	一七八	一九三	一八六	二〇六	一七二	二三四	二三五
	无	一六一	一八一	一三八	一五四	一三六	一四五	二〇八	二一二	一一九	一二五
非家属同住者		一三	七	三五	一一	一〇	七	二三	九	三八	一五
学童		五五		一一二		七四		九一		九一	
备考		出县男七人		出县男四人女一人		出县男五人		出县男七人女四人		出县男六人出省男四人女二人	

事别＼保别		第六六保		第六七保		第六八保		第六九保		第七〇保	
甲数		一三		一二		一四		一四		九	
户数		一三三		一二一		一三八		一三一		八九	
		男	女	男	女	男	女	男	女	男	女
人口总数		三一一	三〇〇	二九九	二八七	三四八	三五七	三〇九	二七二	二二五	一九〇
现住		二六九	二九九	二七九	二八六	三二九	三五七	二八八	二六六	二〇三	一八九
他往		四二	一	二〇	一	一九		二一	六	二二	一
壮丁		一一六		一一五		一四〇		九六		九一	
识字		八五	三	四三	四	四六	二	一三七	九	三六	二
职业	有	二一四	二〇四	二〇六	二〇五	二三四	二二九	一八七	一七〇	一四四	一一三
	无	九七	九六	九三	八二	一一四	一二八	一二二	一〇二	八一	七七
非家属同住者		一五	九	一七	七	三四	一七	七六	二二	一五	一一
学童		七三		六九		七五		五八		六六	
备考		出县男八人		出县男九人		出县男五人		出县男八人女四人		出县男八人	

事别＼保别		第七一保		第七二保		第七三保		第七四保		第七五保	
甲数		一三		一四		一四		一四		一三	
户数		一三〇		一四二		一五〇		一四四		一三七	
		男	女	男	女	男	女	男	女	男	女
人口总数		三四三	三〇四	二九四	二八八	四六七	四四九	三〇五	二七九	三〇二	三〇二
现住		三一八	三〇一	二六四	二八四	四三九	四四九	二八三	二七九	二八五	二九七
他往		二五	三	三〇	四	二八		二二		一七	五
壮丁		一二〇		一一七		一九二		一二三		一〇七	
识字		四四	一	五八	四	八四	五	六五	三	五四	一
职业	有	二一七	一八四	一九八	一九九	二九一	二五八	一九八	一八〇	一八二	二〇六
	无	一二六	一二〇	九六	八九	一七六	一九一	一〇七	九九	一二〇	九六
非家属同住者		一六	六	一二	五	四一	一〇	六		一二	四
学童		七九		六一		一一二		八三		七二	
备考		出县男三人出省男三人		出县男五人出省男一人		出县男三人		出县男八人		出县男七人女二人	

荣县第四区普通户口统计表

区长何裕光

中华民国二十五年七月五日

荣县第四区普通户口统计表

区长何裕光

中华民国二十五年七月五日

事别＼保别		第七六保		第七七保		第七八保		第七九保		第八〇保		第八一保		第八二保		第八三保	
甲数		一四		一四		一〇		一〇		九		一〇		一〇		一〇	
户数		一四六		一四五		一〇八		一二三		一〇八		一一五		一三四		一三二	
		男	女	男	女	男	女	男	女	男	女	男	女	男	女	男	女
人口总数		二九五	二七四	三七八	三五八	二九〇	二三九	三九四	三二八	二七〇	二五六	三〇八	二八二	三五四	二九四	三一三	二〇〇
现住		二七四	二七三	三三五	三五七	二八一	二三八	三七二	三二五	一六六	二五五	二八六	二六九	三三七	二九四	三〇四	二九八
他往		二一	一	四三	一	九	一	二二	三	四	一	二二	一三	一七		九	
壮丁		一二〇		一五六		八二		一四一		七四		一一五		一一一		一二二	
识字		三六		一〇二	四	七四	六	一二七	六	三三	一	五六		四八	一	七四	
职业	有	二〇三	一九二	二五四	二五二	一六八	一四三	二一〇	二〇八	一五四	一三一	二二二	一〇四	一一一	一八八	一八五	一六八
	无	九二	八二	一二四	一〇六	一二二	九六	一八四	一二〇	一一六	一二五	八六	七八	一四三	一〇六	一二八	一三二
非家属同住者		一七	七	四八	一八	九	一	五四	二一	一三	八	五	一	一三	七	一〇	三
学童		六二		九〇		五六		六八		五四		一八		六六		六九	
备考		出县男五人出省男一人		出县男一人出省男一人		出保男五人女一人出区男三人		出保男三人出区男六人女二人出县男五人出省男一人		出保男三人女一人		出保男十五人女五人出区男六人女四人出县男五人		出区男三人出县男五人他往不详男二人		出保男二人出区男二人出县男四人	

事别＼保别		第八四保		第八五保		第八六保		第八七保		第八八保		第八九保		第九〇保	
甲数		一〇		一〇		一〇		一〇		一〇		九		一〇	
户数		一四〇		一二〇		一四二		一二一		一二二		一三一		一二〇	
		男	女	男	女	男	女	男	女	男	女	男	女	男	女
人口总数		三二〇	三二六	二八七	二四八	三三六	三四五	二五五	二七一	三三〇	二七六	四〇二	三二一	三一〇	二六四
现住		三一一	三二六	二七七	二四八	三三一	三四五	二三八	二七一	三一四	二七六	三六九	三一八	二九七	二六四
他往		九		一〇		五		一七		一六		三三	三	一三	
壮丁		九九		九九		一二六		八四		一一六		一四九		一一〇	
识字		六〇		九二		九五		五九	二	四九		一二七	三	六八	
职业	有	二〇三	二一六	一七九	一八三	二一六	二一七	二〇四	一八七	二〇〇	一七七	二四九	一八六	一六九	一三八
	无	一一七	一一〇	一〇八	六五	一二〇	一二八	五一	八四	一三〇	九九	一五三	一三五	一四一	一二六
非家属同住者		一三	五	一一		一三		四		二五	一二	三九	四	二七	一二
学童		七四		一五		八三		四七		八六		六九		八二	
备考		出保男一人出区男一人出县男六人		出保男一人出县男六人		出保男一人出区男四人		出保男三人出区男一人出县男一四人		出保男四人出县男八人出区男三人		出保男六人女一人出区男一三人出县男六人出省男一人他往不详五人无定所男三人		出县男一人	

事别＼保别		第九一保		第九二保		第九三保		第九四保		第九五保	
甲数		一二		一〇		一〇		一〇		一一	
户数		一三四		一一一		一二六		一二〇		一二〇	
人口总数		男	女	男	女	男	女	男	女	男	女
		三七二	三三一	三一三	二八〇	三八七	二九六	三五四	二九八	三二〇	三〇四
现住		三五四	三三〇	二八九	二七八	三六三	二九六	三三五	二九七	三〇三	三〇三
他往		一八	一	二三	二	二四		一九	一	一七	一
壮丁		一四五		一一六		一三六		一〇七		一二八	
识字		九二	六	五三		六二		五五		四七	
职业	有	二一八	二一〇	一六〇	一五七	二四〇	二〇一	二三五	二一六	一七四	一四九
	无	一五四	一二一	一五二	一二三	一四七	九五	一一九	八二	一四六	一五五
非家属同住者		三五	二〇	一二	六	二五	七	一〇	四	一五	五
学童		八〇		七三		八一		八五		七四	
备考		出县男五人		出县男二名		出保十四人出区男七人不详他往男一人		出县男四〇人		出县男一〇人	

事别＼保别		第九六保		第九七保		第九八保		第九九保		第一〇〇保	
甲数		一一		一一		一〇		一〇		一〇	
户数		一四九		一二〇		一一五		一一七		一一二	
人口总数		男	女	男	女	男	女	男	女	男	女
		三五七	三一四	三〇八	二五二	三二二	三〇二	二六三	二四八	二八三	二五三
现住		三三七	三一一	二七五	二五二	三一二	三〇二	二五四	二四八	二六八	二五二
他往		二〇	三	三三		一〇		九		一五	一
壮丁		一三三		一〇六		九二		九三		一〇五	
识字		四二		二七		五九		三六		四〇	一
职业	有	一九〇	一七六	一六〇	一三五	一六九	一四九	一六六	一六一	一七七	一六七
	无	一六七	一三八	一四八	一一七	一五三	一五三	九七	八七	一〇六	八六
非家属同住者		一三	三	一三	二	一六	四	一一	三	八	二
学童		六六		七六		六五		六五		七二	
备考		出县男一人		出县男一三人		出县男五人		出保男四人出区男四人他往不详男一人		出县男四人	

事别＼保别		第一〇一保		第一〇二保		第一〇三保		第一〇四保		第一〇五保	
甲数		一〇		一〇		一〇		一〇		一二	
户数		一一〇		一一六		一三〇		一一八		一五二	
人口总数		男	女	男	女	男	女	男	女	男	女
		二九四	二三九	三二四	二九四	三三二	三〇八	二七九	二六二	四七九	四三三
现住		二七二	二三八	二七九	二九四	三二五	三〇八	二六三	二六二	四二四	四二一
他往		二二	一	四五		七		一六		五五	一二
壮丁		一〇一		一一四		一一六		九九		一五六	
识字		四三		四三		五七	一	三〇	一	五六	
职业	有	一七四	一四二	一八八	一七六	二四二	二二〇	二一八	二〇七	二八三	二四九
	无	一二〇	九七	一三六	一一八	九〇	八八	六一	五五	一九六	一八四
非家属同住者		一八	七	二一	四	二五	一〇	三		三九	三七
学童		六四		七六		八七		四五		一二六	
备考		出县男二人		出县男一〇人		出县男七人		出县男七人		出县男三二人出省男二人	

荣县第四区普通户口统计表

区长何裕光

中华民国二十五年七月五日

荣县第四区普通户口统计表

事别＼保别	第一〇六保		第一〇七保		第一〇八保		第一〇九保		第一一〇保		第一一一保		第一一二保	
甲数	一〇		一二		一〇		一〇		一〇		一一		一〇	
户数	一一三		一二八		一一八		一一〇		一〇八		一三三		一一二	
	男	女	男	女	男	女	男	女	男	女	男	女	男	女
人口总数	四二五	三七七	三九六	三四一	三六九	三三一	二八八	二五四	三六五	三一八	三七六	三五〇	二六八	二五三
现住	三八四	三七七	三六四	三四〇	三四五	三三〇	二四六	二五四	三四〇	三一四	三二九	三五〇	二五一	二五〇
他往	四一		三二	一	二四	一	四二		二五	四	四七		一七	三
壮丁	一七四		一三二		一五二		九一		一四一		一二一		一一四	
识字	三九	三	四七	二	五一	二	五〇		七八		六四		三三	一
职业 有	二四二	二二六	二三三	一九四	一九七	一八二	一八三	一九八	二二七	二〇三	二四九	二五〇	一七三	一七二
职业 无	一八三	一五一	一六四	一四七	一七二	一四九	一〇五	五六	一三八	一一五	一二七	一〇〇	九五	八一
非家属同住者	三三	二二	二六	二三	二九	一九	二		八〇	六六	三三	一七	一七	一四
学童	六四		三六		四八		三四		八一		九七		五四	
备考	出县男三五人		出县男三一人女一人		出区男四人女一人		出保男二二人出区男十三人出县男五人他往不详男二人		出县男二五人女四人		出县男二人		出县男一〇人	

事别＼保别	第一一三保		第一一四保		第一一五保		第一一六保		第一一七保		第一一八保		第一一九保	
甲数	一〇		一〇		一二		九		九		一三		一〇	
户数	一一四		一〇八		一二五		一〇〇		九七		一四一		一〇二	
	男	女	男	女	男	女	男	女	男	女	男	女	男	女
人口总数	二七九	二七七	二七四	二五八	二九八	二六五	二二九	二一三	二〇二	二二〇	三五三	三二八	二九六	二七九
现住	二五八	二七五	二三七	二五三	二八九	二六四	二一三	二一二	一八一	二一九	三三三	三二五	二九三	二七九
他往	二一	二	三七	五	九	一	一六	一	二一	一	二〇	三	三	
壮丁	一一一		六四		一〇三		九九		八〇		一一二		九八	
识字	五八	三	四〇		三〇		五八		一四		八一	一	二〇	
职业 有	一九四	一八九	一七一	一六六	一七一	一四一	一五九	一三四	一二二	一三一	二四三	二〇一	一八六	一六三
职业 无	八五	八八	一〇三	九二	一二七	一二四	七〇	七九	八〇	八九	一一〇	一二七	一一〇	一一六
非家属同住者	八	五	二二	三六	三	三	三	二	二	八	九	三	二	三
学童	六三		三九		一五		三六		四〇		四一		四三	
备考	出县男一二人		出保男四人出区男四人出县男三人		出保男六人女一人出区男三人		出县男一〇人女一人		出县男二〇人女一人		出县男一〇人女二人		出县男三人	

区长何裕光

中华民国二十五年七月五日

荣县第四区普通户口统计表

区长何裕光

中华民国二十五年七月五日

事别＼保别		合计		附记
甲数		一二六二		本区所辖一O联保一一九保一二六二甲至金花殿永兴场虽不足十保但金花殿地界犍为宜宾为荣县边陲要隘永兴场历有场期赶集划拨邻近各联保管理诸多不便以故未能合并至保甲户减少原因二十四年度编组保甲时有确系立一户强立门户者有因地势关系便于管理以致略有减并人口减少原因系四五月切实检举烟民有借贸易出外逃避者兼以五六月整理保甲之际天久不雨就食四方者不少之故统计表迟造原因系因检举烟民训练壮丁准备检阅保甲长联保主任及书记事务纷纭不免进度稍迟
户数		一四二二八		
人口总数		男	女	
		三八六一二	三五五O五	
现住		三五七一九	三五二七五	
他往		二八九三	二三O	
壮丁		一三二O五		
识字		六O六九	一七一	
职业	有	二三七一O	二一三五八	
	无	一四九O二	一四一四七	
非家属同住者		二五五七	一二六O	
学童		八一八		
备考		出保男七OO人女八一人出区男四三四人女七八人出县男九三O人女三五人出省男二O人女二人不详他往男五三人女三人		

荣县第四区普通户口统计表（二）

四川省荣县第四区第一保普通户口统计表

事别＼甲别	第一甲		第二甲		第三甲		第四甲		第五甲		第六甲		第七甲		第八甲		第九甲		第十甲		第十一甲		第十二甲		第十三甲		第十四甲		第十五甲		总计		附记
户数	一〇		一一		一一		一一		一〇		一〇		一一		一一		八		一一												一〇四		
	男	女	男	女	男	女	男	女	男	女	男	女	男	女	男	女	男	女	男	女	男	女	男	女	男	女	男	女	男	女	男	女	
人口总数	二一	一六	二一	一七	二六	二三	一八	二九	二二	二〇	一九	九	二七	三〇	三六	三一	二四	二五	三九	三二											二五三	二三二	
现住	一七	一六	二〇	一七	二五	二二	一五	二九	一九	二〇	一九	九	二六	三〇	三六	三一	二四	二五	三七	三二											二三八	二三一	
他往	四		一		一	一	三		三				一						二												一五	一	
壮丁	八		七		一六		九		一一		九		九		一五		七		一三												九八		
识字	一〇	一	一一	二	一二	三	一〇		一〇	二	八	一	一〇		一六	一	三		六												九六	一〇	
职业 有	一四	九	一三	一二	一五	一三	一一	一三	一五	一五	一二	六	一六	一八	二一	一八	一三	一七	二五	一九											一五五	一四〇	
职业 无	七	七	八	五	一一	一〇	七	一六	七	五	七	三	一一	一二	一五	一三	一一	八	一四	一三											九八	九二	
非家属同住者	二	二	一	一	六	二	三	二	二	二	一	一		三	二																一七	一三	
学童	一		三		五		六		八		三		九		四		三		二												四四		
备考	出县男三人出区男一人		出县男一人		出县男一人女一人		出区男三人		出区男一人出县男二人				出县男一人						出县男二人												出区男五人出县男一〇人女一人		

中华民国二十五年　月　日　保长王世贵

甲别/事别	第一甲		第二甲		第三甲		第四甲		第五甲		第六甲		第七甲		第八甲		第九甲		第十甲		第十一甲		第十二甲		第十三甲		第十四甲		第十五甲		总计		附记
户数	一一		一一		一一		一二		一〇		九		一〇		一三		一〇		一五												一一二		
	男	女	男	女	男	女	男	女	男	女	男	女	男	女	男	女	男	女	男	女	男	女	男	女	男	女	男	女	男	女	男	女	
人口总数	二五	三五	二二	二三	三三	二九	二三	二三	二三	二八	二八	二九	三八	三二	三一	二六	二四	二九	三五	三五											二八二	二七九	
现住	二四	三五	二一	二二	三一	二九	二二	二三	二三	二八	二八	一九	二八	三二	三〇	二五	二四	二九	三〇	三五											二七一	二七七	
他往	一		一	一	二		一								一	一			五												一一	二	
壮丁	五		九		一〇		一一		一二		五		八		一三		一一		一六												一〇〇		
识字	三		一		二		一		一		一		一		一		一		一												一三		
职业 有	一一	一五	一一	九	一一	一七	一一	九	一一	一四	一〇	一〇	一九	一四	一四	九	一一	一二	一八	一三											一二七	一二二	
职业 无	一四	二〇	一一	一四	二二	一二	一二	一四	一二	一四	一八	九	一九	一八	一七	一七	一三	一七	一七	二二											一五五	一五七	
非家属同住者													二	一	一	一															三	三	
学童	一〇		四		一〇		八		五		七		五		四		六		六												六五		
备考	出县男一人		出保女一人出区男一人		出区男二人		出区男一人								出保男一人女一人				出区男三人出省男二人												出保男一人女二人出区男七人出县男一人出省男二人		

四川省荣县第四区第二保普通户口统计表

保长余希承

中华民国二十　年　月　日

四川省荣县第四区第三保普通户口统计表

事别＼甲别		第一甲		第二甲		第三甲		第四甲		第五甲		第六甲		第七甲		第八甲	
户数		一一		一三		九		一三		一二		一〇		一二		一二	
人口总数		男	女	男	女	男	女	男	女	男	女	男	女	男	女	男	女
人口总数		三〇	二九	四五	四三	二四	二五	三五	四〇	二七	二三	三〇	三五	二九	三〇	三三	三二
现住		二九	二九	四二	四二	二二	二五	三五	四〇	二五	二三	二九	三五	二八	三〇	三〇	三一
他往		一		三	一	二				二		一		一		三	一
壮丁		九		一〇		一二		一三		一一		一四		一二		一五	
识字		一		一		四		三		一		六	一	一		四	
职业	有	一五	一〇	二〇	一九	一四	一四	一九	一八	一七	一三	一六	一七	一九	一四	一八	一八
职业	无	一五	一九	二五	二四	一〇	一一	一六	二二	一〇	一〇	一四	一八	一〇	一六	一五	一四
非家属同住者				一			二	二	一			一					
学童		八		九		三		一三		三		九		九		五	
备考		出县男一人		出保男一人女一人出县男二人		出县男一人出区男一人				出保男一人出区男一人		他往不详男一人		出保男一人		出保女一人出区男三人	

事别＼甲别		第九甲		第十甲		第十一甲		第十二甲		第十三甲		第十四甲		第十五甲		总计		附记
户数		一一		九												一一二		
人口总数		男	女	男	女	男	女	男	女	男	女	男	女	男	女	男	女	
人口总数		三五	二八	二二	二一											三一〇	三〇六	
现住		三四	二八	二二	二一											二九六	三〇四	
他往		一														一四	二	
壮丁		一七		八												一二一		
识字		三	一	一												二五	二	
职业	有	一四	一六	一六	一二											一六八	一五一	
职业	无	二一	一二	六	九											一四二	一五五	
非家属同住者		一	一													五	四	
学童		七		四												七〇		
备考		出县男一人														出保男三人女二人出区男五人出县男五人他往不详男一人		

中华民国二十　年　月　日

保长李述乔

四川省荣县第四区第四保普通户口统计表

事别＼甲别		第一甲		第二甲		第三甲		第四甲		第五甲		第六甲		第七甲		第八甲		第九甲		第十甲		第十一甲		第十二甲		第十三甲		第十四甲		第十五甲		总计		附记
户数		一〇		一〇		一〇		一一		一一		一〇		一一		一一		一二		一二												一〇八		
		男	女	男	女	男	女	男	女	男	女	男	女	男	女	男	女	男	女	男	女	男	女	男	女	男	女	男	女	男	女	男	女	
人口总数		三〇	三五	三三	三〇	二四	二八	三三	三二	二七	二〇	二四	二〇	二六	二一	三〇	三〇	四六	二九	三〇	二五											三〇三	二七〇	
现住		三〇	三五	三一	三〇	二〇	二八	三〇	三二	二二	二〇	二一	二〇	二〇	二一	二四	三〇	三九	二九	二七	二五											二六四	二七〇	
他往				二		四		三		五		三		六		六		七		三												三九		
壮丁		一一		一一		七		八		一〇		八		一〇		九		一六		七												九七		
识字		五		五		二		一		三		三		一		三		五		一												二九		
职业	有	二〇	二一	一六	一四	一四	一六	一八	一七	一三	九	一一	一二	一四	一一	一七	一六	二六	一七	一三	一五											一六二	一四八	
	无	一〇	一四	一七	一六	一〇	一二	一五	一五	一四	一一	一三	八	一二	一〇	一三	一四	二〇	一二	一七	一〇											一四一	一二三	
非家属同住者								一	一			一						二	一													四	二	
学童		三		一〇		八		七		四		七		五		六		一一		六												六七		
备考				出区男二人		出保男二人出区男二人		出区男一人他往不明者男二人		出保男二人出区男三人		出保男二人出区男一人		出保男三人出区男三人		出保男四人出区男二人		出保男六人出区男一人		出保男二人出区男一人												出保男二一人出区男一六人他往不明男二人		

中华民国二十　年　月　日

保长虞烈光

四川省荣县第四区第五保普通户口统计表

事别＼甲别		第一甲		第二甲		第三甲		第四甲		第五甲		第六甲		第七甲		第八甲		第九甲		第十甲		第十一甲		第十二甲		第十三甲		第十四甲		第十五甲		总计		附记
户数		一一		一〇		一〇		一二		九		一二		一四		一二		一二		一二												一一四		
人口总数		男	女	男	女	男	女	男	女	男	女	男	女	男	女	男	女	男	女	男	女	男	女	男	女	男	女	男	女	男	女	男	女	
人口总数		四三	三七	二〇	二〇	二二	一九	二五	二三	二二	一八	二六	二二	三七	三三	三三	三一	三七	二九	四〇	三一											三〇五	二六三	
现住		三九	三四	一八	二〇	二一	一九	二三	二三	二二	一八	二五	二二	三三	三三	三二	三一	三五	二九	三二	三一											二八〇	二六〇	
他往		四	三	二		一		二				一		四		一		二		八												二五	三	
壮丁		一四		一〇		八		七		三		二		一五		九		一四		一五												九七		
识字		七		三		四		五		二		四		五		四		五		七												四六		
职业	有	三一	二四	一八	一三	一六	一四	二一	一七	一三	一〇	一八	一六	二四	二一	二五	一八	二七	二一	三〇	二二											二二三	一七六	
职业	无	一二	一三	二	七	六	五	四	六	九	八	八	六	一三	一二	八	一三	一〇	八	一〇	九											八二	八七	
非家属同住者						二	二	一						四	三	四	二	一	二	三	一											一五	一〇	
学童		一〇		五		五		三		三		六		一〇		六		八		九												六五		
备考		出保女三人出区男四人		出保男二人		出区男一人		出保男二人				出县男一人		出保男四人		出保男一人		出区男二人		出保男六人出县男二人												出保男一五人女三人出区男七人出县男三人		

保长姜绍周

中华民国二十五年七月日

四川省荣县第四区第六保普通户口统计表

事别＼甲别		第一甲 男	第一甲 女	第二甲 男	第二甲 女	第三甲 男	第三甲 女	第四甲 男	第四甲 女	第五甲 男	第五甲 女	第六甲 男	第六甲 女	第七甲 男	第七甲 女	第八甲 男	第八甲 女
户数		一〇		一〇		一一		一〇		一〇		一一		一〇		一〇	
人口总数		二三	二八	二九	二九	三一	三三	二二	二三	一八	一七	二四	二一	二二	一七	二二	二九
现住		二一	二八	二七	二九	二五	三三	二〇	二三	一五	一七	一七	二一	一七	一七	一九	二九
他往		二		二		六		二		三		七		五		三	
壮丁		一五		八		九		八		九		九		九		八	
识字		五		五		三		一〇		三		一四		五		五	
职业	有	一四	一九	一二	一八	一六	二〇	九	一四	一〇	一一	一二	一二	一五	九	一二	一三
职业	无	九	九	一七	一一	一五	一三	一三	九	八	六	三	九	七	八	一〇	一六
非家属同住者				二	二	一	一						一				
学童		四		四		七		六		三		六		五		六	
备考		他往壮丁一出保男二人		出保男二人		他往壮丁三人丁残废壮三人出保男三人出区男三人		出区男二人		残废壮丁一人他往壮丁二人出区男二人出县男一人		他往壮丁二人出保男三人出区男二人出县男二人		他往壮丁四人出区男五人		出保男三人	

事别＼甲别		第九甲 男	第九甲 女	第十甲 男	第十甲 女	第十一甲 男	第十一甲 女	第十二甲 男	第十二甲 女	第十三甲 男	第十三甲 女	第十四甲 男	第十四甲 女	第十五甲 男	第十五甲 女	总计 男	总计 女	附记
户数		一〇		八												一〇〇		
人口总数		一八	二一	一九	一三											二二八	二三一	
现住		一五	二一	一六	一三											一九二	二三一	
他往		三		三												三九		
壮丁		一四		七												九六		
识字		四		二												五六		
职业	有	九	一二	八	七											一一七	一三五	
职业	无	九	九	一一	六											一一一	九六	
非家属同住者		一														四	四	
学童		五		五												五一		
备考		他往壮丁一人出保男二人出区男一人		他往壮丁一人残废壮丁一人出保男三人												出保男十八人出区男十五人出县男二人		

中华民国二十　年　月　日

保长李子银

甲别 / 事别	第一甲		第二甲		第三甲		第四甲		第五甲		第六甲		第七甲		第八甲		第九甲		第十甲		第十一甲		第十二甲		第十三甲		第十四甲		第十五甲		总计		附记
户数	一〇		一〇		一〇		一〇		一〇		一〇		一〇		一〇		一〇		一四												一〇四		
人口总数	男	女	男	女	男	女	男	女	男	女	男	女	男	女	男	女	男	女	男	女	男	女	男	女	男	女	男	女	男	女	男	女	
	一九	二三	二八	二四	三一	二五	三三	二〇	二四	二一	一三	一三	二六	一八	二七	一七	二七	二〇	四一	四五											二六九	二二六	
现住	一六	二三	二七	二四	三〇	二五	二七	二〇	二三	二一	一〇	一三	二三	一八	二五	一七	二四	二〇	三三	四五											二二八	二二六	
他往	三		一		一		六		一		三		三		二		三		八												三一		
壮丁	七		六		一五		一三		九		七		九		八		六		一二												九二		
识字	二		二				二				二	一			二		二		九												二一	一	
职业 有	一六	二一	二一	二二	二九	二二	二九	一七	二一	一七	九	一〇	二二	一五	二四	一四	二一	一六	三七	三八											二二九	一九二	
职业 无	三	二	七	二	二	三	四	三	三	四	四	三	四	三	三	三	六	四	四	七											四〇	三四	
非家属同住者		一		一			二	一			一							一													三	四	
学童	七		七		五		七		八		五		二		二		二		一二												五七		
备考	出保男三人		出保男一人		出县男一人		出保男四人出县男二人		出县男一人		出保男二人出县男一人		出保男三人		出县男二人		出保男二人出县男一人		出保男五人出区男一人出县男二人												出保男二〇人出区男一人出县男一〇人		

四川省荣县第四区第七保普通户口统计表

中华民国二十　年　月　日

保长余郑谦

四川省荣县第四区第八保普通户口统计表

保长虞炳权

中华民国二十　年　月　日

事别＼甲别		第一甲		第二甲		第三甲		第四甲		第五甲		第六甲		第七甲		第八甲		第九甲		第十甲		第十一甲		第十二甲		第十三甲		第十四甲		第十五甲		总计		附记
户数		一一		一〇		一〇		一〇		一二		一〇		一一		一〇		一〇		一〇												一〇三		
人口总数		男	女	男	女	男	女	男	女	男	女	男	女	男	女	男	女	男	女	男	女	男	女	男	女	男	女	男	女	男	女	男	女	
人口总数		三五	二九	三六	三三	三一	三一	二九	三四	二八	二三	三四	三三	三七	三二	二二	二九	四一	三〇	三八	三一											三三一	三〇五	
现住		三三	二七	三三	三一	三〇	三一	二五	三三	二五	二三	三一	三一	三三	二九	一九	二九	三三	二六	三二	三一											二九四	二九一	
他往		二	二	三	二	一		四	一	三		三	二	四	三	三		八	四	六												三七	一四	
壮丁		八		七		九		八		一六		九		一四		九		一一		一六												一〇七		
识字		二		二		六		二		一		二		二		二		三		三												二五		
职业	有	一六	二四	一八	二三	一六	一六	二三	二〇	一六	一四	二一	一九	二四	二二	一四	一三	二九	二四	三二	二二											二〇九	一九七	
职业	无	一九	五	一八	一〇	一五	一五	六	一四	一二	九	一三	一四	一三	一〇	八	一六	一二	六	六	九											一二二	一〇八	
非家属同住者		一	一	一	二	五	七	四	五	二	二	五	一	二	二	二	一	二	二	九	一											三三	二四	
学童		六		五		七		九		三		八		一〇		七		九		五												六九		
备考		出保男二人女二人		出保男三人女二人		出保男一人		出保男二人女一人出区男二人		出保男二人出县男一人		出保女二人出区男三人		出保女三人出区男四人		出区男一人出县男二人		出保男四人女四人出区男四人		出区男六人												出保男一九人女一四人出区男二〇人出县男三人		

四川省荣县第四区第九保普通户口统计表

甲别 事别		第一甲		第二甲		第三甲		第四甲		第五甲		第六甲		第七甲		第八甲		第九甲		第十甲		第十一甲		第十二甲		第十三甲		第十四甲		第十五甲		总计		附记
户数		一三		一二		一五		一二		一〇		一〇		一〇		一〇		一〇		一一		一〇										一二三		
人口总数		男	女	男	女	男	女	男	女	男	女	男	女	男	女	男	女	男	女	男	女	男	女	男	女	男	女	男	女	男	女	男	女	
		三五	二九	二八	二五	四二	三四	二二	二六	三〇	二八	三九	二八	二二	二六	二〇	三六	三四	三一	三六	二五	三三	二八									三五一	三一六	
现住		三一	二七	二〇	二五	三九	三三	一六	二六	二二	二七	三三	二八	二〇	二五	二五	三六	二一	三〇	二六	二五	二二	二七									二七五	三〇九	
他往		四	二	八		三	一	六		八	一	六		二	一	五		一三	一	一〇		一一	一									七六	七	
壮丁		九		一四		一六		九		一三		一七		一一		八		一一		九		一一										一二八		
识字		二		三		三	一	三	二	一						二		一		二		二										一九	三	
职业	有	二四	一五	二〇	一三	二三	一三	一三	一一	一七	一四	二四	一九	一六	一八	一四	一八	二一	一七	一六	一四	一九	一五									二〇七	一六七	
	无	一一	一四	八	一二	一九	二一	九	一五	一三	一四	一五	九	六	八	一六	一八	一三	一四	二〇	一一	一四	一三									一四四	一四九	
非家属同住者		三	二			一				四	五	六	三	一																		一五	一〇	
学童		七		五		六		四		七		二		四		六		四		五		四										五四		
备考		出保男四人女二人		出保男三人出县男五人		出保男三人女一人		出保男一人出区男一人出县男四人		出保男六人女一人出县男二人		出保男五人出区男一人		出保者男二人女一人		出保男四人出县男一人		出保男四人女一人出区男四人出县男五人		出保男九人出县男一人		出保男六人女一人出县男五人										出保男四八人女七人出区男七人出县男二三人		

中华民国二十　年　月　日

保长虞赓尧

四川省荣县第四区第一〇保普通户口统计表

保长虞文吉

中华民国二十 年 月 日

事别＼甲别		第一甲		第二甲		第三甲		第四甲		第五甲		第六甲		第七甲		第八甲		第九甲		第十甲		第十一甲		第十二甲		第十三甲		第十四甲		第十五甲		总计		附记
户数		一〇		一一		一〇		一〇		一四		一〇		一〇		一三		一〇		八												一〇六		
		男	女	男	女	男	女	男	女	男	女	男	女	男	女	男	女	男	女	男	女	男	女	男	女	男	女	男	女	男	女	男	女	
人口总数		三一	二六	二三	三三	三二	二三	二八	三三	三五	三九	二五	一九	二五	二二	三六	三四	二六	二一	一六	二三											二七八	二六四	
现住		二八	二六	二〇	三三	三二	二三	二五	三三	三二	三九	二五	一九	二四	二二	三二	三四	二四	二一	一〇	二二											二五一	二六四	
他往		三		三		一		三		三				一		四		二		六	一											二七		
壮丁		一一		一三		一一		一二		二〇		九		一〇		一三		六		七												一〇二		
识字		三		五		七		一		一〇		二		一		一二		一三	五	四												五八	五	
职业	有	三〇	一四	一二	一〇	一八	一二	一九	二二	二一	二九	一五	一一	一三	一〇	二二	一九	一三	一五	九	一三											一七二	一五五	
	无	一	三	一一	一三	一五	一一	九	一一	一四	一〇	一〇	一八	一二	一二	一四	一五	一三	六	七	一〇											一〇六	一〇九	
非家属同住者		四	三			二	三	一		一						四	二	三	四													一五	一二	
学童		四		四		七		六		七		四		二		四		七		六												五一		
备考		出保男三人		出保男二人出区男一人		出保男一人		出保男三人		出保男二人出县男一人				出保男一人		出保男三人出区男二人		出保男二人		出保男四人女二人出县男二人												出保男二一人女二人出区男三人出县男三人		

事别 \ 甲别	第一甲		第二甲		第三甲		第四甲		第五甲		第六甲		第七甲		第八甲		第九甲		第十甲		第十一甲		第十二甲		第十三甲		第十四甲		第十五甲		总计		附记
户数	一〇		一二		一〇		一一		一三		一二		一一		一〇		一〇		一〇												一〇九		
人口总数	男	女	男	女	男	女	男	女	男	女	男	女	男	女	男	女	男	女	男	女	男	女	男	女	男	女	男	女	男	女	男	女	
	二二	二六	二九	二九	二二	二八	二三	二〇	二九	三〇	三三	二六	二六	二八	三九	二七	二二	二六	一五	一九											二六〇	二五九	
现住	二〇	二六	二七	二九	二〇	二八	二三	二〇	二九	三〇	三一	二六	二二	二八	三五	二七	二二	二六	一三	一九											二四二	二五九	
他往	二		二		二						二		四		四				二												一八		
壮丁	八		一二		九		八		一四		一一		一一		一一		八		九												一〇一		
识字	五	二	七		五		二		五		六		四		九		四		六												五三	二	出省未出国者男一人
职业 有	一五	一九	二〇	二〇	一六	一七	一五	一三	一八	一九	二二	一六	一四	一二	二〇	一八	一四	一三	一〇	一四											一六四	一六一	
职业 无	七	七	九	九	六	一一	八	七	一一	一一	一一	一〇	一二	一六	一九	九	八	一三	五	五											九九	九六	
非家属同住者	一		三								一																				五		
学童	二		一四		四		六		一〇		五		一一		五		四		二												六三		
备考	出保男二人		出保男二人		出省未出国者男一人他往不详男一人						出保男二人		出保男二人出区男二人		出保男四				出保男二人												出保男一四人出区男二人出省男一人他往不详男一人		

四川省荣县第四区第一一保普通户口统计表

保长董湘溪

中华民国二十　年　月　日

四川省荣县第四区第一二保普通户口统计表

事别＼甲别		第一甲		第二甲		第三甲		第四甲		第五甲		第六甲		第七甲		第八甲		第九甲		第十甲		第十一甲		第十二甲		第十三甲		第十四甲		第十五甲		总计		附记
户数		一一		一二		一三		一二		一一		一二		一〇		一一		一二		一二												一一六		
人口总数		男	女	男	女	男	女	男	女	男	女	男	女	男	女	男	女	男	女	男	女	男	女	男	女	男	女	男	女	男	女	男	女	
人口总数		二八	二九	三一	二九	二四	二一	三〇	二六	二八	二三	三七	三四	二四	二三	二六	二四	二五	二七	三〇	三〇											二八三	二六六	
现住		二四	二九	二五	二八	二四	二一	三〇	二六	二六	二一	三〇	三四	二二	二三	二四	二四	二二	二六	三〇	二九											二五七	二六一	
他往		四		六	一					二	二	七		二		二		三	一		一											二六	五	
壮丁		一一		一一		六		一一		六		八		八		一〇		一五		七												九三		
识字		六		一				三		三		四		三		四																二四		
职业	有	一六	一五	二一	一三	一三	一四	二四	一七	一五	一二	二〇	一四	一三	一三	一六	一三	一九	一三	一六	一三											一七	一三七	
职业	无	一二	一四	一〇	一六	一一	七	六	九	一三	一一	一七	二〇	一一	一〇	一〇	一一	六	一四	一四	一七											一一〇	一二九	
非家属同住者		五	三	一	二													一	二													七	七	
学童		三		七		三		五		六		三		五		七		三		七												四九		
备考		出保男二人出区男二人		出保男五人女一人出县男一人						出保男二人女二人		出保男五人出县男二人		出保男二人		出保男二人		出保男三人女一人		出保女一人												出保男二一人女五人出区男二人出县男一人		

中华民国二十 年 月 日

保长朱群儒

四川省荣县第四区第一三保普通户口统计表

事别＼甲别	第一甲		第二甲		第三甲		第四甲		第五甲		第六甲		第七甲		第八甲		第九甲		第十甲		第十一甲		第十二甲		第十三甲		第十四甲		第十五甲		总计		附记
户数	一〇		一三		一二		一二		一一		一〇		一二		一四		一〇		一一												一一五		
	男	女	男	女	男	女	男	女	男	女	男	女	男	女	男	女	男	女	男	女	男	女	男	女	男	女	男	女	男	女	男	女	
人口总数	二七	二六	四一	五一	二九	三七	四二	三〇	二二	二五	三八	二九	二八	三三	三九	三四	二九	二六	三一	二三											三二六	三一四	
现住	二三	二六	三一	四九	二三	三七	三六	三〇	一九	二五	三三	二九	二三	三二	三六	三四	二三	二六	二一	二三											二六八	三一一	
他往	四		一〇	二	六		六		三		五		五	一	三		六		一〇												五八	三	
壮丁	一二		一六		九		一二		六		一一		一四		一五		一五		九												一一九		
识字	六		一一		三		二		三		一二		三		六		五		八												五九		
职业 有	一九	一四	二五	二三	一七	二〇	二三	一六	一三	一二	二五	一八	一九	一五	二七	一五	二五	一八	一五	一三											二〇八	一六四	
职业 无	八	一二	一六	二八	一二	一七	一九	一四	九	一三	一三	一一	九	一五	一二	一九	四	八	一六	一〇											一一八	一五〇	
非家属同住者	三	一	六	二		三	一				五	一	一		八	六			二	一											二六	一四	
学童	六		一〇		九		九		八		一一		一二		九		一〇		四												八八		
备考	出保男四人		出保男三人女二人出区男五人出县男二人		出保男五人出县男一人		出保男五人出区男一人		出保男三人		出保男五人		出保男三人女一人出县男二人		出保男三人		出保男四人出县男二人		出保男八人出区男二人												出保男四三人女三人出区男八人出县男七人		

中华民国二十　年　月　日

保长朱仁清

四川省荣县第四区第一四保普通户口统计表

事别＼甲别	第一甲		第二甲		第三甲		第四甲		第五甲		第六甲		第七甲		第八甲		第九甲		第十甲		第十一甲		第十二甲		第十三甲		第十四甲		第十五甲		总计		附记
户数	一〇		一三		一五		一五		一五		一二		一二		一二		一一		一一												一二六		出省未出国者男一人
	男	女	男	女	男	女	男	女	男	女	男	女	男	女	男	女	男	女	男	女	男	女	男	女	男	女	男	女	男	女	男	女	
人口总数	三五	二七	四〇	三一	三一	三四	三五	四一	三七	四〇	二六	二三	三七	三三	二四	二一	二五	二九	二八	二六											三一八	三〇五	
现住	三三	二七	三九	三一	三〇	三三	三五	四一	三四	四〇	二五	二三	三三	三三	二四	二一	二一	二九	二八	二六											三〇二	三〇四	
他往	二		一		一	一			三		一		四				四														一六	一	
壮丁	一〇		一三		八		一一		一六		五		一二		六		七		一二												一〇〇		
识字	七		六		七	一	五		五		一		八		二		一		六	一											四八	二	
职业 有	一九	一一	二六	一五	一八	一六	二四	二三	二七	二八	一八	一五	二一	二四	一五	一二	一八	一〇	一八	一一											二〇四	一六五	
职业 无	一六	一六	一四	一六	一三	一八	一一	一八	一〇	一二	八	八	一六	九	九	九	七	一九	一〇	一五											一一四	一四〇	
非家属同住者	一		七				一	二	二	二	三	二	二		一	一	二														一九	七	
学童	六		六		一〇		六		一三		六		八		五		九		六												七五		
备考	出保男二人		出保男一人		出保男一人女一人				出保男二人出县男一人		出省未出国者男一人		出保男四人				出保男四人														出保男一四人出县男一人出省男一人		

中华民国二十五年七月廿六日　保长朱泽民

四川省荣县第四区第一五保普通户口统计表

事别＼甲别	第一甲		第二甲		第三甲		第四甲		第五甲		第六甲		第七甲		第八甲		第九甲		第十甲		第十一甲		第十二甲		第十三甲		第十四甲		第十五甲		总计		附记
户数	一二		一三		一三		一三		一三		一五		一三		一四		一三		一二												一三一		
	男	女	男	女	男	女	男	女	男	女	男	女	男	女	男	女	男	女	男	女	男	女	男	女	男	女	男	女	男	女	男	女	
人口总数	三二	二三	三一	三四	二九	一五	四三	三二	三三	二四	四四	三四	三五	二七	三一	三〇	三一	二六	二九	三一											三三八	二七六	
现住	二七	二三	三一	三四	二九	一五	四一	三二	三三	二四	四三	三四	三二	二七	三一	三〇	三〇	二六	二九	三一											三二六	二七六	
他往	五						二				一		三				一														一二		
壮丁	一一		六		一一		一四		一〇		一一		一二		一二		八		六												一〇一		
识字	八		二		五		七		六		六		八		三		一		二												四八		
职业 有	一六	一一	一二	一七	一〇	八	一九	一六	二〇	一二	二一	一五	一八	一一	一八	二〇	一五	一七	一二	一六											一六一	一四三	
职业 无	一六	一二	一九	一七	一九	七	二四	一六	一三	一二	二三	一九	一七	一六	一三	一〇	一六	九	一七	一五											一七七	一三三	
非家属同住者	一		二			一	一	四	一		二			三	二		一		一												一一	八	
学童	二		五		三		七		六		八		六		五		六		四												五二		
备考	出保男四人出县男一人						出保男二人				出保男一人		出保男三人				出区男一人														出保男一〇人出区男一人出县男一人		

中华民国二十 年 月 日 保长王礼和

四川省荣县第四区第一六保普通户口统计表

事别\甲别	第一甲		第二甲		第三甲		第四甲		第五甲		第六甲		第七甲		第八甲		第九甲		第十甲		第十一甲		第十二甲		第十三甲		第十四甲		第十五甲		总计		附记
户数	一〇		一〇		一一		一〇		一二		一〇		一二		一二		一三		一五												一一五		
	男	女	男	女	男	女	男	女	男	女	男	女	男	女	男	女	男	女	男	女	男	女	男	女	男	女	男	女	男	女	男	女	
人口总数	二六	三一	二七	三五	二九	二九	二三	二五	二五	二〇	四四	三八	二五	二四	三二	二二	二六	四〇	四〇	三八											二九七	三〇二	
现住	二二	三〇	二五	三四	二八	二九	二三	二五	二四	二〇	四〇	三八	二五	二四	三〇	二二	二五	四〇	四〇	三八											二八二	三〇〇	
他往	四	一	二	一	一				一		四				二		一														一五	二	
壮丁	五		六		七		七		六		七		六		九		一〇		一五												七八		
识字	六		五		四		三		四		三		四		三		四														三六		
职业 有	一六	二〇	二〇	三〇	二〇	一九	一三	二〇	一五	一六	三〇	三〇	二〇	二〇	一六	一二	一五	二五	三〇	二〇											一九五	二一二	
职业 无	一〇	一一	七	五	九	一〇	一〇	五	一〇	四	一四	八	五	四	一六	一〇	一一	一五	一〇	一八											一〇二	九〇	
非家属同住者	三	一	四	一	二				二			二	二			二	二		二												一七	六	
学童	五		六		七		八		六		七		六		六		七		一〇												六八		
备考	出保男一人女一人出县男三人		出保男一人女一人		出县男一人				出县男一人		出保男三人出县男一人				出保男二人		出县男一人														出保男七人女二人出县男七人		

保长李孟才

中华民国二十　年　月　日

荣县第四区普通户口统计表（二）

四川省荣县第四区第一七保普通户口统计表

事别＼甲别		第一甲		第二甲		第三甲		第四甲		第五甲		第六甲		第七甲		第八甲		第九甲		第十甲		第十一甲		第十二甲		第十三甲		第十四甲		第十五甲		总计		附记
户数		九		一一		一〇		一〇		七		九		一〇		一〇		一一		一〇		一〇		九		八		一〇				一三四		
		男	女	男	女	男	女	男	女	男	女	男	女	男	女	男	女	男	女	男	女	男	女	男	女	男	女	男	女	男	女	男	女	
人口总数		二〇	二九	三四	二〇	二六	二一	二七	三四	一七	一四	二三	一九	三一	三四	三二	三〇	二六	二六	二六	二三	二六	二五	一九	二一	二〇	二〇	二三	二五			三五〇	三四二	
现住		二〇	二九	三一	二〇	二四	二一	二六	三四	一七	一四	一九	一九	二九	三四	二九	三〇	二六	二五	二六	二四	二二	二五	一八	二一	一八	二〇	二一	二五			三二六	三四一	
他往				三		二		一				四		二		三			一			四		一		二		二				二四	一	
壮丁		八		一〇		九		六		九		八		六		六		八		五		六		九		一〇		九				一〇九		
识字		五		二		二		三		二		四		二		一		二		一		三		二		一		二				三二		
职业	有	九	一六	一九	一〇	一六	九	一八	二一	八	九	二二	一一	一八	一六	一七	二二	一八	一五	一二	一三	一一	一二	一一	一〇	八	一〇	一三	一四			一九〇	一八八	
	无	一一	一三	一五	一〇	一〇	一二	九	一三	九	五	一一	八	一三	一八	一五	八	八	一一	一四	一一	一五	一三	八	一一	一二	一〇	一〇	一一			一六〇	一五四	
非家属同住者		四	一	一								一	一	二				三		一						二		一				一五	二	
学童		四		六		三		一		三		四		六		三		二		五		三		二		二		一				四五		
备考				出保者男三人		出保男二人		出区男一人				出区男四人		出县男二人		出保男二人出区男一人		出区女一人				出保男二人出县男二人		他往不详男一人		出保男一人出区男一人		出保男二人				出保男一二人出区男七人女一人出县男四人不详他往一人		

保长朱全忠

中华民国二十五年六月三十日

四川省荣县第四区第一八保普通户口统计表

中华民国二十五年六月三十日　保长余钦元

事别＼甲别		第一甲		第二甲		第三甲		第四甲		第五甲		第六甲		第七甲	
户数		一〇		九		一〇		九		一〇		九		九	
		男	女	男	女	男	女	男	女	男	女	男	女	男	女
人口总数		二三	二九	二四	二五	二八	三四	二一	二四	二三	二五	二六	二七	二〇	二二
现住		二三	二九	二四	二五	二七	三二	一九	二四	一九	二五	二三	二六	二〇	二一
他往						一	二	二		四		三	一		一
壮丁		九		一〇		七		七		一〇		九		八	
识字		三		一		三		二		二		四		二	
职业	有	一四	一五	一二	一三	一五	一九	一三	一五	一五	一三	一三	一五	一四	一三
	无	九	一四	一二	一二	一三	一五	八	九	八	一二	一三	一二	六	九
非家属同住者		一		一				三	三	三		四	二		
学童		六		五		九		三		三		四		三	
备考						出保男一人出区女二人		出区男二人		出保男一人出区男三人		出保男三人女一人		出县女一人	

事别＼甲别		第八甲		第九甲		第十甲		第十一甲		第十二甲		第十三甲		第十四甲		第十五甲		总计		附记
户数		九		七		一〇		九		一〇		一〇						一二一		
		男	女	男	女	男	女	男	女	男	女	男	女	男	女	男	女	男	女	
人口总数		三〇	二七	二四	一六	二四	二四	一八	一八	二七	二一	一八	一八					三〇六	三一〇	
现住		二九	二七	二四	一六	二四	二四	一七	一八	一五	二一	一七	一七					二九一	三〇五	
他往		一						一		二		一	一					一五	五	
壮丁		九		七		七		五		八		五						一〇一		
识字		五		三		二		一		四		三						三五		
职业	有	一六	一五	一四	九	一三	一一	一一	一一	一一	一四	一三	一二					一七四	一七五	
	无	一四	一二	一〇	七	一一	一三	七	七	一六	七	五	六					一三二	一三五	
非家属同住者		三	二	三	一				一	二			一					二〇	一〇	
学童		七		四		三		五		六		三						六一		
备考		出保男一人						出保男一人		出区男二人		出保男一人女一人						出保男八人女二人出区男七人女二人		

四川省荣县第四区第一九保普通户口统计表

事别＼甲别	第一甲		第二甲		第三甲		第四甲		第五甲		第六甲		第七甲		第八甲		第九甲		第十甲		第十一甲		第十二甲		第十三甲		第十四甲		第十五甲		总计		附记
户数	一〇		一一		八		一〇		一一		九		九		一〇		一四		一四												一〇六		
	男	女	男	女	男	女	男	女	男	女	男	女	男	女	男	女	男	女	男	女	男	女	男	女	男	女	男	女	男	女	男	女	
人口总数	二二	二六	三九	二七	二四	一九	二三	一九	二六	二三	二三	二七	二三	二〇	三一	二七	二七	三七	三〇	三九											二六八	二六四	
现住	二一	二六	三六	二六	二二	一九	二二	一九	二三	二三	二一	二六	二二	二〇	二九	二七	二四	三七	二六	三九											二四六	二六二	
他往	一		三	一	二		一		三		二	一	一		二		三		四												二二	二	
壮丁	七		一六		九		六		九		一一		八		八		六		一〇												九〇		
识字	一		七		二		四		六		三		四		六		三		二												三八		
职业·有	一四	一四	二四	一八	一三	一二	一四	一六	一七	一三	一五	一五	一七	一二	一九	一六	一五	一八	一七	三一											一六五	一六五	
职业·无	八	一二	一五	九	一一	七	九	三	九	一〇	八	一二	六	八	一二	一一	一二	九	一三	八											一〇三	九九	
非家属同住者		一																														一	
学童	五		五		六		九		六		四		四		九		九		一一												六八		
备考	出保男一人		出保男一人女一人出区男二人		出县男二人		出区男一人		出保男三人		出保男二人女一人		出区男一人		出区男二人		出保男一人出区男二人		出保男四人												出保男一二人女二人出区男八人出县男二人		

中华民国二十 年 月 日　保长岑正岳

四川省荣县第四区第二〇保普通户口统计表

事别＼甲别	第一甲		第二甲		第三甲		第四甲		第五甲		第六甲		第七甲		第八甲		第九甲		第十甲		第十一甲		第十二甲		第十三甲		第十四甲		第十五甲		总计		附记
户数	一一		一二		一〇		一二		一三		一四		一三		一〇		一〇														一〇五		
人口总数	男	女	男	女	男	女	男	女	男	女	男	女	男	女	男	女	男	女	男	女	男	女	男	女	男	女	男	女	男	女	男	女	
	三二	三四	五七	五一	三八	二二	三二	二七	三五	四〇	四一	四一	三八	四三	二九	三二	三三	三九													三三五	三二九	
现住	三〇	三四	五四	五一	三六	二二	三二	二七	三二	四〇	三四	四一	三一	四一	二五	三二	三一	三八													三〇五	三二六	
他往	二		三		二				三		七		七	二	四		二	一													三〇	三	
壮丁	八		一二		一〇		六		一二		一四		一三		一一		七														九三		
识字	四		一		一		一		一		二		三		二		一														一六		
职业 有	二五	二〇	四〇	四〇	三〇	一二	一八	一五	二〇	二四	二三	二二	三〇	三〇	一九	二〇	二三	二四													二二八	二〇七	
职业 无	七	一四	一七	一一	八	一〇	一四	一二	一五	一六	一八	一九	八	一三	一〇	一二	一〇	一五													一〇七	一二二	
非家属同住者	二	一			三		二		一	一		一	二		二	一	一	二													一三	六	
学童	三		四		二		二				二		四		五		一一														三三		
备考	出保男二人		出保男二人出区男一人		出区男二人				出保男三人		出区男六人出县男一人		出保男二人出区男四人女二人出县男一人		出区男四人		出保男二人女一人														出保男十一人女一人出区男一七人女二人出县男一人		

中华民国二十五年六月三十日　保长黄国贵

荣县第四区普通户口统计表（二）

四川省荣县第四区第二保普通户口统计表

中华民国二十　年　月　日　保长严仲篪

事别＼甲别		第一甲		第二甲		第三甲		第四甲		第五甲		第六甲		第七甲		第八甲		第九甲		第十甲		第十一甲		第十二甲		第十三甲		第十四甲		第十五甲		总计		附记
户数		一二		九		一〇		一〇		一〇		一〇		一〇		一〇		一〇		一二												一〇三		
		男	女	男	女	男	女	男	女	男	女	男	女	男	女	男	女	男	女	男	女	男	女	男	女	男	女	男	女	男	女	男	女	
人口总数		二八	三〇	二二	二五	二六	二〇	一六	一四	一九	一九	一六	二一	四三	四一	二四	一四	二六	二六	三一	二一											二五一	二三一	
现住		二四	二九	二二	二四	二二	一九	一五	一三	一七	一七	一一	二〇	三九	四一	二一	一四	二一	二二	二七	二一											二一九	二二〇	
他往		四	一		一	四	一	一	一	二	二	五	一	四		三		五	四	四												三二	一一	
壮丁		三		八		六		四		七		三		四		六		一〇		五												五六		
识字				二		二	二	一		二				四		一		四		五	二											二一	四	
职业	有	二〇	二〇	二〇	二〇	一四	一四	一〇	九	一一	一六	八	一九	三二	三八	一八	一〇	二〇	一九	二五	一八											一七八	一八三	
	无	八	一〇	二	五	一二	六	六	五	八	三	八	二	一一	三	六	四	六	七	六	三											七三	四八	
非家属同住者		二		一	一	三		四	一	五		一	二	一		二				三												二二	四	
学童		八		四		七		六		五		四		七		五		四		三												五三		
备考		出保男三人出区男一人女一人		出区女一人		出保男四人出区女一人		出保男一人女一人		出保女二人出区男二人		出保男一人女一人出县男四人		出保男一人出区男三人		出县男三人		出保男三人女二人出区男二人出县女二人		出区男四人												出保男一三人女六人出区男一二人女三人出县女二人男七人		

四川省荣县第四区第二一保普通户口统计表

保长黄镜明

中华民国二十五年六月三十日

甲别 \ 事别	户数	人口总数 男	人口总数 女	现住 男	现住 女	他往 男	他往 女	壮丁 男	壮丁 女	识字 男	识字 女	职业 有 男	职业 有 女	职业 无 男	职业 无 女	非家属同住者 男	非家属同住者 女	学童	备考
第一甲	一一	二二	二三	一八	二三	四		七		一		五	一三	一七	一〇			一	出保男三人出县男一人
第二甲	一一	三二	三一	二九	三一	三		七		二		三	二〇	二九	一一			三	出保男三人
第三甲	一一	二九	二八	二八	二七	一	一	八		四		二	二〇	二七	八			二	出区男一人女一人
第四甲	一一	二六	三一	二三	三一	三		三		一		七	二二	一九	九			四	出保男三人
第五甲	一一	三三	二六	三二	二六	一		九		二		七	一九	二六	七				出保男一人
第六甲	一一	二三	三〇	二一	二九	二	一	六		三		五	二五	一八	五				出保男一人女一人出区男一人
第七甲	一三	三〇	二七	二六	二七	四		六		三		六	一八	二四	九			三	出保男二人出区男二人
第八甲	一〇	三二	三三	二七	三二	五	一	八		四		七	二四	二五	九				出保男三人出县男二人女一人
第九甲																			
第十甲																			
第十一甲																			
第十二甲																			
第十三甲																			
第十四甲																			
第十五甲																			
总计	八九	二二七	二二九	二〇四	二二六	二三	三	五四		二〇		四二	一六一	一八二	六八			一三	出保男一六人女一人出区男四人女一人出县男三人女一人
附记																			

四川省荣县第四区第二三保普通户口统计表

保长余军武

中华民国二十五年六月三十日

事别＼甲别	第一甲		第二甲		第三甲		第四甲		第五甲		第六甲		第七甲		第八甲		第九甲		第十甲		第十一甲		第十二甲		第十三甲		第十四甲		第十五甲		总计		附记
户数	九		一〇		一一		一〇		一〇		一〇		九		九		八		九												九五		
	男	女	男	女	男	女	男	女	男	女	男	女	男	女	男	女	男	女	男	女	男	女	男	女	男	女	男	女	男	女	男	女	
人口总数	一九	一六	二四	二二	二三	一三	三四	三三	二五	二三	二九	二三	二〇	一八	四〇	四二	三五	二九	二六	二六											二七五	二五五	
现住	一八	一五	二一	二二	二〇	一三	三四	三三	二二	二一	二五	二一	一九	一八	二九	四二	三四	二九	二三	二六											二四五	二五〇	
他往	一	一	三		三				三	二	四	二	一		一一		一		三												三〇	五	
壮丁	五		五		六		一四		八		八		七		一八		一二		八												九一		
识字	三		二		一		四		二		三		五		一一		九		五												四五		
职业 有	一七	一三	一七	二〇	二〇	一二	二七	二三	一六	二〇	二〇	二〇	一六	一六	三〇	二九	二三	二〇	二〇	一九											二〇六	一九二	
职业 无	二	三	七	二	三	一	七	一〇	九	三	九	三	四	一二	一〇	一三	一二	九	六	七											六九	六三	
非家属同住者		一		一		二	一		一		一	二			八		一	一	一	一											一三	八	
学童	一		五		三		一一		三		六		九		四		一一		六												五九		
备考	出区男一人出县女一人		出保男二人出区男一人		出保男三人				出保男二人出区男一人女一人		出保男一人女二人出区男三人		出保男一人		出保男六人出区男四人出县男一人		出保男一人		出保男二人出区男一人												出保男十八人女一人出区男一一人女一人出县男一人女一人		

四川省荣县第四区第二四保普通户口统计表

事别 \ 甲别	第一甲		第二甲		第三甲		第四甲		第五甲		第六甲		第七甲		第八甲		第九甲		第十甲		第十一甲		第十二甲		第十三甲		第十四甲		第十五甲		总计		附记
户数	一〇		一〇		八		一〇		一〇		一〇		一〇		一〇		一〇		一〇		一〇		九		一〇		一〇				一三七		
人口总数	男	女	男	女	男	女	男	女	男	女	男	女	男	女	男	女	男	女	男	女	男	女	男	女	男	女	男	女	男	女	男	女	
	二三	二六	二一	二四	二一	一九	二二	一七	二〇	二二	二一	一九	三三	二九	二〇	二二	三〇	三〇	二二	三〇	二二	二四	三〇	二四	二四	二三	二五	二六			三三四	三三五	
现住	二三	二六	二一	二四	二一	一九	二一	一七	一四	二一	二〇	一九	三一	二九	一五	二二	二四	二八	二一	三〇	一九	二四	二七	二四	二二	二三	二四	二六			三〇三	三三二	
他往							一		六	一	一		二		五		六	二	一		三		三		二		一				三一	三	
壮丁	七		七		七		六		一二		九		八		一一		六		八		九		一五		七		八				一二〇		
识字	三		七	一	三		三		一六	一	九		二〇	一	五		六	一	二		三		一三	三	五						九五	七	
职业 有	一三	一四	一六	一七	一一	一一	一七	一〇	一四	一五	一三	一三	一九	一六	一八	一五	一八	二二	一六	一六	一五	一七	二三	一七	一九	一四	一六	一七			二二八	二一四	
职业 无	一〇	一二	五	七	一〇	八	五	七	六	七	八	六	一四	一三	二	七	一二	八	六	一四	七	七	七	七	五	九	九	九			一〇六	一二一	
非家属同住者				一		一	一				五	三	一	二	二		一			二	二	四	二		二						一六	一三	
学童	五		五		六		五		八		三		一二		四		八		七		三		六		四		四				八〇		
备考							出保男一人		出保男三人女一人出县男三人		出区男一人		出保男二人		出保男三人出区男二人		出保男二人出区男三人女二人出县男一人		出保男一人		出区男二人出县男一人		出保男二人出区男一人		出保男二人		出保男一人				出保男十七人女一人出区男九人女一人出县男一人		

保长吴恕存

中华民国二十五年七月一日

四川省荣县第四区第二五保普通户口统计表

事别＼甲别	第一甲		第二甲		第三甲		第四甲		第五甲		第六甲		第七甲		第八甲	
户数	一一		一〇		一〇		一四		一二		一一		一二		一一	
	男	女	男	女	男	女	男	女	男	女	男	女	男	女	男	女
人口总数	二五	二五	三二	三八	三二	三五	三八	三四	二四	二二	二四	二七	三一	二一	二六	二五
现住	二五	二五	三二	三八	三二	三五	三八	三四	二四	二二	二四	二六	三一	二一	二六	二五
他往												一				
壮丁	九		一二		一二		七		九		五		七		八	
识字	一		四		三		二				九		五		五	
职业 有	一二	一三	一八	二〇	一九	二二	二二	一七	一六	一一	一六	一四	一六	一五	一四	一二
职业 无	一三	一二	一四	一八	一三	一三	一六	一七	八	一一	八	一三	一五	六	一二	一三
非家属同住者									三	一						
学童	八		四		四		七		四		四		三		一	
备考											出保女一人					

事别＼甲别	第九甲		第十甲		第十一甲		第十二甲		第十三甲		第十四甲		第十五甲		总计		附记
户数	一〇		一二		一三		一三		一〇						一四九		
	男	女	男	女	男	女	男	女	男	女	男	女	男	女	男	女	
人口总数	二八	二七	二九	二八	四〇	四五	三八	三六	三七	二六					四〇四	三八九	
现住	二七	二七	二九	二八	四〇	四五	三八	三六	三七	二六					四〇三	三八八	
他往	一														一	一	
壮丁	五		一〇		一五		一四		一〇						一二三		
识字	四				一七		一五								七四		
职业 有	一七	一一	二一	二〇	二二	二〇	二四	二〇	二三	一三					二四〇	二〇八	
职业 无	一一	一六	八	八	一八	二五	一四	一六	一四	一三					一六四	一八一	
非家属同住者															三	一	
学童	四		四		五		四		六						五八		
备考	出保男一人														出保男一人女一人		

保长朱义盛

中华民国二十五年六月三十日

四川省荣县第四区第二六保普通户口统计表

中华民国二十五年六月三十日　　保长杨菁华

事别＼甲别		第一甲		第二甲		第三甲		第四甲		第五甲		第六甲		第七甲		第八甲	
户数		一四		一四		一三		一四		一一		一一		一〇		一〇	
		男	女	男	女	男	女	男	女	男	女	男	女	男	女	男	女
人口总数		三三	三一	四五	四三	三二	二五	四〇	三四	二二	二三	二二	三四	三〇	二五	三三	二四
现住		三一	三一	四五	四三	二九	二五	三九	三四	二一	二三	一九	三四	二九	二五	二九	二四
他往		二				三		一		一		三		一		四	
壮丁		一一		一六		一六		九		八		一一		一三		一一	
识字		五		八	四	四		四		三		二		三		四	
职业	有	一八	一七	一九	一七	二四	二〇	一六	一五	一〇	一一	一六	一七	一七	一四	二五	一五
	无	一五	一四	二六	二六	八	五	二四	一九	一二	一二	六	一七	一三	一一	八	九
非家属同住者			一	一二	二	二	一	三	一	一	二	二		四	一	五	一
学童		五		四		六		四		四		五		四		二	
备考		出保男二人				出保男二人出县男一人		出区男一人		出保男一人		出保男一人出区男二人		出保男一人		出保男二人出县男二人	

事别＼甲别		第九甲		第十甲		第十一甲		第十二甲		第十三甲		第一四甲		第十五甲		总计		附记
户数		一〇		一〇		一〇		一〇		一〇		一〇		一五		一七二		
		男	女	男	女	男	女	男	女	男	女	男	女	男	女	男	女	
人口总数		三六	二五	二四	二八	二三	一八	二六	二九	二四	三七	三六	三七	五八	三六	四八四	四四九	
现住		三四	二五	二三	二八	二三	一八	二五	二九	二四	三七	三四	三七	五三	三六	四五八	四四九	
他往		二		一				一				二		五		二六		
壮丁		一三		一〇		八		一〇		一〇		一一		一八		一七五		
识字		二		二		四		五		七		八		一〇		七一	四	
职业	有	二五	一三	一六	二一	一九	一四	一九	一七	一六	一九	二二	二二	四二	二八	三一四	二七〇	
	无	一一	一二	八	七	四	四	七	一二	八	一八	一四	一五	一六	八	一七〇	一七九	
非家属同住者		八	一	二		四		三	一	一		八	五	一二	二	六七	一八	
学童		五		四		三		二		二		六		五		六一		
备考		出区男一人出县男一人		出保男一人				出区男一人				出保男二人		出保男五人		出保男一七人出区男五人出县男三人		

事别＼甲别	第一甲		第二甲		第三甲		第四甲		第五甲		第六甲		第七甲		第八甲		第九甲		第十甲		第十一甲		第十二甲		第十三甲		第十四甲		第十五甲		总计		附记
户数	一四		一四		一三		一二		一〇		一〇		一一		一〇		一五		一五		一〇		九		一〇		一〇				一六三		
	男	女	男	女	男	女	男	女	男	女	男	女	男	女	男	女	男	女	男	女	男	女	男	女	男	女	男	女	男	女	男	女	
人口总数	四八	三五	四九	四一	四四	四七	三六	三四	二一	二九	二七	二一	一九	一六	二六	一八	三四	三四	三八	三三	二八	三六	二九	三六	二四	二四	二五	二六			四四八	四三〇	
现住	四七	三四	四八	四一	四三	四七	三六	三四	二〇	二九	二七	二一	一七	一六	二四	一八	三四	三四	三一	三二	二五	三六	二八	三六	二四	二四	二五	二六			四二九	四二八	
他往	一	一	一		一				一				二		二				七	一	三		一								一九	二	
壮丁	一一		一一		一〇		一〇		一〇		九		八		八		一〇		一三		六		九		九		八				一三二		
识字	二		三		四		二		三		二		二		一		三		一		二		三		二		二				三二		
职业 有	二九	一八	二三	二七	二三	二五	二一	一九	一一	一六	一三	一一	一〇	九	一五	一〇	一八	一五	二五	二一	一七	二一	一六	二一	一三	一四	一三	一四			二四七	二四一	
职业 无	一九	一七	二六	一四	二一	二二	一五	一五	一〇	一三	一四	一〇	九	七	一一	八	一六	一九	一三	一二	一一	一五	一三	一五	一一	一〇	一二	一二			二〇一	一八九	
非家属同住者	四		二		七		一	一			二	一		一		二	一	一	三		一		二								二三	六	
学童	三		二		四		三		五		二		四		三		三		二		五		三		四		三				四六		
备考	出保男一人女一人		出区男一人		出区男一人				出保男一人				出县男二人		出区男二人				出保男三人出区男四人女一人		出保男三人		出保男一人								出保男九人女一人出区男八人女一人出县男二人		

四川省荣县第四区第二七保普通户口统计表

保长杨清治

中华民国二十五年六月三十日

四川省荣县第四区第二八保普通户口统计表

保长李常罗

中华民国二十　年　月　日

事别＼甲别	第一甲		第二甲		第三甲		第四甲		第五甲		第六甲		第七甲		第八甲		第九甲		第十甲		第十一甲		第十二甲		第十三甲		第十四甲		第十五甲		总计		附记
户数	一三		一三		一一		九		一五		一二		一五		一四		一二		一四												一二八		
	男	女	男	女	男	女	男	女	男	女	男	女	男	女	男	女	男	女	男	女	男	女	男	女	男	女	男	女	男	女	男	女	
人口总数	四四	三三	四七	三七	三〇	三八	二四	二九	四一	四二	三四	二三	四一	三七	四八	三六	三四	三三	三四	二七											三七七	三三五	
现住	四二	三二	四五	三七	三〇	三八	二四	二八	四一	四二	三四	二三	四一	三七	四八	三六	三四	三三	三四	二七											三七三	三三三	
他往	二	一	一					五																							四	二	
壮丁	一七		一五		一二		八		一五		一一		一五		一六		一三		一四												一三六		
识字	五		六	一	三		一		一						六	一															二二	二	
职业 有	二九	二〇	三一	二五	一九	一九	一四	一六	二八	二二	二三	一〇	二八	一七	二三	二〇	一九	一九	二一	一二											二三五	一八〇	
职业 无	一五	一三	一六	一二	一一	一九	一〇	一三	一三	二〇	一一	一三	一三	二〇	二五	一六	一五	一四	一三	一五											一四二	一五五	
非家属同住者	六	三	五	二	二		一	一	三	一	二	一		四	一	一															二〇	一三	
学童	一一		一九		一四		一四		一八		八		一三		一九		一六		八												一四〇		
备考	出保男二人女一人		出保男二人				出区女一人																								出保男四人女一人出区女一人		

四川省荣县第四区第二九保普通户口统计表

中华民国二十　年　月　日　　保长王贯才

事别＼甲别		第一甲		第二甲		第三甲		第四甲		第五甲		第六甲		第七甲		第八甲		第九甲		第十甲		第十一甲		第十二甲		第十三甲		第十四甲		第十五甲		总计		附记
户数		一三		一五		一五		一五		一五		一五		一五		一五		一五		一四												一四七		
人口总数		男	女	男	女	男	女	男	女	男	女	男	女	男	女	男	女	男	女	男	女	男	女	男	女	男	女	男	女	男	女	男	女	
		三六	三七	四二	四一	四〇	四四	四〇	四三	三一	三六	四二	三六	四三	五二	六〇	四五	五八	四九	三四	四一											四二六	四二四	
现住		三五	三七	三七	四一	三八	四四	四〇	四三	三〇	三六	三九	三六	四二	五二	五五	四四	五四	四九	三一	四一											四〇一	四二三	
他往		一		五		二				一		三		一		五	一	四		三												二五	一	
壮丁		一一		二四		一七		一六		一五		一五		一五		一四		一七		九												一五三		
识字		三		一五		一六		一一		一〇		四		二		四		九		四												七八		
职业	有	一九	一八	二八	一五	二〇	一六	二一	一八	二〇	一四	二三	一七	二二	二〇	三〇	一六	二七	一六	二三	一三											二三三	一六三	
	无	一七	一九	一四	二六	二〇	二八	一九	二五	一一	二二	一九	一九	二一	三二	三〇	二九	三一	三三	一一	二八											一九三	二六一	
非家属同住者		三	一	五	一	一	一			二	四	二	一	三	二	九	六	三	二	六	四											三四	二二	
学童		四		六		一一		九		七		一四		一五		一六		一四		六												一〇二		
备考		出区男一人		出区男二人出保男三人		出县男二人				出保男一人		出保男三人		出保男一人		出县男四人出保男一人出保女一人		出县男一人出保男三人		出县男二人出保男一人												出县男九人出区男三人出保者男十三人出保者女一人		

四川省荣县第四区第三〇保普通户口统计表

事别＼甲别		第一甲		第二甲		第三甲		第四甲		第五甲		第六甲		第七甲		第八甲		第九甲		第十甲		第十一甲		第十二甲		第十三甲		第十四甲		第十五甲		总计		附记
户数		一〇		一三		一〇		一〇		一〇		一二		九		一〇		九		九												一〇二		
		男	女	男	女	男	女	男	女	男	女	男	女	男	女	男	女	男	女	男	女	男	女	男	女	男	女	男	女	男	女	男	女	
人口总数		二九	二九	四二	三八	二八	三〇	三四	二五	三二	三五	三七	三七	二九	二三	四二	二六	二九	二八	三〇	一九											三三二	二九〇	
现住		二八	二九	三七	三七	二四	二八	二九	二五	三二	三五	三七	三七	二九	二三	三九	二六	二九	二八	三〇	一九											三一四	二八七	
他往		一		五	一	四	二	五								三																一八	三	
壮丁		一〇		一八		一二		一一		一六		一七		一一		一五		一五		一三												一三八		
识字		二		五		四		四		九	一	一〇		四		九		八		八												六三	一	
职业	有	二五	一八	二九	二六	一九	二三	二〇	一七	二五	二五	二六	二九	一九	一五	二七	二〇	二〇	一九	二三	一四											二三三	二〇六	
	无	四	一一	一三	一二	九	七	一四	八	七	一〇	一一	八	一〇	八	一五	六	九	九	七	五											九九	八四	
非家属同住者		二		二						三	一	四	一	二	一	五	一	四	二	四	一											二六	七	
学童		六		一一		九		八		一一		一一		八		一二		一四		一二												一〇二		
备考		出邑未出省者男一名		出保未出区者男四名女一名出区未出邑者男一名		出邑未出省者男四名女一名出保未出区者女一名		出邑未出省者男一名出保未出区者男四名								出保未出区者男三名																出保男十一名女二名出区男一名出县男六名女一名		

中华民国二十　年　月　日

保长李为坚

事别＼甲别		第一甲		第二甲		第三甲		第四甲		第五甲		第六甲		第七甲		第八甲		第九甲		第十甲		第十一甲		第十二甲		第十三甲		第十四甲		第十五甲		总计		附记
户数		一五		一五		一五		一五		一三		一四		一〇		一一		一五		一五												一三八		
人口总数		男	女	男	女	男	女	男	女	男	女	男	女	男	女	男	女	男	女	男	女	男	女	男	女	男	女	男	女	男	女	男	女	
人口总数		七二	四五	四二	四〇	三二	三六	三八	三五	三三	二六	四三	三五	四六	四二	三九	二五	四二	二五	三〇	四〇											四一七	三四九	
现住		七一	四五	四二	四〇	二八	三六	三六	三五	三二	二六	四三	三四	四三	四二	三五	二五	三九	二五	三〇	四〇											三九九	三四八	
他往		一				四		二		一			一	三		四		三														一八	一	
壮丁		二一		一八		一二		一四		一三		一四		一三		一七		一五		一三												一五〇		
识字		二						一		二		二		一〇	三	一		五	一													二三	四	
职业	有	四九	四〇	二九	三二	二四	二五	三〇	二三	三三	一九	三二	二五	二七	二八	二九	一八	三〇	二二	二一	三三											二九四	二六五	
职业	无	二三	五	一三	八	八	一一	八	一二	一〇	七	一一	一〇	一九	一四	一〇	七	一二	三	九	七											一二三	八四	
非家属同住者		九	四	一	二			三				四	一	八	二	三		六	一	一												三五	一〇	
学童		二七		一二		八		一三		九		一一		一五		九		八		七												一一九		
备考		出保男一人				出保男二人出区男二人		出区男二人		出保男一人		出保女一人		出保男一人出区男二人		出保男三人出区男一人		出县男三人														出保男八人女一人出区男七人出县男三人		

四川省荣县第四区第三一保普通户口统计表

中华民国二十　年　月　日　保长吴蔚文

四川省荣县第四区第三二保普通户口统计表

中华民国二十　年　月　日　保长朱群雄

事别＼甲别		第一甲		第二甲		第三甲		第四甲		第五甲		第六甲		第七甲		第八甲		第九甲		第十甲		第十一甲		第十二甲		第十三甲		第十四甲		第十五甲		总计		附记
户数		一四		九		一〇		一〇		一二		一一		一三		一〇		一一		一〇												一一〇		
人口总数		男	女	男	女	男	女	男	女	男	女	男	女	男	女	男	女	男	女	男	女	男	女	男	女	男	女	男	女	男	女	男	女	
		三二	二三	二五	一九	二四	一九	二二	一五	四〇	三五	二九	二七	四二	五〇	三一	二七	四〇	四五	二七	三一											三一二	二九一	
现住		二六	二三	二〇	一九	二〇	一九	一八	一五	三八	三五	二六	二六	四〇	五〇	三一	二七	三七	四五	二六	三一											二八二	二九〇	
他往		六		五		四		四		二		三	一	二				三		一												三〇	一	
壮丁		一一		九		一二		八		一五		一五		一五		一〇		一一		九												一一五		
识字		二		三						四	一			三		六	一			一												一九	二	
职业	有	二〇	一七	一四	一三	一六	一五	一三	九	二四	二二	一九	二〇	二三	三三	一六	一五	二六	二七	一三	二一											一八四	一九二	
	无	一二	六	一一	六	八	四	九	六	一六	一三	一〇	七	一九	一七	一五	一二	一四	一八	一四	一〇											一二八	九九	
非家属同住者						二	一	一	一	一				四				一	二		二											九	六	
学童		七		四		二		二		七		四		一二		七		一三		一〇												六八		
备考		出保男四人出县男一人不详他男一人		出保男一人出区男四人		出区男二人出县男二人		出保男一人出区男二人他往不详男一人		出保区男二人		出保男一人女一人出区男二人		出区男二人				出保男二人出县男一人		出区男一人												出保男十一人女一人出区男十三人出县男四人不详他往男二人		

四川省荣县第四区第三保普通户口统计表

事别＼甲别		第一甲		第二甲		第三甲		第四甲		第五甲		第六甲		第七甲		第八甲		第九甲		第十甲		第十一甲		第十二甲		第十三甲		第十四甲		第十五甲		总计		附记
户数		一〇		一〇		一〇		一〇		一〇		一〇		一〇		一〇		一〇		六												九六		
		男	女	男	女	男	女	男	女	男	女	男	女	男	女	男	女	男	女	男	女	男	女	男	女	男	女	男	女	男	女	男	女	
人口总数		二六	二一	四七	四六	三七	二三	三四	二六	二六	三九	三四	三八	二八	三一	二六	三三	三三	三四	二〇	二八											三一一	三一九	
现住		二四	二一	四七	四六	三三	二三	三三	二六	二四	三九	三四	三八	二七	三一	二六	三三	三三	三四	二〇	二八											三〇一	三一九	
他往		二				四		一		二				一																		一〇		
壮丁		一〇		二四		一四		一七		一二		一一		一二		一〇		一〇		七												一二七		
识字		三		一五	一	五		四		八		五		二		三		一		一												四七	一	
职业	有	一六	一四	二七	三〇	二三	五	二八	一四	二〇	二五	二一	二二	二三	一八	一七	一六	一六	二〇	一〇	一三											二〇一	一八七	
	无	一〇	七	二〇	一六	一四	一八	六	一二	六	一四	一三	一六	五	三	九	一七	一七	一四	一〇	一五											一一〇	一三二	
非家属同住者		一		四	二	三	三	一	一	四	一	二	二	一	一	二			二	一	一											一九	一三	
学童		八		一二		九		六		六		七		八		八		一一		九												八四		
备考		出保未出区者男一人出县未出省者男一人				出县男一人出省男一人出保男二人		不知去向男一人		出区男二人				出区男一人																		出保男三人出省男一人出区男三人出县男二人不知去向男一人		

中华民国二十　年　月　日

保长李润峰

四川省荣县第四区第三四保普通户口统计表

中华民国二十　年　月　日　保长李鹏程

事别＼甲别		第一甲		第二甲		第三甲		第四甲		第五甲		第六甲		第七甲		第八甲	
户数		一三		一二		一二		一四		一三		一一		一一		一二	
		男	女	男	女	男	女	男	女	男	女	男	女	男	女	男	女
人口总数		三三	三三	四六	五〇	二八	二八	四九	四三	五五	四四	三一	三二	三六	四〇	三六	三五
现住		二八	三二	四五	五〇	二七	二八	四五	四三	四七	四四	二九	三二	三二	四〇	三五	三五
他往		五	一	一		一		四		八		二		四		一	
壮丁		一二		一七		七		一七		二四		一一		一一		一五	
识字		八		九		四		一〇		五		四		三		九	
职业	有	二六	二三	二四	三五	一七	一九	三二	二六	四三	三三	二二	一九	二二	二三	一九	二七
	无	七	一〇	二二	一五	一一	九	一七	一七	一二	一一	九	一三	一四	一七	一七	八
非家属同住者		三	三	七	三	四	二	七	九	二〇	一三	七	五	五	一〇	四	五
学童		四		八		五		一二		五		六		一二		一〇	
备考		出保男二人女一人出区男三人		出保男一人		出县男一人		出县男三人他往不详男一人		出保男三人出区男二人出县男一人他往不详二人		出保男二人		出区男一人出县男三人		出区男一人	

事别＼甲别		第九甲		第十甲		第十一甲		第十二甲		第十三甲		第十四甲		第十五甲		总计		附记
户数		一二		九												一一九		
		男	女	男	女	男	女	男	女	男	女	男	女	男	女	男	女	
人口总数		四一	三四	二六	二〇											三八一	三五九	
现住		三九	三四	二三	二〇											三五〇	三五八	
他往		二		三												三一	一	
壮丁		一五		一〇												一三九		
识字		三		四												五九		
职业	有	二二	二〇	一九	一七											二四六	二四二	
	无	一九	一四	七	三											一三五	一一七	
非家属同住者		六	四	七	七											七〇	六一	
学童		一二		四												七八		
备考		出保男一人出区男一人		出区男一人出县男二人												出保男九人女一人出区男九人出县男九人不详他往男二人		

四川省荣县第四区第三五保普通户口统计表

事别 \ 甲别		第一甲		第二甲		第三甲		第四甲		第五甲		第六甲		第七甲		第八甲		第九甲		第十甲		第十一甲		第十二甲		第十三甲		第十四甲		第十五甲		总计		附记
户数		一〇		一〇		一〇		一〇		一〇		一〇		一〇		七																七七		
		男	女	男	女	男	女	男	女	男	女	男	女	男	女	男	女	男	女	男	女	男	女	男	女	男	女	男	女	男	女	男	女	
人口总数		三二	二九	二七	二四	二八	二〇	三〇	三五	二九	一八	三〇	四三	三九	二四	一八	二一															二三三	二一四	
现住		二九	二九	二三	二四	二五	一七	二七	三五	二八	一八	二六	四三	三七	二四	一五	二一															二一〇	二一一	
他往		三		四		三	三	三		一		四		二		三																二三	三	
壮丁		七		九		七		八		七		六		六		二																五二		
识字		九	一	八		三		六		三		六	三	一〇	一	八																五三	五	
职业	有	二一	一八	二一	一六	一八	一二	二〇	二〇	二〇	一四	二〇	一八	二五	一四	一四	一四															一五九	一二六	
	无	一一	一一	六	八	一〇	八	一〇	一五	九	四	一〇	二五	一四	一〇	四	七															七四	八八	
非家属同住者		一一	五	七	四	八	一	五	四	八	二	一〇	一三	一四	三	四	三															六七	三五	
学童		六		二		四		八		一		九		六		二																三八		
备考		出保男一人出区男二人		出保男二人出区男一人出县男一人		出保男一人出县男二人女一人出区女一人不详女一人		出区男一人出县男二人		出区男一人		出区男一人出县男二人不详男一人		出县男一人他往男一人		出县男二人不详他往一人																出保男四人出区男六人女一人出县男一〇人女一人不详男三人女一人		

保长李林泉

中华民国二十五年七月十七日

四川省荣县第四区第三六保普通户口统计表

中华民国二十五年七月 日

保长李海藩

事别\甲别		第一甲		第二甲		第三甲		第四甲		第五甲		第六甲		第七甲		第八甲		第九甲		第十甲		第十一甲		第十二甲		第十三甲		第十四甲		第十五甲		总计		附记
户数		一二		一〇		一〇		一二		一一		一四		一〇		一〇		一〇		一一												二〇		
		男	女	男	女	男	女	男	女	男	女	男	女	男	女	男	女	男	女	男	女	男	女	男	女	男	女	男	女	男	女	男	女	
人口总数		四八	三九	二九	三〇	三一	二二	四六	四七	四六	三七	六二	五四	五一	五〇	三三	四〇	三八	三三	三三	三五											四一七	三八七	
现住		四三	三九	二八	三〇	三一	二二	四二	四七	四一	三六	五二	五三	四五	四八	三〇	四〇	三三	三二	二八	三五											三七三	三八二	
他往		五		一				四		五	一	一〇	一	六	二	三		五	一	五												四四	五	
壮丁		一二		一一		八		一一		一四		一三		一三		一〇		一一		八												一一一		
识字		一四	二	一〇	一	五		九		一		九	一	六		七		七		一〇												七八	四	
职业	有	三〇	二五	二〇	二〇	一五	一五	三〇	三二	三一	二〇	三五	三六	三五	三二	三三	二四	二七	二四	二三	二五											二六九	二五三	
	无	一八	一四	九	一〇	一六	七	一六	一五	一五	一七	二七	一八	一六	一八	一〇	一六	一一	九	一〇	一〇											一四八	一三四	
非家属同住者		一二	四	五	二	二		二	二	四		八	五	七	四	六	三	一〇	四	三												五九	二四	
学童		八		五		六		九		一〇		一八		一七		七		八		八												九六		
备考		出保未出区者男一人出区未出县者男一人出县未出省男二人不知去向者男一人		出县未出省者男一人				出甲未出保者男一人出保未出区者男一人出区为出县者男一人出县未出省者男一人		出县未出省者男二人女一人出保未出区者男一人不知去向者男二人		出县未出省者男二人出区未出县者男三人出保未出区者男四人不知去向者男一人女一人		出甲未出保者男二人出保未出区者男一人出区未出县者男二人女一人出县未出省者男一人女一人		出保未出区者男一人出县未出省者男一人不知去向者男一人		出县未出省者男二人出保未出区者男三人不知去向者女一人		出县未出省者男一人出保未出区者男二人不知去向者男二人												出甲未出保者男三人出保未出区者男一四人出区未出县者男九人女一人出县未出省者男一三人女二人不知去向者男五人女二人		

四川省荣县第四区第三七保普通户口统计表

保长李书元

中华民国二十五年七月　日

事别＼甲别		第一甲		第二甲		第三甲		第四甲		第五甲		第六甲		第七甲		第八甲		第九甲		第十甲		第十一甲		第十二甲		第十三甲		第十四甲		第十五甲		总计		附记
户数		一〇		七		一〇																										九七		
人口总数		男	女	男	女	男	女	男	女	男	女	男	女	男	女	男	女	男	女	男	女	男	女	男	女	男	女	男	女	男	女	男	女	
		三六	三四	一七	一五	三一	二九	二一	一九	三〇	三一	一四	一七	二八	一八	一九	二一	三〇	三四	二八	二五											二五四	二四三	
现住		三五	三四	一六	一五	二九	二八	一三	一九	二七	三一	一三	一七	二六	一七	一九	二一	二九	三四	二七	二五											二三四	二四一	
他往		一		一		二	一	八		三		一		二	一			一		一												二〇	二	
壮丁		一四		六		一三		九		一二		五		六		五		八		一一												八九		
识字		五	一	一		三		一		三				二		二		六														二三	一	
职业	有	二二	二一	九	八	一七	二〇	一四	一三	一七	一九	九	一一	一七	一三	一〇	一五	一八	二二	一九	一三											一五二	一五五	
	无	一四	一三	八	七	一四	九	七	六	一三	一二	五	六	一一	五	九	六	一二	一二	九	一二											一〇二	八八	
非家属同住者		四	三	一		一	一	一	四	一		一	一	一			一	五			一											一五	一一	
学童		一五		一二		一二		一二		一二		六		七		九		一九		一一												一一五		
备考		出区男一人		出保区男一人		出区男一人女一人出县男一人		出保男四人出区男二人出县男二人		出保男二人出区男一人		出区男一人		出保男一人女一人出区男二人				出保男一人		出保男一人												出保男十人女一人出区男八人出县男三人		

四川省荣县第四区第三八保普通户口统计表

事别＼甲别	第一甲		第二甲		第三甲		第四甲		第五甲		第六甲		第七甲		第八甲		第九甲		第十甲		第十一甲		第十二甲		第十三甲		第十四甲		第十五甲		总计		附记
户数	一〇		一一		一〇		一一		一〇		一〇		一〇		一〇		一〇														九二		
	男	女	男	女	男	女	男	女	男	女	男	女	男	女	男	女	男	女	男	女	男	女	男	女	男	女	男	女	男	女	男	女	
人口总数	五一	四一	四五	三一	四六	二八	五二	五七	五四	四七	三五	二八	四二	四一	三五	二七	四三	二八													四〇三	三二八	
现住	五〇	四〇	三六	三一	四四	二七	四三	五六	四四	四七	三三	二八	四一	四一	三四	二七	四一	二八													三六六	三二五	
他往	一	一	九		二	一	九	一	一〇		二		一		一		二														三七	三	
壮丁	一八		一七		一一		二四		一六		九		一六		一一		一八														一四〇		
识字	四		一		一		六		三		一		五		一																二二		
职业 有	三四	二八	二六	二二	二一	一六	四〇	三三	三一	三一	二二	二二	二六	二六	二六	二一	二八	一七													二五四	二一六	
职业 无	一七	一三	一九	九	二五	一二	一二	二四	二三	一六	一三	六	一六	一五	九	六	一五	一一													一四九	一一二	
非家属同住者	一三	九	八	五	一〇	七	二六	一五	二一	一四	六	七	一〇	一〇	一三	一〇	一七	一一													一二四	八八	
学童	八		六		一〇		一一		九		五		四		四		六														六三		
备考	出县未出省者男一人女一人		出县未出省者男四人出区未出县者男四人出保未出区者男一人		出县未出省者男一人出保未出区者女一人		出县未出省者男八人出区未出县者男一人出保未出区者女一人		出县未出省者男四人出保未出区者男六人		出县未出省者男一人出保未出区者男一人		出县未出省者男一人		出县未出省者男一人		出县未出省者男二人														出县未出省者男二四人女一人出区未出县者男五人出保未出区者男八人女二人		

保长涂立民

中华民国二十五年七月十七日

四川省荣县第四区第三九保普通户口统计表

甲别	户数	性别	人口总数	现住	他往	壮丁	识字	职业·有	职业·无	非家属同住者	学童	备考
第一甲	九	男	一七	一六	一	九		一三	四	一	一	出县未出省者男一人
		女	一三	一三				一一	二			
第二甲	一〇	男	二六	二六		三	六	一四	一二	二	九	
		女	二四	二四				一七	七			
第三甲	九	男	三一	三一		一六	二	二六	五	一五	六	
		女	二五	二五				一八	七	二		
第四甲	一〇	男	三〇	三〇		一一		二〇	一〇	二	八	
		女	二六	二六				一五	一一	三		
第五甲	一一	男	三五	三四	一	一二	九	二三	一二	六	一二	出保未出区者男一人
		女	四二	四二				二四	一八	一		
第六甲	一一	男	二四	二四		八	二	一六	八	二	三	
		女	二五	二五				二〇	五			
第七甲	一二	男	三八	三八		一六	一	二五	一三	一	四	
		女	二五	二五				一八	七			
第八甲	一〇	男	二八	二二	六	一一	二	一七	一一	一	三	出保未出区者男五人出县未出省者男一人
		女	二六	二六				一八	八	一		
第九甲	八	男	一二	一二		七	一	一〇	二		四	
		女	一六	一六				一三	三	一		
第十甲		男										
		女										
第十一甲		男										
		女										
第十二甲		男										
		女										
第十三甲		男										
		女										
第十四甲		男										
		女										
第十五甲		男										
		女										
总计	九〇	男	二四一	二三三	八	九三	二三	一六四	七七	三〇	五〇	出保未出区者男六人出县未出省者男二人
		女	二二二	二二二				一五四	六八	八		
附记						残废他往公职等壮丁概计算在内						

保长吴靖江

中华民国二十　年　月　日

四川省荣县第四区第四〇保普通户口统计表

保长李海元

中华民国二十　年　月　日

事别＼甲别		第一甲		第二甲		第三甲		第四甲		第五甲		第六甲		第七甲		第八甲		第九甲		第十甲		第十一甲		第十二甲		第十三甲		第十四甲		第十五甲		总计		附记
户数		一一		一二		一〇		一一		一〇		一一		一二		一一		一三		一〇		一〇		一〇		六						一三七		壮丁总数一〇二人公务一六人他往二八人残废人一五人实在壮丁四二人
人口总数		男	女	男	女	男	女	男	女	男	女	男	女	男	女	男	女	男	女	男	女	男	女	男	女	男	女	男	女	男	女	男	女	
人口总数		二八	二六	三四	一七	二七	一五	二一	二七	二四	一八	一六	一八	二〇	二三	三一	二七	二二	二六	二四	一七	二二	二三	二六	一七	一六	一〇					三一一	二六四	
现住		二七	二六	二九	一七	二六	一五	一七	二七	二四	一八	一六	一八	一七	二三	三〇	二七	一八	二六	二〇	一六	二一	二二	二四	一七	一六	一〇					二八五	二六二	
他往		一		五		一		四						三		一		四		四	一	一	一	二								二六	二	
壮丁		六		八		七		八		六		七		六		一一		一〇		七		一一		九		六						一〇二		
识字		二		三		二		四		二		一		一		一						三		一								二〇		
职业	有	一八	一六	二六	一四	一九	一一	一二	一七	一五	一四	一三	一一	一一	一六	二一	一八	一六	二二	一九	一一	二〇	一七	二一	一一	九	八					二二〇	一八六	
职业	无	一〇	一〇	八	三	八	四	九	一〇	九	四	三	七	九	七	一〇	九	六	四	五	六	二	六	五	六	七	二					九一	七八	
非家属同住者		一		三		一			一			一								三		七	一	一一		二						二九	二	
学童		一七		一〇		一一		一二		一〇		七		七		一二		八		九		七		六		九						一二五		
备考		他往不详男一人		他往不详男二人出区未出县者男三人		出区未出县者男一人		出县未出省者男四人						出县未出省者男三人		他往不详男一人		出县未出省者男四人		出区未出县者男四人女一人		他往不详男一人出区未出县者女一人		出县未出省者男二人								他往不详者男五人出区未出县者男八人女二人出县未出省者男一三人		

四川省荣县第四区第四一保普通户口统计表

事别＼甲别		第一甲		第二甲		第三甲		第四甲		第五甲		第六甲		第七甲		第八甲		第九甲		第十甲		第十一甲		第十二甲		第十三甲		第十四甲		第十五甲		总计		附记
户数		一一		一二		一四		一三		一三		一二		一四		一四		一五		一二												一三〇		壮丁总数一〇二人公务八人残废而令人他往九人实得六五人
		男	女	男	女	男	女	男	女	男	女	男	女	男	女	男	女	男	女	男	女	男	女	男	女	男	女	男	女	男	女	男	女	
人口总数		二二	二六	三八	二六	三二	三二	三五	三七	四三	一九	三六	三四	三一	二六	四一	二八	四六	四七	四五	三三											三六九	三〇八	
现住		二一	二六	三七	二六	三一	三二	三四	三五	四二	一九	三二	三四	二九	二六	四〇	二八	四四	四七	四四	三三											三五四	三〇六	
他往		一		一		一		一	二	一		四		二		一		二		一												一五	二	
壮丁		八		一〇		四		一〇		一一		八		一一		一一		一六		一三												一〇二		
识字		一		二		二		四		三		四		一		二		三		八												三〇		
职业	有	一四	一〇	二〇	一三	一七	一三	二六	二四	三一	一二	二六	一六	二二	一九	二六	一五	二八	二二	二七	一七											二三七	一六一	
	无	八	一六	一八	一三	一五	一九	九	一三	一二	七	一〇	一八	九	七	一五	一三	一八	二五	一八	一六											一三二	一四七	
非家属同住者				四		一	一	八	三	一〇	一	八	二	四	二		一	八	五	九	一											五二	一六	
学童		八		七		一二		一〇		六		六		七		六		一三		五												八〇		
备考		他往不详者男一人		他往不详者男一人		他往不详者男一人		他往不详者男一人他往未出区者女二人		他往不详者男一人		出区未出县者男四人		出县未出省者男二人		出区未出县者男一人		出保未出区者男二人		出区未出县者男一人												他往不详者男五人出保未出区者男二人出区未出县者男六人女二人出县未出省者男二人		

中华民国二十　年　月　日　保长张子高

四川省荣县第四区第四一二保普通户口统计表

中华民国二十　年　月　日　保长朱百川

事别＼甲别	第一甲		第二甲		第三甲		第四甲		第五甲		第六甲		第七甲		第八甲		第九甲		第十甲		第十一甲		第十二甲		第十三甲		第十四甲		第十五甲		总计		附记
户数	一〇		一一		一三		一三		一一		一三		一一		一一		一一		一〇		一〇										一二四		
	男	女	男	女	男	女	男	女	男	女	男	女	男	女	男	女	男	女	男	女	男	女	男	女	男	女	男	女	男	女	男	女	
人口总数	二九	二三	二八	二三	三七	三〇	三二	二八	三四	二四	三七	四七	四一	二六	四二	三七	三五	三〇	四二	三三	二五	二二									三八三	三二三	
现住	二二	二三	二三	二三	三三	三〇	二六	二八	三三	二四	三六	四七	三四	二五	四〇	三七	三五	三〇	四二	三三	二五	二二									三四九	三二二	
他往	七		五		四		六		一		一		七	一	二				一												三四	一	
壮丁	八		九		一四		一三		九		一二		一四		一二		一二		一〇		八										一二一		壮丁总数一二一人公务一五人他往三二人残废一三人实在壮丁六一人
识字	一		三		四		二		五		一九	六	四		六		八		三		四										五九	六	
职业 有	一七	一三	一九	一〇	二五	一四	二二	一七	二六	一三	二六	二一	二五	一五	一四	一六	二〇	一五	二一	一八	一四	一二									二三九	一六四	
职业 无	一二	一〇	九	一三	一二	一六	一〇	一一	八	一一	一一	二六	一六	一一	一八	二一	一五	一五	二二	一五	一一	一〇									一四四	一五九	
非家属同住者	四		一		四	一	五	二	二		四		一〇	一	六	一	二		一		一	一									四〇	六	
学童	七		一四		一六		九		七		一八		一一		一八		一三		一八		一一										一四二		
备考	出县者四名出保者三名		出县者五名		出区者一名出保者二名出省者一名		出区者四名出县者二名		出县者一名		出县者一名		出县者男七名女一名		出保者二名				出县者一名												出省者一名出县者二名出区者五名出保者七名		

四川省荣县第四区第四三保普通户口统计表

事别＼甲别		第一甲		第二甲		第三甲		第四甲		第五甲		第六甲		第七甲		第八甲		第九甲		第十甲		第十一甲		第十二甲		第十三甲		第十四甲		第十五甲		总计		附记
户数		九		一一		一一		一三		一一		一五		一〇		一一		一四		一一												一一六		
人口总数		男	女	男	女	男	女	男	女	男	女	男	女	男	女	男	女	男	女	男	女	男	女	男	女	男	女	男	女	男	女	男	女	
		三〇	二八	三〇	二六	二六	二三	二九	二九	二六	二八	三六	三八	二四	二〇	三三	三五	四五	二八	二六	二〇											三〇五	二七五	
现住		二九	二八	二九	二六	二六	二三	二五	二九	二四	二八	三五	三八	二四	二〇	三二	三五	四五	二八	二一	二〇											二九〇	二七五	
他往		一		一				四		二		一				一				五												一五		
壮丁		五		五		六		一〇		七		六		六		八		五		五												六三		壮丁总数六三人公务人员一〇人残废七人他往一五人实得三一人
识字		一		二		一		二		二		一	三	二		三		二		二												一八	三	
职业	有	一二	一〇	一五	一一	一三	九	一五	一一	一四	一〇	一三	一一	九	一一	一三	一三	二三	一三	一四	八											一四〇	一〇七	
	无	一八	一八	一五	一五	一三	一四	一四	一八	一二	一八	二三	二七	一五	九	二〇	二二	二三	一五	一二	一二											一六五	一六八	
非家属同住者		三	一	三	二			一	二	三			一		一	一	三	五														一六	一〇	
学童		九		一一		四		六		五		一五		六		一一		八		七												八二		
备考		他往不详者男一人		他往不详者男一人				出区未出县者男三人出保未出区者男一人		出保未出区者男二人		他往不详者男一人				他往不详者男一人				他往不详者男五人												出保未出区者男三人出区未出县者男三人他往不详者男九人		

中华民国二十　年　月　日　保长徐培元

四川省荣县第四区第四四保普通户口统计表

事别＼甲别		第一甲		第二甲		第三甲		第四甲		第五甲		第六甲		第七甲		第八甲		第九甲		第十甲		第十一甲		第十二甲		第十三甲		第十四甲		第十五甲		总计		附记
户数		一〇		九		九		八		一〇		一〇		一〇		一〇																七六		
		男	女	男	女	男	女	男	女	男	女	男	女	男	女	男	女	男	女	男	女	男	女	男	女	男	女	男	女	男	女	男	女	
人口总数		三六	三三	三三	二九	二一	一七	二七	二九	三一	二八	二一	二四	二二	二九	二九	一五															二二〇	二〇四	
现住		三六	三三	三三	二九	一八	一六	二七	二九	三一	二八	二一	二四	二〇	二九	二六	一五															二一二	二〇三	
他往						三	一							二		三																八	一	
壮丁		八		五		三		一三		七		六		五		五																五一		壮丁实得五一人
识字		二		三		四		六		一		三		三		二																二四		
职业	有	二二	一九	一四	一〇	一二	一〇	一五	一四	一四	一六	一二	一一	一四	九	一四	九															一一七	九八	
	无	一四	一四	一九	一九	九	七	一二	一五	一七	一二	九	一三	八	二〇	一五	六															一〇三	一〇六	
非家属同住者		六	四	六	三	二	一			三	四	二	三	一	二		一															二〇	一八	
学童		八		一五		六		七		八		六		一〇		七																六七		
备考						出县未出省者男二人不详他往者男一人出保未出区者女一人								出保未出区者男一人不详他往者男一人		不详他往者男三人																不详他往者男五人出县未出省者男二人出保未出区者男一人女一人		

保长杨集群

中华民国二十五年七月廿六日

荣县第四区普通户口统计表（二）

四川省荣县第四区第四五保普通户口统计表

保长吴伯春

中华民国二十　年　月　日

事别＼甲别	第一甲		第二甲		第三甲		第四甲		第五甲		第六甲		第七甲		第八甲		第九甲		第十甲		第十一甲		第十二甲		第十三甲		第十四甲		第十五甲		总计		附记
户数	一二		一三		一一		一四		一三		一二		一三		一二		一三		一二		一二										一三七		壮丁总共一六四人公务人员一四学生七人残废一六人他往三二人实得九五人
	男	女	男	女	男	女	男	女	男	女	男	女	男	女	男	女	男	女	男	女	男	女	男	女	男	女	男	女	男	女	男	女	
人口总数	五七	四二	四九	四七	三八	四〇	四〇	四一	三〇	三八	三二	二七	三九	三〇	二八	二二	三七	三七	四三	三三	五〇	三八									四四三	三九五	
现住	五五	四一	四七	四七	三七	四〇	四〇	四一	二七	三六	二八	二七	三七	三〇	二二	二二	三一	三七	四〇	三三	四七	三八									四一一	三九二	
他往	二	一	二		一				三	二	四		二		六		六		三		三										三二	三	
壮丁	二二		二〇		一一		一七		一三		九		一五		一〇		一三		一〇		二四										一六四		
识字	一五	二	四	二	九	三	九		八	一	二		三		三		一		四		五										六三	八	
职业 有	三五	二五	三一	二二	一九	二六	二七	二一	一六	二二	二三	一六	二七	一六	十七	一四	二〇	一六	一九	一二	三八	二二									二七二	二一二	
职业 无	二二	一七	一八	二五	一九	一四	一三	二〇	一四	一六	九	一一	一二	一四	一一	八	一七	二一	二四	二一	一二	一六									一七一	一八三	
非家属同住者	八	三	一四	一三	四	三	二	一									二	一	一	三	二一	十二									五二	三六	
学童	四		五		八		六		三		五		七		六		五		一一		四										六四		
备考	出区未出县者男一人女一人出县未出省者男一人		出保未出区者男一人出区未出县者男一人		出保未出区者男一人				出县未出省者男三人女二人		出县未出省者男四人		出区未出县者男一人出县未出省者男一人		出区未出县者男四人出县未出省者男二人		出保未出区者男二人出区未出县者男二人出县未出省者男二人		出县未出省者男三人		出区未出县者男一人出县未出省者男二人										出保未出区者男四人出区未出县者男一〇人女一人出县未出省男一八人女二人		

四川省荣县第四区第四六保普通户口统计表

事别＼甲别	第一甲		第二甲		第三甲		第四甲		第五甲		第六甲		第七甲		第八甲		第九甲		第十甲		第十一甲		第十二甲		第十三甲		第一四甲		第十五甲		总计		附记
户数	八		一四		一一		一一		一一		一〇		八		一三		九		一四												一〇九[①]		壮丁总名八五名他往一二名外残疾一三名公务一一员实得五一名
	男	女	男	女	男	女	男	女	男	女	男	女	男	女	男	女	男	女	男	女	男	女	男	女	男	女	男	女	男	女	男	女	
人口总数	二一	二〇	三六	四〇	二七	三〇	三三	三六	三四	三五	四〇	四四	一七	二五	三八	三〇	二八	二八	五二	四〇											三二六	三二八	
现住	二一	二〇	三五	四〇	二七	三〇	三〇	三六	三四	三五	三八	四四	一四	二五	三八	三〇	二七	二八	五〇	四〇											三一四	三二八	
他往			一				三				二		三				一		二												一二		
壮丁	六		八		九		八		一〇		八		九		一四		五		八												八五		
识字	三		一一		七		二		五		八		一		三		六		七												五三		
职业 有	一一	一五	一八	二三	一八	一四	二二	二二	二三	二四	二〇	二四	一六	一七	二八	二二	一七	一八	三五	二〇											二〇八	一九九	
职业 无	一〇	五	一八	一七	九	一六	一一	一四	一一	一一	二〇	二〇	一	八	一〇	八	一一	一〇	一七	二〇											一一八	一二九	
非家属同住者							一		一								一		一												四		
学童	五		一〇		五		三		一四		三		四		七		三		一												五五		
备考			出保未出区者男一人				出保未出区者男三人				出区未出县者男一人出保未出区者男一人		出县未出省者男二人出区未出县者男一人				出保未出区者男一人		出县未出省者男一人出区未出县者男一人												出县未出省者男三人出区未出县者男三人出保未出区者男六人		

中华民国二十 年 月 日

保长吴泰君

① 原文为“一百〇九户”。

四川省荣县第四区第四七保普通户口统计表　　保长李汉军

中华民国二十　年　月　日

事别＼甲别		第一甲		第二甲		第三甲		第四甲		第五甲		第六甲		第七甲		第八甲		第九甲		第十甲		第十一甲		第十二甲		第十三甲		第十四甲		第十五甲		总计		附记
户数		一一		八		一三		一一		一〇		六		六		九		九														八四		
		男	女	男	女	男	女	男	女	男	女	男	女	男	女	男	女	男	女	男	女	男	女	男	女	男	女	男	女	男	女	男	女	
人口总数		二五	二一	二二	二〇	二七	三八	二六	二〇	二六	三一	一六	一一	二五	一七	二三	二三	二六	一三													二一六	一九四	
现住		二〇	二一	二一	二〇	二〇	三八	一九	二〇	二四	三一	一五	一一	二四	一七	一八	二三	二一	一三													一八二	一九四	
他往		五		一		七		七		二		一		一		五		五														三四		
壮丁		一〇		六		一四		九		七		四		七		八		八														七三		实得壮丁五〇名他往壮丁二三名外残废五名公务三员
识字		三		二		四		五		四		三				四		一														二六		
职业	有	一八	一三	九	一一	一八	二〇	一七	一三	一七	二二	八	九	一一	九	一八	一四	一六	一〇													一三二	一二一	
	无	七	八	一三	九	九	一八	九	七	九	九	八	二	一四	八	五	九	一〇	三													八四	七三	
非家属同住者						三		一						一	一	二																七	一	
学童		三		七		六		五		五		二		五		一		六														四〇		
备考		他往出区未出县者男一人		他往不详者男一人		他往出区未出县者男二人他往不详者男一人				他往不详者男二人		他往出区未出县者男一人		他往不详者男一人		他往不详者男四人		他往不详者男五人														他往出区未出县者男四人他往不详者男一四人		

四川省荣县第四区第四八保普通户口统计表

事别＼甲别	第一甲		第二甲		第三甲		第四甲		第五甲		第六甲		第七甲		第八甲		第九甲		第十甲		第十一甲		第十二甲		第十三甲		第十四甲		第十五甲		总计		附记
户数	一二		八		一一		一三		一三		一五		一〇		一一		一五		一五												一二三		
	男	女	男	女	男	女	男	女	男	女	男	女	男	女	男	女	男	女	男	女	男	女	男	女	男	女	男	女	男	女	男	女	
人口总数	二九	二八	二八	二三	三三	二六	二七	二六	四四	四五	三三	三九	三三	二六	三七	二二	四七	四二	五九	四八											三七〇	三二五	
现住	二九	二八	二四	二二	三〇	二六	二三	二六	四一	四四	二三	三六	三〇	二六	二九	二二	四〇	四二	五六	四八											三二五	三二〇	
他往			四	一	三		四		三	一	一〇	三	三		八		七		三												四五	五	
壮丁	一〇		一二		一四		一三		一七		一五		一四		一一		一六		一九												一四一		本保内壮丁共一四一人除公务员一四人他往三六人残废一三名之外实得壮丁七八人
识字	六		三		四		七	二	二		四	一	四		四	一	五		七												四六	四	
职业 有	一九	一三	一九	一七	二四	一九	一八	一七	二三	二六	二五	二〇	一八	一二	二一	一四	二三	二五	三三	三五											二二三	一九八	
职业 无	一〇	一五	九	六	九	七	九	九	二一	一九	八	一九	一五	一四	一六	八	二四	一七	二六	一三											一四七	一二七	
非家属同住者	六		一〇	五	九	一	五	五	二		四	三	一		五	一	六	一	一一	一											五九	一七	
学童	四		四		二		五		九		八		四		八		一三		二〇												七七		
备考	原系二甲他保编数户因地势改作一甲		原系一甲因地势改作第二甲出保男四人女一人		出区男三人		出保男二人出区男一人出县男一人		原系第一〇甲因地势情形取蒂第五甲改作此甲出保男三人女一人		原系口甲因他保编入数户改作此甲出保五人女二人出区男三人女一人不详男二人		出区男一人出县男二人		出保男三人出区男四人出县男一人		出保男三人出区男二人出县男二人		新编入出保男二人出区男一人												出保男二二人女三人出区男十五人女一人出县男六人他往不详男二人		

中华民国二十五年 月 日

保长黄位中

四川省荣县第四区第四九保普通户口统计表

事别＼甲别		第一甲		第二甲		第三甲		第四甲		第五甲		第六甲		第七甲		第八甲		第九甲		第十甲		第十一甲		第十二甲		第十三甲		第十四甲		第十五甲		总计		附记
户数		一三		一三		一二		一〇		一四		一二		一〇		一〇																九四		本表内壮丁通以十八岁至四十五岁计算共成一百〇七名除他往十八名学生三名教师三名残废二十名公务人员二名共缺四十六名外实能应操者仅六十一名
人口总数		男	女	男	女	男	女	男	女	男	女	男	女	男	女	男	女	男	女	男	女	男	女	男	女	男	女	男	女	男	女	男	女	
		三七	三九	三六	四六	四三	二八	三〇	三七	三九	三八	三七	二八	三八	三六	三七	三六															二九七	二八八	
现住		三二	三九	三〇	四六	三九	二八	二六	三七	三四	三七	三三	二八	三六	三六	三四	三六															二六四	二八七	
他往		五		六		四		四		五	一	四		二		三																三三	一	
壮丁		一五		一四		一五		一〇		一二		一五		一三		一二																一〇六		
识字		二		九		一		八		九		一		一二		一三																五五		
职业	有	二七	二三	二二	二五	三二	二〇	一八	二四	二七	二七	二五	二二	二〇	一七	一九	二二															一九〇	一八〇	
	无	一〇	一六	一四	二一	一一	八	一二	一三	一二	一一	一二	六	一八	一九	一八	四															一〇七	一〇八	
非家属同住者		三		三	一	一	三	一		三	二			四	三	九																二四	九	
学童		一〇		一三		一一		七		九		六		一二		八																七六		
备考		出保男二人出区男一人不详他往一人		出保男四人出县男二人		出区男二人出县男二人		出保男二人出区男二人		出保男二人出区男二人女一人出县男一人		出保男一人出区男二人不详他往一人		出保男二人		出区男一人出县男二人																出保男十三人出区男十人女一人出县男七人不详男二人		

保长蔡定文

中华民国二十五年七月二十日

四川省荣县第四区第五〇保普通户口统计表

保长蔡爵文

中华民国二十五年七月 日

事别＼甲别		第一甲		第二甲		第三甲		第四甲		第五甲		第六甲		第七甲		第八甲		第九甲		第十甲		第十一甲		第十二甲		第十三甲		第十四甲		第十五甲		总计		附记
户数		一三		一一		一一		一〇		一一		一二		一〇		九		一二		一三		一一		八								一三二		壮丁总数八一人公务人员一三人残废九人他往壮丁二五人实得壮丁三四人
		男	女	男	女	男	女	男	女	男	女	男	女	男	女	男	女	男	女	男	女	男	女	男	女	男	女	男	女	男	女	男	女	
人口总数		三〇	二八	三四	二九	三三	四一	三〇	二六	三八	二七	五二	三七	三三	一七	三四	二八	五〇	三〇	二五	一七	三〇	二〇	一六	二一							四〇五	三二一	
现住		二六	二八	二九	二九	三一	四一	二八	二五	三五	二七	四九	三七	二六	一七	二九	二八	四四	三〇	二四	一七	二八	一九	一三	二一							三六二	三一九	
他往		四		五		二		二	一	三		三		七		五		六		一		二	一	三								四三	二	
壮丁		六		八		九		八		一一		一七		五		四		四		三		二		四								八一		
识字		二		二		一〇		四		七		七		四		五		四		二		一		一								四九		
职业	有	二四	一九	二二	二九	一六	二四	一六	一八	二〇	一九	二三	二五	二四	一二	一九	一三	二三	一二	一五	一五	一四	一四	一二	一七							二二八	二一七	
	无	六	九	一二		一七	一七	一四	八	一八	八	二九	一二	九	五	一五	一五	二七	一八	一〇	二	一六	六	四	四							一七七	一〇四	
非家属同住者		一	二			一	三	一		二	一	五	一	一		三	一	一		一				一	一							一七	九	
学童		四		四		五		一一		一〇		一五		五		六		七		八		六										八一		
备考		出保未出区者男四出区未出县者男一		出保未出区者男四出区未出县者男一		出保未出区者男二		出保未出区者男一出保未出区者女一出区未出县者男一		出保未出区者男二出区未出县者男一								出保未出区者男二出县未出省者男四		出县未出省者男一		出县未出省者男二										出保未出区者男一五女一出区未出县者男三出县未出省者男七		

四川省荣县第四区第五一保普通户口统计表

事别＼甲别	第一甲		第二甲		第三甲		第四甲		第五甲		第六甲		第七甲		第八甲		第九甲		第十甲		第十一甲		第十二甲		第十三甲		第十四甲		第十五甲		总计		附记
户数	一三		一四		一五		一一		一四		一四		一一		一二		一四		一二												一三〇		本保壮丁他往二八人残废八人公务四人实得八四人
	男	女	男	女	男	女	男	女	男	女	男	女	男	女	男	女	男	女	男	女	男	女	男	女	男	女	男	女	男	女	男	女	
人口总数	三二	三二	四二	三四	四一	三五	三三	三一	四三	二八	三九	二七	二九	二七	三五	二八	三九	三三	四四	二七											三七七	三〇二	
现住	二六	三二	三九	三四	三七	三五	三二	三一	三四	二六	三〇	二七	二八	二七	二九	二八	三一	三二	四二	二七											三二八	二九九	
他往	六		三		四		一		九	二	九		一		六		八	一	二												四九	三	
壮丁	一三		一七		九		一〇		一四		一六		一〇		一一		一四		一〇												一二四		
识字	六				二		二		一		三		五		一		一		四												二五		
职业 有	二一	一七	三一	二二	二二	二九	一九	二三	三一	一七	二八	二三	一六	一五	二三	二三	二六	二六	二〇	二三											二三七	二一八	
职业 无	一一	一五	一一	一二	一九	六	一四	八	一二	一一	一一	四	一三	一二	一二	五	一三	七	二四	四											一四〇	八四	
非家属同住者			四	二					二	二	三	一	二		二	一	四		一												一八	六	
学童	四		八		八		八		九		六		五		八		九		一〇												七五		
备考	出保未出区者男五人出区未出县者男一人		出区未出县者男三人		出保未出区者男二人出区未出县者男二人		出区未出县者男一人		出保未出区者男六人女二人出区未出县者男三人		出保未出区者男三人出区未出县者男三人出外不详者男三人		出外不详者男一人		出保未出区者男一人出区未出县者男三人出外不详者男二人		出保未出区者男三人出区未出县者男三人女一人出县未出省者男二人		出区未出县者男二人												出保未出区者男二〇人女二人出区未出县者男二一人女一人出县未出省者男二人出外不详者男六人		

保长熊树森

中华民国二十五年七月二十五日

四川省荣县第四区第五二保普通户口统计表

事别＼甲别		第一甲		第二甲		第三甲		第四甲		第五甲		第六甲		第七甲		第八甲		第九甲		第十甲		第十一甲		第十二甲		第十三甲		第十四甲		第十五甲		总计		附记
户数		一四		一四		一四		一三		一五		一四		一四		一二		一四														一二四		
		男	女	男	女	男	女	男	女	男	女	男	女	男	女	男	女	男	女	男	女	男	女	男	女	男	女	男	女	男	女	男	女	
人口总数		四九	四〇	三六	四二	五〇	三三	三七	三六	四七	四〇	三一	三〇	四四	三四	三二	四一	四〇	三六													三六六	三三二	
现住		四一	四〇	三三	四二	四一	三三	三〇	三六	三二	四〇	二〇	三〇	三四	三四	三三	四一	三〇	三六													二八四	三三二	
他往		八		三		九		七		一五		一一		一六		九		一〇														八二		
壮丁		一六		八		二〇		一六		二二		一一		一三		一四		一七														一三七		
识字		二		六		五		一		三		一		一																		一九		总共壮丁一三七人他往七人残废七人实得壮丁五九人
职业	有	三二	二七	一八	二四	三〇	三六	二〇	二四	三五	二七	二七	一七	二六	二〇	一七	二三	二七	一六													二三二	二〇四	
	无	一七	一三	一八	一八	二〇	七	一七	一二	一二	一三	四	一三	一八	一四	一五	一八	一三	二〇													一三四	一二八	
非家属同住者		五	四	三	一	一	一	二	二	五	五	一	一	八	五			五														一二〇	一九	
学童		一二		七		一二		一五		九		七		一一		七		七														八七		
备考		出保未出区男二出区未出县者男二出外不详者男四人		出区未出县者男一出外不详者男二人		出家未出保者男一出区未出县者男四出县未出省者男一出外不详者男三人		出保未出区者男一出区未出县者男二出县未出省者男二出外不详者男二人		出保未出区者男四出区未出县者男五出县未出省者男四出外不详者男二人		出保未出区者男三出区未出县者男四出县未出省者男二出外不详者男二人		出保未出区者男二出区未出县者男一三人出外不详者男一人		出区未出县者口人出县未出省者男一人		出区未出县者男四出县未出省者男二出外不详者男四人														出家未出保者男一人出保未出区者男一二人出区未出县者男四二人出县未出省者男五人出外不详者男二〇人		

中华民国二十五年月日　保长

事别＼甲别	第一甲		第二甲		第三甲		第四甲		第五甲		第六甲		第七甲		第八甲		第九甲		第十甲		第十一甲		第十二甲		第十三甲		第十四甲		第十五甲		总计		附记
户数	一〇		一二		九		九		一〇		一〇		一〇		一〇		一〇		一〇												一〇〇		共计壮丁九四人除残废一二人公务四人他往一九人实得五九人
	男	女	男	女	男	女	男	女	男	女	男	女	男	女	男	女	男	女	男	女	男	女	男	女	男	女	男	女	男	女	男	女	
人口总数	四二	三一	二八	二八	二六	二六	二〇	二七	二二	二五	二九	二八	二四	二三	二七	二九	一九	一八	三一	二六											二六八	二六一	
现住	四〇	三一	二五	二八	二二	二五	一九	二七	二一	二三	二九	二八	二〇	二二	二五	二九	一九	一八	二八	二六											二四八	二五七	
他往	二		三		四	一	一		一	二			四	一	二				三												二〇	四	
壮丁	一五		一〇		七		八		六		八		一一		一二		六		一一												九四		
识字	二		二		一		一								三				三												一二		
职业 有	二五	一五	一七	一六	一四	一五	一二	一五	九	一二	一一	一五	一〇	一四	一六	一八	一二	一四	一八	一八											一四四	一五二	
职业 无	一七	一六	一一	一二	一二	一一	八	一二	一三	一三	一八	一三	一四	九	一一	一一	七	四	一三	八											一二四	一〇九	
非家属同住者	九				一		一	一			一	一	一	一			一		一												一五	三	
学童	七		六		九		七		七		九		九		八		七		八												七七		
备考	未出保者男一人出保未出区者男三人出区未出县者男一人		未出保者男三人出区未出县者女一人		未出保者男二人		出保未出区者男一人		未出保者男二人出保未出区者女二人				出区未出县者男三人出外不详者男一人		出保未出区者男一人出县未出省者男一人		出保未出区者男一人		出保未出区者男一人出区未出县者男一人出县未出省者男一人												未出保者男八人出保未出区者男七人女二人出区未出县者男五人女一人出县未出省者男二人		

四川省荣县第四区第五三保普通户口统计表

保长龚超

中华民国二十五年七月二十三日

四川省荣县第四区第五四保普通户口统计表

保长罗修文

中华民国二十五年七月二十日

事别＼甲别	第一甲		第二甲		第三甲		第四甲		第五甲		第六甲		第七甲		第八甲		第九甲		第十甲		第十一甲		第十二甲		第十三甲		第十四甲		第十五甲		总计		附记
户数	一三		一〇		一〇		一三		一一		九		一〇		一〇		九														九五		
	男	女	男	女	男	女	男	女	男	女	男	女	男	女	男	女	男	女	男	女	男	女	男	女	男	女	男	女	男	女	男	女	
人口总数	四四	四二	五二	三七	三五	三八	七一	五〇	二三	二八	二三	二八	五〇	四三	三三	二五	二三	二三													三五四	三一四	
现住	四一	四二	四九	三七	三三	三八	六七	五〇	二一	二八	二二	二八	五〇	四三	三二	二五	二二	二二													三三七	三一三	
他往	三		三		二		四		二		一				一		一	一													一七	一	
壮丁	九		九		八		一〇		二		七		五		七		五														六二		
识字	五		六		二		一一		二		三		一〇		三		三														四三		壮丁总名内除却残废他往公务外实得壮丁五四人
职业 有	二五	一九	二九	二一	一八	一五	三四	二四	一六	一六	一五	一三	二三	二六	一八	一八	一四	一一													一九二	一六二	
职业 无	一九	二三	二三	一六	一七	二三	三七	二六	七	一二	八	一五	二七	一七	一五	七	九	一二													一六二	一五一	
非家属同住者	二	二	五				七	一			一	一		一	一	一															一六	六	
学童	七		七		八		一一		三		九		一二		八		六														七一		
备考	出保未出区者男一人出区未出县者男一人出县未出省者男一人		出县未出省者男三人		出县未出省者男二人		出保未出区者男四人		出县未出省者男一人出区未出县者男一人		出保未出区者男一人				出区未县者男一人		出保未出区者男一人出区未出县者女一人														出省未出国者男一人出县未出省者男二人出区未出县者男三人女一人出保未出区者男七人		

四川省荣县第四区第五五保普通户口统计表

事别＼甲别		第一甲		第二甲		第三甲		第四甲		第五甲		第六甲		第七甲		第八甲		第九甲		第十甲		第十一甲		第十二甲		第十三甲		第十四甲		第十五甲		总计		附记
户数		一二		一〇		九		九		一一		一三		一四		九																八七		
人口总数		男	女	男	女	男	女	男	女	男	女	男	女	男	女	男	女	男	女	男	女	男	女	男	女	男	女	男	女	男	女	男	女	
		三五	三六	二五	二九	四一	三二	三四	三八	四六	四二	二七	三〇	三八	四三	二八	二〇															二七四	二七九	
现住		三一	三六	二三	二九	四一	三二	三三	三八	四六	四二	二二	三〇	三三	四二	二五	二〇															二五四	二七八	
他往		四		二				一				五		五	一	三																二〇	一	
壮丁		一五		六		一二		一四		一三		一三		一二		八																九三		壮丁总数九三人公务人员六人残废四人他往一〇人实得壮丁七三人
识字		三	一	一		九		八		一		一		一二	三	二																三六	四	
职业	有	二二	二二	一五	一七	二四	二〇	一八	二一	二三	二〇	一九	一五	二二	二三	一七	一一															一六〇	一四九	
	无	一三	一四	一〇	一二	一七	一二	一六	一七	二三	二二	八	一五	一六	二〇	一一	九															一一四	一二〇	
非家属同住者		五	一			八		四	一	一				二	二	五	一															二五	五	
学童		七		五		七		六		一〇		三		一〇		四																五二		
备考		出区未出县者男三人出县未出省者男一人		他往不详者男二人				出区未出县者男一人				出区未出县者男二人出保者男三人		出保者男三人出区未出县者男一人女一人出县未出省者男一人		出保者男三人																出保者男九人出区未出县者男七人女一人出县未出省者男二人他往不详者男二人		

保长吴德钧

中华民国二十五年　月　日

四川省荣县第四区第五六保普通户口统计表

保长吴伯常

中华民国二十五年七月　日

甲别	性别	户数	人口总数	现住	他往	壮丁	识字	职业·有	职业·无	非家属同住者	学童	备考
第一甲	男	九	二〇	一八	二	八	五	一三	七	四	三	出县未出省者男二人
	女		二三	二三				九	一四	二		
第二甲	男	八	二五	二三	二	一一	四	一七	八	一	三	出保未出区者男二人
	女		一九	一九				一〇	九	二		
第三甲	男	一一	二一	二〇	一	七	三	一四	七	一	七	外出不详者男一人
	女		二七	二七				一七	一〇			
第四甲	男	一四	三五	三五		九	八	二一	一四	六	六	
	女		三四	三四			一	二四	一〇			
第五甲	男	一一	一六	一四	二	七	六	一〇	六		三	出保未出区者男一人外出不详者男一人
	女		一九	一九				一〇	九			
第六甲	男	八	二八	二七	一	八	八	一六	一二		六	出县未出省者男一人
	女		二七	二七				一三	一四	一		
第七甲	男	一一	三五	三四	一	一一	五	二一	一四	三	一〇	外出不详者男一人
	女		三三	三三				一六	一七	六		
第八甲	男	一一	三二	三一	一	一二	五	一七	一五	四	九	出县未出省者男一人
	女		二八	二八				一一	一七	一		
第九甲	男											
	女											
第十甲	男											
	女											
第十一甲	男											
	女											
第十二甲	男											
	女											
第十三甲	男											
	女											
第十四甲	男											
	女											
第十五甲	男											
	女											
总计	男	八三	二一二	二〇二	一〇	七三	四四	一二九	八三	一九	四七	出县未出省者男四人出保未出区者男三人外出不详者男三人
	女		二一〇	二一〇			一	一一〇	一〇〇	一二		
附记		壮丁总数七十一人除公务壮丁八人他往壮丁九人残废壮丁六人实得壮丁四十八人										

荣县第四区普通户口统计表（二）

四川省荣县第四区第五七保普通户口统计表

事别＼甲别		第一甲		第二甲		第三甲		第四甲		第五甲		第六甲		第七甲		第八甲		第九甲		第十甲		第十一甲		第十二甲		第十三甲		第十四甲		第十五甲		总计		附记
户数		一〇		一〇		一〇		一〇		一一		一〇		一〇		一〇		一〇		一二		一〇		一〇		九		一二				一四四		
人口总数		男	女	男	女	男	女	男	女	男	女	男	女	男	女	男	女	男	女	男	女	男	女	男	女	男	女	男	女	男	女	男	女	
		三五	三〇	二二	三一	二四	二五	三〇	二四	二三	一七	二九	二九	二三	二三	二三	一九	一七	二三	二六	二三	二二	二一	二八	一九	一九	二〇	一五	二六			三三六	三三〇	
现住		三三	三〇	二一	三一	二四	二五	三〇	二四	二二	一七	二七	二九	二三	二三	二二	一九	一六	二二	二六	二三	二一	二一	二八	一九	一八	二〇	一三	二六			三二四	三二九	
他往		二		一						一		二				一		一	一			一				一		二				一二	一	
壮丁		七				六		五		五		六		五		四		四		八		八		八		六		五				八二		
识字		九		五		一		二		二		五		二		一		五		四		一		三		二						四二		
职业	有	一八	一九	一四	一五	一四	一二	二〇	一四	一五	一四	一八	一四	一六	一七	一五	一二	一一	一二	一五	一五	一一	一一	一三	一二	一一	一一	一二	一〇			二〇三	一八八	
	无	一七	一一	八	一六	一〇	一三	一〇	一〇	八	三	一一	一五	七	六	八	七	六	一一	一一	八	一一	一〇	一五	七	八	九	三	一六			一三三	一四二	
非家属同住者		五	一	一	二					一								一	一		一							一				九	五	
学童		七		六		七		八		五		八		一		七		五		七		四		五		三		一				七四		
备考		出县者男二人		出县者男一人														出县者男一人女一人														出县未出省者男四人女一人		

中华民国二十五年七月三十日　保长杨树章

四川省荣县第四区第五八保普通户口统计表

事别 \ 甲别		第一甲		第二甲		第三甲		第四甲		第五甲		第六甲		第七甲		第八甲		第九甲		第十甲		第十一甲		第十二甲		第十三甲		第十四甲		第十五甲		总计		附记
户数		一五		一一		一〇		一〇		一〇		一一		一一		一〇		一〇		一〇		九		一〇		八						一三五		
		男	女	男	女	男	女	男	女	男	女	男	女	男	女	男	女	男	女	男	女	男	女	男	女	男	女	男	女	男	女	男	女	
人口总数		三〇	三一	二五	三五	二一	二四	二九	二六	四六	三九	三一	二八	二三	二二	二九	二七	二一	二六	一五	二〇	二〇	一四	二一	一九	一九	一五					三三〇	三二六	
现住		二九	三一	二四	三三	二〇	二四	二七	二六	四四	三八	二九	二八	二〇	二一	二七	二七	二一	二六	一三	二〇	一七	一二	一八	一九	一八	一五					三〇七	三二〇	
他往		一		一	二	一		二		二	一	二		三	一	二				二		三	二	三		一						二三	六	
壮丁		九		一〇		八		七		一七		一一		八		一三		一二		五		八		四		九						一二一		
识字		五		二		四		三		四		五		一		四		三		二		一		三		二						三九		
职业	有	一二	一三	二一	一五	一二	一二	一三	一二	二四	一八	一六	一二	一〇	一二	一五	一二	一六	一二	七	一〇	一五	一一	一四	一三	一三	一二					一八八	一六四	
	无	一八	一八	四	二〇	九	一二	一六	一四	二二	二一	一五	一六	一三	一〇	一四	一五	五	一四	八	一〇	五	三	七	六	六	三					一四二	一六二	
非家属同住者						一			一		一	五	一			二																八	三	
学童		七		一三		一〇		八		一五		一一		九		八		一一		六		六		七		九						一二〇		
备考		他往外县者男一人		他往外县者男一人女二人		他往外县者男一人																										出县未出省者男三人女二人		

保长吴洪昌

中华民国二十五年七月三十日

四川省荣县第四区第五九保普通户口统计表

事别 \ 甲别		第一甲		第二甲		第三甲		第四甲		第五甲		第六甲		第七甲		第八甲		第九甲		第十甲		第十一甲		第十二甲		第十三甲		第十四甲		第十五甲		总计		附记
户数		一〇		一〇		一〇		一〇		八		一〇		八		一〇		一〇		一〇		一〇		九		九						一二四		
		男	女	男	女	男	女	男	女	男	女	男	女	男	女	男	女	男	女	男	女	男	女	男	女	男	女	男	女	男	女	男	女	
人口总数		一九	一八	二一	一八	二三	一八	三八	三六	二一	二一	二一	二四	二七	二四	二二	二四	三二	二〇	一四	二五	二七	三三	二〇	二一	二六	二五					三一一	三〇七	
现住		一八	一八	一七	一八	一九	一八	三一	三六	二〇	二一	二〇	二四	二二	二四	一九	二四	二九	二〇	一二	二五	二二	三三	一五	二一	二二	二五					二六六	三〇七	
他往		一		四		四		七		一		一		五		三		三		二		五		五		四						四五		
壮丁		九		六		六		一三		四		一〇		一〇		一〇		一一		六		一四		一一		一二						一二二		
识字		一		二		五		六				二		六		七		八		三		一〇		四		二						五六		
职业	有	一〇	一三	一〇	一六	一三	一〇	二五	一五	一六		二〇		一六	四	一五	一三	二〇	一〇	一二	一五	二五	一三	一八	九	一一	一四					二一一	一三二	
	无	九	五	一一	二	一〇	八	一三	二一	五	二一	一	二四	一一	二〇	七	一一	一二	一〇	二	一〇	二	二〇	二	一二	一五	一一					一〇〇	一七五	
非家属同住者								九	一		二	一	一	二	一	三						五		二								二二	五	
学童		五		七		三		八						三		六		九		九		三		三		五						六一		
备考		出县者男一人		出县者男二人				出县者口人		出省者男一人				出县者男三人		出县者男三人						出县者男三人				出县者男一人						出县未出 省者男二 〇人出省 未出国者 男一人		

保长杨树东

中华民国二十五年七月三十日

四川省荣县第四区第六〇保普通户口统计表

保长吴绍藩

中华民国二十五年七月二十日

事别＼甲别	第一甲		第二甲		第三甲		第四甲		第五甲		第六甲		第七甲		第八甲		第九甲		第十甲		第十一甲		第十二甲		第十三甲		第十四甲		第十五甲		总计		附记
户数	九		一〇		七		一〇		九		一〇		一〇		一〇		一〇		九		一〇		一一								一一五		
	男	女	男	女	男	女	男	女	男	女	男	女	男	女	男	女	男	女	男	女	男	女	男	女	男	女	男	女	男	女	男	女	
人口总数	二五	三一	四六	三六	二四	一四	四三	四五	二八	二二	二二	一九	二四	二二	二四	一八	二二	二三	一五	二〇	二六	一五	三九	三五							三三八	三〇〇	
现住	二五	三一	四六	三六	二二	一四	三九	四五	一八	二二	二一	一九	二三	二二	二二	一八	二二	二三	一二	二〇	二六	一五	三九	三五							三一五	三〇〇	
他往					二		四		一〇		一		一		二				三												二三		
壮丁	九		一三		四		一五		一〇		一〇		七		六		六		五		四		九								九八		
识字	二		五		一		一〇		四		四		一		五		一		三		四		四								四四		
职业 有	一八	五	三〇	三	一五	一	一二	七	一六	二	一四		一一	二	一三	一二	一二		一〇	一	一一	二	二一	三							一八三	三八	
职业 无	七	二六	一六	三三	九	一三	三一	三八	一二	二〇	八	一九	一三	二〇	一一	六	一〇	二三	五	一九	一五	一三	一八	三二							一五五	二六二	
非家属同住者	二	二	七	三	四	一	七	二	一	一	一	二	一	一						一											二三	一三	
学童	四		一五		三		一一		六		五		五		六		五		二		四		五								七一		
备考					出县者男二人		出县者男四人		出县者男八人				出县者男一人																		出县未出省者男一三人		

甲别 / 事别	第一甲		第二甲		第三甲		第四甲		第五甲		第六甲		第七甲		第八甲		第九甲		第十甲		第十一甲		第十二甲		第十三甲		第十四甲		第十五甲		总计		附记
户数	九		一一		一〇		一〇		一一		一二		一一		一二		一〇		一〇		一〇										一一六		
	男	女	男	女	男	女	男	女	男	女	男	女	男	女	男	女	男	女	男	女	男	女	男	女	男	女	男	女	男	女	男	女	
人口总数	二四	七	三二	二五	三八	二九	二九	一七	三九	三五	二四	三〇	四三	四一	四三	三〇	二五	二五	三二	三一	二二	二六									三五一	二九六	
现住	二〇	七	三一	二五	三二	二九	二四	一七	三六	三五	二四	三〇	四〇	四一	四一	三〇	二四	二三	三二	三一	一九	二六									三二三	二九四	
他往	四		一		六		五		三				三		二		一	二			三										二八	二	
壮丁	一一		一二		六		一一		一四		一二		一六		一一		一二		一六		一一										一三二		
识字	一〇		八		七		三		一一		八		一六		一〇		五		一〇		七										九五		
职业 有	一四	五	一七	一五	一九	一四	一五	七	二二	九	九	八	一八	二〇	二九	一七	一五	六	一六	一〇	一六	四									一九〇	一一五	
职业 无	一〇	二	一五	一〇	一九	一五	一四	一〇	一七	二六	一五	二二	二五	二一	一四	一三	一〇	一九	一六	二一	六	二二									一六一	一八一	
非家属同住者	一						一		五	一	一							一	四	四	一	一									一三	七	
学童	一		二		八		四		五		三		七		九		四		七		五										五五		
备考	出省者男二人出县者男一人				出县者男二人		出县者男一人						出县者男一人																		出县未出省者男七人		

四川省荣县第四区第六一保普通户口统计表

中华民国二十五年七月三十日 保长吴树培

四川省荣县第四区第六二保普通户口统计表

事别＼甲别		第一甲		第二甲		第三甲		第四甲		第五甲		第六甲		第七甲		第八甲		第九甲		第十甲		第十一甲		第十二甲		第十三甲		第十四甲		第十五甲		总计		附记
户数		一一		一〇		一〇		九		一一		一一		一三		一四		一一		九		一〇		一四								一三三		
		男	女	男	女	男	女	男	女	男	女	男	女	男	女	男	女	男	女	男	女	男	女	男	女	男	女	男	女	男	女	男	女	
人口总数		五〇	三七	三四	二八	二一	二六	二八	二七	四五	三四	三二	三二	二四	二一	二九	二六	三五	三七	二二	一五	二七	一五	四〇	三四							三八七	三三二	
现住		四六	三七	三二	二八	二〇	二六	二八	二七	四四	三四	三一	三二	二四	二一	二七	二六	三一	三六	二〇	一五	二七	一五	三七	三四							三六七	三三一	
他往		四		二		一				一		一				二		四	一	二				三								二〇	一	
壮丁		一一		八		八		九		一〇		四		一二		八		一一		九		八		一二								一一〇		
识字		二四		一〇		六		一二		二八		四		三		六		一六		五		四		一五								一三三		
职业	有	三一	一二	二三	二〇	一七	一九	一六	一八	三七	二四	二一	一八	一〇	九	一三	一〇	二〇	一七	一三	八	一九	七	二九	一六							二四九	一七八	
	无	一九	二五	一一	八	四	七	一二	九	八	一〇	一一	一四	一四	一二	一六	一六	一五	二〇	九	七	八	八	一一	一八							一三八	一五四	
非家属同住者		九	一	一	一	一	二	二	二	六	一	三	三	二		一		六		二	一			二								三五	一一	
学童		一二		七		五		四		一四		九		八		一一		七		九		一〇		一六								一一二		
备考				出县未出省者男一人		出县未出省者男一人				出县未出省者男一人								出县未出省者男一人女一人														出县未出省者男四人女一人		

保长吴超儒

中华民国二十五年七月三十日

事别＼甲别		第一甲		第二甲		第三甲		第四甲		第五甲		第六甲		第七甲		第八甲		第九甲		第十甲		第十一甲		第十二甲		第十三甲		第十四甲		第十五甲		总计		附记
户数		八		一〇		一二		一〇		一〇		一〇		一〇		一二		九		一〇		一〇		一〇		九						一三〇		
人口总数		男	女	男	女	男	女	男	女	男	女	男	女	男	女	男	女	男	女	男	女	男	女	男	女	男	女	男	女	男	女	男	女	
		一三	三二	二一	一五	二七	二六	二三	二六	一六	一七	二〇	二六	二〇	二九	四六	四二	二二	二〇	三四	一四	三五	三三	二六	二四	二六	二七					三二九	三三一	
现住		一三	三二	二一	一五	二六	二六	二二	二六	一五	一七	一九	二六	二〇	二九	四四	四一	一八	二〇	三四	一四	三五	三三	二六	二四	二五	二七					三一八	三三〇	
他往						一		一		一		一				二	一	四								一						一一	一	
壮丁		一四		七		一〇		八		六		四		六		八		二		七		六		九		七						八四		
识字		六		五		七		四		三		五		六		九		三		六		七		五		四						七〇		
职业	有	一〇	一四	一三	九	一六	一四	一四	一三	一一	九	七	一四	一一	一八	二八	二六	一二	一三	一八	九	二〇	二一	一六	一三	一七	一三					一九三	一八六	
	无	三	一八	八	六	一一	一二	九	一三	五	八	一三	一二	九	一一	一八	一六	一〇	七	一六	五	一五	一二	一〇	一一	九	一四					一三六	一四五	
非家属同住者					二				一									一	一	五	一	二	二	二								一〇	七	
学童		三		三		八		八		三		六		七		八		六		六		八		七		一						七四		
备考						出县未出省者男一人												出县未出省者男四人														出县未出省者男五人		

四川省荣县第四区第六三保普通户口统计表

中华民国二十五年七月三十日　保长吴世明

四川省荣县第四区第六四保普通户口统计表

事别＼甲别	第一甲		第二甲		第三甲		第四甲		第五甲		第六甲		第七甲		第八甲	
户数	九		一〇		九		一〇		九		一〇		一〇		九	
	男	女	男	女	男	女	男	女	男	女	男	女	男	女	男	女
人口总数	三〇	三一	三八	二五	三一	三三	二七	二三	一〇	一〇	二二	二二	二一	二六	二六	二二
现住	二八	三一	三六	二五	三一	三三	二二	二二	八	一〇	一九	二一	一九	二六	二二	二二
他往	二		二				五	一	二		三	一	二		四	
壮丁	一二		一二		一三		一一		七		八		六		一一	
识字	七		三		五		四	一	二		四		二		六	
职业 有	一五	一五	二三	一二	一五	一〇	一〇	一〇	七	六	八	一二	一二	一一	一三	九
职业 无	一五	一六	一五	一三	一六	二三	一七	一三	三	四	一四	一〇	九	一五	一三	一三
非家属同住者	二		三	二	二	二		二	一			一				
学童	七		九		九		三		二		七		五		五	
备考																

事别＼甲别	第九甲		第十甲		第十一甲		第十二甲		第十三甲		第十四甲		第十五甲		总计		附记
户数	一〇		一〇		一四		一四		一三		一五				一五二		
	男	女	男	女	男	女	男	女	男	女	男	女	男	女	男	女	
人口总数	二〇	二五	三〇	二三	三六	二七	四三	四〇	三六	三八	四四	三九			四一四	三八四	
现住	一七	二五	二八	二三	三四	二七	三六	四〇	三二	三八	三七	三九			三六九	三八二	
他往	三		二		二		七		四		七				四五	二	
壮丁	一〇		六		一三		一九		一五		一七				一六〇		
识字	一				五		四		八		一〇				六一	一	
职业 有	一〇	一〇	一五	一二	一六	一五	二一	一八	二〇	一五	二一	一七			二〇六	一七二	
职业 无	一〇	一五	一五	一一	二〇	一二	二二	二二	一六	二三	二三	二二			二〇八	二一二	
非家属同住者			一	一	三		五		四		三	一			二三	九	
学童	五		六		三		八		八		一四				九一		
备考															出县者男七人女四人		

中华民国二十五年七月二十八日 保长徐德源

四川省荣县第四区第六五保普通户口统计表

中华民国二十五年七月十六日 保长徐仿才

事别＼甲别		第一甲		第二甲		第三甲		第四甲		第五甲		第六甲		第七甲		第八甲		第九甲		第十甲		第十一甲		第十二甲		第十三甲		第十四甲		第十五甲		总计		附记
户数		九		九		九		一二		九		一一		八		一〇		一一		一一		九		一一		一〇		一一				一四〇		
人口总数		男	女	男	女	男	女	男	女	男	女	男	女	男	女	男	女	男	女	男	女	男	女	男	女	男	女	男	女	男	女	男	女	
		二七	三四	三二	二六	三一	四一	二六	二九	二三	一九	一七	二〇	二三	二〇	二〇	一九	二七	三〇	二六	二八	二九	一九	二五	二七	二八	二三	一九	二五			三五三	三六〇	
现住		二四	三四	三〇	二六	三一	四一	二五	二九	一八	一九	八	一八	二二	二〇	一九	一九	二七	三〇	二一	二八	二八	一八	二三	二七	二八	二三	一九	二五			三二三	三五七	
他往		三		二				一		五		九	二	一		一				五		一	一	二								三〇	三	
壮丁		一〇		一四		一二		一一		二〇		六		七		五		一四		八		一〇		一一		一四		五				一四七		本保壮丁他往者二十八人残疾者八人
识字		一八	一	九		一五		八		七		五	一	四		三		四		七		八		一一		三		三				一〇五	二	
职业	有	二〇	二五	二〇	二〇	二六	二四	一七	二二	一二	一〇	一四	一五	一六	一三	一〇	一一	一八	一六	一四	一五	二〇	一三	一四	二二	二三	一五	一〇	一四			二三四	二三五	
	无	七	九	一二	六	五	一七	九	七	一一	九	三	五	七	七	一〇	八	九	一四	一二	一三	九	六	一一	五	五	八	九	一一			一一九	一二五	
非家属同住者		二	二	五		三				八	四			一	一	三		五	二	三	二	一		四	三			三	一			三八	一五	
学童		七		七		一一		七		五		七		五		四		一二		七		二		九		五		三				九一		
备考		出县者男一人		出县者男一人						出县者男一人		出省者男三人女二人				出县者男一人						出省者男一人		出县者男一人								出省者男四人女二人出县者男六人		

四川省荣县第四区第六六保普通户口统计表

事别 \ 甲别		第一甲		第二甲		第三甲		第四甲		第五甲		第六甲		第七甲		第八甲		第九甲		第十甲		第十一甲		第十二甲		第十三甲		第十四甲		第十五甲		总计		附记
户数		九		一〇		一〇		一〇		一二		九		九		一二		九		一〇		一三		九		一一						一三三		
		男	女	男	女	男	女	男	女	男	女	男	女	男	女	男	女	男	女	男	女	男	女	男	女	男	女	男	女	男	女	男	女	
人口总数		二一	二〇	二三	二六	四六	二八	二三	二〇	二九	二六	一九	一八	一八	二八	二七	二四	一八	一八	一九	一五	二二	二九	二〇	二一	二六	二七					三一一	三〇〇	
现住		二〇	二〇	一八	二六	三六	二八	二一	二〇	二七	二六	一七	一八	一五	二八	二二	二四	一八	一八	一六	一四	二一	二九	一六	二一	二二	二七					二六九	二九九	
他往		一		五		一〇		二		二		二		三		五				三	一	一		四		四						四二	一	
壮丁		六		七		二〇		七		八		九		五		一一		七		八		一一		六		一一						一一六		本保壮丁他往者三十七人残疾者八人
识字		四		五		一六		六	一	八		六		一四	二	一二		五		一		二		三		三						八五	三	
职业	有	一五	一三	一二	一七	三二	二〇	一四	一四	一八	一八	一四	一五	一四	二〇	一九	一七	一四	一三	一二	一二	一四	一二	一八	一四	一八	一九					二一四	二〇四	
	无	六	七	一一	九	一四	八	九	六	一一	八	五	三	四	八	八	七	四	五	七	三	八	一七	二	七	八	八					九七	九六	
非家属同住者		一		一	四	四		二	一				二			二						二		二	一	一	一					一五	九	
学童		三		九		六		六		六		四		七		四		四		二		一〇		五		七						七三		
备考																																出县者男八人		

保长张伯元

中华民国二十五年七月十八日

四川省荣县第四区第六七保普通户口统计表

事别＼甲别	第一甲		第二甲		第三甲		第四甲		第五甲		第六甲		第七甲		第八甲		第九甲		第十甲		第十一甲		第十二甲		第十三甲		第十四甲		第十五甲		总计		附记
户数	一一		一一		一一		九		一〇		一〇		一〇		一〇		一〇		一〇		九		一〇								一二一		
	男	女	男	女	男	女	男	女	男	女	男	女	男	女	男	女	男	女	男	女	男	女	男	女	男	女	男	女	男	女	男	女	
人口总数	二五	二七	三五	二二	二三	二六	一九	二四	二〇	一二	二八	三一	四二	三五	一八	二二	三〇	二四	二六	一八	一五	一七	二〇	二九							二九九	二八七	
现住	二四	二七	三〇	二二	二一	二五	一七	二四	一八	一二	二五	三一	四〇	三五	一七	二二	二九	二四	二六	一八	一三	一七	一九	二九							二七九	二八六	
他往	一		三		二	一	二		二		三		二		一		一				二		一								二〇	一	
壮丁	一〇		一二		九		一〇		七		九		一三		七		一四		九		六		九								一一五		本保壮丁他往者十九人残疾者三人
识字	三		四		四		二		四		六		八		二		六	四	二		一		一								四三	四	
职业 有	二二	二〇	二〇	一五	一五	二〇	一二	二〇	一三	九	二一	二三	二八	一八	一四	一五	二〇	一八	一七	一五	一〇	一二	一四	二〇							二〇六	二〇五	
职业 无	三	七	一三	七	八	六	七	四	七	三	七	八	一四	一七	四	七	一〇	六	九	三	五	五	六	九							九三	八二	
非家属同住者	五		二			一	二	三	一					一			四	一	一				二	一							一七	七	
学童	七		四		五		四		四		八		七		九		四		七		六		四								六九		
备考			出县者男一人		出县者男一人		出县者男一人		出县者男一人		出县者男二人						出县者男一人				出县者男一人		出县者男一人								出县者男九人		

保长罗荣周

中华民国二十五年七月十八日

四川省荣县第四区第六八保普通户口统计表

事别＼甲别		第一甲		第二甲		第三甲		第四甲		第五甲		第六甲		第七甲		第八甲		第九甲		第十甲		第十一甲		第十二甲		第十三甲		第十四甲		第十五甲		总计		附记
户数		九		八		一〇		一四		七		九		一二		九		一二		八		九		一〇		一一		一〇				一三八		
人口总数		男	女	男	女	男	女	男	女	男	女	男	女	男	女	男	女	男	女	男	女	男	女	男	女	男	女	男	女	男	女	男	女	
		一八	二二	一九	一八	四三	四一	二三	四三	一一	一七	二二	三一	二七	三一	一七	一三	三四	三七	二六	二三	一九	一六	二七	一九	二五	二二	三七	二四			三四八	三五七	
现住		一六	二二	一八	一八	四二	四一	二二	四三	一〇	一七	二〇	三一	二三	三一	一五	一三	三一	三七	二六	二三	一九	一六	二六	一九	二四	二二	三七	二四			三二九	三五七	
他往		二		一		一		一		一		二		四		二		三						一		一						一九		
壮丁		六		一三		一六		八		五		八		一二		七		一七		八		九		一一		七		一三				一四〇		本保壮丁他往者十九人残疾者一人
识字		二		五	一	七		二		一		一		一		二		三		二	一	四		五		六		五				四六	二	
职业	有	一三	七	一一	一〇	二八	二五	一四	二五	八	一〇	一四	一八	一九	二一	一一	八	二七	二九	一五	一二	一七	一二	一七	一四	一二	一三	二八	一五			二三四	二二九	
	无	五	五	八	八	一五	一六	一九	一八	三	七	八	一三	八	一〇	六	五	七	八	一一	一一	二	四	一〇	五	一三	九	九	九			一一四	一二八	
非家属同住者		四	一	六	一	二	二	一		二				三	九	三			二	三		二		三			一	五	一			三四	一七	
学童		四		六		六		七		四		七		八		三		六		五		二		五		五		七				七五		
备考				出县者男一人						出县者男一人		出县者男一人		出县者男一人										出县者男一人								出县者男五人		

保长萧解悬

中华民国二十五年七月十八日

四川省荣县第四区第六九保普通户口统计表

保长谭光裕

中华民国二十五年七月十八日

事别		第一甲 男	第一甲 女	第二甲 男	第二甲 女	第三甲 男	第三甲 女	第四甲 男	第四甲 女	第五甲 男	第五甲 女	第六甲 男	第六甲 女	第七甲 男	第七甲 女	第八甲 男	第八甲 女	第九甲 男	第九甲 女	第十甲 男	第十甲 女	第十一甲 男	第十一甲 女	第十二甲 男	第十二甲 女	第十三甲 男	第十三甲 女	第十四甲 男	第十四甲 女	第十五甲 男	第十五甲 女	总计 男	总计 女	附记
户数		一三		九		六		七		一〇		一〇		一二		九		九		一〇		八		一一		九		八				一三一		
人口总数		四一	二六	一〇	一三	二五	二五	二一	二四	一九	三四	一九	一四	二〇	九	三五	二二	二三	一六	二三	二五	一四	一三	二八	二〇	一七	一四	一四	一七			三〇九	二七二	
现住		三八	二五	四	一三	二四	二五	二〇	二四	一七	三四	一八	一三	一九	九	三三	一八	二三	一六	二三	二五	一三	一三	二六	二〇	一六	一四	一四	一七			二八八	二六六	
他往		三	一	六		一		一		二		一	一	一		二	四					一		二		一						二一	六	
壮丁		一六		四		五		三		七		六		七		二三		六		一〇		三		一〇		一一		五				九六		
识字		一八	一	九		一五		一〇	一	一一	二	八	一	八		一五		七	一	一三	一	四		八	一	五	一	六				一三七	九	本保壮丁他往者十人残疾者三人
职业	有	二九	二一	九	一二	一三	一五	一〇	一四	一一	二一	一三	一〇	一四	四	一九	五	一三	一〇	一三	一九	一〇	七	一二	一四	一一	七	一〇	一一			一八七	一七〇	
职业	无	一二	五	一	一	一二	一〇	一一	一〇	八	一三	六	四	六	五	一六	一七	一〇	六	一〇	六	四	六	一六	六	六	七	四	六			一二二	一〇二	
非家属同住者		一三	五	二		四	一	三	一	九	二	四	一	五	一	八	二	八	二	五	三	一		五	二	七	二	二				七六	二二	
学童		六		一		六		四		六		四		二		七		三		三		三		五		五		三				五八		
备考		出县者男一人		出县者男一人												出县者男二人女四人								出县者男一人		出县者男一人		出县者男二人				出县者男八人女四人		

四川省荣县第四区第七一保普通户口统计表

甲别＼事别	户数	人口总数 男	人口总数 女	现住 男	现住 女	他往 男	他往 女	壮丁 男	壮丁 女	识字 男	识字 女	职业 有 男	职业 有 女	职业 无 男	职业 无 女	非家属同住者 男	非家属同住者 女	学童	备考
第一甲	一〇	三〇	二〇	二六	二〇	四		一七		五		二一	一三	九	七	二		八	出县者男四人
第二甲	一一	三三	二八	三一	二八	二		一〇		四		一八	一七	一五	一一		一	六	
第三甲	七	二〇	一九	二〇	一九			八		五		一〇	一五	一〇	四	二		七	
第四甲	一二	三三	一七	三三	一七			一二		八		二〇	一〇	一三	七	五	二	一〇	
第五甲	一〇	二二	一四	二一	一四	一		一一		一		一九	一〇	三	四	二	四	五	出县者男一人
第六甲	九	一七	二一	一〇	二〇	七	一	五		四		一〇	一一	七	一〇			五	出县者男二人
第七甲	七	二二	二六	二一	二六	一		八		五		一二	一三	一〇	一三	三	四	九	
第八甲	一二	二七	二八	二二	二八	五		一〇		二		一七	一四	一〇	一四	一		九	出县者男一人
第九甲	一一	二一	一七	一九	一七	二		一〇		二		一七	一〇	四	七			七	
第十甲																			
第十一甲																			
第十二甲																			
第十三甲																			
第十四甲																			
第十五甲																			
总计	八九	二二三	一九〇	二〇三	一八九	二二	一	九一		三六	二	一四四	一一三	八一	七七	一五	一一	六六	出县者男八人

附记：本保壮丁他往者十人残疾者一人

保长江光明
中华民国二十五年七月十八日

四川省荣县第四区第七〇保普通户口统计表

保长江绍香

中华民国二十五年七月十八日

事别＼甲别		第一甲		第二甲		第三甲		第四甲		第五甲		第六甲		第七甲		第八甲		第九甲		第十甲		第十一甲		第十二甲		第十三甲		第十四甲		第十五甲		总计		附记
户数		一〇		一一		一〇		八		一〇		九		一〇		九		一二		一一		一一		一〇		九						一三〇		本保壮丁他往者十一人残疾者四人
		男	女	男	女	男	女	男	女	男	女	男	女	男	女	男	女	男	女	男	女	男	女	男	女	男	女	男	女	男	女	男	女	
人口总数		二五	七	二一	三一	三三	二四	二六	二二	二三	二一	二二	二五	二八	二四	二〇	二二	三九	三一	三二	二一	二七	二六	二八	三二	一九	一八					三四三	三〇四	
现住		二一	七	二〇	三一	三一	二四	二四	二二	二〇	二一	二二	二四	二六	二三	一八	二二	三七	三一	三〇	二一	二七	二六	二三	三一	一九	一八					三一八	三〇一	
他往		四		一		二		二		三			一	二	一	二		二		二				五	一							二五	三	
壮丁		一二		九		一四		七		七		三		九		六		一三		一一		一一		一一		七						一二〇		
识字		七		四		四		二		四	一	三		二		五		四		一		二		五		一						四四	一	
职业	有	一六	五	一四	一九	二〇	一六	一八	一五	一五	一一	一七	一四	一九	一八	一二	一一	二〇	一八	一七	一四	一七	一五	一八	一九	一四	九					二一七	一八四	
	无	九	二	七	一二	一三	八	八	七	八	一〇	五	一一	九	六	八	一一	一九	一三	一五	七	一〇	一一	一〇	一三	五	九					一二六	一二〇	
非家属同住者		四	一	一				四				一		一	一			一	一	二	一					二	二					一六	六	
学童		一		八		七		六		五		六		五		五		一一		六		七		五		七						七九		
备考		出省者男一人						出县者男二人		出县者男一人								出省者男一人		出省者男一人												出省者男三人出县者男三人		

四川省荣县第四区第七二保普通户口统计表

事别＼甲别		第一甲		第二甲		第三甲		第四甲		第五甲		第六甲		第七甲		第八甲		第九甲		第十甲		第十一甲		第十二甲		第十三甲		第十四甲		第十五甲		总计		附记
户数		一一		一二		一〇		一〇		一〇		一三		八		九		一一		九		一〇		一〇		九		一〇				一四二		本保壮丁他往者二十四人残疾者一人
人口总数		男	女	男	女	男	女	男	女	男	女	男	女	男	女	男	女	男	女	男	女	男	女	男	女	男	女	男	女	男	女	男	女	
		二一	二一	二九	一九	一〇	一五	一七	一七	一六	一六	二四	二四	一六	一四	二一	一六	二六	三〇	一九	二三	二五	一八	二五	二五	一五	二三	三〇	二七			二九四	二八八	
现住		一四	一九	二七	一九	八	一五	一四	一七	一四	一五	二二	二三	一五	一四	一九	一六	二一	三〇	一八	二三	二五	一八	二四	二五	一五	二三	二八	二七			二六四	二八四	
他往		七	二	二		二		三		二	一	二	一	一		二		五		一				一				二				三〇	四	
壮丁		八		一二		四		六		一〇		七		八		六		一四		八		一二		五		五		一二				一一七		
识字		四	一			三		四		五		二	二	四		八	一	一二		六				三		三		四				五八	四	
职业	有	一三	一五	二三	一五	六	五	一一	一三	一五	一四	一二	一八	一一	一〇	一〇	一五	二〇	二〇	一四	一六	一九	一二	一五	一八	一〇	一二	一九	一六			一九八	一九九	
	无	八	六	六	四	四	一〇	六	四	一	二	一二	六	五	四	一一	一	六	一〇	五	七	六	六	一〇	七	五	一一	一一	一一			九六	八九	
非家属同住者			一	一					一				一	一				一		二		一		三	二	一		二				一二	五	
学童		八		四		四		五		一		二		一		三		七		六		三		三		九		五				六一		
备考				出县者男一人		出省者男一人出县者男一人		出县者男一人		出县者男一人						出县者男一人																出省者男一人出县者男五人		

保长丁相明

中华民国二十五年七月十八日

四川省荣县第四区第七三保普通户口统计表

事别＼甲别	第一甲		第二甲		第三甲		第四甲		第五甲		第六甲		第七甲		第八甲		第九甲		第十甲		第十一甲		第十二甲		第十三甲		第十四甲		第十五甲		总计		附记
户数	一一		九		一〇		一〇		一〇		一三		六		一一		一二		一一		一四		一一		九		一三				一五〇		
	男	女	男	女	男	女	男	女	男	女	男	女	男	女	男	女	男	女	男	女	男	女	男	女	男	女	男	女	男	女	男	女	
人口总数	四二	三四	四三	三七	三〇	二七	三一	三五	三二	二九	三五	四五	一五	一五	三九	三三	四〇	二九	三二	三二	三〇	四〇	一六	一六	四〇	二九	四二	四六			四六七	四四九	
现住	四〇	三四	四一	三七	二七	二七	二四	三五	三〇	二九	三一	四五	一五	一五	三九	三三	三九	二九	二九	三二	三〇	四〇	一六	一六	三八	二九	四〇	四六			四三九	四四九	
他往	二		二		三		七		二		四						一		三						二		二				二八		
壮丁	一五		一七		一三		一三		一二		一九		五		一七		一五		一六		一一		一〇		一〇		一九				一九二		本保壮丁他往者十七人残疾者二人
识字	三		一二		五		五		三			一	二		四		四		七	一	六		五		九		二〇	三			八四	五	
职业 有	二六	二四	二七	二三	二〇	一二	二四	二〇	二〇	一七	二五	二八	一〇	一一	一八	一四	二七	一六	二二	一四	一五	二一	九	一〇	二四	一五	二四	三三			二九一	二五八	
职业 无	一六	一〇	一六	一四	一〇	一五	七	一五	一二	一二	一〇	一七	五	四	二一	一九	一三	一三	一〇	一八	一五	一九	七	六	一六	一四	一八	一三			一七六	一九一	
非家属同住者	六		一〇	一	四		六	二	二		二	三	一		一	一	四		一		二	二	一	一	一						四一	一〇	
学童	八		一三		一〇		八		一〇		七		五		五		七		九		八		一〇		七		五				一一二		
备考					出县者男一人				出县者男一人																出县者男一人						出县者男三人		

保长王护华

中华民国二十五年七月十八日

四川省荣县第四区第七四保普通户口统计表

事别＼甲别		第一甲 男	第一甲 女	第二甲 男	第二甲 女	第三甲 男	第三甲 女	第四甲 男	第四甲 女	第五甲 男	第五甲 女	第六甲 男	第六甲 女	第七甲 男	第七甲 女	第八甲 男	第八甲 女	第九甲 男	第九甲 女	第十甲 男	第十甲 女	第十一甲 男	第十一甲 女	第十二甲 男	第十二甲 女	第十三甲 男	第十三甲 女	第十四甲 男	第十四甲 女	第十五甲 男	第十五甲 女	总计 男	总计 女	附记
户数		一二		八		九		一一		八		一一		一〇		一一		一一		九		一四		一一		九		一〇				一四四		本保壮丁他往者十五人残疾者四人
人口总数		二九	二七	二〇	一五	一六	一二	一九	二四	一六	一八	二六	二四	二一	一八	二四	一九	二二	二二	一六	一七	二二	一九	一七	一六	三三	二六	二四	二二			二〇五	二七九	
现住		二六	二七	一八	一五	一五	一二	一三	二四	一五	一八	二三	二四	二一	一八	二四	一九	二一	二二	一五	一七	二〇	一九	一五	一六	三三	二六	二四	二二			二八三	二七九	
他往		三		二		一		六		一		三						一		一		二		二								二二		
壮丁		九		九		六		一〇		一一		一三		六		一一		九		六		八		七		八		一〇				一二三		
识字		一〇		一		二		三		二		四		七		六		四	一	六		五		五		五	一	五	一			六五	三	
职业	有	一八	一八	一〇	一一	一二	一〇	一一	一二	一一	一二	一六	一四	一二	一一	一四	一四	一五	一三	一一	一一	一四	一〇	一五	一五	二一	一四	一八	一五			一九八	一八〇	
	无	一一	九	一〇	四	四	二	八	一二	五	六	一〇	一〇	九	七	一〇	五	七	九	五	六	八	九	二	一	一二	一二	六	七			一〇七	九九	
非家属同住者		二				一								一												二						六		
学童		八		四		三		八		五		八		七		七		四		四		八		二		九		六				八三		
备考		出县者男一人		出县者男二人				出县者男三人		出县者男一人												出县者男一人										出县者男八人		

保长严松岩

中华民国二十五年七月十八日

荣县第四区普通户口统计表（二）

事别＼甲别	第一甲		第二甲		第三甲		第四甲		第五甲		第六甲		第七甲		第八甲		第九甲		第十甲		第十一甲		第十二甲		第十三甲		第十四甲		第十五甲		总计		附记
户数	一一		一〇		九		一〇		一〇		一〇		一〇		一〇		一〇		一四		一〇		一一		一二						一三七		本保壮丁他往者十人残疾者二人
	男	女	男	女	男	女	男	女	男	女	男	女	男	女	男	女	男	女	男	女	男	女	男	女	男	女	男	女	男	女	男	女	
人口总数	二〇	一九	二一	二二	二〇	二〇	二八	二四	二五	二八	二二	二七	一五	二五	二二	二〇	二二	二五	三三	三〇	二一	一八	二九	二三	二四	二一					三〇二	三〇二	
现住	一八	一九	一九	二二	一九	二〇	二七	二四	二四	二八	二二	二七	一四	二四	二一	一九	二〇	二五	三二	三〇	二〇	一七	二五	二一	二四	二一					二八五	二九七	
他往	二		二		一		一		一				一	一	一	一	二		一		一	一	四	二							一七	五	
壮丁	八		七		五		九		一〇		一〇		六		一〇		一〇		七		六		八		一一						一〇七		
识字	三		二		五		六		五		四		一		二		七		四		六		八	一	一						五四	一	
职业 有	一七	八	一四	一四	一四	一三	一四	一五	一三	二一	一五	一九	九	一八	一三	一五	一六	一九	一五	二二	一二	一〇	一四	一五	一六	一七					一八二	二〇六	
职业 无	三	一一	七	八	六	七	一四	九	一二	七	七	八	六	七	九	五	六	六	一八	八	九	八	一五	八	八	四					一二〇	九六	
非家属同住者				一	二		一	一					一	一	二	一	五								一						一二	四	
学童	五		二		六		五		五		六		四		六		二		八		八		一〇		五						七二		
备考							出县者男一人						出县者男一人						出县者男一人				出县者男四人女二人								出县者男七人女二人		

四川省荣县第四区第七五保普通户口统计表 保长刘遵章

中华民国二十五年七月十八日

四川省荣县第四区第七六保普通户口统计表

保长廖春廷

中华民国二十五年七月十八日

事别＼甲别		第一甲		第二甲		第三甲		第四甲		第五甲		第六甲		第七甲		第八甲		第九甲		第十甲		第十一甲		第十二甲		第十三甲		第十四甲		第十五甲		总计		附记
		男	女	男	女	男	女	男	女	男	女	男	女	男	女	男	女	男	女	男	女	男	女	男	女	男	女	男	女	男	女	男	女	
户数		一一		一一		一一		一一		一三		一〇		九		一一		九		一〇		一一		一〇		九		一〇				一四六		
人口总数		一五	二二	二一	二〇	二七	二四	一五	二〇	二二	一八	二七	一五	二九	一五	一七	一五	一五	二二	二一	二一	二四	二八	二〇	二一	一九	一七	二三	一六			二九五	二七四	
现住		一五	二二	二〇	二〇	二三	二四	一四	二〇	一八	一八	二七	一五	二八	一五	一六	一五	一二	二二	二〇	二一	二二	二八	一九	二一	一八	一六	二二	一六			二七四	二七三	
他往				一		四		一		四				一		一		三		一		二		一		一	一	一				二一	一	
壮丁		八		九		八		七		一一		一四		一二		八		四		九		一〇		五		八		七				一二〇		本保壮丁他往者十九人残疾者一人
识字				二		一								五		一		三		八		三		六		六		一				三六		
职业	有	一三	一七		一四	二〇	一八	一一	一三	一二	一三	一八	一二	二三	一一	一一	一二	一〇	一二	一三	一六	一七	一七	一四	一五	一一	一〇	一四	一二			二〇三	一九二	
	无	二	五		六	七	六	四	七	一〇	五	九	三	六	四	六	三	五	一〇	八	五	七	一一	六	六	八	七	九	四			九二	八二	
非家属同住者		一		一		一	二		一	二		一	二	四	一	一		一		二			一	二				一				一七	七	
学童		三		四		四		四		五		二		四		二		五		五		九		四		七		四				六二		
备考						出县者男一人		出县者男一人		出县者男一人				出省者男一人				出县者男一人										出县者男一人				出省者男一人出县者男五人		

四川省荣县第四区第七七保普通户口统计表

中华民国二十五年七月十八日　保长谭望楚

事别 \ 甲别	第一甲		第二甲		第三甲		第四甲		第五甲		第六甲		第七甲		第八甲	
户数	一〇		一一		九		八		一二		七		一五		九	
	男	女	男	女	男	女	男	女	男	女	男	女	男	女	男	女
人口总数	一九	一五	二七	二六	三四	三九	二三	二一	二八	二二	一七	一七	二七	三〇	二〇	二〇
现住	一七	一五	二五	二六	三二	三九	二〇	二一	二七	二二	一五	一七	一九	三〇	一七	二〇
他往	二		二		二		三		一		二		八		三	
壮丁	一〇		一〇		一〇		九		一三		一〇		九		九	
识字	四		一〇		一五		四		六		一〇		六		六	一
职业 有	一六	六	一四	二一	二三	二四	一八	一七	一九	一八	一二	一三	一六	二〇	一三	一六
职业 无	三	九	一三	五	一一	一五	五	四	九	四	五	四	一一	一〇	七	四
非家属同住者	一		二		四	五	一	一	二		一		二		二	一
学童	三		五		九		六		七		二		一〇		一	
备考			出县者男一人		出县者男一人						出县者男一人				出县者男一人	

事别 \ 甲别	第九甲		第十甲		第十一甲		第十二甲		第十三甲		第十四甲		第十五甲		总计		附记
户数	八		九		一三		一〇		九		一五				一四五		本保壮丁他往者二十二人残疾者一人
	男	女	男	女	男	女	男	女	男	女	男	女	男	女	男	女	
人口总数	一〇	一九	一五	一七	三七	四〇	五一	二六	二七	二四	四三	四二			三七八	三五八	
现住	九	一九	一二	一六	三二	四〇	四七	二六	二六	二四	三七	四二			三三五	三五七	
他往	一		三	一	五		四		一		六				四三	一	
壮丁	四		七		一六		二五		一〇		一四				一五六		
识字	二		四		一七		九	一	三	二	六				一〇二	四	
职业 有	六	一二	一一	一一	二七	三〇	三三	二〇	一八	一七	二八	二七			二五四	二五二	
职业 无	四	七	四	六	一〇	一〇	一八	六	九	七	一五	一五			一二四	一〇六	
非家属同住者	二		二		四	五	一七	一	四	一	四	四			四八	一八	
学童	三		三		一四		一一		六		一〇				九〇		
备考	出县者男一人		出省者男一人		出县者男一人		出县者男一人								出省者男一人出县者男七人		

四川省荣县第四区第七八保普通户口统计表

甲别／事别		第一甲		第二甲		第三甲		第四甲		第五甲		第六甲		第七甲		第八甲		第九甲		第十甲		第十一甲		第十二甲		第十三甲		第十四甲		第十五甲		总计		附记
户数		一一		一二		一〇		一〇		一〇		一〇				一二		一〇		一二												一〇八		
		男	女	男	女	男	女	男	女	男	女	男	女	男	女	男	女	男	女	男	女	男	女	男	女	男	女	男	女	男	女	男	女	
人口总数		二九	二〇	二八	二九	二五	一七	二一	一八	二六	二七	二九	二八	三三	二三	三一	二〇	二六	二四	四二	三三											二九〇	二三九	
现住		二八	二〇	二八	二九	二三	一七	二一	一八	二四	二六	二九	二八	三二	二三	三〇	二〇	二六	二四	四二	三三											二八一	二三八	
他往		一				二				二	一			一		一		一														九	一	
壮丁		九		八		八		七		九		七		一〇		八		六														八二		
识字		六		一〇		五		九		五		八		一四		七		一		九	六											七四	六	
职业	有	一七	一五	二〇	一三	一二	一三	一一	一三	一七	一七	一七	一二	二二	一六	一八	九	一四	一五	二〇	二〇											一六八	一四三	
	无	一二	五	八	一六	一三	四	一〇	五	九	一〇	一二	一六	一一	七	一三	一一	一二	九	二二	一三											一二二	九六	
非家属同住者		一		一						二		一		一				一		二	二											九	二	
学童		五		六		七		五		六		四		三		六		五		九												五六		
备考		出区男一人				出保男二人				出保男一人女一人出区男一人				出保男一人		出区男一人		出保男一人														出保男五人女一人出区男三人		

保长邓理瑅

中华民国二十五年月日

四川省荣县第四区第七九保普通户口统计表

保长龚承遂

中华民国二十五年八月一日

事别＼甲别		第一甲		第二甲		第三甲		第四甲		第五甲		第六甲		第七甲		第八甲		第九甲		第十甲		第十一甲		第十二甲		第十三甲		第十四甲		第十五甲		总计		附记
户数		一二		一一		一五		一三		一四		一一		一二		一二		一一		一二												一二三		
		男	女	男	女	男	女	男	女	男	女	男	女	男	女	男	女	男	女	男	女	男	女	男	女	男	女	男	女	男	女	男	女	
人口总数		三二	二八	三一	二三	五六	三六	四二	三九	四三	二二	三〇	三八	四二	四一	三八	三七	三九	三四	四一	三〇											三九四	三二八	
现住		二三	二八	三一	二三	四九	三三	四二	三九	四三	二二	三〇	三八	四二	四一	三七	三七	三八	三四	三七	三〇											三七二	三二五	
他往		九				七	三									一		一		四												二二	三	
壮丁		一七		一三		二三		一二		一六		七		一一		一六		一三		一三												一四一		出保男三人出区男六人女二人出县男五人出省男一人他往壮丁一三人癃疾壮丁一五人
识字		一三	一	一四	一	二三	二	一二	一	五		一〇		一五		九		一二		一四	一											一二七	六	
职业	有	二二	一八	一八	一五	二六	二六	二二	二三	二四	一四	一五	二一	二四	二七	一六	二〇	二〇	二〇	二三	二四											二一〇	二〇八	
	无	一〇	一〇	一三	八	三〇	一〇	二〇	一六	一九	八	一五	一七	一八	一四	二二	一七	一九	一四	一八	六											一八四	一二〇	
非家属同住者		一一	七	八	二	七	三	四		八	一	三		五		四	二	一		三	四											五四	二一	
学童		二		四		九		一〇		八		七		五		八		六		九												六八		
备考																																		

四川省荣县第四区第八〇保普通户口统计表 保长吴达贵胡伯儒①

事别＼甲别	第一甲		第二甲		第三甲		第四甲		第五甲		第六甲		第七甲		第八甲		第九甲		第十甲		第十一甲		第十二甲		第十三甲		第十四甲		第十五甲		总计		附记
户数	一三		一三		一一		一三		一一		一二		一〇		一二		一三														一〇八		
	男	女	男	女	男	女	男	女	男	女	男	女	男	女	男	女	男	女	男	女	男	女	男	女	男	女	男	女	男	女	男	女	
人口总数	三八	三七	三九	四〇	二一	二一	三一	二七	二三	二一	三三	三四	一七	一八	三六	三二	三二	二六													二七〇	二五六	
现住	三八	三七	三九	四〇	二〇	二〇	三一	二七	二三	二一	三一	三四	一七	一八	三六	三二	三一	二六													二六六	二五五	
他往					一	一					二						一														四	一	
壮丁	一〇		一〇		七		一二		六		五		六		七		一一														七四		
识字	四	一	一二		一		五		一		五		一		一		三														三三	一	
职业 有	一五	九	一八	二〇	一三	九	一九	一四	一五	一四	二二	二〇	一四	一一	二二	二〇	一六	一四													一五四	一三一	
职业 无	二三	二八	二一	二〇	八	一二	一二	一三	八	七	一一	一四	三	七	一四	一二	一六	一二													一一六	一二五	
非家属同住者			四	七	一	一			四		一		一		一		一														一三	八	
学童	二		一〇		四		八		三		四		二		九		一二														五四		
备考					出保壮丁一人出保女子一人						出保壮丁一人						出保壮丁一人														出保未出区者男三人女一人		

中华民国二十五年八月 日

① 原文如此。

荣县第四区普通户口统计表（二）

事别＼甲别		第一甲		第二甲		第三甲		第四甲		第五甲		第六甲		第七甲		第八甲		第九甲		第十甲		第十一甲		第十二甲		第十三甲		第十四甲		第十五甲		总计		附记
户数		一一		一三		一〇		一四		一〇		八		一三		一一		一一		一四												一一五		
人口总数		男	女	男	女	男	女	男	女	男	女	男	女	男	女	男	女	男	女	男	女	男	女	男	女	男	女	男	女	男	女	男	女	
		三六	二一	四八	三四	三八	三三	二七	二四	二三	二八	二二	二六	二五	二五	三五	三五	二五	二八	二九	二八											三〇八	二八二	
现住		三三	二一	四六	三四	三六	三三	二五	二四	一八	二七	一九	一六	二三	二四	三四	三五	二五	二七	二七	二八											二八六	二六九	
他往		三		二		二		二		五	一	三	一〇	二	一	一			一	二												二二	一三	
壮丁		一一		一六		一三		一二		一四		七		一〇		一三		七		一二												一一五		
识字		五		四		六		四		六		七		四		七		八		五												五六		
职业	有	二二	一六	三六	二四	三一	二五	二一	一八	一八	一九	一三	一七	二一	二〇	二〇	二五	二〇	二三	二〇	一七											二二二	二〇四	
	无	一四	五	一二	一〇	七	八	六	六	五	九	九	九	四	五	一五	一〇	五	五	九	一一											八六	七八	
非家属同住者						五	一																									五	一	
学童		三		三		一		一		一				二		一		五		一												一八		
备考		出保男三人		出区男二人		出保二人		出保男二人		出保男二人出区男二人女一人出县男一人		出保男二人女四人出区男一人女二人出县女四人		出保男二人女一人		出区男一人		出区女一人		出保男二人												出保男十五人女五人出区男六人女四人出县男五人		

四川省荣县第四区第八一保普通户口统计表　　保长古培武

中华民国二十五年八月　日

四川省荣县第四区第八二保普通户口统计表

事别＼甲别	第一甲		第二甲		第三甲		第四甲		第五甲		第六甲		第七甲		第八甲		第九甲		第十甲		第十一甲		第十二甲		第十三甲		第十四甲		第十五甲		总计		附记
户数	一五		一五		一五		一五		一五		一五		一三		一三		一〇		八												一三四		
	男	女	男	女	男	女	男	女	男	女	男	女	男	女	男	女	男	女	男	女	男	女	男	女	男	女	男	女	男	女	男	女	
人口总数	四三	二六	三五	四一	四七	三四	三三	三六	四一	三三	三八	三九	三八	三四	三四	一八	三一	二〇	一四	一三											三五四	二九四	
现住	三八	二六	三四	四一	四四	三四	三〇	三六	四〇	三三	三八	三九	三七	三四	三二	一八	三一	二〇	一三	一三											三三七	二九四	
他往	五		一		三		三		一				一		二				一												一七		
壮丁	一三		一三		一一		八		一三		一三		一〇		一一		一〇		九												一一一		
识字	七		四		一〇		七	一	六		三		四		三		七		六												四八	一	
职业 有	三二	二三	二〇	二五	三〇	二五	二三	二一	二三	二二	二一	二六	二一	一四	一六	一二	一七	一二	八	八											二一一	一八八	
职业 无	一一	三	一五	一六	一七	九	一〇	一五	一八	一一	一七	一三	一七	二〇	一八	六	一四	八	六	五											一四三	一〇六	
非家属同住者	一		一		四	一	三	三	三	一	一	二																			一三	七	
学童	八		八		九		九		八		八		四		三		七		二												六六		
备考	出区男三人不详男二人		出县男二人		出县男三人																										出区者男三人出县者男五人不详男二人		

中华民国二十　年　月　日　保长杨树成

事别＼甲别	第一甲		第二甲		第三甲		第四甲		第五甲		第六甲		第七甲		第八甲		第九甲		第十甲		第十一甲		第十二甲		第十三甲		第十四甲		第十五甲		总计		附记
户数	一二		一三		一三		一二		一五		一四		一一		一五		一四		一三												一三二		本保出保壮丁四人出区壮丁二人出县壮丁四人
	男	女	男	女	男	女	男	女	男	女	男	女	男	女	男	女	男	女	男	女	男	女	男	女	男	女	男	女	男	女	男	女	
人口总数	二五	三三	四四	三二	三三	二七	二五	三二	二二	二七	三〇	二七	二八	二三	四三	五二	三六	三〇	二七	一七											三一三	三〇〇	
现住	二二	三三	四四	三二	三〇	二六	二五	三一	二二	二七	三〇	二七	二七	二三	四三	五二	三四	三〇	二七	一七											三〇四	二九八	
他往	三				三	一		一					一				二														九	二	
壮丁	一二		一二		九		一一		一六		一五		八		一九		一二		八												一二二		
识字	六		八		三		六		三		一二		六		一八		八		四												七四		
职业 有	一五	一六	二〇	一九	二〇	一七	一五	一七	一六	一八	二〇	一七	一八	一三	二四	二五	一九	一七	一八	九											一八五	一六八	
职业 无	一〇	一七	二四	一三	一三	一〇	一〇	一五	六	九	一〇	一〇	一〇	一〇	一九	二七	一七	一三	九	八											一二八	一三二	
非家属同住者					二	一			一	一			一	一	四		二														一〇	三	
学童	七		一二		六		三		四		六		一〇		一〇		七		四												六九		
备考	出区壮丁一人出县壮丁二人残废壮丁二人				出保壮丁二人								出区壮丁一人				出县壮丁二人														出保未出区者男二人出区未出县者男二人出县未出省者男四人		

四川省荣县第四区第八三保普通户口统计表

保长邓长森

中华民国二十五年八月　日

四川省荣县第四区第八四保普通户口统计表

事别＼甲别		第一甲		第二甲		第三甲		第四甲		第五甲		第六甲		第七甲		第八甲		第九甲		第十甲		第十一甲		第十二甲		第十三甲		第十四甲		第十五甲		总计		附记
户数		一五		一五		一四		一二		一三		一五		一四		一四		一五		一三												一四〇		
人口总数		男	女	男	女	男	女	男	女	男	女	男	女	男	女	男	女	男	女	男	女	男	女	男	女	男	女	男	女	男	女	男	女	
		三七	二八	二四	二四	三〇	三一	三七	三一	二六	三二	四二	五三	二四	三二	四四	三七	二五	三四	三一	二四											三二〇	三二六	
现住		三七	二八	二三	二四	二九	三一	三六	三一	二五	三二	四一	五三	二三	三二	四三	三七	二四	三四	三〇	二四											三一一	三二六	
他往				一		一		一		一		一		一		一		一		一												九		
壮丁		一一		一一		一一		一二		八		一二		六		一三		六		九												九九		出保壮丁二人出区壮丁一人出县壮丁六人
识字		八		四		九		八		二		七		七		五		三		七												六〇		
职业	有	二五	一八	一四	一四	二〇	二〇	二一	二〇	一六	二〇	二六	三四	一六	二一	三〇	二八	一五	二三	二〇	一八											二〇三	二一六	
	无	一二	一〇	一〇	一〇	一一	一一	一六	一一	一〇	一二	一六	一九	八	一一	一四	九	一〇	一一	一一	六											一一七	一〇〇	
非家属同住者		二						二			一	二	一			二	二	二	一	三												一三	五	
学童		一〇		六		三		一〇		六		一五		八		八		三		五												七四		
备考				出县壮丁一人		出县壮丁一人		出保壮丁一人		出保壮丁一人		出区壮丁一人		出县壮丁一人		出县壮丁一人		出县壮丁一人		出县壮丁一人												出县未出省者男六人出区未出县者男一人出保未出区者男二人		

保长龚致君

中华民国二十五年八月 日

四川省荣县第四区第八五保普通户口统计表

事别＼甲别		第一甲	第二甲	第三甲	第四甲	第五甲	第六甲	第七甲	第八甲	第九甲	第十甲	第十一甲	第十二甲	第十三甲	第十四甲	第十五甲	总计	附记
户数		一〇	一二	一四	一三	一五	一五	一一	一二	一一	九						一二二	本保出保男一人出县男六人他往壮丁七人
人口总数	男	二四	二五	三八	二八	三三	四〇	二四	二〇	二七	二八						二八七	
	女	一六	二三	二五	三〇	三三	二八	二六	二一	二二	二四						二四八	
现住	男	一九	二三	三六	二八	三三	三九	二四	二〇	二七	二八						二七七	
	女	一六	二三	二五	三〇	三三	二八	二六	二一	二二	二四						二四八	
他往	男	五	二	二			一										一〇	
	女																	
壮丁	男	六	一〇	一五	一三	一〇	一五	八	五	九	八						九九	
	女																	
识字	男	七	一三	一三	九	一二	七	八	一〇	五	八						九二	
	女																	
职业 有	男	一四	一八	二六	一八	二二	二七	一五	一三	二〇	一六						一七九	
	女	一五	一七	二〇	一九	二六	一九	一七	一七	一五	一八						一八三	
职业 无	男	一〇	七	一二	一〇	一一	一三	九	七	七	一二						一〇八	
	女	一	六	五	一一	七	九	九	四	七	六						六五	
非家属同住者	男		二	三			四			一	一						一一	
	女																	
学童		一	二	一		三	三	二	一		二						一五	
备考		出保壮丁一人出县壮丁一人	出县壮丁二人	出县壮丁二人			出县壮丁一人											

中华民国二十　年　月　日

保长虞万元

四川省荣县第四区第八六保普通户口统计表

事别＼甲别		第一甲		第二甲		第三甲		第四甲		第五甲		第六甲		第七甲		第八甲		第九甲		第十甲		第十一甲		第十二甲		第十三甲		第一四甲		第十五甲		总计		附记
户数		一四		一五		一四		一五		一四		一二		一五		一五		一五		一三												一四二		
		男	女	男	女	男	女	男	女	男	女	男	女	男	女	男	女	男	女	男	女	男	女	男	女	男	女	男	女	男	女	男	女	
人口总数		三三	三八	三五	三七	二五	二六	三一	三四	三二	三七	三二	二七	四二	四七	二五	三二	四四	三三	三七	三四											三三六	三四五	
现住		三二	三八	三三	三七	二四	二六	三	三四	三二	三七	三二	二七	四二	四七	二四	三二	四四	三三	三七	三四											三三一	三四五	
他往		一		二		一										一																五		
壮丁		一三		一九		一五		一〇		一一		一〇		一二		一〇		一三		一三												一二六		
识字		一四		八		二		六		九		五		二二		五		一一		一三												九五		
职业	有	二〇	二五	二八	二四	二〇	一七	二一	二〇	一九	二四	二一	二〇	二七	二七	一五	一七	二四	二四	二一	一九											二一六	二一七	
	无	一三	一三	七	一三	五	九	一〇	一四	一三	一三	一一	七	一五	二〇	一〇	一五	二〇	九	一六	一五											一二〇	一二八	
非家属同住者		二						二		一				三				二		三												一三		
学童		七		六		五		一一		一六		六		一一		七		一〇		四												八三		
备考		出保男一人		出区男二人		出区男一人										出区男一人																出保男一人出区男四人		

中华民国二十五年 月 日 保长祝栋梁

四川省荣县第四区第八七保普通户口统计表

事别＼甲别	第一甲		第二甲		第三甲		第四甲		第五甲		第六甲		第七甲		第八甲		第九甲		第十甲		第十一甲		第十二甲		第十三甲		第十四甲		第十五甲		总计		附记
户数	一一		一三		一一		一〇		一二		一四		一〇		一四		一二		一四												一二一		
	男	女	男	女	男	女	男	女	男	女	男	女	男	女	男	女	男	女	男	女	男	女	男	女	男	女	男	女	男	女	男	女	
人口总数	一八	三二	二九	二五	二三	二三	二五	二六	二八	二四	三〇	二八	一九	二三	二五	二七	二六	二七	三二	三六											二五五	二七一	
现住	一八	三二	二九	二五	二二	二三	二三	二六	二三	二四	二七	二八	一九	二三	二一	二七	二六	二七	三〇	三六											二三八	二七一	
他往					一		二		五		三				四				二												一七		
壮丁	四		六		八		五		一二		九		七		一一		一一		一一												八四		本保出保男三人出区男一人出县男一四人
识字	九		二		六		三		四		七		七		五		一〇		六	二											五九	二	
职业 有	一四	二二	二二	一八	一八	一九	一三	一四	二七	一九	二四	二〇	一五	一六	一八	一九	二六	一七	二七	二三											二〇四	一八七	
职业 无	四	一〇	七	七	五	四	一二	一二	一	五	六	八	四	七	七	八		一〇	五	一三											五一	八四	
非家属同住者					二														二												四		
学童	五		三		八		五		一		四		七		三		五		六												四七		
备考					出保男一人		出县男二人		出县男五人		出县男三人				出县男四人				出保男二人														

保长祝明德

中华民国二十五年 月 日

四川省荣县第四区第八八保普通户口统计表

事别＼甲别		第一甲	第二甲	第三甲	第四甲	第五甲	第六甲	第七甲	第八甲	第九甲	第十甲	第十一甲	第十二甲	第十三甲	第十四甲	第十五甲	总计	附记
户数		一四	一二	一四	一三	一三	一二	一四	一〇	一〇	一〇						一二二	出保四人 出县八人 出区三人
人口总数	男	四三	四八	四三	三六	三四	三一	二四	二〇	三三	一八						三三〇	
	女	三四	三五	三一	三四	三六	二六	二六	一六	二三	一五						二七六	
现住	男	四一	四七	四二	三二	三二	三〇	二〇	二〇	三三	一七						三一四	
	女	三四	三五	三一	三四	三六	二六	二六	一六	二三	一五						二七六	
他往	男	二	一	一	四	二	一	四			一						一六	
	女																	
壮丁	男	一六	一六	一七	一五	一二	一一	九	四	七	九						一一六	
	女																	
识字	男	六	一四	四	四	六	五	二	一	四	三						四九	
	女																	
职业 有	男	二九	二一	二五	二五	二〇	二三	一七	一〇	一八	一二						二〇〇	
	女	二〇	二五	二一	二二	二二	一六	一七	九	一五	一〇						一七七	
职业 无	男	一四	二七	一八	一一	一四	八	七	一〇	一五	六						一三〇	
	女	一四	一〇	一〇	一二	一四	一〇	九	七	八	五						九九	
非家属同住者	男	二	五	二	五		一		一	九							二五	
	女				三	四		一		四							一二	
学童		一二	一〇	八	九	一二	六	七	九	六	七						八六	
备考		出区壮丁二人	出县壮丁一人	出县壮丁一人	出县壮丁四人	出保壮丁二人		出县壮丁二人出保壮丁二人			出区壮丁一人							

中华民国二十五年八月　日　保长吴章武

事别＼甲别		第一甲		第二甲		第三甲		第四甲		第五甲		第六甲		第七甲		第八甲		第九甲		第十甲		第十一甲		第十二甲		第十三甲		第十四甲		第十五甲		总计		附记
户数		一五		一四		一四		一五		一五		一五		一四		一五		一四														一三一		
		男	女	男	女	男	女	男	女	男	女	男	女	男	女	男	女	男	女	男	女	男	女	男	女	男	女	男	女	男	女	男	女	
人口总数		六四	四四	三八	三二	三四	二一	五〇	四八	三七	二八	五一	四二	五五	四〇	三九	三六	三四	三〇													四〇二	三二一	
现住		六一	四四	三〇	三二	二九	二一	四七	四七	三三	二六	四九	四二	五一	四〇	三七	三六	三二	三〇													三六九	三一八	
他往		三		八		五		三	一	四	二	二		四		二		二														三三	三	
壮丁		一九		一六		一七		二一		一五		一五		一八		一三		一五														一四九		出保男六人女一人出区男一二人出县男六人出省男一人不详男五人无定所者男三人
识字		二三		八		七		一九		一二		二三	二	二三	一	四		八														一二七	三	
职业	有	三二	二五	二四	二〇	二五	一〇	三一	二七	二四	一四	三一	二四	三四	二五	二三	二二	二五	一九													二四九	一八六	
	无	三二	一九	一四	一二	九	一一	一九	二一	一三	一四	二〇	一八	二一	一五	一六	一四	九	一一													一五三	一三五	
非家属同住者		二		一	一	五		三		五		一〇	一	五	一	三		五	一													三九	四	
学童		一九		八		二		九		二		一〇		一三		三		三														六九		
备考		出保男二人出区男一人		出区男五人出县男三人		出区男二人出县男一人不详男二人		出保男二人女一人出县男一人		出保女一人出区男一人不详男三人女一人		出区男二人		无定所者男三人出省者男一人		出保男一人出区男一人		出保男一人出县男一人																

四川省荣县第四区第八九保普通户口统计表

保长吴履谦

中华民国二十五年　月　日

四川省荣县第四区第九〇保普通户口统计表

事别 \ 甲别		第一甲		第二甲		第三甲		第四甲		第五甲		第六甲		第七甲		第八甲		第九甲		第十甲		第十一甲		第十二甲		第十三甲		第一四甲		第十五甲		总计		附记
户数		一〇		一〇		一〇		一四		一四		一一		一二		一一		一四		一四												一二〇		
		男	女	男	女	男	女	男	女	男	女	男	女	男	女	男	女	男	女	男	女	男	女	男	女	男	女	男	女	男	女	男	女	
人口总数		三四	二七	二一	二一	二九	二五	四〇	三〇	二八	二六	二二	二四	二七	二六	三一	三一	三七	二九	四一	二五											三一〇	二六四	
现住		三四	二七	二一	二一	二九	二五	三三	三〇	二七	二六	一九	二四	二七	二六	三一	三一	三五	二九	四一	二五											二九七	二六四	
他往								七		一		三						二														一三		
壮丁		七		一〇		一〇		一四		一〇		八		一〇		一〇		一四		一七												一一〇		出县者男一人他往壮丁一〇人
识字		七		五		三		一二		三		九		三		九		七		一〇												六八		
职业	有	一八	一三	一三	一一	一四	一三	一八	一三	一五	一四	一三	一二	一四	一四	一六	一三	二〇	一七	二八	一八											一六九	一三八	
职业	无	一六	一四	八	一〇	一五	一二	二二	一七	一三	一二	九	一二	一三	一二	一五	一八	一七	一二	一三	七											一四一	一二六	
非家属同住者		一		三		三	一	三			一	二			一	四	五	八	三	三	一											二七	一二	
学童		七		九		七		八		一〇		一六		五		九		七		一〇												八二		
备考								他往壮丁六人出县未出省者男一人		他往壮丁一人		他往壮丁一人						他往壮丁二人																

中华民国二十五年七月二十日 保长谭伯虔

四川省荣县第四区第九一保普通户口统计表

保长毕德容

中华民国二十五年七月二十日

事别＼甲别		第一甲		第二甲		第三甲		第四甲		第五甲		第六甲		第七甲		第八甲		第九甲		第十甲		第十一甲		第十二甲		第十三甲		第十四甲		第十五甲		总计		附记
户数		一一		一〇		一〇		一〇		一〇		一〇		一〇		一四		一四		一一		一二		一二								一三四		
		男	女	男	女	男	女	男	女	男	女	男	女	男	女	男	女	男	女	男	女	男	女	男	女	男	女	男	女	男	女	男	女	
人口总数		三九	三五	二二	二三	二六	二七	一八	一六	二四	二三	三六	三二	二二	二五	四二	三八	三四	二六	三五	二九	二九	一九	四五	三八							三七二	三三一	
现住		三三	三四	二一	二三	二四	二七	一五	一六	二四	二三	三六	三二	二一	二五	四〇	三八	三三	二六	三四	二九	二八	一九	四五	三八							三五四	三三〇	
他往		六	一	一		二		三						一		二		一		一		一										一八	一	
壮丁		二〇		九		八		八		一〇		一七		九		一五		一三		九		一三		一四								一四五		
识字		一六	二	二		四		六		七		六		五		一五	一	八	一	七	二	九		七								九二	六	出县者男五人他往壮丁七人
职业	有	二七	二八	一六	一六	一五	一六	一三	一五	一八	一六	二〇	二三	一三	二〇	一八	一七	一七	一三	一七	一三	一七	一三	二七	二〇							二一八	二一〇	
	无	一二	七	六	七	一一	一一	五	一	六	七	一六	九	九	五	二四	二一	一七	一三	一八	一六	一二	六	一八	一八							一五四	一二一	
非家属同住者		四	二	三	三		一	一	一	三		一	二	二		九	一〇	一		三		六	一	二								三五	二〇	
学童		六		五		六		三		七		七		四		一〇		七		一〇		七		八								八〇		
备考		他往壮丁三人				出县未出省者男一人他往壮丁一人		出县未出省者男三人他往壮丁二人										他往壮丁一人		他往壮丁一人		出县未出省者男一人												

四川省荣县第四区第九一保普通户口统计表

中华民国二十五年七月日二十　保长丁相如

甲别/事别		第一甲		第二甲		第三甲		第四甲		第五甲		第六甲		第七甲		第八甲		第九甲		第十甲		第十一甲		第十二甲		第十三甲		第十四甲		第十五甲		总计		附记
户数		一一		一一		一二		一三		一〇		一一		一一		一〇		一一		一一												一一一		他往壮丁一八人出县者男二人
		男	女	男	女	男	女	男	女	男	女	男	女	男	女	男	女	男	女	男	女	男	女	男	女	男	女	男	女	男	女	男	女	
人口总数		三五	二三	二〇	二一	三七	三六	三九	三九	三〇	二五	二五	二五	四二	二三	一八	二二	三〇	四三	三六	二三											三一二	二八〇	
现住		三二	二三	二〇	二一	三七	三六	三九	三九	二七	二五	二一	二三	四〇	二三	一七	二二	二六	四三	三〇	二三											二八九	二七八	
他往		三								三		四	二	二		一		四		六												二三	二	
壮丁		一二		一一		一三		一四		一二		七		一六		六		一三		一二												一一六		
识字		三		三		七		八		七		三		五		二		七		八												五三		
职业	有	一七	一三	一三	一二	一八	一八	一九	一六	一四	一二	一三	一七	一九	一四	一〇	一〇	一六	二七	二一	一八											一六〇	一五七	
	无	一八	一〇	七	九	一九	一八	二〇	二三	一六	一三	一二	八	二三	九	八	一二	一四	一六	一五	五											一五二	一二三	
非家属同住者		三	一					一		二		四	五	一		一																一二	六	
学童		六		四		一〇		一一		九		六		七		五		八		七												七三		
备考		出县者男一人他往壮丁二人								他往壮丁三人		他往壮丁三人		他往壮丁二人		他往壮丁一人		他往壮丁三人		出县者男一人他往壮丁四人														

荣县第四区普通户口统计表（二）

四川省荣县第四区第九三保普通户口统计表

保长吴可安

中华民国二十五年七月二十日

事别＼甲别		第一甲		第二甲		第三甲		第四甲		第五甲		第六甲		第七甲		第八甲		第九甲		第十甲		第十一甲		第十二甲		第十三甲		第十四甲		第十五甲		总计		附记
户数		一四		一四		一三		一四		一三		一〇		一四		一〇		一一		一三												一二六		
		男	女	男	女	男	女	男	女	男	女	男	女	男	女	男	女	男	女	男	女	男	女	男	女	男	女	男	女	男	女	男	女	
人口总数		四七	三六	三六	二八	四六	三八	四二	二九	四〇	三三	三三	二二	三五	三三	三八	二五	二三	二九	四七	二三											三八七	二九六	
现住		四七	三六	三五	二八	四三	三八	四〇	二九	三九	三三	三二	二二	三三	三三	三六	二五	二二	二九	三六	二三											三六三	二九六	
他往				一		三		二		一		一		二		二		一		一一												二四		
壮丁		一四		一七		一七		一三		一七		一二		一三		一一		八		一四												一三六		
识字		八		九		八		六		八		四		五		七		三		四												六二		他往壮丁二一人
职业	有	二八	二三	二二	二一	三一	二七	二七	二一	二七	二六	二一	一四	二一	一八	二一	一六	一四	一八	二八	一七											二四〇	二〇一	
	无	一九	一三	一四	七	一五	一一	一五	八	一三	七	一二	八	一四	一五	一七	九	九	一一	一九	六											一四七	九五	
非家属同住者		二		一		六	一	二	一	八	一	二	一	一	一	一	二			二												二五	七	
学童		九		七		八		七		八		七		八		一〇		九		八												八一		
备考				他往壮丁一人出保男一人		他往壮丁三人出保男二人出区男一人		他往壮丁二人出保二人		他往壮丁一人出区一人		他往壮丁一人出保一人		他往壮丁一人出保一人		他往壮丁二人出区二人		出保男一人		他往壮丁一〇人出保男六人出区男三人不详男一人												出保男十四人出区男七人不详男一人		

四川省荣县第四区第九四保普通户口统计表

保长李常美

中华民国二十五年七月二十日

事别＼甲别	第一甲		第二甲		第三甲		第四甲		第五甲		第六甲		第七甲		第八甲		第九甲		第十甲		第十一甲		第十二甲		第十三甲		第十四甲		第十五甲		总计		附记
户数	一四		一二		一〇		一一		一〇		一二		一一		一四		一二		一四												一二〇		他往壮丁一一人出县者男四人
	男	女	男	女	男	女	男	女	男	女	男	女	男	女	男	女	男	女	男	女	男	女	男	女	男	女	男	女	男	女	男	女	
人口总数	三七	三七	三八	三一	二六	一八	四二	三三	三三	三二	三二	三二	四一	三二	四一	三五	三五	二三	二九	二五											三五四	二九八	
现住	三五	三七	三七	三一	二六	一八	三七	三二	三二	三二	三二	三二	三八	三二	四一	三五	三三	二三	二四	二五											三三五	二九七	
他往	二		一				五	一	一				三				二		五												一九	一	
壮丁	一一		一四		一〇		八		一〇		一三		一二		一一		八		一〇												一〇七		
识字	九		九		六		五		六		四		三		四		三		六												五五		
职业 有	二八	二七	二二	二四	二一	一四	二七	二四	二七	二六	一八	二七	二七	一八	二七	二六	二二	一六	一六	一四											二三五	二一六	
职业 无	九	一〇	一六	七	五	四	一五	九	六	六	一四	五	一四	一四	一四	九	一三	七	一三	一一											一一九	八二	
非家属同住者					一				二	一	一		二		二		一		一	三											一〇	四	
学童	一四		七		九		七		九		八		一〇		八		六		七												八五		
备考	他往壮丁一人		出县者男一人				出县者男二人他往壮丁三人						出县者男三人他往壮丁二人				他往壮丁一人		他往壮丁四人														

四川省荣县第四区第九五保普通户口统计表

事别＼甲别	第一甲		第二甲		第三甲		第四甲		第五甲		第六甲		第七甲		第八甲		第九甲		第十甲		第十一甲		第十二甲		第十三甲		第十四甲		第十五甲		总计		附记
户数	一〇		一〇		一〇		一〇		一二		一三		一三		一〇		一一		一一		一〇										一二〇		
	男	女	男	女	男	女	男	女	男	女	男	女	男	女	男	女	男	女	男	女	男	女	男	女	男	女	男	女	男	女	男	女	
人口总数	三九	三四	三二	二一	二三	二八	二三	一九	二四	二三	三三	三五	三八	四〇	二九	二二	三六	二五	一九	二六	二四	三一									三二〇	三〇四	
现住	三六	三四	三〇	二一	二一	二八	二二	一九	二二	二三	三二	三五	三七	三九	二七	二二	三四	二五	一八	二六	二四	三一									三〇三	三〇三	
他往	三		二		二		一		二		一		一	一	二		二		一												一七	一	出县者男一〇人他往壮丁一三人
壮丁	二〇		一三		一一		九		九		一三		一五		九		一〇		一一		八										一二八		
识字	七		三		三		四		二		五		七		三		五		三		五										四七		
职业 有	二六	一八	一七	一一	一五	一二	一五	一一	一一	一一	一八	一七	一九	二〇	一七	一〇	一五	一二	九	一一	一二	一六									一七四	一四九	
职业 无	一三	一六	一五	一〇	八	一六	八	八	一三	一二	一五	一八	一九	二〇	一二	一二	二一	一三	一〇	一五	一二	一五									一四六	一五五	
非家属同住者	三	一	一	一	一		二						五	二			三			一											一五	五	
学童	九		五		八		四		四		七		一〇		七		八		五		七										七四		
备考	他往壮丁三人出县者男二人		他往壮丁二人		出县者男二人他往壮丁二人		出县者男一人他往壮丁一人		出县者男二人他往壮丁一人		出县者男一人		出县者男一人		他往壮丁二人		他往壮丁二人		出县者男一人														

中华民国二十　年　月　日　保长杨旭光

四川省荣县第四区第九六保普通户口统计表

事别 \ 甲别		第一甲		第二甲		第三甲		第四甲		第五甲		第六甲		第七甲		第八甲		第九甲		第十甲		第十一甲		第十二甲		第十三甲		第十四甲		第十五甲		总计		附记
户数		一四		一四		一三		一四		一四		一三		一二		一二		一四		一四		一五										一四九		出县者男一人他往壮丁一八人
		男	女	男	女	男	女	男	女	男	女	男	女	男	女	男	女	男	女	男	女	男	女	男	女	男	女	男	女	男	女	男	女	
人口总数		二五	二四	四一	三七	三二	三〇	三六	二八	四二	三八	三四	二五	二六	一九	二六	二四	三四	二六	三〇	二八	三一	三五									三五七	三一四	
现住		二二	二四	三七	三七	三二	三〇	三六	二五	四一	三八	三一	二五	二三	一九	二二	二四	三三	二六	二九	二八	三一	三五									三三七	三一一	
他往		三		四					三	一		三		三		四		一		一												二〇	三	
壮丁		一一		一四		一二		一三		一六		一二		一〇		一〇		九		一四		一二										一三三		
识字		三		五		四		五		七		二		三		四		三		三		三										四二		
职业	有	一三	一二	二〇	一八	一七	一八	一九	一五	二二	二〇	一八	一三	一四	一一	一三	一四	一八	一六	一八	一八	一八	二一									一九〇	一七六	
	无	一二	一二	二一	一九	一五	一二	一七	一三	二〇	一八	一六	一二	一二	八	一三	一〇	一六	一〇	一二	一〇	一三	一四									一六七	一三八	
非家属同住者		三		三		二		一			一	三	一									一	一									一三	三	
学童		四		八		七		九		一〇		三		四		七		四		四		六										六六		
备考		出县者男一人他往壮丁一人		他往壮丁四人						他往壮丁一人		他往壮丁三人		他往壮丁三人		他往壮丁四人		他往壮丁一人		他往壮丁一人														

中华民国二十 年 月 日

保长刘永乾

四川省荣县第四区第九七保普通户口统计表

保长虞顺海

中华民国二十五年　月　日

事别＼甲别	第一甲		第二甲		第三甲		第四甲		第五甲		第六甲		第七甲		第八甲		第九甲		第十甲		第十一甲		第十二甲		第十三甲		第十四甲		第十五甲		总计		附记
户数	一二		一〇		一〇		一〇		一〇		一〇		一〇		一〇		一〇		一四		一四										一二〇		出县者男一三人他往壮丁一五人
	男	女	男	女	男	女	男	女	男	女	男	女	男	女	男	女	男	女	男	女	男	女	男	女	男	女	男	女	男	女	男	女	
人口总数	二四	一六	二一	二〇	二九	二五	二四	一五	二一	二四	二四	一八	二八	二二	三二	三三	二九	一八	四二	三〇	三四	三一									三〇八	二五二	
现住	二一	一六	一八	二〇	二七	二五	一六	一五	二〇	二四	二〇	一八	二七	二二	二七	三三	二六	一八	三九	三〇	三四	三一									二七五	二五二	
他往	三		三		二		八		一		四		一		五		三		三												三三		
壮丁	一二		九		九		一〇		八		一〇		一〇		一〇		九		九		一〇										一〇六		
识字	二		一		二		五		二		一		二		四		二		三		三										二七		
职业 有	一一	一〇	一五	一二	一三	一二	一三	八	一三	一七	一八	一二	一三	一一	一四	一六	一四	一〇	二〇	一三	一六	一四									一六〇	一三五	
职业 无	一三	六	六	八	一六	一三	一一	七	八	七	六	六	一五	一一	一八	一七	一五	八	二二	一七	一八	一七									一四八	一一七	
非家属同住者			一		一		五						一		二		一	一	一	一	一										一三	二	
学童	四		五		七		五		八		五		七		九		一〇		九		七										七六		
备考	他往壮丁一人		出县者男一人他往壮丁三人		出县者男一人他往壮丁一人		出县者男四人他往壮丁四人		他往壮丁一人		出县者男三人他往壮丁一人		出县者男一人他往壮丁一人		他往壮丁一人出县者男一人		他往壮丁一人		出县者男二人他往壮丁一人														

四川省荣县第四区第九八保普通户口统计表

事别＼甲别	第一甲		第二甲		第三甲		第四甲		第五甲		第六甲		第七甲		第八甲		第九甲		第十甲		第十一甲		第十二甲		第十三甲		第十四甲		第十五甲		总计		附记
户数	一二		一二		一二		一二		一〇		一一		一一		一〇		一三		一二												一一五		
	男	女	男	女	男	女	男	女	男	女	男	女	男	女	男	女	男	女	男	女	男	女	男	女	男	女	男	女	男	女	男	女	
人口总数	三〇	三一	三二	三二	三二	三一	三九	三二	三〇	二八	四三	四二	三〇	二七	二二	二二	三二	二九	三二	二八											三二二	三〇二	
现住	二七	三一	三〇	三二	三一	三一	三七	三二	三〇	二八	四二	四二	三〇	二七	二二	二二	三一	二九	三二	二八											三一二	三〇二	
他往	三		二		一		二				一						一														一〇		
壮丁	一〇		五		七		一一		九		一五		一二		六		一〇		七												九二		
识字	八		四		五		八		七		九		六		三		四		五												五九		出县者男五人他往壮丁五人
职业 有	一四	一五	一九	一五	一三	一七	二九	一七	一五	一四	二二	二〇	一四	一三	一二	一一	一五	一三	一六	一四											一六九	一四九	
职业 无	一六	一六	一三	一七	一九	一四	一〇	一五	一五	一四	二一	二二	一六	一四	一〇	一一	一七	一六	一六	一四											一五三	一五三	
非家属同住者	二	一	二	一	三		一	一			六		一	一	一																一六	四	
学童	五		七		九		五		七		八		六		四		七		七												六五		
备考	出县者男二人他往壮丁二人		出县者男二人		出县者男一人		他往壮丁一人				他往壮丁二人						他往壮丁一人																

保长杨百遂

中华民国二十五年七月二十日

荣县第四区普通户口统计表（二）

事别＼甲别		第一甲		第二甲		第三甲		第四甲		第五甲		第六甲		第七甲		第八甲		第九甲		第十甲		第十一甲		第十二甲		第十三甲		第十四甲		第十五甲		总计		附记
户数		一四		一三		一〇		一五		一四		一〇		一〇		一〇		一一		一〇												一一七		
		男	女	男	女	男	女	男	女	男	女	男	女	男	女	男	女	男	女	男	女	男	女	男	女	男	女	男	女	男	女	男	女	
人口总数		三二	三二	二八	二三	三〇	二七	三三	二五	二八	二七	二九	二八	二〇	一六	二〇	二一	二〇	二一	二三	二八											二六三	二四八	
现住		三二	三二	二七	二三	二九	二七	三〇	二五	二八	二七	二九	二八	二〇	一六	一七	二一	二〇	二一	二二	二八											二五四	二四八	
他往				一		一		三								三				一												九		
壮丁		九		九		一〇		一三		九		一三		七		八		九		六												九三		
识字		七		四		三		六		三		三		二		三		二		三												三六		他往壮丁五人
职业	有	一八	一七	一七	一四	一六	一四	一八	一六	一八	一九	二三	二〇	一三	一四	一六	一五	一三	一四	一四	一八											一六六	一六一	
	无	一四	一五	一一	九	一四	一三	一五	九	一〇	八	六	八	七	二	四	六	七	七	九	一〇											九七	八七	
非家属同住者		一				三				一		五	一			一	二															一一	三	
学童		八		七		一〇		七		九		七		五		五		三		四												六五		
备考				出保男一人		出保男一人		他往壮丁二人出区男二人不详男一人								他往壮丁三人出保三人出区男一人				出区男一人												出保男四人出区男四人不详男一人		

四川省荣县第四区第九九保普通户口统计表　保长刘树章

中华民国二十五年七月二十日

四川省荣县第四区第一〇〇保普通户口统计表 保长虞重华

中华民国二十五年七月二十日

事别＼甲别		第一甲		第二甲		第三甲		第四甲		第五甲		第六甲		第七甲		第八甲		第九甲		第十甲		第十一甲		第十二甲		第十三甲		第十四甲		第十五甲		总计		附记
户数		一〇		一〇		一〇		一〇		一四		一二		一二		一二		一一		一一												一一二		出县者男四人他往壮丁一四人
		男	女	男	女	男	女	男	女	男	女	男	女	男	女	男	女	男	女	男	女	男	女	男	女	男	女	男	女	男	女	男	女	
人口总数		二二	二三	三五	二六	二三	二九	二一	二二	二五	二八	四一	二八	三五	二六	三〇	二三	二五	二八	二六	二〇											二八三	二五三	
现住		二〇	二二	三三	二六	二二	二九	二一	二二	二五	二八	四〇	二八	三三	二六	二八	二三	二四	二八	二二	二〇											二六八	二五二	
他往		二	一	二		一						一		二		二		一		四												一五	一	
壮丁		一〇		一一		一〇		一〇		一五		一四		八		九		八		一〇												一〇五		
识字		五		一二	一	三				四		三		三		四		三		三												四〇	一	
职业	有	一八	一二	二三	一八	一七	一八	一一	一三	一三	一七	二三	一八	二一	一六	一七	一八	一四	二〇	二〇	一七											一七七	一六七	
	无	四	一一	一二	八	六	一一	一〇	九	一二	一一	一八	一〇	一四	一〇	一三	五	一一	八	六	三											一〇六	八六	
非家属同住者				四		一	一	一			一	二																				八	二	
学童		六		九		七		七		六		九		七		六		七		八												七二		
备考		他往壮丁二人		他往壮丁一人		他往壮丁一人						他往壮丁一人		出县者男一人他往壮丁二人		他往壮丁二人		他往壮丁一人		出县者男三人他往壮丁四人														

四川省荣县第四区第一〇一保普通户口统计表

保长龚厚谦

中华民国二十五年七月二十日

事别＼甲别		第一甲		第二甲		第三甲		第四甲		第五甲		第六甲		第七甲		第八甲		第九甲		第十甲		第十一甲		第十二甲		第十三甲		第十四甲		第十五甲		总计		附记
户数		一〇		一〇		一〇		一〇		一〇		一〇		一一		一一		一四		一四												一一〇		他往壮丁一二人出县者男二人
		男	女	男	女	男	女	男	女	男	女	男	女	男	女	男	女	男	女	男	女	男	女	男	女	男	女	男	女	男	女	男	女	
人口总数		三二	一六	一六	二二	二三	二五	三三	二三	二四	二三	二七	一五	三一	二五	二五	一五	三八	三八	四五	三七											二九四	二三九	
现住		三一	一六	一三	二二	二二	二五	三三	二三	二三	二三	二六	一五	二八	二五	二三	一五	三三	三八	四〇	三六											二七二	二三八	
他往		一		三		一				一		一		三		二		五		五	一											二二	一	
壮丁		九		八		一〇		一〇		一四		一〇		一〇		八		一二		一〇												一〇一		
识字		三		二		四		三		三		三		七		三		四		一一												四三		
职业	有	一五	一〇	一二	一二	一八	一五	一八	一三	一三	一二	一六	一二	一八	一五	一五	一二	二二	二〇	二七	二一											一七四	一四二	
	无	一七	六	四	一〇	五	一〇	一五	一〇	一一	一一	一一	三	一三	一〇	一〇	三	一六	一八	一八	一六											一二〇	九七	
非家属同住者		二	一	二		一		一		三	二	二	一	二	一	一		四	二													一八	七	
学童		四		八		一〇		六		四		七		四		七		七		七												六四		
备考				他往壮丁一人						他往壮丁一人		出县者男一人		他往壮丁二人		他往壮丁一人		他往壮丁四人		他往壮丁三人出县者男一人														

四川省荣县第四区第一〇二保普通户口统计表

保长

中华民国二十五年月日

事别 \ 甲别		第一甲		第二甲		第三甲		第四甲		第五甲		第六甲		第七甲		第八甲		第九甲		第十甲		第十一甲		第十二甲		第十三甲		第十四甲		第十五甲		总计		附记
户数		一一		一〇		一〇		一一		一四		一一		一三		一四		一二		一〇												一一六		他往壮丁三五人出县者男一〇人
人口总数		男	女	男	女	男	女	男	女	男	女	男	女	男	女	男	女	男	女	男	女	男	女	男	女	男	女	男	女	男	女	男	女	
人口总数		三八	四一	二五	一八	三三	二五	三一	二六	四三	四一	二八	三二	四一	三六	三三	二九	二八	二二	二四	二四											三二四	二九四	
现住		三八	四一	一五	一八	三一	二五	一九	二六	三八	四一	二二	三二	三五	三六	三三	二九	二八	二二	二〇	二四											二七九	二九四	
他往				一〇		二		一二		五		六		六						四												四五		
壮丁		一二		九		一二		一四		一六		一一		一四		九		九		八												一一四		
识字		六		三		四		四		五		四		六		三		六		二												四三		
职业	有	二〇	二七	二〇	一三	二三	一八	一七	一六	二三	二四	一六	一七	二一	一八	一七	一六	一六	一七	一五	一〇											一八八	一七六	
职业	无	一八	一四	五	五	一〇	七	一四	一〇	二〇	一七	一二	一五	二〇	一八	一六	一三	一二	五	九	一四											一三六	一一八	
非家属同住者		六	一	二		二	一	三		二	一			二		二		二	一													二一	四	
学童		一二		三		五		三		一〇		一二		四		一〇		一〇		七												七六		
备考				他往壮丁八人出县者男五人		他往壮丁一人出县者男一人		他往壮丁一〇人出县者男二人		他往壮丁四人出县者男一人		他往壮丁四人出县者男一人		他往壮丁四人						他往壮丁四人														

事别＼甲别		第一甲		第二甲		第三甲		第四甲		第五甲		第六甲		第七甲		第八甲		第九甲		第十甲		第十一甲		第十二甲		第十三甲		第十四甲		第十五甲		总计		附记
户数		一三		一三		一三		一三		一三		一三		一三		一三		一三		一三												一三〇		
人口总数		男	女	男	女	男	女	男	女	男	女	男	女	男	女	男	女	男	女	男	女	男	女	男	女	男	女	男	女	男	女	男	女	
		三一	三二	三四	三九	三七	二七	三四	二六	三九	三二	二九	三〇	二八	二六	三一	三七	三三	二八	三六	三一											三三二	三〇八	
现住		三一	三二	三四	三九	三六	二七	三四	二六	三八	三二	二八	三〇	二五	二六	三〇	三七	三三	二八	三六	三一											三二五	三〇八	
他往						一				一		一		三		一																七		
壮丁		一六		一五		八		九		一一		九		一〇		一二		一三		一三												一一六		本保壮丁出县者七人肺疾二九人
识字		四		六		五		九		一四	一	七		三		三		四		二												五七	一	
职业	有	二五	二四	二八	三〇	二九	二〇	二〇	二一	二九	二〇	二〇	二一	二〇	一九	二一	二〇	二〇	二〇	二〇	二五											二四二	二二〇	
	无	六	八	六	九	八	七	一四	五	一〇	一二	九	九	八	七	一〇	一七	一三	八	六	六											九〇	八八	
非家属同住者		一		二	三	三		一	二	六	二			一	二	五		五	一	一												二五	一〇	
学童		九		一二		七		九		六		七		八		一〇		九		一〇												八七		
备考						出县者一人				出县者一人		出县者一人		出县者三人		出县者一人																出县者七人		

四川省荣县第四区第一〇三保普通户口统计表　　保长虞元勋

中华民国二十五年七月　日

四川省荣县第四区第一〇四保普通户口统计表

事别＼甲别		第一甲		第二甲		第三甲		第四甲		第五甲		第六甲		第七甲		第八甲		第九甲		第十甲		第十一甲		第十二甲		第十三甲		第十四甲		第十五甲		总计		附记
户数		一二		一一		一三		一二		一〇		一〇		一二		一二		一四		一二												一一八		本保壮丁他往者七人残疾二〇人
人口总数		男	女	男	女	男	女	男	女	男	女	男	女	男	女	男	女	男	女	男	女	男	女	男	女	男	女	男	女	男	女	男	女	
		三一	二〇	二七	二二	二六	二六	二四	二三	二一	二五	一九	一六	二〇	二六	二七	二六	三七	四〇	四七	三八											二七九	二六二	
现住		三一	二〇	二六	二二	二三	二六	二〇	二三	二〇	二五	一九	一六	一七	二六	二五	二六	三五	四〇	四七	三八											二六三	二六二	
他往				一		三		四		一				三		二		二														一六		
壮丁		九		八		九		一四		六		一〇		五		七		一二		一九												九九		
识字		四		五		二		二		一		二		三	一	一		四		六												三〇	一	
职业	有	二六	一六	二〇	一八	二一	一九	二〇	一八	一五	二一	一二	一二	一六	二一	二三	二一	二七	三二	三八	二九											二一八	二〇七	
	无	五	四	七	四	五	七	四	五	六	四	七	四	四	五	四	五	一〇	八	九	九											六一	五五	
非家属同住者						一								一		一																三		
学童		八		二		七		四		四		一		二		五		四		八												四五		
备考								出县者男四人						出县者男三人																		出县者男七人		

保长邹世俊

中华民国二十五年七月 日

四川省荣县第四区第一〇五保普通户口统计表

事别＼甲别		第一甲		第二甲		第三甲		第四甲		第五甲		第六甲		第七甲		第八甲		第九甲		第十甲		第十一甲		第十二甲		第十三甲		第十四甲		第十五甲		总计		附记
户数		一〇		一一		一二		一一		一四		一一		一四		一三		一四		一五		一三		一四								一五二		
		男	女	男	女	男	女	男	女	男	女	男	女	男	女	男	女	男	女	男	女	男	女	男	女	男	女	男	女	男	女	男	女	
人口总数		四五	三四	三六	三四	三六	二四	二八	二七	四四	四〇	三一	二四	四三	三九	三九	三四	三七	四二	四二	四五	四八	四一	五〇	四九							四七九	四三三	
现住		四〇	三四	三六	三四	三六	二四	二八	二七	四〇	三九	二六	二三	三九	三八	三〇	三三	三一	四〇	四〇	四五	四三	三七	三五	四七							四二四	四二一	
他往		五								四	一	五	一	四	一	九	一	六	二	二		五	四	一五	二							五五	一二	
壮丁		一五		一五		八		一〇		一五		八		一四		一〇		二〇		一〇		一六		一五								一五六		本保壮丁他往四十一人癈疾二十人
识字		一二		一		一		三		三		三		六		四		三		四		七		九								五六		
职业	有	三五	二四	二二	二三	二〇	一八	一六	一八	二〇	一二	一五	一〇	二〇	一九	二一	一九	一九	一七	二九	二〇	三九	三五	二七	三四							二八三	二四九	
	无	一〇	一〇	一四	一一	一六	一六	一二	九	二四	二八	一六	一四	二三	二〇	一八	一五	一八	二五	一三	二五	九	六	二三	一五							一九六	一八四	
非家属同住者		八	五	二	三				一	一	三	一		四	三	三	六					一一	八	九	八							三九	三七	
学童		二〇		八		一五		八		一五		九		一〇		一一		九		六		五		一〇								一二六		
备考										他往外省者男一人他往外县者男三人		他往外县者男四人		他往外县者男二人		他往外省者男二人他往外县者男八人				他往外县者男二人				他往外县者男十三人								他往外省者男二人他往外县者男三十二人		

中华民国二十五年七月　日　保长卢显清

四川省荣县第四区第一〇六保普通户口统计表

甲别	户数	人口总数 男	人口总数 女	现住 男	现住 女	他往 男	他往 女	壮丁 男	壮丁 女	识字 男	识字 女	职业 有 男	职业 有 女	职业 无 男	职业 无 女	非家属同住者 男	非家属同住者 女	学童	备考
第一甲	一三	四〇	三五	三八	三五	二		一九		二		二五	二四	一五	一一	七	四	三	本甲出县男二人
第二甲	九	三一	二四	二九	二四	二		一六		二		一八	一六	一三	八	一	一	三	本甲出县男二人
第三甲	一一	五六	二五	二七	二五	九		一四		二		二二	一五	一四	一〇	二	三	六	本甲出县男六人
第四甲	一一	四〇	四八	三七	四八	三		二一		四		二七	三一	一三	一七	七	一	四	本甲出县男三人
第五甲	一一	四五	三〇	四〇	三〇	五		二〇		三		二四	二三	二一	七	二	二	八	本甲出县男三人
第六甲	一一	三八	三四	三五	三四	三		一三		二		二四	二二	一四	一二	三	二	七	本甲出县男三人
第七甲	一二	三七	二八	三四	二八	三		一二		二		二一	一九	一六	九	二	二	六	本甲出县男三人
第八甲	一二	三四	三一	三二	三一	二		二四		四		二〇	二二	一四	九			三	本甲出县男二人
第九甲	一〇	五七	六三	五二	六三	五		一三		八		二二	二〇	三五	四三	三	三	九	本甲出县男四人
第十甲	一三	六七	五九	六〇	五九	七		二二		一〇	三	三九	三四	二八	二五	六	四	一五	本甲出县男七人
第十一甲																			
第十二甲																			
第十三甲																			
第十四甲																			
第十五甲																			
总计	一一三	四二五	三七七	三八四	三七七	四一		一七四		三九	三	二四二	二二六	一八三	一五一	三三	二二	六四	出县者男三五人

附记：本保他往壮丁三四人残废壮丁四人

保长虞卫群

中华民国二十五年七月 日

事别＼甲别		第一甲		第二甲		第三甲		第四甲		第五甲		第六甲		第七甲		第八甲		第九甲		第十甲		第十一甲		第十二甲		第十三甲		第十四甲		第十五甲		总计		附记
户数		一〇		一一		一一		一一		一二		一〇		一〇		一二		一二		一二		九		八								一二八		本保壮丁残病者四人他往者三十人
		男	女	男	女	男	女	男	女	男	女	男	女	男	女	男	女	男	女	男	女	男	女	男	女	男	女	男	女	男	女	男	女	
人口总数		三四	二三	三九	三七	三六	四三	三七	三〇	四〇	三三	三一	二九	二七	二五	三五	二七	四五	二七	三四	二六	二一	二四	一七	一七							三九六	三四一	
现住		二八	二三	三五	三七	三六	四三	三七	三〇	三八	三三	二七	二八	二五	二五	三四	二七	四一	二七	三〇	二六	一七	二四	一六	一七							三六四	三四〇	
他往		六		四						二		四	一	二		一		四		四		四		一								三二	一	
壮丁		一四		一二		一七		一一		一六		九		一一		一〇		一一		八		六		七								一三二		
识字		三		五		一		五		一		二		七		二		八		四		三		六	二							四七	二	
职业	有	一五	一四	一八	二一	二一	二二	二八	一七	二九	二三	一六	一六	一五	一三	一八	二〇	二四	一六	二一	一四	一四	一〇	一三	八							二三二	一九四	
	无	一九	九	二一	一六	一五	二一	九	一三	一一	一〇	一五	一三	一二	一二	一七	七	二一	一一	一三	一二	七	一四	四	九							一六四	一四七	
非家属同住者					一	四	三		四	二				一		一〇	五	五	五	四	五											二六	二三	
学童		四		三		三		二		一		三		四		二		五		三		三		三								三六		
备考		出县者男六人		出县者男四人						出县者男二人		出县者男四人女一人		出县者男二人		出县者男一人		出县者男四人		出县者男四人		出县者男四人		出县者一人								出县者男三十一人女一人		

四川省荣县第四区第一〇七保普通户口统计表　保长虞华周

中华民国二十五年七月　日

四川省荣县第四区第一〇八保普通户口统计表

中华民国二十五年七月　日　保长江尊荣

甲别/事别		第一甲		第二甲		第三甲		第四甲		第五甲		第六甲		第七甲		第八甲		第九甲		第十甲		第十一甲		第十二甲		第十三甲		第十四甲		第十五甲		总计		附记
户数		一三		一二		一五		一一		一〇		一二		一〇		一四		一一		一〇												一一八		
		男	女	男	女	男	女	男	女	男	女	男	女	男	女	男	女	男	女	男	女	男	女	男	女	男	女	男	女	男	女	男	女	
人口总数		五四	五二	三九	二九	五〇	三六	三七	三三	二五	二〇	四二	三四	三一	三四	三五	四〇	三一	二五	二五	二八											三六九	三三一	
现住		五一	五二	三八	二九	四五	三六	三二	三三	二〇	二〇	四一	三四	三〇	三四	三三	四〇	三一	二四	二四	二八											三四五	三三〇	
他往		三		一		五		五		五		一		一		二			一	一												二四	一	
壮丁		二一		一九		二二		一七		一〇		一九		一〇		一四		一一		九												一五二		本保壮丁他往者一九人癞疾者二〇人本保他往数内出县者二〇人出区者男四人女一人
识字		八		五		一〇	二	四		二		八		五		四		一		四												五一	二	
职业	有	二八	二五	二三	二〇	二五	二二	二一	二〇	一四	一一	二六	二二	一三	一六	一七	一八	一六	一三	一四	一五											一九七	一八二	
	无	二六	二七	一六	九	二五	一四	一六	一三	一一	九	一六	一二	一八	一八	一八	二二	一五	一二	一一	一三											一七二	一四九	
非家属同住者		四	二	五	一	三	五	一	二			三	三	一	二	六	三	五	一	一												二九	一九	
学童		九		七		七		八		二		五		一		四		三		二												四八		
备考		壮丁出县者男三人癞疾男四人		壮丁出县者男一人癞疾者男三人		壮丁出区者男二人出县者男二人癞疾男一人本县读书男一人		壮丁出区者男二人出县者男二人癞疾男二人出县读书男一人		壮丁出县者男四人非壮丁出县者男一人		壮丁癞疾男三人非壮丁出区者男一人		壮丁癞疾男三人非壮丁出县者男一人		壮丁出县男二人癞疾男二人		壮丁癞疾男二人女子他往本区一人		壮丁出县者男一人														

事别＼甲别		第一甲		第二甲		第三甲		第四甲		第五甲		第六甲		第七甲		第八甲		第九甲		第十甲		第十一甲		第十二甲		第十三甲		第十四甲		第十五甲		总计		附记
户数		一〇		一〇		一〇		一〇		一〇		一〇		一一		一四		一五		一〇												一一〇		本保壮丁他往者四人残疾一二人
人口总数		男	女	男	女	男	女	男	女	男	女	男	女	男	女	男	女	男	女	男	女	男	女	男	女	男	女	男	女	男	女	男	女	
		二六	一七	二六	二三	一九	一五	三二	二二	二〇	二九	二四	二二	二五	一四	四二	三七	四一	四五	三三	三〇											二八八	二五四	
现住		二二	一七	二四	二三	一〇	一五	三〇	二二	一六	二九	一九	二二	二三	一四	三七	三七	三五	四五	三〇	三〇											二四六	二五四	
他往		四		二		九		二		四		五		二		五		六		三												四二		
壮丁		一一		一六		六		七		一四		五		五		八		九		一〇												九一		
识字		二		六		一〇		三		四		二		六		四		五		八												五〇		
职业	有	二二	一一	二一	二〇	三	五	一五	一六	一五	二五	二二	一八	一〇	一〇	三〇	二九	三〇	三九	一五	二五											一八三	一九八	
	无	四	六	五	三	一六	一〇	一七	六	五	四	二	四	一五	四	一二	八	一一	六	一八	五											一〇五	五六	
非家属同住者																		一		一												二		
学童		一		四		三		四		六		三		二		二		六		三												三四		
备考		出保三人出区男一人		出区男二人		出保男五人出县男三人他往不详一人		出保男二人		出保男二人出区男二人		出区男三人出县男二人		出保男二人		出保男三人出区男二人		出保男三人出区男二人不详男一人		出保男二人出区男一人												出保男二十二人出区男十三人出县男五人不详男二人		

四川省荣县第四区第一〇九保普通户口统计表　保长杨普华

中华民国二十五年七月　日

四川省荣县第四区第一一〇保普通户口统计表

事别＼甲别	第一甲	第二甲	第三甲	第四甲	第五甲	第六甲	第七甲	第八甲	第九甲	第十甲	第十一甲	第十二甲	第十三甲	第十四甲	第十五甲	总计	附记
户数	一〇	一〇	一一	一〇	一〇	一一	一〇	一〇	一五	一一						一〇八	本保壮丁他往一八人本保他往出县者男二五人女四人
人口总数 男	四九	三六	三二	二六	四四	二九	二八	三三	四七	四一						三六五	
人口总数 女	四七	四二	一三	二七	三六	二五	二八	二七	四三	三〇						三一八	
现住 男	四九	三三	二九	二六	三五	二二	二八	三二	四五	四一						三四〇	
现住 女	四七	四一	一三	二七	三三	二五	二八	二七	四三	三〇						三一四	
他往 男		三	三		九	七		一	二							二五	
他往 女		一			三											四	
壮丁 男	一八	一二	一一	一〇	二〇	一四	一〇	一一	一六	一九						一四一	
壮丁 女																	
识字 男	八	一一	四	六	一二	三	六	一一	八	九						七八	
识字 女																	
职业 有 男	二九	二三	二一	一七	三一	一九	一五	一七	二四	三一						二二七	
职业 有 女	二八	二八	八	一八	二五	一三	一七	一七	三〇	一九						二〇三	
职业 无 男	二〇	一三	一一	九	一三	一〇	一三	一六	二三	一〇						一三八	
职业 无 女	一九	一四	五	九	一一	一二	一一	一〇	一三	一一						一一五	
非家属同住者 男	一六	一一	七		一四	二		一	八	二一						八〇	
非家属同住者 女	一八	一一	一		一四			一	五	一七						六六	
学童	一〇	八	四	六	一一	七	八	六	一三	八						八一	
备考		壮丁他往者一人他往出县者男三人女一人	壮丁他往出县者二人		壮丁他往者五人他往出县者男九人女三人	他往壮丁出县七人		壮丁他往出县者一人	壮丁他往者一人他往出县者男二人								

保长虞荣富

中华民国二十　年　月　日

事别＼甲别	第一甲		第二甲		第三甲		第四甲		第五甲		第六甲		第七甲		第八甲		第九甲		第十甲		第十一甲		第十二甲		第十三甲		第十四甲		第十五甲		总计		附记
户数	一二		一一		一四		一三		一四		一三		一五		一〇		一〇		一一		一〇										一三三		
	男	女	男	女	男	女	男	女	男	女	男	女	男	女	男	女	男	女	男	女	男	女	男	女	男	女	男	女	男	女	男	女	
人口总数	五四	四八	三一	四二	三九	二五	三六	三六	四〇	三〇	二五	二八	四三	三三	三二	三七	二七	二六	二八	二八	二一	一七									三七六	三五〇	
现住	四八	四八	二八	四二	三三	二五	二九	三六	三六	三〇	二三	二八	三六	三三	二八	三七	二三	二六	二五	二八	一九	一七									三二九	三五〇	
他往	六		三		六		七		四		二		六		四		四		三		二										四七		
壮丁	一三		一〇		一三		一〇		八		八		一四		一一		一三		八		一三										一二一		本保壮丁他往者二八人残疾者一八人
识字	一一		九		二		一三		二		三		三		七		五		六		三										六四		
职业 有	三〇	四三	二〇	三六	三〇	二五	二二	二二	二四	一四	二〇	二二	二六	二二	二二	二二	一九	一四	一八	一八	一八	一二									二四九	二五〇	
职业 无	二四	五	一一	六	九		一四	一四	一六	一六	五	六	一七	一一	一〇	一五	八	一二	一〇	一〇	三	五									一二七	一〇〇	
非家属同住者	一八	五					四	四	六	一					四	六	一	一													三三	一七	
学童	二一		一〇		八		一〇		二〇		五		二		八		六		二		五										九七		
备考							他往出县男一人								他往出县男一人																他往出县男二人		

四川省荣县第四区第一一保普通户口统计表

保长杨镜光

中华民国二十五年七月　日

四川省荣县第四区第一一二保普通户口统计表

事别＼甲别		第一甲		第二甲		第三甲		第四甲		第五甲		第六甲		第七甲		第八甲		第九甲		第十甲		第十一甲		第十二甲		第十三甲		第十四甲		第十五甲		总计		附记
户数		一二		一四		一三		一〇		一〇		一一		一一		一〇		一一		一〇												一一二		本保壮丁残疾者一四人他往者七人
人口总数		男	女	男	女	男	女	男	女	男	女	男	女	男	女	男	女	男	女	男	女	男	女	男	女	男	女	男	女	男	女	男	女	
		二九	三〇	三七	三八	二四	一八	二八	三五	一九	二〇	二四	二〇	二七	二四	三四	二四	二一	二二	二五	二二											二六八	二五三	
现住		二八	三〇	三七	三八	二一	一八	二八	三二	一五	二〇	二四	二〇	二一	二四	三三	二四	二〇	二二	二四	二二											二五一	二五〇	
他往		一				三			三	四				六		一		一		一												一七	三	
壮丁		一一		二〇		一〇		一〇		七		七		九		一五		一二		一三												一一四		
识字		三		六				二		二		四		七		二		六	一	一												三三	一	
职业	有	一七	二〇	二五	二三	一九	一五	一八	二〇	一〇	一四	一四	一三	一九	一九	二〇	一八	一二	一六	一九	一四											一七三	一七二	
	无	一二	一〇	一二	一五	五	三	一〇	一五	九	六	一〇	七	八	五	一四	六	九	六	六	八											九五	八一	
非家属同住者		二	二	五	四	二	一		一					二	四	六	二															一七	一四	
学童		六		七				六		二		四		七		一〇		七		五												五四		
备考		壮丁他往一人系出县		壮丁残疾三人		他往外县者男三人								他往外县者男四人				他往外县者男一人		他往外县者男一人												他往外县者男一〇人		

保长尹海泉

中华民国二十五年七月 日

四川省荣县第四区第一一三保普通户口统计表

事别＼甲别	第一甲		第二甲		第三甲		第四甲		第五甲		第六甲		第七甲		第八甲		第九甲		第十甲		第十一甲		第十二甲		第十三甲		第十四甲		第十五甲		总计		附记
户数	九		一一		一一		一四		一五		一五		一〇		一〇		九		一〇												一一四		
人口总数	男	女	男	女	男	女	男	女	男	女	男	女	男	女	男	女	男	女	男	女	男	女	男	女	男	女	男	女	男	女	男	女	
	二三	二二	三〇	二九	二二	二四	四四	四二	二八	三八	三八	三七	二六	二三	一九	二〇	二一	二〇	二八	二二											二七九	二七七	
现住	一八	二二	三〇	二九	一九	二四	四一	四二	二七	三七	三五	三七	二四	二二	一九	二〇	一九	二〇	二六	二二											二五八	二七五	
他往	五				三		三		一	一	三		二	一			二		二												二一	二	
壮丁	九		一五		一一		一八		一二		一七		八		八		五		八												一一一		本保共计他往壮丁一二人残废壮丁一六人
识字	二		四		八		一二	二	三	一	一五		五		二		一		六												五八	三	
职业 有	一五	一四	一九	一九	一八	一九	二六	二四	二一	三一	二九	二六	一八	一四	一六	一四	一四	一二	一八	一六											一九四	一八九	
职业 无	八	八	一一	一〇	四	五	一八	一八	七	七	九	一一	八	九	三	六	七	八	一〇	六											八五	八八	
非家属同住者							五	二	一	一	二	二																			八	五	
学童	九		八		二		六		七		七		五		七		八		四												六三		
备考	出县未出省者壮丁三人		出县未出省者壮丁三人残废壮丁二人		残废壮丁二人		出县未出省者壮丁一人残废壮丁五人		残废壮丁三人		出县未出省者壮丁二人残废壮丁三人								出县未出省者壮丁三人残废壮丁一人												出县未出省者男一二人		

中华民国二十 年 月 日

保长李怀榆

四川省荣县第四区第一一四保普通户口统计表

保长张泽武

中华民国二十　年　月　日

事别＼甲别		第一甲		第二甲		第三甲		第四甲		第五甲		第六甲		第七甲		第八甲		第九甲		第十甲		第十一甲		第十二甲		第十三甲		第十四甲		第十五甲		总计		附记
户数		一〇		一〇		一一		一二		一二		一二		一〇		一一		一〇		九												一〇八		
		男	女	男	女	男	女	男	女	男	女	男	女	男	女	男	女	男	女	男	女	男	女	男	女	男	女	男	女	男	女	男	女	
人口总数		三八	三〇	二五	二二	三三	二六	三五	三一	三五	三七	三三	三一	一七	一七	二五	三二	二〇	一九	一三	一三											二七四	二五八	
现住		三二	二八	二五	二二	二二	二六	三〇	三〇	三四	三七	二八	三一	一五	一七	二一	三〇	一八	一九	一二	一三											二三七	二五三	
他往		六	二			一一		五	一	一		五		二		四	二	二		一												三七	五	
壮丁		五		六		七		七		九		六		七		五		八		四												六四		
识字		三		三		四		三		五		三		三		四		九		三												四〇		本保他往男一一人他往壮丁五人
职业	有	二八	二〇	二〇	一一	二〇	一六	二〇	二〇	二一	二七	二〇	二〇	一〇	一一	一三	二二	一〇	一一	九	八											一七一	一六六	
	无	一〇	一〇	五	一一	一三	一〇	一五	一一	一四	一〇	一三	一一	七	六	一二	一〇	一〇	八	四	五											一〇三	九二	
非家属同住者		二	五	一	二	一	一	五	七	六	五	三	四	一	二	三	七		一		二											二二	三六	
学童		四		五		三		五		六		三		三		五		二		三												三九		
备考		出县未出省者壮丁二人				出区未出县者男四人						出保未出区者男三人他往壮丁二人				出县未出省者壮丁一人				出甲未出保者男一人												出县未出省者男三人出区未出县者男四人出保未出区者男四人		

四川省荣县第四区第一一五保普通户口统计表

事别 \ 甲别	第一甲		第二甲		第三甲		第四甲		第五甲		第六甲		第七甲		第八甲		第九甲		第十甲		第十一甲		第十二甲		第十三甲		第十四甲		第十五甲		总计		附记
户数	九		一〇		一〇		九		一〇		一一		一三		一〇		一一		一二		一〇		一〇								一二五		
	男	女	男	女	男	女	男	女	男	女	男	女	男	女	男	女	男	女	男	女	男	女	男	女	男	女	男	女	男	女	男	女	
人口总数	二二	二二	二〇	一五	二一	二〇	二六	二一	二二	二六	三二	二五	三一	三二	二五	二五	二三	二五	二二	一三	二八	二〇	二六	二一							二九八	二六五	
现住	二〇	二二	一九	一五	二一	二〇	二六	二〇	二一	二六	三二	二五	三一	三二	二五	二五	二一	二五	二〇	一三	二八	二〇	二五	二一							二八九	二六四	
他往	二		一					一	一								二		二				一								九	一	
壮丁	一〇		八		八		九		六		一四		一〇		八		七		八		七		八								一〇三		本保他往男九人壮丁八人残废壮丁四人
识字	七		七		三		三		二		一		一		二		一		一		一		一								三〇		
职业 有	一三	九	一二	八	一二	一〇	一三	一五	一三	一〇	一八	一五	二一	一八	一四	一二	一四	一五	一二	六	一五	一一	一四	一二							一七一	一四一	
职业 无	九	一三	八	七	九	一〇	一三	六	九	一六	一四	一〇	二〇	一四	一一	一三	九	一一	一一	七	一三	九	一二	九							一二七	一二四	
非家属同住者	三			一		二																									三	三	
学童			二		三		二		一		二		一		一		二				一										一五		
备考	他往壮丁二人出保男二人		他往壮丁一人出保男一人				出保女一人		他往壮丁一人出区男一人								他往壮丁二人出区男二人		他往壮丁二人残废壮丁一人出保男二人		残废壮丁一人		他往壮丁一人残废壮丁二人出保男一人								出保男六人女一人出区男三人		

保长董俊安

中华民国二十　年　月　日

四川省荣县第四区第一一六保普通户口统计表

事别＼甲别		第一甲		第二甲		第三甲		第四甲		第五甲		第六甲		第七甲		第八甲		第九甲	
户数		一〇		一二		一二		一二		一二		一〇		一一		一一		一〇	
		男	女	男	女	男	女	男	女	男	女	男	女	男	女	男	女	男	女
人口总数		二七	二八	二四	二三	二九	一九	二〇	一六	二三	二七	二一	二三	三七	二八	二六	二九	二二	二〇
现住		二四	二八	二四	二三	二九	一八	一九	一六	二一	二七	一八	二三	三四	二八	二五	二九	一九	二〇
他往		三					一	一		二		三		三		一		三	
壮丁		一四		一一		一三		一三		七		九		九		一一		一二	
识字		九		八		五		七		四		六		五		八		六	
职业	有	一七	一九	一六	一二	一九	一六	一六	一一	二〇	一七	一五	一三	二一	一八	一九	一七	一六	一一
	无	一〇	九	八	一一	一〇	三	四	五	三	一〇	六	一〇	一六	一〇	七	一二	六	九
非家属同住者		二	一		一											一			
学童		四		六		四		一		四		三				四		三	
备考		出保未出区者男三人他往壮丁三人残废壮丁二人		残废壮丁三人		残废壮丁一人出县未出省者女一人		出县未出省者男一人他往壮丁一人残废壮丁一人		出县未出省者男二人他往壮丁二人残废壮丁一人		出县未出省者男三人他往壮丁二人				出县未出省者男一人他往壮丁一人		出县未出省者男三人他往壮丁二人	

事别＼甲别		第十甲		第十一甲		第十二甲		第十三甲		第十四甲		第十五甲		总计		附记
户数														一〇〇		
		男	女	男	女	男	女	男	女	男	女	男	女	男	女	
人口总数														二二九	二一三	
现住														二一三	二一二	
他往														一六	一	
壮丁														九九		本保出保者男三人出县者男一〇人女一人
识字														五八		
职业	有													一五九	一三四	
	无													七〇	七九	
非家属同住者														三	二	
学童														三六		
备考																

保长李叙实

中华民国二十　年　月　日

事别＼甲别	第一甲		第二甲		第三甲		第四甲		第五甲		第六甲		第七甲		第八甲		第九甲		第十甲		第十一甲		第十二甲		第十三甲		第十四甲		第十五甲		总计		附记
户数	九		一一		一三		一〇		一〇		一二		一一		一一		一〇														九七		本保出县者男二〇人女一人
	男	女	男	女	男	女	男	女	男	女	男	女	男	女	男	女	男	女	男	女	男	女	男	女	男	女	男	女	男	女	男	女	
人口总数	二一	二四	一六	二三	二四	二八	二〇	一九	三一	二九	二一	二五	二七	二一	二三	二五	一九	二六													二〇二	二二〇	
现住	一九	二四	一五	二三	一九	二八	一八	一九	三〇	二九	一九	二五	二五	二一	一八	二四	一八	二六													一八一	二一九	
他往	二		一		五		二		一		二		二		五	一	一														二一	一	
壮丁	九		九		一〇		一一		一〇		九		八		七		七														八〇		
识字	二				三		一		一		二		一		一		三														一四		
职业 有	一三	一四	一一	一三	一六	一八	一二	一〇	一二	一八	一二	一三	一三	一六	一八	一四	一五	一五													一二二	一三一	
职业 无	八	一〇	五	一〇	八	一〇	八	九	一九	一一	九	一二	一四	五	五	一一	四	一一													八〇	八九	
非家属同住者		一	二	一		二				三		一																			二	八	
学童	三		三		五		五		四		六		五		四		五														四〇		
备考	出县者男二人		出县者男一人		出县男五人		出县者男二人		出县者男一人		出县者男二人		出县者男二人		出县者男四人女一人		出县者男一人																

四川省荣县第四区第一一七保普通户口统计表 保长董国宗

中华民国二十 年 月 日

四川省荣县第四区第一一八保普通户口统计表

中华民国二十　年　月　日　保长董龙榜

事别＼甲别	第一甲		第二甲		第三甲		第四甲		第五甲		第六甲		第七甲		第八甲		第九甲		第十甲		第十一甲		第十二甲		第十三甲		第十四甲		第十五甲		总计		附记
户数	一〇		一〇		一一		一〇		一一		一一		一〇		一〇		一二		一〇		一二		九		一五						一四一		本保出县者男一〇人女二人
	男	女	男	女	男	女	男	女	男	女	男	女	男	女	男	女	男	女	男	女	男	女	男	女	男	女	男	女	男	女	男	女	
人口总数	二五	二二	二八	二二	三二	二九	二〇	二三	二〇	二一	二六	二七	二五	二一	二〇	一七	三一	二七	三七	三一	二三	二四	二四	一七	四二	四七					三五三	三二八	
现住	二四	二二	二七	二二	三二	二八	二〇	二三	一九	二一	二五	二六	二五	二一	一九	一七	二九	二六	三四	三一	一七	二四	二二	一七	四〇	四七					三三三	三二五	
他往	一		一			一			一		一	一			一		二	一	三		六		二		二						二〇	三	
壮丁	五		九		五		七		七		七		一二		七		九		一三		七		八		一六						一一二		
识字	一		四		八		三		二		四		五		四		八		一四		七		一二		一八	一					八一	一	
职业 有	一九	一五	一五	二一	二一	一六	一六	一四	一五	九	二〇	一六	一九	一四	一三	一三	二一	一五	二五	二〇	一六	一七	一七	一四	二六	二七					二四三	二〇一	
职业 无	六	七	一三	一二	一一	一三	四	九	五	一二	六	一一	六	六	七	四	一〇	一二	一二	一一	七	七	七	三	一六	二〇					一一〇	一二七	
非家属同住者					一		一	二	一				一		二		一		一	一	一										九	三	
学童	四		二		六		一		二		四		二		一		三		六		一		一		八						四一		
备考	出县者男一人		出县者男一人		出县者女一人												出县者女一人		出县者男二人		出县者男三人				出县者男三人								

四川省荣县第四区第一一九保普通户口统计表

事别＼甲别		第一甲		第二甲		第三甲		第四甲		第五甲		第六甲		第七甲		第八甲	
户数		一〇		一〇		一一		一〇		一〇		一一		一〇		一〇	
		男	女	男	女	男	女	男	女	男	女	男	女	男	女	男	女
人口总数		三〇	二六	三九	二八	三二	二六	二四	二六	三一	三五	三二	三〇	三二	二六	二三	二九
现住		二九	二六	三九	二八	三二	二六	二四	二六	三一	三五	三二	三〇	三二	二六	二二	二九
他往		一														一	
壮丁		一〇		六		一三		九		一二		一一		八		一一	
识字		二				二				四		二		二		二	
职业	有	一七	一八	二六	一五	二四	一七	一六	九	二一	二二	一五	一七	一七	一九	一六	一三
	无	一三	八	一三	一三	八	九	八	一七	一〇	一三	一七	一三	一五	七	七	一六
非家属同住者														一	一		
学童		一		一〇		二		六		三		六		四		二	
备考		出县者男一人														出县者男一人	

事别＼甲别		第九甲		第十甲		第十一甲		第十二甲		第十三甲		第十四甲		第十五甲		总计		附记
户数		一〇		一〇												一〇二		本保出县者男三人
		男	女	男	女	男	女	男	女	男	女	男	女	男	女	男	女	
人口总数		二五	二二	二八	三一											二九六	二七九	
现住		二四	二二	二八	三一											二九三	二七九	
他往		一														三		
壮丁		六		一二												九八		
识字		一		五												二〇		
职业	有	一八	一六	一六	一七											一八六	一六三	
	无	七	六	一二	一四											一一〇	一一六	
非家属同住者				一	二											二	三	
学童		六		三												四三		
备考		出县者男一人																

保长董淮江

中华民国二十　年　月　日

荣县第五区普通户口统计表

四川省荣县第五区第一保普通户口统计表

保长王渡舟

中华民国二十五年七月廿七日

事别 \ 甲别		第一甲男	第一甲女	第二甲男	第二甲女	第三甲男	第三甲女	第四甲男	第四甲女	第五甲男	第五甲女	第六甲男	第六甲女	第七甲男	第七甲女	第八甲男	第八甲女	第九甲男	第九甲女
户数		一〇		一〇		一〇		一〇		一〇		一〇		一〇		一〇		一〇	
人口总数		二九	二五	三九	三七	二九	三五	二三	二八	三一	二五	三八	三六	一六	三五	三六	二五	三七	三八
现住		二六	二五	三六	三七	二五	三五	二三	二八	二九	二五	三七	三六	二六	三五	三三	二四	三五	三七
他往		三		三		四				二		一				三	一	二	一
壮丁		一一		一四		一〇		一〇		九		一五		一三		一二		一五	
识字		八		九		八		一		八		三		九	三	九		一三	五
职业	有	二〇	一七	二七	一九	一七	二一	一三	一五	二一	一三	二一	二〇	一六	一六	二五	一五	二三	一七
	无	九	八	一二	一八	一二	一四	一〇	一三	一〇	一二	一七	一六	一〇	一九	一一	一〇	一四	二一
非家属同住者		八	一〇	一九	一三	九	五	一五	四	九	九	一二	一九	九	五	一二	三	一四	四
学童		三		七		七		六		五		七		四		七		六	
备考		出县从军者二人留学一人		出县留学者二人从军一人				出县留学		出县送军						出县从军二人留学一人出县留学女丁一人		出县从军女丁一人随夫从军	

事别 \ 甲别		第十甲男	第十甲女	第十一甲男	第十一甲女	第十二甲男	第十二甲女	第十三甲男	第十三甲女	第十四甲男	第十四甲女	第十五甲男	第十五甲女	总计男	总计女	附记
户数														九〇		出县从军者共九人出县送军者女一人系随夫去
人口总数														二八八	二八四	
现住														二七〇	二八二	
他往														一八	二	
壮丁														一〇九		
识字														六八	八	
职业	有													一八三	一五三	
	无													一〇五	一三一	
非家属同住者														九七	七二	
学童														五二		
备考																

四川省荣县第五区第二保普通户口统计表

事别＼甲别	第一甲		第二甲		第三甲		第四甲		第五甲		第六甲		第七甲		第八甲		第九甲		第十甲		第十一甲		第十二甲		第十三甲		第十四甲		第十五甲		总计		附记
户数																															九二		
	男	女	男	女	男	女	男	女	男	女	男	女	男	女	男	女	男	女	男	女	男	女	男	女	男	女	男	女	男	女	男	女	
人口总数	二五	二五	二三	一九	二九	二五	三三	一八	二四	三〇	二七	二四	二二	二一	一八	二一	二四	二六													二二五	二〇九	
现住	二三	二五	二三	一九	二九	二五	三三	一八	二一	三〇	二六	二四	二二	二一	一七	二一	二一	二五													二一五	二〇八	
他往	二								三		一				一		三	一													一〇	一	
壮丁	一二		一五		一一		一二		一〇		一四		五		七		六														九二		出县留学五人从军[1]又从军者五人出县留学女一人
识字	八	一	一一		一〇	七	四	二	一二	一	一〇		七		八		九	一													七九	一二	
职业 有	一五	一二	一四	九	一八	九	一九	一〇	一八	一五	一五	一〇	九	一一	一四	一五	九	九													一三一	一〇〇	
职业 无	一〇	一三	九	一〇	一一	一六	一四	八	六	一五	一二	一四	一三	一〇	四	六	一五	一七													九四	一〇九	
非家属同住者	三	六	四	二	八	五	六		四	七	六	七	三	二			一	一													三五	三〇	
学童	三		一		一		四		六		四		五		四		七														三五		
备考	出县留学者一人从军者一人								出县从军二人留学一人		出县从军				出县留学		出县留学二人从军一人又留学女一人																

中华民国二十五年七月廿五日　保长黄有钟

① 原文如此，疑冗。

四川省荣县第五区第三保普通户口统计表

中华民国二十五年七月二十七日　保长张昺周

事别＼甲别		第一甲		第二甲		第三甲		第四甲		第五甲		第六甲		第七甲		第八甲		第九甲		第十甲		第十一甲		第十二甲		第十三甲		第十四甲		第十五甲		总计		附记
户数		一〇		一〇		一〇		一〇		一〇		一二		一二		一三		一〇		一〇												一〇七		出县留学三人从军二人
人口总数		男	女	男	女	男	女	男	女	男	女	男	女	男	女	男	女	男	女	男	女	男	女	男	女	男	女	男	女	男	女	男	女	
		四三	二七	三五	四〇	四二	三九	三九	三三	三九	四七	五五	六三	五四	四七	五五	四九	三五	二六	三五	四一											四三二	四一二	
现住		四三	二七	三五	四〇	四〇	三九	三九	三三	三九	四七	五五	六三	五四	四七	五二	四九	三五	二六	三五	四一											四二七	四一二	
他往						二										三																五		
壮丁		一二		一五		一三		一六		一九		一六		一七		一九		六		一一												一四四		
识字		五		七		八		五		一一		四	一	七	三	六	二	三		九												六五	六	
职业	有	二六	二一	二四	一九	二三	二四	二五	二〇	二六	三一	三四	四一	三四	二六	三三	三四	一七	一八	二三	二六											二六五	二六〇	
	无	一七	六	一一	二一	一九	一五	一四	一三	一三	一六	二一	二二	二〇	二一	二二	一五	一八	八	一二	一五											一六七	一五二	
非家属同住者		一二	四	一三	一一	六	五	一一	七	一一	一〇	一九	一六	二三	二〇	一六	一〇		三	六	七											一一七	九三	
学童		四		八		八		一一		八		一九		一二		一〇		一一		四												九五		
备考						出县留学										出县从军二人留学一人																		

四川省荣县第五区第四保普通户口统计表

保长范一中

中华民国二十五年七月廿七日

事别＼甲别		第一甲		第二甲		第三甲		第四甲		第五甲		第六甲		第七甲		第八甲		第九甲		第十甲		第十一甲		第十二甲		第十三甲		第十四甲		第十五甲		总计		附记
		男	女	男	女	男	女	男	女	男	女	男	女	男	女	男	女	男	女	男	女	男	女	男	女	男	女	男	女	男	女	男	女	
户数		九		一〇		九		一〇		一〇		一一		一〇		一〇		一一		一四												一〇四		
人口总数		三七	三八	四一	四〇	二六	二六	四三	三六	三三	三四	三四	四〇	四三	四〇	三九	三七	六〇	三七	五六	四一											四一二	三六九	
现住		三六	三八	四〇	四〇	二五	二五	四二	三四	三一	三四	三〇	三八	四三	四〇	三五	三七	五五	三六	五六	四一											三九三	三六三	
他往		一		一		一	一	一	二	二		四	二			四		五	一													一九	六	
壮丁		一五		一六		九		一二		一五		一五		一二		一〇		一五		一七												一三六		出县从军者男九留学男一〇人女六人
识字		四	一	一		一		一		四	三	一		三		二		一一		三												三一	四	
职业	有	二一	一五	三〇	二四	一六	一九	二六	二三	二二	二六	二一	三一	二七	二六	二三	一六	三四	一七	二八	二一											二四八	二一八	
	无	一六	二三	一一	一六	一〇	七	一七	一三	一一	八	一三	九	一六	一四	一六	二一	二六	二〇	二八	二〇											一六四	一五一	
非家属同住者		九	一一	一九	一六	四	五	一三	一一	七	四	九	六	二一	一四	一四	一一	一五	一三	一五	一一											一二六	一〇二	
学童		一〇		七		五		一〇		六		四		一四		一一		一三		七												八七		
备考		出县从军男一人		出县留学男一人		出县留学男一人出县留学女一人		出外从军男一人出县留学女一人		出县从军男二人		出县留学男三人从军男一人留学女二人				出县从军男一人留学男三人		出县留学男三人从军者一人留学女一人																

四川省荣县第五区第五保普通户口统计表

事别＼甲别		第一甲		第二甲		第三甲		第四甲		第五甲		第六甲		第七甲		第八甲		第九甲		第十甲		第十一甲		第十二甲		第十三甲		第十四甲		第十五甲		总计		附记
户数		一二		一一		一〇		一〇		一〇		八		九																		七〇		出县留学男三人从军一一人留学女四人
人口总数		男	女	男	女	男	女	男	女	男	女	男	女	男	女	男	女	男	女	男	女	男	女	男	女	男	女	男	女	男	女	男	女	
		五一	四〇	四四	三九	三五	三七	二八	三二	四〇	三二	二九	二八	三〇	三三																	二五七	二四一	
现住		四八	四〇	四二	三八	三二	三六	二四	三一	三二	三二	二七	二八	二九	三二																	二三四	二三七	
他往		三		二	一	三	一	四	一	八		二		一	一																	二三	四	
壮丁		一一		一三		七		一〇		一〇		五		九																		六五		
识字		二		六		七		三		一三	二	七	二	五																		四三	四	
职业	有	四〇	二八	三一	三三	二四	二五	二三	一九	二一	二五	一九	二一	二二	二一																	一八〇	一七二	
	无	一一	一二	一三	一六	一一	一二	五	一三	一九	七	一〇	七	八	一二																	七七	六九	
非家属同住者		一六	一七	一二	一二	九	八	六	四	九	七	四	二	八	七																	六四	五七	
学童		七		一二		六		三		八		八		二																		四六		
备考		出县留学者男二人从军者一人		出县从军者二人留学女一人		出县留学者一人从军者二人留学者女一人		出县留学者三人从军者一人留学女一人		出县留学五人从军三人		出县从军三人		出县留学一人女一人																				

中华民国二十五年七月廿七日　保长胡圣辅

四川省荣县第五区第六保普通户口统计表

事别＼甲别	第一甲		第二甲		第三甲		第四甲		第五甲		第六甲		第七甲		第八甲		第九甲		第十甲		第十一甲		第十二甲		第十三甲		第十四甲		第十五甲		总计		附记
	男	女	男	女	男	女	男	女	男	女	男	女	男	女	男	女	男	女	男	女	男	女	男	女	男	女	男	女	男	女	男	女	
户数	一一		一一		一一		一〇		一〇		一一		一〇		一〇		一一		一〇												一〇五		出县留学者一八人从军一六人出外留学女四人
人口总数	六〇	四三	三四	三〇	三五	二六	三〇	三一	三六	三四	三五	三三	二五	一九	二七	二八	三六	二七	三四	二二											三五二	二九三	
现住	五四	四三	二八	二九	三三	二六	二五	三一	三五	三四	三三	三一	二四	一九	二七	二八	三〇	二七	二九	二一											三一八	二八九	
他往	六		六	一	二		五		一		二	二	一				六		五	一											三四	四	
壮丁	二二		一八		一四		一二		一〇		一八		九		一〇		一五		一六												一四四		
识字	一二		三		四	一	三		七		三		五		三		二		一												四三	一	
职业 有	三九	三一	二七	二〇	二二	一五	二五	二四	二四	一九	二四	二二	一五	一五	一六	一九	二二	一六	二七	一七											二四一	一九八	
职业 无	二一	一二	七	一〇	一三	一一	五	七	一二	一五	一一	一一	一〇	四	一一	九	一四	一一	七	五											一一一	九五	
非家属同住者	二〇	一五	一一	八	五	三	七	四	二	三	一一	七	一	二	四	四	一一	五	五	二											七七	五三	
学童	八		五		六		五		八		六		三		五		一〇		二												五八		
备考	出县留学者四人从军二人		出县留学者三人从军三人留学女一人		出县从军男二人		出县留学者二人从军三人		出县从军		出县留学二人女二人		出县从军				出县留学五人从军一人		出县留学二人从军三人留学女一人														

中华民国二十五年七月二十六日

保长郭钦明

四川省荣县第五区第七保普通户口统计表

保长荣中华

中华民国二十五年七月廿七日

事别＼甲别	第一甲		第二甲		第三甲		第四甲		第五甲		第六甲		第七甲		第八甲		第九甲		第十甲		第十一甲		第十二甲		第十三甲		第十四甲		第十五甲		总计		附记
户数	一〇		一〇		一〇		一〇		一〇		一〇		一〇		一〇		一五														九五		出县留学七人女二人从军四人
	男	女	男	女	男	女	男	女	男	女	男	女	男	女	男	女	男	女	男	女	男	女	男	女	男	女	男	女	男	女	男	女	
人口总数	三六	三二	二五	二六	三九	三五	三一	三五	三〇	三九	三五	二七	三三	二三	二八	二九	五三	五五													三一〇	三〇一	
现住	三五	三二	二五	二六	三七	三五	三一	三五	三〇	三九	三五	二七	三三	二三	二七	二九	四六	五三													二九九	二九九	
他往	一				二										一		七	二													一一	二	
壮丁	一七		八		一二		九		一一		一〇		八		九		一七														一〇一		
识字	五		一		二		三		三		二		三		一		五														二五		
职业 有	二五	一八	一〇	一四	一六	一六	一五	一九	一三	二一	一七	一五	一八	一七	一四	一六	三五	三〇													一六三	一六六	
职业 无	一一	一四	一五	一二	二三	一九	一六	一六	一七	一八	一八	一二	一五	六	一四	一三	一八	二五													一四七	一三五	
非家属同住者	五	二	一	一	三	二			一	四	一	一	一	一		一	一〇	五													二二	一七	
学童	一〇		一二		一〇		九		九		一一		七		五		一〇														八三		
备考	出县从军				出县留学										出县从军		出县留学五人从军二人留学女二人																

四川省荣县第五区第八保普通户口统计表

事别＼甲别	第一甲		第二甲		第三甲		第四甲		第五甲		第六甲		第七甲		第八甲		第九甲		第十甲		第十一甲		第十二甲		第十三甲		第十四甲		第十五甲		总计		附记
户数	一〇		一〇		一〇		一〇		一〇		一〇		一〇		一〇		一〇		九												九九		
	男	女	男	女	男	女	男	女	男	女	男	女	男	女	男	女	男	女	男	女	男	女	男	女	男	女	男	女	男	女	男	女	
人口总数	二八	二五	三一	二三	三〇	二三	二三	一七	三九	三九	三八	三六	三一	二五	三三	三一	四三	二九	二九	二三											三二五	二七一	
现住	二七	二三	二六	二三	三〇	二三	二三	一七	三七	三九	三六	三六	三一	二五	三一	三一	四三	二九	二九	二三											三一三	二六九	
他往	一	二	五						二		二				二																一二	二	
壮丁	七		三		九		二		四		三		三		四		四		六												四五		
识字	六		二		六		四		一三	七	二		二		一		二														三八	七	出县留学六人从军四人
职业 有	一四	一六	二〇	二〇	一九	一四	一六	一二	一九	二四	二〇	一七	一七	一六	二四	一七	二一	一七	一八	八											一八八	一六一	
职业 无	一四	九	一一	三	一一	九	七	五	二〇	一五	一八	一九	一四	九	九	一四	一二	一二	一一	一五											一三七	一一〇	
非家属同住者	三	一	二		三	一	二				一	二	一				六	四	三	四											二一	一二	
学童	八		六		七		六		七		一〇		八		六		一〇		九												七七		
备考	出县留学一人		出县留学三人						出县从军二人		出县从军二人				出县留学二人																		

保长宋世钦
中华民国二十五年七月二十六日

四川省荣县第五区第九保普通户口统计表

甲别/事别	第一甲		第二甲		第三甲		第四甲		第五甲		第六甲		第七甲		第八甲		第九甲		第十甲		第十一甲		第十二甲		第十三甲		第十四甲		第十五甲		总计		附记
户数	一二		一〇		一一		一〇		一〇		一〇		九		一〇		一〇		九												一〇一		出县留学者四人从军者二人
人口总数	男	女	男	女	男	女	男	女	男	女	男	女	男	女	男	女	男	女	男	女	男	女	男	女	男	女	男	女	男	女	男	女	
	三二	三二	二三	二六	三五	三五	三二	二六	三八	三〇	二六	二〇	三五	三六	三二	三〇	四一	三六	二五	二五											三一九	二九六	
现住	三一	三二	二三	二六	三四	三五	三二	二六	三七	三〇	二五	二〇	三五	三六	三二	三〇	四一	三六	二三	二五											三一三	二九六	
他往	一				一				一		一								二												六		
壮丁	六		八		一〇		四		八		六		一四		一二		一〇		五												八四		
识字	六	一	三		二				一				二		二		五		三												二四	一	
职业 有	二二	二二	一七	二〇	一五	二四	一七	一八	二五	二〇	二〇	一四	一九	二七	二一	一八	二四	二一	一六	一一											一九五	一九五	
职业 无	一一	一〇	六	六	二〇	一一	一五	八	一三	一〇	六	六	一六	九	一一	一二	一七	一五	九	一四											一二四	一〇一	
非家属同住者	二		二						一	一	二	二			一	一	一			一											九	五	
学童	一〇		六		八		一三		一〇		四		八		八		八		一一												八六		
备考	出县从军				出县留学				出县从军		出县留学								出县留学														

保长张仲侯

中华民国二十五年七月廿七日

四川省荣县第五区第一〇保普通户口统计表

事别＼甲别	第一甲		第二甲		第三甲		第四甲		第五甲		第六甲		第七甲		第八甲		第九甲		第十甲		第十一甲		第十二甲		第十三甲		第十四甲		第十五甲		总计		附记
户数	一〇		一一		一〇		一〇		一〇		一〇		一〇		一一		一〇		一〇												一〇二		
	男	女	男	女	男	女	男	女	男	女	男	女	男	女	男	女	男	女	男	女	男	女	男	女	男	女	男	女	男	女	男	女	
人口总数	三九	三六	四六	四二	四九	五四	四三	四一	三六	三三	四六	三〇	四六	四〇	三六	二九	三二	二五	三七	二四											四一〇	三五四	
现住	三六	三六	四三	四二	四七	五四	四二	四一	三五	三二	四六	三〇	四六	四〇	三二	二九	三二	二五	三七	二四											三九六	三五三	
他往	三		三		二		一		一	一					四																一四	一	
壮丁	六		一一		八		七		一二		九		一〇		一一		七		六												八七		出县从军者六人留学者八人女一人
识字	一一		一九	一	二二	三	一四	一	五		五		四		一		一	二	一	一											八三	八	
职业 有	二二	二一	二九	二八	二三	二二	二五	二五	二八	二四	三〇	一八	二五	一九	二二	二〇	一五	一六	一八	一二											二三七	二〇五	
职业 无	一七	一五	一七	一四	二六	三二	一八	一六	八	九	一六	一二	二一	二一	一四	九	一七	九	一九	一二											一七三	一四九	
非家属同住者	五	四	一七	一六	一一	一〇	一四	一五	一二	一〇	一五	一〇	一二	九	九	六	九	三	九	一											一一三	八四	
学童	六		八		一一		一五		七		六		一〇		八		七		八												八六		
备考	出县从军二人留学一人		出县从军一人留学二人		出县二人留学		出省留学		出县从军一人留学女一人						出县从军二人留学二人																		

保长黎邦彦

中华民国二十五年七月二十六日

四川省荣县第五区第一一保普通户口统计表

中华民国二十五年七月二七日 保长汤海鹏

事别＼甲别		第一甲		第二甲		第三甲		第四甲		第五甲		第六甲		第七甲		第八甲		第九甲		第十甲		第十一甲		第十二甲		第十三甲		第十四甲		第十五甲		总计		附记
户数		一〇		一〇		一一		一〇		一〇		一〇		一二		一〇		一〇		一〇		一〇										一一三		出县从军六人留学五人女一人
人口总数		男	女	男	女	男	女	男	女	男	女	男	女	男	女	男	女	男	女	男	女	男	女	男	女	男	女	男	女	男	女	男	女	
		二九	一八	二九	二四	三〇	三一	二一	二五	二七	三〇	三六	四七	四〇	四三	三四	三六	四六	三七	四一	四五	三二	三五									三六五	三七一	
现住		二八	一八	二八	二四	三〇	三一	二一	二五	二七	三〇	三六	四七	三八	四三	三三	三六	四四	三七	三九	四四	三〇	三五									三五四	三七〇	
他往		一		一										二		一		二		二	一	二										一一	一	
壮丁		三		三		六		九		八		一五		一五		一六		一八		一三		一四										一二〇		
识字				一		七		二		六		一四	一	四	一	二		六		三		七	五									五二	七	
职业	有	一五	一〇	一五	一七	一八	一七	一四	一五	一三	二二	三四	三四	二三	二七	二一	二二	二三	二三	一九	二四	二三	二五									二一八	二三六	
	无	一四	八	一四	七	一二	一四	七	一〇	一四	八	二	一三	一七	一七	一三	一四	二三	一四	二二	二一	九	一〇									一四七	一三五	
非家属同住者		三	一	二	三		一			二	一	三		一二	一〇	八	七	一二	五	八	一一	一〇	一〇									六〇	四九	
学童		一一		一八		八		四		八		一七		一四		一一		一三		一五		九										一二八		
备考		从军		从军										出县从军		留学		出县留学		出外从军留学女一人		出县留学												

四川省荣县第五区第一二保普通户口统计表

中华民国二十五年期月二十六日 保长廖子维

事别＼甲别		第一甲		第二甲		第三甲		第四甲		第五甲		第六甲		第七甲		第八甲		第九甲		第十甲		第十一甲		第十二甲		第十三甲		第十四甲		第十五甲		总计		附记
户数		一二		九		一〇		一二		一〇		一一		一〇		一〇		一〇														九四		
		男	女	男	女	男	女	男	女	男	女	男	女	男	女	男	女	男	女	男	女	男	女	男	女	男	女	男	女	男	女	男	女	
人口总数		四一	四一	三三	一九	四一	二九	四三	三一	三三	三四	三四	二七	三九	三三	四二	二六	二八	三〇													三三四	二七〇	
现住		三九	四一	三三	一九	四〇	二九	四二	三一	三三	三四	三四	二七	三八	三三	三九	二六	二八	三〇													三二六	二七〇	
他往		二				一		一						一		三																八		
壮丁		一〇		一〇		一一		一二		一〇		一〇		九		一五		一一														九八		
识字		四		四	一	三		七		六	一	七		一六		九	一	八														六四	三	出县留学五人从军三人
职业	有	二九	二八	二三	一四	二三	二一	二一	二〇	一九	一九	二三	二三	二七	一八	二六	二一	一九	二〇													二一〇	一八四	
	无	一二	一三	一〇	五	一八	八	二二	一一	一四	一五	一一	四	一二	一五	一六	五	九	一〇													一二四	八六	
非家属同住者		九	一〇	九	四	七	四			一	七	二		二		八	四	三	五													四一	三四	
学童		五		三		三		八		一〇		三		七		七		四														五〇		
备考		出县留学				出外从军		出县留学						从军		出县留学二人从军一人																		

甲别 事别		第一甲		第二甲		第三甲		第四甲		第五甲		第六甲		第七甲		第八甲		第九甲		第十甲		第十一甲		第十二甲		第十三甲		第十四甲		第十五甲		总计		附记
户数		一〇		一〇		一二		一〇		一〇		一一		一〇		一〇		一〇		七												一〇〇		
人口总数		男	女	男	女	男	女	男	女	男	女	男	女	男	女	男	女	男	女	男	女	男	女	男	女	男	女	男	女	男	女	男	女	
		二九	二五	二八	二六	三八	二九	三六	三五	三二	二五	二四	二二	二〇	二二	三三	三三	三六	三〇	二三	一六											二九九	二六三	
现住		二八	二五	二六	二六	三四	二九	三二	三五	二八	二五	二〇	二二	二〇	二二	三三	三三	三〇	二九	二三	一六											二七四	二六二	
他往		一		二		四		四		四		四						六	一													二五	一	
壮丁		五		六		一一		一一		一二		一一		九		一一		七		六												八九		出县从军一三人留学一二人女一人
识字		二		三		四		一				二		一		一																一四		
职业	有	一七	一五	一五	一二	二〇	一七	二一	一六	二三	一四	二〇	一五	一四	一三	一八	二三	二四	二三	一五	一〇											一八七	一五八	
	无	一二	一〇	一三	一四	一八	一二	一五	一九	九	一一	四	七	六	九	一五	一〇	一二	七	八	六											一一二	一〇五	
非家属同住者				四	二	六	二	一〇	七	三	四	三	三		一			四	三	二	三											三二	二五	
学童		九		六		八		八		九		四		四		九		七		五												六九		
备考		从军		从军一人留学一人		从军二人留学二人		出县留学一人从军三人		出县留学二人从军二人		出县留学三人从军一人						从军三人留学三人女一人																

四川省荣县第五区第一三保普通户口统计表

保长范联芳

中华民国二十五年七月二十六日

四川省荣县第五区第一四保普通户口统计表

事别＼甲别		第一甲		第二甲		第三甲		第四甲		第五甲		第六甲		第七甲		第八甲		第九甲		第十甲		第十一甲		第十二甲		第十三甲		第十四甲		第十五甲		总计		附记
户数		一〇		一〇		一〇		一〇		一〇		一〇		一〇		一〇		一〇		一〇												一〇〇		
人口总数		男	女	男	女	男	女	男	女	男	女	男	女	男	女	男	女	男	女	男	女	男	女	男	女	男	女	男	女	男	女	男	女	
		二七	二六	二三	三一	一八	二二	三二	二一	三一	三二	二七	二一	二二	二三	三〇	二三	二四	二七	一九	一九											二五三	二四五	
现住		二五	二六	二三	三一	一八	二二	二八	二一	三〇	三二	二五	二一	二二	二三	二七	二三	二三	二七	一九	一九											二四〇	二四五	
他往		二						四		一		二				三		一														一三		
壮丁		四		八		六		一〇		九		一二		八		一六		七		一一												九一		出县从军六人留学七人
识字		三		三		五		四		一〇	五	八		三	一	四		三	一	二												四五	七	
职业	有	一四	一四	一四	一三	一二	一七	二一	一八	一九	二〇	一九	一四	一一	一九	二四	一四	一三	一五	一五	一二											一六二	一五六	
	无	一三	一二	九	一八	六	五	一一	三	一二	一二	八	七	一一	四	六	九	一一	一二	四	七											九一	八九	
非家属同住者		五	四	一	二	二	二	三	二	二	三	二	二	四	一	一	二	一	三	二	三											二三	二四	
学童		九		七		四		三		五		七		五		六		八		二												五六		
备考		从军二人						从军一人留学三人		出县留学一人		出县留学二人				出县从军三人		留学																

保长但荣华

中华民国二十五年七月廿七日

四川省荣县第五区第一五保普通户口统计表

事别＼甲别	第一甲		第二甲		第三甲		第四甲		第五甲		第六甲		第七甲		第八甲		第九甲		第十甲		第十一甲		第十二甲		第十三甲		第十四甲		第十五甲		总计		附记
户数	一〇		一一		一〇		一一		一〇		一〇		一〇		一〇		一二		一三												一〇七		出县从军九人留学一二人女二人
	男	女	男	女	男	女	男	女	男	女	男	女	男	女	男	女	男	女	男	女	男	女	男	女	男	女	男	女	男	女	男	女	
人口总数	三七	二六	四二	三九	四二	三五	三七	三二	三三	二三	三九	三四	三一	三一	四七	四五	三七	四二	四五	三一											三九〇	三三八	
现住	三七	二六	四一	三九	四〇	三五	三七	三一	三一	二三	三八	三四	二九	三一	四二	四四	三三	四二	四一	三一											三六九	三三六	
他往			一		二			一	二		一		二		五	一	四		四												二一	二	
壮丁	一四		一五		一六		一四		一二		一四		一一		一八		一三		一六												一四三		
识字	一		一三		二二	二	八	一	六		一三	三	五	一	一〇	六	六		六												九〇	一三	
职业 有	三〇	二〇	三四	三一	二七	二三	一二	一七	二二	一四	九	二二	二一	二〇	三一	三二	二八	二九	三二	二〇											二六六	二二八	
职业 无	七	六	八	八	一五	一二	一五	一五	一二	九	二〇	一二	一〇	一一	一六	一三	九	一三	一三	一一											一二四	一一〇	
非家属同住者	一一	六	八	八	六	四	八	九	四		一三	一一	九	七	一六	一二	七	一一	六	四											八八	七二	
学童	六		九		九		九		七		一〇		五		一〇		五		九												七九		
备考			留学一人		出外从军二人		留学一人		留学一人从军一人		出外从军一人		出县留学一人从军一人		从军二人留学三人女一人		出县从军二人留学二人		出县留学三人从军一人														

中华民国二十五年七月廿七日 保长李超

四川省荣县第五区第一六保普通户口统计表

事别＼甲别	第一甲		第二甲		第三甲		第四甲		第五甲		第六甲		第七甲		第八甲		第九甲		第十甲		第十一甲		第十二甲		第十三甲		第十四甲		第十五甲		总计		附记
	男	女	男	女	男	女	男	女	男	女	男	女	男	女	男	女	男	女	男	女	男	女	男	女	男	女	男	女	男	女	男	女	
户数	一〇		一一		一〇		一〇		一〇		一〇		一六		一〇		一六		一〇		一一										一一二		
人口总数	三〇	三五	三五	三七	三二	三七	四七	三七	三一	三二	三七	二四	三六	四二	四二	三八	四六	四〇	四八	四四	五二	五二									四三六	四一八	
现住	三〇	三四	三五	三七	三一	三七	四七	三七	三〇	三二	三七	二四	三六	四二	四一	三八	四五	三九	四七	四四	五一	五二									四三〇	四一六	
他往		一			一				一						一		一	一	一		一										六	二	
壮丁	一一		一三		一六		一六		九		八		一二		一一		一七		九		一六										一三八		出外从军者五人留学者一人女丁二人
识字	五		二	二	四		一〇	二	一一		一		三		一〇		三	一	二		三										五四	五	
职业 有	一九	一八	二九	二五	二三	二五	二八	二八	一八	二四	一九	二一	二二	二三	一九	二四	二八	二一	三三	二五	三五	三一									二七三	二六五	
职业 无	一一	一七	六	一二	九	一二	一九	九	一三	八	一八	三	一四	一九	二三	一四	一八	一九	一五	一九	一七	二一									一六三	一五三	
非家属同住者																																	
学童	一一		六		七		五		八		一		一一		一〇		七		一五		九										九〇		
备考	留学				从军				从军						从军		留学		从军		从军												

中华民国二十五年七月二十七日　保长黄海清

四川省荣县第五区第一七保普通户口统计表

事别	甲别	第一甲		第二甲		第三甲		第四甲		第五甲		第六甲		第七甲		第八甲		第九甲		第十甲		第十一甲		第十二甲		第十三甲		第十四甲		第十五甲		总计		附记
户数		一〇		一〇		一一		一〇		一一		一〇		一一		一一		一〇		一〇												一〇四		
		男	女	男	女	男	女	男	女	男	女	男	女	男	女	男	女	男	女	男	女	男	女	男	女	男	女	男	女	男	女	男	女	
人口总数		四一	三六	二九	二六	三九	二七	三五	二八	三六	三〇	三二	三六	四七	三六	三二	二九	二八	二四	二三	二二											三四二	二九四	
现住		四〇	三六	二九	二六	三九	二七	三五	二八	三五	三〇	三二	三六	四七	三六	三二	二九	二八	二四	二三	二二											三四〇	二九四	
他往		一								一																						二		
壮丁		一一		六		一〇		七		九		七		六		七		八		七												七八		
识字		七		一		一一		八		六		四		六	二	五		二		五												五五	二	他往从军二人
职业	有	二四	二二	一五	二〇	二七	一七	二〇	二〇	二四	二〇	二二	二四	三二	二七	二五	一九	二一	一五	一五	一三											二二五	一九七	
	无	一七	一四	一四	六	一二	一〇	一五	八	一二	一〇	一〇	一二	一五	九	七	一〇	七	九	八	九											一一七	九七	
非家属同住者		二		二	二	七	三	三	二	四	五	四	四	一一	七	二	二	二		二	二											三九	二七	
学童		七		五		五		五		三		五		五		五		四		一												四五		
备考		从军								外出从军																								

中华民国二十五年七月二十六日　保长王守初

四川省荣县第五区第一八保普通户口统计表

中华民国二十五年七月二十八日　保长廖登银

事别＼甲别	第一甲		第二甲		第三甲		第四甲		第五甲		第六甲		第七甲		第八甲		第九甲		第十甲		第十一甲		第十二甲		第十三甲		第十四甲		第十五甲		总计		附记
	男	女	男	女	男	女	男	女	男	女	男	女	男	女	男	女	男	女	男	女	男	女	男	女	男	女	男	女	男	女	男	女	
户数	一〇		一〇		一〇		一一		一一		一〇		一〇		一〇		九		一〇												一〇一		出县留学四人从军三人留学女子一人
人口总数	二四	二〇	二八	二六	二五	二四	四一	三七	三〇	三三	二四	二三	二八	三〇	二〇	二五	二三	二二	三〇	二三											二七三	二六三	
现住	二四	二〇	二八	二六	二五	二四	四〇	三七	二九	三三	二四	二三	二六	二九	二〇	二五	二一	二一	二九	二三											二六六	二六一	
他往							一		一				二	一			二	一	一												七	二	
壮丁	六		六		七		一一		一四		一〇		一〇		一四		一二		一四												一〇四		
识字			四	一	一		三				八		一		二		一		一												二一	一	
职业　有	一六	一三	一五	一四	一六	二〇	二七	二三	二二	一八	一五	一六	二一	二一	一四	一七	一三	一一	一九	一六											一七八	一六九	
职业　无	八	七	一三	一二	九	四	一四	一四	八	一五	九	七	七	九	六	八	一〇	一一	一一	七											九五	九四	
非家属同住者					一		六				二		五	二	一	二	一	一	二												一八	五	
学童	三		三		八		一〇		六		六		六		三		五		七												五七		
备考							出县留学		出外留学				出县留学				出外从军		从军														

四川省荣县第五区第一九保普通户口统计表

事别＼甲别	第一甲 男	第一甲 女	第二甲 男	第二甲 女	第三甲 男	第三甲 女	第四甲 男	第四甲 女	第五甲 男	第五甲 女	第六甲 男	第六甲 女	第七甲 男	第七甲 女	第八甲 男	第八甲 女	第九甲 男	第九甲 女	第十甲 男	第十甲 女	第十一甲 男	第十一甲 女	第十二甲 男	第十二甲 女	第十三甲 男	第十三甲 女	第十四甲 男	第十四甲 女	第十五甲 男	第十五甲 女	总计 男	总计 女	附记
户数	一一		九		一〇		一〇		一〇		九		一〇		一〇		一〇		九												九八		出县留学一一人从军五人
人口总数	三九	二八	三二	二七	二七	二二	二一	二二	二三	二一	三三	二九	三五	二九	二三	二七	二五	二五	三一	二二											二八九	二五二	
现住	三八	二八	三〇	二七	二三	二二	一九	二二	二二	二一	三二	二九	三五	二九	二二	二七	二五	二五	二七	二二											二七三	二五二	
他往	一		二		四		二		一		一				一				四												一六		
壮丁	一二		一一		一三		八		四		一四		一四		九		七		九												一〇一		
识字	三		四		一		七		三		三		二		二		一		六												三二		
职业 有	一五	一五	一七	一六	一八	一七	一一	一三	一三	一五	一八	一七	二〇	二一	一四	一四	一四	二〇	一七	一四											一五一	一六二	
职业 无	二四	一三	一五	一一	九	五	一〇	九	一〇	六	一五	一二	一五	八	九	一三	一一	五	一四	八											一三二	九〇	
非家属同住者	二	一	一		一						二								二												八	一	
学童	一六		八		五		五		七		七		三		六		四		八												六九		
备考	出县从军		出县留学		从军二人留学二人		出县留学二人		从军		留学				留学				出县留学三人从军一人														

中华民国二十五年七月二十七日 保长蔡明

四川省荣县第五区第二〇保普通户口统计表

保长谢文渊

中华民国二十五年七月二十八日

甲别/事别	第一甲		第二甲		第三甲		第四甲		第五甲		第六甲		第七甲		第八甲		第九甲		第十甲		第十一甲		第十二甲		第十三甲		第十四甲		第十五甲		总计		附记
户数	一〇		一〇		一〇		七		一〇		一〇		一〇		一〇		一〇		一一		一二		九								一一九		
	男	女	男	女	男	女	男	女	男	女	男	女	男	女	男	女	男	女	男	女	男	女	男	女	男	女	男	女	男	女	男	女	
人口总数	二五	一九	四一	二八	一九	二〇	二四	二一	三六	二九	三六	三一	三二	二九	二七	一九	三四	二九	三八	三六	三五	三二	二六	一六							三七三	三〇九	
现住	二四	一九	三七	二八	一八	二〇	二四	二一	三六	二九	三四	三一	三二	二九	二七	一九	三四	二九	三八	三六	三五	三二	二五	一六							三六四	三〇九	
他往	一		四		一						二												一								九		
壮丁	五		一九		七		九		一一		一六		九		八		一二		一六		一五		八								一三五		出县留学四人从军五人
识字	一		二		一		一		六		一		一		二		三		一		八		三								三〇		
职业 有	一八	一三	二八	二〇	一三	一二	一四	一三	二二	一五	二四	二〇	一九	一九	一五	一二	一八	二一	二六	二一	二三	二六	一七	九							二三七	二〇一	
职业 无	七	六	一三	八	六	八	一〇	八	一四	一四	一二	一一	一三	一〇	一二	七	一六	八	一二	一五	一二	六	九	七							一三六	一〇八	
非家属同住者	一						一		七		六	一			二		七	五	二	二	二	一									二八	九	
学童	五		三		三		五		九		六		一一		六		一一		一〇		八		六								八三		
备考	出县留学		外出从戎一人留学三人		出县从军						出县从军																						

事别＼甲别	第一甲		第二甲		第三甲		第四甲		第五甲		第六甲		第七甲		第八甲		第九甲		第十甲		第十一甲		第十二甲		第十三甲		第十四甲		第十五甲		总计		附记
户数	一一		一一		一一		一一		一一		一〇		一一		一〇		一〇		一〇												一〇六		
	男	女	男	女	男	女	男	女	男	女	男	女	男	女	男	女	男	女	男	女	男	女	男	女	男	女	男	女	男	女	男	女	
人口总数	二五	二五	四八	三〇	三一	三五	三四	四〇	六四	四七	三一	三七	四五	二四	三八	四三	四七	三六	四四	四五											四〇七	三六二	
现住	二五	二五	四六	三〇	三〇	三五	二八	四〇	六四	四七	三一	三七	四一	二四	三八	四三	四六	三六	四二	四五											三九一	三六二	
他往			二		一		六						四				一		二												一六		
壮丁	一一		一二		九		一七		一八		一〇		一一		一五		二二		一六												一四一		
识字	八		六		三		九		六		九		九	一	五	一	七		七												六九	二	
职业 有	一四	六	一九	九	一四	三	二三	一四	二九	九	一九	一四	二五	一二	二三	一一	二八	五	二〇	七											二一四	九〇	
职业 无	一一	一九	二八	二一	一六	三二	一一	二六	三五	三八	一二	二三	一六	一二	一五	三二	一八	三一	二二	三八											一八四	二七二	
非家属同住者	三		六	三	四	三	六	三	九		七	三	七		五	二	一〇		三	一											六〇	一五	
学童	四		九		五		八		七		六		五		一二		八		一〇												七四		
备考			从军一人留学一人		从军一人		出县留学三人从军三人						出县从军二人留学一一人				从军一人		留学二人														

四川省荣县第五区第二三保普通户口统计表

中华民国二十五年月日 保长

四川省荣县第五区第一二三保普通户口统计表

事别＼甲别		第一甲		第二甲		第三甲		第四甲		第五甲		第六甲		第七甲		第八甲		第九甲		第十甲		第十一甲		第十二甲		第十三甲		第十四甲		第十五甲		总计		附记
户数		一〇		一〇		一〇		一一		一二		一一		一〇		一一		一二		一〇												一〇八		一、本保他往男一五 女二 二、本保壮丁有长疾者一六
人口总数		男	女	男	女	男	女	男	女	男	女	男	女	男	女	男	女	男	女	男	女	男	女	男	女	男	女	男	女	男	女	男	女	
		四二	三九	三〇	一八	一五	二一	四九	五〇	四四	五三	五四	四〇	五四	三五	五二	五六	四一	三〇	三八	四三											四一九	三八五	
现住		三七	三九	二八	一八	一五	二一	四八	四九	四三	五二	五一	四〇	五一	三五	五二	五六	四一	三〇	三八	四三											四〇四	三八三	
他往		五		二				一	一	一	一	三		三																		一五	二	
壮丁		一四		九		四		二二		一五		一九		一六		一九		一七		一〇												一四五		
识字		一〇		四		四		三		一一		六		三		一〇		四														五五		
职业	有	一九	一五	一八	一一	一二	一三	三二	二八	二五	二三	三四	二四	三八	二三	三〇	二六	二四	一七	二六	二三											二五六	二〇三	
	无	二三	二四	一二	七	三	八	一七	二二	一九	三〇	二〇	一六	一六	一二	二二	三〇	一七	一三	一二	二〇											一六三	一八二	
非家属同住者		五	八	二		三	三	七	八			一一	四	九	八	五	九	五	六	八	一一											四六	五七	
学童		一三		四		三		四		四		七		三		九		七		五												五九		
备考		出县男五 壮丁长疾二		出县男二 壮丁劳疾二		壮丁足疾二		出区男一 出区女一		出县男一 出区女一		出县男三 肺疾壮丁二		出区男三 足疾劳疾壮丁四				劳疾壮丁二		长疾壮丁二														

保长周学元

中华民国二十 年 月 日

四川省荣县第五区第二四保普通户口统计表

事别＼甲别		第一甲		第二甲		第三甲		第四甲		第五甲		第六甲		第七甲		第八甲		第九甲		第十甲		第十一甲		第十二甲		第十三甲		第十四甲		第十五甲		总计		附记
户数		一〇		一一		一一		一一		一二		一二		一〇		一二		一〇		九												一〇八		出区行医男一出区佣工男二女一出县从军男二出区留学男二出保留学男一出区营商男二出县拖车男一
		男	女	男	女	男	女	男	女	男	女	男	女	男	女	男	女	男	女	男	女	男	女	男	女	男	女	男	女	男	女	男	女	
人口总数		三一	二五	三五	三五	四一	四三	三四	四〇	三六	一九	四四	四三	二八	三一	三二	四四	二八	一八	二四	二一											三三三	三一九	
现住		三〇	二五	三五	三五	三九	四三	三一	四〇	三六	一九	四二	四二	二七	三一	三〇	四四	二八	一八	二四	二一											三二二	三一八	
他往		一				二		三				二	一	一		二																一一	一	
壮丁		一六		八		一四		一五		一〇		一一		九		一四		八		四												一〇九		
识字		一		六		三	一	九		三		一七		四		五		四		三												五五	一	
职业	有	一九	一三	一八	一四	一六	一四	一八	二二	一七	一一	一九	一四	一一	一二	二一	一九	一六	一〇	九	一〇											一六四	一三九	
	无	一二	一二	一七	二一	二五	二九	一六	一八	一九	八	二五	二九	一七	一九	一一	二五	一二	八	一五	一一											一六九	一八〇	
非家属同住者			一	三						五	六	一	一	二			一		一													一一	一〇	
学童		一		一三		三		七		五		七		六		五		五		二												五四		
备考		出区行医者男一人				出区佣工男二人		出县从军男一人出区营商男二人				出区留学男二人出区佣工女一人		出保留学男一人		出县从军男一人出县拖车男一人																		

中华民国二十五年七月　日　保长邹织群

四川省荣县第五区第二五保普通户口统计表

中华民国二十五年七月　日　保长程宗湘

事别＼甲别	第一甲		第二甲		第三甲		第四甲		第五甲		第六甲		第七甲		第八甲		第九甲		第十甲		第十一甲		第十二甲		第十三甲		第十四甲		第十五甲		总计		附记
户数	一五		一五		一一		一五		一五		一四		一五		一二		一一		一五												一三八		出县从军一六人留学二八人
人口总数	男	女	男	女	男	女	男	女	男	女	男	女	男	女	男	女	男	女	男	女	男	女	男	女	男	女	男	女	男	女	男	女	
	五四	四〇	五二	四一	三六	二九	五二	四九	四八	三五	三五	四一	四一	三三	五六	三九	四三	四六	四五	四四											四六二	三九七	
现住	四七	四〇	四五	四一	三四	二九	四五	四九	四六	三五	三三	四一	四〇	三三	四八	三四	三九	四六	四一	四四											四一八	三九二	
他往	七		七		二		七		二		二		一		八	五	四		四												四四	五	
壮丁	一三		一九		一三		一四		一四		六		六		一一		一四		一三												一三三		
识字	四		三		二		四	一	七		六		六		九	三	一六		六												六三	四	
职业 有	三五	二五	三九	二六	二三	一一	三一	二九	二五	二〇	二三	二四	一九	二六	四〇	二三	三六	二五	三〇	三〇											二九一	二三九	
职业 无	一九	一五	一三	一五	一三	一八	二一	二〇	二三	一五	一二	一七	二二	七	一六	一六	一七	二一	一五	一五											一七一	一五八	
非家属同住者	一二	三	八	四	二	二	六	一	三	一	一	一	三	二	一三	二			二	一											五〇	一七	
学童	四		八		八		一二		七		五		三		七		一〇		七												七一		
备考	出县从军四人留学三人		出县留学五人从军二人		出县留学		出县从军五人留学二人		出县留学二人		出县留学二人		出县留学一人		出县留学五人从军三人		出县留学四人		出县从军二人														

四川省荣县第五区第二六保普通户口统计表

中华民国二十　年　月　日　　保长但明文

事别＼甲别		第一甲		第二甲		第三甲		第四甲		第五甲		第六甲		第七甲		第八甲		第九甲		第十甲		第十一甲		第十二甲		第十三甲		第十四甲		第十五甲		总计		附记
户数		一二		一〇		一〇		一〇		一一		一三		一一		一〇		一〇		一一												一〇八		
人口总数		男	女	男	女	男	女	男	女	男	女	男	女	男	女	男	女	男	女	男	女	男	女	男	女	男	女	男	女	男	女	男	女	
		四六	四一	三六	三六	三二	三五	三九	三八	三三	三二	三七	二八	二七	三二	二五	二八	三三	三一	三四	二七											三五二	三二八	
现住		四一	三九	三二	三四	三〇	三五	三五	三八	三一	三一	三七	二八	三四	三一	二五	二八	二九	三〇	三一	二七											三二五	三二一	
他往		五	二	四	二	二		四		二	一			三	一			四	一	三												二七	七	
壮丁		六		七		一〇		一一		一一		一二		一〇		七		六		七												八七		
识字		六				六		六		三		八		二		四		九		五												四九		出县从军一四人留学一三人女丁一口
职业	有	二二	一八	二〇	一六	二二	二〇	二七	二二	一七	二二	二六	一八	二一	二〇	一五	一二	一三	一二	一五	一五											一九八	一七五	
	无	二四	二三	一六	二〇	一〇	一五	一二	一六	一六	一〇	一一	一〇	一六	一二	一〇	一六	一〇	一九	一九	一二											一五四	一五三	
非家属同住者		一五	一六	六	四			二				四	四	一〇	一一	三	五	八	三	三	二											五一	四五	
学童		六		四		八		五		七		四		六		三		八		九												六〇		
备考		出县从军二人留学三人		出县从军三人留学一人		出县从军二人		出县留学四人		出县从军二人留学女一人				出县从军二人留学一人				出县从军三人留学一人		出县留学三人														

四川省荣县第五区第二七保普通户口统计表

保长熊定文

中华民国二十五年七月　日

事别＼甲别		第一甲		第二甲		第三甲		第四甲		第五甲		第六甲		第七甲		第八甲		第九甲		第十甲		第十一甲		第十二甲		第十三甲		第十四甲		第十五甲		总计		附记
户数		一〇		一〇		一〇		一〇		一〇		一〇		八		一〇		一〇														八八		
		男	女	男	女	男	女	男	女	男	女	男	女	男	女	男	女	男	女	男	女	男	女	男	女	男	女	男	女	男	女	男	女	
人口总数		四一	二八	三五	三四	三五	二九	三二	三四	二八	三二	三六	三五	二五	一七	三九	三八	三三	三六													三〇四	二八三	
现住		四一	二八	三五	三三	二九	二八	二七	三四	二五	三二	三四	三五	二三	一七	三七	三八	三三	三六													二八四	二八一	
他往					一	六	一	五		三		二		二		二																二〇	二	本表出保者男七人女一人出区者男三人出县者男十人本表耳聋者男二人眼瞎者男二人女一人癞疾者男三人足跰者男一人
壮丁		一六		一六		一四		一〇		一三		一二		九		一六		九														一一五		
识字		五		三				一		一		一		一		三		三	一													一八		
职业	有	二八	一八	二九	二七	二三	二三	二二	二一	二三	二〇	二七	二五	一九	一三	二四	二二	二一	二三													二一六	一九三	
	无	一二	一〇	八	六	一二	六	一〇	一三	五	一二	九	一〇	六	四	一五	一六	一二	一三													八八	九一	
非家属同住者		七	三	四		五	三	四	五	五	五	一〇	八	二	一	七	六	四	三													四八	三四	
学童		九		六		五		六		五		九		六		九		七														六二		
备考		有足跰者男一人有癞疾者男一人		出保未出区者女一人有目失明者女一人		出保未出区者男一人女一人出区未出县者男二人出县未出省者男三人		出保未出区者男二人出县未出省者男三人有眼瞎者男一人		出区未出县者男二人出县未出省者男一人有癞疾男二人		出县未出省者男二人		出保未出区者男二人		出保未出区者男一人出县未出省者男一人		有耳聋者男一人																

四川省荣县第五区第二八保普通户口统计表

保长翁寿春

中华民国二十五年八月 日

事别＼甲别	第一甲		第二甲		第三甲		第四甲		第五甲		第六甲		第七甲		第八甲		第九甲		第十甲		第十一甲		第十二甲		第十三甲		第十四甲		第十五甲		总计		附记
户数	一〇		一〇		一〇		一〇		一〇		一〇		一〇		一〇		一〇		一〇												一〇〇		
人口总数	男	女	男	女	男	女	男	女	男	女	男	女	男	女	男	女	男	女	男	女	男	女	男	女	男	女	男	女	男	女	男	女	
	五二	四四	三三	三一	二二	三〇	三七	四〇	四八	三六	二六	二七	五二	四二	四〇	三七	二二	二一	三七	三五											三六九	三四三	
现住	四九	四四	三〇	三一	二〇	三〇	三四	四〇	四八	三六	二三	二七	五〇	四二	四〇	三七	二二	二一	三七	三五											三五三	三四三	
他往	三		三		二		三				三		二																		一六		
壮丁	二〇		一一		一〇		一四		一八		九		二二		八		八		一二												一三二		
识字	一〇		一		二		四				四																				二一		出县留学一〇人从军六人
职业 有	二九	三〇	二二	二二	一六	一九	二五	一九	三一	二四	一七	一五	三三	二六	一六	一七	一四	一二	二一	二四											二二四	二〇八	
职业 无	二三	一四	一一	九	六	一一	一二	二一	一七	一二	九	一二	一九	一六	二四	二〇	八	九	一六	一一											一四五	一三五	
非家属同住者	六	三		一		一	四	一	七		五		一		二	一	二	一													二七	八	
学童	八		七		四		三		一一		五		一五		一六		八		一四												九一		
备考	出县留学二人从军一人		出县从军一人留学二人		出县从军		出县留学二人从军一人				出县留学二人从军一人		出县留学二人																				

四川省荣县第五区第二九保普通户口统计表　保长李吉明

中华民国二十五年七月　日

甲别/事别		第一甲		第二甲		第三甲		第四甲		第五甲		第六甲		第七甲		第八甲		第九甲		第十甲		第十一甲		第十二甲		第十三甲		第十四甲		第十五甲		总计		附记
户数		一〇		一一		一〇		一〇		一〇		一〇		一〇		一一		一〇		八												一〇〇		
人口总数		男	女	男	女	男	女	男	女	男	女	男	女	男	女	男	女	男	女	男	女	男	女	男	女	男	女	男	女	男	女	男	女	
		二六	二六	三二	二九	二七	二三	三〇	二七	二九	二四	三二	四二	三六	四三	四〇	二七	二九	二三	二六	二一											三〇七	二八五	
现住		一九	二五	二六	二七	二五	二二	二四	二六	二九	二四	二六	四二	三三	三九	三八	二七	二九	二三	二六	二一											二七五	二七六	
他往		七	一	六	二	二	一	六	一			六		三	四	二																三二	九	
壮丁		一一		九		六		一二		六		一六		一三		九		八		六												九六		出县从军一五人留学一九人
识字		三		二				一		六		四		八	一	二		四		二												三二	一	
职业	有	二三	一四	一九	一六	一四	一六	二一	一九	一五	一三	一九	二二	二四	二七	二三	一七	一五	一四	一四	一五											一八七	一七三	
	无	三	一二	一三	一三	一三	七	九	八	一四	一一	一三	二〇	一二	一六	一七	一〇	一四	九	一二	六											一二二	一一二	
非家属同住者		五	二	二	四	六	一	九	七	六	七	四	三	五	一一	七	五	二	二	三	四											四九	四六	
学童		五		八		八		六		六		九		八		六		四		八												六八		
备考		出县从军五人留学二人女子一人		出县从军三人留学三人		出县留学二人		出县从军四人留学三人				出县从军二人留学四人		出县从军一人留学三人		出县留学二人																		

四川省荣县第五区第三〇保普通户口统计表

保长但佐卿

中华民国二十五年　月　日

事别＼甲别	第一甲		第二甲		第三甲		第四甲		第五甲		第六甲		第七甲		第八甲		第九甲		第十甲		第十一甲		第十二甲		第十三甲		第十四甲		第十五甲		总计		附记
户数	一〇		一〇		一一		一二		一〇		一〇		一〇		一〇		一〇		一〇												一〇三		出县留学三人从军一人
	男	女	男	女	男	女	男	女	男	女	男	女	男	女	男	女	男	女	男	女	男	女	男	女	男	女	男	女	男	女	男	女	
人口总数	三八	二八	四〇	四一	一七	二四	四八	三九	二〇	二二	二一	二二	三四	二七	三二	三五	三〇	二九	二九	三一											三〇九	二九八	
现住	三六	二八	三九	四一	一七	二四	四七	三九	二〇	二二	二一	二二	三四	二七	三二	三五	三〇	二九	二九	三一											三〇五	二九八	
他往	二		一				一																								四		
壮丁	一五		一二		八		一四		七		一〇		一〇		六		一二		一三												一〇七		
识字	三		三		一		一		一		一		二		八		七		三												三〇		
职业 有	二五	二一	二四	二六	一一	一三	二五	二三	一四	二二	一二	一〇	一六	二二	一四	二〇	一九	一七	二七	二六											一八七	一九〇	
职业 无	一三	七	一六	一五	六	一一	二三	一六	六	一〇	九	一二	一八	五	一八	一五	一一	一二	二	五											一二二	一〇八	
非家属同住者							八	七																							八	七	
学童	四		四		四		一二		二		五		九		一〇		七		四												六一		
备考	出县留学二人		出县留学				出县从军																										

四川省荣县第五区第三一保普通户口统计表

保长但荣宗

中华民国二十五年　月　日

事别＼甲别		第一甲		第二甲		第三甲		第四甲		第五甲		第六甲		第七甲		第八甲		第九甲		第十甲		第十一甲		第十二甲		第十三甲		第十四甲		第十五甲		总计		附记
户数		一〇		一〇		一〇		一〇		一〇		一一		一〇		一〇		一二														九三		出县从军八人留学一六人
		男	女	男	女	男	女	男	女	男	女	男	女	男	女	男	女	男	女	男	女	男	女	男	女	男	女	男	女	男	女	男	女	
人口总数		三四	二九	四〇	四五	二八	三一	四四	四〇	三三	二七	三〇	三三	四一	三六	三九	三六	四八	四四													三三七	三二一	
现住		三三	二九	三八	四五	二六	三一	三五	四〇	三一	二七	二六	三三	三八	三六	三九	三六	四七	四四													三一三	三二一	
他往		一		二		二		九		二		四		三				一														二四		
壮丁		一一		二〇		八		一三		九		五		一五		一一		一五														一〇七		
识字		二		七	二	七		三		二		五		五		一		一														三三	二	
职业	有	二〇	一六	二八	一九	一五	一九	三〇	二七	一七	一三	一五	二二	二六	一六	二〇	一六	二一	二三													一九二	一七〇	
	无	一四	一三	一二	二六	一三	一二	一四	一三	一六	一四	一五	一一	一五	二〇	一九	二〇	二七	二一													一四五	一五一	
非家属同住者		一二	九	九	六	八	六	一四	五	六	二	九	六	八	一	三	一	四	六													七三	四二	
学童		八		一五		一三		一一		八		一二		一三		一三		一四														一〇七		
备考		出县从军一人		出县留学二人		出县留学二人		出县从军四人留学五人		出县二人留学		出县从军二人留学二人		出县留学二人从军一人				出县留学一人																

四川省荣县第五区第二一保普通户口统计表

事别＼甲别	第一甲		第二甲		第三甲		第四甲		第五甲		第六甲		第七甲		第八甲		第九甲		第十甲		第十一甲		第十二甲		第十三甲		第十四甲		第十五甲		总计		附记
户数	一〇		一〇		一〇		一〇		一四		一〇		一一		一五		一五		一二												一一七		出县留学一二人从军一三人女二人
	男	女	男	女	男	女	男	女	男	女	男	女	男	女	男	女	男	女	男	女	男	女	男	女	男	女	男	女	男	女	男	女	
人口总数	三七	三四	二九	三四	四一	三一	四六	四五	五六	四五	三七	三三	三七	三五	四五	四四	五二	四四	四三	四〇											四二三	三九五	
现住	三七	三四	二七	三四	三八	三一	四四	四五	五二		三七	三三	三三	三一	四〇	四四	三七	四二	四三	四〇											三九八	三七九	
他往			二		三		二		四				四	四	五	五	五	二													二五	一六	
壮丁	一一		一五		一一		一六		二〇		一八		一八		二〇		二三		一七												一六九		
识字	四		三		一一	一	一三		二		一〇		一		四		八	三	八												六四	五	
职业 有	一九	二二	二二	二二	一八	一八	二一	二六	三一	二二	一七	一七	二三	一八	二八	二四	二八	二七	二五	二四											二三二	二二〇	
职业 无	一八	一三	七	一二	二三	一三	二五	一九	二五	二三	二〇	一七	一四	一七	一七	二〇	二四	一七	一八	一六											一九一	一七五	
非家属同住者	五	三			六	一	一一	三		三	五	一	三	三	三	一	三		三	一											三九	一〇	
学童	一一		五		一二		一二		一〇		五		三		九		九		一一												八七		
备考			出县留学二人		出县从军二人留学一人		出县从军一人留学一人		出县从军三人留学一人				出县留学三人从军一人留学女一人		出县从军四人留学一人女一人		出县留学三人从军二人																

中华民国二十　年　月　日　保长李国华

事别＼甲别		第一甲		第二甲		第三甲		第四甲		第五甲		第六甲		第七甲		第八甲		第九甲		第十甲		第十一甲		第十二甲		第十三甲		第十四甲		第十五甲		总计		附记
户数		一〇		一〇		一〇		一〇		一〇		一〇		一〇		一〇		一〇		八												九八		出县从军四人留学六人
		男	女	男	女	男	女	男	女	男	女	男	女	男	女	男	女	男	女	男	女	男	女	男	女	男	女	男	女	男	女	男	女	
人口总数		三八	二九	三四	三二	三四	三〇	三五	三四	五九	四五	四二	四四	二六	三一	二九	三一	三六	二七	一九	二〇											三五二	三二三	
现住		三八	二九	三四	三〇	三〇	三〇	三四	三四	五八	四四	四二	四四	二六	三〇	二八	三一	三五	二七	一七	二〇											三四二	三二一	
他往						四		一		一	一				一	一		一		二												一〇	二	
壮丁		一〇		八		一三		一七		二一		一八		八		一一		八		三												一一七		
识字		八	三	五		四		五		四		三		二		一		四		一												三五	三	
职业	有	二八	二一	二〇	二一	二〇	二〇	二二	二五	三六	三二	二四	二七	二〇	一六	一七	一九	二八	一七	一五	一三											二二八	二一一	
	无	一〇	八	一四	一一	一四	一〇	一三	九	二三	一三	一八	一七	六	一五	一二	一二	八	一〇	六	七											一二四	一一二	
非家属同住者		四	三	三	二	八	九	四	八	一三	七	一二	一二	五	六	四	五	一一	二	三	三											六七	五七	
学童		四		七		七		七		一五		七		六		三		四		二												六二		
备考						出县从军三人留学一人		出县留学一人		出县留学一人						出县留学一人		出县从军一人		出县留学二人														

四川省荣县第五区第二三保普通户口统计表

保长邹明福

中华民国二十五年七月　日

四川省荣县第五区第三四保普通户口统计表

中华民国二十五 月 日　保长邹良臣

事别＼甲别		第一甲		第二甲		第三甲		第四甲		第五甲		第六甲		第七甲		第八甲		第九甲		第十甲		第十一甲		第十二甲		第十三甲		第十四甲		第十五甲		总计		附记
户数		一〇		一〇		一〇		一一		一〇		一〇		一一		一一		一一		一〇												一〇四		
		男	女	男	女	男	女	男	女	男	女	男	女	男	女	男	女	男	女	男	女	男	女	男	女	男	女	男	女	男	女	男	女	
人口总数		四二	三〇	三〇	二六	三四	三二	二八	三三	二八	二六	二三	三一	三一	二五	三七	三七	三四	三一	三〇	二五											三一七	二九六	
现住		四一	三〇	三〇	二六	三〇	三二	二七	三三	二五	二六	二三	三一	三〇	二五	三〇	三七	三一	三一	二七	二五											二九五	二九六	
他往		一				四		一		三						七		三		三												二二		
壮丁		一二		五		一五		九		七		五		一一		一七		五		一二												九八		他往男九人他往壮丁一四瘫疾壮丁七人
识字		一		一	一	一								四		四	一	六	四	五												二二	六	
职业	有	二七	二〇	一七	一七	一九	二一	一四	二三	一八	一七	一二	二〇	二一	二一	一九	二五	二五	二〇	二〇	一四											一九二	一九八	
	无	一五	一〇	一三	九	一五	一一	一四	一〇	一〇	九	一一	一一	一〇	四	一八	一二	九	一一	一〇	一一											一三五	九八	
非家属同住者		七	三	六	五	三	四	四	四	一	一	三	四	一	一	五	四															三四	二八	
学童[①]		一二		一〇		一一		二		七		八		四		七		一一		四												四三	二八	
备考		他往壮丁一人耳聋壮丁一人				他往壮丁四人		他往壮丁一人手坏壮丁一人		他往壮丁三人腰疾壮丁一人		跰子壮丁一人母猪风壮丁一人		他往男一人跰子壮丁一人		他往男四人他往壮丁三人跰子壮丁一人		他往男三人		他往男一人他往壮丁一人														

① 本表原件"学童总计"一栏即系如此，分列男女学童总数。

四川省荣县第五区第三五保普通户口统计表

事别＼甲别	第一甲		第二甲		第三甲		第四甲		第五甲		第六甲		第七甲		第八甲		第九甲		第十甲		第十一甲		第十二甲		第十三甲		第十四甲		第十五甲		总计		附记
户数	一二		一一		一〇		一〇		一〇		一三		一四		一二																九二		
	男	女	男	女	男	女	男	女	男	女	男	女	男	女	男	女	男	女	男	女	男	女	男	女	男	女	男	女	男	女	男	女	
人口总数	四二	四二	五二	五〇	二八	三一	四五	四一	三六	三五	六一	三九	五二	四七	四七	三九															三六三	三二二	
现住	三九	四二	四八	五〇	二八	三一	四一	四一	三五	三三	六一	三九	五二	四七	四七	三九															三四七	三二二	
他往	三		四				四		一						四																一六		
壮丁	一六		一八		六		一五		一三		二〇		一五		七																一一〇		
识字	四		五		四		四		三						一																二一		出县从军八人留学八人
职业·有	二〇	二六	三〇	三三	一四	八	二一	二二	二〇	二二	三四	二六	二七	二七	一九	二〇															一八五	一八四	
职业·无	二二	一四	二五	一七	一三	一二	一六	一七	一二	八	二九	一一	二五	一七	二〇	一八															一六二	一一四	
非家属同住者	九	六	五	七	一一	一三	一一	一三	六	三	一三	九	一九	九	一〇	四															八四	六四	
学童	一三		一四		一二		二〇		一六		二〇		二〇		七																一二二		
备考	出县从军二人留学一人		出县留学四人				出县从军三人		留学一人						出县从军三人留学一人																		

保长邹治华

中华民国二十五年七月卅日

事别＼甲别	第一甲		第二甲		第三甲		第四甲		第五甲		第六甲		第七甲		第八甲		第九甲		第十甲		第十一甲		第十二甲		第十三甲		第十四甲		第十五甲		总计		附记
户数	一〇		一一		一三		一一		一二		一〇		一〇		九		一〇														八三		出县从军六人留学九人女丁一人
	男	女	男	女	男	女	男	女	男	女	男	女	男	女	男	女	男	女	男	女	男	女	男	女	男	女	男	女	男	女	男	女	
人口总数	三七	二六	四一	四一	三八	三四	四八	五四	三三	三一	三〇	二九	三四	三六	四〇	三九	四一	三八													三四二	三二八	
现住	三四	二六	三八	四一	三七	三四	四六	五三	三〇	三〇	二九	二九	三四	三六	三八	三九	四一	三八													三二七	三二六	
他往	三		三		一		二	一	三	一	一				二																一五	二	
壮丁	一〇		一六		一〇		二二		一四		七		一〇		一一		九														一〇九		
识字	九		九		三		一三		一〇		四		五		一一		一〇														七四		
职业 有	二一	一七	二八	二六	二〇	二三	三三	三七	二三	二三	二三	二一	二八	二九	三一	二九	二八	二七													二三五	二三二	
职业 无	一六	一四	一三	一五	一八	一一	一五	一七	一〇	八	七	八	六	七	九	一〇	一三	一一													一〇七	九六	
非家属同住者	六	六	八	一二	一		八	四					四	二	三	一	五	三													三五	二	
学童	三		七		一一		九		三		四		六		七		八														五八		
备考	出县留学二人从军一人		出县从军一人留学二人		留学南京		出县从军一人留学一人		出县留学二人从军二人						出县从军一人留学一人																		

四川省荣县第五区第三六保普通户口统计表

保长但崇仁

中华民国二十五年八月二日

四川省荣县第五区第三七保普通户口统计表

事别＼甲别		第一甲		第二甲		第三甲		第四甲		第五甲		第六甲		第七甲		第八甲		第九甲		第十甲		第十一甲		第十二甲		第十三甲		第十四甲		第十五甲		总计		附记
户数		一〇		一〇		一〇		一〇		一〇		一〇		一〇		九																七九		本保他往外县男一人女四人本保壮丁有肺痨症者九人足疾者二人目疾者一人耳聋者一人哑子者一人癫狂者二人他往者十八人
		男	女	男	女	男	女	男	女	男	女	男	女	男	女	男	女	男	女	男	女	男	女	男	女	男	女	男	女	男	女	男	女	
人口总数		三九	三〇	三七	三九	四一	三六	四一	三七	三九	三三	三八	三四	三二	三一	三二	二七															二九九	二六七	
现住		三六	三〇	三六	三九	三四	三二	三九	三七	三五	三三	三四	三二	二九	三一	二七	二五															二七〇	二六〇	
他往		三		一		七	三	二		四		四	二	三		五	二															二九	七	
壮丁		一三		一六		一四		一七		一八		一六		九		一二																一一五		
识字		八		三		六		六		七		四		三		二																三九		
职业	有	二二	二四	二二	二三	二二	二三	二七	二三	二一	二二	三一	二〇	二〇	二一	二二	一六															一八八	一七一	
职业	无	一七	六	一五	一六	一九	一三	一四	一四	一八	一二	七	一四	一二	一〇	九	一一															一一一	九六	
非家属同住者		一〇	六	一四	一二	九	一四	一八	八	一一	九	一八	一〇	一一	八	六	八															九七	七五	
学童		三		八		八		一〇		一一		六		七		五																五八		
备考		壮丁瘰疾者三人他往者一人非壮丁他往者男二人		壮丁瘰疾者一人癫狂者二人他往者一人		壮丁瘰疾者一人他往者五人非壮丁他往者男二人他往外县者女二人他往者一人		壮丁耳聋者一人他往者二人肺痨症者一人		壮丁目疾者一人他往者二人非壮丁他往者男二人壮丁足疾者一人		壮丁他往外县者二人非壮丁他往者男二人他往外县者女二人		壮丁足疾者一人他往外县者二人非壮丁他往者男一人		壮丁瘰疾者四人他往者三人哑子者一人非壮丁他往者女二人																		

保长但昭森

中华民国二十五年七月二十二日

川省荣县第五区第三八保普通户口统计表

保长李联芳

中华民国二十五年七月卅日

事别＼甲别		第一甲		第二甲		第三甲		第四甲		第五甲		第六甲		第七甲		第八甲		第九甲		第十甲		第十一甲		第十二甲		第十三甲		第十四甲		第十五甲		总计		附记
户数		八		一〇		一一		一〇		一四		一一		一〇		一一		一〇		一三												一一一		他往出保男三人他往不详四人他往帮人一人壮丁他往八人瘢疾者十三人总计他往者十一人共合成二十四人
		男	女	男	女	男	女	男	女	男	女	男	女	男	女	男	女	男	女	男	女	男	女	男	女	男	女	男	女	男	女	男	女	
人口总数		二四	三二	二三	二一	二三	二八	三二	二九	三六	三九	三八	四〇	三〇	三九	四四	三二	二八	二四	四八	三七											三二六	三二一	
现住		二三	三二	二一	二一	二三	二八	三二	二九	三六	三九	三七	四〇	三〇	三九	四四	三二	二八	二四	四七	三七											三二二	三二一	
他往		一		一								一								一												四		
壮丁		八		一〇		八		九		一一		一二		六		一四		八		一七												一〇二		
识字		四		二		六		七		五		一		七	四	五		三		四												四四	四	
职业	有	一四	一五	一三	一五	一一	一二	一五	一六	一九	二四	二〇	二三	一五	二五	二四	一七	一六	一五	二八	二三											一七九	一三七	
	无	一〇	一七	一〇	六	一二	一六	一七	一三	一七	一五	一八	一八	一一	一四	一六	一五	一二	九	二〇	一四											一四三	一八四	
非家属同住者		三	五	一		二	一	一	一	六	五	三	一	二	一	七	二	四		五												三四	一六	
学童		三		五		八		六		八		六		一二		六		七		四												六七		
备考		他往一人患痔疮者一人		他往二人足疾一人		瘢疾二人		目疾二人		患重病者二人				他往三人		瘢疾二人他往四人		他往一人		足疾一人患痔疮者二人														

四川省荣县第五区第三九保普通户口统计表

保长罗上林
中华民国二十五年七月廿八日

甲别／事别	第一甲		第二甲		第三甲		第四甲		第五甲		第六甲		第七甲		第八甲		第九甲		第十甲		第十一甲		第十二甲		第十三甲		第十四甲		第十五甲		总计		附记
户数	一一		一〇		九		一三		一一		一一		一〇		九		一〇														九四		
	男	女	男	女	男	女	男	女	男	女	男	女	男	女	男	女	男	女	男	女	男	女	男	女	男	女	男	女	男	女	男	女	
人口总数	三五	三七	三一	二八	三三	三八	四三	四三	三〇	三一	二七	二八	三九	三五	三六	三一	四〇	三七													三一四	三〇八	
现住	三三	三七	三一	二八	三二	三八	四一	四三	三〇	三一	二五	二八	三六	三五	三四	三一	四〇	三七													三〇二	三〇八	
他往	二				一		二				二		三		二																一二		本保他往外县男四人吐血壮丁一人肾胀壮丁一人他往外县壮丁二人
壮丁	八		七		九		一〇		六		九		一三		一二		四														七八		
识字	二		八		九		一一		八		三		二		五		三														五一		
职业 有	三二	三五	二一	一九	一九	三一	二七	三五	一九	二四	一五	二二	二八	二六	二四	一七	三〇	二八													二一五	二三七	
职业 无	三	二	一〇	九	一四	七	一六	八	一一	七	一二	六	一一	九	一二	一四	一〇	九													九九	七一	
非家属同住者	二	二		三	九	二	一〇	二	二	二	四		四	一	三	三		三													三二	一八	
学童	九		七		八		一〇		八		三		四		八		三														六〇		
备考	他往外县男二人留学		吐血壮丁一人		他往外县男二人												肾胀壮丁一人																

四川省荣县第五区第四〇保普通户口统计表

事别＼甲别		第一甲		第二甲		第三甲		第四甲		第五甲		第六甲		第七甲		第八甲		第九甲		第十甲		第十一甲		第十二甲		第十三甲		第十四甲		第十五甲		总计		附记
户数		一〇		一一		一一		一〇		一〇		一〇		一〇		一〇		九		九												一〇〇		出县从军一三人留学九人
		男	女	男	女	男	女	男	女	男	女	男	女	男	女	男	女	男	女	男	女	男	女	男	女	男	女	男	女	男	女	男	女	
人口总数		二五	二一	四〇	四二	四五	四三	三三	三一	三八	三七	三九	三五	三六	三七	四九	三五	三五	二七	二四	二一											三六四	三二九	
现住		二四	二一	四〇	四二	四〇	四三	三〇	三一	三四	三七	三六	三五	三四	三七	四七	三五	三三	二七	二四	二一											三四二	三二九	
他往		一				五		三		四		三		二		二		二														二二		
壮丁		八		五		一九		九		一〇		一一		一四		一六		一〇		七												一一九		
识字		四		一一		九	二	五		七	一	五		一一		九		七		二												七一	三	
职业	有	一三	一三	二六	三〇	三一	二四	二一	一九	二七	二二	二二	二六	二五	二二	二六	二五	二四	一八	一三	一三											二二八	二一三	
	无	一二	八	一四	一二	一四	一九	一二	一二	一一	一五	一七	九	一一	一五	二三	一〇	一一	九	一一	八											一三六	一一六	
非家属同住者		一		九	五	九	七	七	六	一〇	一〇	九	九	九	四	一六	一〇	七	三	三												八〇	五四	
学童		六		五		七		七		六		六		八		八		四		八												六五		
备考		出县留学一人				出县从军三人留学二人		出县留学二人从军一人		出县从军三人留学一人		出县从军二人留学一人		出县留学二人		出县从军二人		出县从军二人																

保长黄向荣

中华民国二十五年七月卅日

四川省荣县第五区第四一保普通户口统计表

保长宋秉周

中华民国二十五年八月二日

事别＼甲别		第一甲		第二甲		第三甲		第四甲		第五甲		第六甲		第七甲		第八甲		第九甲		第十甲		第十一甲		第十二甲		第十三甲		第十四甲		第十五甲		总计		附记
户数		一〇		一〇		一一		一二		一〇		一〇		一二		一〇		一二		六												一〇三		出县留学四人从军四人
		男	女	男	女	男	女	男	女	男	女	男	女	男	女	男	女	男	女	男	女	男	女	男	女	男	女	男	女	男	女	男	女	
人口总数		二五	二五	二三	二〇	三六	二〇	三二	三一	三七	二七	二九	二九	二四	二四	一八	三二	三八	二七	一六	十七											二七六	三五二	
现住		二三	二五	二三	二〇	三三	一九	三二	三二	三七	二七	二六	二八	二三	二四	一八	三二	三七	二七	一六	一七											二六八	三五一	
他往		一				二						三	一	一				一														八	一	
壮丁		八		七		一一		三		一〇		九		八		八		八		一												七三		
识字		三		一〇	四	一四		一一	二	六		一三	三	一〇	五	八	四	一五	一	二	一											九二	二〇	
职业	有	二二	一〇	一六	一七	二一	一九	一八	二四	二七	一六	二一	一七	一四	一五	一三	二三	二四	二一	一六	一七											一七六	一九五	
	无	一	一五	七	三	一五	六	一四	八	一〇	一一	八	一二	九	九	五	九	一三	六													八二	七九	
非家属同住者		一	一	四	一	五	一	五	六	七	七	六	五	二	四	四	四	三	三	一												三七	三二	
学童		六		五				六		七		八		四		一〇		一三		六												六五		
备考		留学				出外从军						出外从军二人留学一人		出外留学				留学																

四川省荣县第五区第四一保普通户口统计表

保长范知礼

中华民国二十五年七月三十日

事别＼甲别	第一甲		第二甲		第三甲		第四甲		第五甲		第六甲		第七甲		第八甲		第九甲		第十甲		第十一甲		第十二甲		第十三甲		第十四甲		第十五甲		总计		附记
户数	一〇		一〇		一〇		一〇		九		一〇		一〇		一〇		一一		一〇												一〇〇		
人口总数	男	女	男	女	男	女	男	女	男	女	男	女	男	女	男	女	男	女	男	女	男	女	男	女	男	女	男	女	男	女	男	女	
	三八	三九	四六	四六	四五	四九	二八	二九	四四	三四	四六	五一	四〇	三二	四〇	四〇	三三	三二	四三	三七											四〇三	三八九	
现住	三八	三九	四三	四六	四五	四八	二一	二七	四一	三四	四六	五一	四〇	三二	三九	四〇	三三	三二	四二	三七											三八八	三八六	
他往			三			一	七	二	三						一				一												一五	三	
壮丁	一二		一二		一〇		一二		二四		一一		一〇		一五		一二		九												一二七		本保壮丁他往者六人癃疾跛手者共十八人
识字	三		一〇			三	一二	三	四		四		三		四		五	一	一												四六	七	
职业 有	二五	二八	二八	二七	二三	二八	一八	一八	三三	二六	二七	三一	二五	二六	二九	二五	一七	一七	二七	二〇											二五二	二四六	
职业 无	一三	一一	一八	一九	二二	二一	一〇	一一	一一	八	一九	二〇	一五	六	一一	一五	一六	一五	一六	一七											一五一	一四三	
非家属同住者	七	四	一三	三	一〇	一〇	一	一	一二	三	九	七	一〇	五	四	四	二	五	九	五											七七	四七	
学童	八		九		一〇		六		八		一三		五		一三		九		一五												九六		
备考	壮丁癃疾者二人		壮丁跛手者一人壮丁癃疾者一人		壮丁跛手者一人		壮丁他往者二人壮丁眼目失明者二人		壮丁他往者三人壮丁跛手者二人壮丁手断者一人		壮丁癃疾者一人				壮丁肺病者一人壮丁他往一人		壮丁癃疾者三人		壮丁癃病者三人														

四川省荣县第五区第四三保普通户口统计表

保长覃勋民

中华民国二十五年七月廿五日

甲别 \ 事别	户数	人口总数		现住		他往		壮丁		识字		职业·有		职业·无		非家属同住者		学童	备考
		男	女	男	女	男	女	男	女	男	女	男	女	男	女	男	女		
第一甲	九	三九	三四	三五	三四	四		一四		一一		二六	一七	一三	一七	三	一	一〇	出县从军三人留学一人
第二甲	一〇	三〇	三〇	三〇	三〇			七		六		一八	一四	一二	一六			七	
第三甲	一〇	三三	三二	三二	三二	一		一四		一		一八	一九	一五	一三	一		八	留学一人
第四甲	一〇	三六	二七	三六	二七			一二		三		二〇	一二	一六	一五	九	五	八	
第五甲	一〇	三一	三八	二九	三八	二		一七		一		二〇	一七	一一	二一	五	二	六	留学二人
第六甲	一〇	三一	二四	三一	二四			八		三	一	一五	一五	一六	九	二	二	六	
第七甲	一〇	三四	三〇	三二	三〇	二		一〇		三		一四	一五	二〇	一五	二	一	一〇	出县从军二人
第八甲	八	二七	二七	二五	二七	二		一二		三		一七	一四	一〇	一三	七	八	六	出县从军一人留学一人
第九甲	一〇	三〇	三七	二五	三七	五		一三		五		一六	一四	一四	二三	一		八	出县从军三人留学二人
第十甲	一〇	三六	二六	三三	二六	三		七		三		一五	一四	二一	一二	四	三	八	出县从军二人留学一人
第十一甲																			
第十二甲																			
第十三甲																			
第十四甲																			
第十五甲																			
总计	九七	三二七	三〇五	三〇八	三〇五	一九		一一四		三九	一	一七九	一五一	一四八	一五四	三〇四	二〇二	七七	

附记：出县从军一一人留学八人

四川省荣县第五区第四四保普通户口统计表

保长姚仕学

中华民国二十五年七月 日

事别＼甲别		第一甲		第二甲		第三甲		第四甲		第五甲		第六甲		第七甲		第八甲		第九甲		第十甲		第十一甲		第十二甲		第十三甲		第十四甲		第十五甲		总计		附记
户数		一〇		一〇		一〇		一〇		九		一〇		一〇		一一		八		八												九六		出县从军者一八人留学者一二人又女子一人
		男	女	男	女	男	女	男	女	男	女	男	女	男	女	男	女	男	女	男	女	男	女	男	女	男	女	男	女	男	女	男	女	
人口总数		三七	三三	三五	四〇	五三	五二	三一	二九	三一	三九	四一	三五	二七	三二	三三	三七	三二	三一	三一	二六											三五一	三五四	
现住		三一	三三	三五	四〇	五〇	五二	二九	二九	二六	三七	三四	三五	二四	三二	三二	三七	三一	三一	二九	二六											三二一	三五二	
他往		六				三		二		五	二	七		三		一		一		二												三〇	二	
壮丁		一五		八		一九		九		一三		一八		一七		一五		一二		一四												一四〇		
识字		五		四		五		四		二		四	一	八	一	一		三		五												四一	二	
职业	有	一九	一一	一六	一八	三〇	二二	一六	一五	一七	二〇	二四	一八	二〇	一二	二四	一九	一八	一四	一九	一〇											二〇三	一五九	
	无	一八	二二	一九	二二	二三	三〇	一五	一四	一四	一九	一七	一七	七	二〇	九	一八	一四	一七	一二	一六											一四八	一九五	
非家属同住者		九	三	六	八	二五	二五	九	二	七	一二	一三	七	五	八	四	二	一〇	九	七	一											九五	七七	
学童		一一		一六		一二		八		八		七		八		五		九		五														
备考		出县从军三人留学三人				出县留学二人从军一人		出县从军二人		出县从军四人留学一人女一人		出县留学三人从军四人		出县从军一人留学者二人		出外留学一人		出外从军一人		出外从军二人														

四川省荣县第五区第四五保普通户口统计表

中华民国二十五年六月三十日　保长汤克明

事别＼甲别		第一甲		第二甲		第三甲		第四甲		第五甲		第六甲		第七甲		第八甲		第九甲		第十甲		第十一甲		第十二甲		第十三甲		第十四甲		第十五甲		总计		附记
户数		一〇		一〇		一〇		一一		一〇		一〇		一一		一二		一四		一一												一〇九		
人口总数		男	女	男	女	男	女	男	女	男	女	男	女	男	女	男	女	男	女	男	女	男	女	男	女	男	女	男	女	男	女	男	女	
人口总数		二八	二九	三一	二九	三四	二三	四一	三九	三六	三一	二六	一八	三三	三三	三九	三一	三六	三四	三七	三四											三四一	三〇一	
现住		二五	二九	二五	二九	三二	二三	四〇	三九	三五	三〇	二五	一八	三一	三三	三六	三一	三五	三四	三三	三四											三一七	三〇〇	
他往		三		六		二		一		一	一	一		二		三		一		四												二四	一	一、本保他往外县者男七人女一人他往外保者男一四人出甲者男二人
壮丁		一〇		一四		一二		一二		一一		八		一二		一一		一二		一一												一一三		
识字		四		四		二		六		七		二		七		三		三		六												四四		
职业	有	一四	一四	一九	一七	一八	一五	一四	一四	九	一〇	一四	一一	一六	一四	一五	一九	二一	一七	一二	一一											一五二	一四二	一、本保壮丁他往一五人瘸病一六人跰子二人目眇二人肺病三人
职业	无	一四	一五	一二	一二	一六	八	二七	一五	二七	二一	一二	七	一七	一九	二四	一二	一五	一七	二五	二三											一八九	一五九	
非家属同住者				二	二	四	一	九	一	六	四	三	四	二	二	四	二	九	八	四	二											四三	二三	
学童		七		九		四		一〇		一二		五		七		一〇		六		一一												八一		
备考		出甲者男一人出保未出区者男一人出县未出省者男一人		出保未出区者男四人出县未出省者男二人足跛男二人孪生男二人		出保未出区者男一人出区未出县者男一人肺病男一人聋子男一人		出保未出区者男一人哑子男一人弱痨男一人聋子男一人		出县未出省者男一人女一人跰子男一人目疾男一人		出保未出区者男一人弱症男一人麻疮男一人		出保未出区者男一人出保未出省者男一人		出保未出区者男三人驼子男一人跰子男一人神经病男一人		出保未出区者男一人眇子男一人肺病男一人		出甲者男一人肺病男三人出保未出区者男一人出县未出省者男二人														

四川省荣县第五区第四六保普通户口统计表

中华民国二十五年七月二十五日　保长汤仲谟

事别＼甲别		第一甲		第二甲		第三甲		第四甲		第五甲		第六甲		第七甲		第八甲		第九甲		第十甲		第十一甲		第十二甲		第十三甲		第十四甲		第十五甲		总计		附记
户数		一〇		一〇		一〇		一〇		一〇		一〇		一〇		一〇		一〇		一〇												一〇〇		出县从军一二人又留学五人
		男	女	男	女	男	女	男	女	男	女	男	女	男	女	男	女	男	女	男	女	男	女	男	女	男	女	男	女	男	女	男	女	
人口总数		四〇	三六	三〇	二七	三八	二五	三七	三四	三〇	三一	三五	三二	三九	三九	二七	二五	二八	二八	二七	三〇											三三一	三一七	
现住		三八	三六	二六	二七	三四	二五	三七	三四	二七	三一	三五	三二	三七	三九	二六	二五	二七	二八	二七	三〇											三〇四	三一七	
他往		二		四		四				三				二		一		一														一七		
壮丁		一七		一四		一六		一〇		一二		一二		一六		六		八		一〇												一二一		
识字		五		一		九		四		四		二		三		四		三		二												三七		
职业	有	二三	一八	一七	一四	一八	一三	一九	一九	一六	一六	二四	一八	二四	二二	一四	二〇	一八	一五	一八	一七											一八一	一七二	
	无	一七	一八	一三	一三	二〇	一二	一八	一五	一四	一五	一一	一四	一五	一七	一三	五	一〇	一三	九	一三											一五〇	一四五	
非家属同住者		七	六	七	九	六	三	六	五	一一	八	三	四	五	九	四	六	二	四	四	七											五五	六一	
学童		五		五		九		九		六		八		八		五		六		五												六六		
备考		出县从军二人		出县从军二人留学二人		出县留学一人从军三人				出县从军二人留学一人				出县从军二人		出外留学		从军																

四川省荣县第五区第四七保普通户口统计表

中华民国二十五年七月二十四日　　保长漆维周

甲别	性别	户数	人口总数	现住	他往	壮丁	识字	职业·有	职业·无	非家属同住者	学童	备考
第一甲	男	一〇	三八	三五	三	一四	一	二四	一四		一二	出县从军一人留学二人
	女		二九	二九				二二	七	一		
第二甲	男	一〇	三四	三三	一	五		一九	一五	二	四	出外从军一人
	女		二九	二九				一六	一三	二		
第三甲	男	一〇	三四	三四		八		二〇	一四		七	
	女		三四	三四				一八	一六			
第四甲	男	一〇	二四	二二	二	八	二	一五	九		五	出外留学二人
	女		三二	三二				一六	一六			
第五甲	男	一〇	三四	三二	二	八		二〇	一四		六	出外从军二人
	女		二六	二六				一二	一四			
第六甲	男	一〇	三〇	二七	三	九		一八	一二	一	七	出县从军一人留学二人
	女		二九	二九				一七	一二			
第七甲	男	一〇	二五	二四	一	八		一四	一一		二	
	女		二三	二三				一五	八			
第八甲	男	一〇	三二	二八	四	一一		一七	一五	二	八	出县留学二人从军二人
	女		三七	三七				一九	一八	四		
第九甲	男	一〇	三三	三三		八		一九	一四		九	
	女		三九	三九				二〇	一九			
第十甲	男	一〇	三六	三五	一	三	一	一九	一七		五	出外从军一人
	女		二八	二八				一六	一二	二		
第十一甲	男											
	女											
第十二甲	男											
	女											
第十三甲	男											
	女											
第十四甲	男											
	女											
第十五甲	男											
	女											
总计	男	一〇〇	三二〇	三〇三	一七	八三	四	一八五	一三五	六	六五	
	女		三〇六	三〇六				一七一	一三五	九		

附记：出县从军八人留学九人

四川省荣县第五区第保普通户口统计表

事别＼甲别	第一甲		第二甲		第三甲		第四甲		第五甲		第六甲		第七甲		第八甲		第九甲		第十甲		第十一甲		第十二甲		第十三甲		第十四甲		第十五甲		总计		附记
户数	一〇		一一		一〇		一〇		一〇		一〇		一〇		一〇		一〇		一一		一〇										一一二		出县从军者一六人又留学男一一人女子一人
	男	女	男	女	男	女	男	女	男	女	男	女	男	女	男	女	男	女	男	女	男	女	男	女	男	女	男	女	男	女	男	女	
人口总数	三一	二四	三〇	二五	二九	二六	三四	四〇	三二	三二	五〇	三六	三〇	二八	四二	三二	三五	二九	四四	三三	三九	三四									三九六	三三九	
现住	二四	二四	二九	二五	二八	二六	三二	四〇	三一	三二	四八	三五	三〇	二八	三八	三二	三二	二八	四四	三三	三三	三四									三六九	三三七	
他往	七		一		一		二		一		二	一			四		三	一			六										二七	二	
壮丁	一四		九		九		九		八		一七		一一		一二		九		一八		一五										一三一		
识字	一		三		二		四		一		六				一		一		一		一										二一		
职业 有	一九	一三	一五	一八	一四	一二	二〇	一九	一四	一二	二四	二〇	一七	一六	一七	一四	二〇	七	一九	一六	一五	二〇									一九四	一六九	
职业 无	一二	一一	一五	七	一五	一四	一四	二一	一八	二〇	二六	一六	一三	一二	二五	一八	一五	二二	二五	一七	二四	一四									二〇二	一七二	
非家属同住者	三	一	二		三	五	五	二	一	三	二	一	一		六	四	三	三	五	一	八	一〇									三九	三〇	
学童	六		四		六		七		七		八		三		八		六		五		四										六四		
备考	出县从军五人留学二人		出外从军一人		出外从军一人		出县留学二人		出县留学一人		出县从军二人				出外留学三人从军一人		出县从军二人留学二人				出县从军四人留学二人												

中华民国二十五年七月二五日 保长吴德华

四川省荣县第五区第四九保普通户口统计表

中华民国二十五年六月三十日　保长刘慎修

事别＼甲别	第一甲		第二甲		第三甲		第四甲		第五甲		第六甲		第七甲		第八甲	
户数	一四		一四		一三		一二		一三		一三		一一		一二	
	男	女	男	女	男	女	男	女	男	女	男	女	男	女	男	女
人口总数	三五	二九	三五	三七	四〇	三九	四六	四一	四〇	三七	四四	二五	二八	二五	三三	三二
现住	三二	二八	三四	三七	三四	三八	四五	四一	三六	三五	四一	二五	二七	二五	二九	三二
他往	三	一	一		六	一	一		四	二	三		一		四	
壮丁	一五		一五		一九		一九		一八		一四		一一		一一	
识字	六	一	八	一	八	四	一三		一一	三	七		二		三	
职业 有	一五	二	一四	六	一六	一一	一七	九	二一	五	二一	一	一一	二	一三	一
职业 无	二〇	二七	二一	三一	二四	二八	二九	三二	一九	三二	二三	二四	一七	二三	二〇	三一
非家属同住者	七	二	二	二	一二	二	六		七	二	一五	二	四	三	一	一
学童	三		五		五		一五		八		三		二		八	
备考	出县未出省男三出县未出省女一		出区未出县男一		出县未出省男六出县未出省女一		出县未出省男一		出县未出省男四出县未出省女二		出县未出省男三		出保未出区男一		出县未出省男四	

事别＼甲别	第九甲		第十甲		第十一甲		第十二甲		第十三甲		第十四甲		第十五甲		总计		附记
户数	一四		一二												一二八		本保出县者男二一出区者男一出保者男一出县者女四本保肺疾痨疾目疾跰子枪疾男一八女六
	男	女	男	女	男	女	男	女	男	女	男	女	男	女	男	女	
人口总数	二六	三一	三〇	二三											三五七	三一九	
现住	二六	三一	三〇	二三											三三四	三一五	
他往															二三	四	
壮丁	一〇		一〇												一四二		
识字	七	一	三												七〇	一〇	
职业 有	一六	二	一九	二											一六三	四一	
职业 无	一〇	二九	一一	二一											一九四	二七八	
非家属同住者	三	一	八												六五	一五	
学童	四		二												五五		
备考																	

四川省荣县第五区第五〇保普通户口统计表

事别＼甲别		第一甲		第二甲		第三甲		第四甲		第五甲		第六甲		第七甲		第八甲		第九甲		第十甲	
户数		一〇		一〇		一〇		一〇		一〇		一一		一〇		一〇		一一		一〇	
		男	女	男	女	男	女	男	女	男	女	男	女	男	女	男	女	男	女	男	女
人口总数		四二	三九	三七	三二	三八	三〇	二九	二二	四一	四六	六〇	四五	二九	二六	三五	四〇	五一	四九	五一	五五
现住		四〇	三九	三六	三二	三五	三〇	二八	二二	四一	四六	五七	四五	二九	二六	三二	四〇	四八	四九	四五	五四
他往		二		一		三		一				三				三		三		六	一
壮丁		一四		一二		一五		一〇		一六		二七		一〇		一二		一七		二二	
识字		四		三		一		五		四	一	一		二		二		三		二	
职业	有	二五	一九	一八	七	二〇	一〇	一六	一一	一二	一五	二八	一八	一四	一〇	一八	一九	二五	二四	二八	二〇
	无	一七	二〇	一九	二五	一八	二〇	一三	一一	二九	三一	三二	二七	一五	一六	一七	二一	二六	二五	二三	三五
非家属同住者		八	八	六	四	九	五	四	三	六	一〇	二〇	一五	七	五	一〇	一〇	一三	一五	一八	一八
学童		六		五		七		二		八		六		七		八		一五		一〇	
备考		出县从军二人		出县留学一人		出县留学三人		出外从军一人				出外从军二人留学一人				出县留学一人从军二人		出县从军二人留学一人		出县留学四人从军二人	

事别＼甲别		第十一甲		第十二甲		第十三甲		第十四甲		第十五甲		总计		附记
户数												一〇二		出县从军者一一人留学者一一人女子一人
		男	女	男	女	男	女	男	女	男	女	男	女	
人口总数												四一二	三八四	
现住												三九〇	三八三	
他往												二二	一	
壮丁												一五五		
识字												二七	一	
职业	有											二〇四	一五二	
	无											二〇八	二三一	
非家属同住者												一〇一	九三	
学童												七四		
备考														

中华民国二十五年六月三十日　保长龙伯卿

四川省荣县第五区第五一保普通户口统计表

保长孙华兴

中华民国二十五年六月三十日

事别＼甲别	第一甲		第二甲		第三甲		第四甲		第五甲		第六甲		第七甲		第八甲		第九甲		第十甲		第十一甲		第十二甲		第十三甲		第十四甲		第十五甲		总计		附记
户数	一〇		一一		一〇		一〇		一〇		一〇		一〇		一〇		一〇		一〇												一〇一		
	男	女	男	女	男	女	男	女	男	女	男	女	男	女	男	女	男	女	男	女	男	女	男	女	男	女	男	女	男	女	男	女	
人口总数	三三	三〇	四五	三一	三〇	三二	二八	三六	五一	五〇	三九	四四	五三	三七	三七	三九	三九	三六	三〇	二一											三八五	三五六	一、本保他往出县者男九人他往出甲者男四人他往出保者男八人女八人 二、本保壮丁他往一三人足疯症一人吐血二人痔疮漏三人目疾一人肺病二人头疯症一人癞疾八人
现住	三一	三〇	四三	三一	二七	三一	二八	三四	四三	五〇	三四	四〇	五三	三七	三六	三九	三九	三五	三〇	二一											三六四	三四八	
他往	二		二		三	一		二	八		五	四			一			一													二一	八	
壮丁	一四		一四		一三		一二		一七		一七		一三		一二		九		四												一二六		
识字	三		五		三		二		六		三		一		一																二四		
职业 有	一八	一六	二六	一七	一六	一四	一九	一三	二五	二三	二五	一八	一六	五	一六	一三	一六	六	一二	八											一八九	一三三	
职业 无	一五	一四	一九	一四	一四	一八	九	二三	二六	二七	一四	二六	三七	三二	二一	二六	二三	三〇	一八	一三											一九六	二二三	
非家属同住者	一〇	九	一四	七	一〇	九	一一	一四	一九	二〇	一三	一四	六	二	六	九	七	一〇	一	一											九七	九五	
学童	四		七		九		六		一一		五		七		一二		一五		四												八〇		
备考	癞疾男二人他往出甲者男二人		癞疾男二人他往出保者男二人		肺病男一人他往出县者男二人他往出保者男一人女一人		癞疾男三人他往出保者女二人		癞疾男三人他往出县出保者男八人		癞疾男二人他往出甲出保者男五人他往出保者女四人		癞疾男二人		癞疾男一人他往出县者男一人		癞疾男一人他往出保者女一人		癞疾男一人												出甲者男四人出保者男八人出县者男九人出保者女八人癞疾男一八人		

四川省荣县第五区第五二保普通户口统计表

中华民国二十五年六月廿八日　保长徐品三

事别＼甲别	第一甲		第二甲		第三甲		第四甲		第五甲		第六甲		第七甲		第八甲	
户数	一〇		一〇		一〇		一〇		一〇		一〇		一〇		一〇	
	男	女	男	女	男	女	男	女	男	女	男	女	男	女	男	女
人口总数	三二	二九	三〇	二九	三四	四三	三一	三二	三一	三二	二八	二六	三六	三七	四三	三六
现住	三二	二九	二八	二九	三二	四二	二七	三二	二八	三一	二八	二六	三五	三七	三七	三六
他往			二		二	一	四		三	一			一		六	
壮丁	一二		九		一一		一一		一二		七		一五		一〇	
识字	九		二		四				二		一		二			
职业　有	一七	二〇	一四	一八	一五	二一	一七	一九	二二	一九	一二	一六	二二	二一	二五	二四
职业　无	一五	九	一六	一一	一九	二二	一四	一三	九	一三	一六	一〇	一四	一六	一八	一二
非家属同住者			一		二								二		一	
学童	七		八		四		七		四		四		四		六	
备考			出县未出省男一出保未出区男一		出县未出省男二出保未出区女一		出县未出省男二出保未出区男二		出县未出省男一出保未出区男二出保未出区女一				出保未出区男一		出县未出省男二出保未出区男四	

事别＼甲别	第九甲		第十甲		第十一甲		第十二甲		第十三甲		第十四甲		第十五甲		总计		附记
户数	一〇		一〇												一〇〇		本保出县者男一〇出保者男一〇出保者女三
	男	女	男	女	男	女	男	女	男	女	男	女	男	女	男	女	
人口总数	三五	二六	三六	二九											三三六	三一九	
现住	三五	二六	三四	二八											三一六	三一六	
他往			二	一											二〇	三	
壮丁	一二		一二												一一一		
识字	一		二												二三		
职业　有	一七	一四	二一	二二											一八二	一九四	
职业　无	一八	一二	一五	七											一五四	一二五	
非家属同住者	二														八		
学童	六		二												五二		
备考			出保未出区男二出保未出区女一														

四川省荣县第五区第五三保普通户口统计表

保长程世禄

中华民国二十五年七月　日

事别＼甲别	户数	人口总数 男	人口总数 女	现住 男	现住 女	他往 男	他往 女	壮丁 男	壮丁 女	识字 男	识字 女	职业 有 男	职业 有 女	职业 无 男	职业 无 女	非家属同住者 男	非家属同住者 女	学童	备考
第一甲	一一	三八	二九	三四	二九	四		一二		二		二五	一八	一三	一一	四	一	四	从军二人 贸易二人
第二甲	一〇	三四	三四	二八	三四	六		一八		四		二二	二三	一二	一一	三	一	八	学艺三人 营业三人
第三甲	一一	五四	四一	五〇	四一	四		二〇		六		二九	二二	二五	一九	六	四	一二	从军二人 学艺二人
第四甲	一〇	四一	三八	三三	三八	八		二一		一		三一	二七	一〇	一一	二	三	八	营业五人 工业三人
第五甲	一二	四六	三五	四五	三五	一		一一		一		二五	二二	二一	一三	四	七	一六	学艺一人
第六甲	一〇	三一	三四	二六	三四	五		一〇		四		二六	二一	五	一三	五	四	六	帮工三人 营业二人
第七甲	一一	四六	三八	四二	三七	二	一	一五		八		二四	二一	二二	一七	六	二	六	从军二人 雇工二人
第八甲	一一	三九	二六	三三	二六	六		一二		三		一九	一五	二〇	一一	一	二	九	从军二人 营业四人
第九甲	一〇	二五	二九	二一	二九	四		八		三		一四	一五	一一	一四		一	七	学艺二人 营业二人
第十甲	一〇	三二	二七	二七	二七	五		一〇		五		一九	一五	一三	一二	三	四	一〇	从军二人 学艺二人
第十一甲																			
第十二甲																			
第十三甲																			
第十四甲																			
第十五甲																			
总计	一〇六	三八六	三三一	三三九	三三〇	四七	一	一三七		三七		二三四	一九九	一五二	一三二	三四	二九	八六	

附记：本保出外从军十一　营业一八　学艺一〇　工业三人　雇工一

事别＼甲别		第一甲		第二甲		第三甲		第四甲		第五甲		第六甲		第七甲		第八甲		第九甲		第十甲		第十一甲		第十二甲		第十三甲		第十四甲		第十五甲		总计		附记
户数		一〇		一〇		一〇		一〇		一五		一〇		一一		一〇		九														九五		
		男	女	男	女	男	女	男	女	男	女	男	女	男	女	男	女	男	女	男	女	男	女	男	女	男	女	男	女	男	女	男	女	
人口总数		三一	二六	三一	三一	三二	二四	三四	四〇	五九	四五	二七	二二	四九	三二	四三	四五	四〇	二九													三四六	二九四	
现住		三一	二六	二八	三一	三〇	二四	三四	四〇	五五	四五	二六	二二	四五	三二	三八	四四	三五	二七													三二二	二九一	
他往				三		二				四		一		四		五	一	五	二													二四	三	
壮丁		一二		一四		一〇		一六		二八		一〇		一八		二一		一五														一四四		
识字		一二	一	一三	二	九		四		四	二	六		一一		一二		六														八七	五	本县从军一五人留学九人
职业	有	二一	一九	二〇	二二	二〇	一四	一二	二二	二七	二九	一六	一四	二六	二二	二五	三二	二四	一九													一九一	一九三	
	无	一〇	七	一一	九	一二	一〇	二二	一八	三二	一六	一一	八	二三	一〇	一八	一三	一六	一〇													一五五	一〇一	
非家属同住者		七	二	九	九	一二	四	九	五	二二	一七	六	三	一三	一〇	一四	一六	一二	八													一〇四	七四	
学童		四		四		三		一〇		一〇		四		二		一〇		七														五四		
备考				出县从军二人留学一人		出县从军二人				出县留学二人从军二人		出外留学一人		出县从军三人留学一人		出外留学二人从军三人		出外留学二人从军三人																

四川省荣县第五区第　保普通户口统计表　　中华民国二十　年　月　日　保长程怀介

四川省荣县第五区第　保普通户口统计表

事别＼甲别		第一甲		第二甲		第三甲		第四甲		第五甲		第六甲		第七甲		第八甲		第九甲		第十甲		第十一甲		第十二甲		第十三甲		第十四甲		第十五甲		总计		附记
户数		一二		九		一〇		一〇		一一		一〇		一〇		一〇		一〇		一〇												一〇二		出县从军者九人留学者一四人
		男	女	男	女	男	女	男	女	男	女	男	女	男	女	男	女	男	女	男	女	男	女	男	女	男	女	男	女	男	女	男	女	
人口总数		三二	三二	二七	二一	四七	四一	四一	三九	二三	三五	二三	二九	三四	三二	二二	二〇	三三	三〇	四四	三二											三二六	三一一	
现住		三〇	三三	二三	二〇	四五	四一	三九	三九	二二	三四	一八	二九	二九	三二	二二	二〇	三一	三〇	四四	三二											三〇三	三〇九	
他往		二		四	一	二		二		一	一	五		五一				二														二三	二	
壮丁		五		一〇		一八		一六		八		九		六		一一		一〇		一三												一〇六		
识字		二		四		一一		八		二		二		四		二		三		六												四四		
职业	有	二三	一六	一七	一一	三〇	二〇	二六	二一	一五	二〇	一三	一三	一九	一一	一三	八	一七	一五	二二	一七											一九五	一五二	
	无	九	一六	一〇	一〇	一七	二一	一五	一八	八	一五	一〇	一六	一五	二一	九	一二	一六	一五	二二	一五											一三一	一五九	
非家属同住者		七	七	三	二	一六	五	一〇	五	四	九	二	三	七	六	一		二		一二	六											六四	四三	
学童		二		五		一〇		九		五		二		八		三		五		七												五六		
备考		出外从军二人		出外留学三人从军一人		出外从军二人		出县留学二人		留学一人		出县留学三人从军二人		出县从军二人留学三人				出外从学二人																

保长邹云祥

中华民国二十五年七月二十日

事别＼甲别	第一甲		第二甲		第三甲		第四甲		第五甲		第六甲		第七甲		第八甲		第九甲		第十甲		第十一甲		第十二甲		第十三甲		第十四甲		第十五甲		总计		附记
户数	一〇		九		一〇		一〇		一〇		一〇		一〇		一〇		一〇		九												九八		
	男	女	男	女	男	女	男	女	男	女	男	女	男	女	男	女	男	女	男	女	男	女	男	女	男	女	男	女	男	女	男	女	
人口总数	四三	三二	二二	三六	三二	二九	四五	四二	六六	五三	二七	二三	三九	三九	四一	四四	三七	二五	三九	三一											三九一	三五一	
现住	四〇	二九	二〇	三六	三〇	二九	四三	四二	六四	五〇	二五	二三	三八	三九	三八	四四	三五	二五	三八	三一											三七一	三四八	
他往	三	三	二		二		二		二	三	二		一		三		二		一												二〇	三	
壮丁	一五		六		一七		三		一〇		六		一〇		七		一四		一〇												九八		出县从军一〇人留学一〇人又女子一人
识字	二		一		三		一		三		二		八		二		一		三												二六		
职业 有	三〇	二五	一八	三〇	三一	二五	四〇	三八	五八	五〇	二五	二〇	二九	二五	三八	四〇	三四	二〇	三一	二五											三三四	二九八	
职业 无	一三	七	四	六	一	四	五	四	八	三	二	三		一四	三	四	三	五	八	六											五七	五三	
非家属同住者	五			四	八		四			五			四			五			七												二二	一四	
学童	五		六		九		一〇		五		六		八		四		九		五												六七		
备考	出县从军二人留学一人女子一人		出县从军一人留学一人		出县留学二人		出外从军二人		出外从军二人留学女一人		出外留学二人		出外从军一人		出县从军一人留学二人		出县留学二人		出外从军一人														

四川省荣县第五区第　　保普通户口统计表

中华民国二十五年七月三十日

保长但洪图

四川省荣县第五区第五保普通户口统计表

事别＼甲别		第一甲		第二甲		第三甲		第四甲		第五甲		第六甲		第七甲		第八甲		第九甲		第十甲		第十一甲		第十二甲		第十三甲		第十四甲		第十五甲		总计		附记
户数		一〇		一〇		一一		一〇		一〇		一一		一〇		一二		一〇		一一												一〇五		出县从军者二二人留学者一四人
		男	女	男	女	男	女	男	女	男	女	男	女	男	女	男	女	男	女	男	女	男	女	男	女	男	女	男	女	男	女	男	女	
人口总数		四一	三五	二六	二九	三九	三六	五一	三五	五〇	四六	四三	四八	三六	四六	四五	三五	五四	五一	五二	三九											四三七	四〇〇	
现住		三七	三五	二三	二九	三二	三五	五一	三五	四八	四六	四一	四八	三四	四五	三九	三五	五〇	五一	四六	三九											四〇一	三九八	
他往		四		三		七	一			二		二		二	一	六		四		六												三六	二	
壮丁		一三		一一		一九		一四		一九		一六		一一		一九		二一		二四												一六七		
识字		一一	一	五		一二	一	一六		一〇	二	一二	二	一三	三	八		一九	一	一〇												一一二	一〇	
职业	有	二六	二三	一五	一五	二四	二五	三二	二三	三四	二六	二九	二六	二〇	二八	三〇	二五	三二	三三	三二	二八											二八四	二五二	
	无	一五	一二	一一	一四	一五	一一	一九	一二	一六	二〇	一四	二二	一六	一八	一五	一〇	二二	一八	二〇	一一											一五三	一四八	
非家属同住者		一四	一〇	八	六	七	三	一二	一	一五	三	一一	七	八	九	七	三	八	二	一四	一二											一〇四	五六	
学童		一一		六		七		一三		一〇		一〇		一〇		六		五		一〇												八八		
备考		出县从军三人留学一人		出县留学一人从军二人		出县留学五人从军二人				出县从军二人		出县从军二人		出县留学二人女子一人		出县从军五人留学一人		出县留学二人从军二人		出县从军四人留学二人														

保长程炳文

中华民国二十五年七月二十日

四川省荣县第　区第　保普通户口统计表

中华民国二十　年　月　日　保长吴雪口

事别＼甲别		第一甲		第二甲		第三甲		第四甲		第五甲		第六甲		第七甲		第八甲		第九甲		第十甲		第十一甲		第十二甲		第十三甲		第十四甲		第十五甲		总计		附记
户数		一〇		一〇		一〇		一〇		一〇		一〇		一〇		一〇		一〇		九												九九		出县从军者七人留学者二人女子三人
		男	女	男	女	男	女	男	女	男	女	男	女	男	女	男	女	男	女	男	女	男	女	男	女	男	女	男	女	男	女	男	女	
人口总数		二八	二五	四九	三八	二五	二九	三七	三〇	三七	三六	四七	四五	四一	三九	三三	三四	三七	三五	三三	三二											三六九	三四四	
现住		二六	二五	四三	三五	二五	二七	三七	三〇	三七	三六	四六	四五	四一	三九	三三	三三	三七	三四	三一	三一											三六〇	三三九	
他往		三		一	二		二					二		二		一		一		一	二											九	五	
壮丁		一一		八	七	一一		九		一四		二三		九		二〇		七		一四												一一六		
识字		九	二	一三		五		八		一〇		二五		一三		八		二		一一												一一三	二	
职业	有	二一	一九	一八	二八	一九	二一	三一	二二	三一	三一	三七	四〇	二五	二三	二一	二一	一六	二〇	二〇	一四											二五三	二四一	
	无	七	六	二一	七	六	八	六	八	六	五	九	五	一六	一六	一〇	一二	一六	一五	一一	一八											一四七	一五二	
非家属同住者		九	九	六	四	三	二	三	八	三	一	一一	一一	五	五	三	二	九	七	六												九五	四七	
学童		四		六		九		七		一〇		一一		六		五		一一		一〇												七〇		
备考		出县从军者二人留学一人		出外留学一人		出外留学女子一人						从军二人		从军一人留学一人		从军一人		留学一人		从军一人留学女二人														

四川省荣县第　区第　保普通户口统计表

事别＼甲别		第一甲		第二甲		第三甲		第四甲		第五甲		第六甲		第七甲	
		男	女	男	女	男	女	男	女	男	女	男	女	男	女
户数		一〇		一〇		一〇		一〇		一五		一〇		一二	
人口总数		六九	五七	四一	五六	三〇	二七	五八	五〇	五〇	四一	二九	一九	三五	二二
现住		六四	五六	四〇	五六	二八	二七	五八	五〇	五〇	四一	二九	一九	三四	二二
他往		五	一	一		二								一	
壮丁		三〇		二一		一〇		二一		二二		五		八	
识字		一二		五	一	二		九		二		一			
职业	有	三五	一七	二三	二九	一六	一七	三〇	二二	三二	二三	一四	一二	一九	一五
职业	无	三四	四〇	一八	二七	一四	一〇	二八	二八	一八	一八	一五	七	一六	七
非家属同住者		四		三	一	五		三		二				一	
学童		七		一〇		三		一〇		五		八		六	
备考		驼子壮丁一人他往壮丁八人足疾壮丁三人手疾壮丁二人		他往壮丁四人瘫疾壮丁四人		他往壮丁五人		他往壮丁三人足疾壮丁二人手疾壮丁四人		他往壮丁四人目疾壮丁一人足疾壮丁二人				瘫疾壮丁一人	

事别＼甲别		第八甲		第九甲		第十甲		第十一甲		第十二甲		第十三甲		第十四甲		第十五甲		总计	
		男	女	男	女	男	女	男	女	男	女	男	女	男	女	男	女	男	女
户数																		七七	
人口总数																		三一二	二七二
现住																		三〇三	二七一
他往																		九	一
壮丁																		一一七	
识字																		三一	一
职业	有																	一六九	一三五
职业	无																	一四三	一三七
非家属同住者																		一八	一
学童																		四九	
备考																			

附记：不堪股役壮丁统计四十四人兹分录于下有驼子一人足疾七人目疾六人瘫疾五人他往二十四人

中华民国二十五年七月　日　保长邹泰春

四川省荣县第　区第　保普通户口统计表

中华民国二十五年七月二十日　保长邹植甫

事别＼甲别	第一甲		第二甲		第三甲		第四甲		第五甲		第六甲		第七甲		第八甲		第九甲		第十甲		第十一甲		第十二甲		第十三甲		第十四甲		第十五甲		总计		附记
户数	一一		一一		一一		一四		一二		一〇		一二		一三		一三		一二												一一九		出县从军者一五人留学者九人
	男	女	男	女	男	女	男	女	男	女	男	女	男	女	男	女	男	女	男	女	男	女	男	女	男	女	男	女	男	女	男	女	
人口总数	四一	四〇	三九	四四	三六	三八	五八	四八	六〇	六四	二一	三〇	四九	四八	五一	三三	四二	三三	二一	二三											四一八	四〇一	
现住	四〇	四〇	三六	四四	三六	三八	五二	四八	五九	六四	二〇	二九	四五	四七	五一	三三	三四	三三	二一	二三											三九四	三九九	
他往	一		三				六		一		一	一	四	一			八														二四	二	
壮丁	一七		一七		一四		二〇		二〇		八		一四		二〇		一七		一四												一六一		
识字	七	二	九		八		一四		八	二	三		四		五		八		二												六八	四	
职业　有	三一	二八	二五	三一	二三	二七	三九	三〇	三八	四七	一二	一八	三二	二九	三一	二〇	三七	二四	二〇	一九											二八八	二八三	
职业　无	一〇	一二	一四	一三	一三	一一	一九	一八	二二	一七	九	一二	一七	一九	二〇	一三	五	九	一	四											一三〇	一二八	
非家属同住者	九	四	三	二	五	五	一一	八	二二	一五	一		五	二	七	二	九	七													七二	四五	
学童	四		七		六		一一		一〇		三		九		八		八		六												七二		
备考	出县从军一人		出县留学二人从军一人				出县从军者五人留学者乙[①]人		出县留学		出县留学		出县留学二人从军二人				出县从军六人留学二人																

① 原文如此。

四川省荣县第五区第　保普通户口统计表

中华民国二十五年七月廿八日　保长邹文治

甲别 事别		第一甲		第二甲		第三甲		第四甲		第五甲		第六甲		第七甲		第八甲		第九甲		第十甲		第十一甲		第十二甲		第十三甲		第十四甲		第十五甲		总计		附记
户数		一一		一〇		一〇		一三		一〇		一一		一〇		一〇		一〇		一一												一〇七		一、本保他往出县未出省男三人出省未出国男二人出区未出县男一人出甲未出保男一人
		男	女	男	女	男	女	男	女	男	女	男	女	男	女	男	女	男	女	男	女	男	女	男	女	男	女	男	女	男	女	男	女	
人口总数		四五	三六	二二	二五	三五	二二	二四	三〇	二二	一八	三五	三二	二七	二六	二七	二九	四七	三四	四五	四二											三二九	二九四	
现住		四五	三六	二一	二五	三二	二二	二四	三〇	二二	一八	三五	三二	二七	二六	二七	二九	四四	三四	四五	四二											三二二	二九四	
他往				一		三												三														七		
壮丁		一六		一〇		一三		一三		九		一二		一四		八		一四		一五												一二四		
识字		七		五		一〇		四		五		五		三		三		一二		九												六三		
职业	有	二七	二〇	一三	八	一六	八	一七	一四	一〇	一二	一九	二一	一五	一五	一五	一七	二二	一九	二八	二七											一八二	一六一	
	无	一七	一七	八	一七	一八	一二	一〇	一三	一二	六	一四	一三	一二	一一	一四	一〇	二一	一六	一五	一七											一四一	一三二	
非家属同住者		四	三	二	二	二	二		一			二	六	三	二	一	一	七	四	二	八											二二	二九	
学童		一〇		三		四		四		四		五		五		五		八		六												五四		
备考				出县未出省男一人		出县未出省男二人出区未出县男一人												出省未出国男一人出价未出保男一人出县未出省男一人																

四川省荣县第　区第　保普通户口统计表

保长徐高翔

事别＼甲别	第一甲		第二甲		第三甲		第四甲		第五甲		第六甲		第七甲		第八甲		第九甲		第十甲		第十一甲		第十二甲		第十三甲		第十四甲		第十五甲		总计		附记
户数	一二		九		一〇		一〇		一〇		一〇		一〇		一〇		一二		一四												一〇七		出县从军者一〇人留学者四人
	男	女	男	女	男	女	男	女	男	女	男	女	男	女	男	女	男	女	男	女	男	女	男	女	男	女	男	女	男	女	男	女	
人口总数	四三	四一	四四	三五	六〇	四六	五〇	五六	五一	六〇	三四	三三	五三	四八	二五	二三	三二	三七	四三	四二											四四五	四二一	
现住	四二	四一	四四	三五	六〇	四六	五〇	五六	四九	六〇	三〇	三三	四九	四七	二五	二三	二九	三七	四三	四二											四三一	四二〇	
他往	一								二		四		四	一			三														一四	一	
壮丁	二〇		一三		二一	一	二四		二一		一七		二一		一二		一五		一二												一七六		
识字	二		一		一二		一〇		四	二	二		七		二		七		四												五一	三	
职业 有	二六	二六	二四	二〇	二五	二六	二九	二九	二九	三九	二三	一八	三八	三二	一五	一四	一七	二〇	二三	二二											二五八	二四六	
职业 无	一七	一五	二〇	一五	三五	二〇	二一	二七	二〇	二一	一一	一五	二〇	一六	一〇	九	一五	一七	二〇	二〇											一八七	一七五	
非家属同住者	八	五	六	二	二七	一七	二〇	一四	二二	三〇	七	四	一六	一〇	一	一	三	五	三	七											一一三	一五八	
学童	五		七		一五		一四		一三		六		八		三		三		四												七八		
备考	出外从军一人								出外从军二人		出县留学二人从军二人		出县从军三人留学一人				出外从军二人留学一人																

中华民国二十　年　月　日

四川省荣县第五区第六三保普通户口统计表

事别＼甲别		第一甲		第二甲		第三甲		第四甲		第五甲		第六甲		第七甲		第八甲		第九甲		第十甲		第十一甲		第十二甲		第十三甲		第十四甲		第十五甲		总计		附记
户数		一一		一〇		一一		一〇		一〇		一〇		一〇		一〇		一一		一〇												一〇三		
		男	女	男	女	男	女	男	女	男	女	男	女	男	女	男	女	男	女	男	女	男	女	男	女	男	女	男	女	男	女	男	女	
人口总数		三三	三六	三〇	四二	三四	四一	三〇	三〇	四七	三一	三五	三六	三一	二九	三〇	二六	二五	三三	三一	二九											三二六	三二九	
现住		三〇	三六	二七	四二	三〇	四一	二九	三〇	四〇	三一	三二	三六	三〇	二九	二九	二二	二四	三三	三一	二九											三二	三二九	
他往		三		三		四		一		七		三		一		一		一														二四		
壮丁		一一		一〇		一二		一一		一〇		一二		六		一一		七		七												九七		
识字		二	二	四	一	八	二	二		七		七	一	三	一	六		一		七												四七	七	出县从军者三人留学者一人
职业	有	二〇	二三	二二	二八	二六	二一	一九	一八	二四	二〇	二一	一七	二〇	一七	一六	一四	一七	一五	一六	一四											二一	一八七	
	无	一三	一三	八	一四	八	二〇	一一	一二	二三	一一	一四	一九	一一	一二	一四	八	八	一八	一五	一五											一二五	一四二	
非家属同住者		五	六	九	一三	一三	一一	八	九	一六	一一	一〇	三	二	七																	六三	三九	
学童		九		一四		九		七		一三		一八		一〇		九		一〇		九												一八		
备考		肺病一人 咳嗽一人		足疾二人 黄肿病一人		肺疾一人 足疾一人 咳嗽一人		肺病一人 足疾一人 咳嗽一人		咳嗽一人 肺疾一人		出县从军二人留学一人		出县从军一人		肺病一人		肺病二人 手疾一人																

保长朱吉安

中华民国二十五年七月二十一日

四川省荣县第五区第六四保普通户口统计表

保长刘德安

中华民国二十五年七月年日

事别＼甲别		第一甲		第二甲		第三甲		第四甲		第五甲	
户数		九		一四		一四		一二		一一	
人口总数		男	女	男	女	男	女	男	女	男	女
		三四	二五	三六	四九	四〇	三三	二八	二九	二二	二四
现住		三二	二五	三六	四九	三九	三三	二七	二九	二二	二四
他往		二				一		一			
壮丁		一〇		一四		五		九		八	
识字		四		三		三				一	
职业	有	一八	一五	二二	二五	二五	一六	一六	一四	九	一三
	无	一六	一〇	一五	二四	一九	一二	一二	一五	八	六
非家属同住者		二				二				一	
学童		五		三		六		四		二	
备考		肺疾壮丁二									

事别＼甲别		第六甲		第七甲		第八甲		第九甲		第十甲	
户数		一〇		一〇		一〇		一一		一二	
人口总数		男	女	男	女	男	女	男	女	男	女
		二四	一七	二〇	一七	二四	二四	二七	三七	三六	四二
现住		二四	一七	二〇	一七	二四	二四	二七	三七	三六	四二
他往											
壮丁		六		四		七		一二		一三	
识字								三		四	
职业	有	一二	一二	一〇	七	一六	一一	一三	一三	二三	二五
	无	一〇	七	一一	七	七	一四	一三	二四	一〇	一七
非家属同住者											
学童		四		五		三		三		四	
备考								痨疾壮丁二		虚痨壮丁二	

事别＼甲别		第十一甲		第十二甲		第十三甲		第十四甲		第十五甲		总计		附记
户数												一一三		
人口总数		男	女	男	女	男	女	男	女	男	女	男	女	
												二九一	二七九	
现住												二八六	二七九	
他往												四		
壮丁												八八		
识字												一八		
职业	有											一六四	一五一	
	无											一一五	一四二	
非家属同住者												五		
学童												三九		
备考														

四川省荣县第五区第六五保普通户口统计表

事别＼甲别		第一甲		第二甲		第三甲		第四甲		第五甲		第六甲		第七甲		第八甲		第九甲		第十甲		第十一甲		第十二甲		第十三甲		第十四甲		第十五甲		总计		附记
户数		九		一〇		一〇		九		一〇		一一		九		一二		一一														九一		
人口总数		男	女	男	女	男	女	男	女	男	女	男	女	男	女	男	女	男	女	男	女	男	女	男	女	男	女	男	女	男	女	男	女	
		三四	二七	四〇	三三	三四	二七	二五	二三	二九	二七	二六	二九	二七	二九	三七	四四	三三	三七													二八五	二七六	
现住		三三	二六	三七	三三	三四	二七	二五	二三	二九	二七	二五	二七	二七	二九	三二	四四	三〇	三七													二六八	二七一	
他往		二	一	三				一		二	二	一	二			五		三														一七	五	
壮丁		八		一一		八		五		五		八		九		九		九														七二		出县从军者一一人 留学六人 女子二人
识字		五		二		三		三		二		二		三		三		二														二五		
职业	有	二〇	二〇	二四	二〇	一七	一七	一三	一五	一七	一七	一六	一七	二〇	二三	二七	二五	一七	一七													一七一	一七一	
	无	一四	七	一六	一三	一七	一〇	一二	八	一二	一〇	一〇	一二	七	六	一〇	一九	一六	二〇													一一四	一〇四	
非家属同住者		一〇	七	一二	一一	八	七	五	六	五	七	三	四	九	一〇	一一	一二	八	九													七一	七三	
学童		九		二		八		五		三		五		四		一一		四														五一		
备考		出县从军二人		出县留学三人				从军一人		从军二人		从军一人留学女二人				出县从军四人留学一人		出县留学二人从军一人																

中华民国二十五年七月二八日　保长但福华

四川省荣县第五区第六六保普通户口统计表

事别＼甲别		第一甲		第二甲		第三甲		第四甲		第五甲		第六甲		第七甲		第八甲		第九甲		第十甲		第十一甲		第十二甲		第十三甲		第十四甲		第十五甲		总计		附记
户数		一三		一二		一五		一五		一〇		一四		一三		一四		一一														一一七		本保出县从军者二〇人女子一人又出县留学一七人女子三人
人口总数		男	女	男	女	男	女	男	女	男	女	男	女	男	女	男	女	男	女	男	女	男	女	男	女	男	女	男	女	男	女	男	女	
人口总数		四〇	四二	三六	三三	五五	七〇	五三	四八	二四	二三	三二	二五	三五	三二	三二	三八	三七	二八													三四四	三三九	
现住		三三	四〇	三一	三一	五四	七〇	四八	四七	一八	二二	三二	二五	二六	二六	三〇	三八	三五	二七													三〇七	三二六	
他往		七	二	五	二	一		五	一	六	一			九	六	二		二	一													三七	一三	
壮丁		一七		八		二〇		二一		五		九		一〇		一一		一七														一一八		
识字		四		四		二	一	三		一				一		一		二														一九	一	
职业	有	三二	二九	二六	二六	三五	四七	三九	二九	一八	一六	二二	一七	三三	二一	二一	二一	一九	一五													二四五	二二一	
职业	无	八	一三	一〇	七	二〇	二三	一四	一九	六	七	一〇	八	二	一一	一一	一七	一八	一三													九九	一一八	
非家属同住者		六	四	二	四	二	三	七	二	四	一			三		二		一	一													二七	一六	
学童		三		七		八		八		九		一一		一〇		六		八														七〇		
备考		出县从军四人留学三人		出县留学三人从军二人女随夫出一人		从军一人		出外从军三人留学二人		出外从军四人留学三人				出县从军五人留学四人女子三人		出县留学二人		出县留学一人从军一人																

保长徐继廉

中华民国二十五年七月 日

四川省荣县第五区第六七保普通户口统计表

中华民国二十五年七月二十八日　保长邹子才

事别＼甲别		第一甲		第二甲		第三甲		第四甲		第五甲		第六甲		第七甲		第八甲		第九甲		第十甲		第十一甲		第十二甲		第十三甲		第十四甲		第十五甲		总计		附记
户数		一一		一二		一二		一三		一〇		一〇		一一		一四		一五		一二												一二〇		
		男	女	男	女	男	女	男	女	男	女	男	女	男	女	男	女	男	女	男	女	男	女	男	女	男	女	男	女	男	女	男	女	
人口总数		三四	三三	二五	三三	二七	二三	三八	二九	二二	二七	二四	一七	二八	二九	二九	三七	三七	四〇	三二	二八											二九九	二九七	
现住		三四	三三	二五	三三	二七	二三	三八	二九	二二	二七	二四	一七	二八	二九	二九	三七	三七	四〇	三一	二八											二九八	二九七	
他往																				一												一		
壮丁		九		九		九		一四		一〇		九		一三		八		一三		一一												一〇五		
识字		一二	一	四		五		四		三		一		三		五		二		四												四三	一	出县从军一人
职业	有	一七	一一	一五	一六	一三	一七	一八	一六	一一	一三	一三	九	二二	一八	一七	二一	一九	二一	二三	一二											一六七	一五四	
	无	一七	二二	一〇	一七	一四	六	二〇	一三	一一	一四	一一	八	六	一一	一二	一六	一八	一九	九	一六											一三二	一四三	
非家属同住者		三	一				一	一	二	二		一		二	一			一														一〇	五	
学童		七		九		七		四		七		四		五		九		四		四												六〇		
备考																				出外从军														

四川省荣县第五区第六八保普通户口统计表

中华民国二十五年七月二十一日　保长但鹏程

事别＼甲别	第一甲		第二甲		第三甲		第四甲		第五甲		第六甲		第七甲		第八甲		第九甲		第十甲		第十一甲		第十二甲		第十三甲		第十四甲		第十五甲		总计		附记
户数	一一		一二		一三		一五		一二		一三		一三		一〇		一三		一二		一三										一三七		本保从军二人留学四人
	男	女	男	女	男	女	男	女	男	女	男	女	男	女	男	女	男	女	男	女	男	女	男	女	男	女	男	女	男	女	男	女	
人口总数	三〇	三〇	三五	四九	三〇	三四	三一	三三	三二	三一	二八	三二	二四	三〇	二八	二四	三三	三二	三二	三四	二七	三〇									三三〇	三五九	
现住	三〇	三〇	三五	四九	二八	三四	二七	三三	三〇	三一	二六	三二	二三	三〇	二八	二四	三三	三二	三一	三四	二七	三〇									三一八	三五九	
他往					二		四		二		二		一						一												一二		
壮丁	一一		一一		五		一二		一一		六		九		八		一五		九		七										一〇四		
识字	一三		二		四		四		五		三		二		四		四		三		一										四五		
职业 有	一八	一九	二一	二八	一七	二一	二一	一九	一六	一六	一六	一六	一六	一七	一八	一八	一八	一八	一八	一六	一九	一九									一九八	二一七	
职业 无	一二	一一	一四	二一	一三	一三	一〇	一四	一六	一五	一二	一六	八	一三	一〇	六	一五	一四	一四	一八	八	一一									一三二	一四二	
非家属同住者	二	二	四	七			一	一	一	一	一	二	一	二		一		一	一		一	二									一二	一九	
学童	九		八		一三		一〇		八		九		三		九		九		六		五										八九		
备考					出县从军二人		出县留学三人				出县留学一人																						

四川省荣县第五区第六九保普通户口统计表

保长张六全

中华民国二十五年七月二八日

事别＼甲别		第一甲		第二甲		第三甲		第四甲		第五甲		第六甲		第七甲		第八甲		第九甲		第十甲		第十一甲		第十二甲		第十三甲		第十四甲		第十五甲		总计		附记
户数		八		一〇		一〇		一〇		一一		一三		一〇		一四		一四		一一		一一		一四								一三六		
人口总数		男	女	男	女	男	女	男	女	男	女	男	女	男	女	男	女	男	女	男	女	男	女	男	女	男	女	男	女	男	女	男	女	
		二七	三〇	四一	五三	三五	四〇	四〇	四一	二五	三五	三四	三八	二六	三〇	四五	四〇	四六	四五	四〇	四六	四一	三五	四三	四九							四四三	四〇八	
现住		二七	三〇	四一	五三	三五	四〇	四〇	四一	二五	三三	三四	三八	二六	三〇	四五	四六	四一	四五	三九	四六	四一	三五	四三	四九							四四二	四〇八	
他往																				一												一		
壮丁		九		六		一〇		九		八		一一		一一		八		一四		三		一一		一四								一一四		本保眼目不明男丁四人身痛一人共五人
识字		三	一	五		三		三		一		一												一								一七	一	
职业	有	一一	三	二四	五	二〇	九	一五	一〇	一六	三	一六	五	二〇	三	一〇	三	一九	二五	二一	九	一八	八	二〇	一二							二〇一	九五	
	无	一三	四	一五	二九	一〇	一一	一八	二〇	一二	三一	一七	二九	二〇	四六	二〇	三〇	一八	一三	二八	三九	一九	三〇	一五	一八							一九九	三〇〇	
非家属同住者		五	四	一三	一七	二	九	八	七	三	五	三	二	九	八	一五	一九	二〇	一三	五	一〇	一二	一〇	一五	一〇							一〇一	一〇四	
学童		四		一一		九		六		四		五		七		九		一〇		七		一四		一九								一〇五		
备考		眼目不明男丁四人										身痛男丁一人																						

四川省荣县第五区第七〇保普通户口统计表

中华民国二十五年七月卅日　保长邹任

事别＼甲别	第一甲		第二甲		第三甲		第四甲		第五甲		第六甲		第七甲		第八甲		第九甲		第十甲		第十一甲		第十二甲		第十三甲		第十四甲		第十五甲		总计		附记
户数	一一		一〇		一二		一五		一〇		一〇		八		一一		一二		九												一〇七		
	男	女	男	女	男	女	男	女	男	女	男	女	男	女	男	女	男	女	男	女	男	女	男	女	男	女	男	女	男	女	男	女	
人口总数	五二	三〇	二九	三七	三七	三三	三八	四〇	三一	三一	一九	三三	二三	三五	三三	三六	三七	三一	二三	二八											三三一	三三五	
现住	五二	三〇	二七	三七	三六	三三	三七	四〇	三一	三一	一九	三三	二〇	三五	三二	三六	三六	三一	二二	二八											三二〇	三三五	
他往			二		一		一						三		一		一		一												一一		本保男共三百三十一人女三百三十五人壮丁一百零四人瘵疾壮丁六人他往壮丁七人他往男四人
壮丁	一四		一二		一一		一〇		九		五		七		一〇		一四		一二												一〇四		
识字	四		四		四		五		一		一		三		二		四		二												三〇		
职业 有	三一	二七	二五	二〇	一八	二四	二〇	二〇	一四	一一	二二	一六	一〇	二三	二二	二五	二一	二〇	一四	二〇											一八七	二〇六	
职业 无	二一	三	四	一七	一九	九	一八	二〇	一七	二〇	七	一七	一三	一二	一一	一一	一六	一一	九	八											一三五	一二八	
非家属同住者	五		五	三	二	二	二		六	五	一	四	四	九		一			一	二											二六	一六	
学童	八		七		八		一一		六		七		八		五		八		四												七二		
备考	瘵疾壮丁二		瘵疾壮丁一出保壮丁二		瘵疾壮丁一出保壮丁一		出保者男一																										

四川省荣县第五区第七一保普通户口统计表

事别＼甲别		第一甲		第二甲		第三甲		第四甲		第五甲		第六甲		第七甲		第八甲		第九甲		第十甲		第十一甲		第十二甲		第十三甲		第十四甲		第十五甲		总计		附记
户数		一〇		一〇		一〇		一三		一二		一一		一〇		一一		一二		九		一〇										一一八		出县从军七人留学四人
		男	女	男	女	男	女	男	女	男	女	男	女	男	女	男	女	男	女	男	女	男	女	男	女	男	女	男	女	男	女	男	女	
人口总数		二五	二七	四三	三九	三六	三六	四〇	四〇	三〇	三二	四〇	三九	三三	三七	四五	四一	五〇	四一	三六	二六	四〇	三五									四一八	三九三	
现住		二四	二七	三九	三九	三一	三五	三六	四〇	二九	三一	三九	三九	三二	三六	四五	四一	五〇	四一	三二	二五	四〇	三五									三九七	三八九	
他往		一		四		五	一	四		一	一	一		一	一					四	一											二一	四	
壮丁		七		二〇		一六		一四		一一		一二		一六		一七		一三		一四		七										一〇七		
识字		二		五		二		三		二		六	二	七	二	四		二		四		二										三九	四	
职业	有	一三	一五	二七	一八	二〇	二〇	二〇	二二	一四	一六	一八	二一	一九	一八	二〇	二一	二四	二五	一二	一六	一六	一五									二〇三	二〇七	
	无	一一	一二	一六	二一	一六	一七	一九	一九	一六	一五	二三	一八	一四	一七	二〇	一二	二〇	八	二〇	六	一二	一一									一八七	一五八	
非家属同住者		二	二	五	二	一	一	四	七			四	五	二	四	一	一	五	三	一	一	一	一									二六	二七	
学童		四		五		四		八		一〇		八		五		九		九		八		一〇										八〇		
备考				出县留学二人从军二人		出县从军四人		出县留学一人												出外留学一人从军三人														

保长但俊书

中华民国二十五年七月二十八日

四川省荣县第五区第七二保普通户口统计表

事别＼甲别	第一甲		第二甲		第三甲		第四甲		第五甲		第六甲		第七甲		第八甲		第九甲		第十甲		第十一甲		第十二甲		第十三甲		第十四甲		第十五甲		总计		附记
户数	一四		一〇		一〇		一〇		一一		一二		一〇		一四		一一		一一												一一三		出县从军五人留学二人
	男	女	男	女	男	女	男	女	男	女	男	女	男	女	男	女	男	女	男	女	男	女	男	女	男	女	男	女	男	女	男	女	
人口总数	三七	三三	五〇	三八	三四	一八	二八	二五	三二	三一	三六	三九	二九	二四	四五	四六	二八	三三	二七	二八											三四六	三一五	
现住	三六	三三	四九	三八	三〇	一八	二七	二五	三一	三一	三六	三九	二九	二四	四五	四九	二八	三三	二七	二八											三三八	三一五	
他往	一		一		四		一		一																						八		
壮丁	一三		一〇		一二		八		八		九		九		五		九		一〇												九九		
识字	二		三		一		二				二		一		二		二		三												二一		
职业 有	二四	二二	三〇	二二	二五	一二	一九	二二	二一	二〇	二一	二七	二〇	一一	二八	二五	一九	二〇	一九	一八											二二五	二一四	
职业 无	一三	一一	二〇	一六	九	六	九	三	一一	一一	一四	一二	九	一三	一七	一一	九	一三	八	一〇											一二一	一〇一	
非家属同住者	五	三	一三	六	一		五	一	三	二	七	九	三	一	五	四	一	三	一	一											四四	五七	
学童	五		九		四		五		一		六		一〇		四		一		四												四五		
备考	从军		从军		留学二人从军二人		从军																										

保长但级成

中华民国二十五年七月二九日

四川省荣县第五区第七三保普通户口统计表

中华民国二十五年　月　日　保长范惠卿

事别＼甲别		第一甲		第二甲		第三甲		第四甲		第五甲		第六甲		第七甲		第八甲		第九甲		第十甲		第十一甲		第十二甲		第十三甲		第十四甲		第十五甲		总计		附记
户数		一〇		一一		一〇		一二		一〇		一一		一一		一五																九〇		瘸疾男一六女六出县未出省男一出区未出县男一女二出保未出区男一出甲未出保雇工男一从军不详男八他往行商男二他往不详男一不知去向女二
		男	女	男	女	男	女	男	女	男	女	男	女	男	女	男	女	男	女	男	女	男	女	男	女	男	女	男	女	男	女	男	女	
人口总数		三七	四四	四二	五九	三四	二五	五六	四八	三六	二二	三五	三〇	三九	三七	四三	五四															三二二	三一九	
现住		三三	四一	四二	五九	三三	二五	五二	四八	三二	二二	三四	三〇	三九	三七	四一	五四															三〇六	三一六	
他往		四	三			一		四		四		一				二																一六	三	
壮丁		一四		一六		一六		二三		一一		八		一六		一五																一一九		
识字		八	二	一三		九		七		九		四		四		五																五九	五	
职业	有	二一	二六	二三	二八	二二	一九	三二	二八	一三	一八	一九	一六	二六	二二	二四	二八															一八〇	一八五	
	无	一六	一八	一九	三一	一二	六	二四	二〇	二三	四	一六	一四	一七	一七	一九	二六															一四六	一四六	
非家属同住者		四	四	一	四	三				一		六	四	一〇	三																	二五	一五	
学童		一六		二三		一五		二一		一三		二〇		二二		二五																一五五		
备考		瘸疾男三女三出县男一出区未出县男一女二		瘸疾男一女一		瘸疾男三从军不详男一不知去向女二		从军不详男四瘸疾男三		瘸疾男三女一他往行商男二从军不详男二		出保未出区男一		瘸疾男一他往不详男一		瘸疾男二女一出甲未出保雇工男一从军不详男一																		

四川省荣县第五区第七四保普通户口统计表

事别＼甲别		第一甲		第二甲		第三甲		第四甲		第五甲		第六甲		第七甲		第八甲		第九甲		第十甲		第十一甲		第十二甲		第十三甲		第十四甲		第十五甲		总计		附记
户数		七		五		一〇		一〇		一〇		一〇		一〇		一〇		一〇		一一												九三		
		男	女	男	女	男	女	男	女	男	女	男	女	男	女	男	女	男	女	男	女	男	女	男	女	男	女	男	女	男	女	男	女	
人口总数		二〇	二六	二六	一七	四九	四〇	三九	三〇	四一	三〇	五五	四九	四八	四八	三七	三四	三九	三五	四〇	三一											三九四	三四〇	
现住		二〇	二六	二六	一七	四五	三九	三八	三〇	三六	二九	五二	四九	四一	四八	三七	三三	三四	三四	三八	三一											三六七	三三六	
他往						四	一	一		五	一	三		七			一	五	一	二												二七	四	
壮丁		九		七		一三		九		一六		一九		一九		一五		一六		一三												一三六		
识字				三		五		二		三	一	四		一二	一	一一		四		一												四五	二	
职业	有	一五	一五	一二	一二	二九	二〇	二三	一九	二六	一九	二三	三〇	二六	二八	二四	二六	二六	二三	二六	二三											二四〇	二一五	
	无	五	一一	一四	五	二〇	二〇	一六	一一	一五	一一	二二	一九	一二	二〇	一三	八	一三	一二	一四	八											一五四	一二五	
非家属同住者		五	四	六	五	四	三	一〇	四	四	一	一二	一〇	五	六	六	一	五	四	九	六											六六	三八	
学童		六		六		一一		一一		二		一四		一二		九		九		八												八八		
备考		有痼疾男一		有痼疾男一		有痼疾男四		有痼疾男一		有痼疾男五		有痼疾男三		有痼疾男五		有痼疾男三		有痼疾男二																

中华民国二十五年七月 日 保长刘正菁

四川省荣县第五区第七五保普通户口统计表 保长但凤岗

中华民国二十五年七月 日

事别＼甲别	第一甲		第二甲		第三甲		第四甲		第五甲		第六甲		第七甲		第八甲		第九甲		第十甲		第十一甲		第十二甲		第十三甲		第十四甲		第十五甲		总计		附记
户数	一〇		一二		一〇		九		一〇		一〇		一〇		一〇		一〇		一〇												一〇二		出县从军者一〇人留学者八人
人口总数	男	女	男	女	男	女	男	女	男	女	男	女	男	女	男	女	男	女	男	女	男	女	男	女	男	女	男	女	男	女	男	女	
	三五	二七	三四	三九	五六	四七	二〇	二三	二五	一七	三八	三〇	三一	三四	三九	三四	四二	三三	七八	七七											三九八	三六一	
现住	三五	二七	三三	三九	五三	四七	一七	二二	二二	一六	三五	二九	三一	三四	三七	三四	四二	三三	七一	七七											三七六	三五八	
他往			一		三		三	一	三	一	三	一			二				七												二二	三	
壮丁	一七		一四		一九		一〇		六		一〇		九		一五		一六		二〇												一三六		
识字	五		六				二				九	一	三						三一	八											五六	一〇	
职业 有	二二	一七	二〇	一四	二五	二四	七	八	一三	九	二一	一二	一四	一八	二二	一七	二五	一一	四二	四八											二〇九	一九〇	
职业 无	一三	一〇	二二	一七	三一	二三	一三	一五	一二	八	一七	一八	一七	一六	二〇	一四	一七	一二	三六	二九											一八九	一七一	
非家属同住者	二				二												一														五		
学童	五		一五		二八		八		七		一七		三		九		四		一二												一〇八		
备考					出县留学一人从军二人		从军二人留学一人		留学者二人		出县留学者二人从军者一人								出外从军者五人留学者二人														

四川省荣县第五区第七六保普通户口统计表　保长范博文

中华民国二十五年　月　日

事别＼甲别	第一甲		第二甲		第三甲		第四甲		第五甲		第六甲		第七甲		第八甲		第九甲		第十甲		第十一甲		第十二甲		第十三甲		第十四甲		第十五甲		总计		附记
户数	一〇		一〇		九		一〇		一〇		一〇		一〇		一〇		一〇		一〇												九九		出县从军者一二留学者六人
	男	女	男	女	男	女	男	女	男	女	男	女	男	女	男	女	男	女	男	女	男	女	男	女	男	女	男	女	男	女	男	女	
人口总数	三一	二五	四五	四六	二一	二八	一八	二八	二二	二四	三二	三〇	五〇	四〇	五三	五一	五八	四三	三六	三五											三六六	三五〇	
现住	二八	二五	四一	四五	二一	二八	一八	二八	二二	二四	二八	三〇	四七	四〇	五〇	五〇	五六	四三	三六	三六											三四七	三四九	
他往	三		四	一							四		三		三	一	二														一九	一	
壮丁	一三		一八		一〇		九		八		六		二〇		二一		一七		一六												一三八		
识字	六	四	六		一		五		三		二		五		八		三		五												四四	四	
职业 有	一五	一四	一九	二一	一三	一五	一三	一三	一三	一一	一五	二三	二九	二五	三五	三一	二一	一八	二二	一五											一九五	一八七	
职业 无	一六	一一	二六	二五	八	一三	五	一五	九	一三	一七	七	二一	一五	一八	二〇	三七	二五	一四	二〇											一七一	一六三	
非家属同住者	一	一	二	四	三	一	一		二		三	二	一一	三	八	四	二	二	三	一											三六	一八	
学童	一三		二二		一二		一〇		一四		一八		一五		二三		二四		一三												一六四		
备考	出县从军者二人留学者一人		出县留学者一人从军者三人								出县从军者三人留学一人		出县留学者二人从军一人		出县从军一人留学一人		从军二人																

四川省荣县第五区第七七保普通户口统计表

事别＼甲别		第一甲		第二甲		第三甲		第四甲		第五甲		第六甲		第七甲		第八甲	
户数		一一		一〇		一〇		一二		一三		一一		一一		一一	
		男	女	男	女	男	女	男	女	男	女	男	女	男	女	男	女
人口总数		三六	三〇	三六	二八	二八	三二	三九	三六	四〇	三七	三九	四〇	二八	三八	四一	三九
现住		三六	三〇	三六	二八	二八	三二	三九	三六	三八	三七	三九	四〇	二六	三八	四〇	三九
他往										二				二		一	
壮丁		一一		九		一一		一二		一四		一六		一三		一四	
识字		五		四		一		一二		二	一	五		二		一〇	
职业	有	一七	一六	一九	一五	一八	一六	二五	二三	二〇	一九	二五	三一	一五	一七	二四	二一
	无	一九	一四	一七	一三	九	一六	一四	一三	一四	一三	二五	一八	一一	二一	一七	一八
非家属同住者				一	一	一	一	二	四	三	四	二	一	二	四		
学童		七		八		九		八		八		九		二		六	
备考				他往壮丁一人病疾壮丁二人				病疾壮丁一人		他往壮丁三人		他往壮丁一人病疾壮丁四人		他往壮丁二人佣工二人		病疾壮丁三人他往壮丁一人	

事别＼甲别		第九甲		第十甲		第十一甲		第十二甲		第十三甲		第十四甲		第十五甲		总计		附记
户数		一一		一〇												一一〇		他往壮丁一四人有痼疾壮丁一〇人
		男	女	男	女	男	女	男	女	男	女	男	女	男	女	男	女	
人口总数		四二	四五	二四	二三											三五三	三四九	
现住		三九	四五	二四	二三											三四五	三四九	
他往		三														八		
壮丁		一一		九												一二〇		
识字		七		三												五一	一	
职业	有	二四	二五	一七	一二											二〇四	一九五	
	无	一八	一九	五	九											一四九	一五四	
非家属同住者		三	二													一四	一七	
学童		一〇		三												七〇		
备考		他往壮丁三人病疾壮丁一人		他往壮丁一人														

保长范泽民

中华民国二十五年七月廿七日

四川省荣县第五区第七八保普通户口统计表

事别＼甲别		第一甲		第二甲		第三甲		第四甲		第五甲		第六甲		第七甲		第八甲		第九甲		第十甲		第十一甲		第十二甲		第十三甲		第十四甲		第十五甲		总计		附记
户数		一一		一〇		一〇		一〇		一〇		一〇		九		一〇		一〇		七												九七		
		男	女	男	女	男	女	男	女	男	女	男	女	男	女	男	女	男	女	男	女	男	女	男	女	男	女	男	女	男	女	男	女	
人口总数		四三	四三	四四	四九	四四	二九	五一	四七	三七	三二	四六	五三	二八	二五	四七	五〇	三七	四六	二八	二七											四〇五	四〇一	
现住		三八	四三	三九	四九	三七	二九	四〇	四七	三四	三二	三三	四八	二六	二五	四五	五〇	三七	四六	二五	二七											三五四	三九六	
他往		五		五		七		一一		三		一三	五	二		二				三												五一	五	
壮丁		一九		二一		二二		二五		一七		一八		六		一八		一三		七												一六六		
识字		七		八		五		六		六		一一				七		四		二												五六		
职业	有	三三	一八	三〇	一九	二六	一五	三四	二二	二〇	二一	三七	三四	二一	二二	三〇	三五	二五	二七	一七	二〇											二七五	二三二	
	无	一〇	二五	一四	三〇	一八	一四	一七	二五	一七	一二	九	一九	七	三	一七	一五	一二	一九	一一	七											一三〇	一六九	
非家属同住者		四		九	六	五	三	九	七	一	二	八		五	三	六	六	二	二	六	六											五五	三五	
学童		一〇		八		五		九		八		七		三		九		一〇		八												七七		
备考		他往壮丁五人病病[①]壮丁三人		他往嘉定壮丁二人他井邑城内鞋工壮丁一人他往雇工壮丁二人痨疾壮丁一人耳聋壮丁一人		他往流走无定壮丁三人他往壮丁雇工四人齁病壮丁一人黄病疾壮丁一人瞎眼不名男一人		他往雇工壮丁五人出外不知何地壮丁二人雇工他往男一人齁病壮丁一人吐血痨壮丁二人眼不明壮丁一人聋子壮丁一人跰子一人驼子一人		他往学童二人痨病壮丁一人有病壮丁二人		他往壮丁雇工五人他学童五人他往读书壮丁一人痨疾女一人痨病壮丁一人		他往壮丁雇工一人痨病壮丁一人		他往壮丁雇工二人痨病壮丁一人		有病壮丁一人跰子壮丁一人		跰子壮丁一人他往雇工壮丁一人他往学童二人												他往壮丁三四疾病壮丁二二学生壮丁一人他往学童九人痨病女一人他往男一		

中华民国二十五年七月 日

保长邱克昌

① 原文如此，疑冗一“病”字。

四川省荣县第五区第七九保普通户口统计表

事别＼甲别		第一甲		第二甲		第三甲		第四甲		第五甲		第六甲		第七甲		第八甲		第九甲		第十甲		第十一甲		第十二甲		第十三甲		第十四甲		第十五甲		总计		附记
户数		一〇		一一		一〇		一〇		一〇		一一		一一		一一		八		一一												一〇三		
		男	女	男	女	男	女	男	女	男	女	男	女	男	女	男	女	男	女	男	女	男	女	男	女	男	女	男	女	男	女	男	女	
人口总数		三三	三一	三五	三八	二三	三四	三五	三一	三八	四七	四九	四〇	三九	三一	四〇	三五	二三	二三	三七	三二											三五二	三四二	
现住		三二	三一	三五	三八	二二	三四	三四	三一	三四	四七	四六	四〇	二九	三一	三八	三五	二〇	二三	三六	三二											三二六	三四二	
他往		一				一		一		四		三		一〇		二		三		一												一一六		
壮丁		一三		一六		九		一〇		二〇		一七		一九		一七		九		一五												一四五		出县从军者一二人留学五人
识字		一		五		一		二		一		二		一				一		三												一七		
职业	有	一九	一八	二八	三〇	一七	一七	一六	二二	二三	三三	二七	二四	二六	一七	二〇	一八	一〇	一二	二二	一八											二〇八	二〇九	
	无	一四	一三	七	八	六	七	一八	九	一五	一四	一九	一六	一三	一四	二〇	一七	一三	一一	一五	一九											一四四	一三三	
非家属同住者		一	一□[①]	一五	二二	三	五	八	五	六	一〇	一三	一〇	二		一		二	一	五	一											四六	五四	
学童		七		六		四		八		一五		三		三		六		三		一五												七〇		
备考										出县从军三人留学一人		出县从学一人		出县从军六人留学四人				出县从军三人																

保长朱鉴明

中华民国二十五年七月　日

① 档案原件该处遭虫蛀，个位数字无法辨认。

四川省荣县第五区第八〇保普通户口统计表　保长何尊三

中华民国二十　年　月　日

事别＼甲别		第一甲		第二甲		第三甲		第四甲		第五甲		第六甲		第七甲		第八甲		第九甲		第十甲		第十一甲		第十二甲		第十三甲		第十四甲		第十五甲		总计		附记
户数		一三		一一		一〇		一〇		一〇		一〇		一二		一〇		一〇		九												一〇五		
		男	女	男	女	男	女	男	女	男	女	男	女	男	女	男	女	男	女	男	女	男	女	男	女	男	女	男	女	男	女	男	女	
人口总数		四七	三二	三二	三八	二七	一九	三四	二五	三七	二八	二三	二四	三五	三〇	三一	二四	三一	二八	三三	三四											三三〇	二八二	
现住		四三	三二	二九	三八	二六	一九	三三	二五	三二	二八	二二	二四	三一	二九	三〇	二四	三〇	二八	三三	三四											三〇九	二八一	
他往		四		三		一		一		五		一		四	一	一		一														二一	一	
壮丁		二三		一〇		一〇		一〇		一一		一〇		一三		一一		九		八												一一五		
识字		九		五		三		七		七	一	三		九		四		二		六												五六	一	出县从军者六人留学者五人
职业	有	二六	二三	二一	二五	一六	一五	二五	一九	二〇	一八	一六	一七	二二	二〇	一八	一九	二一	一八	一九	二二											二〇四	一九六	
	无	一一	九	一一	一三	一一	四	九	六	一九	一〇	七	七	一三	一〇	一三	五	一〇	一〇	一三	一二											一二六	八六	
非家属同住者		九	七	七	三	四	二	七	六	二	二	四	三	八	四	九	九	一〇	七	四	三											六四	五五	
学童		一九		二〇		一三		一一		二五		九		一四		一五		一六														一四二		
备考		出县从军者二人留学者二人		出县从军者一人留学者二人										出县从军者三人留学者一人																				

四川省荣县第五区第八一保普通户口统计表　　保长范君谟

中华民国二十五年七月　日

甲别	户数	性别	人口总数	现住	他往	壮丁	识字	职业·有	职业·无	非家属同住者	学童	备考
第一甲	一〇	男	二七	二二	五	一〇	二	一六	一一		六	不知去向男三出县男二肺病男一
		女	二六	二六				一五	一一			
第二甲	一〇	男	三一	三〇	一	一〇	八	一八	一三	一	一六	出县男一目疾男一
		女	三五	三五				二〇	一五	四		
第三甲	一一	男	四三	四一	二	一三	一二	二六	一七	九	一七	出省男一癞疾男一出县男一
		女	四四	四四				二二	二二			
第四甲	一〇	男	四三	三六	七	二〇	五	三二	四		六	出保男四肺疾男一出县男三
		女	三五	三五				二一	一四			
第五甲	一〇	男	三八	三五	三	一二	九	二六	一二	一	一一	出县男三患目疾女一足跛手痛女一
		女	五〇	五〇				二八	二二			
第六甲	一〇	男	三三	二六	七	一四	八	一八	一五	一	一一	出保男四出县男二不知去向男一
		女	三八	三八				二〇	一八			
第七甲	一〇	男	三〇	三〇		八	五	二一	九	二	一四	足疾男一
		女	二九	二九				一三	一六			
第八甲	一〇	男	五二	四八	四	一九	一四	三一	二一	六	一四	出县男四女一足疾男一
		女	四八	四七	一		二	三二	一五	一		
第九甲	一〇	男	三三	二九	四	一七	六	二七	六	三	一二	不知去向男三出区男一足疾男一
		女	四七	四七				二五	二二			
第十甲	一〇	男	二九	二九		一一	六	一七	一二		一一	肺病男二
		女	二五	二五				一八	七			
第十一甲		男										
		女										
第十二甲		男										
		女										
第十三甲		男										
		女										
第十四甲		男										
		女										
第十五甲		男										
		女										
总计	一〇一	男	三六〇	三二六	三四	一三四	七五	二三二	一二八	二三	一一八	
		女	三七七	三七六	一		二	二一四	一六三	五		
附记												

四川省荣县第五区第八二保普通户口统计表

中华民国二十五年七月五日　保长林泰峰

事别＼甲别		第一甲		第二甲		第三甲		第四甲		第五甲		第六甲		第七甲		第八甲		第九甲		第十甲		第十一甲		第十二甲		第十三甲		第十四甲		第十五甲		总计		附记
户数		一〇		一〇		一〇		一〇		一〇		一〇		一〇		一一		一〇		一一												一〇二		
		男	女	男	女	男	女	男	女	男	女	男	女	男	女	男	女	男	女	男	女	男	女	男	女	男	女	男	女	男	女	男	女	
人口总数		四五	三八	三四	三七	三六	三八	三四	三一	三九	二八	三八	三五	四一	三四	四二	三六	五一	四二	四七	四九											四〇七	三六八	
现住		四三	三八	三一	三七	三五	三八	三一	三一	三一	二八	三五	三三	三四	三二	三二	三六	四四	四一	四四	四八											三六〇	三六二	
他住		二		三		一		三		八		三	二	七	二	一〇		七	一	三	一											四七	六	
壮丁		一一		一六		一三		一四		二〇		一七		一七		一九		二〇		一九												一六六		
识字		七	一	一一	二	五		九		六		三	一	二		七		一六		九												七五	四	
职业	有	二七	二五	二二	二〇	二二	二三	二三	二一	二九	一八	二五	二一	二五	二三	二六	二四	三一	二四	二九	二九											二五九	二二八	
	无	一八	一三	一二	一七	一四	一五	一一	一〇	一〇	一〇	一三	一四	一六	一一	一六	一二	二〇	一八	一八	二〇											一四八	一四〇	
非家属同住者		一〇	七	六	二	一	一	一	一	一一	四	八	五	二	二	三	一	八	二	一												五一	二六	
学童		一〇		八		九		三		三		五		七		九		八		一〇												七二		
备考		出保壮丁一人出县男丁一人癞疾壮丁一人		出保壮丁一人出县壮丁三人癞疾壮丁二人又女一人		出县壮丁一人癞疾壮丁一人		出保男一人出县壮丁二人癞疾壮丁二人		出保壮丁三人又男二人出县壮丁三人		出区壮丁二人又女二人出县壮丁一人癞疾壮丁三人		出区壮丁四人出县壮丁二人又男一女二人癞疾壮丁四人		出保壮丁三人出区壮丁一人出县壮丁四人又男一人癞疾壮丁一人		出保壮丁二人又男一女一人出县壮丁是那人又男一人癞疾壮丁四人		出保女一人出县壮丁二人又男一人癞疾壮丁一人又女人												出保壮丁十人又男四女二人出区壮丁七人又女二人出县壮丁廿一人又男五女二人癞疾壮丁十九人又女二人		

四川省荣县第五区第八三保普通户口统计表

保长朱恒丰

中华民国二十五年 月 日

事别\甲别		第一甲		第二甲		第三甲		第四甲		第五甲		第六甲		第七甲		第八甲		第九甲		第十甲		第十一甲		第十二甲		第十三甲		第十四甲		第十五甲		总计		附记
户数		九		一〇		九		一〇		一〇		九		九		一〇		一〇		一〇												九七		
		男	女	男	女	男	女	男	女	男	女	男	女	男	女	男	女	男	女	男	女	男	女	男	女	男	女	男	女	男	女	男	女	
人口总数		四五	三〇	四一	三一	三〇	二六	三三	二二	二三	二三	二六	二七	三〇	二九	二九	二六	四〇	三四	二四	三五											三二一	二八三	
现住		四一	三〇	三九	三一	二八	二六	三二	二二	二三	二三	二六	二七	二八	二九	二七	二六	三五	三四	二三	三五											三〇二	二八三	
他往		四		二		二		一						二		二		五		一												一九		出县男七出区男二出保男三肺疾男二女二耳聋壮丁男二背驼男一足跛男一目疾男一不知去向男六
壮丁		二三		一九		八		八		二		一二		一五		一一		一七		一四												一三八		
识字		一八		九		一		六		九		四		五		二		九		三												六六		
职业	有	三六	二五	三〇	二〇	二一	一八	二四	一五	一六	一五	一八	一八	二〇	一六	一八	一五	二七	二一	二〇	一六											二三〇	一七九	
	无	九	五	一一	一一	九	八	九	七	七	八	八	九	一〇	一三	一一	一一	一三	一三	四	一九											九一	一〇四	
非家属同住者		一一	六	七	六	六	六	八	二	五	一	五	三	六	八	五	六	一四	八	一	四											六六	五〇	
学童		八		一一		五		五		九		六		九		六		六		八												六四		
备考		出县自流井男三出区男一荣县背驼男一		足疾壮丁男一出区男一荣县出县男一黄丹河		不知去向男二		不知去向男一耳聋壮丁男一				目疾男一		肺疾男二女二不知去向男二		不知去向男一		耳聋壮丁男一出保天堂寺男一出县犍为男一出县井邑壮丁一		出县壮丁男一井邑出保壮丁男一														

四川省荣县第五区第八四保普通户口统计表

中华民国二十五年七月　日　保长朱泽膏

事别＼甲别	第一甲		第二甲		第三甲		第四甲		第五甲		第六甲		第七甲		第八甲		第九甲		第十甲		第十一甲		第十二甲		第十三甲		第十四甲		第十五甲		总计		附记
户数	一〇		一二		一〇		一一		一〇		一〇		一一		一一		一一		一〇												一〇六		出县从军六人留学九人
	男	女	男	女	男	女	男	女	男	女	男	女	男	女	男	女	男	女	男	女	男	女	男	女	男	女	男	女	男	女	男	女	
人口总数	三五	三一	三二	三四	三〇	三八	三〇	四〇	二七	二六	三一	二六	三七	三九	三二	二六	四二	二六	二九	三三											三二五	三一九	
现住	三五	三一	三〇	三三	二八	三七	二九	三九	二三	二六	三〇	二六	三五	三九	二九	二六	四〇	二六	二八	三三											三〇七	三一六	
他往			二	一	二	一	一	一	四		一		二		三		二		一												一八	三	
壮丁	八		一五		一二		一四		一三		一五		一三		一六		一五		一〇												一三一		
识字	一		三		三		一		一		四		二		一		一		三												二〇		
职业　有	一六	二〇	二一	二一	一五	二三	二一	二〇	一〇	一四	一九	一五	一九	二二	二一	一五	二一	一九	二〇	二一											一八三	一九〇	
职业　无	一八	一二	一一	一三	一三	一三	九	一九	一一	一一	一二	一一	一六	一七	一〇	一〇	一八	五	一〇	九											一四二	一二九	
非家属同住者	七	五	七	四	六	九	八	一〇	四	五	二		六	六	七	二	四	一	六	六											五七	四九	
学童	八		二		八		三		八		四		一五		九		二一		二一												九九		
备考			出县从军二人		出县留学二人				出县留学二人从军二人				出县从军二人		出县留学三人		出县留学二人																

四川省荣县第五区第八五保普通户口统计表

事别＼甲别		第一甲		第二甲		第三甲		第四甲		第五甲		第六甲		第七甲		第八甲		第九甲		第十甲		第十一甲		第十二甲		第十三甲		第十四甲		第十五甲		总计		附记
户数		一〇		一〇		一〇		一五		一〇		一一		一一		一〇		九		一〇												一〇六		出县从军者一一人又留学者五人
		男	女	男	女	男	女	男	女	男	女	男	女	男	女	男	女	男	女	男	女	男	女	男	女	男	女	男	女	男	女	男	女	
人口总数		四二	三七	二九	二六	四五	三六	四五	四一	二八	二九	三八	三三	四二	二七	二八	二七	三七	二六	二九	四三											三六三	三二五	
现住		四〇	三七	二七	二六	四三	三六	四〇	四一	二八	二九	三六	三三	四〇	二七	二六	二七	三七	二六	二九	四三											三四六	三二五	
他往		二		二		二		五				二		二		二																一七		
壮丁		一一		一一		一二		一八		一一		一一		一六		一六		一一		一〇												一二七		
识字		六		三		九		一		二		五		一		一		四	一	二												三四	一	
职业	有	二三	二三	一六	一六	二三	二四	二七	二六	一八	一四	一九	二〇	二四	一五	一八	一二	一三	一六	一四	二一											一九五	一八七	
	无	一九	一四	一三	一〇	二二	一二	一八	一五	一〇	一五	一九	一三	一八	一二	一〇	一五	二四	一〇	一五	二二											一六八	一三八	
非家属同住者			一			一	一	一				二	二	四	一	一	一				二											九	八	
学童		七		二		九		一〇		九		七		六		四		七		九												七〇		
备考		出县从军二人		出县留学一人		出县从军二人		出县留学二人从军三人				出县从军者二人		出县留学者二人		出县从军者二人																		

保长朱益邦

中华民国二十五年七月廿八日

四川省荣县第五区第八六保普通户口统计表

事别＼甲别		第一甲		第二甲		第三甲		第四甲		第五甲		第六甲		第七甲		第八甲		第九甲		第十甲		第十一甲		第十二甲		第十三甲		第十四甲		第十五甲		总计		附记
户数		一〇		一〇		一〇		一〇		一〇		一〇		一〇		一〇		九		一〇												九九		出县从军者男四人留学男一人
		男	女	男	女	男	女	男	女	男	女	男	女	男	女	男	女	男	女	男	女	男	女	男	女	男	女	男	女	男	女	男	女	
人口总数		二三	二六	二二	二七	三九	四〇	二四	二九	二五	三二	二三	一七	二八	二八	三二	二八	三四	二三	三四	四五											二八四	二九五	
现住		二三	二六	二二	二七	三七	四〇	二四	二九	二四	三二	二三	一七	二六	二八	三二	二八	三三	二三	三四	四五											二七八	二九五	
他往						二				一				二				一														六		
壮丁		六		九		一〇		八		六		六		一〇		一〇		一〇		一〇												八五		
识字		一								一				二		一		二		二												九		
职业	有	一三	一三	一二	一三	一八	一七	一〇	一二	一四	一四	九	八	一五	一三	一五	一三	一七	一三	一四	二〇											一三七	一三六	
	无	一〇	一三	一〇	一四	一九	二三	一四	一七	一〇	一八	一四	九	一一	一五	一七	一五	一六	一〇	二〇	二五											一四一	一五九	
非家属同住者							二	二	三	三	三	一		一																		七	八	
学童		七		七		六		九		二		五		六		一二		六		七												六七		
备考						出县从军者二人				留学一人				出外从军二人																				

保长范怀川

中华民国二十五年六月三十日

四川省荣县第五区第八七保普通户口统计表

事别＼甲别		第一甲		第二甲		第三甲		第四甲		第五甲		第六甲		第七甲		第八甲		第九甲		第十甲		第十一甲		第十二甲		第十三甲		第十四甲		第十五甲		总计		附记
户数		一四		一一		一一		一〇		一〇		一〇		九		一一		一一		一〇												一〇七		
		男	女	男	女	男	女	男	女	男	女	男	女	男	女	男	女	男	女	男	女	男	女	男	女	男	女	男	女	男	女	男	女	
人口总数		三九	四一	四一	三一	四二	四三	二五	二六	三一	二九	三九	三九	二〇	二二	二八	一八	三一	二七	三三	二三											三二九	二九九	
现住		三九	四一	三七	二八	四二	四三	二四	二六	三〇	二九	三九	三九	二〇	二二	二八	一八	三一	二七	三二	二三											三二二	二九六	
他往				四	三			二		一										一												七	三	
壮丁		一三		一二		一六		一三		九		一六		七		一〇		一四		一四												一〇八		出县留学二人女子一人从军五人
识字		九		一三	二	八	二	五		二		六		三		一		三		三												五三	四	
职业	有	二〇	一八	二六	一八	二四	二二	一〇	一四	一六	一五	二〇	一八	一一	一一	一四	九	一八	一四	一五	一二											一七四	一五一	
	无	一九	二三	一五	一三	一八	二一	一五	一二	一五	一四	一九	二一	九	一一	一四	九	一三	一三	一八	一一											一五五	一四八	
非家属同住者		三	三	七	二	三	四	一	一	四	二					二	一	三	一	三												二六	一四	
学童		七		四		五		七		一		一三		五		六		四		三												五五		
备考				出县从军者三人留学者二人				从军一人		从军一人										留学一人														

中华民国二十五年六月三十日　保长余述举

四川省荣县第五区第八八保普通户口统计表

保长杨联峯

中华民国二十　年　月　日

事别＼甲别		第一甲		第二甲		第三甲		第四甲		第五甲		第六甲		第七甲		第八甲		第九甲		第十甲		第十一甲		第十二甲		第十三甲		第十四甲		第十五甲		总计		附记
户数		一〇		一一		一〇		一〇		九		一〇		一〇		一一		九		一一												一〇一		
		男	女	男	女	男	女	男	女	男	女	男	女	男	女	男	女	男	女	男	女	男	女	男	女	男	女	男	女	男	女	男	女	
人口总数		四一	三五	三〇	二二	三一	二一	二八	二七	二八	二六	二九	二九	四一	三一	三五	三七	二八	二八	三八	三一											三二九	二八七	
现住		三九	三五	二八	二二	三〇	二一	二七	二七	二六	二六	二八	二九	四一	三一	三五	三七	二八	二八	三七	三一											三二〇	二八七	
他往		二		二		一		一		二		一								一												九		
壮丁		一四		五		五		六		四		六		八		五		六		八												五七		出县从军者七人留学者二人
识字		二		一		二		二	一	二		六		五		一		二		二												二五	一	
职业	有	二五	二二	一七	一一	二一	九	一八	一九	一七	一八	一五	一五	一九	二〇	一七	一七	一四	一七	一八	一五											一八一	一六三	
	无	一六	一三	一三	一一	一〇	一二	一〇	八	一一	八	一四	一四	一二	一一	一八	二〇	一四	一一	二〇	一六											一四八	一二四	
非家属同住者				一																												一		
学童		三		二		三		一		二		三		三		三		二		四												二六		
备考		出县从军者二人		出县从军者二人		留学一人		从军者一人		从军者二人		留学一人								留学一人														

四川省荣县第五区第八九保普通户口统计表

保长曹典汉

中华民国二十五年七月　日

事别＼甲别	第一甲		第二甲		第三甲		第四甲		第五甲		第六甲		第七甲		第八甲		第九甲		第十甲		第十一甲		第十二甲		第十三甲		第十四甲		第十五甲		总计		附记
户数	八		九		一一		一〇		一一		一〇		一〇		一〇		九		一〇												九八		
	男	女	男	女	男	女	男	女	男	女	男	女	男	女	男	女	男	女	男	女	男	女	男	女	男	女	男	女	男	女	男	女	
人口总数	二六	二一	二七	二五	二四	一六	三四	三〇	三〇	二四	一八	一三	三〇	二六	一二	一四	一九	一九	二七	一七											二四七	二〇五	
现住	二六	二一	二七	二五	二四	一六	三一	三〇	三〇	二四	一八	一三	三〇	二六	一二	一四	一九	一九	二七	一七											二四四	二〇五	
他往							三																								三		
壮丁	五		八		一五		一〇		一一		五		六		四		三		五														
识字	二		一		一		一		二		一		二		一		一		三												七二		出县从军者三人
职业 有	一七	一三	一九	一三	一八	九	二五	一八	一五	一三	一二	九	二〇	一二	九	八	一二	九	二〇	六											一六七	一一〇	
职业 无	九	八	八	一二	六	七	六	一二	一五	一一	六	四	一〇	一四	三	六	七	一〇	七	一一											七七	九五	
非家属同住者											五		三	二			一			一											九	三	
学童	四		七		六		八		一〇		三		八		三		四		八												六一		
备考							出县从军者三人																								出县从军二人留学一人		

四川省荣县第五区第九〇保普通户口统计表

保长朱楷

中华民国二十五年七月　日

事别＼甲别		第一甲		第二甲		第三甲		第四甲		第五甲		第六甲		第七甲		第八甲		第九甲		第十甲		第十一甲		第十二甲		第十三甲		第十四甲		第十五甲		总计		附记
户数		一一		一一		一〇		一一		一〇		一〇		一〇		一〇		一一		一二												一〇六		出县者五人留学二人又女子二人
人口总数		男	女	男	女	男	女	男	女	男	女	男	女	男	女	男	女	男	女	男	女	男	女	男	女	男	女	男	女	男	女	男	女	
人口总数		四四	三四	四二	三六	三七	三一	三二	二五	二八	二五	二八	三二	二八	二二	二四	二七	三〇	二四	二七	二五											三二〇	二八一	
现住		四四	三四	三九	三六	三五	三一	三〇	二五	二七	二三	二八	三二	二八	二一	二四	二七	三〇	二四	二六	二五											三一〇	二八〇	
他往				三		二		二		一	二									一												一〇	一	
壮丁		一二		八		一四		一〇		一一		七		一〇		三		八		八												八二		
识字		三				六		一		一		六		五		二		三		七												三四		
职业	有	一九	二一	二二	一八	一八	一三	一三	一二	二〇	一二	一三	一六	一六	一〇	九	一三	一三	一四	一四	一四											一五七	一四三	
职业	无	二五	一三	二〇	一八	一九	一八	一九	一三	八	一三	一五	一六	一二	一二	一五	一四	一七	一〇	一三	一一											一六三	一三八	
非家属同住者																																		
学童		九		一三		七		六		三		六		五		四		六		四												六三		
备考				出县从军三人		留学二人		出县从军二人		留学一人										留学一人														

四川省荣县第五区第九一保普通户口统计表

事别＼甲别	第一甲 男	第一甲 女	第二甲 男	第二甲 女	第三甲 男	第三甲 女	第四甲 男	第四甲 女	第五甲 男	第五甲 女	第六甲 男	第六甲 女	第七甲 男	第七甲 女	第八甲 男	第八甲 女
户数	一一		一一		一〇		九		一〇		一〇		一〇		一〇	
人口总数	三六	三五	三八	二八	三二	二二	三一	二五	二六	二三	四五	四四	二九	二八	二〇	二一
现住	三二	三四	三七	二八	二九	二二	三一	二五	二五	二三	四三	四四	二五	二八	二〇	二一
他往	四	一	一		三				一		二		四			
壮丁	一五		一〇		六		九		二		一三		一三		九	
识字	一〇		七		一〇	一	七		六		一四		七	四	三	
职业 有	二四	二一	一九	一四	一四	一五	一六	一七	一五	一一	二五	一九	一九	一八	一〇	一三
职业 无	一二	一四	一九	一四	一七	七	一五	八	一一	二一	二〇	二五	一〇	一〇	一〇	八
非家属同住者	五	二	二	二	一		一	一	一		六	六	四	二	三	一
学童	五		九		八		五		二		九		一		四	
备考	出县从军四人		留学一人		出县者二人留学一人				出县从军一人		留学二人		出县四人			

事别＼甲别	第九甲 男	第九甲 女	第十甲 男	第十甲 女	第十一甲 男	第十一甲 女	第十二甲 男	第十二甲 女	第十三甲 男	第十三甲 女	第十四甲 男	第十四甲 女	第十五甲 男	第十五甲 女	总计 男	总计 女	附记
户数	一〇		一〇												一〇一		
人口总数	二九	三一	三一	二九											三一七	二八六	
现住	二八	三一	三一	二九											三〇一	二八五	
他往	一														一六	一	
壮丁	一二		一〇												一〇八		
识字	三		七												七一	五	出县从军一一人留学五人又女子一人
职业 有	一四	一六	一三	一二											一六九	一五六	
职业 无	一四	一五	一八	一七											一四八	一三〇	
非家属同住者		四	二												二六	一八	
学童	六		一二												六一		
备考	留学一人																

中华民国二十五年七月　日　保长徐伯康

四川省荣县第五区第九二保普通户口统计表

事别 \ 甲别	第一甲		第二甲		第三甲		第四甲		第五甲		第六甲		第七甲		第八甲		第九甲		第十甲		第十一甲		第十二甲		第十三甲		第十四甲		第十五甲		总计		附记
户数	一〇		一〇		一〇		一〇		一一		一一		一四		一〇		一〇		七												一〇三		
	男	女	男	女	男	女	男	女	男	女	男	女	男	女	男	女	男	女	男	女	男	女	男	女	男	女	男	女	男	女	男	女	
人口总数	二五	二四	一九	三一	二二	一七	三一	三〇	二〇	二三	四三	三二	四一	四四	三三	二九	二八	二三	二四	二八											二八六	二八一	
现住	二五	二四	一九	三一	二〇	一七	二九	三〇	一八	二三	四二	三二	四一	四四	三一	二九	二八	二三	二四	二八											二七九	二八一	
他往					一		一		二		一				一																六		
壮丁	八		九		八		八		一一		一三		一〇		一三		九		六												九五		
识字	三		四		三		一一	一	一	一	二		二		五		二		三												三六	二	出县三人 留学三人
职业 有	九	一二	一三	一六	一五	一二	一五	一七	一四	一七	二〇	一八	一七	二〇	一九	一四	一六	一〇	一六	一二											一五四	一四八	
职业 无	一六	一二	六	一五	七	五	一六	一三	六	六	二三	一四	二四	二四	一四	一五	一二	一三	八	一六											一三二	一三三	
非家属同住者			一	一	二		五	二	二	一	二	三	一	七			一		五	四											一九	一八	
学童	八		五		二		七		二		四		一一		七		四		二												五二		
备考					留学一人		出县一人		出县从军二人		留学一人				留学一人																		

中华民国二十五年 月 日　保长李鹤龄

四川省荣县第五区第九三保普通户口统计表

保长

中华民国二十五年月日

事别＼甲别		第一甲		第二甲		第三甲		第四甲		第五甲		第六甲		第七甲		第八甲		第九甲		第十甲		第十一甲		第十二甲		第十三甲		第十四甲		第十五甲		总计		附记
户数		一〇		一〇		一〇		一〇		一一		九		一〇		一〇		一〇		一〇												一〇〇		出县从军七人留学五人
		男	女	男	女	男	女	男	女	男	女	男	女	男	女	男	女	男	女	男	女	男	女	男	女	男	女	男	女	男	女	男	女	
人口总数		三四	二八	三四	二五	四七	四〇	三〇	三三	四六	四七	四〇	二八	三九	三五	三七	三一	一八	一七	三八	二八											三六三	三一二	
现住		三三	二八	三一	二五	四六	四〇	三〇	三三	四四	四七	三八	二八	三九	三五	三六	三一	一六	一七	三八	二八											三五一	三一二	
他往		一		三		一				二		二				一		二														一二		
壮丁		一一		七		一三		八		一一		一一		一四		九		六		一五												一〇五		
识字		一〇		二		七		六		九		一		五		七		一		一												四三		
职业	有	一三	一三	二一	一六	二八	一八	一七	一三	三〇	二一	一七	一一	二一	一三	二〇	一三	九	九	一五	一二											一九一	一三九	
	无	二一	一五	一三	九	一九	二二	一三	二〇	一四	二六	二三	一七	一八	二二	一七	一八	九	八	二三	一六											一七二	一七三	
非家属同住者		三		七	四	二	五	三		一一	一〇	一一	五	二	二	五	二			二												四六	二八	
学童		四		四		八		六		一〇		九		七		六		四		九												六七		
备考		留学一人		出县从军三人		留学一人		出县从军〇[1]		留学二人		出县从军二人				留学一人		出县从军二人																

[1] 原文如此。

事别＼甲别		第一甲		第二甲		第三甲		第四甲		第五甲		第六甲		第七甲		第八甲		第九甲		第十甲		第十一甲		第十二甲		第十三甲		第十四甲		第十五甲		总计		附记
户数		一〇		一二		一〇		一三		一一		九		一〇		一二		一〇		八												一〇五		
		男	女	男	女	男	女	男	女	男	女	男	女	男	女	男	女	男	女	男	女	男	女	男	女	男	女	男	女	男	女	男	女	
人口总数		三一	三一	四二	三七	三四	三二	四一	三二	二五	二三	一三	一三	二八	二三	四四	三五	二三	一五	一二	一三											二九八	二五四	
现住		二八	三一	四七	三七	三四	三二	四一	三二	二五	二三	一三	一三	二八	二三	四二	三五	二三	一五	一二	一三											二九二	二五四	
他往		三		一												二																六		
壮丁		七		一三		九		一五		一二		九		一一		一五		九		四												一〇四		
识字		九		一三		五		六		四		七		一		一一				三												五九		出县从军者五人留学者一人
职业	有	一四	一七	二五	一八	一六	一三	二五	一七	一二	九	九	八	一〇	一〇	一九	一六	七	七	六	七											一四三	一一二	
	无	一七	一四	二二	一九	一八	一九	一六	一五	一三	一四	四	五	一八	一三	二五	一九	一六	八	六	六											一五五	一三二	
非家属同住者		七	六	八	七	三	一	六	一			一	一	一	二		四															三〇	二二	
学童		一五		八		八		三		四		三		一		一二		二		二												五八		
备考		出县从军者二人留学一人		出县从军一人												出县从军二人																		

四川省荣县第五区第九四保普通户口统计表

中华民国二十 年 月 日 保长陈卓群

四川省荣县第五区第九五保普通户口统计表

保长邹正名

中华民国二十五年 月 日

甲别 事别		第一甲		第二甲		第三甲		第四甲		第五甲		第六甲		第七甲		第八甲		第九甲		第十甲		第十一甲		第十二甲		第十三甲		第十四甲		第十五甲		总计		附记
户数		一一		一〇		一一		一〇		一一		一二		一三		一三																九一		
		男	女	男	女	男	女	男	女	男	女	男	女	男	女	男	女	男	女	男	女	男	女	男	女	男	女	男	女	男	女	男	女	
人口总数		三四	二三	四六	四一	五〇	五六	二九	三一	三五	三七	六九	五八	四九	四〇	六一	三二															三七七	三一八	
现住		三一	二三	三八	四一	五〇	五六	二八	三一	三二	三七	六二	五七	四三	四〇	五六	三二															三四〇	三一七	本保他往外县壮丁十五人不在壮丁男七人女一人出甲壮丁三人不在壮丁三人本保壮丁有癞疾者十五人骨痛男一人跰子男一人女二人瞎子女一人
他往		三		八		四		一		三		七	一	六		五																三七	一	
壮丁		一一		二一		二二		九		九		二四		一八		二八																一四		
识字		三		四		二		二		四		五		四		四																二八		
职业	有	一九	一四	三一	二九	三二	三八	一八	一六	二二	二〇	四五	三四	三六	二六	三九	一九															二四二	一九六	
	无	一五	九	一五	一二	二二	一八	一一	一五	一三	一七	二四	二四	一三	一四	二二	一三															一三五	一二二	
非家属同住者		四	三	一二	八	四	三	二	三	五	五	一一	九	一〇	九	一〇																五八	四〇	
学童		四		六		一一		八		六		一九		六		八																六八		
备考		壮丁有癞疾者一人		壮丁有癞疾者四人		壮丁有癞疾者二人		壮丁有癞疾二人				壮丁有癞疾一人		壮丁有癞疾二人		壮丁有癞疾三人																		

四川省荣县第五区第九六保普通户口统计表

事别＼甲别		第一甲		第二甲		第三甲		第四甲		第五甲		第六甲		第七甲		第八甲		第九甲		第十甲		第十一甲		第十二甲		第十三甲		第十四甲		第十五甲		总计		附记
户数		一二		一一		一〇		一二		一三		一二		一二		一三																九五		出县者从军者三五人留学十二人
		男	女	男	女	男	女	男	女	男	女	男	女	男	女	男	女	男	女	男	女	男	女	男	女	男	女	男	女	男	女	男	女	
人口总数		四六	四〇	三九	三三	四四	四五	五六	四八	四六	二六	八〇	四六	五三	三三	五一	三九															四一五	三一〇	
现住		四一	三九	三三	三三	四二	四五	四八	四八	三五	二五	七五	四六	四九	三三	四五	三九															三六八	三〇八	
他往		五	一	六		二		八		一一	一	五		四		六																四七	二	
壮丁		一八		一三		一一		二四		一一		二二		二一		一七																一三七		
识字		二		二		三	一	四		一		三		一		四	一															二〇	二	
职业	有	二七	二四	二五	二一	二四	二〇	三八	二二	三一	一六	四九	二七	三一	二〇	三五	三四															二六〇	一八四	
	无	一九	一六	一四	一二	二〇	二五	一八	二六	一五	一〇	三一	一九	二二	一三	一六	五															一五五	一二六	
非家属同住者		一〇	一一	二〇	一七	一一	七	一三	三	五	三	一六	四	八	五																	九四	六一	
学童		一四		九		一一		一二		五		一一		五		四																七一		
备考		出县从军者四人留学一人		出县从军者五人留学一人		出县从军者二人		出县从军者二人留学六人		出县从军十人留学一人		出县从军者四人留学一人		出县从军者三人留学一人		出县从军者五人留学一人																		

保长张子文

中华民国二十五年 月 日

四川省荣县第五区第九七保普通户口统计表

保长程志权

中华民国二十五年七月二十七日

事别＼甲别		第一甲		第二甲		第三甲		第四甲		第五甲		第六甲		第七甲	
户数		一〇		一一		一二		一一		一四		一二		八	
		男	女	男	女	男	女	男	女	男	女	男	女	男	女
人口总数		二九	三〇	三一	三九	三五	二八	二四	二〇	三六	三四	三四	二八	二八	二七
现住		二九	三〇	三一	三八	三二	二八	二三	二〇	三五	三四	三四	二八	二七	二七
他往					一	三		一		一				一	
壮丁		八		一〇		九		六		一一		九		五	
识字		三		六		三						二		一	
职业	有	二一	一九	二三	二四	二〇	一七	一六	一三	二四	二一	一八	一五	二三	一七
	无	八	一一	八	一五	一五	一一	八	七	一二	一三	一六	一三	五	一〇
非家属同住者															
学童				一										二	
备考						出县从军者三人		出县从军者一人		留学一人				留学一人	

事别＼甲别		第八甲		第九甲		第十甲		第十一甲		第十二甲		第十三甲		第十四甲		第十五甲		总计		附记
户数		一〇		一二		一一												一一一		出县从军者六人留学三人
		男	女	男	女	男	女	男	女	男	女	男	女	男	女	男	女	男	女	
人口总数		三四	三〇	二八	二六	三九	四二											三一八	三〇四	
现住		三三	二九	二七	二五	三八	四二											三〇九	三〇一	
他往		一	一	一	一	一												九	三	
壮丁		七		六		一四												八五		
识字		三		二		二												二〇二		
职业	有	二二	一七	一九	一一	二三	二七											二〇九	一八一	
	无	一二	一三	九	一五	一六	一五											一〇九	一二三	
非家属同住者																				
学童		二		一		一												七		
备考		留学一人		出县从军一人		出县从军一人														

四川省荣县第五区第九八保普通户口统计表

保长程鸣高

中华民国二十五年七月廿七日

事别＼甲别		第一甲		第二甲		第三甲		第四甲		第五甲		第六甲		第七甲		第八甲		第九甲		第十甲		第十一甲		第十二甲		第十三甲		第十四甲		第十五甲		总计		附记
户数		一三		一二		八		一〇		一一		一〇		九		九																八〇二①		出县从军者三〇人留学者二四人
人口总数		男	女	男	女	男	女	男	女	男	女	男	女	男	女	男	女	男	女	男	女	男	女	男	女	男	女	男	女	男	女	男	女	
		四四	三八	五一	五四	四二	三二	五〇	四三	五二	四六	五〇	三五	二九	二四	三九	四二															三〇六	三〇四	
现住		三七	三八	三八	五三	三九	三二	四〇	四二	四五	四五	四四	三五	二四	二四	三																二五二	三〇一	
他往		七		一三	一	三		一〇	一	七	一	六		五		三																五四	三	
壮丁		八		一八		一〇		一四		一二		一八		三		八																九一		
识字		一三		一二	一	八	一	一〇		一〇	一	八		五	一	一四																八〇	四	
职业	有	三三	一八	三三	三〇	二五	二七	三二	二七	三一	三一	二〇	二四	二五	二〇	二五	三一															二二四	二〇八	
	无	一一	二〇	一八	二四	一七	五	一八	一六	二一	一五	三	一一	四	四	一七	一一																	
非家属同住者		五	二	九	一〇	一〇	一二	二〇	一六	一二	八	七	五	七	四	五	八																	
学童		一三		一二		九		九		一五		一五		四		一〇																		
备考		出县从军六人留学一人		留学一三人		出县从军二人留学一人		出县从军者九人留学一人		出县从军者七人		出县从军者六人		留学五人		留学五人																		

① 原文如此，疑为笔误，以各甲户数相加总计户数应为八二。

四川省荣县第五区第九保普通户口统计表

甲别 事别		第一甲		第二甲		第三甲		第四甲		第五甲		第六甲		第七甲		第八甲		第九甲		第十甲		第十一甲		第十二甲		第十三甲		第十四甲		第十五甲		总计		附记
户数		一〇		一〇		九		九		八		一一		一〇		一〇		九		一〇												九六		
		男	女	男	女	男	女	男	女	男	女	男	女	男	女	男	女	男	女	男	女	男	女	男	女	男	女	男	女	男	女	男	女	
人口总数		二一	二五	二二	一九	一七	二九	二二	一六	三二	二九	三三	三二	二六	三二	二九	二五	二三	一九	二一	一五											二四六	二四一	
现住		二一	二五	二一	一九	一六	二九	二一	一六	三一	二九	三二	三二	二五	三二	二七	二五	二一	一九	二一	一五											二三六	二四一	
他往				一		一		一		一		一		一		二		二														一〇		
壮丁		五		七		七		一〇		一四		一五		七		一二		一五		六												九八		
识字		一		二		六		四		七		三		三		三	一	三		二												三四	一	
职业	有	一五	一三	二〇	一一	一二	一三	一六	一一	二一	一八	二一	二四	一八	二二	二〇	一七	二一	一〇	一六	一三											一八〇	一五二	
	无	六	一二	二	八	五	一六	六	五	一一	一一	一二	八	八	一〇	九	八	二	九	五	二											六六	八九	
非家属同住者		二	二	四		一	一	一	二	一		一	一	一	二			一	一	一												一三	八	
学童		三		五		七		四		八		一〇		七		五		二		六												一七		
备考		陈绍槐朱国焱朱国贵三人因疾不在壮丁之列		出区未出县男一人		出省未出国男一人		出区未出县男一人		出区未出县男一人		出县未出省男一人		出保未出区男一人		出县未出省男一人出保未出区男一人		出区未出县男二人																

保长朱可安

中华民国二十五年七月三一日

四川省荣县第五区第一〇〇保普通户口统计表　保长邹文明

中华民国二十五年七月二十日

事别＼甲别	第一甲		第二甲		第三甲		第四甲		第五甲		第六甲		第七甲		第八甲		第九甲		第十甲		第十一甲		第十二甲		第十三甲		第十四甲		第十五甲		总计		附记
户数	一〇		一〇		八		一〇		一〇		一〇		一三		一三		一四		一四		一四										一二六		出县从军者一三人 留学二人
	男	女	男	女	男	女	男	女	男	女	男	女	男	女	男	女	男	女	男	女	男	女	男	女	男	女	男	女	男	女	男	女	
人口总数	三六	三五	三八	四七	三六	三一	四五	五〇	三八	四四	三三	二七	五四	四三	五四	五〇	四五	四七	五八	五六	四三	三五									四八〇	四六五	
现住	三六	三五	三七	四七	三六	三一	四四	五〇	三七	四四	三〇	二七	五一	四二	五二	五〇	四四	四六	五五	五五	四三	三五									四六五	四六而	
他往			一				一		一		三		三	一	二		一	一	三	一											一五	三	
壮丁	一六		一五		一五		二〇		一四		一二		二二		二二		一四		一九		一六										一八五		
识字	四		一		六		九		三		一		三	一	一		二		四		一										四四	一	
职业　有	二〇	二一	二〇	二〇	二〇	一九	二九	二七	二一	二四	一七	一八	三〇	二八	三一	三〇	三〇	二一	三二	二八	二四	一八									二七四	二五四	
职业　无	一六	一四	一八	二七	一六	一二	一六	二三	一七	二〇	一六	九	二四	一五	二三	二〇	一五	二六	二六	二八	一九	一七									二〇六	二一一	
非家属同住者	四	一	一〇	一一	一〇	八	一二	八	五	七	五	六	一二	八	八	一〇	五	七	一二	七	五	六									七八	七九	
学童	六		九		七		九		六		一一		八		七		一三		一一		九										九六		
备考			留学一人				从军出县者一人		出县从军者一人		出县从军者三人		出县从军者三人		出县从军者二人		留学一人		出县从军者三人														

四川省荣县第五区第一〇一保普通户口统计表

事别＼甲别		第一甲		第二甲		第三甲		第四甲		第五甲		第六甲		第七甲		第八甲		第九甲		第十甲		第十一甲		第十二甲		第十三甲		第十四甲		第十五甲		总计		附记
户数		一四		一二		一二		一二		一一		九		一一		一三		一三		一三												一二〇		出县从军者二七人留学三人
人口总数		男	女	男	女	男	女	男	女	男	女	男	女	男	女	男	女	男	女	男	女	男	女	男	女	男	女	男	女	男	女	男	女	
		四七	四二	四一	三一	二九	三四	三四	三一	三〇	二六	二五	二二	二八	三二	四六	三〇	三四	三〇	五三	五二											三六七	三三〇	
现住		四五	四二	四〇	三一	二四	三四	三一	三一	二八	二六	二四	二二	二七	三二	四〇	三〇	三〇	三〇	四八	五二											三三七	三三〇	
他往		二		一		五		三		二		一		一		六		四		五												三〇		
壮丁		一〇		一七		一〇		一一		一〇		九		九		九		一六		二二												一二三		
识字		七		六		八		四	一	五	二	二		三		四		六		一八	二											六三	五	
职业	有	二八	三五	二六	二四	一八	二一	二一	一九	一九	一九	一六	一二	一七	一七	二五	二〇	二八	一九	三一	三〇											二二九	二一六	
	无	一九	七	一五	七	一一	一三	一三	一二	一一	二	九	一〇	一一	一五	二一	一〇	六	一一	二二	二二											一五八	一一四	
非家属同住者		二		六	三	四	三	一		一	二	二	一	八	六	二	三	三		六	五											五三	二三	
学童		五		四		五		七		四		八		四		八		五		一四												六四		
备考		出县从军者二人		出县从军者一人		出县从军者五人		出县从军者二人留学一人		出县从军者二人		出县从军者一人		出县从军者一人		出县从军者五人留学一人		出县从军者三人留学一人		出县从军者五人														

保长朱成章

中华民国二十五年　月　日

四川省荣县第五区第一〇八保普通户口统计表

中华民国二十五年七月三十日　保长程镜明

事别＼甲别		第一甲		第二甲		第三甲		第四甲		第五甲		第六甲		第七甲		第八甲		第九甲		第十甲		第十一甲		第十二甲		第十三甲		第十四甲		第十五甲		总计		附记
		男	女	男	女	男	女	男	女	男	女	男	女	男	女	男	女	男	女	男	女	男	女	男	女	男	女	男	女	男	女		
户数		一〇		一〇		一二		八		一〇		一〇		一〇		一一		一〇		一〇		一三		一〇								一二四		出县从军者一七人留学二人
人口总数		二六	一八	二四	二五	三八	三〇	二六	二二	三四	二七	二八	二八	二二	二〇	二一	一八	三〇	一八	二二	三三	四〇	二九	三三	三三							三四四	三〇一	
现住		二四	一八	二二	二五	三四	二九	二三	二二	三四	二六	二七	二八	二〇	二〇	一九	一八	三〇	一八	二一	三三	三七	二九	三二	三三							三二五	二九九	
他往		二		二		四	一	一			一	一		二		二				一		三		一								一九	二	
壮丁		八		一〇		一七		一〇		一一		八		一〇		一五		一一		一二		一二		一八								一四二		
识字		二		四		六	一	六		三	二	一		四		二		一		二		二		四								三七	三	
职业	有	一三	一二	一六	一七	二六	一九	一五	一六	二一	一四	一六	一五	一三	一三	一八	一一	一七	一一	一三	一二	二二	一三	二二	一九							二一二	一七二	
	无	一三	六	八	八	一二	一一	一一	六	一三	一三	一二	一三	九	七	三	七	一三	七	九	二一	一八	一六	一一	一四							一三二	一二九	
非家属同住者				三	二	四	二	二		四		三								三	一	二										二六	五	
学童		四		五		五		七		七		五		四		三		三		五		一一		五								六四		
备考		出县从军者二人		出县从军者二人		出县从军三人留学一人		出县从军者一人				出县从军者一人		出县从军者二人		出县从军者二人				出县从军者一人		出县从军二人留学一人		出县从军者一人										

四川省荣县第五区第一〇三保普通户口统计表

保长

中华民国二十 年 月 日

事别＼甲别		第一甲		第二甲		第三甲		第四甲		第五甲		第六甲		第七甲		第八甲		第九甲		第十甲		第十一甲		第十二甲		第十三甲		第十四甲		第十五甲		总计		附记
户数		一一		一〇		一〇		一〇		一一		一二		一二		一一		一二		一一		一一										一二一		
人口总数		男	女	男	女	男	女	男	女	男	女	男	女	男	女	男	女	男	女	男	女	男	女	男	女	男	女	男	女	男	女	男	女	
		四六	四二	三九	三九	三八	三三	三二	三〇	四一	四一	三九	三七	四六	三三	四三	三七	四八	三六	四三	三三	三三	三二									四四八	三九三	
现住		四一	三六	三八	三八	三六	三三	二七	三〇	三七	四一	三四	三七	四四	三三	三九	三七	四五	三六	三七	三三	三三	三二									四一一	三八六	
他往		五	六	一	一	二		五		四		五		二		四		三		六												三七	七	
壮丁		一八		一九		一五		一八		一八		一八		三		一七		九		一八		一三										一四二		
识字		一一	五	六		一〇		七		九		八		二〇	三	一三		六	一	一二		八										一一〇		出县从军者五人留学一人
职业	有	二七	二九	二六	二三	二六	二三	二七	二五	二八	三二	二八	二三	二一	二一	三二	二三	三四	一九	二六	一六	一九	二二									二九四	二五七	
	无	一四	七	一二	一五	一〇	一〇	五	五	九	九	六	一四	二五	一一	七	一四	一一	一七	一一	一七	一四	一〇									一二四	一二九	
非家属同住者		五		八		四		四		三		四		四		五		八		四		三										五〇		
学童		一九		一五		二二		一五		二二		一五		二四		二一		二一		一七		一四										二〇〇五[①]		
备考		出县从军者五人		出县从军者一人		痣病弱症手疾四		劳病弱症手疾心气七		手疾脚疾弱症七		手疾咳病脚疾二		弱症目疾二		劳病目疾二		脚疾心气二		咳病一		目疾一												

① 原文如此，疑为笔误，以各甲学童数相加，总计数应为二〇五。

四川省荣县第五区第一〇四保普通户口统计表

保长杨显名

中华民国二十五年七月廿九日

事别＼甲别		第一甲		第二甲		第三甲		第四甲		第五甲		第六甲		第七甲		第八甲		第九甲		第十甲		第十一甲		第十二甲		第十三甲		第十四甲		第十五甲		总计		附记
户数		一一		七		一一		一四		一〇		一二		一〇		一一																八六		出县从军者一二人留学三人
		男	女	男	女	男	女	男	女	男	女	男	女	男	女	男	女	男	女	男	女	男	女	男	女	男	女	男	女	男	女	男	女	
人口总数		二八	三一	二三	二三	四〇	四七	五〇	五四	三八	三六	四八	三一	三五	三九	四〇	三三															三〇二	二九四	
现住		二六	三一	二三	二三	三八	四七	四六	五四	三四	三六	四七	三一	三四	三九	三九	三三															二八七	二九四	
他往		二				二		四		四		一		一		一																一五		
壮丁		一〇		五		一〇		一三		八		一一		九		七																七三		
识字						四				七		一																				一二		
职业	有	二四	二三	一八	一七	二三	二九	四一	四一	三四	二六	四二	二四	三四	二六	三六	二六															二五二	二一二	
	无	四	八	五	六	八	一六	九	一三	四	一〇	六	七	一	一三	四	七															六一	八二	
非家属同住者		二	二	三	七	八	一〇	六	七	九	八	三	三	四	四	一	一															三六	四二	
学童		五		八		一〇		一一		四		一三		六		一一																六八		
备考		出县从军者二人				出县从军者二人		出县从军者四人		出县从军者三人留学一人		留学一人		出县从军者一人		留学一人																		

四川省荣县第五区第一〇五保普通户口统计表

保长朱禄高

中华民国二十五年七月二十八日

甲别 / 事别		第一甲		第二甲		第三甲		第四甲		第五甲		第六甲		第七甲		第八甲		第九甲		第十甲		第十一甲		第十二甲		第十三甲		第十四甲		第十五甲		总计		附记
户数		一一		一三		一五		一一		一四		一三		一一		一三		一〇														一一一		
		男	女	男	女	男	女	男	女	男	女	男	女	男	女	男	女	男	女	男	女	男	女	男	女	男	女	男	女	男	女	男	女	
人口总数		四九	三七	五五	三九	五四	四五	三七	二五	三九	三八	三〇	三九	四三	四二	四五	三八	三〇	二〇													三八二	三二三	
现住		四九	三七	五五	三九	五四	四五	三七	二五	三九	三八	二九	三九	四二	四二	四五	三八	二八	二〇													三七七	三二三	
他往												一		二				二														五		
壮丁		一五		一七		一六		一二		一四		一三		一六		一五		一一														一二九		
识字		四		一		一〇		四		二		五		六		四		二														三八		
职业	有	三五	二九	二九	二九	三二	三三	一九	一六	二三	二四	二〇	二三	三二	三一	三〇	二四	一八	一三													二三八	二二二	
职业	无	一二	九	二六	一〇	二二	一二	一八	九	一五	一五	一二	一五	一一	一一	一五	一四	一二	七													一四三	一〇二	
非家属同住者		一五	八	一一	四	七	六	六	五	八	八	五	三	六	六	六	一	四	一													六八	四二	
学童		二		八		一三		八		八		八		八		六		五														六		
备考		癞疾四人		癞疾四人		癞疾三人		癞疾四人		癞疾二人		癞疾二人		癞疾二人		癞疾六人		癞疾一人														二八		

四川省荣县第五区第一〇六保普通户口统计表

中华民国二十　年　月　日　保长陈晏清

事别＼甲别	第一甲		第二甲		第三甲		第四甲		第五甲		第六甲		第七甲		第八甲		第九甲		第十甲		第十一甲		第十二甲		第十三甲		第十四甲		第十五甲		总计		附记
户数	一〇		一〇		一五		一五		一一		一〇		八		九		一一														九九		
	男	女	男	女	男	女	男	女	男	女	男	女	男	女	男	女	男	女	男	女	男	女	男	女	男	女	男	女	男	女	男	女	
人口总数	三一	三四	二八	三一	四六	四九	四五	三八	三七	四〇	三一	二九	三九	三二	二八	二三	二九	四一													三一四	三一七	
现住	三一	三四	二八	三一	四四	四九	四四	三八	三七	四〇	三一	二九	三七	三二	二八	二三	二九	四一													三〇九	三一七	
他往					二		一						二																		五		
壮丁	一二		一〇		一七		一四		一二		一〇		一八		一一		一五														一一九		他往不详四人他往出县未出省一人
识字	四	一	二		五		六		二		二		九		一	一	一														三二	二	
职业 有	一八	二二	二〇	一八	三一	三三	三四	二六	二四	二二	二一	二四	二五	二三	一七	一七	二七	三二													二一七	二一七	
职业 无	一三	一二	八	一三	一五	一六	一一	一一	一三	一八	一〇	五	一四	九	一一	六	二	九													九七	一〇〇	
非家属同住者	一		二	一	三	七	五	四	一二	一二			一〇	一	一		六	八													五〇	三三	
学童	一七		一七		二八		一一		二一		一一		一八		一二		一五														一〇五		
备考					他往不详二人		他往不详一人						他往二人																				

四川省荣县第五区第一〇七保普通户口统计表

保长陈晏清代①

中华民国二十五年七月卅日

事别＼甲别		第一甲		第二甲		第三甲		第四甲		第五甲		第六甲		第七甲		第八甲		第九甲		第十甲		第十一甲		第十二甲		第十三甲		第十四甲		第十五甲		总计		附记
户数																																一五一		
		男	女	男	女	男	女	男	女	男	女	男	女	男	女	男	女	男	女	男	女	男	女	男	女	男	女	男	女	男	女	男	女	
人口总数		四三	四五	六〇	四四	四八	三五	四四	三七	四九	三七	四五	三五	五四	四七	四七	五一	四二	三八	五四	四四	二九	四五									五一五	四五八	
现住		四一	四四	五七	四四	四六	三二	四四	三七	四七	三七	四一	三五	四五	四七	四四	五一	四〇	三〇	五四	三八	二六	三四									四八五	四一九	
他往		二	一	三		二	三			二		四		九		三		二	八		六	三	一一									三〇	二九	
壮丁		一六		二三		一三		一六		一四		一三		一二		一五		一〇		一四		一三										一八九		
识字		四		五		六		二		八		四		一二		七		四		一〇		二三	二三									九一	二三	出县从军一二人留学四三人
职业	有	二九	二六	三八	二八	二九	二三	二二	二三	三六		三二	二二	三三	三〇	三三	三一	二九	三七	二六	二三	二二	二三									三二九	二九五	
	无	一四	一九	二二	一六	一九	一二	二二	一四	一三	二九	一三	一三	二一	一七	一四	二〇	一三	一	二八	二一	七	二二									二一三	一六三	
非家属同住者		一						五	三	一	八					四	二	四	二													一五	七	
学童		二		一〇		九		七		一六		一四		一四		一二		八		二五		七										一三三		
备考		留学		出县从军者三人		留学				留学		出县从军者四人		留学		出县从军者三人		出县从军者二人				留学												

① 原文如此，应为他人代签。

四川省荣县第五区第一〇八保普通户口统计表

事别＼甲别	第一甲		第二甲		第三甲		第四甲		第五甲		第六甲		第七甲		第八甲		第九甲		第十甲		第十一甲		第十二甲		第十三甲		第十四甲		第十五甲		总计		附记
户数	一一		一〇		一四		一〇		一〇		一〇		一〇		一〇		一〇		一〇		一一										一一六		出县从军者五人留学四人
	男	女	男	女	男	女	男	女	男	女	男	女	男	女	男	女	男	女	男	女	男	女	男	女	男	女	男	女	男	女	男	女	
人口总数	三〇	二七	三八	二九	三五	三一	三一	三一	三五	二二	二五	二〇	三七	二六	三四	三一	二五	二一	三一	三八	二四	三五									三四五	三一一	
现住	二九	二七	三七	二九	三三	三一	三〇	三一	三三	二二	二五	二〇	三七	二六	三四	三一	二五	二一	三〇	三八	二四	三五									三三六	三一一	
他往	一		一		三		一		二										一												九		
壮丁	一二		八		一一		一二		九		九		一三		一一		八		一二		七										一一二		
识字	六		七		二		五		四		三		三		六		二		五		六										四九		
职业 有	一九	一四	二三	二〇	二一	一九	二二	一九	一九	一四	一六	一四	二五	一八	二〇	一六	一六	一五	二〇	二一	一七	一六									二一八	一八六	
职业 无	一一	一三	一五	九	一四	一二	九	一二	一六	八	九	六	一二	八	一四	一五	九	六	一一	一七	七	一九									一二七	一二五	
非家属同住者	三	一	一	一	二	一	一						四	三	二	二	三	二	七	八	四	一									二七	一九	
学童	三		七		九		九		四		六		八		九		七		八		一〇										八〇		
备考	留学一人		出县从军者一人		出县从军者二人留学一人		留学一人		出县从军者二人										留学一人														

中华民国二十五年六月 日 保长向崙芝

四川省荣县第五区第一〇九保普通户口统计表

中华民国二十五年七月廿五日　保长陈蜀扬

甲别/事别		第一甲		第二甲		第三甲		第四甲		第五甲		第六甲		第七甲		第八甲		第九甲		第十甲		第十一甲		第十二甲		第十三甲		第十四甲		第十五甲		总计		附记
户数		一三		一一		一〇		一〇		一〇		一〇		一一		一〇		一一		八		一二		一二								一二八		
		男	女	男	女	男	女	男	女	男	女	男	女	男	女	男	女	男	女	男	女	男	女	男	女	男	女	男	女	男	女	男	女	
人口总数		四四	三八	四二	三一	四一	三一	二六	三三	四六	四五	三一	三一	三五	三〇	三四	二九	三二	二八	三五	三四	四五	三八	五五	五〇							四六六	四一八	
现住		四一	三七	三七	三〇	四一	三一	二六	三三	四六	四五	六	三一	三三	三〇	三三	二八	三一	二八	三四	三四	四一	三七	五五	五〇							四四四	四一四	
他往		三	一	五	一							三		二		一	一	一		一		四	一	二								二二	四	
壮丁		一九		二〇		七		九		一四		一三		一五		一二		九		八		一九		一七								一六二		
识字		一三	一	一六	二	一一		二		一二		一〇	一	一三		四		五	一	一三	一	二一	一	一八	三							一三八	一〇	出县从军者九人留学一一人
职业	有	二九	二五	二九	二〇	二一	二〇	一六	一八	二九	三一	一九	二三	二三	二〇	一九	二二	二〇	一四	一九	一九	二八	二四	二六	三二							二七八	二六八	
	无	一五	一三	一三	一一	二〇	一一	一〇	一五	一七	一四	一二	八	一二	一〇	一五	七	一二	一四	一六	一五	一七	一四	二九	一八							一八八	一五〇	
非家属同住者		二	四	六	三	五	二	一	一	六	三	四	二	五	三	四	一					四	二	一								三八	二〇	
学童		一〇		三		一三		七		八		五		五		八		四		七		一二		一五								九七		
备考		出县从军者三人		出县从军者三人留学二人								留学三人				留学一人		出县从军者一人		留学一人		出县从民航局者二人留学二人		留学二人										

四川省荣县第五区第一一〇保普通户口统计表

保长陈万源

中华民国二十五年七月二十六日

事别＼甲别		第一甲		第二甲		第三甲		第四甲		第五甲		第六甲		第七甲		第八甲		第九甲		第十甲		第十一甲		第十二甲		第十三甲		第十四甲		第十五甲		总计		附记
户数		一二		一四		一二		九		一〇		八		一一		九		一二		九		八										一一四		出县从军者一人留学五人
人口总数		男	女	男	女	男	女	男	女	男	女	男	女	男	女	男	女	男	女	男	女	男	女	男	女	男	女	男	女	男	女	男	女	
人口总数		四〇	五一	四五	四六	五三	三六	三九	三三	三三	三〇	三八	二九	二八	三三	二八	二九	四一	四〇	二四	二二	二一	三〇									三九〇	三七九	
现住		四〇	五一	四三	四六	五二	三六	三八	三三	三二	三〇	三七	二九	二八	三三	二八	二九	四一	四〇	二四	二二	二一	三〇									三八四	三七九	
他往				二		一		一		一		一																				六		
壮丁		九		一四		一〇		一二		一五		九		七		一〇		一四		七		六										一一三		
识字		一四	三	九		八		一〇		一五		四		四		四	一	七		四		四										八三	四	
职业	有	三二	三五	四二	四〇	四六	二六	三〇	二六	二八	二二	二八	一八	二三	二一	二三	二二	三一	三一	一七	一六	一五	二三									三一五	二八〇	
职业	无	八	一六	三	六	七	一〇	九	七	五	八	一〇	一一	五	一二	五	七	一〇	九	七	六	六	七									七五	九九	
非家属同住者		五	四	八	七	一三	八	二	一	五	三	七	四	三	二	二	一	五	四			四	四									五四	三五	
学童		一一		四		一六		五		二		五		五		三		六		四		一										六二		
备考				留学二人		出县从军者一人		留学一人		留学一人		留学一人																						

四川省荣县第五区第一一保普通户口统计表

事别＼甲别	第一甲		第二甲		第三甲		第四甲		第五甲		第六甲		第七甲		第八甲		第九甲		第十甲		第十一甲		第十二甲		第十三甲		第十四甲		第十五甲		总计		附记
户数	一一		一三		八		一一		九		七		九		九																七七		
人口总数	男	女	男	女	男	女	男	女	男	女	男	女	男	女	男	女	男	女	男	女	男	女	男	女	男	女	男	女	男	女	男	女	
	四〇	三一	五二	四四	五〇	二九	三五	三〇	三七	二六	二九	一四	三三	二一	二六	二一															三〇二	二一六	
现住	三八	三一	五〇	四四	四九	二九	三一	三〇	三二	二六	二八	一四	二九	二一	二六	二一															二八三	二一六	
他往	二		二		一		四		五		一		四																		一九		第六甲七户及第八甲三户户长他往故未编入归来时再为填报出县从军六人留①一三人
壮丁	一五		一六		一九		一四		一二		一四		一四		九																一一三		
识字	五		一八	一	五		五		一		四		四		二																四四	一	
职业 有	二九	一八	三三	二五	三九	二一	二四	二〇	二八	一八	二三	八	二一	一七	一三	一五															二一〇	一四二	
职业 无	一一	一三	一九	一九	一一	八	一一	一〇	九	八	六	六	一二	四	一三	六															九二	七四	
非家属同住者	一一	五	九	九	三二	一五	八	四	一五	七	一五		一〇	六	五	二															一〇五	四八	
学童	七		一四		四		五		三		二		二		六																四三		
备考	留学二人		出县从军者二人		留学一人		出县从军者一人留学三人		出县从军者三人留学二人		留学一人		留学四人																				

中华民国二十五年七月卅日 保长但平章

① 原文如此，疑缺一“学”字。

四川省荣县第五区第一一二保普通户口统计表

保长范乐三[1]

中华民国三十五年 月 日

事别＼甲别		第一甲		第二甲		第三甲		第四甲		第五甲		第六甲		第七甲		第八甲		第九甲		第十甲		第十一甲		第十二甲		第十三甲		第十四甲		第十五甲		总计		附记
户数		一二		一三		七		一四		八		一〇		一二		一三		一〇		一二		一三		一四								一三八		
人口总数		男	女	男	女	男	女	男	女	男	女	男	女	男	女	男	女	男	女	男	女	男	女	男	女	男	女	男	女	男	女	男	女	
		五二	五一	三二	二七	二五	二六	五三	四二	一五	二二	二七	二九	四三	三三	四四	三九	四九	三四	三七	三九	五九	五〇	五八	四六							五〇四	四三八	
现住		五〇	五一	二九	二七	二五	二六	五〇	四一	一四	二二	三五	二九	四一	三二	四一	三九	四七	三三	三三	三九	四七	五〇	五七	四六							四七七	四三五	
他往		二		三		二		三	一	一		二		二	一	三		二	一	四		二		一								二七	三	
壮丁		一三		一二		九		一五		六		一一		一一		一三		九		八		一九		一四								一四		
识字		四	一	五	一	一		四		三		一		四		一		一		九		一〇		五								四八	二	出县从军九人留学一八人
职业	有	三九	二五	二九	二一	二〇	一六	三五	二七	九	一四	三〇	二四	三〇	二七	二六	二八	二六	二四	一九	二三	四〇	三七	三七	三三							三四	二九九	
	无	一三	二六	一〇	六	五	一〇	一八	一五	六	八	七	五	一三	六	一八	一一	二三	二	一八	一六	一九	一三	一三	二一							一七一	一四九	
非家属同住者		六	六	一	一	五	六	九	二	二	二	四	二	八	四	一		二	一	五	六	一〇	二	二	八							六一	四六	
学童		一〇		一六		一〇		一六		六		五		七		七		六		一〇		一一		六								一二二		
备考		出县从军二人		留学三人		出县从军二人		留学三人		留学一人		出县从军二人		留学二人		出县从军三人		留学二人		留学四人		留学二人		留学一人										

[1] 档案原件无签名，仅有“范乐三印”印鉴一枚，此处签名系编校者据该印鉴所加。

四川省荣县第五区第一一三保普通户口统计表

中华民国二十五年七月八日　保长孙琢光

事别 \ 甲别		第一甲		第二甲		第三甲		第四甲		第五甲		第六甲		第七甲		第八甲		第九甲		第十甲		第十一甲		第十二甲		第十三甲		第十四甲		第十五甲		总计		附记
户数		一一		一二		一二		一〇		一〇		一二		一一		九		一二		一二		一二												出县从军一〇人留学一二人又女子一人
		男	女	男	女	男	女	男	女	男	女	男	女	男	女	男	女	男	女	男	女	男	女	男	女	男	女	男	女	男	女	男	女	
人口总数		四五	三八	三五	三六	二五	二七	三八	三六	三九	三三	三〇	二九	二七	一三	一九	一六	三九	二九	四一	四七	五一	四四									三八一	三四八	
现住		四三	三八	三二	三六	二二	二七	三〇	三六	三四	三三	三〇	二九	二六	一三	一六	一六	三八	二九	三九	四七	四九	四四									三五九	三四四	
他往		二		三		三		四		三				一		一	一	一		二		二										二二	一	
壮丁		一二		一二		一二		一七		一八		七		七		四		一三		八		一二										一二二		
识字		三		四		二		二		一		二		二		三		六		四	四	七										三六		
职业	有	三三	二九	二二	二九	二〇	二一	二一	二三	二〇	二二	一二	一四	一二	一〇	六	八	三〇	二〇	三〇	二七	三一	二一									二三七	二二四	
	无	一〇	九	一〇	七	二	七	一五	六	一四	九	一二	六	一二	七	八	八	九	九	九	二〇	四	二〇									一〇五	一〇八	
非家属同住者		四	二	三		二		一		三		三		一		四		一		二		三										二九		
学童		六		四		八		一六		一九		八		九		四		七		六		一二										九九		
备考		留学二人		出县从军三人		留学三人		出县从军四人		留学三人				留学一人		出县从军一人		留学一人		出县从军二人		留学二人												

四川省荣县第五区第一一四保普通户口统计表

保长李蜀华

中华民国二十五年七月卅日

事别＼甲别	第一甲		第二甲		第三甲		第四甲		第五甲		第六甲		第七甲		第八甲		第九甲		第十甲		第十一甲		第十二甲		第十三甲		第十四甲		第十五甲		总计		附记
户数																															九〇		留学一人
	男	女	男	女	男	女	男	女	男	女	男	女	男	女	男	女	男	女	男	女	男	女	男	女	男	女	男	女	男	女	男	女	
人口总数	二八	三一	三五	三八	三一	三一	二一	二五	三五	二八	一六	二八	二八	二九	二八	三一	二一	二〇	二二	三一											二七六	二九二	
现住	二八	三一	三五	三八	三一	三一	二一	二五	三五	二八	一六	二八	二八	二九	二八	三一	二一	二〇	二二	三一											二七五	二九二	
他往			一																												一		
壮丁	二一		九		一二		一〇		一一		一一		六		八		九		九												一〇六		
识字	二		二		三	一	一		一		一		二		一		三		二												一八		
职业 有	二一	二〇	一五	一六	一五	一七	一二	一六	一九	一四	一一	一五	一八	一六	一三	一九	一一	一二	一六	一九											一五一	一六四	
职业 无																																	
非家属同住者	四	八	三	五	三	四	一	二	二	五	一	三	三	二	三	四	三	二	一	三													
学童	六		八		七		六		五		四		七		八		六		七												六四		
备考			留学一人																														

四川省荣县第五区第一一五保普通户口统计表

中华民国二十 年 月 日 保长周体全

事别＼甲别		第一甲		第二甲		第三甲		第四甲		第五甲		第六甲		第七甲		第八甲		第九甲		第十甲		第十一甲		第十二甲		第十三甲		第十四甲		第十五甲		总计		附记
户数		一三		一〇		九		一〇		一一		七		一〇		一〇		八														八八		
人口总数		男	女	男	女	男	女	男	女	男	女	男	女	男	女	男	女	男	女	男	女	男	女	男	女	男	女	男	女	男	女	男	女	
		四三	四〇	三二	三八	二六	二五	四〇	三八	三二	三七	二一	一五	二九	二二	二八	二八	三一	二七													二八二	二七〇	
现住		三八	四〇	三二	三八	二三	二五	四〇	三八	三二	三七	二一	一五	二九	二二	二六	二八	三〇	二七													二七一	二七〇	
他往		五				三										二		一														一一		
壮丁		一七		一一		一二		一〇		一五		八		一四		七		一二														一〇六		出县从军九人留学二人
识字		一												一				四														六		
职业	有	二四	二二	一七	一七	一三	一四	一二	一六	一五	一五	八	六	一四	一〇	九	一二	一三	一一													一二五	一二三	
	无	一九	一八	一五	二一	一三	一一	二八	二二	一七	二二	一三	九	一五	一二	一九	一六	一八	一六													一五七	一四七	
非家属同住者				一												二		二														五		
学童		七		一二		四		九		一一		五		六		一〇		四														六八		
备考		出县未出省者男二人出保未出县者男三人				出外当兵男二人出保未出区者男一人										出保未出区者男二人		出县未出省者男一人																

四川省荣县第五区第一一六保普通户口统计表

保长雷迅之

中华民国二十五年七月卅一日

事别＼甲别		第一甲		第二甲		第三甲		第四甲		第五甲		第六甲		第七甲		第八甲		第九甲		第十甲		第十一甲		第十二甲		第十三甲		第十四甲		第十五甲		总计		附记
户数		一二		一三		九		九		一〇		九		一一		一〇		八		一二		一〇										一一三		
		男	女	男	女	男	女	男	女	男	女	男	女	男	女	男	女	男	女	男	女	男	女	男	女	男	女	男	女	男	女	男	女	
人口总数		二九	二九	三四	三四	二六	二二	二五	二七	三三	二四	一七	二六	三二	二四	三〇	二七	二二	二九	三一	二六	三一	二四									三一〇	二八二	
现住		二八	二八	二八	三四	二五	二二	二五	二七	三一	二四	一七	二六	三〇	二四	三〇	二七	二二	一九	三一	二五	二八	二四									二九九	二八一	
他往		一	一	六		一				二				二								一										一一	一	
壮丁		一〇		一六		一〇		四		一五		一〇		一一		八		六		一四		一七										一二二		出县从军八人留学三人
识字		一		二								一		四																		八		
职业	有	二二	一八	二一	一六	一四	一三	一七	一二	一五	一二	一三	九	二七	一九	一八	二〇	一四	九	二〇	一八	二三	一二									三〇四	一五八	
	无	七	一一	一三	一八	一二	九	八	一五	一八	一二	一三	七	五	五	一二	七	八	一〇	一一	七	八	一二									一〇六	一二四	
非家属同住者		九	四	四	二	一		二	二		一	一		二	一	二	二	一	一	一		三										二六	一三	
学童		一		二		二		六		四		五		三		五		四		四		六										四二		
备考		留学一人		出县从军六人		留学一人				出县从军二人				出县从军二人								留学一人												

四川省荣县第五区第一一七保普通户口统计表

保长杨树高

中华民国三十五年六月初十日

甲别	户数	人口总数 男	人口总数 女	现住 男	现住 女	他往 男	他往 女	壮丁	识字 男	识字 女	职业 有 男	职业 有 女	职业 无 男	职业 无 女	非家属同住者 男	非家属同住者 女	学童	备考
第一甲	一〇	一五	一七	一二	一七	三		三	一三	五	七	一一	八	五		一	二	出县从军三人
第二甲	七	一〇	一六	九	一六	一		二	七	二	四	七	六	九		一	四	留学一人
第三甲	九	三一	三〇	二七	二九	四	一	七	一八	四	一一	九	二〇	二一	一	五	九	出县从军四人
第四甲	九	二六	三三	二三	二九	三	四	五	一四	八	九	一六	一七	一六	三	七	八	留学三人
第五甲	一〇	二一	二〇	一八	二〇	三		七	七	三	一二	一三	一一	七		四	一〇	留学三人
第六甲	八	一八	二二	一六	二二	二		七	一〇	一	八	一〇	一〇	一二		二	四	出县从军二人
第七甲	一〇	二四	四一	一八	四一	六		八	一六	八	一二	一二	一二	一九	二	八	七	留学六人
第八甲	一〇	三四	四五	二七	四三	七	二	八	二〇	一〇	一一	二一	二〇	二四		六	一〇	出县从军七人
第九甲	一〇	二七	二二	二三	二二	四		七	一〇	二	一三	一〇	一四	八	四	二	四	留学四人
第十甲	一〇	一九	二一	一六	二〇	三	一	六	七	二	九	一六	一〇	五		二	二	留学三人
第十一甲	一一	一九	一七	一七	一七	二		三	八	一	五	二	一四	六	一		四	留学二人
第十二甲	一〇	一九	一二	一四	一二	五		四	一一	二	七	五	一一	五	一		二	出县从军五人
第十三甲	一一	一二	二八	九	二八	四		六	六	三	九	一五	三	三		二	五	留学四人
第十四甲																		
第十五甲																		
总计	一二五	二七一	三二四	二二九	三一二	四二	二八	六三	一四七	一七一	一五七	一七一	一五三	一五一	一二	四〇	七一	

附记：出县从军二一人留学二一人

四川省荣县第五区第一一八保普通户口统计表

事别＼甲别		第一甲		第二甲		第三甲		第四甲		第五甲		第六甲		第七甲		第八甲		第九甲		第十甲		第十一甲		第十二甲		第十三甲		第十四甲		第十五甲		总计		附记
户数		一〇		一〇		一〇		一一		一五		一三		一〇		一五		一三		一五												一二二		
		男	女	男	女	男	女	男	女	男	女	男	女	男	女	男	女	男	女	男	女	男	女	男	女	男	女	男	女	男	女	男	女	
人口总数		二五	三一	三五	三三	三九	三二	三九	三五	六五	五六	四五	六七	四一	三九	五八	五四	四五	二九	六五	五七											四五七	四三三	
现住		二二	三一	三五	三〇	二六	三二	三八	三五	六四	五六	四三	六七	四〇	三九	五六	五四	四五	二九	五六	五七											四二五	四三〇	
他往		三			三	三		一		一		二		一		二				九												三二	三	
壮丁		一六		一四		一三		一九		二六		二三		一一		一二		一二		二七												一七三		
识字		八		一		二	二			七		一	三	六		五				三												四三	五	出县从军九人
职业	有	一五	一九	二七	一九	二〇	一五	二二	二四	三四	二四	二五	二九	二四	二一	三三	二五	三〇	二〇	五一	三三											二八一	二二九	
	无	一〇	一二	八	一四	一九	一七	一七	一一	三一	三二	二〇	三八	一七	一八	二五	二九	一五	九	一四	二四											一七六	二〇四	
非家属同住者						五	三	八	五				二			六	三	五	二	六	六											三〇	二一	
学童		四		八		五		三		九		七		一一		一六		五		二〇												八八		
备考								出县者男一人		出区者男一人		出县者男一人出区者男一人		出保者男一人		出县者男一人				出甲者男一人出县者男一人														

中华民国二十五年六月十三日 保长胡微风

四川省荣县第五区第一一九保普通户口统计表

事别＼甲别		第一甲		第二甲		第三甲		第四甲		第五甲		第六甲		第七甲		第八甲		第九甲		第十甲		第十一甲		第十二甲		第十三甲		第十四甲		第十五甲		总计		附记
户数		一二		一〇		一一		一〇		一一		一二		一〇		一二		一二		一二												一一二		
		男	女	男	女	男	女	男	女	男	女	男	女	男	女	男	女	男	女	男	女	男	女	男	女	男	女	男	女	男	女	男	女	
人口总数		五四	四三	三七	三六	三九	三六	三三	四五	四六	三四	六〇	五五	四五	四三	三六	四二	四九	四〇	四七	四一											四四六	四一五	
现住		五四	四三	三五	三六	三八	三六	三三	四五	四四	三四	五六	五四	三四	三八	三二	四二	四九	四〇	四六	四一											四二一	四〇九	
他往				二		一				二		四	一	一一	五	四				一												二五	六	
壮丁		一四		一五		一五		九		一五		二四		一七		一四		一五		一六												一五四		出县从军者十三人留学者一二人
识字		五		四		二		二		二		七		一		三				一												二七		
职业	有	二六	二四	二一	一八	二四	一九	一五	三〇	二八	二〇	三一	三三	二三	二六	二四	三〇	二九	二四	二九	二八											二五〇	二五二	
	无	二八	一九	一六	一八	一五	一七	二八	一五	一六	一四	二九	二二	二二	一七	一二	一二	二〇	一六	一八	一二											一九六	一六五	
非家属同住者		一六	一四	九	八	一二	五	九	六	一四	六	一一	一〇	九	五	三	三	一二	七	一〇	八											一〇五	七二	
学童		一七		五		一一		一〇		一五		一七		一〇		一二		一二		九												一一八		
备考				出县从军者二人		留学者一人				出县从军者二人		出县留学者三人		出县从军者五人留学者六人		出县从军者四人																		

中华民国二十 年 月 日　　保长胡华臣

四川省荣县第五区第一二〇保普通户口统计表　保长胡仕员

中华民国二十五年六月日

<table>
<tr><th colspan="2">事别＼甲别</th><th colspan="2">第一甲</th><th colspan="2">第二甲</th><th colspan="2">第三甲</th><th colspan="2">第四甲</th><th colspan="2">第五甲</th><th colspan="2">第六甲</th><th colspan="2">第七甲</th><th colspan="2">第八甲</th><th colspan="2">第九甲</th><th colspan="2">第十甲</th><th colspan="2">第十一甲</th><th colspan="2">第十二甲</th><th colspan="2">第十三甲</th><th colspan="2">第十四甲</th><th colspan="2">第十五甲</th><th colspan="2">总计</th><th>附记</th></tr>
<tr><td colspan="2">户数</td><td colspan="2">一〇</td><td colspan="2">一〇</td><td colspan="2">一〇</td><td colspan="2">一〇</td><td colspan="2">一〇</td><td colspan="2">一〇</td><td colspan="2">一〇</td><td colspan="2">一〇</td><td colspan="2">一〇</td><td colspan="2">一〇</td><td colspan="2">一三</td><td colspan="2">一三</td><td colspan="2"></td><td colspan="2"></td><td colspan="2"></td><td colspan="2">一二六</td><td rowspan="11">出县从军者九人留学者七人</td></tr>
<tr><td colspan="2" rowspan="2">人口总数</td><td>男</td><td>女</td><td>男</td><td>女</td><td>男</td><td>女</td><td>男</td><td>女</td><td>男</td><td>女</td><td>男</td><td>女</td><td>男</td><td>女</td><td>男</td><td>女</td><td>男</td><td>女</td><td>男</td><td>女</td><td>男</td><td>女</td><td>男</td><td>女</td><td>男</td><td>女</td><td>男</td><td>女</td><td>男</td><td>女</td><td>男</td><td>女</td></tr>
<tr><td>三一</td><td>二八</td><td>四六</td><td>三三</td><td>二九</td><td>三〇</td><td>四四</td><td>四一</td><td>三〇</td><td>二七</td><td>二九</td><td>二三</td><td>四一</td><td>三四</td><td>四二</td><td>二五</td><td>二一</td><td>一八</td><td>五六</td><td>五一</td><td>五七</td><td>四五</td><td>二五</td><td>三〇</td><td></td><td></td><td></td><td></td><td></td><td></td><td>四五一</td><td>三八五</td></tr>
<tr><td colspan="2">现住</td><td>二八</td><td>二八</td><td>四二</td><td>三三</td><td>二九</td><td>三〇</td><td>四二</td><td>四一</td><td>三〇</td><td>二七</td><td>二八</td><td>二三</td><td>四一</td><td>三四</td><td>四〇</td><td>二五</td><td>二一</td><td>一八</td><td>五二</td><td>五一</td><td>五四</td><td>四五</td><td>二五</td><td>三〇</td><td></td><td></td><td></td><td></td><td></td><td></td><td>四三二</td><td>三八五</td></tr>
<tr><td colspan="2">他往</td><td>三</td><td></td><td>四</td><td></td><td></td><td></td><td>二</td><td></td><td></td><td></td><td>一</td><td></td><td></td><td></td><td>二</td><td></td><td></td><td></td><td>四</td><td></td><td>三</td><td></td><td></td><td></td><td></td><td></td><td></td><td></td><td></td><td></td><td>一九</td><td></td></tr>
<tr><td colspan="2">壮丁</td><td>一一</td><td>五</td><td>一二</td><td>四</td><td>九</td><td>三</td><td>九</td><td>八</td><td>六</td><td>五</td><td>八</td><td>二</td><td>一四</td><td>六</td><td>一二</td><td>五</td><td>六</td><td>三</td><td>一六</td><td>八</td><td>一三</td><td>一〇</td><td>八</td><td>五</td><td></td><td></td><td></td><td></td><td></td><td></td><td>一一三</td><td>六四</td></tr>
<tr><td colspan="2">识字</td><td>三</td><td></td><td>五</td><td></td><td>六</td><td></td><td>一一</td><td></td><td>四</td><td>二</td><td>六</td><td>一</td><td>六</td><td>一</td><td>一二</td><td>三</td><td>四</td><td>一</td><td>三</td><td>四</td><td>六</td><td></td><td>二</td><td></td><td></td><td></td><td></td><td></td><td></td><td></td><td>六八</td><td>一二</td></tr>
<tr><td rowspan="2">职业</td><td>有</td><td>二一</td><td>二二</td><td>三六</td><td>二四</td><td>二〇</td><td>二三</td><td>三二</td><td>三七</td><td>二四</td><td>二三</td><td>二一</td><td>一九</td><td>二八</td><td>二六</td><td>三四</td><td>二〇</td><td>一六</td><td>一一</td><td>四八</td><td>四三</td><td>四〇</td><td>三二</td><td>二〇</td><td>二六</td><td></td><td></td><td></td><td></td><td></td><td></td><td>三五〇</td><td>三〇六</td></tr>
<tr><td>无</td><td>一〇</td><td>六</td><td>八</td><td>九</td><td>九</td><td>七</td><td>一二</td><td>四</td><td>六</td><td>四</td><td>七</td><td>四</td><td>一三</td><td>八</td><td>八</td><td>五</td><td>五</td><td>七</td><td>八</td><td>八</td><td>一〇</td><td>一三</td><td>五</td><td>四</td><td></td><td></td><td></td><td></td><td></td><td></td><td>一〇一</td><td>七九</td></tr>
<tr><td colspan="2">非家属同住者</td><td>三</td><td></td><td>一</td><td></td><td>二</td><td></td><td></td><td>一</td><td>一</td><td>二</td><td>一</td><td>一</td><td></td><td>二</td><td>三</td><td></td><td>二</td><td></td><td></td><td></td><td></td><td></td><td></td><td></td><td></td><td></td><td></td><td></td><td></td><td></td><td>一三</td><td>六</td></tr>
<tr><td colspan="2">学童</td><td colspan="2">四</td><td colspan="2">八</td><td colspan="2">六</td><td colspan="2">一〇</td><td colspan="2">一三</td><td colspan="2">四</td><td colspan="2">四</td><td colspan="2">三</td><td colspan="2">一一</td><td colspan="2">四</td><td colspan="2">六</td><td colspan="2">一三</td><td colspan="2"></td><td colspan="2"></td><td colspan="2"></td><td colspan="2">八六</td></tr>
<tr><td colspan="2">备考</td><td colspan="2">从军者三人</td><td colspan="2">从军者二人留学者二人</td><td colspan="2"></td><td colspan="2">从军者二人</td><td colspan="2"></td><td colspan="2"></td><td colspan="2"></td><td colspan="2">留学者二人</td><td colspan="2"></td><td colspan="2">出县从军者二人留学者二人</td><td colspan="2">出县从军者二人留学者一人</td><td colspan="2"></td><td colspan="2"></td><td colspan="2"></td><td colspan="2"></td><td colspan="2"></td></tr>
</table>

四川省荣县第五区第一二一保普通户口统计表

事别＼甲别		第一甲		第二甲		第三甲		第四甲		第五甲		第六甲		第七甲		第八甲		第九甲		第十甲		第十一甲		第十二甲		第十三甲		第十四甲		第十五甲		总计		附记
户数		一三		一三		一五		一五		一二		一〇		一〇		一二		一二		一一												一二三		出县从军者一四人留学者四人
人口总数		男	女	男	女	男	女	男	女	男	女	男	女	男	女	男	女	男	女	男	女	男	女	男	女	男	女	男	女	男	女	男	女	
人口总数		五七	四六	三七	三二	六〇	五二	四九	四五	三八	三六	四二	四二	二一	二九	二五	三一	三六	三一	二九	三七											三九六	三八一	
现住		五三	四六	三五	三一	六〇	五二	四六	四五	三八	三六	四〇	四二	二一	二九	二三	三一	三四	三一	二八	三七											三七八	三八〇	
他往		四		二	一			三		二		二				二		二		一												一八	一	
壮丁		一二		一六		一九		一三		一〇		一七		九		一二		一五		一二												一三五		
识字		一三				一		五		四		三		二		三		九		二												四二		
职业	有	二七	三〇	二八	二一	三六	三二	三〇	三一	二五	二四	三〇	三〇	一五	一八	一八	二二	二八	二五	一〇	二一											二四七	二五四	
职业	无	三〇	一六	九	一一	二四	二〇	一九	一四	一三	一二	一二	一二	六	一一	七	一一	八	六	一九	一六											一四九	一二七	
非家属同住者		二		六		二		七		三		三		三						三												二九		
学童		九		七		一三		一二		九		七		七		六		七		七												八四		
备考		从军者三人留学者一人		从军者二人				从军者三人		留学者二人		从军者二人				从军者二人		从军者二人		留学者一人														

保长刘必昌

中华民国二十五年六月　日

四川省荣县第五区第一二三保普通户口统计表

事别＼甲别		第一甲		第二甲		第三甲		第四甲		第五甲		第六甲		第七甲		第八甲		第九甲		第十甲		第十一甲		第十二甲		第十三甲		第十四甲		第十五甲		总计		附记
户数		一〇		一〇		一〇		一一		一〇		一一		一一		一三		一二		一一												一〇九		
人口总数		男	女	男	女	男	女	男	女	男	女	男	女	男	女	男	女	男	女	男	女	男	女	男	女	男	女	男	女	男	女	男	女	
人口总数		五八	四〇	四〇	三三	三七	四〇	三八	三五	五〇	三九	四六	三四	四九	四五	四七	三六	四八	四三	三三	三一											四四六	三七六	
现住		四九	四〇	四〇	三三	三七	四〇	三七	三四	四五	三九	四一	三四	四六	四五	四七	三六	四八	四三	三二	三一											四二四	三七五	
他往		七						一	一	五		五		三						一												二二	一	
壮丁		二二		一七		一七		一六		二一		一五		一七		一五		一四		一一												一六五		
识字		八				二		二		六		一一				七		二		四												三三		出县从军一二人留学一〇人
职业	有	三六	二八	二〇	二二	二六	二二	二三	二二	二七	二四	二八	二二	二九	二七	三〇	二一	二八	二八	一九	二二											二六六	二三八	
职业	无	二二	一二	二〇	一一	一一	一八	一五	二〇	二三	一五	一八	一二	二〇	一八	一七	一五	二〇	一五	二四	九											一八〇	一三八	
非家属同住者		一三	一三	一〇	六	九	七	九	六	二	一三	一五	一一	一三	九	一二	一一	一〇	一二	七	六											一〇九	九四	
学童		七		七		六		七		九		七		一一		八		一二		四												七八		
备考		出县从军六人						留学一人		留学五人		出县从军五人		留学三人						留学一人														

保长×××

中华民国二十五年月日

四川省荣县第五区第一二三保普通户口统计表　保长刘德元
中华民国二十五年六月　日

事别＼甲别	第一甲		第二甲		第三甲		第四甲		第五甲		第六甲		第七甲		第八甲		第九甲		第十甲		第十一甲		第十二甲		第十三甲		第十四甲		第十五甲		总计		附记
户数	一四		一五		一四		一四		一四		一四		一四		一四		一五		一四												一四二		
	男	女	男	女	男	女	男	女	男	女	男	女	男	女	男	女	男	女	男	女	男	女	男	女	男	女	男	女	男	女	男	女	
人口总数	四二	三六	二七	三一	四一	六三	三三	三一	三二	三二	四二	三八	三八	二六	三五	二七	三六	三七	四二	三三											二六八	三五四	
现住	四一	三六	二七	三〇	四〇	六三	三一	三一	二八	三一	四〇	三八	三二	二五	三四	二七	三六	三七	四一	三三											二五〇	三五一	
他往	一			一	一		二		四	一	二		六	一	一				一												一八	三	
壮丁	一六		一一		一四		八		一一		一二		一九		一二		一三		一六												一三二		
识字	一〇		七		六		九	二	六	二	一〇		一四		一一	二	六		一六	二											九五	一三	出县从军者六人留学者八人
职业 有	二六	二五	一五	二〇	三一	三九	一六	二一	二一	二二	二四	二一	二一	一九	一八	二一	二三	二六	二四	二一											二一九	三三五	
职业 无	一六	一一	一二	一一	一〇	一七	一五	一〇	七	九	一八	一七	一七	七	一七	六	一三	一一	一八	一二											一四三	一一一	
非家属同住者	五	二	四	二	一	一	一			一	四	四			二		六	三	一	一											二四	一〇	
学童	一二		四		五		七		四		一〇		九		八		九		七												七五		
备考	从军者一人				留学者一人		从军者二人		从军者二人留学二人		留学者二人		留学者三人从军者三人																				

荣县第五区普通户口统计表

四川省荣县第五区第一二四保普通户口统计表

中华民国二十五年六月　日　保长黄级章

事别＼甲别	第一甲		第二甲		第三甲		第四甲		第五甲		第六甲		第七甲		第八甲		第九甲		第十甲		第十一甲		第十二甲		第十三甲		第十四甲		第十五甲		总计		附记
户数	一〇		一〇		一〇		一〇		一〇		一〇		一〇		一〇		一〇		一〇												一〇〇		出县从军二人留学九人又女子一人
	男	女	男	女	男	女	男	女	男	女	男	女	男	女	男	女	男	女	男	女	男	女	男	女	男	女	男	女	男	女	男	女	
人口总数	三六	三一	三二	三七	三九	二八	四五	三八	三四	三五	三六	三〇	四七	三四	二四	二八	三六	三一	二九	二二											三五八	三一四	
现住	三四	三一	三〇	三七	三九	二八	四三	三七	三二	三五	三四	三〇	四四	三四	二三	二八	三三	三〇	二五	二二											三三七	三一二	
他往	二		二				二	一	二		二		三		一		三	一	四												二一	二	
壮丁	一一		一二		一三		一六		九		一一		三		八		六		五												一〇三		
识字	一		二		二		二		三		二		三		一		一		一												一八		
职业　有	二二	二一	二三	一九	二四	二〇	二七	二二	二一	一七	一一	一二	二六	二〇	一二	一五	二〇	二〇	一五	一〇											二〇一	一七六	
职业　无	一四	一〇	九	一八	一五	八	一八	一六	一三	一八	二五	一八	二一	一四	一二	一三	一六	一一	一四	一二											一五七	一三八	
非家属同住者	一〇	九	四	四	一〇	一	八	二	四	一	二	三	五	二	三	二	三	二	三	一											五二	二七	
学童	八		五		四		六		六		九		九		六		五		二												六〇		
备考	出县从军二人		留学二人				出县从军一人留学一人		出县从军二人		出县从军一人留学一人		出县从军一人留学二人		出县从军一人		出县从军二人留学二人		出县从军二人留学二人														

四川省荣县第五区第一二五保普通户口统计表

事别＼甲别		第一甲		第二甲		第三甲		第四甲		第五甲		第六甲		第七甲		第八甲		第九甲		第十甲		第十一甲		第十二甲		第十三甲		第十四甲		第十五甲		总计		附记
户数		一〇		一〇		一〇		一〇		一〇		一〇		一〇		一〇		一〇		一〇												一〇〇		出县从军二一人留学四人又女子一人
		男	女	男	女	男	女	男	女	男	女	男	女	男	女	男	女	男	女	男	女	男	女	男	女	男	女	男	女	男	女	男	女	
人口总数		三八	三八	六七	五二	四二	五二	二九	三七	三三	三二	三八	四四	三四	三六	三二	三五	二七	三一	四三	三八											三八三	三九五	
现住		三一	三八	六五	五二	四一	五二	二七	三七	三一	三二	三六	四三	三〇	三五	三一	三五	二五	三二	四〇	三八											三五七	三九四	
他往		七		二		一		二		二		二	一	四	一	一		二		三												二六	二	
壮丁		一五		一四		一一		一一		一三		七		一一		九		九		一九												一二九		
识字		四		一二	三	六	一	六		二		五	一	六	一	五	一	一		七												五二	七	
职业	有	二四	二二	三九	三八	二四	二七	一六	一六	二〇	一六	二二	二三	一九	一五	一五	一二	一三	一三	三〇	二〇											二二二	二〇三	
	无	一四	一六	二八	一四	一八	二五	一三	二一	一三	一六	一六	二一	一五	二一	一七	二三	二四	一八	一三	一八											一六一	一九三	
非家属同住者		五	九	二二	一七	一一	一二	二	一	七	六	九	六	七	二	九	六	五	五	一〇	一〇											八七	八三	
学童		五		九		一二		八		七		七		八		七		六		一〇												七九		
备考		出县从军四人留学三人		出县从军二人		出县从军一人		出县从军一人留学一人		出县从军二人		出县从军二人留学一人		出县从军三人留学二人		出县从军一人		出县从军二人		出县从军二人留学一人														

中华民国二十五年六月　日　保长汪健苍

四川省荣县第五区第一二六保普通户口统计表　　保长但浩然

中华民国二十五年六月　日

事别＼甲别	第一甲		第二甲		第三甲		第四甲		第五甲		第六甲		第七甲		第八甲		第九甲		第十甲		第十一甲		第十二甲		第十三甲		第十四甲		第十五甲		总计		附记
户数	一〇		一〇		八		一〇		一〇		一〇		一二																		七〇		
	男	女	男	女	男	女	男	女	男	女	男	女	男	女	男	女	男	女	男	女	男	女	男	女	男	女	男	女	男	女	男	女	
人口总数	四五	四二	三九	三三	四四	三九	三三	三七	四一	三三	三六	三九	四七	四一																	二七五	二六四	
现住	四五	四二	三九	三三	四四	三九	三〇	三七	四一	三三	三六	三九	四六	四一																	二七一	二六四	
他往							三						一																		四		
壮丁	四		六		五		五		四		七		五																		三六		
识字	一二		四		一一		五		八		五		八																		五三		出县从军二人留学二人
职业 有	二二	二一	一九	一一	二一	一六	二〇	一六	二五	一二	二二	一九	二九	一六																	一五八	一一一	
职业 无	二三	二一	二〇	二二	二三	二三	一三	二一	一六	二一	一四	二〇	一八	二五																	一一七	一五三	
非家属同住者	二	一																													二	一	
学童	六		八		四		四		五		六		七																		四〇		
备考							出县从军二人留学一人						留学一人																				

四川省荣县第五区第一二七保普通户口统计表

保长李盛有

中华民国二十五年六月　日

事别＼甲别		第一甲		第二甲		第三甲		第四甲		第五甲		第六甲		第七甲		第八甲		第九甲		第十甲		第十一甲		第十二甲		第十三甲		第十四甲		第十五甲		总计		附记
户数		一〇		一〇		一〇		一〇		一三		一〇		一〇		一三		一〇		一二												一〇八		出县从军六人留学二人
人口总数		男	女	男	女	男	女	男	女	男	女	男	女	男	女	男	女	男	女	男	女	男	女	男	女	男	女	男	女	男	女	男	女	
人口总数		四六	四〇	三五	二五	三六	四三	三六	二七	三二	三五	三〇	三六	三五	四五	四二	三九	六六	四七	三七	三五											三八五	三七二	
现住		四六	四〇	三五	二五	三六	四三	三六	二七	三二	三五	三〇	三六	三五	四五	四一	三九	五九	四七	三七	三五											三七六	三七二	
他往																一		七														八		
壮丁		一六		一〇		一二		一二		一六		六		九		七		九		一八												一〇五		
识字		四	二	三		二		一		二		一一		二		二		三		二												二三	二	
职业	有	一九	二一	一六	一三	二〇	二一	一九	一五	二〇	二五	二四	二八	二五	三〇	三〇	三〇	四〇	三〇	二〇	二〇											二三三	二三三	
职业	无	二七	一九	一九	一二	一六	二二	一七	一二	一二	一〇	六	七	一〇	一五	一二	九	二六	一七	一七	一五											一六一	一三八	
非家属同住者		六	四	四	五	三	五	六	六	三	四	六	一〇	九	七	一八	二〇	三〇	五	二	二											六〇	六八	
学童		九		四		八		六		四		五		八		一二		一三		八												七七		
备考																出县从军一人		出县从军五人留学二人																

事别＼甲别		第一甲		第二甲		第三甲		第四甲		第五甲		第六甲		第七甲		第八甲		第九甲		第十甲		第十一甲		第十二甲		第十三甲		第十四甲		第十五甲		总计		附记
		男	女	男	女	男	女	男	女	男	女	男	女	男	女	男	女	男	女	男	女	男	女	男	女	男	女	男	女	男	女	男	女	
户数		一二		一二		一一		一三		一四		一二		一三		一四		一〇		一一		一〇										一三二		出县从军一七人留学五人又女子一人
人口总数		六八	六一	四三	四九	六〇	五〇	五七	五一	六六	六四	五〇	四〇	四九	四〇	五三	五四	三三	三二	四五	四九	三七	三九									五六一	五二八	
现住		六三	六一	四三	四九	五九	五〇	五二	五一	六六	六四	四八	四〇	四五	三九	五一	五四	二九	三二	四五	四九	三七	三九									五三八	五二七	
他往		五				一		五				二		四	一	二		三		一												二三	一	
壮丁		二二		一五		一九		二一		二〇		二一		二〇		一五		一三		二〇		一一										一九七		
识字		二二	四	一〇	一	七	一	一〇	一	一〇		八		五		一		七	一	八		五										九二	八	
职业	有	四〇	四七	二八	三六	三一	三二	二九	二七	三三	二九	三二	二二	三二	二四	三二	二八	二三	二一	二三	二六	一九	一四									二三一	三〇六	
	无	二八	一四	一五	一三	二八	一八	二八	二四	三三	三五	一八	一八	一七	一六	二一	二六	九	一一	二二	二三	一八	二五									二三〇	二二二	
非家属同住者		二七	一六	七	一〇	一四	九	九	一一	一四	一一	一八	一三	一一	一〇	一四	一一	一一	一〇	六	六	六	二									一三七	一〇九	
学童		一五		一〇		一四		一七		一八		一〇		九		一四		八		一三		一一										一三九		
备考		出县从军二人留学三人				出县从军一人		出县从军四留学一人				出县从军二人		出县从军三人留学一人		出县从军二人		出县从军二人留学一人		出县从军一人														

四川省荣县第五区第一二八保普通户口统计表　　　保长但秉德

中华民国二十五年六月　日

四川省荣县第五区第一二九保普通户口统计表

事别 [甲别]	第一甲		第二甲		第三甲		第四甲		第五甲		第六甲		第七甲		第八甲		第九甲		第十甲		第十一甲		第十二甲		第十三甲		第十四甲		第十五甲		总计		附记
户数	一〇		一〇		一〇		一〇		一〇		一〇		一〇		一〇		一〇		一〇												一〇〇		出县从一人留学一人又女子一人
	男	女	男	女	男	女	男	女	男	女	男	女	男	女	男	女	男	女	男	女	男	女	男	女	男	女	男	女	男	女	男	女	
人口总数	五八	五八	二八	二八	二九	三〇	四五	三六	四四	四五	四〇	四七	五三	四四	四五	三九	四七	三六	四三	四六											四三二	四〇九	
现住	五七	五八	二八	二八	二九	三〇	四五	三六	四四	四五	三九	四六	五三	四四	四五	三九	四七	三六	四三	四六											四三〇	四〇八	
他往	一										一	一																			二	一	
壮丁	二八		九		一〇		一三		一三		一七		一一		一九		一五		一三												一四八		
识字	一六		四		一一		一〇		九		九	三	一一		九	一	四		四	一											八七	五	
职业·有	三五	四二	一六	二一	一七	二三	二五	二八	三〇	二九	二四	二八	二六	二二	三二	二八	三七	二七	二七	三二											二六九	二八〇	
职业·无	二三	一六	一二	七	一二	七	二〇	八	一四	一六	一六	一九	二七	二二	一三	一一	一〇	九	一六	一四											一六三	一二八	
非家属同住者	三二	二八	四	四	八	七	一五	一二	八	一三	九	一五	二〇	一三	四	四	一五	一一	一三	二〇											一二八	一二七	
学童	八		五		六		五		八		一一		一六		一二		九		六												八六		
备考	留学一人										出县从军一人																						

保长吴伯希

中华民国二十五年六月 日

四川省荣县第五区第一三〇保普通户口统计表

事别＼甲别	第一甲		第二甲		第三甲		第四甲		第五甲	
户数	一四		一〇		一二		一一		一〇	
	男	女	男	女	男	女	男	女	男	女
人口总数	三八	三五	三四	三二	三三	三八	二六	三一	四二	三八
现住	三六	三五	三三	三二	三二	三八	二六	三一	四一	三八
他往	二		一		一				一	
壮丁	一四		一二		一六		一五		一八	
识字	一二	二	一一	四			一一	一	一二	五
职业 有	一九	一〇	二二	六	一九	一一	二〇	七	三一	一五
职业 无	一九	二五	一二	二六	一四	二七	六	二四	一一	二三
非家属同住者	九	六	一二	六	八	一三	九	八	一七	一三
学童	六		六		六		四		三	
备考	出县从军二人		留学一人		留学一人				出县从军一人	

事别＼甲别	第六甲		第七甲		第八甲		第九甲		第十甲	
户数	一一		一一		一一		一三		一二	
	男	女	男	女	男	女	男	女	男	女
人口总数	二八	三八	四二	三六	三七	五二	三九	三七	三五	四〇
现住	二六	三六	四〇	三五	三四	五一	三八	三七	三三	四〇
他往	二	二	二	一	三	一	一		二	
壮丁	七		一三		一五		一九		一四	
识字	一三	三	二〇	六	一一	一	七		四	一
职业 有	一七	二〇	三三	二二	一七	二〇	二八	二三	二四	一九
职业 无	一一	一八	九	一四	二〇	三二	一一	二六	一一	二一
非家属同住者	一五	一〇	一七	九	一三	一五	一〇	一一	一〇	一三
学童	八		四		七		二		九	
备考	出县从军二人		出县从军一人留学一人		出县从军二人留学一人		留学一人		出县从军二人	

事别＼甲别	第十一甲		第十二甲		第十三甲		第十四甲		第十五甲		总计		附记
户数											一一五		出县从军一〇人留学五人又女子四人
	男	女	男	女	男	女	男	女	男	女	男	女	
人口总数											三五四	三七七	
现住											三三九	三七三	
他往											一五	四	
壮丁											一四三		
识字											一三七	二三	
职业 有											二二〇	一四一	
职业 无											一二四	二三六	
非家属同住者											一二〇	一〇四	
学童											五五		
备考													

中华民国二十五年六月　日　　保长黄质文

四川省荣县第五区第一三一保普通户口统计表

事别＼甲别		第一甲		第二甲		第三甲		第四甲		第五甲		第六甲		第七甲		第八甲		第九甲		第十甲		第十一甲		第十二甲		第十三甲		第十四甲		第十五甲		总计		附记
户数		一〇		一〇		一〇		九		一〇		一〇		一〇		一〇		一〇		一五												一〇四		出县从军一〇人留学一四人又女子四人
		男	女	男	女	男	女	男	女	男	女	男	女	男	女	男	女	男	女	男	女	男	女	男	女	男	女	男	女	男	女	男	女	
人口总数		三三	二九	四〇	三四	三一	三六	三八	三七	三七	四二	二九	五一	三八	五一	三二	三〇	三一	三一	三九	二五											三四八	三六六	
现住		三三	二九	三八	三四	三〇	三六	三七	三五	三七	四二	二四	五一	三四	四九	三一	三〇	二二	三一	三八	二五											三二四	三六二	
他往				二		一		一	二			五		四	二	一		九		一												二四	四	
壮丁		九		一八		一一		一八		一四		二		七		一三		一四		一九												一二五		
识字		三		七	二	七	一	一八	八	二四	一一	一五	一一	一七	一〇	三	一	一四	一	二												一一〇	四五	
职业	有	二〇	四	二五	一九	二二	一九	二八	二三	二一	二三	一五	三五	二二	二六	二四	二〇	二五	二五	三一	二〇											二三三	二一四	
	无	一三	二五	一五	一五	九	一七	一〇	一四	一六	一九	六	一六	一六	二五	八	一〇	六	六	八	五											一一五	一五二	
非家属同住者		一二	三	九	九	一三	一三	二二	一二	一〇	九	一二	二九	一八	二二	五	六	八	一一	一三	四											一二二	一一八	
学童		三				一		六		三		三				六				三												二五		
备考				出县从军二人		留学一人		留学一人				出县从军三人留学二人		出县从军一人留学三人		出县从军一人		出县从军七人留学二人		留学一人														

保长胡华洁

中华民国二十五年六月　日

事别＼甲别		第一甲		第二甲		第三甲		第四甲		第五甲		第六甲		第七甲		第八甲		第九甲		第十甲		第十一甲		第十二甲		第十三甲		第十四甲		第十五甲		总计		附记
户数		一〇		一〇		一〇		一〇		一〇		一〇		一一		一〇		一〇		一〇												一〇一		
人口总数		男	女	男	女	男	女	男	女	男	女	男	女	男	女	男	女	男	女	男	女	男	女	男	女	男	女	男	女	男	女	男	女	
人口总数		三六	三九	四四	三八	四一	四一	四三	三七	三八	四六	二九	四〇	五四	四六	四一	三九	三八	三九	四〇	四一											四〇四	四〇六	
现住		三一	三六	四二	三七	三九	四一	四二	三七	三五	四五	二五	三八	五二	四五	三六	三九	三七	三六	三六	四〇											三七五	三九四	
他往		五	三	二	一	二		一		三	一	四	二	二	一	五		一	三	四	一											二九	一二	
壮丁		四		五		一〇		一四		一五		一八		一一		六		一〇		九												一〇二		出县从军一七人留学一二人又女子一人
识字		七	三	四	一	五	一	六	二	七		五	二	三	一	五		三	一	三	一											四八	一二	
职业	有	二四	二二	二五	二四	三〇	三四	二五	二〇	二〇	二六	一四	二二	二四	二二	二六	二〇	二四	二〇	三〇	二二											二四二	二三二	
职业	无	一二	一七	一九	一四	一一	七	一八	一七	一八	二〇	一五	一八	三〇	二四	一五	一九	一四	一九	一〇	一九											一六二	一七四	
非家属同住者																																七二	七九	
学童		五		九		九		一〇		六		一〇		二一		八		一〇		六												九四		
备考		出县从军五人		留学二人		出县从军一人留学一人		出县从军一人		出县从军二人留学一人		出县从军一人留学三人		留学二人		出县从军四人留学一人		留学一人		出县从军三人留学一人														

四川省荣县第五区第一三二保普通户口统计表

保长王朝九

中华民国二十五年六月　日

四川省荣县第五区第一三三保普通户口统计表

中华民国二十五年六月　日　　保长余克铨

事别＼甲别	第一甲		第二甲		第三甲		第四甲		第五甲		第六甲		第七甲		第八甲		第九甲		第十甲		第十一甲		第十二甲		第十三甲		第十四甲		第十五甲		总计		附记
户数	一一		一〇		一一		一二		一〇		一〇		一一		一一		一一		一〇												一〇七		
	男	女	男	女	男	女	男	女	男	女	男	女	男	女	男	女	男	女	男	女	男	女	男	女	男	女	男	女	男	女	男	女	
人口总数	三四	三五	二八	二〇	四一	四一	二八	三二	二七	三二	三一	二三	二三	一九	三四	二五	五二	五二	四四	四六											三四二	三二五	
现住	三四	三五	二八	二〇	四〇	四一	二八	三二	二七	三二	三一	二三	二三	一九	三三	二四	五二	五二	四四	四六											三四〇	三二四	
他往					一										一	一															二	一	
壮丁	五		五		一四		九		一一		七		一一		一一		二〇		一六												一〇九		出县从军一人留学一人又女子一人
识字	五		五		四		二		二		一		二		五		一〇	一	一二												四八	一	
职业 有	一四	一五	一四	一四	二一	二四	一七	一七	一八	一五	一六	一四	一四	一二	一八	一三	三一	三一	三二	三六											一九五	一九一	
职业 无	一九	二〇	一四	六	一九	一七	一一	一五	九	一七	一五	九	九	七	一三	一二	二一	二一	一四	一〇											一四七	一五四	
非家属同住者	八	三							一	一	二		二		三		四	二	四	六											二四	一二	
学童	二		四		四		一〇		五		五				五		一二		一一												五八		
备考					留学一人										从军一人																		

事别＼甲别	第一甲		第二甲		第三甲		第四甲		第五甲		第六甲		第七甲		第八甲		第九甲		第十甲		第十一甲		第十二甲		第十三甲		第十四甲		第十五甲		总计		附记
户数	一二		一一		一〇		一〇		一〇		一〇		一〇		一〇		一〇		一〇												一〇三		
	男	女	男	女	男	女	男	女	男	女	男	女	男	女	男	女	男	女	男	女	男	女	男	女	男	女	男	女	男	女	男	女	
人口总数	五二	五〇	四四	三六	四〇	二六	四五	四九	四二	四三	四二	四四	五五	六三	四四	五四	三二	三〇	四一	三五											四三七	四三〇	
现住	五二	五〇	四三	三六	三九	二六	四五	四九	四一	四三	四二	四四	五三	六三	四四	五四	三二	三〇	四〇	三五											四二九	四三〇	
他往			一		一				一				二						一												六		
壮丁	一三		一一		六		一一		一二		一二		一二		一二		九		一六												一一四		共计壮丁癞疾者十二人足疾者三人眼盲者二人
识字	二		一		四		三		二		一		三		四		二		三												二五		
职业 有	四二	四三	二九	二五	三一	一九	二九	三九	三五	三〇	三六	二六	四五	四九	三四	四三	二五	二〇	三五	二七											三四一	三二一	
职业 无	一〇	七	一五	一一	九	七	一六	一〇	七	一三	六	一八	一〇	一四	一〇	一一	七	一〇	六	八											九五	一〇九	
非家属同住者	二四	二五	一七	一六	六	七	一四	一五	二一	二一	一一	一二	三〇	三〇	一〇	八	五	六	七	五											一四五	一四五	
学童	六		一二		九		一八		五		一三		一九		一六		五		一〇												一一三		
备考	壮丁癞疾二		壮丁癞疾二		壮丁癞疾二		壮丁足疾一		壮丁足疾一		壮丁聋子一足疾一		壮丁眼盲二		壮丁癞疾三		壮丁癞疾二		壮丁癞疾一														

四川省荣县第五区第一二三四保普通户口统计表

保长李德芳

中华民国二十五年六月　日

四川省荣县第五区第一三五保普通户口统计表

保长王世元

中华民国二十五年六月 日

事别＼甲别	第一甲		第二甲		第三甲		第四甲		第五甲		第六甲		第七甲		第八甲		第九甲		第十甲		第十一甲		第十二甲		第十三甲		第十四甲		第十五甲		总计		附记
户数	一〇		一〇		一〇		一〇		一〇		一〇		一〇		一〇		一〇		一〇												一〇〇		
人口总数	男	女	男	女	男	女	男	女	男	女	男	女	男	女	男	女	男	女	男	女	男	女	男	女	男	女	男	女	男	女	男	女	
	四〇	四四	三八	四五	四五	三九	四五	四〇	三九	三四	四一	四一	四六	四五	四八	四六	三七	四〇	四一	四一											四二二	四一五	
现住	三九	四四	三七	四五	四五	三九	三七	四〇	三五	三四	三九	四一	四〇	四五	四五	四六	三七	四〇	三二	四一											三八七	四一五	
他往	一		一				八		四		二		六		三				九												三四		
壮丁	一一		五		一一		一四		七		一一		一〇		一〇		七		一二												九八		出县从军二〇人留学一四人又女子一人
识字	三								一				六		四	一	二		一〇												二六	三	
职业 有	二五	三二	一一	一五	二〇	二四	二五	二五	二七	一七	二七	二三	二二	二二	二一	二六	二四	二三	二六	二四											二二八	二三一	
职业 无	一五	一二	二七	三〇	二五	一五	二〇	一五	一二	一七	一四	一八	二四	二三	二七	二〇	一三	一七	一五	一七											一九二	一八四	
非家属同住者	一〇	一二	一一	一〇	九	一〇	一二	一三	九	一三	九	三	六	七	一一	九	一二	九	七	七											九六	九三	
学童	八		四		一二		七		七		九		一二		一三				八												八九		
备考	出县从军一人		留学一人				出县从军五人留学三人		出县从军四人		留学二人		出县从军二人留学四人		出县从军三人				出县从军五人留学四人														

四川省荣县第五区第一三六保普通户口统计表　保长王栋梁

中华民国二十五年六月　日

事别＼甲别		第一甲		第二甲		第三甲		第四甲		第五甲	
户数		一〇		一〇		一〇		一〇		一〇	
人口总数		男	女	男	女	男	女	男	女	男	女
		四五	四五	四一	三四	四八	四五	四一	三八	三六	二七
现住		四四	四五	三九	三三	四六	四五	四〇	三八	三五	二六
他往		一		二	一	二		一		一	一
壮丁		一三		一四		一七		一九		一五	
识字								一		三	
职业	有	二一	二二	二三	二一	二五	二四	二〇	二〇	一六	二〇
	无	二四	二三	一八	一三	二三	二一	二一	一八	二〇	七
非家属同住者		四	三	五	二		一	一	七	五	三
学童		一〇		一三		一二		一四		七	
备考		出县从军一人		出县从军二人		出县从军二人		留学一人		出县从军一人	

事别＼甲别		第六甲		第七甲		第八甲		第九甲		第十甲	
户数		一〇		一〇		一〇		一〇		一二	
人口总数		男	女	男	女	男	女	男	女	男	女
		三七	三六	三七	三三	四八	四五	三八	三八	六一	六七
现住		三七	三三	三六	三三	四六	四五	三一	三八	五九	六七
他往			三	一		二		七		二	
壮丁		一三		一七		一五		一五		一六	
识字		二				六		三		六	三
职业	有	一六	二〇	一七	二〇	二九	二〇	二〇	二〇	四〇	四〇
	无	二一	一六	二〇	一三	一九	二五	一八	一八	二一	二七
非家属同住者		二	四		四	六	二	三		七	二
学童		一一		一〇		一六		五		一三	
备考				出县留学一人		出县从军二人		出县从军五人留学二人		出县从军二人	

事别＼甲别		第十一甲		第十二甲		第十三甲		第十四甲		第十五甲		总计		附记
户数												一〇二		出县从军一五人留学四人又女子六人
人口总数		男	女	男	女	男	女	男	女	男	女	男	女	
												四三二	四一三	
现住												四一三	四〇三	
他往												一九	五	
壮丁												一五四		
识字												二一	三	
职业	有											二二七	二二七	
	无											二〇五	一八一	
非家属同住者												三三	二八	
学童												一〇六		
备考														

四川省荣县第五区第一三七保普通户口统计表

事别＼甲别	第一甲		第二甲		第三甲		第四甲		第五甲		第六甲		第七甲		第八甲		第九甲		第十甲		第十一甲		第十二甲		第十三甲		第十四甲		第十五甲		总计		附记
户数	一〇		一〇		一〇		一〇		一〇		一〇		一一		一〇		一二														九三		出县从军八人留学六人又女子五人
	男	女	男	女	男	女	男	女	男	女	男	女	男	女	男	女	男	女	男	女	男	女	男	女	男	女	男	女	男	女	男	女	
人口总数	三八	三一	三二	四〇	二五	二六	二七	三三	三五	三八	四二	四〇	四四	四三	二九	四四	三九	四七													三一一	三四二	
现住	三八	三一	三二	四〇	二四	二六	二五	三三	三一	三八	四一	四〇	四二	四三	二七	四一	三七	四五													二九七	三三七	
他往					一		二		四		一		二		二	三	二	二													一四	五	
壮丁	一〇		六		一〇		一		一〇		一八		一九		一三		一八														一一二		
识字	一		三				一		五		五		一		一		二														一九		
职业 有	二三	二三	一九	三〇	二二	一五	一八	二四	一五	一九	三二	二五	二六	二七	一五	二三	二四	二四													一九四	二一二	
职业 无	一五	八	一三	一〇	三	一一	九	九	一〇	一九	一〇	一五	一八	一六	一四	二一	二五	二三													一一七	一三二	
非家属同住者	九	七	六	一	四		五	六	八	六	一一	八	一〇	四	一〇	一四	一一	一〇													七四	五六	
学童	五		六		八		三		一〇		七		一三		九		六														六七		
备考					出县从军一人		留学二人		出县从军三人留学一人		留学一人		留学二人		出县从军二人		出县从军二人																

保长姜文彬

中华民国二十五年六月　日

四川省荣县第五区第一三八保普通户口统计表　保长涂仲和

中华民国二十五年六月　日

事别＼甲别		第一甲		第二甲		第三甲		第四甲		第五甲		第六甲		第七甲		第八甲		第九甲		第十甲		第十一甲		第十二甲		第十三甲		第十四甲		第十五甲		总计		附记
户数		一一		一〇		一〇		一〇		九		一〇		一〇		一一		一〇		一〇												一〇一		
人口总数		男	女	男	女	男	女	男	女	男	女	男	女	男	女	男	女	男	女	男	女	男	女	男	女	男	女	男	女	男	女	男	女	
人口总数		五五	四六	五六	四七	四六	三五	四九	五四	五五	五三	三四	二八	五〇	四三	四三	四七	四四	四七	五二	四七											四八四	四四七	
现住		五〇	四六	五四	四七	四四	三五	四六	五三	五三	五三	三四	二八	五〇	四三	四三	四七	四四	四七	五二	四七											四七〇	四四六	
他往		五		二		二		三	一	二																						一四	一	
壮丁		二三		二二		一二		一一		一九		一二		二〇		一七		二一		二〇												一七七		壮丁他往十三人残疾七十二人略具壮丁资格者只九十二人
识字		八		四		二〇		一三	一	七		五		八	一	四		五		四	一											七八	三	
职业	有	三五	二六	三二	二六	二〇	二二	二六	二九	三二	三〇	二五	一七	三〇	二六	二三	二五	二九	二六	三三	三〇											二八五	二五七	
职业	无	二〇	二〇	二四	二一	二六	一三	二三	二五	二三	二〇	九	一一	二〇	一七	二〇	二二	一五	二一	一九	一七											一九九	一九〇	
非家属同住者		一五	八	二二	一七	一〇	八	二一	一九	二〇	二三			八	一	一三	一八	一一	九	五	一八											一七〇	一二一	
学童		一二		一五		一一		一〇		九		七		七		九		八		一三												一〇一		
备考		出县从军五人		留学二人		出县从军一人留学一人		出县从军三人		留学二人																								

四川省荣县第五区第一三九保普通户口统计表　　保长冯介臣

中华民国二十五年六月　日

事别＼甲别		第一甲		第二甲		第三甲		第四甲		第五甲		第六甲		第七甲		第八甲		第九甲		第十甲		第十一甲		第十二甲		第十三甲		第十四甲		第十五甲		总计		附记
户数		一〇		一〇		一〇		一〇		一〇		一〇		一〇		一〇		一〇		一〇												一〇〇		出县从军二七人留学一二人
		男	女	男	女	男	女	男	女	男	女	男	女	男	女	男	女	男	女	男	女	男	女	男	女	男	女	男	女	男	女	男	女	
人口总数		五〇	四三	六二	六〇	四九	四五	六八	六四	三八	二八	四三	三五	四二	四四	六七	六二	四八	四八	四九	四七											五一六	四七六	
现住		四一	四三	六一	五九	四七	四五	六四	六四	三五	二八	四〇	三五	四〇	四四	六三	六二	四〇	四八	四六	四七											四七七	四七五	
他往		九		一	一	二		四		三		三		二		四		八		三												三九	一	
壮丁		九		一六		一五		一八		九		一三		一一		一七		一五		一六												一三九		
识字		二		二		一				五		一				三		一		四												一九		
职业	有	二〇	一三	二三	二四	二二	二一	二九	二八	二二	一七	二五	一六	二四	二四	三三	二八	二六	二一	一九	二六											二四三	二一八	
	无	三〇	三〇	三九	三六	二七	二四	三九	三六	一六	一一	一八	一九	一八	二〇	三四	三四	二二	二七	三〇	二一											二七三	二五八	
非家属同住者		六	五					六	三	三	三	一	二			三	二	五	五	三	一											二七	二一	
学童		一〇		九		五		一一		八		八		九		六		九		一三												八八		
备考		出县从军八人留学一人		留学一人		出县从军二人		出县从军三人留学一人		出县从军三人		留学三人		出县从军二人		出县从军三人留学一人		出县从军五人留学三人		出县从军一人留学二人														

四川省荣县第五区第一四〇保普通户口统计表 保长王仲民

中华民国二十五年七月 日

事别＼甲别	第一甲		第二甲		第三甲		第四甲		第五甲		第六甲		第七甲		第八甲		第九甲		第十甲		第十一甲		第十二甲		第十三甲		第十四甲		第十五甲		总计		附记
户数	一一		一〇		一〇		一一		一一		一〇		一〇		一〇		一一														九四		出县从军一三人留学二〇人
	男	女	男	女	男	女	男	女	男	女	男	女	男	女	男	女	男	女	男	女	男	女	男	女	男	女	男	女	男	女	男	女	
人口总数	六〇	四六	三七	三四	三九	四四	五〇	四二	四一	三六	三四	三五	二八	三〇	二八	四〇	三四	三〇													三五一	三三六	
现住	五一	四六	三二	三四	三六	四四	四六	四二	三七	三六	三一	三五	二六	三〇	二六	四〇	三二	三〇													三一七	三二七	
他往	九		五		三		四		四		三		二		二		二														三四		
壮丁	二三		一一		七		六		一六		一一		六		六		一二														九八		
识字	九		三		五	三	三		五		一		七		二		二														三七	三	
职业 有	三一	一六	一八	九	一二	一一	一九	七	二〇	八	一六	一二	一〇	九	一二	一四	一六	一三													一五四	九九	
职业 无	二三	三〇	一三	二五	一三	二九	一三	三五	一五	六	九	二三	一一	一六	八	二二	一六	一五													一二一	二二三	
非家属同住者	一四	一〇	七	六	六	六	四	五	二	二	二	二		二	二	二	四	六													四二	三九	
学童	六		六		一八		一八		六		九		一二		一二		四														九一		
备考	出县从军二人留学七人		出县从军一人留学四人		出县从军二人留学一人		出县从军三人留学一人		出县从军二人留学二人		留学三人		出县从军一人留学一人		留学二人		出县从军二人																

四川省荣县第五区第一四一保普通户口统计表

保长古人杰

中华民国二十五年 月 日

事别＼甲别		第一甲		第二甲		第三甲		第四甲		第五甲		第六甲		第七甲		第八甲		第九甲		第十甲		第十一甲		第十二甲		第十三甲		第十四甲		第十五甲		总计		附记
户数		一一		一二		一一		一一		一一		一二		一二		一一		一五		一五		一五										一三六		出县从军一人留学四人
人口总数		男	女	男	女	男	女	男	女	男	女	男	女	男	女	男	女	男	女	男	女	男	女	男	女	男	女	男	女	男	女	男	女	
人口总数		三七	三六	三九	四五	三四	三〇	四四	三九	三六	三八	四一	三八	四八	四五	五三	四九	六二	四九	三八	四七	四四	五三									四七六	四六九	
现住		三六	三六	三九	四五	三四	三〇	四四	三九	三六	三八	四一	三八	四八	四四	五一	四九	六二	四九	三六	四七	四四	五三									四七一	四六八	
他往		一													一	二				二												五	一	
壮丁		一八		一一		一〇		二六		一八		九		一六		二一		二五		一三		一七										一七六		
识字		八		六	二	一〇		九		六	一	三		一一		六		九		三		四										七五	三	
职业	有	二七	二七	二三	二二	一四	二〇	二八	二〇	二一	二四	二四	二七	三〇	三二	三〇	二八	四二	四一	二八	三四	二八	三〇									二九五	三〇五	
职业	无	一三	一〇	一六	二三	一〇	九	一六	一九	一五	一四	一六	一一	一八	一三	二三	二一	一〇	一七	九	二三	一五	二一									一六一	一八一	
非家属同住者		九	五	八	六	七	二	九	三	一一	一二	八	六	八	八	一一	五	七	二	九		四	四									九一	五三	
学童		一一		二一		一〇		一〇		五		一二		九		一四		一〇		八		一四										一二四		
备考		留学一人														出县从军一人留学一人				留学二人														

四川省荣县第五区第一四二保普通户口统计表 保长刘伯衡

中华民国二十五年 月 日

事别＼甲别		第一甲		第二甲		第三甲		第四甲		第五甲		第六甲		第七甲		第八甲		第九甲		第十甲		第十一甲		第十二甲		第十三甲		第十四甲		第十五甲		总计		附记
户数		一〇		一〇		一〇		一〇		一〇		一〇		一〇		一〇		一〇		一〇												一〇〇		出县从军一二人留学一八人
		男	女	男	女	男	女	男	女	男	女	男	女	男	女	男	女	男	女	男	女	男	女	男	女	男	女	男	女	男	女	男	女	
人口总数		五八	五六	四一	三七	五〇	四四	三八	四四	五八	五五	五一	六四	八〇	五九	三八	四二	四三	五一	二五	三一											四八二	四八三	
现住		五六	五六	三四	三六	四六	四四	三七	四四	五八	五五	五一	六四	七二	五九	二五	四二	四〇	五一	二二	二三											四七一	四八〇	
他往		二		七	一	四		一						八		三		三		二												一一	三	
壮丁		七		一〇		一二		一七		一二		一四		一五		一六		二〇		一〇												一三三		
识字		三		五		五		六		二		九		一八		二		三		五												五八		
职业	有	二四	三六	二六	二九	二六	二五	二五	二七	三三	三一	三〇	三九	四四	一六	二三	二四	三〇	二九	一五	一八											二七六	二九二	
	无	二一	一〇	一六	七	二四	一九	一二	一五	二七	二四	二一	二五	二九	四四	一二	一五	一五	一九	一九	一〇											二〇八	九一	
非家属同住者		一三		六		一〇	七	一〇	一三	八	八	一六	一一	一四	四	一	一	五	四	四												八三	六八	
学童		六		八		二一		六		四		一八		二四		六		七		九												一〇九		
备考		出县从军二人		出县从军三人留学四人		出县从军一人留学三人		出县从军一人						出县从军二人留学六人		留学三人		出县从军一人留学二人		出县从军二人														

四川省荣县第五区第一四三保普通户口统计表

事别＼甲别		第一甲		第二甲		第三甲		第四甲		第五甲		第六甲		第七甲		第八甲		第九甲		第十甲		第十一甲		第十二甲		第十三甲		第十四甲		第十五甲		总计		附记
户数		一〇		一〇		一三		一〇		一四		一〇		一一		一〇		一〇		一〇												一〇八		出县从军一一人留学二人
		男	女	男	女	男	女	男	女	男	女	男	女	男	女	男	女	男	女	男	女	男	女	男	女	男	女	男	女	男	女	男	女	
人口总数		二八	三一	二五	二四	二八	二七	二七	二五	四一	四四	二三	二四	二六	二一	三五	三三	二一	二六	二六	二七											二八〇	二九一	
现住		二八	三一	二五	二四	二五	二七	二七	二五	四一	四四	二三	二四	二六	二一	三五	三三	二一	二六	二五	二七											二七六	二九二	
他往						三														一												四		
壮丁		一〇		八		九		七		五		六		七		八		五		八												七三		
识字		七		五	一	八	一	三		三		三		二		五	一			三												三九	三	
职业	有	一五	二一	一六	一四	一五	一七	一六	一七	二四	二五	一二	一五	一六	一四	一七	一七	一〇	一四	一四	一七											一二六	一八五	
	无	一三	一〇	九	一〇	一三	二〇	一二	八	一七	一九	一二	九	一〇	七	一八	一六	一一	一二	一二	一〇											五四	一〇七	
非家属同住者		一	一			三	二																									五	三	
学童		二一		一一		八		三		八		八		七		一四		五		九												九五		
备考						出县从军二人留学一人														留学一人														

中华民国二十五年　月　日　　保长钱凤也

四川省荣县第五区第一四四保普通户口统计表　保长卞明卿
中华民国二十五年七月　日

事别＼甲别	第一甲		第二甲		第三甲		第四甲		第五甲		第六甲		第七甲		第八甲		第九甲		第十甲		第十一甲		第十二甲		第十三甲		第十四甲		第十五甲		总计		附记
户数	一〇		一二		一二		一〇		一〇		一一		一〇		一〇		一〇		一〇												一〇五		
人口总数	男	女	男	女	男	女	男	女	男	女	男	女	男	女	男	女	男	女	男	女	男	女	男	女	男	女	男	女	男	女	男	女	
	四三	四八	五二	五〇	五三	五三	三九	四五	三七	四一	三九	三九	二六	三一	三五	二八	三〇	三六	五四	四九											四〇八	四一〇	
现住	四〇	四八	五一	五〇	五〇	五三	三八	四五	三五	四一	三五	三九	二四	三一	三二	二八	二七	三五	五二	四九											三八六	四〇九	
他往	三		一		二		一		二		四		二		二		三	一	二												二二	一	
壮丁	一二		一四		一四		一二		一二		一二		五		九		六		一六												一一二		
识字	三		四		二		二	一	四		三		三		三		二		五												三二		
职业 有	二五	二五	二七	二九	二〇	二七	一九	一九	二二	二七	三三	三三	二二	二〇	三三	一七	一六	二二	三三	三七											二三一	二四六	
职业 无	一八	二八	二五	二一	二三	二六	二〇	二六	一四	一四	一六	一七	一四	一一	一二	一一	一四	一四	二一	一二											一七七	一六四	
非家属同住者	九	一二	一四	一三	一〇	一二	八	八	八	七	一三	一一	二	六	六	六	七	七	一三	八											九〇	九〇	
学童	一〇		一四		一〇		一一		五		一二		九		六		八		五												九〇		
备考	酒痤壮丁一名跰子壮丁一名躹痤壮丁一名		眩子壮丁一名酒痤壮丁一名		眩子壮丁一名躹痤壮丁二人出保未出区壮丁二人跰子二名		出县未出省壮丁三名躹痤壮丁一名		出县未出省壮丁一名躹痤壮丁一名跰子一名		出区未出县壮丁二名躹痤壮丁三名		躹痤壮丁一名气痛壮丁一名		酒症壮丁一名出保未出区一名		出省未出国壮丁一名出保未出区壮三名气痛一名		出保未出区壮丁一名气痛一名躹痤壮丁一名														

四川省荣县第五区第一四五保普通户口统计表

保长宋炳文

中华民国二十五年　月　日

事别＼甲别		第一甲		第二甲		第三甲		第四甲		第五甲		第六甲		第七甲		第八甲		第九甲		第十甲		第十一甲		第十二甲		第十三甲		第十四甲		第十五甲		总计		附记
户数		一〇		一〇		一〇		一〇		一〇		一〇		一〇		一〇		一〇		一〇												一〇〇		出县从军五人留学三人
		男	女	男	女	男	女	男	女	男	女	男	女	男	女	男	女	男	女	男	女	男	女	男	女	男	女	男	女	男	女	男	女	
人口总数		三四	二九	二七	二六	三五	三二	四二	三三	三五	二九	四〇	四一	三九	二九	四八	三一	三一	二九	四五	三六											三七六	三一五	
现住		三三	二九	二七	二六	三五	三二	四一	三三	三四	二九	四〇	四一	三九	二九	四八	三一	三〇	二九	四三	三六											三六八	三一五	
他往		一						一		一		二						一		二												八		
壮丁		五		五		五		八		五		六		八		九		七		一〇												六八		
识字		一		三		二		四		一		二		二		三		一		三												二三		
职业	有	二〇	一五	二一	二四	三〇	二二	三〇	二五	一二	一九	三五	二〇	三八	二〇	四一	二八	二七	二一	四一	三〇											二九一	二二四	
	无	一三	一四	六	一	五	一〇	一一	八	一二	一〇	五	二一	一	九	七	三	四	八	四	六											八五	九一	
非家属同住者		二	一	三		四	二	一	一	二	二	二	一	一	二	二	一	三	一	一	四											二一	一五	
学童		四		三		二		三		五		二		二		三		五		六												三五		
备考		出县从军一人						留学一人		出县从军一人		出县从军一人留学一人						留学一人		出县从军二人														

四川省荣县第五区第二四六保普通户口统计表 保长王玉明

中华民国二十五年七月 日

事别＼甲别		第一甲		第二甲		第三甲		第四甲		第五甲		第六甲		第七甲		第八甲		第九甲		第十甲		第十一甲		第十二甲		第十三甲		第十四甲		第十五甲		总计		附记
户数		一〇		一一		一〇		一〇		一一		一〇																				六二		出县从军者九人留学一人
人口总数		男	女	男	女	男	女	男	女	男	女	男	女	男	女	男	女	男	女	男	女	男	女	男	女	男	女	男	女	男	女	男	女	
		三五	三六	四二	四二	三八	四五	二九	三〇	三三	四〇	四〇	二五																			二一七	二一八	
现住		三〇	三六	三二	四二	三五	四五	二九	三〇	三三	四〇	三八	二五																			一九七	二一八	
他往		五		一〇		三						二																				二〇		
壮丁		一一		八		一一		六		一〇		一五																				六一		
识字		五		七		三		三		二																						二〇		
职业	有	二一	二四	三二	三一	三一	三三	二一	二二	三三	三一	三六	二二																			一六四	一六三	
	无	一二	一一	一〇	一一	七	一二	八	八	一〇	九	四	三																			五一	五四	
非家属同住者		七	六	五	五	四	七	三	三	一	一																					二〇	二二	
学童		二		一		一		七		一二		一四																				三七		
备考		出县从军二人留学三人		出县从军三人留学七人		出县从军三人						出县从军者一人留学一人																						

四川省荣县第五区第一四七保普通户口统计表

事别 \ 甲别		第一甲		第二甲		第三甲		第四甲		第五甲		第六甲		第七甲		第八甲		第九甲		第十甲		第十一甲		第十二甲		第十三甲		第十四甲		第十五甲		总计		附记
户数		一〇		一〇		一〇		一〇		一〇		一〇		一〇		一〇		一〇		一〇												一〇〇		
		男	女	男	女	男	女	男	女	男	女	男	女	男	女	男	女	男	女	男	女	男	女	男	女	男	女	男	女	男	女	男	女	
人口总数		四一	三六	四〇	二七	四四	四一	四八	四二	二七	三九	三〇	三八	三一	三八	三〇	三二	二八	二六	三六	二一											三四二	三四〇	
现住		四〇	三六	四〇	二七	四四	四一	四八	四二	二七	三九	三〇	三八	三六	三八	三〇	三二	三〇	二七	二六	二一											三三一	三三九	
他往		一										三		五				二	一													一一	一	
壮丁		一七		一五		一二		二〇		一二		九		一二		□[1]一		一四		一一												一三三		
识字		六		七		一四		四		一四	四	三		五	一	七		一		三												六四	五	出县从军者五人留学五人
职业	有	二九	二六	二四	二一	二二	二四	三二	二四	二四	二七	一七	二一	二一	一八	二〇	二二	二四	一九	一九	一一											二三二	二二三	
职业	无	一二	一〇	一六	六	一八	一七	一六	一八	三	一二	一三	一七	一五	二〇	一〇	一〇	四	七	七	一〇											一一〇	一一七	
非家属同住者		六	二	八	六	一	四	一〇	四	五	四	七	八	四	五	四	四	五	二	四	一											五四	四〇	
学童		八		七		一二		一一		一三		五		八		八		九		六												八七		
备考		出县从军者一人										留学三人		出县从军者四人留学一人				留学二人																

中华民国二十五年 月 日 保长胡永枢

[1] 档案原件该处遭墨汁浸染，故该栏内十位数字无法辨识。

四川省荣县第五区第一四八保普通户口统计表

事别＼甲别		第一甲		第二甲		第三甲		第四甲		第五甲		第六甲		第七甲		第八甲		第九甲		第十甲		第十一甲		第十二甲		第十三甲		第十四甲		第十五甲		总计		附记
户数		一〇		一〇		一〇		一一		一二		一二		一二		一二		一一		一三												一一三		出县从军者八人留学一五人
人口总数		男	女	男	女	男	女	男	女	男	女	男	女	男	女	男	女	男	女	男	女	男	女	男	女	男	女	男	女	男	女	男	女	
人口总数		四九	四二	三六	三六	四一	三五	三七	四一	四四	三四	三五	四三	四九	四六	四四	五一	三六	三三	四五	四二											四一九	四〇三	
现住		四八	四二	三四	三六	四〇	三五	三五	四一	四二	三三	三一	四三	二八	四六	四二	五一	三三	三三	四〇	四二											三九六	四〇二	
他往		一		二		一		二		二	一	四		一		二		三		五												二三	一	
壮丁		一七		一四		一六		一四		一六		一七		二一		一五		一五		二二												一六七		
识字		一〇	五	七		五		一〇		六		五	一	六		七		七		一三												七七	六	
职业	有	二九	二七	二六	二二	二五	二二	二三	二七	二六	二五	二六	二二	三三	三二	二九	二九	二三	二四	二九	二六											二六九	二五六	
职业	无	二〇	一五	一〇	一四	一六	一三	一四	一四	一八	九	九	二一	一六	一四	一五	二一	一三	九	一六	一六											一五〇	一四七	
非家属同住者		九	三	九	三	五	一	八	五	九	九	八	六	一〇	六	五	九	七	五	七	三											七七	五〇	
学童		四		二		六		八		六		七		六		一四		五		二												六〇		
备考		留学一人		出县从军者二人		留学一人		出县从军者一人留学一人		留学二人		出县从军者一人留学三人		留学一人		出县从军者二人		留学三人		出县从军者二人留学三人														

中华民国二十五年　月　日　保长余寿臧

四川省荣县第五区第一四九保普通户口统计表　保长黄明德

中华民国二十五年七月　日

事别 \ 甲别	第一甲		第二甲		第三甲		第四甲		第五甲		第六甲		第七甲		第八甲		第九甲		第十甲		第十一甲		第十二甲		第十三甲		第十四甲		第十五甲		总计		附记
户数	一〇		一一		一二		一二		一四		一〇		一〇		一〇		一三		一二												一一四		出县从军者一一人留学二〇人
人口总数	男	女	男	女	男	女	男	女	男	女	男	女	男	女	男	女	男	女	男	女	男	女	男	女	男	女	男	女	男	女	男	女	
	四一	五八	四六	四四	四〇	五三	五二	四七	五八	五九	四四	四七	四五	五〇	三五	二四	五〇	五二	五〇	五一											四六八	四八五	
现住	四一	五八	四五	四四	三九	五二	四〇	四七	五八	五九	四四	四七	四一	四九	三二	二四	四二	五二	四八	五一											四三七	四八一	
他往			一		一	一	一二						四	一	三		八		二												三一	四	
壮丁	一四		一六		一三		一八		一五		一一		一六		九		一五		一一												一三八		
识字	二	一	七		五	二	七		四		四		三		二		三		一												三八	三	
职业 有	一八	二八	二五	二三	二一	二八	三四	二六	三一	三二	二八	二二	三一	二三	二一	一五	二九	三〇	二二	二五											二五〇	二五一	
职业 无	二三	三〇	二一	二一	一九	二八	一八	二一	二七	二八	一六	二五	一四	二七	一四	九	三一	二二	二八	二六											一八〇	二三〇	
非家属同住者	一〇	一七	一七	一〇	一七	一九	一五	一〇	一一	一七	一〇	一二	九	一四	一三	九	一三	一五	九	一二											一二八	一二八	
学童	一三		九		一二		九		一五		六		七		五		八		一一												九六		
备考			留学一人		出县从军者一人		出县从军者三人留学九人						出县从军者二人留学二人		出县从军者三人		出县从军者二人留学六人		留学二人														

事别＼甲别		第一甲		第二甲		第三甲		第四甲		第五甲		第六甲		第七甲		第八甲		第九甲		第十甲		第十一甲		第十二甲		第十三甲		第十四甲		第十五甲		总计		附记
户数		一〇		一〇		一〇		一〇		一〇		一〇		一〇		一〇		一〇		一〇												一〇〇		出县从军者七人留学九人
		男	女	男	女	男	女	男	女	男	女	男	女	男	女	男	女	男	女	男	女	男	女	男	女	男	女	男	女	男	女	男	女	
人口总数		四九	二五	二七	二四	二三	二〇	二七	二七	三七	三一	三一	二九	三八	三〇	四〇	三〇	二五	二二	三一	二九											三二九	二六七	
现住		四七	二五	二五	二四	二二	二〇	二七	二七	三六	三一	二七	二九	三六	二九	三八	三〇	二五	二二	三〇	二七											三一四	二六四	
他往		二		二		一				一		四		二	一	二				一	二											一五	三	
壮丁		一七		一二		七		七		一四		一四		一六		一〇		一三		一〇												一二〇		
识字				四		二				八		四		二		五				一												二六		
职业	有	三一	二〇	一五	一三	二〇	一二	一二	一二	二二	二〇	一五	一三	二四	一二	二二	一〇	一八	一一	一二	一二											一八一	一三五	
	无	一六	八	一〇	一一	一一	六	一五	一五	一三	一一	八	一二	九	一五	一二	九	八	一二	一一	一一											一四八	一三二	
非家属同住者		二		一			二	四	二	一一	一	三	二	八		五	一	五		一	二											四二	八	
学童		一九		九		五		一〇		一一		五		八		六		七		九												八九		
备考		出县从军者二人		留学二人		留学一人				出县从军者一人		出县从军一人留学三人		出县从军者二人		留学二人				留学一人														

四川省荣县第五区第一五〇保普通户口统计表　保长方克猷

中华民国二十五年　月　日

四川省荣县第五区第一五一保普通户口统计表　保长黄辅荣

中华民国二十五年　月　日

事别＼甲别	第一甲		第二甲		第三甲		第四甲		第五甲		第六甲		第七甲		第八甲		第九甲		第十甲		第十一甲		第十二甲		第十三甲		第十四甲		第十五甲		总计		附记
户数	一〇		一〇		一〇		一〇		一〇		一〇		一〇		一〇		一〇		一〇		一〇										一一〇		出县从军者一五人留学二八人
人口总数	男	女	男	女	男	女	男	女	男	女	男	女	男	女	男	女	男	女	男	女	男	女	男	女	男	女	男	女	男	女	男	女	
	三八	四三	三七	三八	三五	二七	四二	四九	四〇	三〇	四九	五〇	四二	四一	四二	四一	四二	三八	四二	四三	四八	五〇									四五七	四五〇	
现住	三八	四三	三二	三八	三三	二七	三七	四九	三六	三〇	三五	五〇	四二	四一	四二	四一	三六	三八	四二	四三	四八	五〇									四二一	四五〇	
他往			五		二		一四		四		一四						六														三六		
壮丁	一六		一五		九		一四		一五		一七		一八		一五		二九		一八		一六										一八二		
识字	五		四		三		三		四		一〇																				二九		
职业 有	二〇	二二	二二	二一	二二	一八	二九	一九	二五	一八	三一	二六	四〇	三八	一九	一九	三五	三二	二七	二六	二七	三五									三一七	二七四	
职业 无																																	
非家属同住者																																	
学童	九		三		二		九		一〇		九		一		八		一三		一〇		一五										九八		
备考			出县从军者二人留学三人		出县从军者二人		出县从军者五人留学九人		出县从军者二人留学二人		出县从军者二人留学一二人						出县从军者二人留学二人																

四川省荣县第五区第一五二保普通户口统计表

事别＼甲别	第一甲		第二甲		第三甲		第四甲		第五甲		第六甲		第七甲		第八甲		第九甲		第十甲		第十一甲		第十二甲		第十三甲		第十四甲		第十五甲		总计		附记
户数	一〇		一〇		一〇		一〇		一〇		一〇		一一		一〇		一〇		一〇		一〇		一〇								一二一		一、本保内往外县者壮丁男十七人 二、有残疾壮丁二十四人有残疾女子六人
	男	女	男	女	男	女	男	女	男	女	男	女	男	女	男	女	男	女	男	女	男	女	男	女	男	女	男	女	男	女	男	女	
人口总数	四八	三五	三一	二九	四六	五二	三三	三六	三八	二八	二七	二九	二九	二九	二三	二一	四〇	四四	四八	五七	三〇	二八	四五	四三							四三八	四三一	
现住	四二	三五	二八	二九	四六	五二	三二	三六	三七	二八	二四	二九	二五	二九	二一	二一	三八	四四	四七	五七	三〇	二〇	四三	四三							四一三	四三一	
他往	六		三				一		一		三		四		二		二		一				二								二五		
壮丁	一四		一一		一四		一五		一三		九		一二		一〇		一五		一七		一一		一七								一五八		
识字	二		六		一〇	五	七	一	五		三		二		二		一〇		一五	一	二		八	二							七二	九	
职业 有	二七	二一	二一	一八	二一	二九	二一	二四	二三	一八	二〇	一四	二二	一八	一八	一四	二四	二八	二八	三五	二一	二〇	三一	三一							二七六	二七〇	
职业 无	二一	一四	一〇	一一	二五	二三	一二	一二	一六	一〇	七	一五	七	一一	一五	七	一六	一六	二〇	二二	九	八	一四	一二							一七二	一六一	
非家属同住者	一九	九	六	六	九	九	七	五	六	三	五	六	五	六	三	二	一五	一五	二四	二〇	一一	七	二四	一六							一三四	一〇四	
学童	六		八		五		六		五		二		六		五		八		一五		一一		八								八五		
备考	往外县者壮丁四人		跛足壮丁一人往外县者壮丁二人		有瘫疾壮丁二人瘫疾女一人		瘫疾壮丁三人瘫疾女子二人		瘫疾壮丁二人		往外县壮丁三人瘫疾壮丁二人		往外县壮丁三人瘫疾壮丁三人女一人		往外县壮丁二人瘫疾壮丁二人		往外县壮丁三人驼子壮丁二人		残疾壮丁三人瘫疾女一人		瘫疾壮丁二人		外出壮丁一人瘫疾壮丁二人女子二人										

保长朱价藩

中华民国二十五年七月二八日

四川省荣县第五区第一五三保普通户口统计表

事别＼甲别	第一甲		第二甲		第三甲		第四甲		第五甲		第六甲		第七甲		第八甲		第九甲		第十甲		第十一甲		第十二甲		第十三甲		第十四甲		第十五甲		总计		附记
户数	一一		一〇		一一		一〇		一〇		一〇		一一		一〇		一〇		一〇												一〇三		出县从军者一三人留学一七人
	男	女	男	女	男	女	男	女	男	女	男	女	男	女	男	女	男	女	男	女	男	女	男	女	男	女	男	女	男	女	男	女	
人口总数	三七	二七	六一	五五	四〇	二六	二八	二五	二〇	二三	二一	二五	四九	三七	四一	一八	三一	三〇	一八	二〇											三四六	二九六	
现住	三三	二七	五四	五四	三六	二五	二五	二五	二〇	二三	一八	二五	四四	三七	三九	二八	二七	三〇	一八	二〇											三一四	二九四	
他往	四		七	一	四	一	三				三		五		二		四														三二	二	
壮丁	一二		一六		九		七		三		五		七		四		七		二												七二		
识字	八	一	一四		二		五		一		三		四		五		四														四六	一	
职业 有	二四	二〇	三九	二七	二六	一六	一六	一八	一三	一九	一七	一五	四一	三一	三二	二二	二四	二二	一〇	一六											二四二	二一六	
职业 无	一三	七	二二	一八	一四	一〇	一二	七	七	四	四	一〇	八	六	九	□[①]	□[②]	八	八	四											一〇三	八〇	
非家属同住者	二	一		一	四	二				一	四	二			二	一			一	四											一三	一二	
学童	四		一二		七		七		二		四		五		五		一〇		三												六〇		
备考	出县从军者二人留学二人		出县从军者三人留学四人		出县从军者一人留学三人		出县从军者三人				留学三人		出县从军者三人留学二人		留学二人		出县从军者一人留学三人																

中华民国二十五年 月 日 保长李瑞春

① 档案原件该处遭虫蛀，字迹无法辨认。
② 档案原件该处遭虫蛀，字迹无法辨认。

四川省荣县第五区第一五四保普通户口统计表

事别＼甲别	第一甲		第二甲		第三甲		第四甲		第五甲		第六甲		第七甲		第八甲		第九甲		第十甲		第十一甲		第十二甲		第十三甲		第十四甲		第十五甲		总计		附记
户数																																	
	男	女	男	女	男	女	男	女	男	女	男	女	男	女	男	女	男	女	男	女	男	女	男	女	男	女	男	女	男	女	男	女	
人口总数	五五	四六	三九	三四	三六	三三	四七	四〇	四〇	四七	二三	二七	三二	三二	二二	二一	三〇	一九	二八	二二											三五二	三二一	
现住	五三	四六	三八	三三	三六	三三	四五	四〇	三七	四七	二二	二七	三〇	三二	二二	二一	三〇	一九	二八	二二											三四一	三二〇	
他往	二		一	一			二		三		一		二																		一一	一	
壮丁	二六		一九		一四		二〇		一七		一〇		一四		一三		一三		七												一五三		
识字	一一	一	五		六		四		五				二				二		七												四二	一	出县从军者五人留学六人
职业 有	三七	二四	二七	二四	二五	一七	二七	二四	二三	二二	一七	一八	二〇	二一	二一	一二	一四	一三	一〇	一一											二二一	一八六	
职业 无	一八	二二	一二	一〇	一一	一六	二〇	一六	一七	二五	六	九	一二	一一	一	九	一八	一六	一六	一一											一三一	一三五	
非家属同住者	九	二	五	七	六		七	二	一三	一〇	四	二	七	八			四	一													五五	三二	
学童	一三		五		六		七		一三		七		六		六		三		四												七〇		
备考	出县从军者二人		留学一人				出县从军者二人		留学三人		出县从军一人		留学二人																				

保长刘炬如

中华民国二十五年 月 日

四川省荣县第五区第一五五保普通户口统计表

中华民国二十五年七月日八　保长税怀卿

事别＼甲别	第一甲		第二甲		第三甲		第四甲		第五甲		第六甲		第七甲		第八甲		第九甲		第十甲		第十一甲		第十二甲		第十三甲		第十四甲		第十五甲		总计		附记
户数	一二		一五		一三		一二		一五		一二		一二		一二		一一		一二												一二六		
	男	女	男	女	男	女	男	女	男	女	男	女	男	女	男	女	男	女	男	女	男	女	男	女	男	女	男	女	男	女	男	女	
人口总数	五九	五二	七三	五二	六〇	六一	四六	五二	五五	六〇	五九	五四	四二	四四	四三	四六	四八	三九	三九	四四											五二四	五〇四	
现住	五四	五二	六二	五二	五三	六一	四三	五二	五〇	六〇	五五	五四	三八	四四	三八	四六	四七	三九	三三	四四											四七三	五〇四	
他往	五		一一		七		三		五		四		四		五		一		六												五一		总共男女一〇二八男共五二四女共五〇四壮丁共一七三除他往五一又除癈疾一八只剩一〇四学童九八
壮丁	一六		二二		一七		一八		一八		一七		一一		一七		一九		一八												一七三		
识字	五		四		九		一三	四	一三	二	一一		三		五		八		五												七六	六	
职业 有	三六	三四	四四	二七	四二	三六	三五	三八	三七	四二	四〇	二九	二四	二八	三〇	三一	二九	二五	二六	二六											三四三	三二六	
职业 无	二三	一八	二九	二五	一八	二五	一一	一四	一八	一八	一九	一五	一八	一六	一三	一五	一九	一四	一三	一八											一八一	一七八	
非家属同住者	二三	二二	二六	八	二五	二五	一七	二四	二八	二八	一九	一三	一三	一〇	一六	一四	五	九	一〇	一〇											一九二	一六三	
学童	一八		六		一一		八		一二		一三		一三		七		五		五												九八		
备考	出县从军者三人留学二人		出县从军者四人留学七人		出县从军者三人留学四人		留学三人		出县从军者二人留学三人		出县从军者三人留学一人		留学四人		出县从军者一二人留学二人		留学一人		出县从军者四人留学二人														

四川省荣县第五区第一五六保普通户口统计表

保长欧敦五

中华民国二十 年 月 日

事别＼甲别		第一甲		第二甲		第三甲		第四甲		第五甲		第六甲		第七甲		第八甲		第九甲		第十甲		第十一甲		第十二甲		第十三甲		第十四甲		第十五甲		总计		附记
户数		一〇		一〇		一〇		一〇		一一		一〇		九		九		一〇														八九		出县从军一五人留学八人女子一人
人口总数		男	女	男	女	男	女	男	女	男	女	男	女	男	女	男	女	男	女	男	女	男	女	男	女	男	女	男	女	男	女	男	女	
		三一	二三	四〇	四四	四四	三九	三四	三〇	四八	四九	四九	四四	五五	五一	三六	三一	三四	三四													三七一	三四五	
现住		三〇	二三	三九	四四	四四	三八	三一	三〇	四五	四九	三九	四四	五三	五一	三五	三〇	三二	三四													三四七	三四三	
他往		一		一			一	三		三		一一		二		一	一	二														二四	二	
壮丁		六		一〇		一〇		一三		一二		八		一八		一五		一四														一〇七		
识字		一		二		三		三		五				七		二		六														二九		
职业	有	一四	一三	二七	二三	二一	二〇	一九	一九	二五	二七	二九	二八	二七	二七	二〇	一七	一八	一九													二〇〇	一九三	
	无	一七	一〇	一三	二一	二三	一九	一五	一一	二三	二二	二〇	一六	二八	二四	一六	一四	一六	一五													一七一	一五二	
非家属同住者		四	四	九	一二	一〇	一一	六	五	二七	一九	一五	一三	一九	九	一〇	七	四	三													一〇〇	八三	
学童		一三		九		一二		一二		九		一四		一一		六		五														九一		
备考		出县从军一人		留学一人				出县从军三人		留学三人		出县从军七人留学四人		出县从军二人		留学一人		出县从军二人																

四川省荣县第五区第一五七保普通户口统计表

事别＼甲别		第一甲		第二甲		第三甲		第四甲		第五甲		第六甲		第七甲		第八甲		第九甲		第十甲		第十一甲		第十二甲		第十三甲		第十四甲		第十五甲		总计		附记
户数		一〇		一〇		一〇		一〇		一〇		一〇		一〇		一〇		一〇		一〇												一〇〇		
人口总数		男	女	男	女	男	女	男	女	男	女	男	女	男	女	男	女	男	女	男	女	男	女	男	女	男	女	男	女	男	女	男	女	
		三二	三六	五三	三七	五一	四〇	三四	三三	三四	二八	四四	四一	三三	三五	三五	三二	三二	三七	三〇	二三											三七八	三四二	
现住		三二	三六	四五	三七	四六	三九	二六	三三	二八	二八	三七	四〇	三一	三五	三一	三二	三〇	三七	二六	二三											三二〇	三四〇	
他往				一〇		五	一	六		六		七	一	二		四		二		四												四八	二	
壮丁		一四		七		一四		七		七		一五		七		一二		九		七												九九		出县从军二五人留学二三人又女子二人
识字																																		
职业	有	一五	一七	二四	一五	一三	一一	一六	一四	一五	一四	二四	一六	一五	九	一二	一七	二一	二一	一五	一一											一九一	一四五	
	无	一七	二〇	二九	二二	三八	二九	一八	一九	一七	一四	二〇	一五	一八	二四	一三	二五	一一	一六	一五	一二											一八七	一九七	
非家属同住者		五	五	一一	九	一三	一二	九	八	一一	五	一三	一五	七	三	一〇	六	一一	一三	一一	六											一〇一	八二	
学童		五		一一		四		五		一〇		五		四		七		九		五												六五		
备考				出县从军五人留学五人		留学五人		出县从军六人		留学六人		出县从军七人		留学二人		出县从军四人		留学二人		留学四人														

保长周佐君

中华民国二十五年　月　日

四川省荣县第五区第一五八保普通户口统计表

中华民国二十五年 月 日 保长王槐森

事别＼甲别	第一甲		第二甲		第三甲		第四甲		第五甲	
户数	一〇		一〇		一〇		一〇		一二	
	男	女	男	女	男	女	男	女	男	女
人口总数	三三	三三	四二	三〇	七三	三八	三三	三〇	四五	五〇
现住	三三	三二	四一	三〇	七一	三八	三二	三〇	四四	五〇
他往		一	一		二		一		一	
壮丁	一一		一六		三五		一六		一九	
识字	五		四		一一				五	
职业 有	一八	一七	二九	一八	五六	二四	二五	一七	二七	二八
职业 无	一五	一六	一一	一二	一六	一四	八	一三	一八	二二
非家属同住者	四	六			三二	三	一		二	二
学童	五		七		七		五		一五	
备考			留学一人		出县从军二人		出县从军一人		留学一人	

事别＼甲别	第六甲		第七甲		第八甲		第九甲		第十甲	
户数	一〇		一〇		一〇		一一		一〇	
	男	女	男	女	男	女	男	女	男	女
人口总数	三一	三〇	三九	二五	三八	二九	三九	二七	二六	二三
现住	三〇	三〇	三九	二五	二八	二九	三九	二七	二五	二三
他往	一								一	
壮丁	一二		八		一七		一六		一三	
识字			四		六		二		四	
职业 有	二二	一九	二〇	一三	二四	一八	二一	二〇	一九	一三
职业 无	九	一一	一九	一二	一四	一一	一八	七	六	一〇
非家属同住者		二	三	一	三		二	一	二	
学童	一〇		四		四		七		六	
备考	留学一人								留学□[①]人	

事别＼甲别	第十一甲		第十二甲		第十三甲		第十四甲		第十五甲		总计		附记
户数											一〇三		
	男	女	男	女	男	女	男	女	男	女	男	女	
人口总数											三九九	三一五	
现住											三九二	三一五	
他往											七		
壮丁											一六三		出县从军三人留学四人又女子一人
识字											四一		
职业 有											二六一	一八七	
职业 无											一三八	一二八	
非家属同住者											四七	一五	
学童											六〇		
备考													

① 档案原件该处遭虫蛀，该数字字迹无法辨认。

四川省荣县第五区第一六〇保普通户口统计表

事别＼甲别		第一甲		第二甲		第三甲		第四甲		第五甲		第六甲		第七甲		第八甲		第九甲		第十甲		第十一甲		第十二甲		第十三甲		第十四甲		第十五甲		总计		附记
户数		一〇		一〇		一〇		一〇		一〇		一〇		一〇		一〇		一〇		一〇												一〇〇		
		男	女	男	女	男	女	男	女	男	女	男	女	男	女	男	女	男	女	男	女	男	女	男	女	男	女	男	女	男	女	男	女	
人口总数		三四	四一	三七	三六	三六	二八	三六	四〇	四七	四四	三四	二五	三六	三三	三二	三九	三一	三〇	三二	三八											三五二	三五四	
现住		三三	四〇	三五	三六	三一	二八	三三	四〇	四六	四四	三〇	二五	三二	三三	三一	三九	二八	二九	三一	三八											三三〇	三五二	
他往		一	一	二		五		三		一				四		一		三	一	一												二二	二	
壮丁		一〇		一五		一二		一六		一八				一六		九		一〇		九												一二五		出县从军七人留学一五人
识字		九		四		五		八		一八				四		一				八												六五		
职业	有	一七	一七	二三	一九	一九	一七	二七	二二	三〇	二七	二九	二〇	二四	一一	二三	一八	一七	二二	一九	二三											二二八	二〇七	
	无	一七	二四	一四	一七	一七	一一	九	一八	一七	一七	五	五	一二	一二	九	二一	一三	□[1]	一三	一六											一二七	一四七	
非家属同住者		一一	一一	八	七	九	七	五	四	八	四	一五	六	三	八	七	□[2]	四	九	三	五											七三	六三	
学童		九		九		八		六		八		四		九		一一		一〇		七												八一		
备考		留学一人		出县从军二人		留学五人		出县从军三人		留学一人				留学四人		出县从军一人		留学三人		出县从军一人														

保长张伯衡

中华民国二十五年　月　日

[1] 档案原件该处遭虫蛀，字迹无法辨认。

[2] 档案原件该处遭虫蛀，字迹无法辨认。

前期参与整理人员

陈　雪	陈长宁	程　慧	曹　杰	代冬冬	代　瑾	代影红	方婷婷	辜佳慧
顾佳佳	郭　侠	韩　冰	胡　冰	胡慧南	胡　明	胡　晓	郇春松	黄林琳
黄韵竹	姜方毅	李朝维	李　莹	李兆民	李正平	连金璐	廖　方	刘吉光
刘晓东	刘玉芳	娄志愿	罗　东	罗忠荣	罗　逍	卢莎莎	马冬军	毛春雨
毛玉梅	明　晨	聂遥遥	彭　容	彭思涵	邱　敏	谭　天	唐丽香	汤　敏
陶必霞	王　博	王立颖	王笃明	王俊涛	王有粮	汪海洋	文　静	文　龙
吴　丹	吴　浩	夏　敏	谢卫东	邢　超	许　萍	杨　晖	杨凌云	余　浩
余晓雄	曾　陶	张福英	张力文	张凌云	张苗苗	张玮滟	张亚冰	张　艺
赵华武	赵　午	赵　胤	周　聪	周梦婷	朱桂君	朱　敏	邹　明	

致　谢

四川省荣县人民政府

全国哲学社会科学规划办公室

四川省哲学社会科学联合会

四川大学社科处

台湾“中央研究院”

四川大学中国西南文献中心

四川省档案馆